명품 운영체제

OPERATING SYSTEM

저자 소개

황기태

1986년 서울대학교 컴퓨터공학과를 졸업하고, 서울대 대학원 컴퓨터공학과에 입학하여 1988년에 석사, 1994년에 박사 학위를 취득하였다. 1993년 뉴욕에 있는 IBM WATSON RESEARCH CENTER에서 방문 연구원을 지내고 1994년부터 현재까지 한성대학교 컴퓨터공학과 교수로 재직 중이다. 1990년 비트교육센터의 초기 센터장으로 1994년까지 조현정 회장과 함께 대한민국 최고의 비트교육센터 신화의 토대를 만들었다. 2000년에는 미국 얼바인에 있는 캘리포니아 대학에서, 2011, 2015년에는 플로리다 대학에서 방문 교수를 지냈다.

저서(역서)

비트프로젝트1, 2(1994, 비아이티출판)
어드밴스 윈도우 NT(1996, 대림출판사, 번역)
자바스크립트 웹프로그래밍(2000, 대림출판사)
DHTML+자바스크립트(2003, 대림출판사)
명품 C++ Programming(개정판, 2018, ㈜생능출판사)
명품 자바 에센셜(개정판, 2018, ㈜생능출판사)
명품 HTML5+CSS3+Javascript 웹 프로그래밍(개정판, 2022, ㈜생능출판사)
명품 JAVA Programming(개정5판, 2024, ㈜생능출판사)
명품 라즈베리파이(2024, ㈜생능출판사)

명품 운영체제

초판발행 2021년 12월 14일
제1판3쇄 2025년 3월 18일

지은이 황기태
펴낸이 김승기, 김민수
펴낸곳 (주)생능출판사 / **주소** 경기도 파주시 광인사길 143
출판사 등록일 2005년 1월 21일 / **신고번호** 제406-2005-000002호
대표전화 (031)955-0761 / **팩스** (031)955-0768
홈페이지 www.booksr.co.kr

책임편집 신성민 / **편집** 이종무, 최동진 / **디자인** 유준범, 노유안
마케팅 최복락, 심수경, 차종필, 백수정, 송성환, 최태웅, 명하나, 김민정
인쇄 · 제본 교보P&B

ISBN 978-89-7050-525-1 93000
정가 33,000원

– 본 연구는 한성대학교 교내 학술연구비를 지원받았음 –

GREAT MYSTERY OF THE OPERATING SYSTEM

명품 **운영체제**
OPERATING SYSTEM

|수정판|

황기태 지음

생능출판

머리말

컴퓨터 시스템의 지배자이며 소프트웨어의 왕인 운영체제를 아는 것은, '소프트웨어 개발자'를 꿈꾸는 사람들이 컴퓨터 전문가로 들어서는 기반 지식임을 부인할 수 없습니다. 오늘날 개발자가 되려는 많은 사람들이 프로그래밍 언어를 배우고 코딩을 익혀가고 있습니다. 코딩에 눈을 뜨고 지식이 늘어가면서 다음과 같은 여러 의문들이 생겨나게 됩니다.

프로그램은 누가 실행시키는 것일까, CPU일까 운영체제일까? 내가 작성할 수 있는 프로그램의 최대 크기는 얼마일까? new나 malloc()으로 동적 할당 받을 수 있는 메모리의 최대량은 얼마일까? 여기서 메모리는 RAM인가? 여러 프로그램들이 하나의 컴퓨터에서 어떻게 동시에 실행될까? 많은 프로그램을 동시에 실행시켜도 문제는 없을까? 파일을 읽기 전에 파일을 열어야 하는데 연다는 것이 도대체 뭘까? 파일을 읽을 때 open()/read()와 fopen()/fread() 중 어떤 것을 사용하는 것이 더 좋은 것일까? 파일은 디스크 어디에 저장되는 것일까? 두 프로그램이 동시에 같은 파일에 읽거나 쓰면 결과는 어떻게 될까? 운영체제는 시스템을 다스리는 규칙일까 하드웨어일까 실체가 있는 프로그램일까? 급기야 운영체제는 꼭 있어야 하는 것일까?

이런 의문들에 대한 답은 운영체제를 이해함으로써 얻을 수 있습니다. 저자는 운영체제의 학습 목적을 다음과 같이 정리합니다.

- 소프트웨어 개발자로서 프로그램이 컴퓨터에서 실행되는 과정과 이 과정 전체를 통제하는 운영체제의 역할을 이해하는데 있습니다. 프로그램이 코드, 데이터, 힙, 스택으로 나뉘어 메모리에 적재되어 관리되고, 시스템 호출의 과정을 통해 운영체제의 기능을 활용하는 등, 이 과정을 앎으로서 기반이 튼튼한 개발자로 성장하게 됩니다.
- 컴퓨터 시스템 전문가로서 운영체제를 개발하거나 수정하는 능력의 기초를 닦는 데 있습니다. 컴퓨터의 모든 자원들을 독점 관리하는 주체로서, 운영체제는 컴퓨터 시스템의 성능을 최적화하는 다양한 방법들을 구사함을 알게 합니다. 많은 프로그램을 동시에 실행시키는 메모리 관리 기법, 여러 프로세스들의 효율적인 스케줄링, 공유 데이터에 대한 다중 프로그램의 충돌을 막는 기법, 수많은 파일을 저장하고 관리하는 효율적인 방법 등 다양한 시스템 구조와 알고리즘들을 알게 하고, 컴퓨터 시스템의 성능에 눈을 뜨게 합니다.

이 책은 운영체제를 보다 쉽게 학습하고 이해할 수 있도록 몇 가지 차별성을 두고 있습니다.

- 디테일한 그림과 자세하고 명료한 설명을 통해 추상적일 수 있는 운영체제 개념과 이론이 눈에 그려지고 손에 잡히도록 하였습니다.
- 이론과 함께 리눅스와 Windows의 실제 사례를 보여주어 이해도를 높였습니다.
- 프로세스나 스레드, 메모리 관리 등 이론을 실제 상황에서 이해하고 확인하도록 C 프로그램 코드 사례를 이용하여 이론이 작동하는 구체적인 과정을 보였습니다.
- 운영체제는 컴퓨터 구조와 밀접한 관계가 있습니다. 이 책은 운영체제의 이해에 꼭 필요한 컴퓨터 구조와 하드웨어에 대한 설명을 적절히 배치하여 컴퓨터 시스템을 균형 있게 이해할 수 있도록 하였습니다.
- 각 장의 시작 부분에서 문제 제기를 통해 궁금증을 유발하고 이를 해소해 나가는 과정을 스토리텔링 방식으로 전개하여 읽기 쉽도록 하였습니다.
- 강의하듯이 서술하고 점진적으로 살을 붙여가는 설명 방식으로 독자와 눈높이를 맞추어 어려운 개념을 단계적으로 이해하도록 하였습니다.

3년간의 고된 시간이 지나 운영체제 책이 세상에 나왔습니다. 두 번의 시험판으로 학생들을 가르치면서 많은 학생들의 의견을 분석하여 이해도를 파악하고 난이도를 조절하였으며 여러 교수님들의 피드백을 통해 보완을 거듭하였습니다. 이러한 노력들이 운영체제를 공부하는 학생들과 가르치시는 교수님들께 도움이 되었으면 하는 바램입니다.

책을 쓰면서 저 자신의 무지함과 필력의 한계에 많이 놀라며 겸손해야 함을 배웠습니다. 책전체를 자세히 읽고 깊은 조언을 주신 박민규 교수님, 이찬수 교수님께 특별한 감사를 드립니다. 학생의 시선에서 책의 느낌을 잘 알려준 박혜진, 임세진, 김다연 학생, 그리고 마지막 정리를 도와준 조민화 학생에게도 감사합니다. 살아가는 기쁨을 주는 원선, 수연, 연수, 수희 모두 사랑합니다. 모든 영광은 하나님의 것입니다.

2023년 2월

황기태

책의 구성과 강의 계획

| 책의 구성 |

이 책은 한 학기 강의에 맞추어 12장으로 구성하고 C 언어와 컴퓨터 구조를 아는 전공 3학년 강의 수준에 맞추었습니다.

● 책의 범위

이 책은 운영체제 이론을 다룹니다. 1장은 운영체제 암흑기에 운영체제가 어떻게 태동하게 되었는지, 어떤 기능들로 운영체제가 구성되게 되었는지, 그리고 어떻게 발전해왔는지 세밀하게 소개합니다.

2장은 컴퓨터 시스템 전체 구조와 운영체제의 역할을 거시적으로 설명합니다. 절대 지나칠 수 없는 중요한 장으로 응용프로그램, 라이브러리, 운영체제 커널, 인터럽트 등의 관계를 명확히 이해하게 됩니다. 2장은 내용의 연속성 때문에 한 장으로 구성하였지만, 내용이 다소 길기 때문에 2주에 걸쳐 학습하는 것이 바람직합니다.

3장부터 12장까지는 프로세스와 스레드 관리, 메모리 관리, 파일 시스템 관리, 대용량 저장 장치 관리 등 운영체제의 4가지 핵심 기능을 구체적으로 설명합니다.

● 실습

이 책은 운영체제 이론이 현대 운영체제에서 어떻게 실현되고 있는지를 보여 주기 위해, 리눅스나 Windows에서 간단한 명령과 실행 결과를 보여줍니다. 또한 몇몇 장에서는 운영체제 이론을 확인하는 리눅스 C 프로그램 실습을 포함하고 있습니다. 간단한 실습이므로 프로그래밍 경험이 부족하더라도 실습에는 큰 어려움이 없습니다. 리눅스 실습 환경은 다음 절에서 소개하는 CoCalc 온라인 터미널을 이용하면 리눅스를 설치하지 않고도 실습이 가능합니다. 만일 리눅스 실습이 어려운 상황이라면, 교재에 나타난 명령이나 프로그램 코드를 읽는 것만으로도 학습에는 문제가 없습니다.

● 소스 코드 다운로드

책에 사용된 어셈블리 코드와 C 프로그램의 소스 코드는 생능출판사 홈페이지에서 다운받을 수 있습니다.

● 연습문제

연습문제는 각 장에서 배운 이론을 확인하는 개념 체크 문제들과 코딩이나 실습 등 복잡한 사고가 필요한 복합 문제로 구분하였습니다. 연습문제를 통해 학습한 지식을 더욱 명확히 할 수 있습니다.

● 부록

부록은 본문에 대한 깊이와 너비를 더하는 주제들을 담고 있습니다. 부록 A는 3장의 연장으로 프로세스 사이의 3가지 통신 방법, 공유 메모리, 신호, 파이프를 구체적으로 소개합니다. 부록 B는 6장의 연장으로 리눅스에서 현재 사용 중인 CFS 스케줄링 기법을 구체적으로 소개합니다. 부록 C는 11장의 연장으로 동일한 파일을 동시에 읽고 쓰는 3가지 경우에 대해 파일 입출력이 이루어지는 과정을 자세히 소개합니다. 부록 D는 4장의 스레드 스위칭 과정을 보다 자세히 설명하고, 부록 E에는 8장의 메모리 관리를 보완하기 위해 버디 시스템을 추가하였습니다.

| 강의 계획 |

주	장	목표
1	1장 운영체제의 시작과 발전	운영체제의 태동과 발전 과정을 이해한다.
2	2장 컴퓨터 시스템과 운영체제 1절 컴퓨터 시스템과 하드웨어 2절 컴퓨터 시스템의 계층구조와 운영체제 인터페이스	컴퓨터 시스템 하드웨어의 구성과 동작 원리, 컴퓨터 시스템에서 운영체제의 역할을 이해한다.
3	2장 컴퓨터 시스템과 운영체제 3절 커널과 시스템 호출 4절 운영체제와 인터럽트	운영체제 커널의 실체를 이해하고, 응용프로그램이 운영체제 기능을 활용하도록 지원하는 시스템 호출과 운영체제와 하드웨어 사이의 소통을 위한 인터럽트에 대해 이해한다.
4	3장 프로세스와 프로세스 관리	프로그램을 실행시키기 위해 운영체제가 만드는 프로세스에 대해 이해한다.
5	4장 스레드와 멀티스레딩	스레드 개념과 운영체제에서의 멀티스레드 구현에 대해 이해하고 프로세스와 스레드의 관계에 대해 이해한다.
6	5장 CPU 스케줄링	CPU 스케줄링의 개념과 다양한 스케줄링 알고리즘에 대해 이해한다.
7	6장 스레드 동기화	스레드 동기화의 필요성, 상호 배제, 다양한 스레드 동기화 기법 등에 관해 이해한다.
8	중간고사	
9	7장 교착상태	교착상태의 정의와 교착상태의 해결 방법을 이해한다.
10	8장 메모리 관리	컴퓨터 시스템에서 메모리의 역할과 운영체제의 메모리 관리에 대해 이해한다.
11	9장 페이징 메모리 관리	페이징 메모리 관리, TLB를 통한 메모리 액세스 성능 향상 그리고 페이지 테이블의 낭비 문제 해결에 대해 이해한다.
12	10장 가상 메모리	물리 메모리의 크기 한계를 극복하기 위한 가상 메모리 기법을 이해한다.
13	11장 파일 시스템 관리	파일 시스템의 역할과 파일 입출력 과정, 그리고 파일 시스템의 구축 및 파일 시스템 연산에 대해 이해한다.
14	12장 대용량 저장 장치 관리	대용량 저장장치인 하드 디스크와 SSD 장치의 구조 및 저장 방법 등을 이해하고, 디스크 스케줄링 알고리즘과 디스크 포맷에 대해 이해한다.
15	기말고사	

실습을 위한 CoCalc 온라인 리눅스 터미널 활용

이 책의 리눅스 실습을 위한 간단한 방법을 소개합니다. 다음 Cocalc 온라인 터미널을 이용하면 별도의 리눅스 설치 없이 웹브라우저로 간단히 리눅스를 사용할 수 있습니다.

```
https://cocalc.com/doc/terminal.html
```

이 웹 사이트는 리눅스 쉘 명령뿐 아니라, C 컴파일러와 pthread 라이브러리 등 C 프로그램 개발 환경도 지원하고 있습니다. 사용하는 방법을 간단히 소개하면 다음과 같습니다.

먼저 온라인 터미널 사이트에 접속합니다.

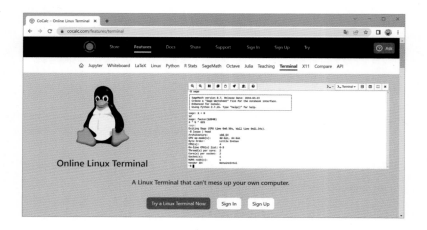

접속 후 나타난 화면에서 'Try a Linux Terminal Now' 버튼을 클릭합니다. 그리고 몇 단계의 과정을 거치면 다음과 같이 쉘 프롬프트 $가 보이고 여기서 리눅스 명령을 입력할 수 있습니다. 생략된 자세한 과정은 홈페이지 제공 자료의 리눅스 실습 환경 구축.pdf를 참고하세요.

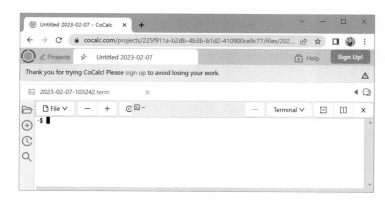

다음은 몇 개의 리눅스 쉘 명령을 입력한 결과입니다.

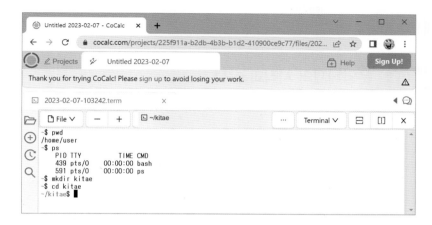

다음은 vi 명령으로 hello.c를 편집한 후 컴파일하고 실행하는 화면입니다.

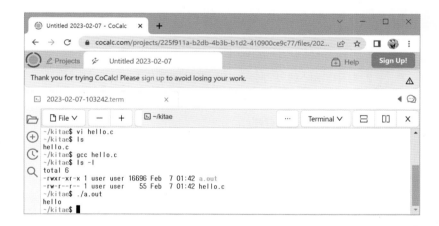

CoCalc 사이트에서 제공하는 download 기능과 upload 기능을 활용하면 더욱 편리합니다. CoCalc 사이트는 독자가 작성해둔 파일과 작업 환경을 그대로 보존하여 다음에 접속해도 예전 상태에서 작업이 가능합니다. 하지만, 공짜 사이트인 만큼 영원하지 않기 때문에 download 기능을 이용하여 작성한 파일을 PC에 다운로드받아 두는 것이 좋습니다. 또한 upload 기능을 이용하여 PC에서 작성한 파일을 CoCalc 사이트로 업로드하여 쉽게 작업할 수 있습니다.

Cocalc 사이트는 조금씩 변하기 때문에 독자들이 접속할 시점에는 접속 화면이 다를 수 있음에 유의하세요.

차 례

홈페이지 제공

Chapter

01

운영체제의
시작과 발전

1. 운영체제 개념

2. 운영체제의 태동

3. 운영체제의 발전

학습 키워드 정리

운영체제, 자원, 고정 프로그램 컴퓨터, 내장 프로그램 컴퓨터, 로더, GM OS, GM−NAA I/O, 배치 운영체제, 다중프로그래밍 운영체제, 시분할 다중프로그래밍 운영체제, 대화식 운영체제, 시간 할당량, 개인용 운영체제, 모바일 운영체제, 임베디드 운영체제, 실시간 운영체제

01 운영체제의 시작과 발전

1 운영체제 개념

1.1 운영체제 정의

운영체제(Operating System)란 무엇일까? 오늘날 컴퓨터를 사용해보지 않은 독자는 거의 없다. PC(Personal Computer)를 사용하면서 자연스럽게 Windows 운영체제를 사용한다. 그 뜻을 정확히 모르더라도 운영체제는 이미 익숙한 단어이다. 어떤 이는 Windows 운영체제를 PC를 다르게 부르는 말로 생각하기도 한다. 혹은 운영체제를 컴퓨터의 작동 원리나 개념, 실체가 없는 추상적인 컴퓨터 이론으로 생각하기도 한다. 운영체제와 컴퓨터는 서로 다른 말이며, 운영체제는 실체가 있는 소프트웨어이다. 소프트웨어라는 말이 어려우면 프로그램이나 코드라고 하자. 그러니까 운영체제는 컴퓨터를 관리하는 특별한 기능의 코드 집합 혹은 프로그램이다. 이 책을 통해 운영체제가 어떤 기능을 하는 소프트웨어이며, 어떻게 작동하고, 생긴 모양이 어떠한지 하나씩 구체적으로 알아보자.

먼저 운영체제의 정의부터 알아보자. 운영체제에 대한 정의는 다양하다.

> 사용자와 컴퓨터 하드웨어 사이에서 중계 역할을 하면서, 프로그램의 실행을 관리하고 제어하는 시스템 소프트웨어

혹은 다음과 같이 표현하기도 한다.

> 컴퓨터가 켜질 때 메모리에 적재되어 모든 프로그램의 실행을 제어하고 사용자의 요청을 처리해 주는 소프트웨어

좀 더 전문적이고 기술적인 관점에서 키워드만 추려 운영체제를 정의하면 다음과 같다.

> 운영체제는 컴퓨터의 자원을 독점적으로 관리하는 특별한 소프트웨어

그림 1-1은 컴퓨터에서 운영체제의 위치를 보여준다. 이 그림과 함께 앞의 운영체제 정의에 등장하는 키워드를 하나씩 끄집어내어 운영체제의 본질적 속성에 대해 알아보자.

그림 1-1 사용자, 운영체제, 그리고 컴퓨터 하드웨어

운영체제는 모든 컴퓨터 자원(resource)을 관리한다.

먼저, '자원'이란 단어에 주목해보자. 컴퓨터를 구성하는 자원은 다음과 같다.

- 하드웨어 자원 – CPU, 캐시(cache)나 메모리(RAM), 키보드, 마우스, 디스플레이, 하드 디스크, 프린터 등
- 소프트웨어 자원 – 응용프로그램들
- 데이터 자원 – 파일, 데이터베이스 등

운영체제는 컴퓨터 자원이 모든 사용자와 모든 응용프로그램에 의해 잘 공유되도록 관리하는 소프트웨어이다.

운영체제는 자원을 독점(exclusive)한다.

이번에는 '독점'이라는 단어에 주목해보자. 자원에 대한 접근과 관리 권한이 오직 운영체제에게만 있다는 뜻이다. 독자들은 PC를 사용하면서 여러 파일을 만들어 보았을 것이다. 많은 경우 이 과정에서 독자가 직접 하드 디스크에 파일을 기록하고 읽었다고 착각한다. 하지만 사실 독자들은 하드 디스크에 파일을 쓸 빈 곳이 어디에 있는지 조차 알지 못한다. 그 관리는 순전히 운영체제의 몫이다. 파일이 생성되고 삭제되는 과정에서 디스크의 빈 영역을 관리하고, 파일이 저장되는 위치를 결정하고, 디스크에 파일을 기록하거나 읽는 행위는 모두 운영체제에

의해 실행된다.

좀 더 수준을 높여보자. 파일을 만들고 읽고 쓰는 응용프로그램을 작성해본 독자들 중 자신이 작성한 프로그램이 운영체제의 도움을 받지 않고 직접 파일을 만들고 읽고 썼다고 생각할지 모르겠다. 결코 아니다. 응용프로그램은 직접 하드 디스크에 접근할 수 없다. 그림 1-1에 보이는 바와 같이 응용프로그램은 운영체제에게 요청하며 운영체제만이 파일을 만들고 읽고 쓴다. 다만 이것이 사용자나 개발자에게 가시적으로 드러나지 않을 뿐이다.

그러면, 왜 운영체제가 자원을 독점하는 것일까? 그것은 자원에 대한 접근 권한을 운영체제만 가지게 함으로써, 사용자들과 응용프로그램들로부터 자원에 대한 훼손을 막고 그들 사이에 자원을 효과적으로 공유할 수 있도록 하기 위함이다.

운영체제는 관리자(supervisor)이다.

이제, 운영체제의 정의에서 '관리'라는 단어에 주목해보자. '관리'는 크게 네 부분으로 구분할 수 있다. 첫째, 사용자에 대한 관리로서, 사용자의 로그인 계정, 비밀 번호, 우선순위, 통계 정보 등의 관리이다. 둘째, 프로그램의 실행에서 종료까지 프로그램의 실행에 관한 일체의 자원 관리이다. 프로그램 적재, 프로그램에 대한 메모리 할당 및 메모리 보호, 프로그램의 스케줄링, 저장 공간 관리 등이다. 셋째, 성능 관리이다. 운영체제는 자원의 활용률을 높여 가능하면 많은 프로그램이 동시에 실행될 수 있도록 처리율을 높이고, 사용자에게 프로그램 실행에 대한 빠른 응답을 제공하는 등 시스템이 목표로 하는 성능을 극대화하는데 관리의 목표를 둔다. 넷째는 외부의 침입으로부터 사용자와 컴퓨터 자원을 안전하게 보호하는 보안 관리이다.

운영체제는 소프트웨어(Software)이다.

마지막으로 '소프트웨어'라는 단어에 주목해보자. 운영체제는 소프트웨어로서 프로그램이며 코드이다. 구체적으로 운영체제는 커널(kernel)이라고 불리는 핵심 코드, 사용자의 컴퓨터 사용을 돕는 UI(User Interface)를 비롯한 도구 프로그램들(tool/utility), 장치를 직접 제어하는 디바이스 드라이버(device driver)라는 소프트웨어로 구성된다.

커널은 핵(core)이라는 뜻으로, 좁은 의미에서 운영체제로 불리는데, 앞서 설명한 '관리' 기능을 수행하는 핵심 코드이다. 커널은 운영체제가 설치된 하드 디스크 등 저장 장치에 저장되어 있다가 컴퓨터가 부팅될 때 메모리에 적재된다. 그 후 커널 코드는 응용프로그램이 자원을 접근하기 위해 호출할 때 실행되어 CPU, 메모리, 키보드, 마우스, 디스플레이, 디스크 장치 등 하드웨어를 제어한다. 커널의 개념과 구체적인 작동 과정은 2장의 하반부에서 다룬다. 운영체제 패키지에 동봉되어 사용자가 컴퓨터를 쉽게 사용할 수 있도록 돕는 도구 프로그램에는 쉘(shell), 탐색기(explorer), 작업 관리자(task manager), 제어판(control panel) 등이 있다.

1.2 운영체제의 목적과 기능

앞서 운영체제의 정의를 통해 운영체제의 특징을 알아보았다. 그러면 컴퓨터 시스템에서 운영체제가 존재하는 이유와 본질적인 목적은 무엇일까? 운영체제의 목적은 다음 2가지로 요약된다.

- 사용자의 컴퓨터 사용 편리성
- 자원의 효율적 사용과 관리

운영체제는 컴퓨터 자원을 여러 응용프로그램이나 사용자가 공유하여 사용함에 있어, 편리하게 사용할 수 있도록 하는 것에 더불어, 컴퓨터 자원의 낭비를 줄이고 CPU를 비롯하여 놀고 있는 자원이 없도록 효율적으로 관리하는 것이 목적이자 목표이다.

운영체제의 기능은 운영체제의 종류에 따라 조금씩 차이가 있는데 그림 1-2와 함께 운영체제의 핵심적인 기능을 나열하면 다음과 같다.

● CPU/프로세스 관리(process management)

운영체제는 저장 장치에 저장된 프로그램을 메모리에 적재하고 이를 프로세스라고 부른다. 프로세스 실행, 새로운 프로세스 생성, 프로세스가 입출력을 요청하거나 CPU 할당 시간을 다 소모하였을 때 프로세스를 일시 중단시키고 대기 중인 프로세스 중 하나를 선택하는 스케줄링, 프로세스 종료 등 프로세스를 관리하는 기능을 수행한다. 또한 프로세스들 사이의 통신과 동기화 기능도 제공한다.

● 메모리 관리(memory management)

각 프로세스에게 적절한 메모리를 할당하고 반환하며, 프로세스에게 할당된 메모리를 다른 프로세스로부터 보호한다. 또한 메모리가 부족할 때 하드 디스크와 같은 저장 장치에 메모리 일부분의 내용을 저장해두고 필요할 때 다시 적재(가상 메모리 기법)하는 기능을 수행한다.

● 파일 시스템 관리(file system management)

파일 크기, 파일 소유자, 파일을 만든 날짜와 시간, 각 파일이 저장된 위치 정보 등 파일마다 파일 정보를 관리하며, 전체 파일 시스템의 크기, 저장 장치의 빈 곳과 사용 중인 곳 등 파일 시스템 정보를 관리하며, 파일과 디렉터리를 생성하고 관리한다. 파일이 기록된 위치를 아는 것은 오직 운영체제이므로, 운영체제는 파일 읽기, 파일 쓰기, 파일 삭제 등 파일을 다루는 모든 기능을 수행한다.

- **장치 관리(device management)**

  키보드, 마우스, 디스플레이, 프린터 등 다양한 입출력 장치들과 저장 장치를 제어하고 물리적인 입출력을 실행한다.

- **네트워크 관리**

  네트워크 장치를 관리하고 네트워크 입출력을 실행한다.

- **보안 관리**

  외부의 공격으로부터 컴퓨터 시스템과 사용자 정보를 보호한다.

- **기타 관리**

  사용자의 로그인 계정, 암호, 접근 권한 등 사용자 정보를 관리하고, CPU, 메모리, 네트워크, 저장 장치 등의 사용량과 사용자 접속 시간 등에 대한 통계를 수집 관리하며, 컴퓨터 시스템 내 오류를 발견하고 대응하는 기능을 수행한다. 또한 사용자가 컴퓨터를 사용할 수 있도록 부팅(booting) 기능도 수행한다.

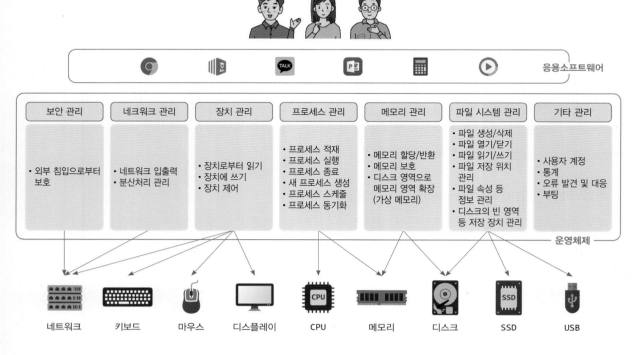

그림 1-2 운영체제의 기능

1.3 운영체제와 응용소프트웨어

운영체제와 응용소프트웨어의 차이점을 비교하면 운영체제의 특징이 보다 명확히 드러난다. 운영체제와 응용소프트웨어의 차이점을 알아보자. 표 1-1은 이들의 차이를 요약하여 보여준다.

목적의 차이

운영체제는 컴퓨터 하드웨어나 프로그램, 파일 등 자원을 관리하여, 응용소프트웨어가 실행되는 동안 자원에 대한 서비스를 제공하는 소프트웨어이다. 한편, 응용소프트웨어는 컴퓨터 사용자들을 위해 특정 작업을 수행하는 소프트웨어로, 웹 브라우저, 한글과 같은 문서 편집기, 음악이나 동영상 감상을 위한 미디어 플레이어, 게임 프로그램 등이 여기에 속한다. 응용소프트웨어는 사용자들의 편리와 필요를 위해 존재하고, 운영체제는 컴퓨터의 자원을 잘 관리하여 응용소프트웨어에게 자원 액세스 등 핵심 서비스를 제공하고 더불어 컴퓨터 시스템이 보다 효율적으로 사용되도록 하는데 있다.

기능의 차이

운영체제는 메모리 관리, 프로세스 관리, 작업(프로세스나 스레드) 스케줄링, 하드웨어 장치 제어, 파일 입출력 관리 등 앞서 운영체제의 기능에서 다룬 여러 기능들을 수행하며, 응용소프트웨어는 사용자를 위해 개발된 특정 목적만 수행한다.

개발 언어의 차이

운영체제의 개발에는 운영체제 코드의 빠른 실행을 위해 C/C++, 어셈블리어를 이용하며, 응용소프트웨어는 C/C++뿐 아니라, Java, Python, C# 등 다양한 언어를 사용한다.

실행의 차이

운영체제는 하드 디스크와 같은 저장 장치의 특정 위치에 저장되어 있다가 컴퓨터를 켜면 메모리에 적재되어 컴퓨터를 끌 때까지 메모리에 상주하면서 컴퓨터 자원을 관리하고 사용자와 응용소프트웨어의 요청을 처리한다. 반면, 응용소프트웨어는 사용자의 명령이나 다른 응용소프트웨어의 명령이 있을 때 실행되고 작업이 끝나거나 사용자가 강제로 종료시킬 때 종료된다.

자원에 대한 접근 권한의 차이

운영체제는 컴퓨터의 모든 자원에 대해 배타적 접근 권한을 가진다. 그러므로 응용소프트웨어가 컴퓨터 자원을 사용하고자 할 때 반드시 운영체제에게 요청해야하며, 운영체제는 응용소프트웨어로부터 요청을 받아 대신 자원에 접근한다. 예를 들어, 한글 편집기에서 저장 메뉴를 누르면 파일 저장 요청이 운영체제에게 전달되고 운영체제가 저장 장치에 파일을 저장한다. 이로써, 운영체제는 사용자가 컴퓨터 하드웨어에 대한 자세한 지식이 없어도 사용할 수 있도록 하고 응용소프트웨어 역시 하드웨어 종류나 하드웨어의 변화에 대해 중립적으로 작성할 수 있도록 한다. 응용소프트웨어가 운영체제에게 요청하는 과정을 시스템 호출(system call)이라고 부르는데 이 과정은 2장에서 자세히 다룬다.

표 1-1 운영체제와 응용소프트웨어의 차이

	운영체제	응용소프트웨어
목적	컴퓨터 하드웨어나 응용소프트웨어 등 자원 관리	사용자들의 특정 작업을 보다 편리하게 처리할 목적으로 만들어진 소프트웨어(예: 게임, 웹서핑, 문서작성, 채팅 등)
기능	프로세스, 메모리, 파일 시스템, 입출력 장치 등 자원 관리와 사용자 관리	소프트웨어를 만든 특정 목적만 수행
개발 언어	C/C++, 어셈블리어	C/C++뿐 아니라 Java, Python, C# 등 다양한 언어
실행	부팅 시 메모리에 적재되어 상주하여 컴퓨터를 끌 때까지 실행	사용자가 명령을 통해 실행시키거나 종료시킴
자원에 대한 접근 권한	컴퓨터의 모든 자원에 대해 배타적 독점 사용 권한	컴퓨터 자원을 사용하고자 할 때 반드시 운영체제에게 요청

2 운영체제의 태동

컴퓨터 전문가가 아니라도 컴퓨터에 관심 있는 사람이라면 '운영체제' 단어 정도는 안다. 컴퓨터가 처음 생길 때부터 운영체제가 있었던 것은 아니다. 컴퓨터가 발달하면서 자연스럽게 필요하게 되었고, 여러 모양으로 발전을 거듭하면서 오늘날의 개념과 모양을 갖추게 되었다.

지금부터 컴퓨터 시스템에 운영체제가 왜 필요하게 되었으며, 초기 운영체제의 기능은 어떠하였는지 알아보는 과거로의 여정을 떠나보자. 우주가 탄생한 후 언제 지구가 생기고 생명이 살게 되었는지 우리가 살고 있는 지구의 역사를 아는 것만큼, 컴퓨터를 공부하는 학생들에게 운영체제의 태동 역사를 아는 것은 의미가 있다. 이 과거로의 여행 과정에서 생소한 용어들이 튀어나오겠지만 큰 맥락에서 이해하고 넘어가자.

2.1 고정 프로그램 컴퓨터 시대(1940년대)

스마트폰, 노트북, 태블릿, 데스크톱 PC 등에 익숙해진 오늘날, 초기 컴퓨터의 모습을 상상하기 쉽지 않다. 톱니바퀴, 기어 등으로 만들어진 기계식 컴퓨터의 발전사는 건너뛰고, 전자식 디지털 컴퓨터(electronic digital computer)의 시대부터 이야기를 시작해보자.

1940년대에 전자식 디지털 컴퓨터가 만들어지기 시작했다. 생각해보면 그리 오래되지도 않았다. 이 시기는 소프트웨어에 대한 개념이 없고, 컴퓨터의 모든 기능을 하드웨어로 만드는 시절이었다. 당연히 운영체제에 대한 개념도 없었다. 예상되듯이 당시에는 제대로 된 프로그래밍 언어가 존재하지 않아서, 컴퓨터로 실행하고자 하는 작업(job, 오늘날 프로그램. 썩 내키지는 않지만 지금부터 프로그램이라고 부른다)을 종이에 스케치한 다음(그림 1-3 참고), 하드웨어 스위치를 아래위로 세팅하거나 전선을 직접 연결하여(그림 1-4 참고), 하나의 프로그램을 컴퓨터 기계에 굳히는 방식이었다. 그 결과 컴퓨터 자체가 하나의 프로그램이 된다.

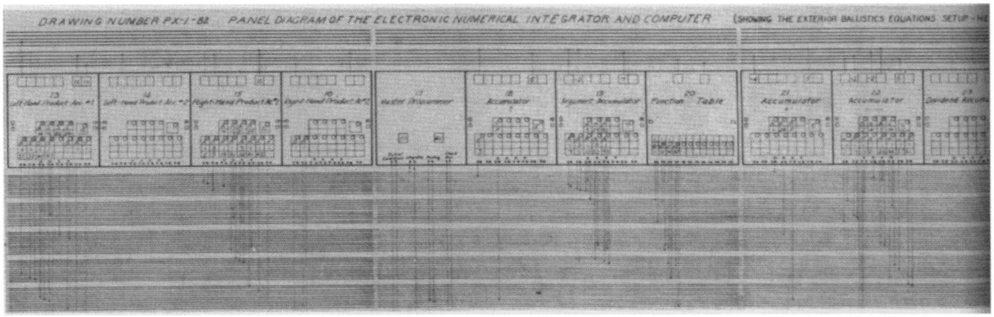

그림 1-3 ENIAC 컴퓨터에서 실행할 프로그램을 연결선으로 그려놓은 다이어그램

(출처: http://www.columbia.edu/cu/computinghistory/eniac-program.gif)

그림 1-4 ENIAC 컴퓨터에 여성 프로그래머가 전선을 연결하여 프로그램을 고착화하는 모습

(출처: http://www.columbia.edu/cu/computinghistory/eniac.html)

이렇게 프로그램을 기계에 심는 과정을 완성하면, 이 컴퓨터는 오직 이 프로그램 밖에 실행할 수 없는 컴퓨터가 된다. 만일 컴퓨터에 다른 프로그램을 실행하려면 전선을 해체하고 다시 계획을 세워서 스위치를 조작하고 전선을 연결해야만 한다. 수많은 전선을 연결하는 과정은 극도로 정밀하게 이루어져야 했고, 프로그램 디버깅은 높은 크기의 컴퓨터 하드웨어를 등반하다시피 하면서 잘못 연결된 전선을 찾아내는 것을 의미했다.

이런 방식의 컴퓨터를 고정 프로그램 컴퓨터(fixed program computer)라고 부른다. 오직 한 개의 프로그램을 하드웨어로 고착화시키는 완전한 하드와이어드(hard-wired) 프로그래밍 방식이었다. 참고로 그림 1-3은 ENIAC 컴퓨터에서 실행시킬 프로그램의 연결도이다. 이 연결도는 그림 1-4와 같이 생긴 ENIAC 컴퓨터의 앞면 배선판(plugboard)에서 전선으로 연결해야하는 부분들을 그려놓은 다이어그램이다.

고정 프로그램 컴퓨터 사례

전자식 디지털 컴퓨터는 2차 세계대전이 진행 중이었던 시절에 전쟁의 힘을 입어 여러 곳에서 만들어졌는데, 1941년 독일에서 만든 Z3 computer, 1944년 영국에서 독일군의 암호를 해독하기 위해 만든 Colossus, 1943년에 시작하여 3년에 걸쳐 1946년 미국 Moore School of the University of Pennsylvania에서 만든 ENIAC(Electronic Numerical Integrator And Computer) 등이 있다. 의견이 분분하지만, ENIAC이 최초의 전자식 컴퓨터로 알려져 있기 때문에, ENIAC 컴퓨터를 통해 1940년대의 고정 프로그램 컴퓨터에 대해 알아보자.

ENIAC은 그림 1-4와 같이 방 하나를 가득히 메우는 30톤 크기로, 약 18000개의 진공관이 사용되었다. 프로그래머가 그림 1-4에 보이는 배선판에 일일이 전선을 연결하여 프로그램을 구축하였다. 여러 전선들이 연결되어야 하나의 명령이 완성되기 때문에, 프로그램 전체를 구축하기 위해 많게는 수천 개의 전선이 연결되었고, 이 작업에는 며칠이 걸리기도 했다. 더욱 힘들었던 것은 새로운 프로그램을 실행시킬 때마다 전선을 해체하고 이런 지루하고 긴 작업을 반복하는 것이었다. 그림 1-4는 여성 프로그래머가 ENIAC 컴퓨터에 구축할 프로그램의 배선판 연결도를 그린 뒤(그림 1-3), 그대로 전선을 연결하고 있는 모습이다.

이 당시의 컴퓨터는 CPU와 메모리의 개념이 분리되어 있지 않았으며, 오늘날처럼 프로그램을 저장 장치에서 메모리에 적재하여 실행시키는 개념도 없었다. 오직 배선판에 전선을 연결하여 프로그램을 기계에 고착시키는 고정 프로그램 방식의 컴퓨터였다.

2.2 하드웨어와 소프트웨어를 분리시킨 내장 프로그래밍 등장(1945년~)

위대한 폰노이만

폰노이만(Von Neumann)은 헝가리 출신의 수학, 물리학, 컴퓨터를 공부한 천재 학자로 주로 미국에서 활동하였다. 1945년, 폰노이만은 하드웨어와 소프트웨어의 분리 개념이 없던 시절에, 컴퓨터를 하드웨어와 소프트웨어로 분리하는 내장 프로그램 컴퓨터(stored program computer) 개념을 최초로 발표하였다. 내장 프로그래밍 방식을 처음으로 제안한 사람에 대한 논쟁이 있지만 현재로서는 모두들 그렇게 받아들이고 있다.

내장 프로그램 컴퓨터

내장 프로그램(stored program)이란, 컴퓨터의 구조를 CPU와 전자식 메모리로 나누고, 프로그램의 명령(코드)들을 전자식 메모리에 적재하고, CPU가 메모리에서 명령들을 하나씩 CPU 내부로 가지고 와서 처리하는 새로운 방식의 컴퓨터 개념이었다. 내장 프로그램 컴퓨터를 사용하면, 실행시키고자 하는 여러 개의 프로그램이 있을 때, 전자식 메모리에 한 번에 하나씩 프로

존 폰 노이만(John Von Neumann, 1903. 12. 28. ~ 1957. 2. 8.)은 수학, 컴퓨터공학, 경제학, 물리학, 생물학 등 다양한 분야에서 업적을 남긴 천재 수학자이다. 현대 경제학 이론을 특징짓는 중요한 이론 중 하나인 '게임이론'을 창시했다. 폰 노이만은 1949년 에드박(EDVAC)이라는 새로운 개념의 컴퓨터를 만들었다. 그의 가장 큰 업적은 현재 컴퓨터의 기반이 되는 구조인 CPU, 메모리, 프로그램 구조를 갖는 범용 컴퓨터 구조(폰 노이만 구조)의 확립이다. 또한 그는 인공생명을 이론적으로 연구한 최초의 학자이기도 하다.

(사진 출처: 위키백과)

그램을 적재하고 CPU에게 프로그램을 실행하도록 지시하기만 하면 된다. 이것은 배선판에 전선을 연결하여 프로그램을 고정(hard-wired)시킨 후 프로그램의 실행이 끝나면 다른 프로그램을 실행시키기 위해 전선을 해체하는 기존의 고정 프로그램 방식에 비하면 획기적인 방식이었다.

폰노이만이 제안한 내장 프로그램 컴퓨터의 구조는 그림 1-5와 같다. CPU(중앙처리장치)는 제어장치, 연산장치, 레지스터들로 구성된다. 연산장치는 덧셈, 뺄셈, 곱셈, 나눗셈의 산술 연산과 논리곱(and), 논리합(or), 논리부정(not)의 논리 연산을 처리하는 하드웨어이다. 레지스터는 연산을 실행하는 동안 명령과 데이터를 일시 저장하는 저장소이다.

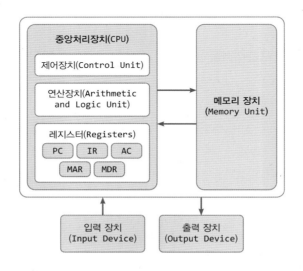

그림 1-5 폰노이만이 제안한 내장 프로그램 컴퓨터의 구조

제어장치는 메모리에서 명령을 읽어오고, 명령을 해석하고, 연산장치에게 명령에 지시된 연산을 수행하도록 제어한다. 메모리 내의 명령이나 데이터는 주소(address)로 액세스되며, CPU에 있는 레지스터들은 다음과 같이 사용된다. 다음에 처리할 명령의 메모리 주소는 PC(Program Counter)에 저장되며, PC에 담긴 주소는 MAR(Memory Address Register)을 통해 메모리로 출력된다. IR(Instruction Register)은 제어장치가 메모리로부터 읽어 온 명령을 저장한다. 제어장치가 메모리로부터 읽어온 명령이나 데이터는 MDR(Memory Data Register)에 먼저 저장되고, 명령이면 다시 IR로 이동한다. AC(Accumulator Register)는 계산에 사용될 데이터나 계산 결과를 저장하는데 사용된다.

내장 프로그램 컴퓨터 출현 – 하드웨어와 소프트웨어의 분리

내장 프로그램 컴퓨터의 출현이 가지는 가장 큰 의미는 컴퓨터 시스템을 하드웨어와 소프트웨어로 분리하여 보기 시작했다는 점이다. 이전의 고정 프로그램 방식의 컴퓨터에서는 하드웨어와 소프트웨어(이 장에서는 쉬운 표현으로 프로그램이라고 부름)의 개념이 나누어져 있지 않았고, 더욱이 메모리와 처리기(processor 혹은 CPU)의 개념이 분리되어 있지 않았다.

폰노이만에 의해 제안된 내장 프로그램 컴퓨터는 처리 장치(CPU)와 메모리, 입력 장치, 출력 장치라는 하드웨어의 구조를 분명히 하고, 입력 장치를 통해 프로그램을 메모리에 적재하여 실행시킨다. 컴퓨터 하드웨어는 그대로 두고 실행을 원하는 프로그램을 메모리에 적재한 후 CPU가 실행하는 식이다. 이런 구조와 실행 방식을 통해, 고정 프로그램 컴퓨터에서 전선을 해체하고 다시 연결하는 번거로운 과정이 없어졌다.

1951년, 내장 프로그램 방식으로 만든 EDVAC 컴퓨터가 세상이 나오는 등, 그 후 모든 컴퓨터는 내장 프로그램 방식으로 만들어지게 되어 오늘날까지 이어지고 있지만, 내장 프로그램 컴퓨터가 등장한 초기에는, 펀치 카드(punched card)에 구멍을 뚫어 프로그램을 작성하고, 카드 입력기(card reader)를 이용하여 프로그램을 메모리에 적재하였고, 출력 장치로는 프린터가 이용되었다. 이 당시에는 개발자가 곧 컴퓨터 관리자(operator)였고, 프로그램 개발, 입력, 컴퓨터 가동 및 관리 등 모든 일을 했다.

1980년대에 데이터플로우머신(data flow machine)과 같이 새로운 컴퓨팅 방법들이 시도되었지만 대부분 실패로 돌아갔고, 오늘날까지 컴퓨터는 폰노이만이 제안한 내장 프로그램 방식을 그대로 사용하고 있다. 폰노이만의 내장 프로그램 방식이 얼마나 위대한 발명이었는지 새삼 놀랍다.

내장 프로그램 컴퓨터 출현의 의미 정리

내장 프로그램 컴퓨터의 출현 의미를 요약하면 다음과 같이 정리된다.

- 컴퓨터 구조에서 CPU와 메모리 분리
- 하드웨어와 소프트웨어의 개념 분리
- 실행할 프로그램은 메모리에 담고, CPU가 프로그램을 실행하는 방식
- 프로그램은 입력 장치를 통해 메모리에 적재

> **잠깐! 오! 놀라운 내장 프로그램 컴퓨터!**
>
> 고정 프로그램 컴퓨터에서 내장 프로그램 컴퓨터로의 발전은 실로 대단한 것이다. 이것은 마치 테트리스만 할 수 있는 게임기를, 게임기 본체와 게임 CD로 나누고, 테트리스뿐아니라 CD에 담긴 아무 게임이나 할 수 있도록 개선한 것과 같다. 또한, 고정 프로그램 컴퓨터가 원피스 드레스라면 내장 프로그램 컴퓨터는 투피스 드레스에 비유된다. 아래위가 분리되지 않고 통으로 옷을 입던 시절에서, 상의와 하의를 분리하고 이들을 골라 입을 수 있는 드레스의 출현, 내장 프로그램 컴퓨터의 출현은 가히 획기적이다!

2.3 프로그램 로더의 발견 - 운영체제 개념의 시작(1950년대)

필요는 발명의 어머니라고 했던가! 운영체제가 처음부터 있었던 것도 아니고 어느 날 갑자기 탄생한 것도 아니었다. 역사적으로 기술 발전은 어떤 불편을 해소하고자 하는 동기에서 비롯된 것처럼 컴퓨터의 발전 역시 마찬가지였다.

운영체제가 아직 없었을 당시, 사람들은 컴퓨터를 어떻게 사용하고 있었고 사용에는 어떤 어려움이 있었는지 들여다보자. 1950년대 당시 가장 활발한 컴퓨터 전문 회사인 IBM의 사례를 들어 설명한다.

IBM 701 메인 프레임 컴퓨터

IBM 701은 1954년 IBM에서 만든 첫 번째 내장 프로그램 방식의 메인프레임 컴퓨터이며, IBM의 첫 번째 범용 컴퓨터로 알려져, 컴퓨터의 역사에서 나름대로의 의미를 가진다.

IBM은 701을 판매하지 않고 대여만 하였다. 대여 시 701 컴퓨터의 하드웨어와 메뉴얼만 달랑 주었으며, 컴퓨터를 가동시키는 소프트웨어나 디버깅이나 테스트하는 어떤 소프트웨어도 주지 않았다. 오늘날 PC를 구입할 때 Windows 운영체제도 함께 구입할 수 있는 개념이 그 당시에는 없었다. 운영체제에 대한 개념도 없었고, 응용프로그램 개발에 도움을 주는 라이브러리 개념도 없던 시대였다. IBM 701을 빌린 고객(기업)이 깡통 하드웨어를 받은 뒤 나머지 모든 것을 해

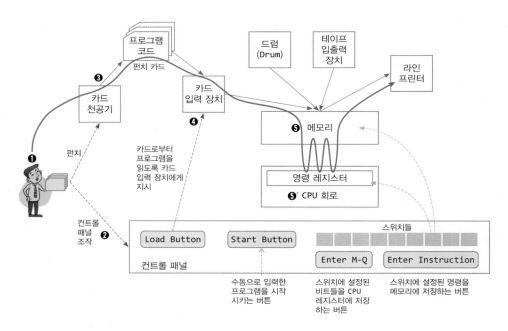

그림 1-6 IBM 701에서 프로그램 입력 및 실행 과정

야 했다. 참고로, 라이브러리란 사용자로부터 입력을 받거나 장치에 출력하는 입출력 코드나 복잡한 연산 기능이 미리 작성된 프로그램 코드로서, 응용프로그램 개발자가 활용할 수 있도록 제공되는 것이다.

그러면 IBM 701의 고객은 어떤 식으로 응용프로그램을 실행하였는지 알아보자. 이것은 대단히 원시적이지만 운영체제의 필요를 이해하는데 도움이 된다. IBM 701 컴퓨터의 구성은 그림 1-6과 같고 IBM 701을 사용하는 방법은 다음과 같다.

❶ 프로그램 개발자들(이들은 곧 관리자이다)은 IBM 701이 설치된 컴퓨터실 앞에서 종이에 이름을 적어 대기명단에 올린 후 자신의 차례가 되기를 기다린다.

❷ 자신의 차례가 되면 프로그램의 입력, 실행, 출력 등 모든 것을 스스로 해야 한다. 주어진 시간은 15분으로 알려져 있다. 컴퓨터실에 들어가서 카드 입력 장치, 프린터, 테이프 장치 등을 확인하고, 컨트롤 패널(그림 1-7 참고)에 달린 스위치들을 점검하고 필요한 초기 세팅을 한다.

❸ 카드 천공기를 이용하여 종이에 적어간 프로그램을 카드(그림 1-8)에 펀칭한다. 프로그램은 이진수로 작성된다. 얼마 후 어셈블리어로 작성하도록 개선되었다.

❹ 펀치된 카드를 카드 입력 장치에 쌓고 컨트롤 패널에서 LOAD 버튼을 눌러 컴퓨터를 가동시킨다.

❺ 카드 한 장에는 최대 24개의 명령을 작성할 수 있는데, LOAD 버튼을 누르면 카드 입력 장치에 의해 첫 번째 카드에 작성된 프로그램이 메모리 0번지부터 순서대로 적재되고 곧 바로 0번지부터 실행이 시작된다. LOAD 버튼은 처음 한 장의 카드만 읽고 실행하도록 되어 있다.

수동으로 프로그램을 입력하고 실행시키기 위해서는, LOAD 버튼 대신 컨트롤 패널에서 Enter Instruction 버튼이나 Enter M-Q 버튼을 이용하여 직접 메모리에 명령들을 하나씩 입력한 후 Start Button을 눌러 프로그램을 바로 실행시킬 수도 있었다.

그림 1-7 IBM 701 메인프레임 컴퓨터의 컨트롤 패널

(출처: //www.thocp.net/hardware/ibm_701.html)

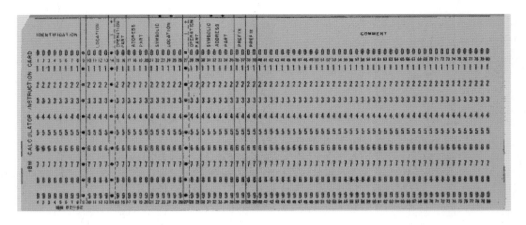

그림 1-8 IBM 701에서 프로그램 작성에 사용된 펀치 카드

(출처: Douglas John의 punched card history, http://landley.net/history/mirror/pre/punchedcards/history.html)

로더 프로그램의 필요 - 운영체제의 싹

IBM 701에서 프로그램 개발자가 24개의 명령보다 긴 프로그램을 작성하려면, 2장 이상의 펀치 카드를 사용하여 다음과 같이 작성하였다.

> 첫 번째 카드에는 다음 카드에 작성된 프로그램을 메모리로 적재하는 코드만 작성하고, 두 번째 카드부터 목적하는 프로그램을 작성했다.

이것은 개발자가 목적 프로그램뿐 아니라 목적 프로그램을 적재하는 코드도 함께 작성해야 함을 의미한다. 목적 프로그램을 읽어 들이는 이 코드를 '로더(loader)'라고 불렀으며, 소위 '자가 로더(self-loader)'를 고객 스스로 작성했다. 게다가 응용프로그램 개발자가 컨트롤 패널 앞에서 컴퓨터의 작동 및 실행을 모두 스스로 해야만 했다.

이 시대를 거치면서 '로더 프로그램'이 모든 컴퓨터와 모든 개발자들에게 공통적으로 필요하다는 것을 깨달았고, 모든 개발자가 목적 프로그램을 개발할 때마다 비슷한 '로더'를 작성하는 것이 엄청난 시간 낭비라는 사실도 깨달았다. 그 당시 프로그램을 실행할 때마다 꼭 있어야 하는 '로더 프로그램'의 개념이 오늘날 운영체제로 발전하는 계기가 되었다.

독자들은 오늘날 운영체제의 기능 중 가장 기본적인 기능이 뭐라고 생각이 드는가? 운영체제의 가장 기본적인 기능은 사용자의 명령을 받아 디스크와 같은 저장 장치에서 메모리에 프로그램을 적재하고 실행시키는 것임으로 볼 때, '로더 프로그램'이 바로 운영체제로 발전하는 싹이 되는 셈이다.

2.4 원시 운영체제 GM OS 탄생(1955년)

1955년, 드디어 운영체제의 원시적인 모습이 나타나기 시작했다. 1955년, IBM 701의 고객이던 GM(General Motors)은 펀치 카드에 담긴 프로그램을 메모리에 적재하는 제대로 된 로더 프로그램을 개발하였다. 그리고 GM은 이 로더 프로그램을 상대적으로 속도가 빠른 테이프에 저장해 두고, 필요할 때 실행시켜 펀치 카드에 작성된 사용자 프로그램을 메모리에 적재시키도록 하였다. 오늘날 디스크 장치에 있는 사용자 프로그램을 메모리에 적재시키는 것과 동일한 개념이 서게 된 것이다. 이로써 사용자는 '자가 로더(self-loader)'를 작성할 필요 없이 목적 프로그램만 작성하면 되었다. GM은 이 로더를 모니터(Monitor)라고 불렀고 후세대는 GM OS(General Motors Operating System)라고 불렀다. 현대에 와서, 사용자 프로그램을 읽어 실행시켜준다는 점에서 GM OS를 최초의 원시 운영체제라고 부른다.

그림 1-9는 원시 운영체제 GM OS(로더 프로그램 혹은 모니터)를 활용하는 사례를 보여준다. 개발자는 컨트롤 패널에서 테이프 장치에 저장된 로더 프로그램을 메모리에 적재시키고 실행시킨다(❶). 로더 프로그램은 사용자 프로그램을 메모리에 적재시키고(❷), CPU가 사용자 프로그램을 실행하도록 한다(❸).

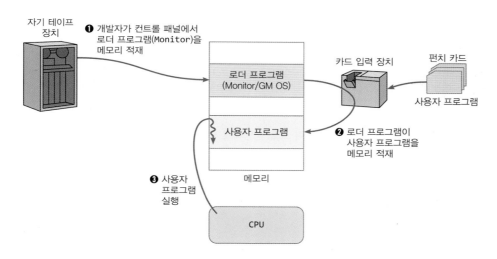

그림 1-9 원시 운영체제 GM OS의 활용

2.5 최초의 운영체제 GM-NAA I/O 탄생(1956~1957년)

1955년, GM은 IBM 701의 처리 속도를 2배 정도 높인 IBM 704를 사용하면서 다음과 같은 3가지 문제점을 개선하려고 시도하였다.

- 첫째, 개발자들은 여전히 대기 번호를 뽑고 자신의 차례가 되기를 기다린다.
- 둘째, 비싼 컴퓨터가 많은 시간 놀고 있다. 개발자들은 프로그램을 실행시킬 때마다 카드 입력 장치, 프린터, 테이프 장치들을 점검하고, 컨트롤 패널의 스위치를 조작하여 컴퓨터 시스템 설정을 반복해야 했다. 이 시간 동안 컴퓨터는 놀게 되는데 그리 짧은 시간은 아니었다.
- 셋째, 카드 입력 장치나 테이프 장치를 제어하는 프로그램 코드는 여전히 개발자가 알아서 작성해야 한다.

1956년 GM의 Robert L. Patrick는, 이러한 문제점을 개선하여 컴퓨터를 효율적으로 사용하기 위해, NAA(North American Aviation)사와 공동으로 GM이 만들어 놓은 로더 프로그램(GM OS)을 확장하여, IBM 704에 사용할 최초의 운영체제 GM-NAA I/O 소프트웨어를 개발하였다. GM-NAA I/O는 여러 개발자들이 작성하여 쌓아놓은 작업들을 한 번에 하나씩 순서대로 메모리에 적재하고 실행시키는 것으로, 오늘날 볼 때 일종의 배치 운영체제(batch operating system)였다.

GM-NAA I/O 운영체제를 사용함으로써, 프로그램 개발자와 관리자(operator)가 분리되었고 컴퓨터실에는 관리자만 두어 장치를 만지는 등 모든 작업을 맡겼다.

GM-NAA I/O 운영체제의 구조와 동작

GM-NAA I/O 운영체제는 다음 3가지 코드로 구성되었으며 컴퓨터가 시작될 때 메모리에 적재되어 컴퓨터가 종료할 때까지 메모리에 상주한다. 이들을 보면 초기 운영체제의 모습이 상상된다.

- 어셈블러 코드: 사용자가 작성한 어셈블리어 프로그램을 기계어 코드로 번역
- 로더 프로그램: 사용자 프로그램을 메모리에 적재
- 운영체제 메인 코드와 공통 입출력 코드: 운영체제 시작 코드와 장치 입출력을 다루는 프로그램 코드

GM-NAA I/O 운영체제가 사용되는 시스템은 그림 1-10과 같다. 관리자는 사용자들이 제출한 모든 프로그램들(펀치카드들)을 카드 입력 장치를 이용하여 테이프 장치로 읽어 들여 실행 준비를 마친다.

그 후 GM-NAA I/O 운영체제는 테이프 장치에 적재된 사용자 프로그램을 한 번에 한 개씩 모두 실행시킨다. 이를 위해 ❶ 먼저 '메인 코드'가 자기 테이프에 저장된 프로그램 중 하나를 메모리로 읽어 들이고 '어셈블러 코드'를 활용하여 기계어 목적 코드로 만들어 테이프 장치에 저장한다. 그리고 나서 ❷ '로더 프로그램'을 이용하여 목적 코드를 메모리에 적재하고 ❸ 실행시킨다. 프로그램이 실행되는 동안 컴퓨터의 사용 시간과 자원 사용량을 저장하고 프로그램의 실행이 끝나면 이 정보를 프린터로 출력하여 프로그램이 출력한 결과(그 당시는 프린터에 출력)와 함께 사용자에게 제공한다.

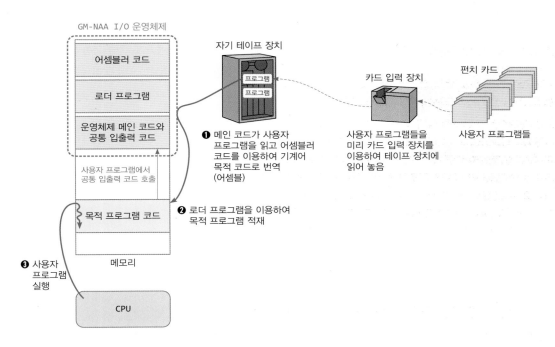

GM-NAA I/O 운영체제

어셈블러 코드

로더 프로그램

운영체제 메인 코드와
공통 입출력 코드

사용자 프로그램에서
공통 입출력 코드 호출

목적 프로그램 코드

메모리

❸ 사용자
프로그램
실행

CPU

자기 테이프 장치

프로그램
프로그램

❶ 메인 코드가 사용자
프로그램을 읽고 어셈블러
코드를 이용하여 기계어
목적 코드로 번역
(어셈블)

❷ 로더 프로그램을 이용하여
목적 프로그램 적재

카드 입력 장치

사용자 프로그램들을
미리 카드 입력 장치를
이용하여 테이프 장치에
읽어 놓음

펀치 카드

사용자 프로그램들

그림 1-10 IBM 704에서 GM-NAA I/O 운영체제의 작동

GM-NAA I/O 운영체제의 개발자들은 10진수를 2진수로 바꾸거나 2진수를 10진수로 바꾸는 등 응용프로그램 개발자들이 공통으로 필요한 코드를 표준화하여 라이브러리 형태로 미리 만들어 두어, 개발자들이 호출하는 방법만 알면 되도록 하여 개발자의 개발 부담을 줄였다. 이로서 라이브러리(library) 개념이 등장했다.

GM-NAA I/O 운영체제를 개발함으로써, 당초 제기했던 3가지 문제가 해결되었다. GM-NAA I/O 운영체제는 하나씩 연속하여 프로그램들을 적재시키고 실행함으로써, 개발자들이 대기 번호를 뽑고 기다리지 않아도 되었고, 컴퓨터의 노는 시간도 대폭 줄이게 되었다. 또한 GM-NAA I/O가 테이프 장치나 프린터 장치 등 입출력 장치를 제어하는 코드를 포함하고 있기 때문에, 응용프로그램 개발자는 더 이상 입출력 장치를 제어하는 프로그램을 작성하지 않아도 되었고, 필요할 때 이 코드를 자신의 프로그램에서 호출하기만 하면 되었다.

GM-NAA I/O 운영체제는 카드 입력기로부터 카드 입력, 테이프 입출력, 프린터 출력 등, 모든 응용프로그램이 공통적으로 필요로 하는 I/O 작업을 수행하는 코드를 메모리에 상주시켰기 때문에, GM-NAA I/O 운영체제를 I/O System이라고도 불렀다. GM-NAA I/O 운영체제가 오늘날 운영체제의 장치 관리 기능과 프로그램 적재 및 실행 기능을 갖추고 대기 중인 작업들을 하나씩 적재하고 실행시키기 때문에, 컴퓨터 학자들은 GM-NAA I/O를 최초의 운영체제라고 평가한다.

최초의 운영체제 GM-NAA I/O의 기능을 통해 오늘날의 운영체제로 발전하는 초기 모습을 보았다. 오늘날 우리들에게는 리눅스나 Windows 운영체제가 여러 응용프로그램을 동시에 실행시키는 것이 당연해보이지만, 그 당시 사람 손을 거치지 않고, 쌓아놓은 프로그램들을 1개씩 순서대로 자동 실행시키는 소프트웨어(운영체제)의 존재는 참으로 대단한 창조물이었다.

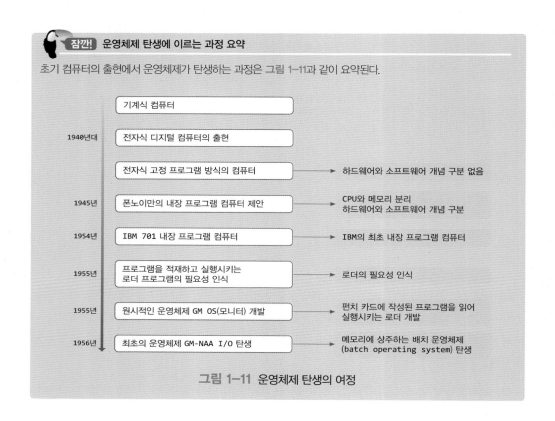

잠깐! 운영체제 탄생에 이르는 과정 요약

초기 컴퓨터의 출현에서 운영체제가 탄생하는 과정은 그림 1-11과 같이 요약된다.

기계식 컴퓨터	
1940년대 전자식 디지털 컴퓨터의 출현	
전자식 고정 프로그램 방식의 컴퓨터	→ 하드웨어와 소프트웨어 개념 구분 없음
1945년 폰노이만의 내장 프로그램 컴퓨터 제안	→ CPU와 메모리 분리 / 하드웨어와 소프트웨어 개념 구분
1954년 IBM 701 내장 프로그램 컴퓨터	→ IBM의 최초 내장 프로그램 컴퓨터
1955년 프로그램을 적재하고 실행시키는 로더 프로그램의 필요성 인식	→ 로더의 필요성 인식
1955년 원시적인 운영체제 GM OS(모니터) 개발	→ 펀치 카드에 작성된 프로그램을 읽어 실행시키는 로더 개발
1956년 최초의 운영체제 GM-NAA I/O 탄생	→ 메모리에 상주하는 배치 운영체제 (batch operating system) 탄생

그림 1-11 운영체제 탄생의 여정

3 운영체제의 발전

운영체제의 태동 후 발전 과정을 알아보자. 하드웨어 기술의 발전은 직접적으로 운영체제의 발전을 이끌었다. CPU의 처리 속도가 빨라지고, 메모리의 속도나 크기가 늘어나고, 컴퓨터 장치들이 빨라지고, 새로운 장치가 개발되는 등 변화가 있을 때마다 운영체제는 쑥쑥 발전해 왔다. 운영체제는 여러 회사나 대학에서 동시 다발적으로 연구되고 발전되어 왔기 때문에 운영체제의 각 기능마다 최초에 대한 논쟁의 소지가 있다. 이런 점을 감안하여 큰 맥락에서 운영체제의 발전에 대해 이해해보자.

3.1 운영체제의 태동 시절

컴퓨터의 출현 이래 운영체제의 모양을 갖추기 시작할 때까지 과정을 앞서 설명하였기 때문에 이 절에서는 간단히 요약한다.

운영체제 암흑 시대

1940년대 중반에서야 기계식을 벗어나 전자식 디지털 컴퓨터가 만들어졌다. 이 시절은 아직 운영체제의 개념도 실체도 없던 암흑 시절이었다. 그림 1-12는 운영체제 암흑 시절 프로그램을 실행하는 과정을 간단히 보여준다. 프로그램 개발자가 프로그램을 펀치 카드에 입력하고, 컴퓨터 실 앞에서 대기자 명단에 이름을 적은 후 자신의 차례가 올 때까지 기다린다. 자기 차례가 되면, 카드 입력 장치에 펀치 카드를 쌓아놓고, 프린터를 켜고 용지를 걸고, 컴퓨터를 제어하는 콘트롤 패널 아래서 카드 입력 장치를 작동시키는 버튼을 누르고, 펀치 카드가 잘 읽혀지는지 관찰하고, 작업이 끝나면 프린트된 종이를 뜯어내는 등 모든 작업을 하고, 모든 것을 제 자리에 돌려놓은 후 퇴실하였다.

그림 1-12 운영체제가 없던 시절, 컴퓨터 사용

초기 운영체제 시작

이 시절에는 개발자가 곧 컴퓨터 관리자였으므로 개발자의 업무가 과중했다. 개발자가 컴퓨터를 셋업하는 시간 동안 컴퓨터는 놀게 되어 컴퓨터의 활용률은 매우 낮았다. 그런 와중에 컴퓨터 하드웨어는 발전을 거듭하여 메모리 속도가 개선되고 CPU 처리 속도 또한 높아졌다. 더 이상 비싼 컴퓨터가 노는 것을 방치할 수 없었고, 컴퓨터의 활용률을 높이기 위한 노력이 이루어진 끝에, GM-NAA I/O와 같은 초기 형태의 배치 운영체제가 개발되었다.

3.2 배치 운영체제

출현 배경

운영체제의 암흑시대를 거쳐 초기 운영체제가 개발되었지만, 컴퓨터가 작동하는 시간에 비해 셋업에 걸리는 시간이 커서 컴퓨터 활용률이 낮았었다. 컴퓨터의 노는 시간(idle time)을 줄여 컴퓨터의 활용률을 향상시킬 필요에 의해 배치 운영체제(batch operating system)가 개발되었다. 1964년 IBM System/360 운영체제와 함께 본격적으로 배치 운영체제의 시대가 시작되었다.

배치 운영체제 컴퓨터 시스템

그림 1-13은 배치 운영체제에 의한 배치 처리 과정을 간단히 보여준다. 배치 운영체제의 도입으로 개발자와 관리자가 구분되게 되었다. 개발자는 손으로 작성한 프로그램을 펀치 카드에 입력한 다음, 입력 데크에 올려놓고 관리자가 실행해 주기를 기다리기만 하면 된다. 입력 데크에는 여러 개발자들이 두고 간 펀치 카드들이 순서대로 놓여있다. 배치(batch)란 한 개발자가 작성한 펀치 카드의 묶음이며 배치 작업(batch job)을 줄여 부르는 말이기도 하다. 그러므로 배치가 하나의 프로그램인 셈이다. 관리자는 입력 컴퓨터를 작동시켜 쌓여 있는 여러 배치를 읽어 테이프 장치에 저장한다.

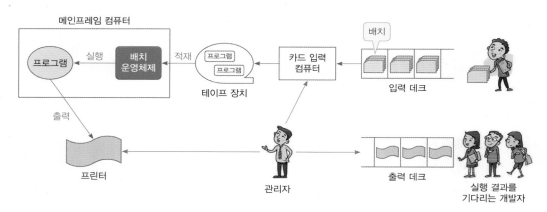

- 관리자는 비교적 저렴한 카드 입력 컴퓨터를 이용하여 펀치 카드를 테이프 장치에 적재
- 배치 운영체제는 테이프 장치에 대기 중인 작업을 한 번에 하나씩 읽어 들여 실행
- 프로그램이 출력한 결과는 프린터에 출력
- 관리자는 출력된 프린트 용지를 개발자 별로 나누어 출력 데크에 쌓아 놓음

그림 1-13 배치 운영체제와 배치 처리

관리자가 컴퓨터를 작동시키면, 배치 운영체제가 실행되어 자동으로 테이프 장치에 들어 있는 배치 작업(job, 프로그램)을 메모리로 읽어 들이고 실행시킨다. 배치 운영체제는 한 번에 하나씩 작업을 처리한다. 오늘날처럼 그래픽 디스플레이가 있었던 시절은 아니었기에, 프로그램의 실행 결과는 프린터에 출력되었다.

관리자는 프린터에 출력된 결과물을 뜯어 펀치 카드와 함께 묶고 출력물을 쌓아놓는 곳에 두면 개발자가 가져간다. 보통 배치 작업의 출력물은 그 다음 날 아침에 찾게 된다. 저자 역시 대학 시절 배치 시스템에서 Fortran 프로그래밍 과제를 수행하였는데, 펀치 카드로 Fortran 프로그램을 작성하고 관리자에게 전달한 후 그 다음 날 프린트된 결과물을 찾았었다. 배치 운영체제로 작업을 처리하는 방식을 배치 처리(batch processing)라고 부른다.

> 배치 처리의 특징을 정리하면, 여러 배치 작업들을 모아서 한꺼번에 실행하되 한 번에 한 개씩 순차적으로 실행하고, 비대화식이며, 프린터에 결과를 출력하며, 작업을 요청한 한참 뒤에나 결과를 받는다.

잠깐! 오늘날에도 배치 처리가 있는가?

배치 처리는 오래전 역사적 사건으로 끝난 것인가? 아니다. 오늘날에도 배치 작업과 배치 처리는 존재한다. 실행 중 사용자와 대화할 필요 없이 대량의 데이터를 처리하는 응용프로그램의 경우 여전히 배치 작업으로 처리되고 있다. 예를 들어 웹 사이트의 접속 기록을 담은 로그(log)를 분석하는 작업이나, 은행이나 기업에서 하루의 일과를 마치고 보고서를 생성하는 응용프로그램, 문서를 대량 프린트하는 응용프로그램 등 다양한 응용들이 있다. 이들은 실행되는 동안 사용자와의 대화가 필요 없기 때문에, 다른 프로그램의 실행 성능에 방해를 주지 않기 위해 주로 밤에 낮은 우선순위에서 백그라운드로 실행시킨다. 운영체제마다 사용자가 배치 작업을 실행할 수 있는 명령들을 두고 있는데, 유닉스나 리눅스의 경우, cron, at, batch 등이 있다.

3.3 다중프로그래밍(multiprogramming) 운영체제

출현 배경

1960년대 중반 하드웨어 기술의 발전이 급격히 이루어져 CPU와 메모리 등 하드웨어 속도가 개선되고 컴퓨터 가격이 상승하였다. 그러므로 컴퓨터의 처리율(throughput, 단위 시간당 처리하는 작업의 개수)을 높이기 위해 CPU를 보다 효율적으로 사용하는 방법을 고안해야 했다. 즉 CPU의 노는 시간을 최대한 줄여 가능한 많은 사용자 프로그램을 실행시키는 방법이 필요했다.

하나의 프로그램이 실행되는 과정은 일반적으로 다음과 같이 CPU 작업과 I/O 작업이 반복되는 형태를 띤다.

> CPU 작업 - I/O 작업 - CPU 작업 - I/O 작업 - CPU 작업 - … - 종료

배치 시스템은 한 번에 한 개의 작업만 실행시키므로, CPU가 프로그램을 실행하다가 파일을 읽거나 파일에 쓰거나 프린터로 출력하는 등 I/O 작업이 발생하면, CPU는 I/O 장치가 I/O 작업을 끝낼 때까지 놀면서 대기할 수밖에 없었다.

더욱이 I/O 장치가 CPU에 비해 수백에서 수천 배 느리기 때문에, I/O가 발생하면 CPU는 엄청난 시간을 낭비하게 된다. 프로그램이 실행되는 동안 CPU가 I/O를 기다리는 시간이 프로그램의 전체 실행 시간의 80~90%에 달한다는 연구 보고도 있다. I/O의 횟수가 많아지면 문제는 더 커진다. 배치 운영체제를 사용하는 시스템에서는 I/O가 처리되는 긴 시간 동안 CPU가 아무 일도 하지 못하고 대기해야했기 때문에 CPU 활용률이 저조했다.

다중프로그래밍 기법

배치 운영체제의 단점으로 인식된 저조한 CPU 활용률을 극대화하기 위해 다음과 같은 다중프로그래밍 기법이 제안되었다.

> 다중프로그래밍은 여러 프로그램을 메모리에 올려놓고 동시에 실행시키는 기법으로, 초기 다중프로그래밍 기법은 CPU가 한 프로그램을 실행하다 I/O가 발생하면 입출력이 완료될 때까지 CPU가 메모리에 적재된 다른 프로그램을 실행하게 하여 CPU의 노는 시간을 줄인다.

그림 1-14는 3개의 프로그램 A, B, C가 순서대로 도착하여 하나의 CPU에 의해 다중프로그래밍 기법으로 처리되는 사례를 보여준다. 3개의 프로그램이 메모리에 적재된 상태에서 실행이 시작된다. CPU는 먼저 도착한 프로그램 A를 실행한다. 프로그램 A가 실행 도중 파일 읽기 등 I/O 작업을 요청하였다. I/O 장치로부터 입출력이 완료될 때까지 CPU는 프로그램 A를 위해 아무 작업도 할 수 없기 때문에, 운영체제는 메모리에 적재된 프로그램 B를 선택하여 실행시킨다. 프로그램 B도 I/O 작업을 요청하게 되면 운영체제는 프로그램 C를 실행시킨다. 프로그램 C의 실행 도중 프로그램 A가 요청한 I/O 작업이 완료되면, 운영체제는 프로그램 C의 처리를 일시 중단하고 프로그램 A를 실행시키는 식으로 CPU를 놀리지 않고 3개의 작업을 실행시킨다. 그림 1-14에서 볼 수 있듯이, 3개의 프로그램이 모두 I/O 작업을 요청하여 대기하고 있으면 CPU는 놀 수(CPU idle)밖에 없다.

그림 1-14는 다중프로그래밍을 구현하는 하나의 예시이다. 프로그램 C의 실행도중 프로그램 A의 I/O 작업이 완료되었을 때 프로그램 A를 다시 실행시키지 않고 프로그램 C를 계속 실행시키다가 프로그램 C가 I/O 작업을 할 때 프로그램 A로 스위칭할 수도 있다. 하지만, 그 당시 배치 처리에 익숙한 상황을 고려해보면, 도착한 순서대로 처리하는 것이 옳다. 먼저 도착한 프로그램 A는 I/O 때문에 다른 프로그램에게 강제로 양보하게 되었으므로 자신의 I/O 작업이 완료되면 우선적으로 처리될 필요가 있다.

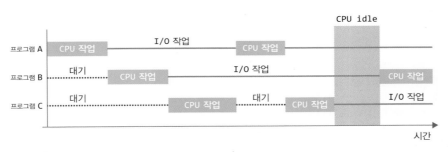

그림 1-14 다중프로그래밍 기법으로 3개의 프로그램이 실행되는 과정

다중프로그래밍 기법 아래에서는 메모리에 적재된 프로그램들이 조금씩이지만 모두 동시에 실행되고 있는 셈이다. 그래서 다중프로그래밍을 여러 개의 프로그램을 동시에 실행시키는 기법이라고 하며, 메모리에 적재되어 동시에 실행되는 프로그램의 개수를 '다중프로그래밍 정도 (Degree Of Multiprogramming, DOM)'라고 한다. DOM은 9장, 10장 등 메모리 관리에서 자주 언급된다.

다중프로그래밍 운영체제를 가진 컴퓨터 시스템

다중프로그래밍 운영체제는 다중프로그래밍 기법으로 컴퓨터 시스템을 관리하는 운영체제로서, 초기 다중프로그래밍 시스템은 그림 1-15와 같이 구성된다. 테이프 장치가 더 빠른 하드 디스크 장치로 바뀌었을 뿐 배치 시스템과 모양이 거의 같다. 배치 시스템에서와 동일하게, 개발자들은 프로그램을 가져와 입력 데크에 쌓아두면 관리자가 입력 컴퓨터를 작동시켜 입력 데크에 모인 프로그램들을 디스크 장치로 읽어 들인다. 디스크 장치에는 실행을 기다리는 여러 프로그램들이 담긴다.

다중프로그래밍 운영체제는 메모리 크기를 고려하여 디스크 장치로부터 제한된 개수의 프로그램을 메모리에 적재하고 프로그램 실행을 시작한다. 프로그램이 종료될 때마다 디스크 장치에 대기 중인 프로그램 하나를 메모리에 적재하여 실행에 참여시킨다. 이런 식으로 다중프로그래밍 기법은 메모리에 적재된 여러 개의 프로그램을 동시에 실행시킨다.

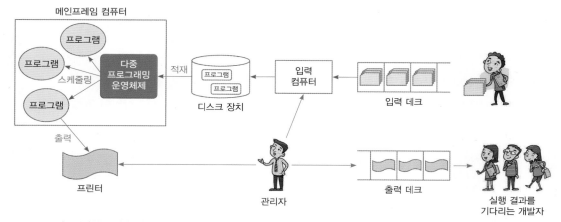

메인프레임 컴퓨터

다중 프로그래밍 운영체제

- 메모리에 빠르게 적재하기 위해 테이프 장치 대신 디스크 장치 사용
- 운영체제는 메모리 크기를 고려하여 디스크 장치에 대기 중인 적당한 개수의 프로그램 적재
- 한 프로그램의 실행이 끝날 때마다 디스크에서 대기 중인 프로그램 적재
- 관리자는 출력된 프린트 용지를 사용자 별로 나누어 출력 데크에 쌓아 놓음
- 프로그램이 I/O를 실행하면, 운영체제는 I/O가 완료될 때까지 메모리에 적재된 다른 프로그램을 선택하고 CPU가 실행
- 시스템의 구조는 배치 시스템의 구조와 거의 유사

그림 1-15 다중프로그래밍 운영체제를 사용하는 컴퓨터 시스템

이렇듯, 다중프로그래밍 운영체제는 동시에 여러 프로그램을 실행시키기 위해 배치 운영체제에 비해 복잡해지게 되었다. 다중프로그래밍 기법은 오늘날 운영체제의 핵심 기법이 되었으며, 오늘날 모든 운영체제는 다중프로그래밍 운영체제라고 할 수 있다.

탐구 1-1 배치 운영체제와 다중프로그래밍 운영체제의 실행 비교

3개의 프로그램 A, B, C가 실행되는 과정을 사례로 들어, 배치 운영체제와 다중프로그래밍 운영체제를 비교하라.

그림 1-16은 배치 운영체제와 다중프로그래밍 운영체제에서, 메모리에 적재된 3개의 프로그램 A, B, C가 실행되는 과정과 걸린 시간을 비교하여 보여준다.

그림 1-16(a)의 배치 운영체제 경우를 먼저 보자. 프로그램 A가 먼저 메모리에 적재되어 실행된다. 2의 시간 동안 CPU 작업이 진행되다가 2의 시간 동안 I/O가 수행되고, 다시 3의 시간 동안 CPU 작업이 실행되고 3의 시간 동안 I/O를 수행한 후, 마지막으로 3의 시간 동안 CPU 작업이 수행된 후 종료되었다. 곧바로 프로그램 B가 적재되어 실행을 시작한다. 프로그램 B가 적재되는 시간은 무시한다. CPU는 프로그램 B의 코드를 1의 시간 동안 실행하다가 I/O가 발생하여 3의 시간 동안 놀면서 대기한다. 그 후 1의 시간 동안 실행하다가 I/O가 발생한 3의 시간을 CPU는 대기하면서 시간을 보낸 후, 2의 시간 동안 코드를 실행하고 종료한다. 이런 식으로 프로그램 C도 실행된다. 프로그램 A, B, C가 모두 처리되는데 총 30의 시간이 소요되었다.

그림 1-16(b)는 동일한 프로그램 A, B, C에 대해 다중프로그래밍 운영체제에서 실행되는 과정을 보여준다. 프로그램 A, B, C 모두 메모리에 적재한 상태이다. CPU가 프로그램 A의 코드를 2의 시간 동안 실행하다가 프로그램 A의 코드에서 I/O가 발생하면, 운영체제는 프로그램 A의 실행을 일시 중지시키고 메모리에 대기 중인 프로그램 B를 선택하고 CPU에게 실행시킨다. CPU가 프로그램 B의 코드를 1의 시간 동안 실행한 시점에 프로그램 B의 코드에서 I/O가 발생하고, 운영체제는 다시 프로그램 B를 일시 중지시키고 프로그램 C를 실행시킨다. CPU가 프로그램 C의 실행을 시작한 후 1의 시간이 지날 때, 프로그램 A에서 발생시킨 I/O 작업이 완료되었기 때문에 운영체제는 프로그램 C의 작업을 중단시키고 중단된 프로그램 A의 작업을 계속하여 실행시킨다. 여기서 A를 실행시킬지 아니면 C를 계속 실행시킬지는 선택의 문제이다. 저자는 먼저 실행을 시작한 A에게 우선권을 주어 A를 실행시킨 것뿐이다. 이런 식으로 3개 프로그램의 실행이 진행된다. 프로그램 A, B, C가 모두 처리되는데 총 17의 시간이 소요되었다.

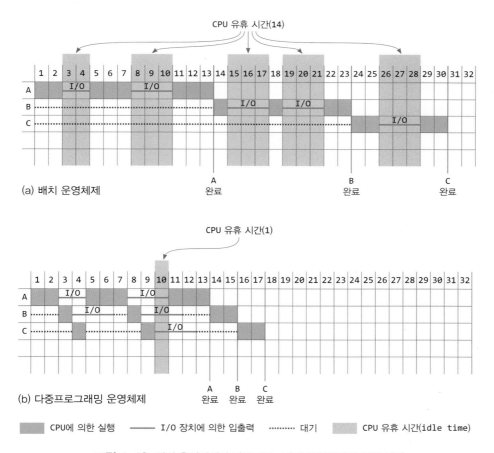

그림 1-16 배치 운영체제와 다중프로그래밍 운영체제의 실행 과정

표 1-2는 배치 운영체제와 다중프로그래밍 운영체제의 작업 처리 성능을 비교하여 보여준다. 3개의 프로그램이 모두 완료되는데 배치 운영체제의 경우 30의 시간이 걸린 반면, 다중프로그래밍 운영체제의 경우 17의 시간밖에 걸리지 않아 CPU의 활용률(utilization)과 작업 처리율(throughput)이 높다. CPU 활용률은 전체 시간에 대한 CPU 작동 시간의 비율이며, 처리율은 단위 시간당 처리한 작업 개수이다.

표 1-2 배치 시스템과 다중프로그래밍 시스템의 성능 비교

	배치 운영체제	다중프로그래밍 운영체제
총 실행 시간	30	17
CPU 유휴 시간	14	1
CPU 활용률	16/30 = 0.53 = 53%	16/17 = 0.94 = 94%
작업 처리율	3/30 = 0.1작업/시간	3/17 = 0.176작업/시간

다중프로그래밍 도입으로 인한 이슈

다중프로그래밍의 도입으로 CPU의 활용률과 작업 처리율이 높아져 배치 시스템에 비해 동일한 시간에 처리할 수 있는 작업의 개수가 많아졌다. 하지만, 다중프로그래밍 도입의 기쁨도 잠깐, 얼마 지나지 않아 다중프로그래밍으로 인해 예상치 못한 많은 문제들이 발생하게 되었다. 이 시기가 1960년대 중반이었으며, 이 문제들을 해결하는 과정에서 컴퓨터 시스템에 많은 발전이 이루어졌고, 운영체제 이론의 대부분도 이 시기에 형성되었다. 오늘날 우리가 배우는 많은 운영체제의 기본 이론과 기술들은 거의 이 시대에 완성된 것들이다.

그러면 다중프로그래밍의 도입으로 그 당시 컴퓨터 하드웨어나 운영체제가 해결해야 했던 이슈들이 어떤 것들이었는데 알아보면 다음과 같다.

- **큰 메모리 이슈**

여러 개의 프로그램을 동시에 메모리에 올려놓기 위해서는 메모리의 크기를 늘려야 했다.

- **프로그램의 메모리 할당(memory allocation) 및 관리(memory management) 이슈**

여러 프로그램을 동시에 실행하기 위해, 각 프로그램을 메모리의 어디에 적재할 것인지, 프로그램에게 할당할 메모리의 크기는 얼마가 적당한지, 몇 개의 프로그램을 메모리에 적재하는 것이 효율적인지 등 많은 메모리 관리 이슈들이 생겨났다. 이들에 대해서는 8, 9, 10장에서 다룬다.

- **메모리 보호(memory protection) 이슈**

프로그램이 실행 도중 다른 프로그램에게 할당된 메모리 영역을 침범하지 못하도록 할당된 메모리에 대한 보호 이슈가 생겨났다. 한 개의 프로그램만 메모리에 적재하던 배치 처리 시스템에는 없던 문제였다. 이들에 대해서는 8, 9, 10장에서 다룬다.

- **CPU 스케줄링과 컨텍스트 스위칭(context switching)**

 다중프로그래밍은 프로그램이 실행 도중 I/O를 요청하면, 운영체제는 프로그램의 실행을 중단시키고 I/O가 이루어지는 동안 메모리에 적재된 다른 프로그램을 선택하여 실행시킨다. 이때 메모리에 적재된 어떤 프로그램을 선택할 지 결정하는 CPU 스케줄링 이슈가 생겼으며, 실행이 중단되는 프로그램의 상태(컨텍스트)를 별도의 공간에 저장해두고, 스케줄링으로 선택한 프로그램의 이전에 저장해둔 상태(컨텍스트)를 다시 CPU에 복귀시키는 컨텍스트 스위칭 이슈가 대두되었다. 프로그램의 상태에 관한 내용은 3장과 4장에서 다루고 CPU 스케줄링은 5장에서 다루며, 컨텍스트 스위칭은 2, 3, 4장에서 다룬다.

- **인터럽트(interrupt) 개념 도입**

 운영체제는 I/O장치로부터 입출력이 완료되었음을 전달받는 방법이 필요했으며, 이에 인터럽트(interrupt) 개념이 도입되었다. 인터럽트는 2장에서 설명한다.

- **동기화(synchronization)**

 다중프로그래밍으로 인해, 여러 개의 프로그램이 동시에 실행되면서 동일한 자원을 동시에 사용하는 문제(concurrency problem)가 발생했다. 예를 들어 프로그램 A가 자원 R을 사용하여 자원 R의 상태를 S로 만들고 I/O를 발생시키면, 운영체제에 의해 일시 중단되고 프로그램 B가 실행된다. 프로그램 B는 프로그램 A가 자원 R을 사용하고 있었다는 사실을 모르고 자원 R을 T 상태로 만들고 사용하다가 일시 중단되고 다시 프로그램 A가 실행된다. 자원 R의 상태가 프로그램 B에 의해 훼손되었기 때문에, 실행을 재개한 프로그램 A가 자원 R을 사용하여 어떤 계산을 수행하면 틀린 결과를 얻게 되는 문제가 발생한다. 다중프로그래밍의 출현으로 인해 여러 프로그램이 자원을 동시에 사용할 때 프로그램 사이의 조율이 필요한 동기화 이슈가 생겼다. 동기화 이슈와 해결 방법에 대해서는 6장에서 다룬다.

- **교착상태(deadlock) 해결**

 동기화의 문제 중 하나로, 자원을 소유한 프로그램들 사이에 다른 프로그램이 소유한 자원을 서로 요청하면 자원을 획득할 때까지 서로 무한정 대기하는 교착상태가 발생한다. 예를 들어 프로그램 A와 프로그램 B가 각각 자원 R_1과 R_2를 소유한 상태에서, 프로그램 A는 프로그램 B가 소유한 자원 R_2를 요청하고 프로그램 B는 프로그램 A가 소유한 자원 R_1의 요청하는 경우, 두 프로그램은 무한정 대기하는 이른바 교착상태에 빠지게 됨을 발견하게 되었다. 교착상태와 그 해결에 대해서는 7장에서 다룬다.

이런 이슈들은 1960년대 후반에 제기되어 당시의 컴퓨터 과학자들에 의해 대부분 해결되었으며 근본 개념과 기술들은 오늘날에도 사용되고 있다. 또한 이 이슈들은 오늘날 운영체제를 구현할 때도 반드시 해결되어야 할 과제들이다. 다중프로그래밍 도입에 따른 문제 해결이 오늘날 운영체제 기술의 근간이 됨을 알고 나니 그저 놀라울 뿐이다!

3.4 시분할 다중프로그래밍(Time Sharing Multiprogramming) 운영체제

출현 배경

시분할 다중프로그래밍은, 여러 프로그램을 메모리에 적재하고 한 프로그램이 I/O 작업을 실행하는 동안 다른 프로그램에게 CPU를 할당하는 식의 다중프로그래밍 기법과는 달리, 적재된 여러 프로그램을 시간 단위로 나누어 번갈아 실행시키는 다중프로그래밍 기법이다. 시분할 다중프로그래밍 운영체제는 앞서 다룬 다중프로그래밍 운영체제와 거의 같은 시점에 연구되었다. 시분할 다중프로그래밍 운영체제를 줄여 시분할 운영체제라고도 한다. 시분할 운영체제는 그 당시 배치 처리와 다중프로그래밍 처리에 있는 다음과 같은 문제점을 해결하고자 하였다.

- ### 비대화식 처리방식(non-interactive processing)

오늘날 우리에게 익숙한 컴퓨터 사용 방식은, 사용자가 컴퓨터 앞에 앉아 마우스나 키보드로 직접 프로그램을 실행시키고 프로그램이 디스플레이에 출력한 결과를 보면서 다시 명령을 내리는 형식, 이른바 대화식 시스템(interactive system)이다. 하지만, 초기 다중프로그래밍 시스템은 대화식 시스템이 아니었다. 여러 프로그램을 메모리에 적재하고 동시에 실행시키기는 하지만 여러 프로그램(작업)들이 특정 시간에 모두 처리되며 프로그램 실행 결과도 한참 후에 받게 되는 방식이었다. 개선된 배치 처리라고 해도 무리가 없었다.

- ### 느린 응답 시간과 오랜 대기 시간

사용자는 프로그램을 제출하고 오랜 시간 후에 프로그램의 실행 결과를 출력된 종이로 받아 보았다. 그러므로 프로그램이 실행되는 중간 결과에 대해 사용자의 즉각적인 대응이 불가능하였다. 저자도 이런 경험을 한 적이 있다. 펀치 카드로 Fortran 프로그램을 작성하여 입력 데크에 쌓아 놓고 하루가 지난 후에야 결과를 받아 보았는데, 기대했던 프로그램의 실행 결과는 커녕 글자 하나 오타로 인해 컴파일 오류 메시지만 받게 되었다. 겨우 한 글자의 오타를 발견하는 데 하루를 보낸 셈이다. 1960년대 당시에도 뭔가 이를 극복할 방법이 필요했다.

시분할 운영체제의 시작

비대화식 처리 방식에 대한 이런 문제점들을 인식하고 행동에 나선 사람이 바로 MIT 대학의 John McCarty 교수였다. 1959년 당시 그는 다중프로그래밍 시스템에서 프로그램을 작성하면서 디버깅에 너무 많은 시간이 소요됨에 큰 불편을 느꼈다. 프로그램을 작성하여 한 번 실행시키는 데 하루가 걸리고, 결과를 보고 다시 수정하여 프로그램을 실행시키는데 또 하루가 걸리는 이런 방식이 매우 비효율적이라고 생각했다.

> McCarty 교수는 사용자에게 빠른 응답을 제공하고 사용자가 즉각적인 대응을 할 수 있는 대화식 운영체제(interactive operating system)를 제안하였다. 그리고 대화식으로 프로그램을 실행시키기 위해 원격으로 컴퓨터에 접속하는 원격 시스템을 제안하였다.

McCarty 교수가 제안한 원격 시스템은 그림 1-17과 같은 것으로, 사용자가 키보드와 모니터 그리고 모뎀(modem)과 전화선을 갖추고 전화선을 이용하여 원격에서 컴퓨터에 접속하며 프로그램의 출력 결과를 프린트 용지 대신 디스플레이 모니터에 출력한다. 사용자는 원격에서 컴퓨터에 접속한 뒤 프로그램의 실행을 요청하고, 프로그램이 출력하는 결과를 전송받아 자신의 모니터에서 즉각적으로 확인하고 다시 명령을 내리도록 제안하였다.

McCarty 교수가 제안한 대화식 시스템은, 1962년 MIT에서 CTSS(Compatible Time Sharing System)라는 이름으로 개발되었고, 1970년대에 와서는 다양한 대화식 시스템들이 출현되었다. 그렇지만 그 당시 이 시스템을 대화식 시스템이라고 부르지 않고 시분할 시스템이라고 불렀다. 그 이유는 다음 절에서 알아보자.

시분할 운영체제를 가진 시스템

시분할 운영체제는 여러 개의 프로그램을 메모리에 적재하고, 1초나 100밀리초(ms) 등 시간 할당량(time slice, 타임 슬라이스)을 정하여 시간 할당량만큼 메모리에 적재된 모든 프로그램에게 돌아가면서 CPU를 할당하고 실행시킨다. 시분할(time sharing)은 CPU 사용 시간을 여러 프로그램들에게 나누어 주는데서 붙여진 이름이다.

시분할 운영체제를 가진 컴퓨터 시스템은 그림 1-17과 같다. 터미널(terminal)은 키보드와 모니터, 모뎀으로 이루어진 간단한 입출력 장치이며, 전화선을 이용하여 메인프레임 컴퓨터에 연결한다.

시분할 운영체제는 사용자 개수만큼(터미널 개수) 사용자와 대화하도록 미리 준비된 프로그램을 실행시킨다. 이 프로그램은 해당 터미널로부터 사용자의 명령을 받아 명령을 처리하고 결과를 터미널에 출력한 후 사용자로부터의 다음 명령을 대기한다.

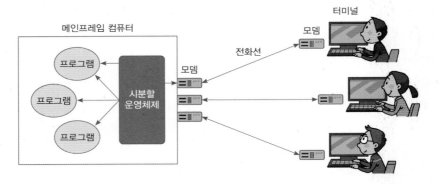

터미널

메인프레임 컴퓨터

프로그램

프로그램

프로그램

시분할 운영체제

모뎀

전화선

모뎀

- 터미널은 모니터와 키보드, 모뎀으로 구성된 간단한 입출력 장치이며, 전화선으로 메인프레임과 연결
- 메인프레임 컴퓨터에는 터미널(사용자)마다 사용자의 명령을 받아 처리하는 프로그램 실행
- 시분할이란 각 프로그램에게 고정된 시간(time slice)만큼 CPU를 할당하여 번갈아 실행시키는 기법
- 사용자의 키 입력 속도에 비해 컴퓨터의 속도가 비교할 수 없이 빠르기 때문에 시분할 처리 가능
- 사용자가 느리기 때문에 시간을 나누어 CPU가 여러 프로그램을 실행한다고 하더라도 사용자는 응답이 늦게 온다고 여기지 않는다. 사용자는 명령을 내리기 위해 생각하거나, 이전 결과를 분석하거나, 커피를 마시거나, 화장실을 가거나 하는 등 많은 시간을 지체하기 때문이다.

그림 1-17 시분할 운영체제를 가진 컴퓨터 시스템

시분할 운영체제는 일정 시간 간격으로 돌아가면서 프로그램에게 CPU를 할당한다. CPU 처리 속도는 사용자가 키를 입력하는 속도에 비교할 수 없이 빠르다. 그러므로 사용자가 명령을 입력하는 시간 동안 CPU가 다른 사용자들로부터 들어온 명령들을 충분히 처리할 수 있기 때문에, 각 사용자는 자신이 내린 명령에 대한 응답이 늦게 온다고 여기지 않는다.

예를 들어, 그림 1-18은 시간 할당량을 0.1초로 정하고 0.1초 간격으로 CPU를 할당하는 시분할 운영체제에 10명의 사용자들이 원격으로 접속한 경우이다. CPU는 각 사용자와 대화하는 프로그램을 0.1초 단위로 돌아가면서 실행한다. 그림 1-18(b)에서 사용자 3은 명령을 내린 후 명령을 처리하는 프로그램 p3이 CPU를 사용할 수 있을 때까지 대기한다. 그리고 CPU는 사용자 3이 내린 명령을 0.1초 내에 처리하여 결과를 터미널로 출력하고 다음 프로그램 p4를 실행한다. 만일 사용자가 터미널에서 이전 명령의 결과를 받은 후 새로운 명령을 내리는데 2초가 걸린다면, CPU는 2초 사이에 약 20번(2초/0.1초 = 20) 다른 사용자들의 명령을 처리할 수 있다. 사용자가 명령을 입력하는 시간이 생각보다 길며, 심지어 사용자는 터미널 앞에서 명령을 입력(타이핑) 하기 전에 생각하거나, 이전 결과는 분석하거나, 커피를 마시거나, 화장실을 가거나 하기 때문에, 터미널을 이용한 대화식 시스템에서는 시분할 방식이 매우 효과적이다.

그림 1-18은 어디까지나 개념을 보여주는 사례이다. 만일 사용자 3의 명령처리에 0.1초 이상의 CPU 시간이 걸리는 경우, 다음 차례에서 실행을 완료하게 된다. 혹은 사용자 명령이 없는 경우, 운영체제는 지체 없이 다음 프로그램에게 CPU를 할당한다.

통계처리와 같이 대화나 입출력 없이 한 번에 많은 시간이 걸리는 작업은 배치 운영체제가 적합한 면이 있지만, 한 번에 처리할 작업량이 적고 사용자가 컴퓨터와 대화식으로 작업을 처리하는 경우, 시분할 운영체제가 적합하다. 어쩌다 사용자가 요청한 작업이 오래 걸릴 수도 있지만, 짧은 작업의 경우 대부분 운영체제의 시간 할당량 안에 충분히 처리된다. 또한 사용자가 요청한 작업이 I/O를 요청할 때, 시간 할당량의 남은 시간을 기다리지 않고 운영체제가 다음 프로그램을 즉각 실행시키게 되면 각 프로그램(사용자)의 실행 차례는 더 빨리 온다. 시분할 운영체제는 실행 중인 프로그램의 개수를 조절하거나 시간 할당량을 조절하여 사용자 응답 시간을 조정할 수 있다. 시분할 운영체제에서 각 프로그램에게 동일한 시간 할당량만큼씩 번갈아 실행시키는 스케줄링 기법을 라운드 로빈(round-robin, RR)이라고 부른다. 시분할 다중프로그래밍 시스템은 사용자에게는 대화식 시스템으로 보이지만, 운영체제에게는 시분할 시스템이다.

결론적으로 시분할 운영체제는 다중프로그래밍 기법과 대화식 처리, 그리고 시분할 스케줄링을 결합하여 여러 프로그램을 동시에 실행시키는 운영체제이다. Unix, Linux, Windows 등 오늘날 대부분의 운영체제가 시분할 운영체제의 기능을 가지고 있다.

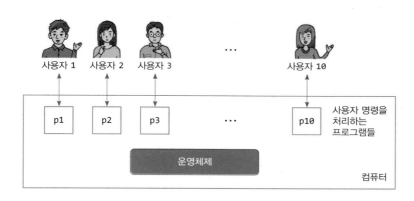

(a) 시분할 시스템에서 10명의 사용자가 원격으로 연결된 상황

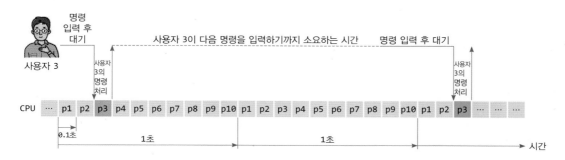

(b) 사용자 3의 명령 입력과 처리, 그리고 다음 명령을 처리하는데 걸리는 시간

그림 1-18 시분할 시스템 사례: 각 프로그램(사용자)에게 0.1초씩 CPU 할당

탐구 1-2 배치 운영체제, 다중프로그래밍 운영체제, 시분할 운영체제의 실행 비교

앞서 탐구 1-1에서 제시된 3개의 프로그램이 시분할 운영체제에서 실행되는 과정을 알아보고 배치 운영체제와 다중프로그래밍 운영체제, 그리고 시분할 운영체제를 비교해보자.

그림 1-19는 3개의 프로그램 A, B, C가 시분할 운영체제에서 실행되는 과정을 보여주며, 표 1-3은 CPU 활용률 등 성능을 비교하여 보여준다. 그림 1-19의 과정을 알아보자. 타임 슬라이스를 1로 가정한다. 프로세스 A가 1의 시간 동안 CPU를 할당받아 실행되다가 타임 슬라이스 후 프로세스 B로 교체되었다. 프로세스 B는 타임 슬라이스 1의 시간을 거의 소진하기 전에 입출력을 요청하였다고 가정한다. 그리고 프로세스 C로 교체된다. 프로세스 C에게 할당된 타임 슬라이스가 다할 때 프로세스 A로 다시 교체된다. 프로세스 A 역시 타임 슬라이스를 거의 다하기 전 입출력을 요청하여 준비 상태의 프로세스 C로 교체된다. 이런 식으로 3개의 프로세스가 시간을 나누어 실행되며 CPU 유휴 시간은 없었다.

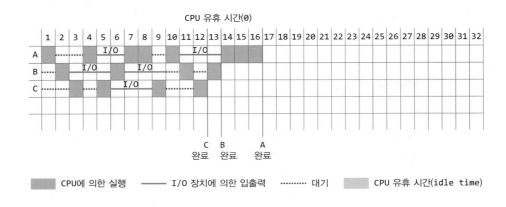

그림 1-19 시분할 운영체제의 실행 과정

표 1-3 배치 운영체제, 다중프로그래밍 운영체제, 시분할 운영체제의 성능 비교

	배치 운영체제	다중프로그래밍 운영체제	시분할 운영체제
총 실행 시간	30	17	16
CPU 유휴 시간	14	1	0
CPU 활용률	16/30 = 0.53 = 53%	16/17 = 0.176 = 94%	16/16 = 100%
처리율	3/30 = 0.1작업/시간	3/17 = 0.176작업/시간	3/16 = 0.1875작업/시간

3.5 개인용 운영체제

1970년대 당시 거의 모든 컴퓨터 시스템은 시분할 운영체제를 사용하였다. 한편, 반도체 기술과 컴퓨터 하드웨어의 발전으로 공간을 많이 차지했던 메인프레임 대신 작으면서 성능이 뛰어난 미니컴퓨터(Minicomputer)가 대세를 이루었다. 미니컴퓨터는 여러 사용자가 동시에 터미널을 이용하여 원격에서 사용하는 다중 사용자 컴퓨터로서 특별한 전문 관리자에 의해 관리되었다. 미니컴퓨터 사용자들이 늘어남에 따라 사용자들의 응답 속도는 떨어지고, 터미널이 있는 장소에 가야만 컴퓨터를 사용할 수 있는 등 사용자들은 조금씩 불편함을 느끼기 시작했다. 저자의 경우에도 미니컴퓨터인 VAX 750에서 PASCAL 프로그램을 작성하곤 했는데, 40명 정도의 학생들이 동시에 접속하여 사용하면 컴파일 한 번 하는데 30분가량 걸려 컴파일 시켜놓고 족구나 우유팩 차기를 했던 기억이 있다.

> 컴퓨터의 용도와 활용이 점점 늘어나면서 원격으로 접속하지 않고 가정에서 혼자 사용할 수 있는 개인용 컴퓨터(Personal Computer)에 대한 관심이 늘어났다.

개인용 컴퓨터의 도입과 상용화에는 마이크로프로세서(Microprocessor)의 개발이 결정적인 역할을 했다. 마이크로프로세서는 하나의 반도체 칩(chip)으로 만들어진 CPU 장치이다. 마이크로프로세서가 개발되기 전에는 수많은 IC(Integrated Circuit) 칩들을 연결하여 보드(board) 형태로 CPU를 만들었다. 마이크로프로세서가 처음 시장에 나온 것은 1971년으로, 인텔(Intel) 사에서 만든 4004라는 마이크로프로세서였다. 4004는 그림 1-20과 같이 손가락 한 개 정도의 작은 크기의 칩이지만 ENIAC 컴퓨터 한 대와 맞먹는 처리 능력을 가졌다.

초기 개인용 컴퓨터는 하나의 보드(single computer board)로 만들어져 미니컴퓨터보다 가격이 싸고 크기가 작아서 많은 호응을 받았으며 마이크로컴퓨터(Microcomputer)라고 불렸다. 혁신은 계속되고 Intel사의 8008과 8088, Zilog사의 Z80, Intel사의 8086, 80286, 80386 등 고성능 마이크로프로세서들이 속속 개발되어 다양한 마이크로컴퓨터가 탄생하였으며 오늘날의 PC로 발전하게 되었다.

그림 1-20 Intel의 4004 마이크로프로세서

(출처: 위키피디아, https://en.wikipedia.org/wiki/Intel_4004)

개인용 컴퓨터가 확산되게 된 것은 개인용 운영체제(Personal Operating System)의 탄생에 있다. 최초의 개인용 운영체제는 Digital Research 사의 창업자인 Kindall이 만든 CP/M이라고 알려져 있다. 메인프레임과 미니컴퓨터의 강자인 IBM은, 1980년 8월 개인용 컴퓨터의 가치를 발견하고는 Microsoft 사의 빌 게이츠에게 개인용 운영체제의 개발을 의뢰하였다. 빌게이츠는 Tim Paterson이 만든 QDOS의 소스 코드를 사용하기 위해 돈을 주고 구입하였지만, QDOS에서 Kindall이 만든 CP/M 코드가 복사된 흔적이 발견되었다. 이에 IBM은 CP/M에 대한 라이선스 비용까지 지불하게 되었고, CP/M과 QDOS를 바탕으로 빌게이츠가 완성한 개인용 운영체제를 DOS 혹은 MS-DOS라고 부르게 되었다.(출처: 책 They made America, Harold Evans)

IBM은 1981년 최초의 PC를 만들 때부터 작은 부팅 프로그램을 담은 ROM(Read Only Memory) 메모리를 장착하였다. 이 ROM에 담긴 부팅 프로그램(부트스트랩 코드)이 PC 하드웨어를 모두 테스트한 후, 디스크의 특정 영역에 저장된 MS-DOS 운영체제 코드를 메모리에 적재하도록 하였다. 이 방식은 오늘날 PC에도 여전히 사용되고 있다. ROM에는 하드웨어를 제어하는 기본적인 저수준(low level) 코드가 들어 있어, 이 프로그램을 BIOS(Basic Input Output System)라고 부른다. DOS 이후 1990년대 후반에 들면서 개인용 운영체제는 Windows, Mac OS, 리눅스의 3대 운영체제로 시장이 재편되고 오늘날까지 이어지고 있다.

3.6 임베디드 운영체제

임베디드(embedded, 내장형) 컴퓨터는 자동차, 비행기 제어 시스템, 공장, 디지털 TV, ATM기, 네비게이터, 엘리베이터, 블루레이 플레이어를 비롯한 미디어 재생기, POS 단말기, 교통신호시스템, 셋톱 박스, 게임기, 유무선 공유기 등 가전제품이나, 산업 현장의 기계들, 상용 제품 등에 내장되어 이들 장치들의 목적을 지원하는 소형 컴퓨터이다.

임베디드 운영체제(Embedded Operating System)는 임베디드 컴퓨터에서 장치들을 제어하고 작동시키는 기능을 수행하며, 장치를 제어하는 프로그램이 원활이 실행되도록 하는데 목적이 있다.

임베디드 운영체제로는 WinCE, 여러 종류의 임베디드 리눅스 등이 있다.

3.7 모바일 운영체제

하드웨어의 급속한 발전으로 휴대 가능한 크기로 들고 다닐 수 있는 모바일 장치 혹은 모바일 컴퓨터를 만들 수 있게 되었다. 스마트폰, 태블릿, 스마트시계와 같은 입는 컴퓨터(wearable computer) 등 어디에서나 휴대할 수 있는 다양한 모바일 컴퓨터들이 탄생하였으며 거의 공통적으로 터치스크린, 블루투스 장치, 전화기, 무선네트워크 장치, GPS, 사진 및 동영상 촬영이 가능한 카메라, 음성 인식, 녹음기, 근거리 통신 장치, 적외선 장치, 지문 인식기, 배터리 등의 장치를 가지고 있다. 모바일 컴퓨터 내의 이들 장치들을 구동시키고, 이들을 활용하는 다양한 응용프로그램을 실행할 수 있도록 특별히 설계된 모바일 운영체제(Mobile Operating System)가 출현하게 되었다.

> 다시 말하면, 모바일 운영체제는 모바일 전화기, 스마트폰, 태블릿 컴퓨터 등 다양한 이동용 혹은 휴대용 장치에서 실행되도록 만들어진 운영체제이다.

모바일 운영체제의 시작은 현재 흔히 볼 수 있는 스마트폰이 아니라, 그림 1-21과 같이 어른 손바닥만한 크기의 PDA(Personal Digital Assistant)로 불리는 Palm 탑 컴퓨터에서 시작되었다. 가장 초기의 모바일 운영체제는 1996년 공개된 Palm OS라고 알려져 있다.

그림 1-21 Palm OS(참조: 위키피디어)

그 후 다양한 모바일 컴퓨터의 출현과 함께 2003년 Windows Mobile 2003이 출시되고, 연이어 BlackBerry, Android, iPhone 운영체제들이 출시되었다. 현재 Android, iOS(2010년 6월 이후부터 iPhone 운영체제를 iOS로 명명), BlackBerry, Bada, Symbian, Windows Mobile 등 여러 모바일 운영체제가 있지만, 2019년 7월 기준 Android가 71%, iOS가 28%, Windows Phone OS(현재는 Windows 10 Mobile) 등이 나머지 부분을 점유하여 현재로서는 Android의 독식 시장이다.

그림 1-22 모바일 운영체제들

모바일 운영체제의 목적은 데스크톱 컴퓨터에 비해 메모리나 저장 장치의 크기가 작고 처리 능력이 낮은 CPU 등 상대적으로 열악한 모바일 장치의 하드웨어를 효율적으로 사용하고, 이동 중에도 다양한 응용소프트웨어들이 실행될 수 있는 환경을 제공하는데 있다. 또한 모바일 장치들은 배터리를 주된 전원으로 사용하기 때문에, 모바일 운영체제는 절전에도 큰 목표를 둔다. 최근에는 모바일 운영체제의 보안 지원에 대한 중요성도 높아지고 있다.

> **잠깐!** 노트북에 사용되는 운영체제
>
> 노트북이 '이동 가능한' 컴퓨터이긴 하지만, 데스크톱 컴퓨터와 구조나 기능면에서 크게 다르지 않기 때문에 노트북에는 데스크톱 운영체제가 그대로 사용된다.

3.8 운영체제의 종류

컴퓨터가 개발된 이래 지금까지 100개 이상의 운영체제가 개발되어 왔고, 지금도 여전히 새로운 운영체제가 개발되고 있다. 시대의 흐름에 따라 다양한 운영체제가 계속 개발되고 있는 것은 컴퓨터 하드웨어 기술의 발전과 사회적 변화에 따른 응용 분야의 다양화에 있다. 운영체제를 용도나 응용에 따라 종류를 알아보자.

데스크톱 운영체제

PC나 노트북 등 책상 위에 두고 개인 사용자가 사용하는 데스크톱 컴퓨터는 문서 편집, 웹 서핑, 포토샵, 인터넷 활용, 게임, 프로그램 개발, 음악 감상 등 범용(general purpose)으로 사용된다. 그러므로 데스크톱 운영체제의 목적은 비전문가라도 사용하기 쉽고, 다양한 종류의 응용 프로그램을 실행할 수 있도록 하는데 있다. 데스크톱에서 Windows, Mac OS, Linux가 전체 시장을 지배하고 있으며, Windows가 80~90%, Mac OS가 약 10~20%, 나머지는 Linux가 차지하고 있다.

서버 컴퓨터 운영체제

서버 컴퓨터는 웹 서버(web server), 데이터베이스 서버(database server), 파일 서버(FTP server), 메일 서버(email server) 등 서버 소프트웨어를 실행하는 목적으로, 네트워크에 연결하고 하루 24시간 365일을 중단없이 실행되는 컴퓨터이다. 서버 컴퓨터는 데스크톱 컴퓨터와 달리 사용자들이 원격에서 네트워크로 접속하여 사용하는 것이 일반적이므로, 모니터, 키보드, 마우스, 오디오 등 주변 장치들을 가지지 않는다.

서버 컴퓨터는 수많은 사용자가 네트워크로 접속하여 사용하므로, 서버 컴퓨터 운영체제의 기능은 보안에 매우 엄격하고 컴퓨터 자원을 최적으로 사용하는데 집중되어 있다. 서버 컴퓨터 운영체제로서는 Linux, FreeBSD, Windows Server, Mac OS Server 등이 있으며, 데스크톱 운영체제와 많은 코드를 공유한다.

그림 1-23은 대형 서버 컴퓨터의 전형적인 모습을 보여준다. 여러 개의 CPU(Processor, 프로세서) 모듈과 네트워크 모듈, 메모리 모듈, 저장장치 모듈이 외부 버스를 통해 연결되는 구조이다.

(a) 서버 컴퓨터의 뒷면   (b) 서버 컴퓨터의 앞면

그림 1-23 서버 컴퓨터

모바일 운영체제

모바일 운영체제는 모바일 전화기, 스마트폰, 태블릿 컴퓨터 등 다양한 이동용 혹은 휴대용 장치에서 실행되도록 만들어진 운영체제로 Android, iOS, BlackBerry, Bada, Symbian, Windows Mobile 등이 있다. 모바일 운영체제의 목적은 데스크톱 컴퓨터나 서버 컴퓨터에 비해 메모리나 저장 장치의 크기가 작고 처리 능력이 낮은 CPU 등 상대적으로 열악한 모바일 장치의 하드웨어를 효율적으로 사용하고, 이동 중에도 다양한 응용 소프트웨어들이 실행될 수 있는 환경을 제공하는데 있다. 또한 모바일 장치들은 배터리를 주된 전원으로 사용하기 때문에 절전에도 목표가 있다. 최근에는 보안 지원에 대한 중요성도 높아지고 있다.

임베디드 운영체제

임베디드 시스템은 자동차, 비행기 제어 시스템, 공장, 디지털 TV, ATM기, 네비게이터, 엘리베이터, 블루레이 플레이어를 비롯한 미디어 재생기, POS 단말기, 교통신호시스템, 셋톱박스, 게임기, 유무선 공유기 등 가전제품이나, 산업 현장의 기계들, 상용 제품 등에 보이지 않게 내장되어 이들 장치들의 작동을 제어하는 컴퓨터이다. 그러므로 임베디드 운영체제는 임베디드 컴퓨터에서 실행되어 장치들을 제어하고 작동시키는 기능을 수행한다. 임베디스 운영체제로는 WinCE나 여러 종류의 임베디드 Linux(Embedded Linux) 등이 있다. 임베디드 운영체제의 목표는 장치를 제어하는 프로그램이 원활이 실행되도록 하는데 있다.

실시간 운영체제

실시간 운영체제(RTOS, Real-Time Operating System)는 실시간 응용프로그램 혹은 태스크가 각각 정해진 완료시간(deadline, 마감 시간) 이내에 처리되도록 보장하는 것을 목표로 하는 운영체제로서, Windows나 Linux와 같은 범용 운영체제(general purpose operating system)와는 구조와 목표가 완전히 다르다. 예를 들면 비행기를 제어하는 컴퓨터 시스템이나 원자력 발전소를 제어하는 컴퓨터 시스템은 수많은 센서로부터 들어오는 입력에 대해 정해진 완료시간(예: 1ms) 내에 반응하도록 구현되어야 한다. 운영체제가 각 태스크를 정해진 데드라인 내에 스케줄하지 못한다면 파국이 생길 수 있기 때문이다.

실시간 운영체제는 실시간 응용프로그램의 개발 및 디버깅, 성능 모니터링, 미리 실행해보는 시뮬레이터, 메모리의 사용량 등을 분석하는 도구 등 다양한 프로그램들을 포함하고 있다. 현재 상용 실시간 운영체제로는 PSOS, Vrtx, RT Linux, Lynx 등이 있다.

> **잠깐!** 임베디드 운영체제, 실시간 운영체제, 모바일 운영체제
>
> 모바일 운영체제나 실시간 운영체제를 임베디드 운영체제의 한 유형으로 보기도 한다. 이들은 모두 휴대폰이나 이동용 장치, 가전 제품, 특수 목적 장치 등에 내장된 컴퓨터에서 특수 목적으로 사용되기 때문이다.

Notes

운영체제 개념

- 운영체제는 컴퓨터 사용자와 컴퓨터 하드웨어 사이에 중계 역할을 하면서 컴퓨터의 모든 자원과 프로그램 실행을 관리하고 제어하는 시스템 소프트웨어이다.

- 컴퓨터의 자원은 처리기(CPU), 메모리, 키보드, 마우스, 디스플레이, 하드 디스크, 프린터 등 하드웨어 자원과 프로그램들의 소프트웨어 자원 그리고 파일, 데이터베이스 등 데이터 자원을 포함한다.

- 운영체제는 자원을 독점 관리하여 여러 프로그램이 자원을 공유할 수 있도록 한다.

- 운영체제의 목적은 사용자의 편리성과 자원 활용의 효율성에 목표가 있으며, 프로세서/프로세스 관리, 메모리 관리, 파일 관리, 장치 관리, 보안, 사용자 관리, 통계, 오류발견 및 대응, 부팅 등 기능을 수행한다.

운영체제의 태동

- 고정 프로그램 컴퓨터란 1940년대 전선을 연결하는 방식으로 오직 한 개의 프로그램을 컴퓨터 하드웨어에 고착화시키는 초기 방식의 컴퓨터이다.

- 고정 프로그램 컴퓨터에는 하드웨어와 소프트웨어가 분리되어 있지 않았고 처리장치와 메모리의 분리 개념도 없었다.

- 내장 프로그램 컴퓨터는 1945년 폰노이만에 의해 제안된 컴퓨터 모델로 CPU, 메모리, 입력 장치, 출력 장치로 나누어지며, 프로그램은 메모리에 적재시키고 CPU는 메모리에 적재된 코드를 실행하는 방식이다. 내장 프로그램 컴퓨터의 등장은 하드웨어와 소프트웨어의 개념을 명확히 분리시켰다.

- 1955년 GM은 사용자 프로그램을 펀치카드로부터 메모리에 적재하는 GM OS라고 불리는 로더(loader)를 개발하였는데 사용자 프로그램을 메모리로 읽어 들여 실행시킨다는 점에서 최초의 원시 운영체제로 평가된다.

- 최초의 운영체제는 GM과 NAA가 합동하여 만든 GM-NAA I/O 소프트웨어이다. GM-NAA I/O의 메인 프로그램은 메모리에 상주하면서 사용자의 작업을 한 번에 하나씩 메모리에 적재하여 실행시킨다. 그리고 카드 입력기, 테이프, 프린터 등 입출력 장치를 제어하는 공통 루틴을 라이브러리화하여 응용프로그램이 공유할 수 있게 하였다.

운영체제의 발전

- 배치 운영체제는 사용자가 제출한 작업들을 정해진 시간에 한 번에 하나씩 메모리에 적재하여 실행시킨다.

- 다중프로그래밍 운영체제는 한 작업이 완료될 때까지 다른 작업을 처리하지 않는 배치 운영체제의 낮은 처리율을 개선하기 위해, 여러 개의 작업을 메모리에 적재하고 한 작업이 입출력을 실행할 경우, CPU에게 다른 작업을 실행시켜 입출력으로 인한 CPU의 유휴 시간을 줄이고, 동시에 여러 프로그램을 실행시킨다.

- 다중프로그래밍의 도입으로 CPU의 활용률과 처리율은 높아졌지만, 여러 개의 프로그램을 동시에 메모리에 적재하고 실행시킴으로서 큰 메모리가 필요하고, 메모리 할당 및 보호, CPU 스케줄링, 컨텍스트 스위칭, 인터럽트, 프로세스 동기화, 교착상태 등 여러 해결 이슈들이 생겨났다.

- 시분할 다중프로그래밍 운영체제는 기존의 비대화식 실행 방식, 오랜 대기, 느린 응답의 문제를 해결하기 위해, 사용자가 컴퓨터와 원격으로 연결된 터미널로 프로그램의 실행을 제어하는 대화식 방법을 지원한다. 시분할 운영체제는 터미널에 연결된 각 사용자에게 시간 할당량만큼 CPU를 돌아가면서 할당한다. 오늘날 대부분의 운영체제가 시분할 운영체제의 기능을 가지고 있다.

- 개인용 운영체제는 개인용 컴퓨터에서 실행되는 운영체제로 다중 사용자로 인한 느린 응답 속도와 터미널이 있는 방으로 가야하는 불편함을 해소한다. 마이크로프로세서의 상용화는 개인용 컴퓨터 개발에 결정적인 역할을 하였다.

- 모바일 운영체제는 모바일 전화기, 스마트폰, 태블릿 컴퓨터 등 다양한 이동용 혹은 휴대용 장치에서 실행되도록 만들어진 운영체제로, 상대적으로 열악한 모바일 장치의 하드웨어를 효율적으로 사용하고, 이동 중에도 다양한 응용 소프트웨어들이 실행될 수 있는 환경을 제공하고 절전에 목표를 둔다.

- 임베디드 운영체제는 자동차, 비행기 제어 시스템, 공장, 디지털 **TV**, **ATM**기, 네비게이터, 엘리베이터, 미디어 재생기, **POS** 단말기, 교통신호시스템, 셋톱 박스, 게임기, 유무선 공유기 등 임베디드 컴퓨터에서 장치를 제어하는 프로그램들이 원활이 실행되도록 하는데 목적이 있다.

💡 운영체제의 종류

- **PC**, 노트북 등 책상 위에 두고 개인이 사용하는 목적의 데스크톱 컴퓨터는 문서 편집, 웹 서핑, 포토샵, 인터넷 활용, 게임, 프로그램 개발, 음악 감상 등 범용으로 사용되므로 데스크톱 운영체제는 비전문가라도 사용하기 쉽고 다양한 종류의 응용프로그램이 실행될 수 있게 하는 데 집중한다.

- 웹 서버, 데이터베이스 서버, 파일 서버, 메일 서버 등 서버 소프트웨어를 실행할 목적으로 사용되는 서버 컴퓨터는 수많은 사용자가 네트워크로 접속하여 사용하므로, 서버 컴퓨터의 운영체제는 보안에 매우 엄격하고 컴퓨터 자원이 최적으로 사용되도록 관리하는 것에 집중한다.

- 실시간 운영체제(**RTOS**, **Real-Time Operating System**)는 실시간 응용프로그램 혹은 태스크가 각각 정해진 완료 시간(**deadline**) 이내에 처리되도록 보장하는 것을 목표로 하며 **PSOS**, **Vrtx**, **RT Linux**, **Lynx** 등이 있다.

연습문제

개념 체크

1. 운영체제의 기능과 거리가 먼 것은?

① 프로세스 스케줄링

② 파일 입출력

③ 사용자나 프로세스가 CPU를 사용한 시간에 대한 통계

④ 컴파일

2. 운영체제의 특징과 동떨어진 내용은?

① 운영체제의 기능이 자원을 관리하는 것이지만, 운영체제가 컴퓨터의 모든 자원을 관리하지는 않는다.

② 운영체제의 역할에는 사용자가 컴퓨터 하드웨어에 대한 지식이 없어도 사용할 수 있도록 해주는 것도 포함된다.

③ 운영체제는 메모리에 상주하여 사용자 프로그램을 실행시키고 종료할 때까지 관리한다.

④ 운영체제는 외부로부터의 악의적 침입을 막는다.

3. 고정 프로그래밍 방식을 설명하는 것으로 틀린 것은?

① 고정 프로그래밍 방식이란 수백에서 수천 개의 전선을 연결하여 프로그램을 하드웨어에 고착화시키는 방식이다.

② 운영체제가 한 번에 한 개의 프로그램만 실행시키는 방식이다.

③ ENIAC 컴퓨터는 고정 프로그래밍 방식의 컴퓨터이다.

④ 고정 프로그래밍 방식은 1940년대에 컴퓨터를 만드는 방식이었다.

4. 모바일 운영체제의 특징이 아닌 것은?

① 휴대용 장치에서 실행되도록 만들어진 운영체제이다.

② 적은 메모리에서 응용프로그램을 실행시킬 수 있도록 특화시킨 운영체제이다.

③ 대표적으로 PSOS, VxWorks, VRTX, RT-Linux, Lynx 등이 있다.

④ 절전이 매우 중요한 기능이다.

5. 내장 프로그래밍 방식의 출현이 획기적인 이유가 아닌 것은?

① 컴퓨터를 CPU와 메모리로 분리하게 되었다.

② 하드웨어와 소프트웨어의 개념이 분리되었다.

③ 메모리에 프로그램을 적재하는 개념이 시작되었다.

④ 오늘날 운영체제가 출현되었다.

6. 운영체제의 태동이 된 기능은?

    ① 프로세스 관리 기능

    ② 프로그램 적재 기능

    ③ 메모리 관리 기능

    ④ 파일 입출력 기능

7. 초기 운영체제가 나타나게 된 동기가 아닌 것은?

    ① 개발자마다 입출력 코드를 동일하게 작성하는 비효율성을 개선하기 위해

    ② 값비싼 컴퓨터가 놀고 있는 시간을 줄이기 위해

    ③ 개발자의 대기 시간을 줄이기 위해

    ④ 비싼 메모리를 효율적으로 사용하기 위해

8. 최초의 운영체제 GM-NAA I/O에 구현된 기능은?

    ① 프로그램 적재 기능

    ② 메모리 관리 기능

    ③ 프로세스 관리 기능

    ④ 네트워크 기능

9. 내장 프로그램 컴퓨터의 특징과 관계없는 것은?

    ① 컴퓨터 하드웨어와 소프트웨어의 분리

    ② CPU와 메모리의 구분 없는 고정 프로그래밍 방식

    ③ 폰노이만

    ④ 오늘날까지 지속되는 구조

10. 배치 시스템에 대한 설명으로 옳은 것은?

    ① 모여진 작업을 순서대로 하나씩 연속하여 처리하는 시스템

    ② 개발자는 작업을 입력 데크에 올려놓고 실행되는 과정을 관찰하고 오류가 발생하면 바로 고칠 수 있는 시스템

    ③ 모여진 여러 작업들을 동시에 병렬적으로 실행시키는 시스템

    ④ 배치 시스템은 다중프로그래밍 시스템보다 CPU 활용률이 높다.

11. 다중프로그래밍을 정확히 묘사한 것은?

    ① 한 사람이 여러 개의 응용프로그램을 작성하여 실행시키는 기술

    ② 메모리에 여러 프로그램을 올려놓고 한 프로그램이 입출력을 수행하면 CPU에게 다른 프로그램을 실행시켜 CPU 활용률을 높이는 기술

    ③ 여러 개의 CPU에 여러 프로그램을 병렬적으로 실행시키는 병렬 처리 기법의 일종

    ④ 멀티스레딩과 같이, 동시에 여러 개의 작업을 처리할 수 있는 프로그램 작성 기술

12. 다중프로그래밍이 출현한 동기는?

① 배치 운영체제의 저조한 CPU 활용률을 개선하기 위해

② 배치 운영체제에서 사용자의 긴 대기 시간을 줄이기 위해

③ 사용자와 대화식 실행을 위해

④ 메모리에 많은 프로그램을 적재하기 위해

13. 다중프로그래밍 기법은 여러 프로그램을 메모리에 올려놓고 동시에 실행시키기 때문에 해결해야할 많은 운영체제 이슈와 과제들이 생기게 되었다. 다음 중에서 이슈들을 골라라.

> **보기**
>
> GUI 화면 관리, 인터럽트, 다른 프로세스의 메모리 영역을 침범하지 못하게 하는 메모리 보호, 컴퓨터 바이러스 문제, 프로그램 당 메모리 할당 위치와 크기에 관한 전략, 교착상태, 자원에 대한 프로그램들 사이의 동기화, CPU 스케줄링, 네트워크를 이용한 원격 연결

14. 개인용 컴퓨터의 출현 동기가 아닌 것은?

① 터미널이 있는 전산실에 가야하는 번거로움 해소

② 다중 사용자로 인한 응답 속도 저하 해결

③ 마이크로프로세서의 출현

④ 전화로 미니컴퓨터에 원격 접속하는 비용 부담 해소

15. 시간 할당량 단위로 돌아가면서 프로그램에게 CPU를 할당해주는 운영체제는?

① 시분할 운영체제　　　　　　　　② 다중 사용자 운영체제

③ 배치 운영체제　　　　　　　　　④ 실시간 운영체제

16. 사용자가 대화식으로 프로그램을 실행시키기 위해 고안된 운영체제는?

① 배치 운영체제　　　　　　　　　② 다중프로그래밍 운영체제

③ 시분할 운영체제　　　　　　　　④ 모바일 운영체제

17. 개인용 컴퓨터의 상용화가 이루어지게 된 결정적인 계기는?

① 마이크로프로세서 개발　　　　　② 그래픽 처리 기술 개발

③ 사생활 보호　　　　　　　　　　④ 인터넷의 개발

18. 모바일 운영체제의 목적이 아닌 것은?

① 열악한 하드웨어의 효율적 사용　② 저전력 달성

③ 이동 중에서 활용 가능　　　　　④ 프로그램의 실시간 실행

19. 실시간 운영체제의 가장 중요한 목적은?

    ① 프로그램을 최대한 빨리 실행   ② 프로그램마다 정해진 완료 시간 이내에 실행

    ③ 컴퓨터의 고장으로부터 보호   ④ 저전력 달성

복합 문제

1. 다음은 프로그램 A, B, C가 모두 도착해있는 상태에서 배치 운영체제에 의해 처리되는 과정이다. 다음 2개의 문항에 답하라.

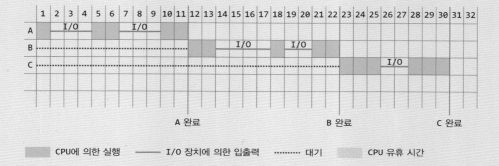

(1) 3개의 프로그램이 모두 메모리에 적재되어 있다고 할 때, 다중프로그래밍 운영체제에서 3개의 프로그램 A, B, C가 실행되는 과정을 그려라. 참고로 프로그램 A, B, C 순서로 처리하되, 프로그램의 실행 중 입출력이 발생하면 다른 프로그램을 실행시킨다. 중단된 프로그램의 입출력 작업이 완료되었을 경우 현재 실행 중인 프로그램을 중단시키고, 입출력으로 중단된 프로그램을 다시 실행시키도록 하라.

(2) 실행 결과에 따라 아래 2개의 표를 채워라. 표에서 처리율은 단위 시간당 처리한 프로그램의 개수이고, 응답 시간이란 프로그램이 준비상태에서 실행이 완료될 때까지의 시간이며, 평균 응답 시간이란 3개 프로그램의 응답 시간에 대한 평균값이다.

	배치 운영체제	다중프로그래밍 운영체제
총 실행 시간	30	
CPU 유휴 시간	14	
CPU 활용률(utilization)	16/30 = 53%	
처리율(throughput)	3/30 = 0.1개/시간	

	배치 운영체제	다중프로그래밍 운영체제
프로그램 A의 응답 시간	11	
프로그램 B의 응답 시간	22	
프로그램 C의 응답 시간	30	
프로그램의 평균 응답 시간	63/3 = 21시간/프로그램	

Chapter

02

컴퓨터 시스템과 운영체제

학습 키워드 정리

컴퓨터 시스템, CPU, 캐시, 메모리, 버스, 주소, 레지스터, 멀티 코어 컨텍스트, 컨텍스트 스위칭, 시스템 호출, 커널, 디바이스 드라이버, 툴 소프트웨어, 표준 라이브러리, 시스템 호출 라이브러리, 프로세스, 응용프로그램, 가상 주소, 인터럽트, 주소 공간, 사용자 공간, 커널 공간, 사용자 모드, 커널 모드, 특권 명령

CHAPTER

OPERATING SYSTEM

02 컴퓨터 시스템과 운영체제

1 컴퓨터 시스템과 하드웨어

1.1 컴퓨터 시스템의 범위

컴퓨터 시스템은 다음 3개의 요소들이 층을 이루고 있으며 그 모습은 그림 2-1과 같다.

- 응용소프트웨어 층
- 운영체제 층
- 컴퓨터 하드웨어 층

컴퓨터 시스템의 계층구조는 다음과 같은 중요한 특징을 보여준다.

그림 2-1 컴퓨터 시스템을 구성하는 계층

첫째, 사용자는 응용프로그램이나 운영체제 패키지에 포함된 **GUI**와 도구 프로그램(툴/유틸리티 프로그램)을 통해 컴퓨터를 활용한다.

둘째, 하드웨어들은 모두 운영체제의 배타적이고 독점적인 지배를 받는다.

셋째, 어떤 사용자나 응용프로그램이라도 직접 하드웨어에 접근하는 것은 허용되지 않으며, 반드시 운영체제를 통해서만 접근하도록 한다. 운영체제는 위로는 응용프로그램과, 아래로는 하드웨어와의 인터페이스를 제공하고, 응용프로그램과 하드웨어 사이의 중계 역할을 수행한다. 이를 통해 운영체제의 본질적인 특징은 사용자가 하드웨어에 대한 구체적인 내용을 몰라도 컴퓨터를 사용할 수 있도록 하드웨어를 사용자로부터 숨겨주는 데 있음을 알 수 있다.

1.2 컴퓨터 하드웨어

컴퓨터 하드웨어에는 어떤 자원이 있는지 알아보자. 오늘날 데스크톱, 모바일 컴퓨터, 태블릿, 서버 컴퓨터 등 목적에 따라 하드웨어 요소들이 매우 다양하여 한 가지 모양으로 컴퓨터 구조를 나타내기 어렵다. 그럼에도 불구하고 일반화시켜보면 컴퓨터의 구조는 **그림 2-2**와 같이 나타낼 수 있다.

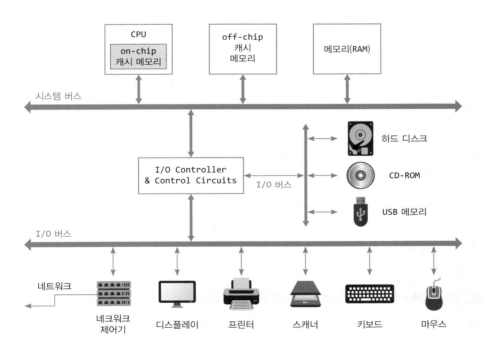

그림 2-2 컴퓨터 하드웨어

CPU(Central Processing Unit)

CPU는 프로그램 코드 즉 기계 명령(machine instruction)을 실행하는 중앙처리장치로 컴퓨터의 가장 핵심적인 장치이다. 전원이 공급될 때 작동을 시작하여 메모리에 적재된 프로그램을 실행한다.

메모리(Memory)

메모리는 CPU에 의해 실행되는 프로그램 코드와 데이터가 적재되는 공간으로 반도체 메모리 RAM이 사용된다. 프로그램은 실행되기 위해 반드시 메모리에 적재되어야 한다.

캐시 메모리(Cache Memory)

CPU 기술의 발전이 메모리의 발전 속도보다 빨라 CPU와 메모리 사이의 처리 속도 격차가 점점 벌어지게 되었고, 이에 느린 메모리 때문에 CPU가 대기하는 시간을 줄일 필요가 있었다. 그래서 CPU의 프로그램 실행 속도를 높이기 위해 CPU와 메모리 사이에 빠른 캐시 메모리를 소량 사용하게 되었다. 캐시 메모리는 초기에 시스템 버스에 연결되는 방식으로 존재하였는데 이를 오프 칩 캐시(off-chip cache)라고 부른다. 그 후 CPU의 보다 빠른 실행을 위해 캐시 메모리를 아예 CPU 내부에 두는 온칩 캐시(on-chip cache)로 발전하게 되었다. 현대 컴퓨터는 대부분 CPU가 온 칩 캐시 메모리를 내장하고 있다. 캐시 메모리는 가격이 비싸 적은 용량만 사용한다.

캐시 메모리를 가진 컴퓨터에서 CPU는 캐시 메모리로부터만 명령과 데이터를 읽어 실행하기 때문에 실행될 프로그램 코드나 데이터는 메모리에서 캐시 메모리로 복사된다. 캐시 메모리의 용량은 매우 작기 때문에 현재 실행할 코드와 데이터의 극히 일부분만 저장된다. 이 부분에 대해서는 8장 1절의 메모리 계층 구조를 참고하기 바란다.

장치들(Device)

컴퓨터의 장치에는 키보드, 프린터, 스캐너, 마우스, 디스플레이, 네트워크 장치와 같은 입출력 장치와 디스크, SSD, USB 메모리 등 저장 장치들이 있다.

버스(Bus)

버스란 CPU, 캐시 메모리, 메모리(RAM), 입출력 제어장치 및 시스템 제어 회로(I/O Controller & Control Circuits) 등 컴퓨터 하드웨어들이 서로 데이터를 주고받기 위해 0과 1의 디지털 신호가 지나가는 여러 가닥의 선을 다발로 묶어 부르는 용어이다. 컴퓨터에서의 버스를 사람들이 타고 다니는 버스로 생각하기보다, 여러 도시와 마을을 연결하고 차들이 다니도록 설치된 '도로'로 생각하면 어떨까. 도로를 컴퓨터의 버스에, 도로에 지나다니는 자동차를 0과

1의 디지털 정보로 생각하면 이해가 쉬울 것 같다. 버스는 지나다니는 정보에 따라 다음 3가지 종류로 나뉘며 컴퓨터에서 버스라고 하면 이 3가지 버스를 모두 지칭한다.

- 주소 버스(address bus) – 주소 신호가 지나다니는 버스
- 데이터 버스(data bus) – 데이터 신호가 지나다니는 버스
- 제어 버스(control bus) – 제어 신호가 지나다니는 버스

주소(address)란 메모리나, 입출력 장치나 저장 장치 내에 있는 레지스터들에 대한 번지이며 0번지에서 시작한다. 주소 버스는 주소 값이 전달되는 여러 선의 다발을 부르는 용어이다. CPU는 메모리나 입출력 장치에 값을 쓰거나 읽을 때 반드시 주소를 발생시킨다. 데이터 버스는 코드나 데이터가 지나다니는 양방향 버스이며 제어 버스는 인터럽트 신호, 메모리 읽기/쓰기 신호, 클럭 신호 등 수많은 제어 신호들이 지나다니는 선의 다발이다.

시스템 버스(System bus)와 입출력 버스(I/O bus)

버스는 목적에 따라 시스템 버스와 입출력 버스(I/O bus)로 나뉜다. 시스템 버스는 CPU, 캐시 메모리, 메모리 등 빠르게 작동하는 하드웨어들 사이에 신호를 전송하기 위한 버스이며, 입출력 버스는 이에 비해 상대적으로 느린 입출력 장치들로부터 입출력 데이터를 전송하기 위한 버스이다.

시스템 버스와 입출력 버스는 고속도로와 일반도로에 비유할 수 있다. 고속버스와 자동차들이 고속으로 다닐 수 있도록 허용된 고속도로와, 시내버스, 자전거, 오토바이, 자동차, 트럭 등 다양한 차들이 섞여 속도를 내지 않고 다니도록 규정한 일반도로로 구분하는 것과 같은 개념이다. 소달구지를 고속도로에 다니게 한다면 고속도로를 다니는 모든 차들의 속도가 느려지게 될 것이다. 그 반대로 고속버스가 자전거와 섞여 일반도로를 달린다면 어떨까? 고속버스는 제구실을 못하게 된다. 컴퓨터에도 느린 장치들끼리, 빠른 장치들끼리 버스를 분리되어 구성한다. 시스템 버스나 입출력 버스 모두 각각 주소버스, 데이터 버스, 제어 버스로 구성된다.

입출력 제어 장치 및 시스템 제어 회로(I/O Controllers & control circuits)

이것은 입출력 장치들을 제어하기 위한 여러 하드웨어 회로들을 포함한다. 입출력 장치에게 명령을 내리고 메모리와 입출력 장치 사이에 혹은 CPU와 입출력 장치 사이에 데이터가 전달되도록 중계하는 역할을 한다. 입출력 장치와 메모리 사이의 데이터 전송에 있어 CPU의 개입 없이 직접 전송하는 DMAC(Direct Memory Access Controller)나, 장치들이 입출력을 완료하였을 때 발생시키는 인터럽트 신호를 받아 CPU에게 전달하는 인터럽트 제어장치(INTC, Interrupt Controller) 등이 포함된다.

TIP 현대 PC의 구조

컴퓨터 구조에 대한 이야기가 나온 만큼 오늘날 사용되고 있는 **PC** 구조를 잠깐 들여다보자. **PC**는 **1970**년대 후반에 나온 이래 반도체 기술의 발전으로 구조에 많은 변화가 있은 결과 현재 그림 2–3과 같이 구성된다. 얼마 지나지 않아 **PC**의 구조가 또 변하겠지만 그래도 간단히 알아보자.

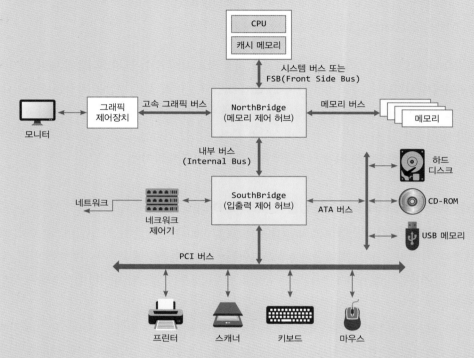

그림 2–3 컴퓨터 시스템의 구성

현대 **PC**의 구조에서 큰 축을 형성하는 것이 **NorthBridge**와 **SouthBridge**로 각각 단일 칩으로 만들어진다. **NorthBridge**는 메모리 액세스 량이 많고 메모리와 빠르게 정보를 주고받아야하는 하드웨어들을 연결하는 허브 역할을 한다. 그래서 메모리 제어 허브(**Memory Controller Hub**)라고도 부른다. 메모리와의 교통량이 많은 하드웨어는 **CPU** 다음으로 그래픽 제어 장치(그래픽 카드)이다. 현대의 디스플레이는 그래픽 해상도가 매우 높기 때문에, 디스플레이의 한 화면을 구성하는 데이터 량도 엄청나다. 예를 들면 **HD**급 디스플레이의 경우 **1920x1280**개의 픽셀이 존재하며, 각 픽셀이 **32**비트의 컬러로 표현된다고 할 때, 한 화면을 그리기 위해 그래픽 제어 장치는 **1920x1280x4**바이트 = **9,830,400**바이트 = 9600KB, 약 **9.4MB** 정도의 데이터를 메모리에서 읽어 디스플레이에 출력한다. 게다가 초당 **60**회로 화면을 갱신한다고 하면, 그래픽 제어 장치는 **1**초에 **9.4MBx60** = **564MB**의 데이터를 메모리로부터 읽어야 한다. 이것은 단순 계산이므로 상황이나 그래픽을 다루는 방법 등에 차이는 있겠지만, 아무튼 그래픽 제어 장치가 메모리로부터 빠르게 대량으로 데이터를 전송할 수 있도록 **NorthBridge**에 연결된다. **NorthBridge**는 그래픽 제어 장치와 **CPU**의 메모리 액세스 경쟁을 효율적으로 제어하여 메모리 액세스 성능을 극대화한다. 그림 2–2에서의 시스템 버스는 **NorthBridge**를 중심으로 여러 조각으로 나누어진다.

한편, **SouthBridge**는 입출력 장치들을 제어하는 모든 회로를 가지고 있는 통합 칩이다. **SouthBridge**는 **ATA** 버스, **PCI** 버스 등 여러 종류, 여러 개의 입출력 버스를 통제하여 입출력 버스에 연결된 마우스, 키보드, 스캐너, 프린터 등 다양한 입출력 장치와 하드디스크, **USB** 메모리, **CD-ROM** 등의 저장 장치들을 제어하고 관리한다. **SouthBridge**는 인터럽트 제어 장치(**INTC**), **DMA** 제어 장치(**DMAC**), **ATA** 버스 제어 장치, **PCI** 버스 제어 장치 등을 내장한다. 그래서 **SouthBridge**를 입출력 제어 허브(**I/O Controller Hub**)라고 부른다.

그림 2-3에서 장치들을 버스로 연결한 구조는 마치 팔, 다리, 심장 등 각종 인체 장기들이 뼈와 혈관으로 연결된 것과 비슷하다. 죽은 사람이 아무 기능을 할 수 없는 것처럼, 컴퓨터에 소프트웨어가 실행되지 않는다면 이들은 값비싼 고철과 다를 게 없다. 컴퓨터에 생명을 주고 하드웨어를 완벽히 통제하여 사용자 응용프로그램이 실행되도록 하는 기반 소프트웨어가 바로 운영체제이다.

1.3 CPU와 메모리 관계

CPU의 처리 능력은 컴퓨터의 처리 능력을 결정하는 것으로 CPU에 대한 이해는 프로세스와 스레드, 메모리 관리, 페이징, 가상 메모리 등 운영체제를 이해하는데 기본이다. CPU와 버스, 메모리 사이에 관계에 대해 간단히 알아보자. 64비트 처리가 일반화된 오늘날 32비트를 다루는 것이 약간은 회의적이지만, 64비트는 다루기 너무 큰 숫자이므로 32비트를 통해 CPU와 메모리 등을 이해하는 것이 좋겠다.

자, 그럼, 32비트 컴퓨터, 32비트 CPU, 32비트 운영체제 속에 담긴 32비트는 어떤 의미일까? 32비트 CPU란 그림 2-4와 같이 32개의 주소선을 가진 CPU란 뜻이다. 그리고 이 32개의 주소선은 주소 버스에 연결되고, CPU는 32개의 주소선을 통해 주소를 출력하면 32비트의 주소가 주소 버스를 통해 메모리에게 전달된다. 주소선 한 가닥에는 하나의 비트가 전달된다. 메모리 읽기의 경우, CPU가 주소를 발생시키면 메모리는 주소 버스를 통해 주소를 전달받고 일정 시간 후에 해당 주소의 데이터를 데이터 버스에 내놓는다. 그러면 CPU는 자신의 데이터 선을 통해 데이터 값을 CPU 내부로 읽어 들인다(메모리가 느린 경우 CPU는 주소를 발생시키고 오래 기다려야 함을 이 과정에서 알 수 있다).

32개의 주소선을 가진 CPU가 액세스할 수 있는 주소의 범위는 다음과 같다.

$$2^{32}개의 서로 다른 주소, 0 \sim 2^{32}-1 \text{ 번지}$$

한 번지의 메모리 크기는 1바이트이므로, 32비트 CPU가 액세스할 수 있는 메모리의 최대 범위는 다음과 같다.

$$2^{32} \text{ 바이트} = 4GB$$

그러므로 32비트 CPU를 가진 컴퓨터에서 사용할 수 있는 메모리의 최대 크기는 **4GB**이다. 여기서 말하는 메모리는 하드디스크나 **SSD**와 같은 저장 장치가 아니라 반도체 주기억 장치 **RAM**이다. **4GB** 이상의 메모리는 설치한다 해도 32비트 CPU로는 접근할 수 없다. 또한 32비트 CPU를 가진 컴퓨터에서 사용자가 작성한 응용프로그램에서 액세스할 수 있는 주소의 범위(주소 공간) 역시 **4GB**를 넘지 못한다. 쉽게 말하면 프로그램을 아무리 크게 작성한다고 해도 코드와 데이터 등 프로그램이 활용할 수 있는 메모리는 4GB를 넘을 수 없다는 뜻이다. 좀 더 자세히 말하면 전체 **4GB**에서 운영체제가 차지하고 있는 메모리를 제외한 나머지 영역이 사용자가 활용할 수 있는 메모리의 최대 크기이다. 3장 프로세스에서 다루겠지만, Windows 운영체제의 경우 **4GB**의 공간 중 응용 프로그램이 사용할 수 있는 공간은 **2GB**로, 리눅스의 경우 **3GB**로 설정된다.

32비트 컴퓨터는 32비트 CPU를 가진 컴퓨터이며, 32비트 운영체제는 32비트의 주소 체계로 관리하는 운영체제이다.

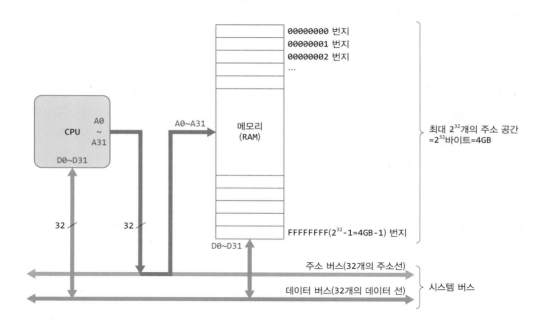

※ CPU에서 A0~A31은 32개의 주소선을, D0~D31은 32개의 데이터선을 나타낸다. 이들은 시스템 버스와 연결되어 다른 하드웨어 장치들에게 주소를 보내거나 데이터를 주고받는데 사용된다.
※ 주소에 초점을 맞추기 위해 32비트 컴퓨터를 32개의 주소선을 가진 것으로 설명하였지만, 32비트 CPU는 32개 데이터선을 통해 32비트를 한 번에 메모리에서 읽고 쓰고 한 번에 32비트 더하기를 한다.

그림 2-4 32비트 CPU의 주소선과 데이터 선, 그리고 메모리

1.4 CPU 기계 명령

CPU 명령(instruction)은 CPU가 해석하고 실행할 수 있는 기계 명령(machine instruction)으로, C 언어나 Java 언어의 프로그램 소스 코드와는 다르다. 기계 명령은 Intel, Motorola, ARM 홀딩스와 같이 CPU를 설계하는 기업이 CPU를 설계할 때 결정하고, CPU에 따라 명령 개수와 형태가 다르며, 명령 개수는 보통 수십 개에서 수백 개 정도(250여개 정도)이다. 몇 가지 기계 명령을 어셈블리어 명령과 2진수로 된 기계 명령을 함께 나열하면 다음과 같다.

```
어셈블리어 명령              기계 명령
mov ecx, 51               ; b9 33 00 00 00        ecx 레지스터에 51 저장
add eax, 8                ; 83 c4 08              eax 레지스터에 8 더하기
push ebp                  ; 55                    ebp 레지스터의 값을 스택에 저장
call _printf              ; e8 00 00 00 00        _printf 함수 호출
ret 0                     ; c3                    함수를 끝내고 호출한 곳으로 리턴(리턴값 0)
```

운영체제의 기초를 공부하는 단계에서 어셈블리어나 기계 명령에 대해 자세히 알 필요는 없지만, CPU의 기계 명령에 대해 언급하지 않고는 설명이 힘든 경우가 있는데 이때를 위해 지금 한번 봐두는 것이 좋겠다.

그림 2-5는 "hello"를 출력하는 C 프로그램, hello.c를 비주얼 스튜디오에서 컴파일하고 필요 없는 것을 정리한 결과이다. 이 그림을 통해 독자들이 논리 주소와 기계 명령, 2진수에 좀 더 친숙해지기를 바란다. 먼저, 명령의 길이가 명령마다 다르다는 것이 보인다. push ebp 명령은 16진수 55로 1바이트이지만, printf() 함수를 호출하는 call _print 명령은 e8 00 00 00 00으로 5바이트 크기이다. 그리고 n=10을 컴파일한 코드는 c7 45 f8 0a 00 00 00으로 6바이트이다. 또한 C 프로그램을 어떤 CPU를 대상으로 컴파일하였는지에 따라 기계어가 달라지므로 컴파일된 코드는 다른 CPU에서 호환성이 없다.

```
#include <stdio.h>

int main() {
    int n = 10;
    printf("hello");
}
```

(a) hello.c

```
_main       PROC                                              ; COMDAT

; 3    : int main() {        컴파일된                      어셈블리어
                            기계 명령들                      명령들
논리 주소
      00000  55                            push      ebp
      00001  8b ec                         mov       ebp, esp
      00003  81 ec cc 00 00 00             sub       esp, 204           ; 000000ccH
      00009  53                            push      ebx
      0000a  56                            push      esi
      0000b  57                            push      edi
      0000c  8d bd 34 ff ff ff             lea       edi, DWORD PTR [ebp-204]
      00012  b9 33 00 00 00                mov       ecx, 51            ; 00000033H
      00017  b8 cc cc cc cc                mov       eax, -858993460    ; ccccccccH
      0001c  f3 ab rep                     stosd

; 4    : int n = 10;

      0001e  c7 45 f8 0a 00 00 00          mov       DWORD PTR _n$[ebp], 10    ; 0000000aH

; 5    : printf("hello");

      00025  68 00 00 00 00                push      OFFSET ??_C@_05CJBACGMB@hello?$AA@
      0002a  e8 00 00 00 00                call      _printf
      0002f  83 c4 04                      add       esp, 4

; 6    : }

      00032  33 c0                         xor       eax, eax
      00034  5f                            pop       edi
      00035  5e                            pop       esi
      00036  5b                            pop       ebx
      00037  81 c4 cc 00 00 00             add       esp, 204           ; 000000ccH
      0003d  3b ec                         cmp       ebp, esp
      0003f  e8 00 00 00 00                call      __RTC_CheckEsp
      00044  8b e5                         mov       esp, ebp
      00046  5d                            pop       ebp
      00047  c3                            ret       0

_main       ENDP
```

(b) hello.c를 컴파일한 어셈블리어 명령들과 기계 명령 리스트

그림 2-5 hello.c를 컴파일한 어셈블리어 명령들과 기계 명령들

1.5 CPU의 일생

CPU는 전원이 켜지면 바로 작동을 시작해서 전원이 꺼질 때까지 무언가를 계속 실행한다. 그 무언가가 바로 CPU의 기계 명령들이다. 프로그램은 연속적으로 실행되도록 나열된 일련의 기계 명령들이며 이들은 메모리에 적재된 상태에서만 CPU에 의해 실행 가능하다. 프로그램 즉 기계 명령들이 저장되는 장치는 메모리이고 명령어가 실행되는 장치는 CPU 내부이다.

CPU의 일생은 나의 일상처럼 매우 단순하다. 아침에 일어나서 세수하고 밥 먹고 출근하고 돌아와서 씻고 자고, 다음날 다시 일어나서 어제와 동일한 시간을 보낸다. CPU 역시 명령을 처리하고, 다음 명령을 처리하고, 또 다음 명령을 처리하고, 전원이 꺼질 때까지 이것을 반복한다. 인공지능, 빅데이터 처리, 유투브, 웹 서핑, 게임 등 고차원적인 컴퓨터의 처리 능력을 생각할 때, 그 핵심 소자인 CPU를 감히 범접할 수 없는 대단한 초능력자로 생각할지 모르지만, 사실 CPU는 이처럼 매우 단순한 삶을 살아가는 전자 부품이다. CPU는 그저 전원이 켜지는 순간부터 전원이 꺼질 때까지 기계 명령을 실행하는 단순한 과정을 반복한다. 그것이 CPU의 일생이다. 여기서 CPU가 한 개의 명령을 처리하는 세부 과정을 CPU 명령 사이클(instruction cycle)이라고 부르며 자세한 과정은 사례와 함께 다음에서 알아본다.

CPU의 레지스터들

CPU는 내부에서 명령을 처리하기 위해 여러 레지스터들을 가지고 있다. CPU에 있는 실제 레지스터들의 이름은 CPU마다 다르기 때문에, 학술적으로 부르는 이름을 붙여 레지스터들을 나열하면 다음과 같다.

- PC(Program Counter) – 다음에 실행할 기계 명령의 메모리 주소를 저장하는 레지스터로 IP(Instruction Pointer) 레지스터로도 부른다.
- IR(Instruction Register) – 실행하기 위해 메모리에서 읽어 온 명령이 저장된 레지스터
- SP(Stack Pointer) – 스택 영역의 꼭대기 메모리 주소를 저장하는 레지스터
- 데이터 레지스터들(data registers) – 연산에 사용될 데이터들을 저장하는 레지스터들
- 상태 레지스터(status register) – CPU의 상태 정보나 인터럽트 금지 등 제어 정보를 가지는 레지스터
- 기타 레지스터들 – 페이지 테이블이 저장된 메모리 주소를 가리키는 레지스터 등 운영체제의 실행을 돕는 정보를 가진 레지스터들

CPU의 명령 사이클

CPU가 한 명령을 실행하는 과정을 명령 사이클(instruction cycle)이라고 부른다. 명령을 실행하기 위해, CPU는 명령을 메모리에서 읽어오는 작업부터 시작한다. 그림 2–6을 보면서 CPU가 한 개의 명령을 실행하는 과정을 알아보자. 설명을 단순화하기 위해 메모리 주소는 실제 메

모리의 주소인 물리 주소로 가정한다.

메모리 **300**번지에서 데이터를 읽어 eax 레지스터에 저장하는 다음 명령을 사례로 들어, CPU 에 의해 명령이 처리되는 전형적인 과정을 알아보자.

```
mov eax, [300]    ; 메모리 300번지의 데이터를 읽어 eax 레지스터에 저장
```

이 명령이 메모리 **100**번지에 있다고 하자. 그러므로 현재 CPU의 PC 레지스터에는 **100**의 값이 들어 있다.

❶ CPU는 PC 레지스터에 저장된 주소 **100**을 주소 버스에 싣는다.

❷ 메모리는 주소 버스로부터 주소 **100**을 받고, **100**번지에 저장된 데이터를 데이터 버스에 싣는다. 이 데이 터가 바로 **mov eax**, [**300**] 명령이다.

❸ CPU는 데이터 버스에 담긴 바이너리 값들을 **IR** 레지스터에 저장하고, **PC**는 다음 명령의 번지로 수정된다.

❹ CPU는 연산에 필요한 데이터를 읽기 위해 데이터의 주소 **300**을 주소 버스에 싣는다.

❺ 메모리는 **300**번지에 저장된 값 **50**을 데이터 버스에 싣는다.

❻ CPU는 데이터 버스로부터 **50**을 CPU 내부의 임시 레지스터에 저장한다.

❼ CPU는 명령을 해석하고 명령을 실행한다. 명령 실행 결과 **50**이 eax 레지스터에 저장된다.

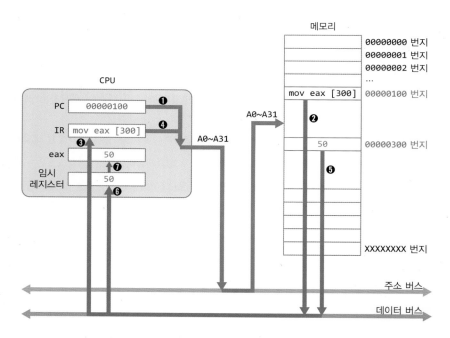

그림 2-6 CPU의 명령 사이클 – CPU가 명령을 실행하는 과정

1.6 스택(Stack)은 어디에 있는가?

운영체제는 프로그램을 실행시킬 때 프로그램마다 다음 4개의 공간을 제공한다.

- 코드(code) 공간 – 프로그램 코드가 적재되는 메모리 공간
- 데이터(data) 공간 – 전역 변수들이 적재되는 공간
- 힙(heap) 공간 – 프로그램이 실행 중 동적으로 저장할 데이터를 위한 공간
- 스택(stack) 공간 – 함수가 호출될 때 매개변수나 지역 변수, 함수가 실행을 마치고 돌아갈 주소 등을 저장하기 위한 공간

스택은 그림 2-7과 같이 프로그램의 지역 변수 등을 저장하도록 할당되는 메모리 영역으로 스택이라는 특별한 메모리나 장치가 컴퓨터에 별도로 있는 것으로 오해하지 말기 바란다. 각 프로그램에게는 자신만의 스택 공간이 할당되며, CPU의 SP(Stack Pointer) 레지스터는 현재 실행 중인 프로그램의 스택 영역 꼭대기(top) 주소를 가리킨다. 스택은 함수가 호출될 때 다음 내용들이 저장된다.

- 함수의 지역변수들
- 매개변수 값들
- 함수를 마치고 돌아갈 주소
- 함수 코드가 의도적으로 스택에 저장한 값

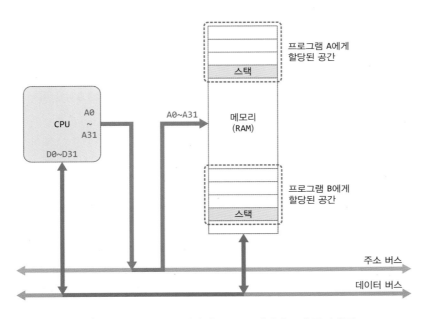

그림 2-7 운영체제는 실행되는 프로그램마다 스택 공간 할당

1.7 컨텍스트(Context)

운영체제에서 컨텍스트(문맥이라고도 표현)란 어떤 프로그램이 실행중인 일체의 상황을 말한다. 그 일체의 상황은 메모리와 CPU 레지스터들에 고스란히 담겨 있는데 그림 2-8은 현재 실행 중인 프로그램의 컨텍스트를 보여준다. 메모리에는 프로그램의 코드와 전역 변수 데이터, 힙(동적 할당받아 저장한 데이터), 그리고 호출된 함수들의 매개변수와 지역변수 등이 저장된 스택이 있다. 그리고 CPU의 PC 레지스터에는 현재 실행 중인 코드의 메모리 주소가, 데이터 레지스터에는 이전에 실행된 결과 값이나 현재 실행에 사용될 데이터 값들이, 상태 레지스터에는 현재 CPU의 상태 정보가, SP 레지스터에는 스택의 톱 주소가 저장되어 있다.

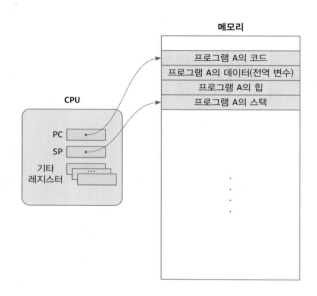

그림 2-8 컨텍스트 – CPU 레지스터와 메모리에 저장된 프로그램 A의 영역들

운영체제가 현재 실행 중인 프로그램을 일시 중단하고 다른 프로그램을 실행시키고자 한다면, 현재 실행중인 프로그램의 컨텍스트를 다른 곳에 복사해두어 다시 실행될 때 이용할 수 있어야 한다. 이때, 메모리는 그대로 있기 때문에 메모리에 있는 내용은 복사할 필요 없으며, CPU의 레지스터들만 복사해두면 된다.

> 그러므로 현재 실행중인 프로그램의 컨텍스트를 현재 CPU에 들어 있는 레지스터의 값들로 축소하여 정의할 수 있다.

운영체제가 현재 실행중인 프로그램 A의 컨텍스트를 저장해두고, 다른 프로그램 B를 실행시키기 위해 프로그램 B의 저장된 컨텍스트를 CPU로 옮기는 것을 컨텍스트 스위칭(context switching)이라고 한다.

그림 2-9는 운영체제가 프로그램 A의 실행을 중단시키고 프로그램 B를 실행시키기 위해 이루어지는 컨텍스트 스위칭 과정을 보여준다. 운영체제는 먼저 프로그램 A의 컨텍스트를 구성하는 현재 CPU 레지스터들의 값을 메모리의 특정 영역에 저장한다. 컨텍스트 정보들은 운영체제만 접근할 수 있는 메모리 영역에 저장된다. 그러고 나서 프로그램 B의 저장된 컨텍스트 정보를 CPU 레지스터에 적재한다.

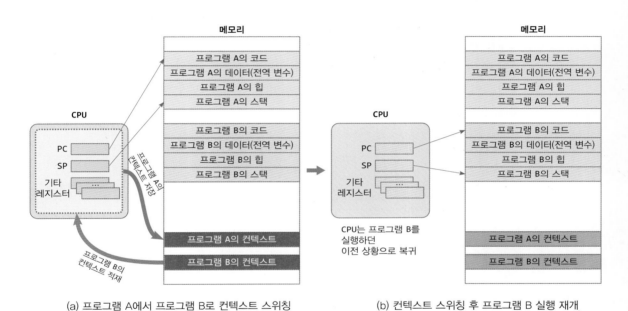

(a) 프로그램 A에서 프로그램 B로 컨텍스트 스위칭   (b) 컨텍스트 스위칭 후 프로그램 B 실행 재개

그림 2-9 컨텍스트 스위칭

이때부터 CPU의 PC 레지스터는 프로그램 B가 실행을 재개할 코드의 주소를 가리키게 되고, SP 레지스터 역시 프로그램 B의 스택 영역을 가리키게 된다. 이 스택에는 프로그램 B가 중단될 때 실행하던 함수의 매개 변수나 지역변수 등이 그대로 들어 있다. CPU가 실행을 시작하면 중단되기 전과 동일한 상태에서 프로그램 B가 실행된다. CPU마다 레지스터의 개수와 크기가 다르므로 저장되는 컨텍스트의 크기 역시 CPU와 운영체제에 따라 많이 다르다.

1.8 멀티 코어 CPU

전통적인 의미의 CPU는 1개의 제어장치(Control Unit)와 1개의 산술논리연산장치(ALU), 그리고 여러 개의 레지스터들을 갖추고 프로그램을 실행하는 프로세서(processor)이다. 컴퓨터의 처리 능력을 높이기 위해 여러 개의 CPU를 갖추고 동시에 여러 개의 프로그램을 실행하는 병렬 처리 컴퓨터들은 그동안 많이 연구되어 왔다. 이런 방식의 병렬 처리와 달리, 하나의 CPU로 2개의 프로그램을 동시에 실행할 수 있는 새로운 형태의 멀티 코어 CPU(multi-core CPU)가 2001년 IBM에 의해 최초로 개발되었는데 그 이름이 PowerPC이다.

코어(core)란 그림 2-10(a)와 같이 레지스터들과 제어장치(Contrl Unit), 산술논리연산장치(ALU), 그리고 외부 버스와 연결되는 인터페이스 장치를 독립적으로 갖추고 하나의 프로그램을 실행할 수 있는 완벽한 프로세서이다. 여러 개의 코어를 가지고 동시에 여러 개의 프로그램을 실행할 수 있는 CPU를 멀티 코어 CPU라고 한다. 그림 2-10(b)는 4개의 코어를 가진 Intel Core-i7 멀티 코어 CPU의 구조를 보여준다. 이 CPU는 코어 당 한 개씩 4개의 프로그램을 동시에 실행할 수 있다. 오늘날 많은 CPU들이 멀티 코어 형태로 출시되고 있다.

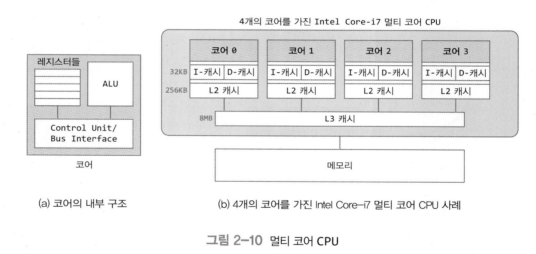

(a) 코어의 내부 구조   (b) 4개의 코어를 가진 Intel Core-i7 멀티 코어 CPU 사례

그림 2-10 멀티 코어 CPU

2 컴퓨터 시스템의 계층구조와 운영체제 인터페이스

돌팔이가 아닌 다음에야, 의사는 환자의 몸을 쳐다보면서 환자의 몸속을 머리 속에 그려낸다. 뼈가 보이고, 혈관이 보이고, 심장이 보이고, 위장이 보일 것이다. 이제, 의사는 청진기를 가슴 이곳저곳에 대고 소리를 들으면 심장이 피를 쥐어짜는 영상이 머리에 떠오르고, 폐 속에 공기가 들어가고 나오는 장면이 보일 것이다.

우리는 어떤가. Windows 컴퓨터의 모니터를 바라보면서, 바탕화면에 설치된 프로그램을 클릭하여 실행시키면서 프로그램이 어떻게 실행되는지, 탐색기에서 파일을 열어 보면서 어떤 과정으로 파일이 읽혀져서 화면에 출력되는지 머리에 그려지는가? 이 모든 과정을 통제하는 것이 운영체제이며, 운영체제를 이해하고자 함은 숨겨 보이지 않는 이 과정을 눈에 그릴 수 있기 위함이다.

운영체제는 어디에 있을까? 운영체제의 실체는 무엇일까? 운영체제를 처음 공부하는 독자의 경우 운영체제가 눈에 보이지도 잡히지도 않기 때문에 뜬 구름을 잡는 것 같은 심정일 것이다. 운영체제는 부팅 후부터 메모리에 상주하면서 하드웨어를 완전히 장악한 채 제어하며, 사용자와 응용프로그램에게 서비스를 제공하는 실체가 있는 코드이다. 지금부터 운영체제가 컴퓨터 시스템 내에서 어떤 위치에 있고 어떤 역할을 하며 응용프로그램의 실행을 어떻게 돕는 소프트웨어인지 거시적으로 알아보자.

2.1 컴퓨터 시스템의 계층 구조

컴퓨터 시스템은 그림 2-11과 같이 사용자, 응용프로그램, 운영체제, 하드웨어들이 계층 구조(layered architecture)를 이룬다. 운영체제를 중심으로 소프트웨어 영역과 하드웨어 영역이 나뉘며, 운영체제는 응용프로그램과 컴퓨터 하드웨어를 연결한다. 궁극적으로 운영체제는 컴퓨터 사용자가 컴퓨터 하드웨어에 대한 지식이 없이도 컴퓨터를 사용할 수 있도록 하드웨어를 다루는데 중요한 목적이 있다.

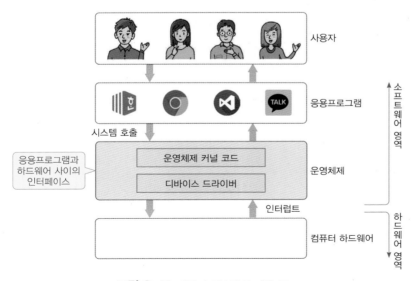

그림 2-11 컴퓨터 시스템의 계층 구조

컴퓨터 시스템이 이런 계층 구조로 설계되는 이유는 무엇일까? 그것은 계층 구조를 가지는 대부분 시스템의 설계 목적과 동일하게, 계층 간의 독립성(independency)을 확보하는데 있다. 사용자는 운영체제나 하드웨어에 대해 몰라도 응용프로그램을 통해 컴퓨터를 활용할 수 있으며, 응용프로그램 역시 컴퓨터 하드웨어의 타입이나 제어 방법에 대해 구체적으로 알지 못해도 개발할 수 있다. 예를 들어, 응용프로그램은 컴퓨터에 설치된 CPU의 종류나 메모리의 크기, 저장 장치로 하드 디스크를 사용하는지 SSD를 사용하는지, 하드 디스크는 몇 개의 실린더로 구성되는지, 디스크 헤드는 몇 개 있는지 모르는 상태에서 작성되고 실행되며, 운영체제에게 파일을 읽어 달라고 요청하기만 하면 된다. 컴퓨터 하드웨어가 바뀌는 변화가 있어도 응용프로그램은 영향을 받지 않기 때문에 다시 작성할 필요도 없다. 운영체제는 아래로는 하드웨어를 제어하고 위로는 응용프로그램에게 자원을 활용할 수 있는 인터페이스를 제공한다.

이제, 운영체제를 중심으로 계층 사이의 관계를 잠깐 정리해보자.

운영체제와 응용프로그램 사이의 관계

응용프로그램이란 워드, 웹 브라우저, 탐색기, 카카오톡 등과 같이 사용자가 컴퓨터를 활용하도록 작성된 다양한 프로그램들을 총체적으로 말한다.

운영체제의 역할 중에 하나는 응용프로그램이 직접 하드웨어를 다루지 못하도록 차단하는데 있다. 키보드로부터 입력을 받거나 디스크에 저장된 파일을 읽는 등 응용프로그램은 하드웨어에 접근하고자 할 때 반드시 운영체제가 제시한 방법을 통해 운영체제에게 요청하며, 운영체제가 응용프로그램을 대신하여 하드웨어를 조작한다. 운영체제가 제시한 방법이란 시스템 호출 (system call)이며, 응용프로그램은 운영체제가 제공하는 시스템 호출 함수를 이용하여 운영체제에게 서비스를 요청하면 된다. 시스템 호출 외 다른 방법은 없다.

운영체제가 독점적으로 모든 컴퓨터 하드웨어를 조작하는 이유는 응용프로그램들 사이에 하드웨어 사용 충돌을 막기 위함이다. 예를 들어, 한 응용프로그램이 읽고 있는 파일을 다른 응용프로그램이 지워버리거나, 한 응용프로그램이 프린트를 하고 있는 도중 다른 응용프로그램이 프린트를 하거나, 한 응용프로그램이 디스크의 비어 있는 블록을 찾아내어 그 곳에 파일을 쓰고 있는데 다른 응용프로그램이 이를 모르고 동일한 디스크 블록에 파일을 쓰는 등, 하드웨어 자원에 대한 충돌이 일어나지 않도록 독점 관리하는 것이다.

운영체제의 관점에서 응용프로그램은 직접적인 고객이다. 동시에 여러 개의 응용프로그램이 실행될 때, 운영체제는 우선순위 별로 응용프로그램을 실행시키거나 공평한 기회로 번갈아 실행시키는 등 응용프로그램의 실행 순서를 제어한다. 그리고 아래층 하드웨어로부터 물리적인 신호(인터럽트, interrupt)가 발생하든지 데이터가 도착하면, 위층의 응용프로그램에게 이를 알리거나 데이터를 전달하는 것도 운영체제의 역할이다.

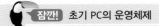 **잠깐! 초기 PC의 운영체제**

1990년대 초반까지만 해도, **IBM PC**에서 **DOS**와 같은 원시적인 운영체제를 사용하는 시절에는(저자도 그랬지만) 응용프로그램이 운영체제의 도움이나 요청 없이 직접 메모리에 값을 쓸 수 있었고, 사용자가 입력한 키 값을 직접 읽거나, 그래픽 장치의 비디오 메모리에 직접 비트맵 이미지를 출력하여 모니터에 출력되는 내용을 마음대로 제어하였다. 하지만, 오늘날 대부분의 운영체제에서는 응용프로그램이 임의의 메모리 번지를 마음대로 액세스하거나 하드웨어를 직접 제어할 수 없다.

운영체제와 사용자의 관계

사용자는 응용프로그램을 통해 컴퓨터를 사용한다. 탐색기 프로그램을 통해 디렉터리를 보거나 새 디렉터리를 만들고, 메모장 프로그램을 통해 문서를 작성하거나 작성된 문서 파일을 읽어보는 등 컴퓨터를 활용한다. 사용자에 대한 운영체제의 역할은 다음과 같다.

- 사용자가 하드웨어에 관한 자세한 지식이 없어도 컴퓨터를 쉽게 다룰 수 있게 한다.
- 사용자가 새로운 하드웨어를 설치하거나 하드웨어를 변경하는 것을 돕는다.
- 사용자에게 컴퓨터 시스템을 사용할 편리한 사용자 인터페이스를 제공한다.
- 컴퓨터의 사용을 돕는 여러 도구 응용프로그램(유틸리티 프로그램)을 제공한다. Windows의 탐색기나 작업 관리자, 리눅스의 쉘 등이 대표적이다.
- 사용자의 계정을 관리한다.
- 사용자의 컴퓨터 사용 시간을 계산하여 과금 처리한다.

운영체제와 하드웨어의 관계

하드웨어를 제어하는 일은 전적으로 운영체제의 몫이다. C 프로그램을 작성하고 printf("hello") 함수를 호출하여 디스플레이에 "hello"를 출력하는 경우를 보자. 독자들은 printf() 함수가 직접 디스플레이에 "hello"를 출력하였다고 생각할지 모르지만, 사실은 printf()에서 '시스템 호출'을 통해 운영체제에게 "hello"를 디스플레이에 출력해 줄 것을 요청한 것이고, 운영체제가 그래픽 제어 장치를 통제하여 디스플레이에 "hello"를 출력한 것이다 (탐구 2-1 참고). 혹은 사용자가 키보드로 입력한 값을 읽는 것도 운영체제이다. scanf() 함수를 실행하여 키 입력을 기다리고 있는 응용프로그램에게 읽은 키 값을 전달하는 것도 운영체제이다.

결론적으로 운영체제는 사용자/응용프로그램과 하드웨어 사이의 매개체이다. 하드 디스크에서 파일을 읽거나 쓰기, 마우스 클릭, 키보드 입력 받기, 네트워크를 통해 데이터 송수신, 디스플레이에 텍스트나 이미지 출력 등 장치에 대한 입출력은 전적으로 운영체제만이 할 수 있는 기능이다.

2.2 운영체제의 전체 기능

이제 운영체제의 기능을 모두 열거해도 될 것 같다. 운영체제의 기능은 다음과 같다.

- **프로세스와 스레드 관리(process and thread management)**

디스크에 저장된 프로그램이 메모리에 적재되어 실행될 때 프로세스라고 부른다. 프로세스 (process)는 한 개 이상의 스레드(thread)로 구성되는데, 프로세스는 실행단위가 아니며 운영체제에 의해 스케줄되고 다루어지는 실행 단위는 스레드이다. 운영체제는 여러 프로세스/스레드를 동시에 실행시키기 위해, 프로세스/스레드의 실행, 일시 중단, 종료, 스케줄링, 컨텍스트 스위칭 등의 기능을 가지고 있다. 또한 여러 프로세스/스레드가 동시에 자원을 사용하려고 할 때 충돌하지 않도록 이들을 동기화(synchronization)시키고 프로세스가 자원을 무한정 기다리는 일이 없도록 하는 기능도 포함된다.

- **메모리 관리(memory management)**

프로세스/스레드를 실행시키기 위한 메모리 할당, 메모리 반환, 다른 프로세스/스레드로부터의 메모리 보호 등 메모리 관리 기능이다. 메모리가 부족할 때 하드 디스크의 영역까지 메모리를 확장하여 사용하는 가상 메모리 기술도 포함한다.

- **파일 관리(file management) 혹은 파일 시스템 관리**

파일 생성, 저장, 읽기, 복사, 삭제, 이동, 파일 보호 등의 파일 관리 기능이다. 이를 위해 디스크 등의 저장 장치에 파일을 저장하기 위한 정책 등이 포함된다.

- **장치 관리(device management)**

키보드, 마우스, 프린터 등의 입출력 장치나 하드 디스크 등의 저장 장치를 제어하여 사용자나 응용프로그램의 요청에 따라 입출력을 수행하는 기능이다.

- **사용자 인터페이스(user interface)**

사용자 친화적인 인터페이스를 제공하여 사용자가 컴퓨터를 쉽게 사용하고 원하는 응용프로그램을 쉽게 실행시킬 수 있도록 돕는 기능이다. 운영체제들은 라인 기반 명령 입출력 창이나 마우스와 그래픽을 사용하는 GUI 방식의 인터페이스를 제공한다.

- **네트워킹(networking)**

사용자나 응용프로그램이 네트워크를 사용할 수 있도록, 네트워크 인지, 연결, 닫기, 데이터 송수신 등의 기능을 제공한다.

- **보호 및 보안(protection & security)**

CPU, 메모리, 컴퓨터에 설치된 소프트웨어, 실행 중인 프로그램과 컴퓨터 내부의 시스템 데이터나 사용자 데이터가, 바이러스나 웜, 멀웨어(malware), 해킹 등 외부 공격이나 무단 침입으로부터 안전하게 유지되도록 보호하며 외부로 유출되지 않도록 하는 기능이다.

2.3 운영체제와 커널

막연할 수 있는 운영체제의 실체에 더 가까이 다가가기 위해 운영체제를 구성하는 요소들에 대해 알아보자. 그림 2-12는 사용자, 응용프로그램, 라이브러리, 운영체제, 그리고 하드웨어 장치들의 계층 구조를 좀 더 자세히 보여준다. 운영체제가 어떤 소프트웨어인지 요소들을 이용하여 다시 정의하면 다음과 같다.

> 운영체제는 도구/GUI 소프트웨어, 커널(kernel), 디바이스 드라이버(device driver)들로 구성되는 소프트웨어이다.

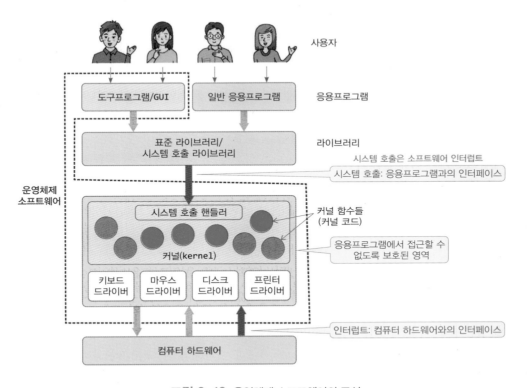

그림 2-12 운영체제 소프트웨어의 구성

운영체제의 핵심 부분을 커널이라고 부르며, 커널에는 앞서 소개한 운영체제의 기능들이 구현되어 있다. 도구 소프트웨어는 Windows의 탐색기나 작업관리자, 리눅스의 쉘과 같이 사용자가 컴퓨터를 쉽게 활용하도록 돕는 소프트웨어로서 유틸리티 소프트웨어라고도 불리며 운영체제에 포함되어 함께 설치된다. 디바이스 드라이버는 입출력 장치를 구동하고 제어하여 실질적인 입출력을 수행하는 소프트웨어이다. 운영체제의 가장 중요한 부분이 커널이며, 좁은 의미로 운영체제하면 커널을 뜻하기도 한다.

도구/GUI 소프트웨어

도구 소프트웨어(tool software)란 사용자가 컴퓨터를 편리하게 사용할 수 있도록 운영체제 패키지에 포함되어 제공되는 프로그램들로서, Windows 운영체제의 예를 들면 파일 탐색기, 작업 관리자, 제어판, 장치 관리자, Windows Power Shell, 드라이버 최적화 응용프로그램, 디스크 정리 응용프로그램 등이 있으며(그림 2-13 참고), 리눅스의 경우 쉘(sh, bash, csh)이 대표적이다. Windows의 바탕화면은 GUI 소프트웨어에 해당한다.

사용자가 컴퓨터를 사용하면서 직접 마주치는 것이 Windows의 경우는 탐색기나 바탕화면이고 리눅스의 경우는 쉘이므로, 많은 사용자들은 바탕화면이나 쉘이 운영체제라고 아는 경우가 많다. 이것들은 광의적인 의미에서 운영체제의 일부분이지만, 사실 운영체제의 핵심은 커널이다.

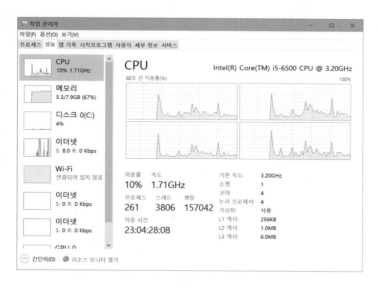

그림 2-13 운영체제에 포함된 도구 소프트웨어 중 작업 관리자와 디스크 정리 응용프로그램

커널

커널은 부팅 후부터 메모리에 상주하면서, CPU, 캐시, 메모리 등 하드웨어를 관리하고 프로세스의 실행과 중단, 파일 시스템 관리 등 운영체제의 핵심적인 기능을 실행하는 코드와 이들을 관리하기 위해 필요한 프로세스 테이블, 페이지 테이블 등 여러 자료 구조의 집합으로 사용자가 직접 접할 수는 없다. 운영체제의 핵심 기능들은 거의 모두 커널 코드에 의해 실행되는데 다음과 같다.

- 프로세스와 스레드 관리
- 메모리 관리
- 파일 생성, 삭제, 파일 입출력 등 파일 및 파일 시스템 관리
- 디바이스 드라이버를 호출하여 장치 입출력

커널 코드는 구체적으로 함수의 형태로 존재한다. 응용프로그램도 여러 개의 함수들로 나뉘어 작성되고 라이브러리에도 많은 함수들이 있다. 응용프로그램은 함수 호출(function call)이라는 방식을 통해 응용프로그램 내에 작성한 함수나 라이브러리를 포함된 함수를 호출한다. 하지만 응용프로그램은 함수 호출의 방법으로 커널에 있는 함수를 호출할 수 없다. 왜냐하면, 커널 코드에 들어있는 함수의 이름을 알 수도 없을 뿐더러, 설사 안다고 하더라도 응용프로그램이 커널 코드와 링크(link)될 수 없고 운영체제마다 커널에 만들어진 함수의 이름이 다르기 때문이다. 그렇지만 응용프로그램에서 커널에 있는 함수를 활용할 수 있는 유일한 방법이 제공되는데, 바로 시스템 호출(system call)이라는 방법이다. 시스템 호출에 대해서는 조금 뒤에서 자세히 다룬다.

Windows의 탐색기나 바탕화면은 늘 눈에 보이고, 디바이스 드라이버는 새로운 마우스나 USB 메모리를 연결할 때 가끔 화면을 통해 마주치는 단어이므로 그래도 약간은 익숙하다. 하지만, 커널은 눈에 보이지도 않고 컴퓨터를 사용하는 동안 거의 마주칠 일이 없기 때문에 어렵게 느껴진다. 과연 커널이 있기는 한 것인지 내부에서 작동은 하고 있는지 매우 생소하다. 의사의 눈에는 환자의 뼈와 심장이 보이듯이 독자들의 눈에도 커널이 보였으면 한다.

> **잠깐!** 모놀리식 커널(Monolithic Kernel)과 마이크로 커널(Micro Kernel)
>
> 운영체제 커널 코드는 만드는 기법에 따라 여러 유형이 있지만, 모놀리식 커널과 마이크로 커널이 대표적이다. 모놀리식이란 '단단히 짜여 하나로 되어 있는 덩어리'란 뜻이며, 모놀리식 커널이란 디바이스 드라이버를 포함하여 모든 커널 코드가 한 덩어리로 된 단일 커널이며, 모든 커널 코드가 응용프로그램이 침범할 수 없는 커널 영역이라고 부르는 메모리 영역에서 실행된다. 커널이 적재되는 메모리가 물리적으로 따로 있는 것은 아니고 하나의 물리 메모리가 응용프로그램이 적재되는 공간과 커널이 적재되는 공간으로 번지를 나누어 사용된다. 모놀리식 커널은 운영체제의 모든 기능이 한 덩어리를 형성한다.

이와 달리, 마이크로 커널은 프로세스 사이의 통신, 가상 메모리 관리, 스케줄링 등 핵심 기능만 커널 영역에서 실행시키고, 디바이스 드라이버 및 나머지 기능들은 모듈화하여 사용자 영역에서 실행시키고 이들을 서비스 혹은 서버라고 부른다.

1980년대 전까지만 해도 운영체제는 거의 모두 모놀리식 커널이었다. 운영체제의 기능이 점점 커짐에 따라 커널도 커지고 복잡해져서 메모리와 저장 장치 크기도 문제가 되었고 여러 컴퓨터에 운영체제를 이식(porting)하는 데에도 어려움을 겪었다. 이런 문제를 해결하기 위해, 1980년대에 들어와서는 커널을 최소화하기 위한 기법으로 마이크로 커널이 개발되었다.

Unix, Linux, DOS, Solaris 등은 모두 모놀리식 커널 기법을 채택하고 있으며, Mach, QNX, Symbian, Mac OS X, Minix 등이 대표적인 마이크로 커널 운영체제이다. 현재는 순수 마이크로 커널 운영체제는 거의 없다. Windows는 NT를 마이크로 커널로 구현하였지만, NT4.0 이후 XP 등으로 발전하면서 마이크로 커널과 모놀리식 커널의 장점을 모두 살린 하이브리드(Hybrid Kernel, 혼합형) 커널로 구현하였다. 모놀리식 커널의 소스 코드는 수백만 라인이지만, 마이크로 커널의 소스 코드는 10,000 라인을 넘지 않는 수준이다.

디바이스 드라이버

디바이스 드라이버는 장치를 직접 제어하는 소프트웨어이다. 장치마다 입출력을 시행하는 전담 디바이스 드라이버가 꼭 있다. 마우스의 움직임과 클릭을 인지하는 마우스 드라이버, 키보드 장치로부터 사용자가 입력한 키를 알아오는 키보드 드라이버, 디스크 장치를 제어하여 디스크 블록을 읽고 쓰는 디스크 드라이버, 프린터를 제어하는 프린터 드라이버, 디스플레이의 해상도를 조절하는 등 그래픽 장치를 제어하여 디스플레이 출력을 담당하는 그래픽 드라이버 등 장치마다 디바이스 드라이버가 있다.

디바이스 드라이버는 응용프로그램을 작성하는 방법과 많이 다르며 장치 하드웨어를 제작하는 곳에서 작성되어 배포되는 것이 일반적이다. 그것은 장치의 하드웨어 구조와 특성을 잘 아는 사람이 만들어야하기 때문이다. 독자들 중에는 디스플레이를 사거나 키보드를 구입할 때 작은 CD가 동봉되어 있는 것을 경험한 적이 있을 것이다. 그 CD 속에 디바이스 드라이버가 들어 있다. 최근에는 하드웨어 업체의 홈 페이지에서 드라이버를 다운로드하여 설치하는 것이 일반화되었다.

과거 모든 디바이스 드라이버들은 커널 영역에서 실행되었지만 현대에서는 그렇지 않다. 커널 영역에서 실행되는 디바이스 드라이버가 잘못 작성되었을 경우 시스템을 심각하게 훼손시킬 수 있기 때문에, 이러한 문제를 막기 위해 Windows나 MacOS X, Linux에서는 사용자 공간에서 실행되는 디바이스 드라이버를 허용하고 있다. 대부분의 디바이스 드라이버가 커널 영역의 메모리에 적재되므로 디바이스 드라이버를 커널에 포함시켜 말하기도 한다. 이 책에서도 디바이스 드라이버를 굳이 분리시켜 말하지 않는 한 커널에 포함시켜 설명을 전개한다.

2.4 운영체제 커널 인터페이스: 시스템 호출과 인터럽트

그림 2-13을 다시 보자. 운영체제가 하드웨어와 응용프로그램 사이의 중계 역할을 위해 다음 2가지 인터페이스를 두고 있다.

- 시스템 호출(system call) – 커널과 응용프로그램 사이의 인터페이스
- 인터럽트(interrupt) – 커널과 하드웨어 장치 사이의 인터페이스

시스템 호출

시스템 호출은 응용프로그램에서 커널 코드(커널에 작성된 함수)를 실행하는 기법이다. 응용프로그램은 커널에 작성된 함수(기능)를 직접 호출(활용)할 수는 없다. 왜냐하면 함수의 이름도 모르고 위치도 모르며, 보다 근본적인 이유는 커널이 있는 메모리에 접근할 권한도 없기 때문이다. 그래서 운영체제는 패키지를 통해 응용프로그램을 대신하여 커널 함수에 접근하는 시스템 호출 라이브러리(system call library)를 제공한다. 응용프로그램이 커널의 기능을 활용하려면 시스템 호출 라이브러리에 들어 있는 시스템 호출 함수를 호출하면 된다.

일반적으로 라이브러리는 표준 라이브러리(standard library)와 시스템 호출 라이브러리(system call library)로 나뉜다. 표준 라이브러리의 함수들은 printf(), abs(), strcmp()와 같이 복잡한 기능을 미리 작성해두고 응용프로그램에서 활용하여 사용자가 쉽게 응용프로그램을 작성할 수 있도록 하는데 목적이 있으며, 운영체제 커널의 기능과 일차적으로 무관한 작업을 위해 제공된다.

한편, 시스템 호출 라이브러리에 제공되는 함수들은 fork(), exit(), open(), write() 등으로 '시스템 호출'의 과정을 통해, 응용프로그램이 커널 코드(기능)를 불러 활용할 수 있도록 하는데 목적이 있다. 시스템 호출 라이브러리는 운영체제를 작성하고 제공하는 기업에서 작성하여 배포하는 것이 원칙이다. 시스템 호출 함수들은 '시스템 호출'을 일으키는 기계 명령을 실행하여, CPU가 커널 코드와 데이터가 적재된 메모리 영역을 액세스하는 권한을 가지도록 하고, 커널에 작성된 함수를 실행시킨다. '시스템 호출'은 응용프로그램이 커널 코드(커널 함수)를 활용할 수 있는 유일한 관문이다. 다른 방법은 없다.

인터럽트

인터럽트는 하드웨어 장치들이 CPU에게 하드웨어 신호(인터럽트 신호)를 물리적으로 발생시켜, 입출력 완료나 타이머 완료 등을 CPU에게 알리는 방법이다. 인터럽트는 하드웨어 인터럽트와 소프트웨어 인터럽트로 구분되는데, 이 장에서는 하드웨어 인터럽트에 대해서만 다룬다. CPU가 인터럽트 신호를 받게 되면, 현재 하던 일을 멈추고 인터럽트의 요청을 처리하는 코드를 실

행한다. 이 코드를 인터럽트 서비스 루틴(Interrupt Service Routine, ISR)이라고 부르며, 커널 코드나 디바이스 드라이버 내에 작성된다. 예를 들어, 사용자가 키보드의 키를 누르는 순간 CPU에 인터럽트가 발생하고, CPU는 하던 일을 멈추고 키보드 인터럽트 서비스 루틴을 실행하고, 인터럽트 서비스 루틴의 코드가 키 값을 읽어 커널 영역에 만들어 놓은 키 입력 버퍼나 키 입력을 기다리는 응용프로그램의 버퍼로 전달한다. CPU는 인터럽트 서비스 루틴의 실행을 마친 후 그 전에 실행하던 코드로 돌아간다.

운영체제는 인터럽트라는 방법을 통해 운영체제가 입출력 장치에게 지시한 입출력 작업의 완료나, 예고 없는 네트워크 데이터의 도착, 키보드나 마우스의 입력, 부족한 배터리의 경고 등 장치와 관련된 모든 이벤트를 처리한다.

3 커널과 시스템 호출

3.1 응용프로그램의 자원 접근 문제

MS-DOS와 같이 단일사용자/단일프로세스 운영체제를 사용하던 시절에는 시스템에 한 번에 하나의 응용프로그램만 실행되므로 응용프로그램이 컴퓨터의 자원에 대해 접근하는 것을 막을 필요가 없었다. 그래서 당시에는 응용프로그램이 아무 위치든 메모리에 직접 값을 쓰기도 하고 (예: 인터럽트 벡터 영역에 직접 쓰기), 비디오 메모리에 직접 문자들을 써서 디스플레이에 텍스트를 출력시키기도 했다.

하지만, 오늘날 다중사용자/다중프로세스가 실행되는 상황에서, 응용프로그램이 컴퓨터 하드웨어에 직접 접근할 수 있도록 허락한다면 어떤 일이 발생할까? 아마도 다음과 같은 일이 발생할 것이다.

- 응용프로그램이 다른 응용프로그램이 적재된 메모리를 덮어써버리거나, 다른 응용프로그램이 생성한 파일을 삭제하거나 하는 등 다른 응용프로그램의 실행을 망칠 수 있다.
- 응용프로그램이 운영체제 커널이 적재된 메모리를 액세스하여 커널의 주요 데이터를 훼손하는 등 컴퓨터 시스템이 복구 불가능한 심각한 문제에 빠질 수 있다.

오늘날 운영체제는 응용프로그램과 운영체제 커널의 메모리 영역을 확실히 구분하기 위해 (1) 사용자 공간(user space)과 커널 공간(kernel space)으로 나누고, (2) 응용프로그램이 커널 공간을 함부로 접근할 수 없도록 시스템의 실행 모드를 사용자 모드(user mode)와 커널 모드(kernel mode)로 나누며, 응용프로그램은 사용자 모드에서 실행되고, 커널 코드는 커널 모드에서만 실행되도록 하였다. 응용프로그램이 커널의 기능을 실행하기 원할 경우 (3) 시스템 호출이라는 허용된 방법으로만 이용하도록 하여 안전을 도모하였다. 지금부터 구체적으로 알아보자.

3.2 사용자 공간과 커널 공간

운영체제는 CPU로 액세스할 수 있는 전체 주소 공간을 사용자 공간(user space)과 커널 공간(kernel space)으로 분리하여 운영한다. 사용자 공간은 응용프로그램이 적재되고 응용프로그램의 변수가 만들어지고 동적 할당 받는 공간으로 활용하는 공간이며, 커널 공간은 커널 코드와 커널 데이터, 그리고 커널 함수들이 실행될 때 필요한 스택 공간, 디바이스 드라이버 등이 탑재되는 공간이다.

그림 2-14(a)는 32비트 Windows 운영체제에서 전체 4GB의 메모리 영역에 대해 사용자 공간은 하위 2GB 영역(0~0x7FFFFFFF)에, 커널 공간은 상위 2GB 영역(0x8000000~0xFFFFFFFF)으로 나누어 사용하는 사례를 보여주며, 리눅스의 경우 사용자 공간을 3GB, 커널 공간을 1GB로 나눈 모양을 보여준다.

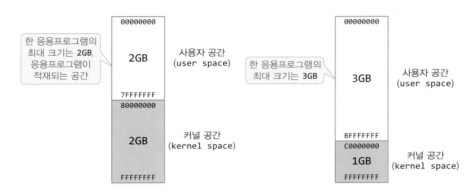

(a) 32비트 Windows 운영체제의 주소 공간   (b) 32비트 리눅스 운영체제의 주소 공간

그림 2-14 32비트 Windows와 리눅스의 사용자 공간과 커널 공간

사용자 공간과 커널 공간으로 나누는 이유

메모리를 사용자 공간과 커널 공간으로 나누어 사용하는 이유는 응용프로그램으로부터 커널 코드와 데이터를 지키기 위해서이다. 사용자 응용프로그램이 실수로 혹은 악의적인 개발자가 고의적으로 커널 코드와 데이터를 훔쳐보거나 훼손하는 것을 막기 위해서이다. 커널이 개방되어 있으면 바이러스 침범, 시스템 훼손, 시스템 중단 등 심각한 문제가 발생할 수 있다. 그러므로 그림 2-14로 설정된 Windows에서 응용프로그램이 커널 공간으로 설정된 0x80000000~0xFFFFFFFF 사이의 메모리 번지를 임의로 액세스하는 순간 바로 시스템 오류가 발생하고, Windows는 즉각 응용프로그램을 종료시켜 버린다. 응용프로그램은 시스템 호출을 통해서만 커널 공간을 액세스하며, 응용프로그램으로부터 커널 공간을 지키는 것에 대해서는 뒤이어 커널 모드에서 설명한다.

사용자 공간 크기의 의미

사용자 공간의 크기가 의미하는 바는 무엇일까? 32비트 Windows 운영체제에서 사용자 공간의 크기가 2GB로 설정된다함은 응용프로그램의 크기가 최대 2GB로 제한된다는 의미이다. 응용프로그램의 크기란 응용프로그램의 코드, 응용프로그램에서 선언한 전역변수들, 그리고 실행 중에 동적으로 할당받는 메모리(힙), 실행 중에 사용하는 스택의 크기를 모두 합친 크기이다. 응용프로그램은 운영체제가 설정한 사용자 공간의 범위를 넘어서 자라갈 수 없다. 그 너머에는 커널 공간이 있기 때문이다.

사용자 공간과 커널 공간은 가상 주소 공간이다.

그림 2-15에 보이는 바와 같이 4GB의 주소 공간은 운영체제가 만들어주는 가상 주소 공간(virtual address space)이며 실제 메모리 공간이 아니다. 다른 운영체제도 유사하지만, 32비트 Windows 운영체제의 경우를 보면, 각 응용프로그램은 자신이 0~7FFFFFFF 번지 사이의 2GB의 사용자 공간을 독점적으로 사용하고 있고, 80000000~FFFFFFFF 번지 사이의 2GB 커널 공간은 커널이 사용하고 있다고 생각하며, 0번지부터 2GB 사이의 사용자 공간에 최대 2GB 크기의 코드와 변수를 적재하여 사용한다. 응용프로그램이 사용하는 이 번지들은 운영체제가 응용프로그램에게 만들어놓은 가상 주소이다. 운영체제는 가상 주소 공간의 상위 2GB의 공간을 커널 공간으로 사용하고, 모든 응용프로그램에 의해 공유되게 한다. 정리해보면, 모든 응용프로그램에게는 각각 4GB의 가상 주소 공간이 제공되며, 그 중 사용자 공간은 응용프로그램이 독점적으로 사용하고 커널 공간은 다른 응용프로그램과 공유된다.

이런 가상 주소 공간 개념은 독자들에게 2가지 혼란을 가져온다. 첫째, 각 응용프로그램이

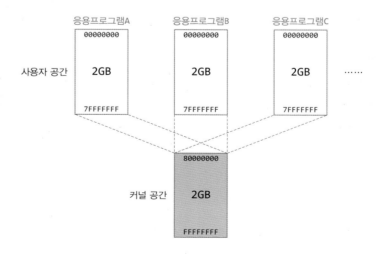

그림 2-15 주소 공간은 가상 주소 공간이다.

0번지에서 시작하므로 응용프로그램들의 주소 공간이 충돌하지 않는가 하는 점이고, 둘째, 컴퓨터에 장착된 물리 메모리(RAM)의 크기가 4GB보다 작은 경우 어떻게 되는가 하는 문제이다.

첫 번째 의문에 대한 답은 3장 프로세스와 9장 페이지 메모리 관리에서 자세히 다루어지겠지만, 그림 2-16은 간단한 답을 보여준다. 운영체제는 각 응용프로그램의 가상 주소 공간을 물리 메모리 공간으로 매핑시켜 가상 주소 공간의 충돌을 해결한다. 운영체제는 각 응용프로그램(프로세스)마다 커널 공간에 매핑 테이블을 두고 사용자 공간을 물리 메모리(RAM)의 공간으로 매핑한다. 물리 메모리를 여러 응용프로그램의 사용자 공간이 나누어 쓰는 셈이다. 실제로 각 응용프로그램은 사용자 공간 중 일부만 사용한다. 커널 공간 역시 물리 메모리에 매핑되어 각 응용프로그램의 매핑 테이블에 기록된다. 커널에 대한 매핑 정보는 모든 응용프로그램에 대해 동일하다.

두 번째 의문에 대한 답을 알아보자. 만일 물리 메모리가 부족하게 되면, 운영체제는 물리 메모리의 일부를 하드 디스크에 저장하여 물리 메모리의 빈 영역을 확보하는 기법(가상 메모리 기법이라고 부르고 이 책의 10장에서 설명)을 사용한다.

이제, 정리하면 운영체제가 제공해주는 가상 주소 공간을 통해 모든 응용프로그램이 자신만의 사용자 공간을 가지고 있는 셈이다.

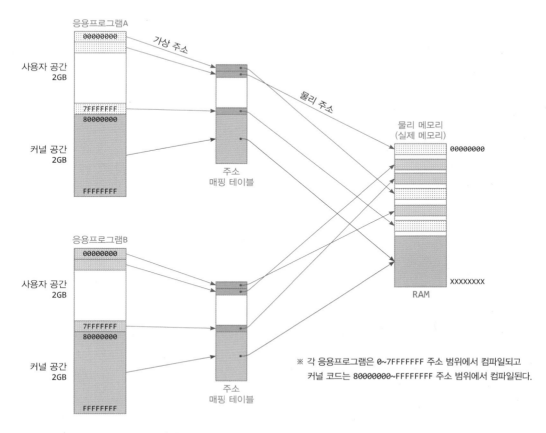

그림 2-16 가상 주소 공간의 물리 메모리 매핑

> **잠깐!** 응용프로그램과 개발자 모두 가상 공간(virtual address space)에서 산다.
>
> 응용프로그램은 가상 주소 공간에서 실행된다. 개발자들은 응용프로그램을 작성할 때, 코드와 데이터가 0번지에서부터 물리 메모리 공간(RAM)에 적재된다고 생각한다. 그것은 허상이다. 프로그램 코드나 데이터는 프로그램이 실행될 때 운영체제에 의해 물리 메모리의 빈 영역에 적재되므로 물리 메모리 어느 위치에 있을 지 아무도 모른다. 실행되는 시점에 현재 실행되는 프로그램의 개수, 물리 메모리의 크기, 비어 있는 물리 메모리의 위치에 따라 그 위치가 달리 결정되며 물리 메모리 주소는 응용프로그램의 매핑 테이블에 기록된다.
>
> 하물며 CPU의 PC 레지스터에 있는 주소 역시 물리 메모리 주소가 아니다. 이 응용프로그램의 가상 주소이다. 또한 비주얼 스튜디오(visual studio)의 디버거에서 보여주는 변수의 주소 역시 물리 메모리의 주소가 아니라 가상 주소이다. 개발자나 응용프로그램 모두 가상 주소 공간에서 살아간다. 9장과 10장에서 자세히 다루니 기대되지 않는가!

3.3 CPU의 사용자 모드와 커널 모드

CPU는 사용자 모드(user mode)와 커널 모드(kernel mode) 중 한 모드에서 실행된다. 응용프로그램 코드는 사용자 모드에서 실행되고, 커널 코드는 커널 모드에서 실행된다. 응용프로그램을 실행시킬 때 운영체제는 CPU 모드를 사용자 모드로 설정하고, 응용프로그램이 '시스템 호출'을 하면 그때 커널 모드로 전환되며 커널 코드가 실행된다. 사용자 모드인지 커널 모드인지는 CPU 내의 모드 레지스터(mode register 혹은 mode bit)에 설정되며, 설정된 모드에 따라 CPU는 표 2-1과 같이 4가지 사항에 대해 서로 다르게 행동한다.

표 2-1 사용자 모드와 커널 모드 비교

	사용자 모드	커널 모드
CPU의 메모리 액세스 범위	사용자 공간에 국한. 커널 공간 액세스 불가	커널 공간을 포함한 모든 메모리 공간
CPU의 하드웨어 액세스 여부	불가(X)	모든 하드웨어 액세스 가능(0)
CPU가 처리 가능한 명령	특권 명령(privileged instruction)을 제외한 모든 CPU 명령	특권 명령을 포함한 모든 CPU 명령
오류 발생 시 처리	사용자 프로그램만 실행 종료. 시스템이 종료 되지 않으므로 안전	시스템에 심각한 오류가 발생한 것으로 시스템 종료

사용자 모드

그림 2-17(a)와 같이 사용자 모드에서 프로그램은 사용자 공간만 접근할 수 있고 커널 공간은 접근할 수 없다. 만일 응용프로그램이(CPU가) 사용자 모드에서 실행하던 중 커널 공간의 메모리 번지를 접근하면, 시스템 예외(exception)가 발생하고 응용프로그램은 바로 종료된다. 사

용자 모드에서, 응용프로그램은(CPU는) 하드 디스크, 입출력 장치 등 하드웨어에 접근하는 어떤 명령도 실행할 수 없고 다른 응용프로그램에게 할당된 메모리도 접근할 수 없다.

또한 CPU는 사용자 모드에서 특권 명령(privileged instruction)으로 불리는 기계 명령들을 실행할 수 없다. 특권 명령은 입출력 장치나 타이머, 인터럽트 처리, 시스템 중단 등 특별한 목적으로 설계된 CPU 기계 명령이다. 만일 응용프로그램 코드에 특권 명령이 들어 있어 사용자 모드에서 특권 명령을 실행하게 되면, CPU는 바로 예외를 발생시키고 응용프로그램을 종료시킨다. 그것은 절대로 허용되지 않는다. 특권 명령은 뒤에서 설명한다.

커널 모드

커널 모드에서 CPU는 모든 메모리 공간을 액세스할 수 있고 특권 명령을 실행할 수 있으며, 어떤 하드웨어든지 접근하고 제어할 수 있다. 그러므로 커널 모드는 특권 모드(privileged mode) 혹은 감독자 모드(supervisor mode)라고도 불린다. CPU가 커널 코드를 실행하기 위해서는 그림 2-17(b)와 같이 CPU가 커널 모드로 설정되어야 한다. 커널 코드는 커널 모드에서 실행되므로 모든 것을 할 수 있다.

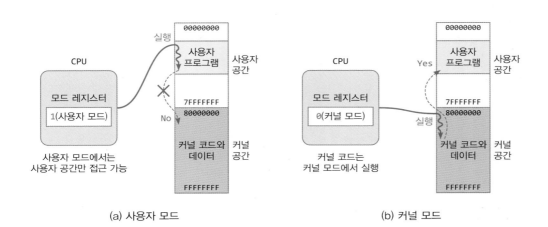

(a) 사용자 모드   (b) 커널 모드

그림 2-17 사용자 모드와 커널 모드

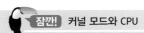 잠깐! 커널 모드와 CPU

CPU마다 서로 다르지만 CPU에는 제어 레지스터가 있으며, 이 레지스터에 저장된 특정 비트들의 값에 따라 커널 모드인지 사용자 모드인지 결정된다. 인텔의 x86 CPU들은 CS 세그먼트 레지스터에 CPL(Current Priviledged Levels bits)이라고 불리는 2개의 비트로 모드를 나타낸다. 이 값이 0이면 커널 모드(최고 특권)이고 3이면 사용자 모드(최하 특권)이다.

사용자 모드에서 커널 모드로 전환

사용자 모드에서 커널 모드로 전환이 일어나는 경우는 다음 2가지이다.

- 시스템 호출
- 인터럽트 발생

첫째, 시스템 호출의 경우에 대해 알아보자. 응용프로그램에서 하드웨어를 직접 액세스하는 것이 허용되지 않는다. 응용프로그램 코드는 신뢰할 수 없기 때문이다. 이것은 오직 신뢰할 수 있는 커널 코드에게만 일임된 일이다. 파일에서 데이터를 읽거나, 네트워크를 통해 데이터를 보내거나, 하물며 디스플레이에 텍스트를 출력하거나 키보드에서 입력받는 일까지도 응용프로그램은 직접 할 수 없다. 이들 기능은 모두 커널에 작성되어 있다.

운영체제는, 응용프로그램이 커널 안에 작성된 이들 기능을 활용하는 방법으로 '시스템 호출'이라는 방법을 두고 있다. 그림 2-18과 같이 시스템 호출을 일으키는 특별한 CPU 기계 명령이 실행되면 CPU는 사용자 모드에서 커널 모드로 바뀐다. 시스템 호출이 끝나고 사용자 프로그램으로 돌아갈 때 시스템 호출을 종료하는 CPU 기계 명령에 의해 사용자 모드로 바뀐다. 시스템 호출의 정확한 의미와 과정은 뒤에서 다시 다룬다.

두 번째, 인터럽트의 경우에 대해 알아보자. 입출력 장치나 저장장치가 CPU에게 인터럽트를 거는 경우 CPU는 자동으로 커널 모드로 전환되고, CPU는 인터럽트 서비스 루틴으로 점프하여 실행한다. 예를 들어, 응용프로그램이 실행되는 도중 사용자가 키를 입력하면, CPU에 인터럽트 신호가 전달되고 CPU는 자동으로 커널 모드로 바뀌고 키보드 인터럽트 서비스 루틴을 실행한다.

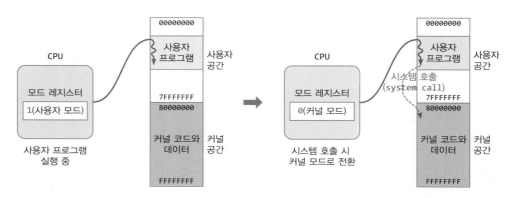

(a) 사용자 모드에서 응용프로그램 코드 실행   (b) 응용프로그램이 시스템 호출을 통해 CPU의 모드를 커널 모드로 바꾸고 커널 코드 실행

그림 2-18 시스템 호출을 통해 사용자 모드에서 커널 모드로 전환

커널 모드로 바뀌는 이유는 인터럽트 서비스 루틴이 커널 공간에 있기 때문이다. 인터럽트 서비스 루틴이 끝나면 CPU는 다시 사용자 모드로 돌아가며 응용프로그램의 실행을 계속한다.

특권 명령

특권 명령은 응용프로그램에서는 사용할 수 없고 커널이나 디바이스 드라이버 등 커널 모드에서만 사용할 수 있는 것으로, 다음과 같은 작업을 위해 CPU 제조업체에 의해 특별히 설계된 CPU 명령들이다. 참고로 시스템 호출을 일으키는 명령은 특권 명령이 아니다.

• I/O 명령

I/O 명령은 컴퓨터 본체 내 하드웨어들을 제어하거나 입출력 장치나 저장장치를 제어하고 읽기 쓰기에 사용되는 CPU 기계 명령이다. 그래픽 카드나 네트워크 카드 등 입출력 장치들은 CPU가 액세스할 수 있는 여러 개의 레지스터를 내장하고 있는데 이들을 I/O 포트(port)라고 부르며, I/O 포트마다 I/O 주소가 할당된다. CPU는 I/O 포트에 값을 읽거나 쓰는 방식으로 입출력 장치를 제어하거나 입출력 장치에 값을 쓰거나 값을 읽는다. 인텔 CPU의 예를 들면, I/O 포트를 액세스하기 위한 I/O 명령으로 다음과 같은 in, out 기계 명령들을 두고 있다.

```
in eax, 300        ; I/O 포트 300번지에서 값을 읽어 eax 레지스터에 저장
out 301, eax       ; eax 레지스터에 있는 값을 I/O 포트 301 번지에 쓰기
```

in, out과 같은 I/O 명령들은 하드웨어 장치를 직접 접근하므로 커널 모드에서 실행되어야 하는 특권 명령이다.

• Halt 명령

커널은 현재 처리할 작업이 없을 때, Halt 명령을 실행하여 CPU의 작동을 중지시키고 CPU를 유휴(idle) 상태로 만든다. Halt 명령을 실행한 뒤, CPU는 아무 인터럽트나 받을 때까지 아무 명령도 실행하지 않기 때문에 전력 소모를 줄일 수 있다. Halt 명령은 CPU에 따라 다르며, 인텔 CPU의 경우 'hlt'라는 이름의 명령을 두고 있다.

• 인터럽트 플래그 켜고 끄기

대부분의 CPU는 인터럽트가 발생할 때 처리할 지 아니면 무시할 지를 나타내는 비트를 가지고 있는데 이를 인터럽트 플래그(interrupt flag)라고 부른다. CPU들은 이 플래그를 켜거나 끄는 명령을 두고 있는데, 인텔 CPU의 경우 다음 두 명령을 두고 있다.

```
cli, sti
```

cli(clear interrupt flag) 명령을 실행하면 CPU는 인터럽트 플래그를 끄고 sti(set interrupt flag) 명령이 실행될 때까지 프로그램 실행 도중에 발생하는 어떤 인터럽트도 처리하지 않는다. 예를 들어 키보드를 입력해도 인터럽트 서비스 루틴을 실행하지 않기 때문에 키보드에 입력된 키 값이 읽혀지지 않는다.

그러므로 만일 응용프로그램에서 cli 명령을 실행할 수 있도록 허용된다면, 잘못 작성된 응용프로그램이 cli를 실행하고 sti 명령을 실행하지 않은 채 중단되거나 종료되어 버리면, 그 다음부터 CPU는 키 입력이나 타이머 입력, 디스크의 장치로부터 블록 읽기 완료, 네트워크로부터 데이터 도착 등을 전혀 인지할 수 없게 된다. 이런 이유로 인터럽트를 켜고 끄는 명령은 커널 모드에서 커널 코드에 의해서만 허용된다.

● **타이머 설정**

타이머를 설정하는 명령은 특권 명령이다.

● **컨텍스트 스위칭**

그림 2-9와 같이 현재 CPU의 레지스터들을 커널 영역에 저장하고, 저장된 컨텍스트 정보를 CPU 레지스터에 복귀시키는 컨텍스트 스위칭 명령은 커널 모드에서 실행되는 특권 명령이다.

다양한 이슈들

사용자 모드/커널 모드와 관련하여 몇 가지 이슈들을 정리해보자.

● **사용자 모드와 커널 모드는 CPU에 의해 구현되는가 커널에 의해 구현되는가?**

사용자 모드와 커널 모드는 근본적으로 CPU에 의해 구현되어 운영체제가 활용하는 기능이다. CPU가 사용자 모드와 커널 모드를 나타내는 모드 레지스터를 가지고 있지 않다면, 운영체제는 사용자 모드와 커널 모드를 구분하고 커널 코드를 커널 모드에서 실행한다는 기본 설계를 할 수 없을 것이다. CPU는 사용자 모드에서 커널 모드로 바꾸는 명령과 그 반대의 명령도 제공한다. 운영체제는 응용프로그램이 무단으로 커널 코드를 액세스하는 것을 막기 위해 CPU의 모드 기능을 활용하는 것뿐이다.

● **운영체제가 사용자 모드와 커널 모드로 나누어 작동시키는 이유는?**

커널 코드와 데이터에 대한 보안과 보호를 위해서이다. 응용프로그램 코드는 기본적으로 믿을 수 없다. 악의적인 개발자도 있고, 응용프로그램에 오류가 있을 수 있다. 그러므로 응용프로그램은 사용자 모드에서만 실행시켜, 특권 명령을 실행시키지 못하게 하여 입출력 장치 등 하드웨어에 대한 접근을 막고, 커널 코드와 데이터가 저장된 커널 공간에 접근하지 못하게 한다. 사용자 모드와 커널 모드로 나누어 놓으면 응용프로그램에서 오류가 발생한다고 하더라고 시스템을 중단시키는 일은 발생하지 않는다.

- **응용프로그램이 커널 기능을 어떻게 활용할 수 있는가?**

응용프로그램이 키보드로부터 키를 읽거나 파일에 쓰는 등 하드웨어나 자원에 대한 액세스가 필요한 경우 시스템 호출을 통해 커널 코드를 호출한다.

- **CPU가 커널 모드에서 실행되는 시간과 사용자 모드에서 실행되는 시간을 알 수 있는가?**

Windows 사례를 통해 알아보자. 그림 2-19는 Windows10에서 작업관리자를 사용하여 CPU 실행한 전체 실행 시간과 커널 모드로 작동한 시간을 비교하여 보여준다. 그래프에서 약간 진하게 표시된 부분이 커널 모드로 작동하는 시간이다. 이 그래프에서는 유난히 커널 모드에서 실행되는 시간이 많아 보인다. 보통의 응용프로그램이 실행되는 경우라면, 커널 모드의 시간보다 사용자 모드의 시간 비율이 높아야 한다. 하지만, 커널 모드의 시간 비율이 높은 경우는, 현재 Windows에서 아무 작업도 이루어지고 있지 않을 때 커널 모드에서 실행되는 시스템 유휴 프로세스(system idle process) 때문일 수 있다.

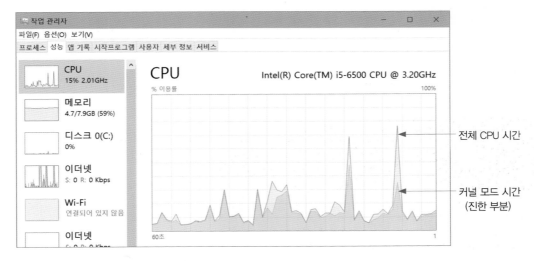

※ 작업 관리자에서 '성능' 탭 메뉴를 선택하고 CPU를 클릭한 다음, 그래프 위에서 마우스 오른쪽 버튼을 누르고 '커널 시간 표시' 메뉴를 선택하면 전체 CPU 실행 시간과 커널 모드에서의 시간 부분을 함께 볼 수 있다.

그림 2-19 Windows에서 전체 CPU 사용 시간 중 커널 모드로 작동한 시간 보기

시스템 유휴 프로세스는 부팅 시부터 생성되어 커널 모드에서 실행되는 특별한 프로세스이다. 사용자가 컴퓨터 앞에 앉아 생각에 잠겨 있는 동안 아무 작업도 실행되지 않고 있다면, 시스템 내부에서는 시스템 유휴 프로세스가 실행된다. 이런 이유로 컴퓨터가 켜진 채 사용되지 않고 있는 시간은 모두 커널 모드로 실행중인 것으로 통계에 잡히게 될 것이다. 또한 계산 중심적인 프로그램이 실행되는 경우보다 키보드에서 읽고 디스플레이에 출력하고 디스크나 네트워크 등의 장치에 대한 입출력이 많을수록 커널 모드의 시간 비율이 높아진다. 시스템 유휴 프로세스는 3장 3절을 참고하라.

3.4 커널의 실체

운영체제를 처음 공부할 때 커널이라는 용어가 어렵게 느껴져 마음을 무겁게 한다. 이 절을 통해 운영체제 커널의 실체에 다가 가보자.

커널은 부팅 시에 커널 공간에 적재되는 함수들과 데이터들의 집합

커널은 컴파일된 바이너리 형태로 운영체제가 설치되는 하드 디스크의 특정 영역에 있다가 부팅 시에 메모리에 적재되며, 커널 모드에서 실행될 함수들과 시스템을 관리하기 위한 여러 종류의 테이블과 구조체 등으로 구성된다.

커널 코드는 함수들의 집합이다.

커널 코드는 그림 2-20과 같이 함수들의 집합이다. 응용프로그램이 실행되면 운영체제는 응용프로그램 코드를 사용자 공간에 적재하고 실행을 시작시키는데, 실행 중인 응용프로그램을 프로세스라고 부른다. 컴퓨터에서 실행되는 단위는 프로세스나 스레드이지만, 커널은 프로세스도 스레드도 아니며 실행 단위가 아니고 그저 커널 공간에 적재된 함수들과 자료 구조들이다.

그림 2-20을 보자. 커널 공간은 수백 개의 함수들과 이들이 생성하고 사용하는 많은 자료 구조들, 그리고 여러 디바이스 드라이버들로 이루어져 있다. 또한 현재 1개의 CPU가 있는 시스템에서 4개의 응용프로그램이 메모리에 적재되어 실행 중이며, CPU는 app2를 실행 중이다.

그림 2-20은 app2가 시스템 호출을 통해 커널에 작성된 함수를 호출하고 이 함수는 다시 디스크 장치 드라이버를 호출하여, 디스크 장치 드라이버가 디스크 장치를 제어하는 모습을 보여준다. 프로그램의 실행은 app2에서 시작되어 커널 코드로 이어지고 디바이스 드라이버 코드까지 이어진다.

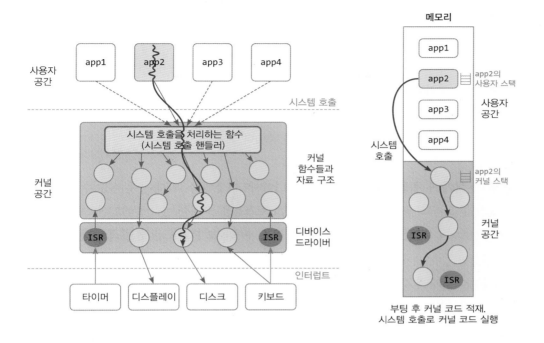

그림 2-20 커널의 존재

그러면 여기서 한 가지 질문을 해보자. 그림 2-20에서 CPU가 app2를 실행하던 중 시스템 호출을 통해 커널 모드로 바뀌어 커널 코드를 실행하고 있을 때, 현재 어떤 프로세스가 실행중인가? app2인가 커널 프로세스인가? 답은 **app2 프로세스**이다. 커널 모드에서 실행되는 프로세스는 있을 수 있지만 커널 프로세스란 말은 없다. 커널은 프로세스가 아니기 때문이다.

커널은 프로세스인가? No

커널은 시스템 관리 기능을 하도록 만들어진 함수들과 데이터의 집합이며, 스스로 실행되는 프로세스는 아니다. 운영체제들은 부팅 시 운영체제의 기능을 돕기 위해 처음부터 커널 모드에서 실행되는 프로세스나 스레드들을 몇 개내지 수십 개 실행시킨다. 그렇다고 해서 커널 그 자체가 프로세스인 것은 아니다.

많은 오해를 일으키는 사례를 하나 들어보자. Windows나 리눅스의 경우 간혹 여러 문헌에서 '커널이 프로세스들을 스케줄링한다'는 표현을 볼 수 있다. 이것이 마치 스케줄링을 담당하는 커널 프로세스가 실행되면서 주기적으로 스케줄링을 하는 것처럼 오해를 일으킬 수 있다. 커널에는 스케줄링을 담당하는 프로세스란 없다. 응용프로그램의 프로세스가 시스템 호출을 통해 커널 함수를 실행하던 중 입출력 장치로부터 데이터를 기다리게 되면, 커널 함수는 현재 프로세스의 실행을 중단시키고 대기 중인 프로세스 중 하나를 선택하는 스케줄링 함수를 호출한다. 혹은 타이머로부터 발생한 인터럽트 서비스 루틴은 현재 프로세스에게 할당된 타임 슬라이스가 다 된 경우 다른 프로세스를 선택하기 위해 스케줄링 코드를 호출하기도 한다.

커널은 실행 중이다? No

'커널이 실행 중이다'는 말은 틀렸다. 다만 응용프로그램에 의해 시스템 호출이 발생하거나 인터럽트가 발생하여 커널 코드가 실행되고 있을 뿐이다.

커널은 스택이나 힙을 가지는가? No

스택이나 힙은 프로세스(스레드)가 실행 중에 데이터를 저장하는 공간이며, 프로세스마다 별도로 주어진다. 커널은 프로세스가 아니기 때문에 커널이 스택이나 힙을 가진다는 말은 처음부터 성립되지 않는다. 다만, 프로세스가 생성될 때 프로세스가 커널 모드에서 사용할 스택이 커널 내에 할당된다. 프로세스가 시스템 호출을 통해 커널에 진입하면 자신에게 할당된 커널 스택을 활용하여 커널에 있는 함수를 호출할 때 매개 변수나 지역 변수를 저장한다. 이 커널 스택은 응용프로그램에게 속한 것이다. 프로세스가 시스템 호출로부터 복귀하면 프로세스가 커널 내에서 사용하던 스택 내용은 사라지며 다시 시스템 호출로 커널에 진입하면 이전에 사용하든 커널 스택을 다시 활용한다. 오늘날 실행 단위가 프로세스가 아니라 스레드이기 때문에 프로세스마다 커널 스택이 주어지기보다는 스레드가 생성될 때 스레드마다 커널 스택이 할당된다. 크기는 운영체제에 따라 다르지만 몇 KB~몇십 KB 수준이다(리눅스에서는 8KB, 윈도우에서는 12KB이지만 바뀔 수 있다).

3.5 응용프로그램 빌딩

응용프로그램에서 활용하도록 미리 함수들을 작성하여 컴파일하고 바이너리 형태로 만든 파일을 라이브러리(library)라고 부른다. 라이브러리를 활용하지 않고 응용프로그램을 작성하는 것은 거의 불가능하다. 라이브러리는 개발자가 작성하기 힘든 기능을 제공하여 응용프로그램의 개발 시간을 단축시키며, 응용프로그램이 하드웨어에 접근하거나 컴퓨터 자원에 접근하는 경우에 커널에 있는 함수를 대신 호출하는 역할을 한다. 라이브러리는 다음 2가지 유형이 있다.

- 표준 라이브러리(standard library)
- 시스템 호출 라이브러리(system call library)

표준 라이브러리에 포함된 함수들은 동일한 프로그래밍 언어에 대해서는 운영체제나 컴퓨터 하드웨어에 상관없이 이름과 사용법이 같다. 하지만 시스템 호출 라이브러리는 운영체제 커널과 밀접한 관계가 있기 때문에 함수들의 이름이 운영체제마다 다르다. 시스템 호출 라이브러리의 함수들은 기계 명령을 이용하여 시스템 호출을 일으켜서 커널 함수를 실행시킨다. 이런 이유로 시스템 호출 라이브러리에 들어 있는 함수들을 시스템 호출 함수(system call function, system call API)나 커널 API(Application Programming Interface)라고 부른다.

> **잠깐! 라이브러리의 컴파일**
>
> 컴파일러는 커널 인터페이스에 대해 전혀 알지 못하기 때문에 표준 라이브러리의 함수들을 컴파일할 때 시스템 호출을 일으키는 CPU 명령들로 컴파일할 수 없다. 대신, 표준 라이브러리 함수들이 현재 시스템에 설치된 시스템 호출 라이브러리 함수들을 호출하도록 작성된다. 시스템 호출 라이브러리는 시스템 호출을 일으키는 CPU 명령으로 컴파일되어 운영체제 패키지와 함께 제공된다. 시스템 호출 라이브러리의 함수들만이 직접 시스템 호출을 일으키는 CPU 명령들을 실행한다.

사용자 코드와 라이브러리 코드의 링킹

응용프로그램은 사용자가 작성한 함수들과 이들에 의해 호출되는 라이브러리 함수들이 링크 과정(linking)을 거쳐 하나의 실행 파일 내에 결합되어 저장된다. 응용프로그램이 실행될 때 실행 파일이 사용자 공간에 적재된다. 그러므로 사용자가 작성한 코드들과 전역 변수들, 그리고 라이브러리 함수들과 라이브러리에 선언된 전역 변수들이 응용프로그램에게 할당된 사용자 공간에 함께 있으며, 사용자가 작성한 함수와 라이브러리 함수 모두 사용자 모드에서 실행된다.

그림 2-21은 하나의 응용프로그램이 사용자 공간에 적재된 모습을 보여준다. 이 응용프로그램은 사용자가 작성한 main(), f(), g(), u() 함수와 이들에 의해 호출되는 printf(), strcpy(), abs(), write(), open()의 5개 라이브러리 함수들로 구성된다. 사용자가 작성한 함수들은 함수 호출(function call)을 통해 사용자가 작성한 다른 함수나 라이브러리 함수들을 호출하고, 시스템 호출 라이브러리의 함수들은 시스템 호출(system call)을 통해 커널 코드를 활용한다. 표준 라이브러리 함수들이 입출력 등 커널의 도움이 필요할 때 시스템 호출 함수를 호출한다. 탐구 2-1을 참고하라.

> **잠깐! 함수 호출과 시스템 호출**
>
> 응용프로그램이 표준 라이브러리나 시스템 호출 라이브러리의 함수를 호출하는 과정에는 함수 호출 방법이 사용되지만, 시스템 호출 라이브러리가 커널 기능을 활용할 때는 시스템 호출 방법이 사용된다.
> - 라이브러리 기능 활용 - 함수 호출(function call)
> - 커널 기능 활용 - 시스템 호출(system call)

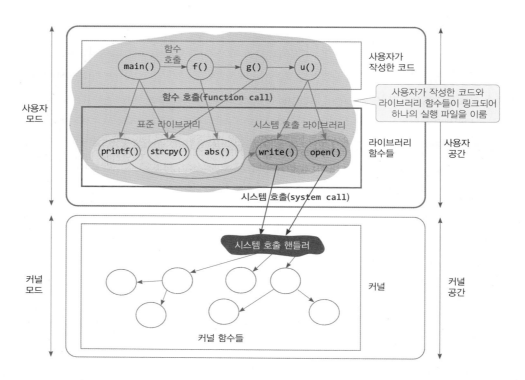

그림 2-21 응용프로그램을 구성하는 사용자 코드와 라이브러리 코드, 그리고 커널 코드

함수 호출(function call)로 라이브러리 활용

사용자 공간에 적재된 사용자 함수들은 함수 호출을 통해 라이브러리 함수들을 활용한다. 함수 호출의 과정은, 같은 주소 공간 내에서 한 함수가 다른 함수의 코드를 실행하는 과정으로, 돌아올 주소와 함수에게 전달할 매개변수 값들을 사용자 스택에 저장한 후 함수의 번지로 점프하고 함수 코드를 실행한 후 함수를 호출한 곳으로 돌아온다. 중요한 것은 함수 호출 과정에서는 커널 모드로 바뀌는 일 없이 사용자 모드에서 실행된다는 점이다.

그림 2-21에서 main()이 f()를, f()가 g()를, g()가 u()의 코드를 활용하는 과정이나 main() 함수에 printf()이나 strcpy()를 호출하거나 f()가 abs()를, 그리고 u()가 write()와 open()을 호출하는 과정은 모두 함수 호출 과정이다. printf()에서 write()를 호출하는 과정 역시 함수 호출 과정으로 작동된다.

시스템 호출(system call)로 커널 코드 호출

응용프로그램이 메모리가 더 필요하거나, 파일을 읽거나, 키보드 입력을 받거나, 화면에 출력하는 등 하드웨어 관련 작업을 하고자 하는 경우 커널의 도움을 받아야 한다. 커널은 응용프로그램이 활용할 수 있는 많은 함수들을 가지고 있지만, 이들의 이름이 외부에 알려지지 않으며 안다고 해도 커널 함수를 직접 호출할 수 없다. 대신, 시스템 호출 라이브러리에 작성된 시스템 호출 함수를 통해 간접적으로 커널 함수를 호출한다.

시스템 호출 라이브러리에 있는 시스템 호출 함수는 고유 번호(커널 함수의 고유 ID, 시스템 호출 번호)로 커널 함수를 구분한다. 그러므로 시스템 호출 함수는 커널 함수의 고유 ID를 잘 알고 있는 운영체제 개발 기업이나, 리눅스와 같이 오픈 소스의 경우 소스에 대한 해박한 지식이 있는 개발자에 의해 작성될 수밖에 없다.

사용자 공간에서 실행 중인 응용프로그램에서 커널 코드로 진입하는 것은 매우 중대한 사안이다. '시스템 호출'은 CPU 모드를 커널 모드로 바꾸고 커널 공간 내에 미리 정해진 주소에 있는 '시스템 호출 핸들러(system call handler)' 코드를 실행하는 과정이다. 시스템 호출 라이브러리의 시스템 호출 함수들은 '시스템 호출'을 일으키는 특별한 기계 명령(예: syscall, int 0x80)을 실행시키고 레지스터를 통해 커널 함수의 고유 ID를 전달한다. 시스템 호출 핸들러가 실행되면 시스템 호출 번호(커널 함수의 고유 ID)를 분석하여 해당 커널 함수를 실행시킨다.

응용프로그램이 라이브러리와 커널 코드를 활용하는 과정

시스템 호출이 진행되는 자세한 과정은 다음 절에서 알아보고, 응용프로그램에서 라이브러리를 거쳐 커널의 함수가 호출되는 과정을 그림 2-22와 함께 알아보자. main() 함수가 표준 라이브러리의 prinf() 함수를 호출한다. printf() 함수는 상황에 따라 시스템 호출을 일으키는 write() 함수를 호출할 수도 있고 안할 수도 있다. printf() 함수가 write() 함수를 호출하지 않고 리턴하면 main()은 다시 f()를 호출하고, 함수 f()는 표준 라이브러리의 abs() 코드를 호출한다. 다시 돌아오면 f()는 g() 함수를 호출하고, g() 함수는 u() 함수를 호출한다. u() 함수는 파일을 열기 위해 시스템 호출 함수 open()을 호출한다.

open()은 표준 라이브러리의 함수들과 달리 '시스템 호출'을 유발시킨다. 그 결과 CPU가 커널 모드로 바뀌고 파일을 여는 커널 함수의 고유 ID(시스템 호출 번호)가 시스템 호출 핸들러에게 전달된다. 시스템 호출 핸들러는 시스템 호출 번호를 이용하여 파일을 여는 커널 함수를 호출하게 되며 이 함수가 커널 내 다른 함수를 호출하는 등 파일 열기를 마치고 리턴할 때 사용자 모드로 바뀌어 open() 함수로 돌아온다.

printf() 함수의 실행 과정은 좀 더 복잡하다. 디스플레이에 출력하는 작업은 커널에 의해서만 가능하므로 printf() 함수는 필요한 경우 시스템 호출 라이브러리에 포함된 write()를 호출하며 write()가 '시스템 호출'을 통해 디스플레이에 출력하는 커널 함수를 호출한다. printf()에 대해서는 탐구 2-1을 통해 자세히 알아본다.

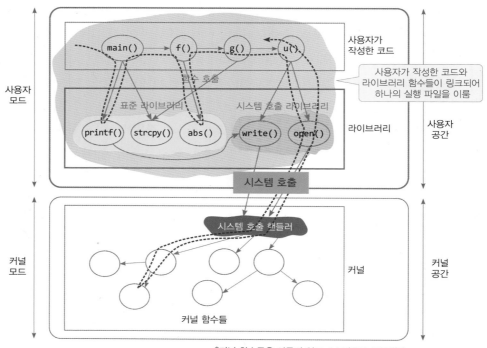

사용자가 작성한 코드와 라이브러리 함수들이 링크되어 하나의 실행 파일을 이룸

*커널 함수들은 이름이 없고, id 번호로 구분된다.

그림 2-22 응용프로그램에서 라이브러리 호출과 커널 코드 호출 사례

지금까지의 설명에서 커널 코드는 함수들의 집합이라는 사실과 응용프로그램이 '시스템 호출' 과정을 거쳐 사용자 공간에서 커널 공간의 커널 함수를 실행하게 된다는 점을 잊지 말기 바란다.

3.6 시스템 호출

시스템 호출은 사용자 공간의 코드에서 커널 공간의 코드를 호출하는 과정으로 커널 콜 (kernel call)이라고도 부른다. 커널은 프로세스 관리, 파일 및 디렉터리 입출력, 메모리 관리, 장치 관리 등 컴퓨터 자원을 관리하는 많은 기능을 실행하는 함수들로 구성되어 있다. 시스템 호출은 응용프로그램이 이러한 커널의 기능을 활용하도록 마련된 유일한 기술이다.

운영체제들은 사용자가 응용프로그램 내에서 직접 커널 함수를 호출하는 시스템 호출 코드를 작성하는 수고를 들어주기 위해 시스템 호출 라이브러리를 제공한다. 시스템 호출 라이브러리에 포함된 함수들을 시스템 호출 함수, 혹은 커널 API라고 부르며 몇 개를 나열하면 다음과 같다.

```
Unix/Linux의 커널 API - open(), read(), write(), fork(), exit()
Windows의 커널 API - CreateProcess(), WaitForSingleObject()
```

응용프로그램에서 문자열을 복사하는 strcpy( ) 함수나 open( ) 시스템 호출 함수가 외형상 특별히 다른 점은 없지만, 이 두 함수의 실행 과정은 완전히 다르다. strcpy( )는 사용자 모드와 사용자 공간 내에서 이루어지는 함수 호출(function call)이지만, open( )은 CPU의 실행 모드를 커널 모드로 전환하고 커널 코드로 진입하는 시스템 호출(system call) 과정을 이행하여 커널 내에 작성된 '파일 열기' 기능이 실행되는 길고 복잡한 과정이 이어진다. 운영체제에 따라 다르지만 커널 API 함수들은 200~300개(리눅스 360개) 정도이다. 시스템 호출은 응용프로그램에서 커널 기능을 활용하는 유일한 경로(interface)이다.

시스템 호출을 일으키는 기계 명령

CPU마다 '시스템 호출'을 일으키는 특별한 기계 명령(machine instruction)을 두고 있다. 이 기계 명령을 '시스템 호출 CPU 명령'이라고 하며 다음과 같은 것들이 있다.

- int 0x80/iret – 인텔의 x86계열의 CPU의 명령, 32비트에서 사용
- syscall/sysret – AMD에서 최초 구현. 64비트에서만 작동
- sysenter/sysexit – Intel에서 최초 구현. X86/64 CPU, AMD에서 사용

syscall은 시스템 호출을 일으키는 CPU 명령이고 sysret는 시스템 호출을 끝내고 사용자 코드로 되돌아가도록 하는 CPU 명령으로 쌍을 이룬다. systenter/sysexit도 동일하다. 시스템 호출을 '트랩(trap)'이라고도 부르며, 시스템 호출이 진행되는 과정을 '트랩을 실행한다'고 한다. 시스템 호출을 일으키는 이 CPU 명령들을 '트랩 명령'이라고도 한다.

시스템 호출을 일으키는 CPU 명령들은 처리 방식이 조금씩 다르다. 일반적으로, 호출하고자 하는 시스템 호출 번호(커널 함수의 고유 ID), 커널 함수에게 넘겨줄 파라미터 등이 CPU 레지스터들에 미리 저장된 후 CPU 명령이 실행된다. CPU가 시스템 호출 CPU 명령을 실행하면 CPU는 사용자 모드를 커널 모드로 바꾸고 커널 내에 약속된 시스템 호출 핸들러로 점프하여 실행을 시작한다.

> 잠깐! **사용자가 직접 시스템 호출을 일으키는 프로그램을 작성할 수 있는가?**
>
> 응용프로그램 개발자가 직접 어셈블리어로 '시스템 호출'을 일으키는 프로그램을 작성하는 것이 불가능하지는 않지만 매우 어렵다. 우선 시스템 호출 CPU 명령이 CPU마다 다르고, CPU 명령에 따라 명령을 실행하기 전 정해진 몇 개의 레지스터에 적당한 파라미터 값을 전달하는 것도 녹녹지 않다. 그리고 CPU마다, 운영체제마다, 혹은 운영체제의 버전마다 다르게 작성되어야하므로 결코 쉽지 않다. 응용프로그램 개발자는 그냥 운영체제마다 제공하는 시스템 호출 라이브러리를 이용하는 것이 답이다. 시스템 호출 라이브러리는 운영체제 개발기업에 의해 사용자 컴퓨터에 설치된 CPU 종류에 따라 잘 작성되어 배포되기 때문이다.

3.7 시스템 호출 과정 사례

응용프로그램에서 read() 시스템 호출 함수를 이용하여 파일을 읽는 과정을 통해 시스템 호출이 이루어지는 과정을 단계별로 알아보자. 파일 열기가 먼저 이루어져 있다고 가정한다. 그림 2-23과 함께 이 과정은 다음과 같다.

❶ 사용자가 작성한 코드는 파일을 읽기 위해 read() 함수를 호출한다. read()는 파일에서 읽는 시스템 호출 함수이다.

❷ 시스템 호출에 의해 실행될 커널 함수들은 번호가 매겨져 있으며, 이 번호를 '시스템 호출 번호' 혹은 '시스템 호출 ID'라고 부른다. 커널 내에는 그림 2-23에 보이듯이 '시스템 호출 표'가 있으며, 이 표에 '시스템 호출 번호'를 인덱스로 하여 커널 함수의 주소가 저장되어 있다. 시스템 호출 함수들은 시스템 호출을 일으킬 때, CPU의 특정 레지스터에 '시스템 호출 번호'를 넘겨준다. 파일 읽기를 담당하는 커널 함수가 sys_read()이고 이 함수의 '시스템 호출 번호'가 7이라고 하자. 그러면 커널 내 시스템 호출 표의 인덱스 7에는 커널 함수 sys_read()의 주소가 저장되어 있다. read() 함수는 '시스템 호출 번호' 7과 함께 '디스크 블록 번호', '읽을 바이트 수' 등 sys_read()에게 전달할 값들을 미리 정해진 레지스터들에 저장한다.

❸ 그리고 나서 read() 함수는 다음과 같은 시스템 호출 CPU 명령을 실행한다.

```
syscall, sysenter, int 0x80 등
```

syscall 명령을 사용하여 실제로 시스템 호출을 일으키는 프로그램 사례는 탐구 2-2에서 볼 수 있다. 매우 짧은 코드니 기대하시라!

❹ 시스템 호출 CPU 명령은 다음과 같은 시스템 호출 과정을 원자적으로 단번에 진행한다.

CPU는 먼저 현재 시스템 호출을 유발한 프로세스(스레드)에게 할당된 커널 스택을 찾는다. 커널 스택은 스레드가 생성될 때 할당되었다. 그리고 나서 현재 사용자 공간에서 실행중인 사용자 코드의 주소와 스택을 잃어버리지 않기 위해 PC와 SP 레지스터 값들을 커널 스택에 저장하고, SP 레지스터에는 커널 스택 주소를 저장하여 지금부터 커널 스택이 사용되도록 한다. CPU는 사용자 모드에서 커널 모드로 바꾼 뒤 미리 약속된 커널 내의 '시스템 호출 핸들러' 코드로 점프한다.

시스템 호출 핸들러의 주소를 약속하는 방법은 시스템 호출 CPU 명령에 따라 다르다. 설명을 이어가기 위해, 시스템 호출 핸들러의 이름을 system_call_handler()라고 하자. system_call_handler()는 커널 공간에 있는 함수임을 잊지 마라.

❺ system_call_handler()는 프로세스(스레드)의 상태가 훼손되지 않도록 커널 스택에 현재 CPU의 레지스터 값들을 저장한다. 응용프로그램은 2개의 스택을 소유하게 되는데, 사용자 코드가 실행될 때 사용되는 사용자 스택과, 커널에 진입하여 커널 코드가 실행될 때 사용되는 커널 스택이다.

❻ system_call_handler()는 CPU의 특정 레지스터에 저장된 시스템 호출 ID, 7을 알아내고, 시스템 호출 표에서 sys_read() 함수의 주소를 알아내어 sys_read()를 호출한다. 여기서 한 가지 점검해보자. 현재 어떤 프로그램(혹은 프로세스)이 실행되고 있는가? 응용프로그램이라고 답하는 것이 옳으며, 응용프로그램이 시스템 호출을 통해 커널 모드로 진입하여 커널 코드를 실행하고 있다고 말하는 것이 정확하다.

❼ sys_read() 커널 함수는 디스크로부터 파일 데이터를 읽는다. 이 과정에서 디스크 드라이버가 호출되기도 하겠지만 이 과정은 책의 범위를 넘어서기 때문에 설명을 생략한다.

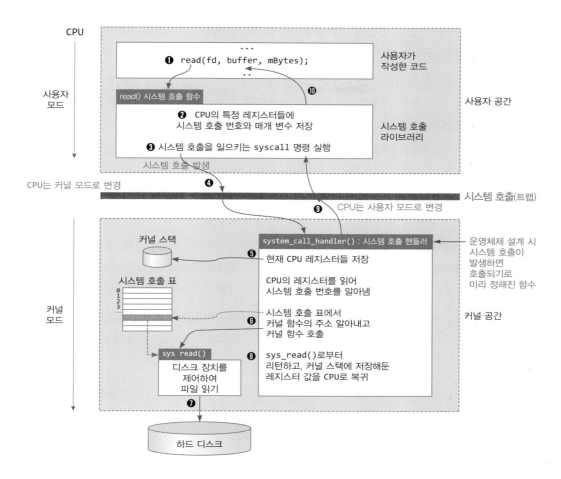

그림 2-23 read( ) 함수에 의해 시스템 호출이 일어나서 커널 코드가 실행되는 과정

❽ system_call_handler( )는 작업을 끝낸 후 응용프로그램으로 돌아가기 전에, ❺의 과정에서 커널 스택에 저장해둔 레지스터 값들을 **CPU** 레지스터에 복귀시킨다.

❾ system_call_handler( ) 함수에서 **sysret** 기계 명령을 실행하여 시스템 호출을 끝내고 응용프로그램으로 복귀한다. 이때 **CPU**는 ❹의 과정에서 커널 스택에 저장해둔 **PC**와 **SP** 값을 **CPU**에 복귀시켜 시스템 호출이 일어나기 전 사용자 스택을 돌려받고 사용자 코드를 실행할 준비를 하고, 커널 모드에서 사용자 모드로 바꾼다. **CPU**는 **read( )** 함수로 돌아가 실행을 계속한다. 커널 스택의 내용은 지워지며 동일한 프로세스(스레드)가 커널에 다시 진입할 때 재사용된다.

❿ **read( )** 함수는 자신을 호출한 응용프로그램으로 리턴한다.

탐구 2-1 printf()가 직접 디스플레이에 출력할까?

printf()는 디스플레이에 정수, 실수, 문자열 등을 출력하는 C 표준 라이브러리 함수이다.

```
printf("hello"); // 디스플레이에 "hello"를 출력하는 C 코드
```

디스플레이 등 장치에 접근하는 것은 커널만이 할 수 있기 때문에, printf()가 직접 디스플레이에 쓰는 작업은 할 수 없다. 그렇다고 printf()가 시스템 호출을 직접 실행하지도 않는다. 왜냐하면 시스템 호출을 일으키는 기계 명령은 CPU마다 다르며, 표준 라이브러리의 목적이 어떤 운영체제에서도 응용프로그램 개발자가 동일하게 사용할 수 있도록 하는데 있기 때문에, 표준 라이브러리 함수들은 운영체제에 종속되게 구현되지 않는다. 대신, printf() 함수는 디스플레이에 출력하기 위해 시스템 호출 함수 write()를 호출하여(그림 2-24), write() 함수가 시스템 호출을 일으켜 커널 함수를 실행시키도록 한다.

그런다고, printf()는 매번 write()를 호출하는 것은 아니다. 표준 라이브러리에는 디스플레이에 출력할 데이터를 임시로 모아두는 '출력 버퍼'를 두고 있는데, printf()는 먼저 이 버퍼에 저장하고 이 버퍼가 차게 되거나 '\n'을 만나면 write() 시스템 호출 함수를 호출하여 디스플레이에 출력시킨다. 이렇게 하는 이유는 시스템 호출 횟수를 줄여 시스템 호출로 인한 성능 저하를 막기 위해서이다. 시스템 호출에는 사용자 모드와 커널 모드 사이의 전환, 커널 함수 실행 등 많은 시간이 소요되므로, 시스템 호출 횟수를 줄이는 것이 성능 향상을 위해 무엇보다도 필요하다.

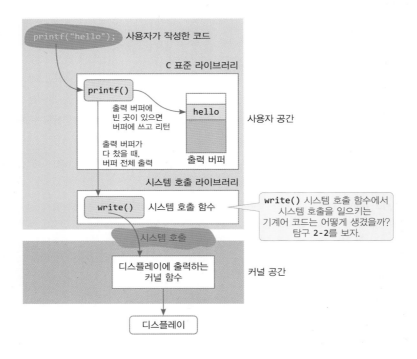

그림 2-24 printf() 함수가 write() 시스템 호출 함수를 통해 커널 진입

탐구 2-2 syscall 기계 명령으로 write 시스템 호출 코드 작성

독자들이 시스템 호출을 직접 경험할 수 있는 탐구 사례를 하나 준비하였다. 준비된 코드는 리눅스 어셈블리어로 되어 있지만 너무 간단해서 겁먹을 필요 없다. 그리고 어셈블리 언어를 공부하고 이 탐구를 이해할 필요도 없다. 그냥 보고 실행해보는 경험으로 충분하다.

아래 코드는 CPU 기계 명령 syscall을 이용하여 리눅스 커널에 작성된 함수(write 시스템 호출)를 실행시켜 "Hello world"를 출력하고, 프로그램을 종료하기 위해 다시 syscall 기계 명령을 이용하여 커널의 exit 시스템 호출을 실행하는 어셈블리 프로그램 hello.s이다. 리눅스 커널의 write 시스템 호출 번호는 1이며, exit 시스템 호출 번호는 60이다.

| hello.s |

```
# 화면에 "Hello world"를 출력하는 어셈블리 프로그램으로 hello.s로 저장
# 64-bit 리눅스에서 실행
#
# 프로그램 시작
    .global _start
    .text
_start:        프로그램 실행 시작
    # write(1, msg, 12) 시스템 호출, 화면 출력
    mov    $1, %rax        # 1은 write 시스템 호출 번호, rax 레지스터에 저장
    mov    $1, %rdi        # 1은 표준출력장치(디스플레이)의 파일 디스크립터 번호, rdi에 저장
    mov    $msg, %rsi      # msg는 출력할 문자열의 주소, rsi 레지스터에 저장
    mov    $12, %rdx       # 12는 출력할 바이트 수, rdx 레지스터에 저장
    syscall                # 시스템 호출 기계 명령 실행
                           # 화면에 Hello world를 출력하는 write 시스템 호출 실행


    # exit(0) 시스템 호출, 프로그램 종료
    mov    $60, %rax       # 60은 exit 시스템 호출 번호, rax 레지스터에 저장
    xor    %rdi, %rdi      # xor 명령 후 rdi 레지스터 값은 0이 됨. 0은 종료코드
    syscall                # 시스템 호출 기계 명령 실행
                           # 프로그램을 종료시키는 exit 시스템 호출 실행. 프로그램 종료
msg:
    .ascii "Hello world\n"
```

독자들은 리눅스에서 vi나 nano 편집기를 이용 hello.s를 작성하고 다음과 같이 hello.s를 어셈블하여 실행 파일 a.out을 만들고 실행시키면 된다.

| 실행결과 |

```
$ gcc -c hello.s && ld hello.o        hello.s를 어셈블하고 링크하여 a.out 생성
```

```
$ ./a.out ← a.out 실행
Hello world
$
```

탐구 2-2 프로그램 설명

탐구 2-2의 프로그램을 잠깐 설명해보자. syscall 기계 명령이 실행되면 시스템 호출이 진행되고 커널로 진입하여 목적한 커널 함수를 실행하고 돌아온다. syscall 명령 전에 시스템 호출 번호, 출력할 문자열이 담긴 주소, 문자열의 개수, 그리고 출력 장치 번호 등을 CPU 레지스터에 먼저 저장해 두어야 한다. 'mov $1, %rax'는 숫자 1을 rax 레지스터에 넣은 명령인데 1은 시스템 호출 번호로서 write 시스템 호출을 나타낸다. 그리고 'mov $1, %rdi'는 숫자 1을 rdi 레지스터에 넣은 명령인데 1은 표준 출력 장치 즉 디스플레이 장치를 나타낸다.

모든 프로그램의 끝에는 운영체제에게 프로그램의 종료를 요청하는 exit 시스템 호출이 반드시 필요하다. 그렇지 않으면 운영체제는 프로그램을 언제 종료시킬지 알 수 없다. 이것은 모든 운영체제에서 동일하다. 리눅스에서 exit 시스템 호출 번호는 60이므로 'mov $60, %rax' 명령을 이용하여 60을 rax 레지스터에 넣었다. 'xor %rdi, %rdi'는 rdi 레지스터 값을 0으로 만드는 명령이다. exit 시스템 호출시에는 운영체제에게 종료코드를 알려주어야 하는데, rdi에 0을 넣음으로써 종료코드를 0으로 전달한다. 이제 syscall 명령을 실행하면 커널에 의해 이 프로그램은 종료된다. 참고로 종료코드의 의미에 대해서는 3장에서 설명한다.

표 2-2 함수 호출과 시스템 호출의 차이

	함수 호출	시스템 호출
메모리 영역	사용자 영역의 코드에서 사용자 영역의 함수 호출	사용자 영역의 코드에서 커널 함수 호출
CPU 실행 모드	사용자 모드	사용자 모드에서 커널 모드로 전환
비용	함수 호출에 따른 비용	커널 모드로 전환하는 등 함수 호출에 비해 큰 비용

3.8 시스템 호출의 종류

운영체제들이 시스템 호출 라이브러리를 통해 제공하는 시스템 호출 함수들은 대략 5가지 범주로 나뉘는데, 표 2-3은 이들 중 일부를 보여준다.

표 2-3 시스템 호출 종류

범주	기능	Windows	Linux
프로세스/ 메모리 제어	프로세스 실행	CreateProcess()	execlp(), execv()
	프로세스 종료	ExitProcess()	exit(), kill()
	프로세스 생성	CreateProcess()	fork(), clone()
	프로세스 정보 읽기/변경	OpenProcess(), GetProcessId()	getpid(), setgid()
프로세스/ 메모리 제어	이벤트와 시간 동기	WaitForSingleObject()	wait(), poll(), select()
	메모리 할당/해제	VirtualAlloc(), HeapAlloc()	
파일/디렉터리 관리	파일 생성/삭제	CreateFile()	open()
	파일 열기/닫기	CloseHandle()	close()
	파일 읽기/쓰기	ReadFile()/WriteFile()	read()/write()
	파일내 입출력 위치 변경	SetFilePointer()	fcntl()
	파일 속성 읽기/변경	GetFileAttributesW()	fstat(), chmod()
장치 관리	장치 제어	DeviceIoControl()	ioctl()
	장치로 읽기/쓰기	ReadFile()/WriteFile()	read()/write()
정보 관리	시간 및 날짜 읽기/설정	GetSystemTime()/ SetSystemTime()	time()
	시스템 데이터 읽기/설정	GetComputerName()	
통신	통신 연결/해제	connect()	connect()
	데이터 송신/수신	send()/recv()	send()/recv()
	상태 제어	ioctlsocket()	ioctl()

3.9 시스템 호출에 따른 비용

시스템 호출(system call)은 함수 호출(function call)에 비해 많은 시간 비용을 초래한다. 그러므로 시스템 호출을 많이 실행하는 프로그램은 그만큼 실행 속도가 느릴 수밖에 없다. 시스템 호출 과정에서 사용자 모드가 커널 모드로 바뀌고, CPU 레지스터를 커널에 있는 스택에 저장하고, 커널 함수를 호출하는 등 여러 과정이 포함되기 때문이다. 시스템 호출이 함수 호출에 비해 시간 비용이 큰 현상을 C 표준 라이브러리 함수 fread()와 시스템 호출 함수 read()를 통해 알아보자.

fread()와 read()의 비용 비교

파일을 읽는 C 응용프로그램은 2가지 방법 중 선택하여 작성할 수 있다. 첫째는 fopen()과 fread()와 같은 표준 C 라이브러리 함수를 사용하는 방법이고, 둘째는 open()과 read()와 같은 시스템 호출 함수를 사용하는 방법이다. 표준 라이브러리 함수들을 사용할 때와 시스템 호출 함수들을 사용할 때 응용프로그램의 응답 시간은 많은 차이를 보인다. fread()와 read()의 동작 과정을 자세히 알아보면서 실행에 걸리는 시간을 비교해보자.

그림 2-25는 test.txt 파일을 1번에 100바이트씩 10번에 걸쳐 총 1000바이트를 읽어 들이는 C 프로그램을 fread()를 이용하는 경우와 read()를 이용하는 경우로 각각 작성한 사례이다. fopen()과 open()이 미리 실행되어 파일이 열려 있다고 가정한다.

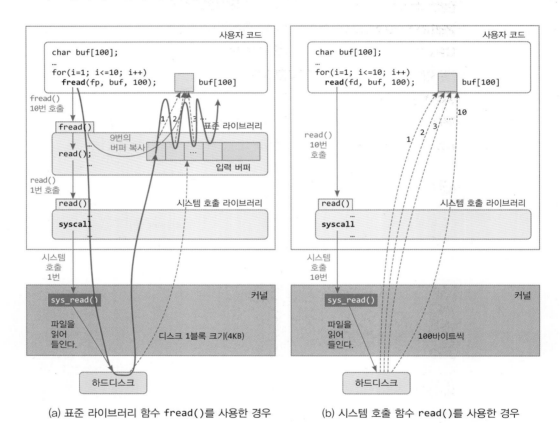

(a) 표준 라이브러리 함수 fread()를 사용한 경우   (b) 시스템 호출 함수 read()를 사용한 경우

그림 2-25 fread()와 read()의 동작 과정

그림 2-25(a)는 C 표준 라이브러리 함수 fread()를 사용하는 경우로, fread()가 처음 호출되면 fread()는 표준 라이브러리 내의 입력 버퍼를 살펴본다. 처음이라 버퍼가 비어 있으므로 fread()는 read() 함수를 호출하여 디스크 블록 크기(보통 4KB)만큼 파일에서 읽어오도록 지

시한다. read() 함수는 시스템 호출을 통해 커널 함수(예: sys_read())를 호출하고, 커널 함수(sys_read())는 요청된 바이트(4KB)만큼 파일에서 읽어 라이브러리의 입력 버퍼에 저장한다. fread()로 돌아오면, fread()는 표준 라이브러리의 입력 버퍼에서 100바이트를 사용자 코드의 buf[] 배열로 복사하고 리턴한다.

그리고 나면 사용자 코드의 for 문에서 fread()가 2번째 호출될 때부터 9번을 계속하여 표준 라이브러리의 입력 버퍼에서 buf[] 배열로 100바이트씩 복사하며 read()는 호출하지 않는다. 결국 시스템 호출은 1번 이루어졌다.

그림 2-25(b)의 경우를 보자. 사용자 코드의 for 문에서 read()가 호출되면, read()는 시스템 호출을 통해 커널 함수(sys_read())를 호출한다. 커널 함수(sys_read())는 요청받은 100바이트를 파일에서 읽어 사용자 코드의 buf[] 배열에 저장한다. 이런 식으로 10번 모두 시스템 호출이 이루어진다.

표준 라이브러리 함수 fread()를 이용하는 경우 시스템 호출은 처음 1번만 일어나지만, read()를 사용하는 경우 매번 시스템 호출이 일어난다. 시스템 호출에는 긴 시간이 걸리므로 사용자 프로그램에서 read()를 직접 호출하는 그림 2-25(b)의 코드는 상대적으로 실행 시간이 길어 좋지 않은 코드이다.

그러면, fread()와 read()의 실행 시간은 실제 어느 정도 차이가 날까? 실측된 사례를 하나 소개한다. 그림 2-26에는 2017년도에 Stephan Soller라는 독일의 소프트웨어 개발자가 다양한 CPU에서 fread()와 read()의 실행 시간을 측정한 결과를 저자가 축소하여 출력하였다. 측정 결과, fread()가 read()에 비해 약 8배 정도 빠른 것으로 나타났다. 이 실험은 fread()와 read()의 실행 시간 차이와 시스템 호출에 따른 비용을 이해하는 하나의 사례로 보면 좋겠고, 이 둘의 성능 차이는 실험 상황에 따라 다를 수 있다는 점도 알아두기 바란다.

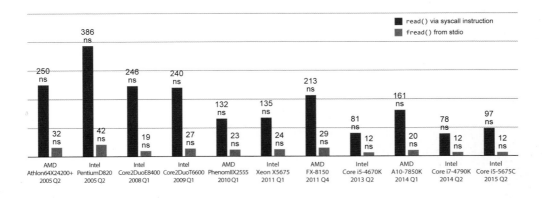

그림 2-26 fread()와 read()의 실행 시간 측정 결과 비교

(출처 : http://arkanis.de/weblog/2017-01-05-measurements-of-system-call-performance-and-overhead의 그래프를 저자가 축소하였음)

시스템 호출은 커널 서비스를 사용자 프로그램에서 이용할 수 있게 하는 개념이다.

- 커널은 시스템 호출을 통해 활용될 수 있는 코드를 함수 형태로 가지고 있다.
- 시스템 호출은 커널에 만들어진 함수에 대한 호출이며, 응용프로그램 내에서 이루어지는 함수 호출과 처리되는 과정이 다르다.
- 시스템 호출이 일어나면 커널 코드를 실행하기 위해 CPU는 사용자 모드에서 커널 모드로 전환된다.
- 운영체제는 응용프로그램에서 커널의 기능을 사용할 수 있도록 시스템 호출을 유발시키는 시스템 호출 함수들을 라이브러리로 제공한다.
- CPU는 시스템 호출을 실행하는 특별한 기계 명령을 지원하며, 시스템 호출 라이브러리의 함수들은 시스템 호출을 일으키는 CPU 기계 명령을 사용한다.

4   운영체제와 인터럽트

인터럽트(interrupt)는 키보드, 하드 디스크, 네트워크 장치 등 입출력 장치나 저장장치들이 운영체제와 대화하기 위한 방법으로 사용된다. 인터럽트와 운영체제 사이의 관계에 대해 알아보자.

4.1   초인종과 인터럽트

생각만 해도 맛있는 짜장면을 배달시켰다. 세상에서 제일 재미있는 운영체제 책을 보고 있는데 초인종이 울린다(그림 2-27). 읽던 페이지에 책갈피를 끼우고, 누가 왔는지 확인한 후 짜장면을 받아 맛있게 먹는다. 초인종은 언제 울릴지 알 수 없다. 초인종이 없었더라면 짜장면이 왔는지 계속 지켜보느라 아무 일도 할 수 없다. 초인종은 짜장면이 왔으니 하던 일을 멈추라고 요청하는 방법이다.

컴퓨터에서 인터럽트는 초인종과 유사하다. 인터럽트는 장치들이 어떤 상황이 발생하였음을 CPU에게 알리는 하드웨어적 방법이다. CPU가(나는) 인터럽트 신호를 받으면(초인종이 울리면), CPU는 프로그램의 실행을 멈추고 돌아올 주소를 저장한 다음(책갈피를 끼우고), 발생한 인터럽트를 처리하는 서비스 루틴을 실행한다(확인 후 문을 열고 짜장면을 받아서 먹는다). 서비스 루틴이 끝나면 저장해둔 주소로 돌아가서 이전 프로그램의 실행을 계속한다(짜장면을 다 먹고 나면 책갈피가 끼워진 페이지부터 책을 읽는다).

그림 2-27 초인종과 인터럽트

인터럽트는 장치들이 비동기적인 사건을 CPU에게 알리는 행위이다. 예를 들어, 키보드의 키가 눌러지면 인터럽트 신호가 CPU에게 전달되고, CPU는 현재 프로그램의 실행을 멈추고 키보드에서 눌러진 키 값을 읽어 커널에 있는 입력 버퍼에 저장한다. 그리고 나서 중단한 프로그램을 계속 실행한다.

인터럽트에는 2가지 종류가 있다. 입출력 장치들이 CPU에게 전기적으로 신호를 보내는 하드웨어 인터럽트와 프로그램 내에서 CPU의 기계 명령으로 인터럽트 과정을 진행시키는 소프트웨어 인터럽트이다. 시스템 호출을 일으키는 int 0x80 명령이 소프트웨어 인터럽트에 해당한다. 이 책에서는 하드웨어 인터럽트만 다룬다.

4.2 컴퓨터에서 인터럽트 활용

생활 속에서 인터럽트에 비유될 수 있는 사례는 많다. 세탁기로부터의 종료음, 전화기 벨소리, 초인종 소리, 타이머, 화재경보기 소리, 엄마가 부르는 소리, 택배 왔어요! 등은 언제 발생할지 예측할 수 없는 사건들이다. 컴퓨터가 설계될 때 인터럽트를 발생시키는 장치들, 인터럽트를 발생시키는 상황, 인터럽트의 개수 등이 정해진다. 다음은 현재 PC나 태블릿 컴퓨터에서 인터럽트가 발생되도록 설계된 상황들이다.

- 마우스를 움직이거나 클릭하는 등 마우스 조작
- 키보드 입력
- 네트워크로부터 데이터 도착
- 하드 디스크의 쓰기 종료
- 시스템 클럭으로부터 일정한 시간 간격으로 알림
- 컴퓨터의 리셋 버튼 누르기
- USB 메모리 부착 혹은 해제

4.3 인터럽트 발생 및 처리 과정

CPU와 인터럽트 제어기

컴퓨터 시스템에서 인터럽트가 처리되기 위해서는 CPU와 인터럽트 제어기(Interrupt Controller) 등의 하드웨어가 상호 협력해야 한다. 인터럽트 제어기의 종류가 다양하고 CPU와 인터럽트 제어기에 따라, 혹은 컴퓨터를 설계하는 방식에 따라 인터럽트가 처리되는 방식은 다양하지만, 오늘날 컴퓨터가 대부분 멀티 코어 CPU를 사용하는 점을 고려하여 설명하고자 한다. 그림 2-28은 x86 기반의 32비트 인텔 멀티코어 CPU를 가진 오늘날 PC를 사례로 인터럽트가 발생하여 처리되는 과정을 보여준다.

일반적으로 CPU에는 인터럽트 수신 핀이 1개뿐이기 때문에, 여러 입출력 장치로부터 인터럽트를 받기 위해, CPU와 입출력 장치 사이에 APIC(Advanced Programmable Interrupt Controller)라는 하드웨어가 사용되며 인터럽트 제어기라고 한다. APIC는 입출력 장치로부터 직접 인터럽트 신호를 받는 I/O APIC 장치와 I/O APIC로부터 인터럽트 정보를 받아 CPU의 INTR 핀에 직접 인터럽트 신호를 발생시키는 Local APIC 장치로 분리 구성된다. 현대의 I/O

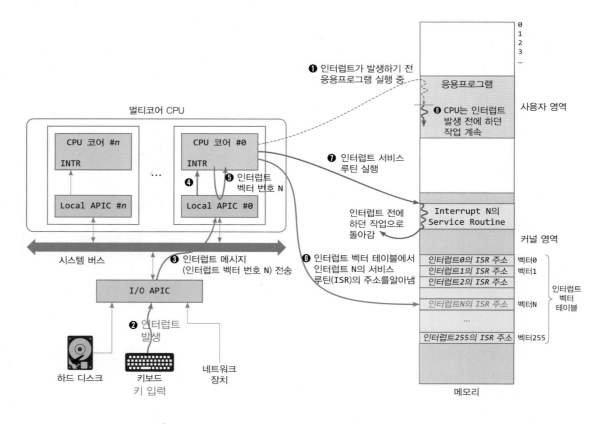

그림 2-28 멀티코어 컴퓨터에서 인터럽트의 발생 및 처리 과정

APIC는 24개의 인터럽트 수신 핀을 두고 있어 24개의 장치로부터 인터럽트 신호를 받을 수 있다. I/O APIC 장치에 있는 각 인터럽트 입력 핀을 IRQ라고 하며, 핀에 고유 번호를 매겨 IRQ1, IRQ3과 같이 부른다.

여러 CPU가 있는 병렬 시스템에서 각 CPU마다 혹은 멀티 코어 CPU에서 각 코어에, Local APIC 장치가 하나씩 연결되며, I/O APIC는 대체로 컴퓨터당 1개만 사용된다. Local APIC와 I/O APIC는 과거 독립된 칩으로 각각 존재하였지만, 오늘날 Local APIC는 CPU 패키지 내에 내장되고, I/O APIC는 컴퓨터에는 입출력을 전담하는 전담 칩(예: SouthBridge(I/O Controller Hub) 칩(그림 2-3)) 내에 내장된다.

인터럽트 벡터 테이블

CPU마다 다르지만, x86 인텔 CPU들은 256개의 인터럽트를 제공하며 각 인터럽트 번호를 인터럽트 벡터(interrupt vector)라고 한다.

> 인터럽트 벡터 테이블은 256개의 인터럽트에 대해 인터럽트 서비스 루틴(ISR)의 주소를 저장하고 있는 테이블이다.

인터럽트 벡터 테이블은 당연히 커널 영역에 저장되고 커널 코드에 의해서만 수정된다. 인터럽트 벡터 테이블은 부팅 시에 만들어지고 ISR의 주소들이 저장된다. 인터럽트 벡터 테이블이 저장된 메모리 주소는 CPU 내에 레지스터에 저장되어 CPU가 인터럽트 서비스 루틴의 주소를 알아낼 때 이용된다.

IRQ0이 인터럽트 벡터0이 되는 것은 아니다. 이 둘이 다르다는 점을 알고 혼동하지 않기 바란다. 컴퓨터는 설계 당시 입출력 장치마다 인터럽트를 거는 IRQ 핀이 결정되며 IRQ 핀마다 인터럽트 벡터가 결정된다. 이에 따라 운영체제는 부팅 시 I/O APIC 내부에 24개의 IRQ마다 인터럽트 벡터(인터럽트 번호)를 저장한다. 장치로부터 인터럽트가 발생하면 I/O APIC는 해당하는 IRQ의 인터럽트 벡터를 Local APIC들 중 1개에게 전송하고 Local APIC가 CPU에게 이를 알려주고 CPU는 인터럽트 벡터 테이블에서 현재 발생한 인터럽트를 처리할 서비스 루틴의 주소를 알아내고 서비스 루틴을 실행한다.

어떤 CPU 코어가 인터럽트를 처리할까?

인터럽트가 발생하면, 예를 들어 키보드로부터 키가 입력되면, CPU 코어 중 1개는 하는 일을 멈추고 인터럽트를 처리해야 한다. I/O APIC는 인터럽트 신호가 수신되면 모든 Local APIC에게 균등하게 인터럽트를 분배하여 전달하지만, 운영체제가 특정 인터럽트를 특정 Local APIC에게만 보내 특정 CPU 코어에서 인터럽트 서비스 루틴을 실행하도록 제어하기도 한다. 이것을 인터럽트 친화성(interrupt affinity)이라고 한다. 어떤 시스템의 경우 모든 인터럽트를 한 코어가 처리하도록 전담시키기도 한다. 리눅스에서는 수퍼 사용자가 운영체제에게 지시하여 특정 인터럽트를 특정 CPU 코어(타겟 코어)에서 처리하도록 친화성을 설정할 수 있다.

> **잠깐!** 인터럽트를 처리하는 CPU 코어
>
> 멀티 코어에서 인터럽트가 발생하는 상황을 우리 생활에 비유해보자. 자식이 4명인 집에서 명절을 맞아 각자 일을 하고 있다. 모두들 배가 고파 둘째(코어 2)가 치킨을 주문했다. 시간이 좀 지나 바깥에서 초인종(인터럽트)이 울린다. 엄마(I/O APIC)가 소리친다. 막내(코어 0)야! 밖에 나가봐.
>
> CPU 내 어떤 코어가 인터럽트 서비스 루틴을 실행하든 문제가 되지 않는다. 예를 들어 보자. 코어 2에서 실행중인 응용프로그램이 키보드 입력을 기다릴 때, 키보드 인터럽트가 발생하고 I/O APIC가 Local APIC #0에게 인터럽트를 전달한다. 코어 0은 키보드 인터럽트 서비스 루틴을 실행하여 키보드로부터 입력된 키 값을 커널의 입력 버퍼에 저장해두면 운영체제는 코어 2에서 키보드 입력을 기다리는 응용프로그램에게 전달한다. 장치로부터의 인터럽트를 어떤 코어가 처리하든지 상관없다.

인터럽트 처리 과정

이제, 키보드의 사례를 들어 인터럽트가 발생하여 처리되는 과정을 시간 순으로 알아보자.

❶ CPU는 어떤 응용프로그램을 실행 중이다.

❷ 사용자가 키를 입력하면 키보드는 전기적인 인터럽트 신호를 보낸다.

❸ I/O APIC가 인터럽트 신호를 받게 되면 해당 인터럽트 핀(IRQ)에 설정된 인터럽트 벡터(8비트의 번호)와 인터럽트를 처리할 타겟 코어의 Local APIC 번호를 메시지로 만들어 APIC 버스에 실어 보낸다. 많은 PC의 사례에서 키보드의 경우 IRQ는 1이고 인터럽트 벡터는 33이다.

❹ Local APIC는 자신에게 향한 인터럽트 메시지를 받아 CPU의 INTR 핀에 인터럽트 신호를 발생시키고 수신한 벡터는 CPU가 읽어 갈 수 있도록 내부에 저장해둔다.

❺ INTR 신호를 받은 CPU는 Local APIC로부터 인터럽트 벡터(번호 N)를 읽는다. 여기까지가 인터럽트가 발생하고 CPU가 인지하는 과정이다.

❻ CPU는 사용자 모드에서 커널 모드로 바꾸고, 커널 공간에 저장된 인터럽트 벡터 테이블(Interrupt Vector Table, IVT)로부터 N번 항목에 저장된 인터럽트 서비스 루틴(Interrupt Service Routine, ISR)의 주소를 알아낸 후, 현재 CPU가 실행중인 응용프로그램의 컨텍스트를 잃어버리지 않기 위해서, 현재 PC와 SP, 플래그 레지스터 등을 스택에 저장해 둔다. 그리고 플래그 레지스터의 IF(Interrupt Flag) 비트를 0으로 설정하여 CPU 코어가 다른 인터럽트를 받지 않도록 한다. 지금까지는 CPU와 2개의 APIC 사이에서 하드웨어적으로 자동 진행되는 과정이다.

❼ 이제 인터럽트 서비스 루틴을 실행할 차례이다. CPU는 N번 인터럽트 서비스 루틴으로 점프하여 인터럽트 서비스 루틴을 실행한다. 키보드 인터럽트 서비스 루틴의 개발자는 서비스 루틴 내에서 사용할 레지스터들을 스택에 저장한다. 그리고 나서 키보드에서 키 값을 읽어 커널에 만들어진 키보드 버퍼에 저장한다. 인터럽트 서비스 루틴은 인터럽트를 처리하는 코드로서 보통 어셈블리어나 C 언어로 작성된다. 인터럽트 서비스 루틴은 부팅 시에 커널 영역에 적재되며, 그 주소는 인터럽트 벡터 테이블에 기록된다. 인터럽트 서비스 루틴은 커널 코드이므로 작성에 많은 주의가 필요하다.

❽ 인터럽트 서비스 루틴 개발자는 루틴의 마지막에 ❼번 과정에서 스택에 저장해둔 레지스터들은 복귀시킨다. 그리고 **Local APIC**에게 인터럽트 처리가 끝났음을 알려 다음 인터럽트를 발생시킬 수 있도록 한다. 그리고 `iret` 명령을 실행하여 인터럽트 서비스 루틴을 종료한다. `iret` 명령은 실행 중이었던 응용프로그램이 실행을 재개할 수 있도록, ❻번 과정에서 스택에 저장된 **PC**, **SP**, 플래그 레지스터들을 **CPU** 코어로 복귀시킨다. 이때 **IF** 플래그는 이전에 설정된 상태로 돌아간다. 그리고 **CPU** 코어는 커널 모드에서 사용자 모드로 바뀌고 이전에 실행하던 응용프로그램 코드를 계속 실행한다.

> ### 잠깐! 인터럽트 벡터 테이블
>
> **i386 CPU** 이전 인텔 **CPU**의 경우, 인터럽트 벡터 테이블은 메모리 **0~0x3FF** 번지로 고정되어 있었지만, **i386** 부터 인터럽트 벡터 테이블의 위치를 **CPU** 내의 레지스터가 가리키도록 하였다. 인터럽트 벡터 테이블이란 인터럽트 번호 순으로 인터럽트를 처리할 서비스 루틴의 주소가 기록된 테이블로 부팅 과정에서 생성된다. 인터럽트 벡터 테이블은 매우 중요한 커널 데이터이므로, 컴퓨터의 작동 중에 이를 수정하기 위해서는 특별한 권한을 부여받아야한다. 인터럽트 벡터 테이블의 시작 주소를 가리키는 **CPU** 레지스터는 **IDTR(Interrupt Descriptor Table Register)**이며, 벡터 테이블의 항목 크기는 8바이트(64비트)이므로, N번 인터럽트 서비스 루틴의 주소는 **IDTR** 레지스터값 **+ N x 8** 번지에 기록되어 있다.

4.4 인터럽트 서비스 루틴과 운영체제

인터럽트 서비스 루틴의 위치

인터럽트 서비스 루틴은 인터럽트 핸들러(interrupt handler)라고 부르기도 하는데, 디바이스 드라이버나 커널 코드에 들어 있다. 임베디드 컴퓨터의 경우 컴퓨터 보드의 ROM에 들어 있기도 하다.

디바이스 드라이버와 인터럽트 서비스 루틴

디바이스 드라이버는 장치를 제어하여 장치로부터 입출력을 수행하는 프로그램이다. 예를 들어 프린터 드라이버(printer driver)는 프린터 장치를 제어하여 문서를 출력시키는 프로그램이며, 키보드 드라이버는 키보드 장치를 제어하고 키 값을 읽어 들이는 프로그램이고, 네트워크 드라이버는 네트워크 장치를 통해 외부로 데이터를 보내거나 외부에서 네트워크 장치에 도착한 데이터를 읽어 들이는 프로그램이다. 그러므로 일반적으로 디바이스 드라이버에 해당 장치로부터 발생한 인터럽트를 처리하는 서비스 루틴이 들어 있다.

디바이스 드라이버는 운영체제의 한 부분으로서 장치마다 하나씩 필요하며 장치와 커널 사이에 제어 명령과 데이터를 전달하는 인터페이스 역할을 한다. 디바이스 드라이버는 그림 2-29처럼, 커널 코드가 장치와 무관하게 작성되고 운용될 수 있도록 해주는 중요한 역할을 한다. 새로운 장치가 컴퓨터에 장착되면 운영체제 커널을 다시 개발하거나 설치하지 않고 이 장치의 디바이스 드라이버를 설치하면 된다. 그러므로 장치를 만드는 회사가 운영체제별로 디바이스 드라이버를 만들어 공급하는 것은 매우 일반적이다.

디바이스 드라이버는 부팅 시에 커널 공간에 적재되는 것이 원칙이었지만, 잘못 작성된 디바이스 드라이버가 오류로 갑자기 종료하거나 문제를 일으키면 시스템 전체를 종료시키는 심각한 문제가 발생하므로, 최근 들어 Windows, Linux, MacOS 등은 사용자 모드에서 사용자 공간에서 실행되는 디바이스 드라이버들을 만들 수 있도록 하고 있다.

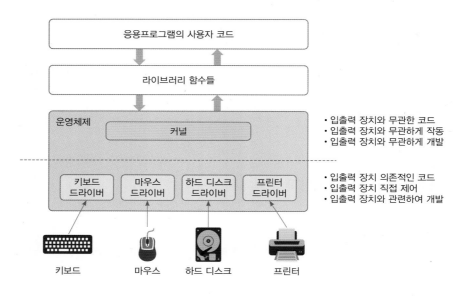

그림 2-29 커널과 디바이스 드라이버

4.5 인터럽트는 다중프로그래밍의 키

인터럽트를 사용하지 않는다면, 다중프로그래밍 운영체제의 구현은 사실상 거의 불가능하다. 다중프로그래밍의 핵심은 프로세스가 입출력으로 인해 대기하게 되었을 때, 입출력이 완료될 때까지 프로세스를 중단 상태로 만들고 CPU가 다른 프로세스를 실행하게 하여 CPU 활용률을 높이는 것이다. 이때 인터럽트의 역할은 입출력 장치가 처리를 완료하는 시점을 통보하는 것이다. 인터럽트가 없다면, 입출력 작업을 시킨 후 응용프로그램이나 운영체제는 입출력이 완료되었는지를 계속 검사하면서 꼼짝없이 기다려야 한다. 이 작업을 폴링(polling)이라고 부르는데 CPU에 의해 처리되기 때문에 CPU는 다른 작업을 할 수 없어 다중프로그래밍이 실현되기 어렵다.

하지만, 인터럽트가 있음으로 해서 운영체제는 CPU에게 다른 프로세스를 실행하도록 하고, 인터럽트를 통해 입출력의 완료를 인지하면 입출력을 기다리는 프로세스를 준비 상태로 깨워 다음 스케줄 때 실행시키는 전형적인 다중프로그래밍을 구현할 수 있다. 인터럽트는 입출력 장치와 CPU가 동시에 각자의 일을 실행하게 하여 컴퓨터 시스템이 효율적으로 작동하게 한다. CPU를 보다 효율적으로 사용하여 CPU 활용률이 높아지고 시스템의 처리율도 높아진다.

컴퓨터 시스템과 하드웨어

- 컴퓨터 시스템은 컴퓨터 하드웨어 층과 그 위의 운영체제 층 그리고 그 위의 응용프로그램 층이 계층적으로 구성된 시스템이다.

- 프로그램 실행 속도를 높이기 위해 CPU와 메모리 사이에 작은 용량의 빠른 캐시 메모리를 사용한다.

- 메모리에는 CPU에 의해 실행되는 프로그램 코드와 데이터가 적재되는 공간으로 반도체 메모리 RAM이 사용되며, 프로그램은 실행되기 위해 반드시 메모리에 적재되어야 한다.

- 32비트 CPU는 32개의 주소선을 가지고 있어 액세스 가능한 메모리의 최대 크기는 2^{32} 바이트 = 4GB이다.

- 운영체제는 프로그램을 실행시킬 때 프로그램에게 4개의 공간을 할당하는데 코드 공간, 전역 변수를 적재하는 데이터 공간, 동적으로 할당받을 수 있는 힙 공간, 스택 공간이 있다.

- 스택 공간은 함수가 호출될 때 함수의 지역변수, 매개변수, 함수를 마치고 돌아갈 주소, 함수 코드가 의도적으로 저장한 값들이 저장되는 메모리 공간이다.

- 컨텍스트(문맥, context)란 어떤 프로그램이 실행중인 일체의 상황 정보이며, 일체의 상황은 메모리와 CPU 레지스터들에 담겨 있다. 메모리는 그대로 있기 때문에 CPU 레지스터들의 값들을 줄여 컨텍스트라고 한다.

- 컨텍스트 스위칭은 현재 실행중인 프로그램의 컨텍스트(CPU 레지스터들 값)를 메모리에 저장하고 다른 프로그램의 컨텍스트(CPU 레지스터값들)를 CPU에 적재하여 다른 프로그램을 실행시키는 과정이다.

컴퓨터 시스템과 운영체제

- 운영체제가 독점적으로 컴퓨터 하드웨어를 조작하는 이유는 응용프로그램들 사이에 하드웨어 사용 충돌을 막기 위함이다. 하드웨어를 제어하는 일은 전적으로 운영체제의 몫이다.

- 운영체제의 기능을 구체적으로 나열하면 프로세스와 스레드 관리, 메모리 관리, 파일과 파일 시스템 관리, 장치 관리, 사용자 인터페이스 제공, 네트워킹, 보호 및 보안 등이다.

- 운영체제는 도구/GUI 소프트웨어, 커널(kernel), 디바이스 드라이버들로 구성된다.

- 도구 소프트웨어란 파일 탐색기나 작업 관리자와 같이 사용자가 컴퓨터를 편리하게 사용할 수 있도록 운영체제 패키지에 포함되어 제공되는 유틸리티 프로그램들이다. GUI는 Windows의 바탕화면과 같이 그래픽과 마우스로 사용자가 편리하게 컴퓨터를 사용하도록 돕는 프로그램이다.

- 커널은 부팅 후부터 메모리에 상주하면서 운영체제의 핵심적인 기능을 실행하는 부분이다.

- 디바이스 드라이버는 장치를 직접 제어하고 입출력하는 소프트웨어로 장치마다 전담 디바이스 드라이버가 있다.

- 운영체제는 하드웨어와 응용프로그램 사이의 중계 역할을 위해 시스템 호출(system call)과 인터럽트를 두고 있다.

- 시스템 호출은 응용프로그램에서 커널 코드를 활용하는 인터페이스이며, 이를 위해 운영체제는 시스템 호출 라이브러리를 제공한다. 또한 시스템 호출은 사용자 공간의 코드에서 커널 공간의 코드를 호출하는 과정으로 커널 콜(kernel call)이라고도 부른다.

- 인터럽트는 하드웨어 장치들이 CPU에게 하드웨어 신호를 물리적으로 발생시켜, 입출력 완료나 타이머 완료 등을 CPU에게 알리는 방법이다.

⦿ 커널과 시스템 호출

- 운영체제는 CPU로 액세스할 수 있는 전체 주소 공간을 사용자 공간과 커널 공간으로 분리하여 운영한다. 그 이유는 응용프로그램으로부터 커널 코드와 데이터를 지키기 위해서이다.

- 사용자 공간은 응용프로그램 코드와 전역변수가 적재되고 실행 중 동적 할당 받는 메모리 공간이며, 커널 공간은 커널 코드와 커널 데이터, 그리고 커널 함수가 실행될 때 필요한 스택이 만들어지는 공간이며 디바이스 드라이버가 탑재되는 공간이다.

- 사용자 공간과 커널 공간은 모두 운영체제가 만들어 놓은 가상 주소 공간이며 물리 메모리 공간이 아니다.

- CPU는 사용자 모드(user mode)와 커널 모드(kernel mode) 중 한 모드에서 실행되며, 응용프로그램 코드는 사용자 모드에서, 커널 코드는 커널 모드에서 실행된다. 사용자 모드에서 CPU는 사용자 공간만 접근할 수 있고 커널 공간은 접근할 수 없다.

- 사용자 모드에서 커널 모드로 전환이 일어나는 경우는 시스템 호출과 인터럽트 발생의 2가지이다.

- 특권 명령(privileged instruction)은 I/O 명령, CPU의 작동을 중지 시키는 Halt 명령, 인터럽트 플래그 켜고 끄기, 타이머 설정, 컨텍스트 스위칭 등 커널 모드에서만 사용할 수 있는 특별한 CPU 명령들이다.

- 커널 코드는 함수들의 집합이다.

- CPU마다 시스템 호출을 일으키는 특별한 기계 명령을 두고 있으며, 시스템 호출 라이브러리가 이 명령을 실행하여 커널로 진입한다.

- 시스템 호출을 일으키는 CPU 명령이 실행되면 현재 응용프로그램의 사용자 컨텍스트를 잃어버리지 않기 위해 PC와 SP 레지스터 값을 커널 스택에 저장하고 CPU는 사용자 모드에서 커널 모드로 바꾸고 미리 약속된 커널 내 시스템 호출 핸들러 함수로 점프하여 실행하며, 시스템 호출 핸들러는 CPU의 특정 레지스터에 저장된 시스템 호출 번호를 알아내고 시스템 호출 표에 기록된 커널 함수를 실행한다. 시스템 호출로부터 리턴할 때 커널 스택에 저장해 둔 PC와 SP를 CPU에 복귀시키고 사용자 모드로 바꾸어 응용프로그램의 실행을 계속한다.

- 시스템 호출(system call)은 응용프로그램 내에서 다른 함수를 호출하는 함수 호출(function call)에 비해 많은 시간 비용을 초래하므로 시스템 호출을 적게 사용할수록 유리하다.

⦿ 운영체제와 인터럽트

- 인터럽트는 입출력 장치가 처리를 완료할 때 CPU 즉 운영체제에게 통보하는 것으로, 인터럽트를 통해 여러 프로그램이 동시에 실행되는 다중프로그래밍이 효율적으로 실현된다.

- 인터럽트 서비스 루틴은 디바이스 드라이버나 커널 코드에 들어 있다.

연습문제

개념 체크

1. 컴퓨터 시스템에서 주소를 발생시킬 수 있는 하드웨어를 있는 대로 골라라?

    ① CPU   ② 메모리

    ③ 캐시 메모리   ④ 디스크

2. CPU의 주소 선이 총 24개 있다면 이 CPU가 액세스할 수 있는 메모리의 최대 크기는?

    ① 1MB   ② 16MB

    ③ 1GB   ④ 2GB

3. 캐시 메모리가 있는 컴퓨터에서 CPU가 실행할 명령어와 코드가 반드시 있어야 하는 곳은?

    ① 캐시 메모리   ② 메모리

    ③ 하드디스크   ④ USB 메모리

4. 다음 CPU 레지스터 속에 저장된 값의 의미는 무엇인가?

    (1) PC 레지스터

    (2) IR 레지스터

    (3) SP 레지스터

5. 현재 실행 중인 프로그램에 관한 일체의 실행 상황 정보를 무엇이라고 하는가?

    ① 스택   ② 커널

    ③ 프로세스   ④ 컨텍스트

6. 컨텍스트 스위칭이란?

    ① 현재 실행중인 프로그램을 중단시키고 CPU에게 다른 프로그램을 실행시키는 행위

    ② 메모리에 적재된 사용중이지 않은 코드나 데이터를 하드 디스크로 이동시키는 행위

    ③ 메모리에 있는 코드나 데이터를 캐시 메모리로 복사하는 행위

    ④ 프로그램의 실행 모드를 사용자 모드에서 커널 모드로 변경하는 행위

7. 운영체제가 지원하는 서비스를 응용프로그램이 활용할 수 있도록 해주는 소프트웨어 인터페이스를 무엇이라고 부르는가?

    ① 시스템 호출   ② 인터럽트

    ③ 이벤트   ④ 동기화

8. 다음 중 운영체제의 목적이 아닌 것은?

① 사용자가 컴퓨터 하드웨어에 대해 잘 알지 못해도 컴퓨터를 사용할 수 있게 한다.

② 자원을 독점적으로 관리하여 여러 응용프로그램이 자원을 사용하고자 할 때 충돌을 방지한다.

③ 컴퓨터에 장착된 여러 개의 CPU를 다 활용하지 않고 최소 개수의 CPU로 프로그램을 실행시켜 CPU를 아껴 사용할 수 있도록 한다.

④ 자원을 효율적으로 관리하여 컴퓨터 시스템의 처리율을 높인다.

9. 운영체제를 구성하는 요소가 아닌 것은?

① 커널 코드

② 도구 소프트웨어

③ 디바이스 드라이버

④ 컴파일러

10. 디바이스 드라이버에 대한 설명 중 틀린 것은?

① 디바이스 드라이버는 호환성이 뛰어나서 Windows에서 작성된 마우스 드라이버를 리눅스에도 사용할 수 있다.

② 디바이스 드라이버는 하드웨어 장치들을 직접 제어하므로 일반적으로 커널 모드에서 작동한다.

③ 디바이스 드라이버는 장치 제작자들의 의해 작성되어 배포되는 것이 일반적이다.

④ 디바이스 드라이버는 커널 코드가 입출력 장치들의 하드웨어 구조에 무관하게 작성되도록 한다.

11. 메모리 공간을 사용자 공간과 커널 공간으로 나누는 이유는?

① 응용프로그램이 적재되는 공간과 커널 코드와 데이터가 적재되는 공간을 분리하여 커널 공간에 대한 응용프로그램의 직접 접근을 막아 보호하기 위해

② 메모리를 늘릴 때 사용자 공간을 늘릴지 커널 공간을 늘릴지 선택하기 쉽도록 하기 위해

③ 작은 메모리에서도 여러 응용프로그램을 실행시키기 위해

④ 높은 우선순위의 응용프로그램을 커널 공간에서 실행시키기 위해

12. 사용자 공간과 커널 공간에 대해 말한 것 중 틀린 것은?

① 사용자 공간은 응용프로그램의 코드가 실행되는 메모리의 주소 공간이다.

② 커널 코드는 커널 공간에만 탑재된다.

③ 대부분의 경우 디바이스 드라이버는 커널 공간에 탑재된다.

④ 응용프로그램이 커널 공간에 쓰는 것은 금지되지만 읽는 것은 허용된다.

13. 응용프로그램이 커널에 작성된 코드를 활용할 수 있는 방법은 무엇인가?

① 시스템 호출　　　　　　　　　　　　② 인터럽트

③ 표준 라이브러리 함수 호출　　　　　　④ 방법이 없다.

14. 사용자 모드와 커널 모드에 대한 설명 중 틀린 것은?

① 시스템 호출이 발생하면 사용자 모드에서 커널 모드로 바뀐다.

② 사용자 모드와 커널 모드의 구분은 본질적으로 **CPU**에 의해 이루어진다.

③ 사용자 모드에서는 커널 코드 중 허용된 부분의 코드만 액세스할 수 있다.

④ 커널 모드에서는 메모리 공간 전체를 액세스할 수 있다.

15. 다음은 무엇에 대한 설명인가?

> 입출력 장치나 타이머, 인터럽트 처리, 시스템 중단 등 사용자 모드에서는 사용할 수 없고 커널 모드에서 사용할 수 있는 특별한 **CPU** 기계 명령

① 커널 명령 ② 시스템 호출 명령

③ 특권 명령 ④ 시스템 제어 명령

16. 특권 명령이 사용되는 경우가 아닌 것은?

① **CPU** 작동을 중지시키는 halt 명령

② 타이머를 설정하는 명령

③ **CPU**에 컨텍스트를 저장하는 명령

④ 시스템 호출 명령

17. 다음 중 같지 않은 용어는?

① 시스템 호출 ② 감독자 호출

③ 커널 호출 ④ 트랩

18. C 프로그램에서 printf("hello")의 실행에 대해 잘못 설명한 것은?

① printf()는 표준 라이브러리 함수이다.

② printf()는 디스플레이에 hello를 출력해줄 커널의 도움을 받기 위해 결국 시스템 호출을 할 것이다.

③ printf()는 직접 디스플레이에 출력하는 함수이다.

④ printf()에 의해 디스플레이에 hello가 출력되었다는 것은 시스템 호출이 불려졌다는 의미이다.

19. 인터럽트에 대한 설명 중 틀린 것은?

① 인터럽트가 발생하면 **CPU**의 실행 모드를 군이 커널 모드로 변경할 필요 없이 현재 모드에서 인터럽트 서비스 루틴이 실행된다.

② 인터럽트는 입출력 장치들이 입출력 작업을 끝냈을 때, 커널에게 알리는 방법으로 사용된다.

③ 인터럽트 서비스 루틴의 주소가 기록된 테이블을 인터럽트 벡터 테이블이라고 하며 커널 공간에 저장된다.

④ 응용프로그램 개발자는 인터럽트 서비스 루틴을 작성하여 커널에 등록할 수 없다.

20. 운영체제의 커널 코드를 장치와 무관하게 개발할 수 있도록 하는 것은 어느 요소의 역할인가?

① 시스템 호출

② 메모리 관리 기능

③ 디바이스 드라이버

④ 인터럽트

21. 응용프로그램을 운영체제와 무관하게 작성할 수 있도록 하는 것은 어느 요소의 역할인가?

① 표준 라이브러리

② 시스템 호출 라이브러리

③ 디바이스 드라이버

④ 인터럽트

22. 시스템 호출에 대해 잘못 설명한 것은?

① 시스템 호출은 기계 명령에 의해 CPU에 의해 진행된다.

② 시스템 호출을 일으키는 기계 명령이 실행되면 CPU는 사용자 모드에서 커널 모드로 바꾼다.

③ 응용프로그램은 시스템 호출을 통해 커널 프로세스에게 커널 코드를 실행해 줄 것을 요청한다.

④ 시스템 호출을 일으키는 기계 명령은 CPU마다 다르다.

23. 시스템 호출에 대해 잘못 설명한 것은?

① 모놀리식 운영체제에서 커널 코드는 함수들의 집합이다.

② 커널에는 시스템 호출이 일어나면 실행될 함수가 미리 정해져 있다.

③ 응용프로그램이 시스템 호출을 요청할 때, 시스템 호출 번호를 넘겨주는데 이 번호는 커널 내 함수들의 주소가 담긴 테이블의 인덱스이다.

④ 시스템 호출은 커널 코드를 실행시키기 때문에 응용프로그램 개발자의 입장에서 프로그램의 실행 속도를 높이는 매우 좋은 방법이다.

24. 표준 라이브러리 함수와 시스템 호출 함수들에 대한 설명으로 틀린 것은?

① 표준 라이브러리 함수는 컴파일러나 운영체제에 따라 다르지 않아 호환성이 높다.

② 시스템 호출 함수는 운영체제에 따라 이름이나 호출 방법이 달라 호환성이 부족하다.

③ 표준 라이브러리 함수는 필요에 따라 시스템 호출 함수를 호출하기도 한다.

④ 응용프로그램 개발 시 표준 라이브러리 함수보다 시스템 호출 함수를 사용하면 응용프로그램의 실행 속도를 높일 수 있다.

1. 응용프로그램을 작성할 때 표준 라이브러리 함수(예: printf())를 호출하는 것이 시스템 호출 함수(예: write())를 호출하는 것보다 나은 방법인 이유를 설명하라.

2. 인터럽트 서비스 루틴이 커널 영역에 있어야 하는 이유가 무엇일까?

3. 컴퓨터 시스템과 운영체제의 목표는 CPU의 활용률을 극대화하는데 있다. 인터럽트는 이 목적을 달성하게 하는데 중요한 역할을 한다. 인터럽트가 어떤 식으로 CPU 활용률을 높이는데 기여하는 설명하라.

4. 탐구 2-2의 소스 코드를 수정하여 디스플레이에 "I love OS"를 출력하는 프로그램을 작성하고 실행시켜라. 프로그램을 iloveos.s 파일에 작성하고 다음과 같이 컴파일하고 실행하면 된다.

```
$ gcc -c iloveos.s && ld iloveos.o
$ ./a.out
I love OS
$
```

Chapter

03

프로세스와
프로세스 관리

1. 프로세스 개요
2. 커널의 프로세스 관리
3. 프로세스의 계층 구조
4. 프로세스 제어(fork, exec, wait, exit)

학습 키워드 정리

프로그램, 프로세스, 프로세스 주소 공간, 가상공간, 매핑, 논리 주소, 가상 주소, 물리 주소, 프로세스 테이블, 프로세스 제어 블록 (PCB), 프로세스 상태, 종료코드(exit code), MMU, 프로세스 생명 주기, Ready, Blocked, Terminated, Zombie, 부모 프로세스, 자식 프로세스, init 프로세스, fork(), wait(), exec(), exit(), idle 프로세스, 고아 프로세스, 백그라운드 프로세스, 포그라운드 프로세스, 좀비 프로세스, CPU 집중 프로세스, I/O 집중 프로세스, 프로세스 오버레이

CHAPTER

03

OPERATING SYSTEM

프로세스와 프로세스 관리

1 프로세스 개요

1.1 프로그램과 프로세스

이제 프로그램(program)과 프로세스(process)를 명확히 구분할 시점이 된 듯하다. 이 두 용어에 대해 정의를 내려 보자.

> 프로그램은 하드 디스크나 USB 등 저장 장치에 저장된 실행 가능한 파일이며, 프로그램이 메모리에 적재되어 실행 중일 때 프로세스라고 부른다.

여기서 실행 중이란 CPU에 의해 현재 실행되고 있거나, 준비 상태로 기다리거나, 입출력 등으로 인해 중단되어 CPU로부터 실행을 대기하고 있는 상태를 모두 말한다. 운영체제는 응용프로그램을 메모리에 적재하고 이때부터 프로세스라고 부르며, 실행을 관리한다. 그림 3-1은 디스크에 설치된 여러 프로그램 중 chrome 프로그램과 notepad 프로그램, 그리고 putty 프로그램이 운영체제에 의해 메모리에 적재되어 프로세스로 실행중인 사례를 보여준다.

CPU는 하드디스크에 저장된 상태에서 코드를 실행하지 않고, 메모리에 적재된 코드들만 실행하기 때문에, 프로그램이 실행되기 위해서는 코드와 데이터가 반드시 메모리에 적재되어야 한다(2장 참고). 프로그램이 디스크에 저장된 생명 없는 존재라면, 프로세스는 메모리를 소유하고 '실행-대기-중단-실행-대기-...-중단-실행-종료'의 상태 변화를 겪는 살아있는 존재이다. 프로세스의 특징을 간략히 정리하면 다음과 같다.

- 운영체제는 프로그램을 메모리에 적재하고 이를 프로세스로 다룬다.
- 운영체제는 프로세스에게 실행에 필요한 메모리를 할당하고 이곳에 코드와 데이터 등을 적재한다.
- 프로세스들은 서로 독립적인 메모리 공간을 가지므로, 다른 프로세스의 영역에 접근할 수 없다.
- 운영체제는 프로세스마다 고유한 번호(프로세스 ID)를 할당한다.
- 프로세스에 관한 정보는 운영체제 커널에 의해 관리된다.

- 프로세스는 실행–대기–잠자기–실행–대기–잠자기–실행–종료 등의 생명 주기를 가진다.
- 프로세스를 만들고, 실행하고, 대기시키고, 종료시키는 모든 관리는 커널에 의해 수행된다.

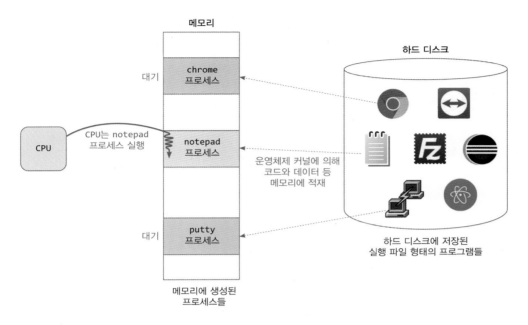

그림 3-1 프로그램과 프로세스

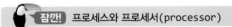 **잠깐!** 프로세스와 프로세서(processor)

프로세스는 실행 중인 프로그램을 뜻하고, 프로세서는 CPU, 그래픽 프로세서(graphic processor), 입출력 프로세서(I/O processor)와 같은 하드웨어 처리기를 뜻한다.

1.2 프로세스 관리

프로세스는 운영체제가 응용프로그램의 실행을 위해 생성한 것으로, 운영체제는 프로세스의 생성에서 종료까지 모든 것을 관리한다. 커널은 프로세스를 위해 사용자 공간(user space)에 메모리를 할당하고, 프로세스 ID를 부여하며, 커널 영역에 프로세스 테이블을 만들고, 이 테이블을 이용하여 생성된 모든 프로세스의 정보를 관리한다. 또한 프로세스 생성, 실행, 일시 중단 및 재개, 프로세스 상태 관리, 프로세스 사이의 통신, 프로세스 사이의 동기화, 프로세스 종료 등 프로세스의 모든 행동을 처리한다.

그림 3-2는 Windows와 리눅스에서 현재 실행 중인 프로세스들을 각각 보여준다.

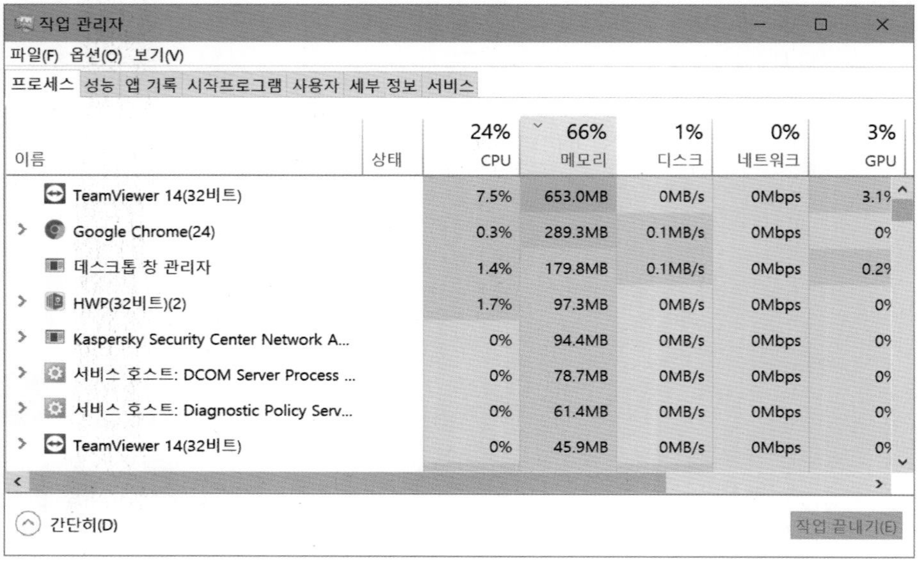

※ Google Chrome 프로세스는 현재 289.3MB의 메모리를 사용하고 있는 것을 볼 수 있으며, '세부정보' 메뉴를 선택하면 프로세스 번호 등 각 프로세스의 속성 정보를 볼 수 있다.

(a) Windows에서 실행 중인 프로세스 목록 보기

```
$ ps -ax
PID TTY     STAT    TIME COMMAND
1 ?         Ss     16:57 /sbin/init splash
2 ?         S       0:01 [kthreadd]
4 ?         I<      0:00 [kworker/0:0H]
6 ?         I<      0:00 [mm_percpu_wq]
7 ?         S       7:44 [ksoftirqd/0]
8 ?         I     247:12 [rcu_sched]
9 ?         I       0:00 [rcu_bh]
10 ?        S       0:00 [migration/0]
11 ?        S       0:22 [watchdog/0]
12 ?        S       0:00 [cpuhp/0]
13 ?        S       0:00 [cpuhp/1]
14 ?        S       0:29 [watchdog/1]
15 ?        S       0:00 [migration/1]
16 ?        S      12:16 [ksoftirqd/1]
18 ?        I<      0:00 [kworker/1:0H]
19 ?        S       0:00 [cpuhp/2]
20 ?        S       0:22 [watchdog/2]
.....
```

※ 'ps -ax' 명령은 현재 실행중인 모든 프로세스들의 목록을 출력하는 쉘 명령이다.

(b) 리눅스에서 실행중인 프로세스 목록 보기

그림 3-2 Windows와 리눅스의 프로세스 목록 보기

1.3 프로그램의 다중 인스턴스

하나의 프로그램을 여러 번 실행시키면 어떻게 될까? 프로그램이 실행될 때마다 독립된 프로세스가 생성되며, 이 프로세스들을 프로그램의 다중 인스턴스(multiple instances of a program)라고 부른다. 그림 3-3은 Windows에서 사용자가 메모장 프로그램(notepad)을 3번 실행시켰을 때, notepad 프로세스가 3개 생성된 모양을 보여준다. 이들은 서로 다른 프로세스 번호를 부여받고, 서로 다른 메모리 공간에 적재되는 등 커널에 의해 완전히 별개의 프로세스들로 다루어진다.

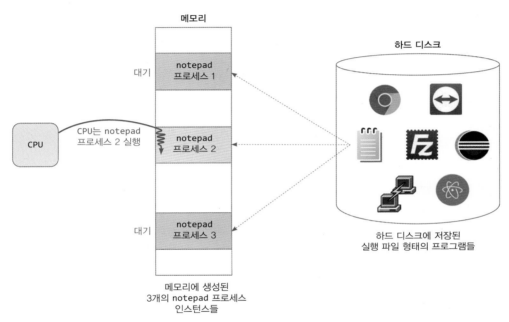

그림 3-3 notepad 프로그램의 다중 인스턴스 프로세스들

> 잠깐! 한 프로그램의 다중 인스턴스들은 프로그램 코드를 공유한다.
>
> 동일한 프로그램의 다중 인스턴스 프로세스들은 프로그램 코드가 동일하기 때문에, 운영체제는 메모리를 효율적으로 사용하기 위해, 프로그램 코드가 적재된 메모리 영역을 공유하게 한다. 10장에서 '쓰기시 복사'를 참고하라.

1.4 프로세스 주소 공간

프로세스를 처음 접하면 매우 추상적으로 들린다. 하지만, 프로세스는 분명 실체가 있는 존재이다. 지금부터 프로세스의 구성 요소와 각 구성 요소에게 할당된 메모리 영역에 대해 구체적으로 알아보면서 프로세스의 실체를 알아보자.

CPU 주소 공간

프로세스에 대한 설명에는 늘 메모리가 등장하는데, 주소 공간(address space)에 대한 개념부터 알아보자. CPU 주소 공간이란 컴퓨터 내에 CPU가 접근 가능한 전체 메모리 공간이며, 크기는 CPU의 주소선(address line) 개수에 달려 있다. 주소 공간은 0번지부터 바이트 단위로 번지가 매겨진다. 32비트 CPU는 주소선이 32개로 최대 2^{32}개의 번지를 접근할 수 있고, 한 번지의 공간 크기는 1바이트이므로, CPU 주소 공간의 크기는 2^{32} 바이트 = 4GB이다. 그러므로 CPU 주소 공간보다 더 많은 양의 메모리를 컴퓨터에 설치해도 소용없다. 만일 32비트 CPU를 가진 컴퓨터에 2GB 밖에 메모리가 설치되어 있지 않다면, CPU가 2GB의 주소를 넘어 메모리에 접근하게 될 때 심각한 시스템 오류가 발생한다.

프로세스의 구성

프로세스는 그림 3-4와 같이 4개의 메모리 영역으로 구성되며, 이들은 모두 사용자 공간에 형성된다. 그리고 이들을 합친 크기는 CPU가 액세스할 수 있는 범위보다 클 수 없다.

- 코드(code) 영역 – 프로세스 코드가 적재되는 영역. 텍스트(text) 영역으로도 불림
- 데이터(data) 영역 – 프로세스의 전역 변수들과 정적 변수들이 적재되는 영역
- 힙(head) 영역 – 프로세스가 실행 중에 동적 할당받는 영역
- 스택(stack) 영역 – 함수가 호출될 때, 지역변수, 매개변수, 함수로부터 돌아갈 주소 등이 저장되는 영역

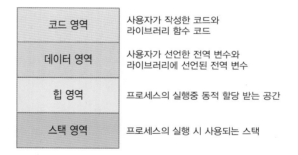

그림 3-4 프로세스를 구성하는 4개의 메모리 영역

프로세스 코드 영역은 실행 파일 내에 구성된 코드들이 적재되는 공간이며, 데이터 영역은 실행 파일 내에 구성된 전역 변수들이 적재되는 공간이다. 구체적으로, 프로세스의 코드 영역에는 사용자가 작성한 코드와 사용자 코드에서 호출하는 라이브러리 함수의 코드가 적재되며, 데이터 영역에는 사용자가 선언한 전역 변수(정적 변수 포함)와 라이브러리에 선언된 전역 변수(정적 변수 포함)들이 적재된다. 프로세스의 코드 영역과 데이터 영역의 크기는 프로세스의 실행 중에 변하지 않는다.

프로세스 힙 영역은 프로세스가 실행 중에 동적 할당받는 메모리로 사용하도록 프로세스에게 주어진 공간이다. 예를 들면, C 프로그램에서 malloc()이나 C++ 프로그램에서 new 연산자를 이용하여 동적으로 할당받는 메모리는 바로 이 프로세스에게 주어진 힙 영역에서 할당된다. 프로세스 스택 영역은 함수 호출 시에 매개변수들과 지역 변수 등을 저장하는 공간으로 사용된다.

프로세스 주소 공간

프로세스 주소 공간(process address space)이란, 프로세스가 실행 중에 접근할 수 있도록 허용된 주소의 최대 범위로 그림 3-5와 같다. 프로세스의 주소 공간은 사용자 공간과 커널 공간 전체를 포함한다. 프로세스의 코드는 CPU가 접근할 수 있는 모든 주소 범위에 접근하도록 허용되므로, 사실상 프로세스의 주소 공간은 CPU 주소 공간과 같다.

프로세스의 주소 공간은 사용자 공간뿐 아니라 커널 공간도 포함된다. 커널 공간이 포함된 것은 프로세스가 실행 중에 시스템 호출을 통해 커널에 진입하여 커널 함수를 실행하기 때문이다. 다시 말하면, 커널 함수를 실행하는 것이 바로 프로세스이기 때문이다.

프로세스의 주소 공간은 사용자 공간이 시작되는 0번지부터 시작하는데, 사용자 공간에는 프로세스의 코드, 데이터, 힙, 스택 영역이 그림 3-5와 같이 순서대로 형성된다. 그림 3-5는 32비트 리눅스 운영체제에서 4GB(2^{32}바이트 = 4GB) 크기의 프로세스 주소 공간을 보여준다. 32비트 리눅스의 전체 주소 공간은 4GB인데, 사용자 공간을 3GB, 커널 공간을 1GB로 나누어 사용하므로, 한 프로세스는 코드, 데이터, 힙, 스택을 합쳐 최대 3GB의 공간을 모두 사용할 수 있다.

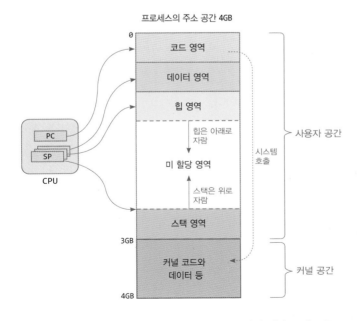

그림 3-5 프로세스의 주소 공간 - 사용자 공간과 커널 공간 모두

프로세스의 주소 공간에서 힙과 스택 영역의 크기는 정해져 있지 않고, 코드와 데이터를 뺀 나머지 공간을 둘이 합쳐 사용한다. 프로세스의 주소 공간에서 힙은 데이터 영역이 끝난 영역에서 시작하여 주소가 큰 쪽으로 자라고, 스택은 사용자 주소 공간의 끝에서 주소가 작은 쪽으로 자란다. 그러므로 만일 프로세스가 처음 malloc(1000)을 호출하여 1000바이트의 메모리를 동적 할당받으면 malloc(1000)이 리턴한 주소는 힙 영역의 시작 주소가 된다. 그 후 계속 동적 할당을 받게 되면 힙 영역의 그 아래 공간에서 할당이 이루어진다. 스택의 경우 그림 3-5와 같이 3GB-1번지(0xBFFFFFFF)에서 시작하여 거꾸로 자라나간다. 처음에 CPU의 SP(Stack Pointer) 레지스터에는 3GB-1번지가 저장되어 있겠지만, 함수가 호출되어 스택이 필요하면 SP가 가리키는 위쪽으로 메모리 공간이 할당되고 SP는 위쪽(낮은 번지)으로 갱신된다.

결론적으로, 프로세스는 운영체제에서 설정한 사용자 공간의 최대 범위까지 코드, 데이터, 힙, 스택을 늘려갈 수 있다. 뿐만 아니라, 시스템 호출을 통해 커널 공간까지 접근할 수 있으며, 사용자 공간과 커널 공간을 합쳐 CPU가 액세스할 수 있는 전체 공간이 프로세스의 주소 공간이다.

프로세스의 크기와 주소 공간의 크기

프로세스의 크기와 프로세스 주소 공간의 크기는 구분되어야 한다. 프로세스 주소 공간의 크기는 프로세스가 액세스할 수 있는 전체 영역을 뜻하지만, 프로세스의 크기는 프로세스가 현재 사용하고 있는 코드, 데이터, 힙, 스택을 합친 크기를 뜻한다.

응용프로그램을 컴파일하고 링크한 결과 전체 코드가 200MB이고, 데이터의 크기가 1MB라고 해서 프로세스의 크기가 고정적으로 201MB라고 할 수는 없다. 프로세스는 실행 중에 힙 영역에서 동적으로 메모리를 할당받고, 함수를 호출하다보면 할당받은 스택도 커지게 된다. 프로세스의 크기는 실행 중에 계속 변한다.

프로세스의 주소 공간은 가상 공간이다.

이제, 한 가지 숨겨 놓은 사실을 공개해야겠다. 프로세스의 주소 공간은 물리 공간(physical space)이 아니라 컴파일러와 운영체제가 만들어 준 가상 공간(virtual space)이다. 프로세스에서 0번지는 컴퓨터에 설치된 물리 메모리(physical memory, 실제 RAM 메모리)의 0번지가 아니다. 프로세스가 실행되는 동안 프로세스가 발생시키는 모든 주소, 예를 들어, 코드에 대한 주소, 데이터에 대한 주소, malloc()에 의해 리턴된 주소, 스택 주소 등은 모두 가상 주소(virtual address)이다.

그림 3-6은 프로세스의 가상 주소 공간이 매핑 테이블에 의해 물리 메모리의 주소 공간으로 매핑(mapping) 되는 모습으로 보여준다. 프로세스를 구성하는 영역들은 물리 메모리의 0번지에서 시작하지도 않고, 물리 메모리에 연속적으로 적재되지도 않는다. 이들은 물리 메모리의 여

러 공간에 흩어져 있다. 모든 프로세스는 생성될 때 운영체제에 의해 0번지부터 코드, 데이터, 힙, 스택이 순서대로 할당된다. 이 주소 공간은 바로 운영체제가 만들어 놓은 가상 주소 공간이며, 운영체제는 각 프로세스마다 프로세스의 가상 주소 공간과 물리 메모리의 물리 주소 공간을 연결하는 매핑 테이블을 두고 두 주소 공간을 관리한다.

운영체제는 가상 주소 공간을 통해, 응용프로그램 개발자나 프로세스가 자신의 프로그램이 0번부터 시작되고 메모리 전체를 혼자 사용한다고 착각하게 만들며, 따라서 사용자는 물리 메모리의 크기나 번지에 대한 고민 없이 편하게 프로그램을 작성할 수 있다.

그림 3-6은 32비트 리눅스 운영체제의 사례를 든 것으로, 오른쪽에는 실제로 컴퓨터에 장착된 물리 메모리가 있고, 왼쪽에는 한 프로세스의 주소 공간이 있는데 0번지에서 시작되는 4GB 크기의 가상 주소 공간이다. 가상 주소 공간 내의 주소는 프로그램 내에서 사용되는 가상 주소이다. 그러니까, 여러분이 지금까지 프로그램에서 사용한 변수의 번지나 코드의 번지는 사실상 가상 주소였던 것이다!

운영체제는 그림 3-6과 같이 프로세스의 각 영역들을 물리 메모리의 비어 있는 공간에 나누어 적재하고는 적재된 물리 주소를 매핑 테이블에 적는다. 매핑 테이블은 프로세스를 생성할 때 프로세스마다 한 개씩 만든다. 프로세스가 실행될 때 가상 주소는 매핑 테이블을 통해 물리 주

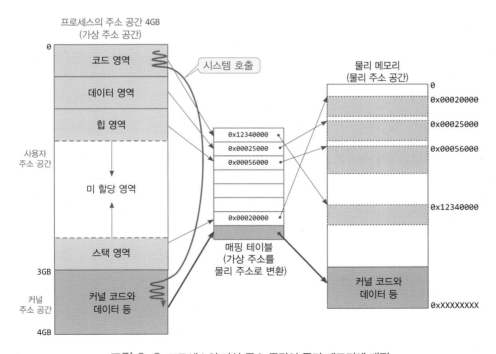

그림 3-6 프로세스의 가상 주소 공간이 물리 메모리에 매핑

소로 바뀌고 물리 메모리가 액세스된다. 그림 3-6에서, 프로세스의 코드들은 실제로 물리 메모리 0x12340000 번지부터 적재되어 있고, 그 주소가 매핑테이블에 기록되어 있다. 프로세스가 0번지(가상 주소 0번지)의 코드를 액세스하면 가상 주소 0번지는 매핑 테이블에 의해 0x12340000의 물리 주소로 변환되고 이 주소가 물리 메모리로 전달되어, 물리 메모리 0x12340000 번지에 적재된 코드가 CPU로 전달된다. 또한 프로그램 내 변수 n의 주소가 3000 번지라고 할 때 3000 번지는 가상 주소이다.

그림 3-6은 개념 설명을 위한 것으로 실제 운영체제에서 구현되는 모양과는 차이가 있다. 매핑 테이블, 가상 주소의 물리 주소 변환 등은 8, 9장에서 다룬다. 현재 가장 많이 사용하는 주소 매핑 방법은 페이징(paging)이며, 매핑 테이블을 페이지 테이블(page table)이라고 한다.

그림 3-6에서 프로세스의 매핑 테이블에 커널의 물리 메모리 주소를 가진 항목이 있다는 점을 놓쳐서는 안 된다. 이것은 프로세스가 사용자 공간에서 실행하다가 시스템 호출을 통해 커널 코드를 실행할 때, 현재 프로세스의 매핑 테이블을 통해 커널의 물리 주소를 찾기 위함이다. 커널 코드 역시 가상 주소로 컴파일되어 있다. 프로세스가 사용자 주소 공간을 액세스하든 커널 주소 공간을 액세스하든 프로세스의 매핑 테이블이 사용된다. CPU나 운영체제에 따라 커널 공간에 대한 매핑 테이블을 분리하여 구현하기도 한다.

> **잠깐! 컴파일러와 링커는 가상 주소 공간의 조력자**
>
> 프로세스가 0번지부터 시작하는 가상 주소를 가지게 되는 것은 컴파일러와 링커에 의해 시작된다. 컴파일러와 링커는 프로그램이 몇 번지의 물리 메모리에 적재되어 실행될 지 알 수 없기 때문에, 0번지에서부터 연속된 가상 주소를 기준으로 명령과 데이터의 주소를 생성한다. 이에 익숙해진 개발자 역시 0번지부터 연속된 가상 주소의 개념이 자연스럽게 형성되고 있었던 것이다.

프로세스들 사이에 가상 주소 공간은 충돌하는가? 아니오!

프로세스마다 4GB의 가상 주소 공간이 주어진다면 프로세스들의 주소 공간이 충돌하지 않을까? 그림 3-7을 보자. 두 프로세스의 주소 공간이 물리 메모리에 매핑된 모습을 보여준다. 매핑 테이블은 커널 공간에 프로세스마다 하나씩 생성된다. 운영체제는 각 프로세스의 사용자 주소 공간을 물리 메모리에 나누어 배치하여 이들 사이에 물리 메모리가 충돌하지 않게 한다. 이 방법은 다중프로그래밍 시절부터 여러 프로세스가 물리 메모리를 나누어 사용하기 위해 고안된 방법이었다.

그림 3-7은 또한 커널이 적재된 물리 메모리가 모든 프로세스에 의해 공유됨을 보여준다. 커널 코드도 3GB와 4GB 사이의 가상 주소로 컴파일되어 있어, 커널 역시 매핑 테이블을 통해 물리 주소로 변환되어 물리 메모리에 적재된 커널 코드가 실행된다. 그림 3-7은 각 프로세스들이 시스템 호출을 통해 접근한 커널 공간은 동일한 물리 메모리 공간임을 명확히 보여준다.

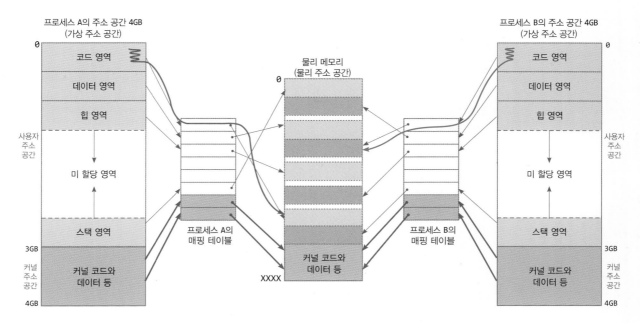

그림 3-7 프로세스들의 가상 주소 공간과 물리 메모리 공간

> 결론적으로 프로세스는 자신의 매핑 테이블을 통해 물리 메모리에 접근하며, 각 프로세스의 영역은 운영체제에 의해 물리 메모리의 서로 다른 공간에 배치되므로 프로세스들 사이의 가상 주소 공간은 충돌하지 않는다.

　프로세스의 실제 크기는 대부분의 경우 프로세스의 주소 공간(32비트 CPU에서 4GB)보다 매우 작다. 그래서 여러 프로세스가 물리 메모리를 나누어 사용할 수 있다. 하지만, "실행 중인 모든 프로세스들을 합쳤을 때, 컴퓨터에 설치된 물리 메모리보다 큰 경우, 프로세스들이 실행 가능할까?" 하는 의문이 든다. 이 문제를 해결하기 위해 운영체제는 디스크 영역까지 물리 메모리의 영역을 확장하여 프로세스의 실행에 당장 필요한 부분만 물리 메모리에 적재하고 나머지는 디스크의 특정 영역(스왑 영역)에 저장해 두고 필요할 때 가지고 오는 방법을 사용한다. 이 방법을 가상 메모리(virtual memory) 기법이라고 부르며 10장에서 자세히 설명한다.

잠깐! 프로세스마다 힙(heap)이 있는가?

운영체제는 프로세스마다 힙 영역을 할당하므로, 프로세스가 new나 malloc()을 이용하여 동적 할당받는 메모리는 자신에게 할당된 힙 영역을 사용한다. 프로세스가 동적 할당받은 메모리를 delete나 free()를 이용하여 반환하지 않고 종료한다고 해도, 운영체제가 프로세스에게 할당한 힙을 회수하므로, 시스템에 메모리 누수가 생기지 않는다. Windows 운영체제(Win32)의 경우 프로세스들이 공유하는 전역 힙(global heap)을 두기도 한다.

탐구 3-1 프로세스의 구성 영역 그려보기

다음 프로그램이 실행될 때 라인 7과 라인 12가 각각 끝난 시점에서 프로세스의 사용자 주소 공간을 그려보라.

```
1   #include <stdio.h>
2   #include <stdlib.h>
3
4   int a=10;
5   void f(int c) {
6       int d=c;
7       printf("%d", d);        ◄────── 이 시점의 사용자 주소 공간(a)
8   }
9   int main() {
10      int b=20;
11      int* p = (int*)malloc(100);
12      f(30);                  ◄────── 이 시점의 사용자 주소 공간(b)
13      printf("%d", b);
14      return 0;
15  }
```

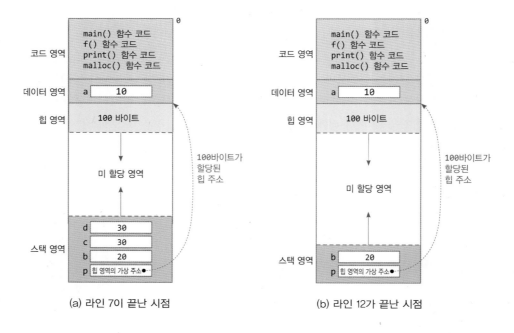

그림 3-8 사용자 주소 공간에 프로세스의 영역들이 할당된 모습

프로세스의 주소 공간을 그리면 그림 3-8과 같다. 이 프로그램에 등장하는 변수나 함수 그리고 라이브러리에서 포함된 printf(), malloc()만 고려하였다.

프로세스가 생성되면, 코드 영역에는 함수 f()와 main()의 코드 그리고 printf() 함수의 코드가 적재되고, 데이터 영역에는 전역 변수 a가 적재된다.

프로세스가 적재된 후 main()이 실행을 시작하면 main()의 지역 변수들을 저장하기 위해 스택 영역에 변수 b와 p가 생성된다. main() 함수가 malloc(100)을 호출하면 프로세스의 힙 영역에서 100바이트의 공간이 할당되고 그 주소가 리턴된다. 그 후 함수 f(30)가 호출되면 그림 3-8(a)와 같이 스택 영역에서 변수 b와 p가 할당된 영역 위에 매개변수 c와 지역 변수 d의 영역이 할당된다.

하지만, f(30)가 리턴하면 그림 3-8(b)와 같이 변수 c와 d는 스택 영역에서 사라지고 프로세스 스택은 f(30)을 호출하기 전의 상태가 된다. C 언어에서 지역 변수들의 스택 내 위치에 대한 표준이 없기 때문에 b와 p의 순서는 저자가 임의로 배치하였다.

한 가지만 덧붙이자면 main(), f(), printf(), malloc() 함수의 주소나 변수 a, b, c, d, p의 주소 모두 가상 주소이며, 프로그램이 실행되는 동안 CPU가 처리하는 주소는 모두 가상 주소이다.

2 커널의 프로세스 관리

2.1 프로세스 테이블과 프로세스 제어 블록

오늘날 운영체제는 여러 프로세스를 동시에 실행시키는 다중프로그래밍 운영체제이다. 운영체제 커널은 그림 3-9와 같이 시스템 전체에 하나의 프로세스 테이블(Process Table)을 두고 모든 프로세스의 정보를 관리한다. 또한 커널은 프로세스를 생성할 때마다 프로세스 제어 블록(PCB, Process Control Block)을 생성하여 프로세스의 정보를 저장한다. 그리고 프로세스 테이블의 비어 있는 항목에 PID(프로세스 번호)와 함께 PCB를 연결한다. 프로세스 테이블과 PCB는 커널 공간에 생성되며 커널만이 액세스할 수 있다. 그림 3-9는 프로세스 테이블과 PCB의 논리적인 구성을 보인 것으로 구현되는 방식은 운영체제마다 다르다.

PCB는 프로세스 관리의 핵심 데이터로서, 프로세스 실행, 스케줄링, 프로세스와 관련된 메모리 관리, 파일 입출력 등 많은 상황에서 커널에 의해 액세스되고 갱신된다. PCB들의 집합이 바로 현재 컴퓨터 시스템의 상태라고 해도 과언이 아니다. 응용프로그램이 프로세스에 관련된 정보를 얻고자 하면 시스템 호출을 통해 PCB의 정보들을 얻을 수 있다. 리눅스 쉘의 ps 명령도 결국 프로세스 테이블과 PCB들로부터 프로세스에 관한 정보를 얻어 출력한다.

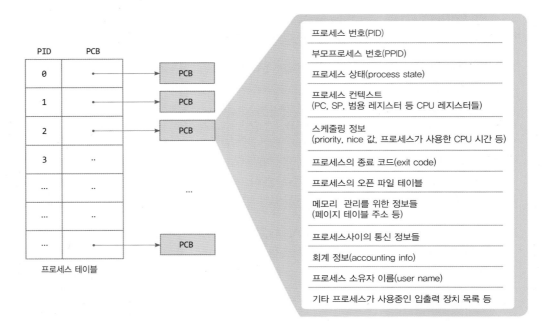

그림 3-9 프로세스 테이블과 프로세스 제어 블록(PCB)

2.2 프로세스 제어 블록

PCB에 저장되는 프로세스 정보들을 하나씩 알아보자.

프로세스 번호, PID(Process Identification Number)

커널은 프로세스를 생성할 때 프로세스 번호 PID를 할당한다. PID는 프로세스를 식별하는 고유한 번호로, 사용자나 응용프로그램, 운영체제 모두 PID로 프로세스를 식별한다. PID로는 0과 양의 정수만 사용된다.

부모 프로세스 번호, PPID(Parent Process Identification Number)

프로세스는 프로세스에 의해 생성되며 이들 사이에는 부모-자식 관계가 형성된다. 부팅할 때 만들어진 최상위 프로세스를 제외하고 모든 프로세스는 부모 프로세스를 가지며, PCB에는 부모 프로세스의 ID(PPID)가 저장된다.

프로세스 상태 정보(Process State)

프로세스는 생성된 후 종료될 때까지 실행되는 동안 여러 상태로 바뀐다. 프로세스의 상태는 운영체제마다 조금씩 다르지만, 생성 초기 상태(New), 현재 CPU에 의해 실행되고 있는 실행 상태(Running), 스케줄링을 기다리고 있는 준비 상태(Ready), 입출력을 요청한 후 입출력 완료를 기다리거나 sleep( ) 시스템 호출을 실행하여 타이머 알람을 기다리거나 요청 자원이 사용 가능 상태가 되기를 기다리는 블록 상태(Blocked)가 있다. 커널은 프로세스의 상태를 바꿀 때마다 PCB에 상태 정보를 저장한다. 프로세스의 상태는 다음 절에서 자세히 설명한다.

프로세스 컨텍스트 정보(Process Context)

커널은 현재 CPU가 실행 중인 프로세스를 중단시키고 다른 프로세스를 실행시킬 때, 현재 프로세스가 실행 중인 상황 정보, 즉 프로세스 컨텍스트를 PCB에 저장한다. 프로세스 컨텍스트는 2장 1절에서도 설명한 바와 같이 현재 프로세스의 실행 상태를 나타내는 PC, SP, 범용 레지스터 등 CPU에 들어 있는 레지스터들의 값이다.

CPU 레지스터 중 PC는 다음에 실행할 코드의 주소가 담겨 있어, PC 레지스터 값을 저장하는 것은 프로세스가 실행을 재개할 때 시작 주소를 기억하기 위해서이다. 사용자 모드에서 실행이 중단되었다면 사용자 공간의 어떤 주소가 될 것이고, 커널 모드에서 중단되었다면 커널 공간의 어떤 주소가 될 것이다. 여기서, 사용자 공간의 어떤 주소는 사용자가 작성한 프로그램 코드일 수도 있고 라이브러리의 코드일 수도 있다. 이 주소는 모두 가상 주소다.

그 외 스택의 톱 위치를 가리키는 SP 레지스터, 연산에 사용하려고 읽어 왔거나 연산의 결과가 들어 있는 데이터 레지스터, 인터럽트 금지 등 CPU 상태를 나타내는 상태 레지스터를 포함하여 레지스터들의 값이 PCB에 저장된다.

스케줄링 정보

PCB에는 커널이 스케줄링 시 참고하는 다음 값들이 저장된다.

- 프로세스의 우선순위(priority 값, nice 값 등)
- 프로세스가 사용한 CPU 시간, 최근에 CPU를 할당받아 실행한 시간 등

프로세스의 우선순위는 프로세스가 생성될 때 주어지며 시스템 호출을 통해 변경 가능하다. 커널의 스케줄러는 우선순위가 높을수록, 사용한 CPU 시간이 짧을수록, 프로세스를 높은 순위로 스케줄링한다.

종료코드(exit code)

종료코드는 프로세스가 종료할 때, 종료 이유를 부모 프로세스에게 전달하기 위한 정수 값으로, 종료한 프로세스의 PCB에 저장된다. 종료코드는 'exit(종료코드)' 시스템 호출의 매개변수 값이나 C/C++ 프로그램에서 main( ) 함수의 리턴 값이다.

PCB에 남겨놓은 종료코드가 부모 프로세스에 의해 읽혀질 때까지, 운영체제는 프로세스의 PCB를 제거하지 않고 프로세스 테이블 항목도 그대로 남겨둔다. 종료되었지만, 부모가 종료코드를 읽어가지 않은 상태의 프로세스를 좀비(zombie) 프로세스라고 부른다. 좀비 프로세스는 PCB와 프로세스 테이블 항목이 그대로 남아 있기 때문에, 프로세스 목록을 출력하면 좀비 상태로 출력된다.

프로세스의 오픈 파일 테이블(Per-process open file table)

프로세스가 실행 중에 열어 놓은 파일에 관한 정보들은 '프로세스별 오픈 파일 테이블'에 유지되는데, 이 테이블은 일반적으로 PCB 내에 저장된다(11장 참고). 그러므로 프로세스가 열어 놓은 파일을 닫지 않고 종료했다 하더라도, 프로세스가 종료할 때 커널이 오픈 파일 테이블에 기록된 파일을 모두 닫아준다.

메모리 관리를 위한 정보들

대부분의 운영체제들은 가상 주소를 물리 주소로 변환하는 매핑 테이블(그림 3-6)을 메모리에 두고, PCB에는 매핑 테이블의 주소를 저장한다. 매핑 테이블은 매핑 방법에 따라 페이지 테이블(page table), 세그먼트 테이블(segment table) 등이 있다. 자세한 것은 8, 9장에서 다룬다.

프로세스 사이의 통신 정보들

프로세스들은 서로의 영역에 접근할 수 없기 때문에, 프로세스 사이의 통신은 커널이 지원하는 프로세스간 통신 방법(IPC, Inter Process Communication)을 이용한다. PCB에는 신호 핸들러 리스트, 다른 프로세스부터 받은 신호 플래그, 메시지 등이 저장된다. 프로세스간 통신은 부록에서 다룬다.

회계 정보

프로세스의 CPU 사용 총 시간, 프로세스가 실행을 시작하여 경과한 총 시간, 프로세스의 제한 시간 등이 저장되며, 이들은 사용자의 컴퓨터 사용료를 계산하거나 성능 통계를 낼 때 사용된다.

프로세스의 소유자 정보

프로세스를 생성한 사용자의 로그인 이름이나 사용자 ID(user id) 정보 등이다.

기타

프로세스가 현재 사용 중인 입출력 장치의 리스트, 준비 상태에 있는 다른 PCB에 대한 링크 등이 저장된다.

> **잠깐!** 프로세스 번호(PID) 부여 방법
>
> 리눅스 등 유닉스 계열에서는 PID를 0부터 시작하여 운영체제에서 정해놓은 최댓값에 이를 때까지 순차적으로 부여한다. PID는 최댓값에 도달하면 100 혹은 300과 같이 운영체제에 따라 정해놓은 번호에서 다시 시작하며, 현재 사용 중인 PID를 피해 증가 순으로 할당된다. PID의 범위는 어디까지일까? 운영체제마다 다르다. 리눅스를 포함하여 32비트의 전통적인 유닉스 계열에서는 PID가 최대 32767까지로 설정되어 있고 64비트 리눅스에서는 4194303까지인데, 현재 독자의 컴퓨터에서 PID 범위를 다음과 같이 확인할 수 있다.

```
$ cat /proc/sys/kernel/pid_max
32767
```

> Windows에서는 2^{32}까지 가능한 것으로 알려져 있으며, 솔라리스의 경우 999999까지 설정 가능하며, HP-UX 10에서는 어떤 값이든 설정 가능하다. OpenBSD의 경우 32766, NetBSD의 경우 30000이다.

2.3 프로세스의 생명 주기와 상태 변이

운영체제는 동시에 여러 프로세스를 메모리 올려놓고 번갈아 실행하기 때문에, 프로세스는 실행 중일 때도 있고 대기 상태에 있을 때도 있다. 운영체제는 프로세스가 처할 수 있는 상태들을 정의해놓고 프로세스들을 관리한다.

그림 3-10은 운영체제에 의해 정의된 상태들로 이동하는 프로세스의 일생을 보여 준다. 프로세스의 상태가 바뀌는 것은 운영체제 커널 코드에 의해 이루어진다. 이제 프로세스의 각 상태에 대해 알아보자.

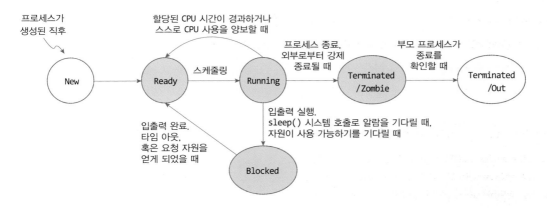

그림 3-10 프로세스의 상태 변이

New 상태

프로세스를 생성하는 시스템 호출(예: fork( ) 시스템 호출)이 실행되면 새로운 프로세스가 생성된다. 커널은 새 프로세스의 코드와 데이터를 메모리에 적재하고, PCB를 만들어 프로세스 테이블의 빈 항목에 등록한다. 그리고 PCB에는 프로세스 상태를 New로 기록한다. 실행 준비를 마쳤을 때 운영체제는 프로세스를 Ready 상태로 만든다. 대부분의 운영체제는 New 상태에서 특별한 결정 없이 바로 Ready 상태로 만들지만, 실시간 운영체제의 경우 프로세스에 명시된 완료 시한(deadline)과 Ready 상태에서 실행을 준비 중인 프로세스들을 고려하여, 프로세스가 완료 시한 내에 처리 가능하다고 판단될 때 Ready 상태로 만든다.

Ready 상태

Ready 상태란 프로세스가 스케줄링을 기다리는 '준비' 상태이다. Ready 상태의 프로세스들은 커널에 있는 준비 큐(ready queue)에 들어간다. 현재 실행 중인 프로세스가 종료되거나 중단되는 경우, 커널은 준비 큐에서 한 개의 프로세스를 선택한다. 이 과정을 프로세스 스케줄링 혹은 CPU 스케줄링이라고 부른다. 스케줄링 정책이 잘못되면 준비 큐에 오래 머무르는 기아 프로세스(starving process)가 생기기도 한다.

프로세스가 Ready 상태로 되는 경우는, New 상태에서 준비 큐에 삽입될 때, Running 상태에서 프로세스에게 할당된 CPU 시간(time slice)이 경과되거나 스스로 다른 프로세스에게 CPU 사용을 양보할 때, 혹은 입출력 장치나 저장 장치로부터 요청한 작업이 완료되었을 때이다.

Running 상태

Running 상태는 프로세스가 CPU에 의해 현재 '실행'되고 있는 상태이다. 커널은 CPU 스케줄링을 통해 선택된 프로세스의 PCB에 상태를 Running으로 기록하고 CPU에게 프로세스를 실행하게 한다. 프로세스의 실행이 완료되면 커널은 Terminated/Zombie 상태로 만든다. 커널은 프로세스를 Running 상태에서 다른 상태로 바꿀 때, 스케줄링을 시행하고, Running 상태였던 프로세스의 컨텍스트를 PCB에 저장하고, 스케줄링된 프로세스의 PCB에서 컨텍스트를 CPU에 복귀시킨다(컨텍스트 스위칭).

Blocked 또는 Wait 상태

Blocked 상태는 프로세스가 자원을 요청하거나, 입출력을 요청하고(예: read( ) 시스템 호출) 완료를 기다리는 '블록' 상태이다. 프로세스가 Running 상태에서, 파일 읽기나 네트워크 수신과 같은 입출력, 타이머 기다리기, 자원 요청 등의 시스템 호출을 일으켰을 경우, 커널은 현재 프로세스를 Blocked 또는 Wait 상태로 만든다. 그리고 스케줄링을 통해 Ready 상태의 프로세스를 하나 선택하고 현재 프로세스와 컨텍스트를 스위칭한다.

Terminated/Zombie 상태

프로세스가 종료하면(예: exit( ) 시스템 호출), 커널은 프로세스가 차지하고 있던 메모리와 할당받았던 자원들을 모두 반환하고 열어 놓은 파일들도 모두 닫는다. 그리고 프로세스의 상태를 Terminated/Zombie(불완전 종료-좀비 상태)로 표기한다. 그렇지만 이 상태는 프로세스가 완전히 소멸된 상태가 아니다. 프로세스는 종료할 때 종료코드를 남기는데, 종료코드는 프로세스의 PCB에 저장된 채 남아 있게 된다. 커널은 부모 프로세스가 종료코드를 읽어 갈 때까지 Terminated/Zombie 상태에서 해제하지 않고, PCB도 프로세스 테이블에 그대로 남겨 둔다. 이 상태의 프로세스를 좀비 프로세스라고 부른다.

Terminated/Out 상태

부모 프로세스가 Zombie 상태인 자식 프로세스의 PCB에서 종료코드를 읽어갈 때(wait( ) 시스템 호출), 비로소 커널은 Zombie 상태의 PCB를 시스템에서 제거하고 프로세스 테이블의 항목도 제거한다. 이로서 좀비 프로세스는 시스템에서 완전히 사라진다(완전 종료).

2.4 프로세스 스케줄링

프로세스 스케줄링(process scheduling)은 다중프로그래밍 운영체제에서 실행 중인 여러 프로세스 중 CPU를 할당할 프로세스를 결정하는 과정이다. 1980년대 후반에서 1990년대 초반 사이에 멀티스레드 운영체제들이 등장하여 지금은 대부분 멀티스레드 운영체제이다. 스레드(thread)는 프로세스보다 작은 크기의 실행 단위로서, 개발자가 작업(task)을 구현하는 단위이며 운영체제에 의해 스케줄링되는 단위이다. 멀티스레딩(multi-threading) 기법의 출현으로 1개의 작업을 1개의 프로세스로 만드는 방식에서, 1개의 작업을 1개의 스레드로 만들고 프로세스 내에 여러 개의 스레드를 두어 여러 작업을 동시에 처리하는 방식으로 바뀌었다. 프로세스가 1개의 스레드로 구성되는 경우 단일 스레드 프로세스(single-threaded process)로, 프로세스가 여러 개의 스레드로 구성되는 경우 멀티스레드 프로세스(multi-threaded process)로 부른다.

오늘날 멀티스레드 운영체제에서 실행 단위는 프로세스가 아니라 스레드이다. 프로세스는 프로세스에 속한 스레드들에게 공유 자원을 제공하는 컨테이너로 그 역할이 바뀌었다. 실행 단위가 스레드로 바뀐 초기에는, 프로세스 스케줄링을 통해 프로세스를 선택하고, 다시 프로세스 내에서 스레드를 선택하는 과정을 거치기도 했지만, 오늘날 운영체제들은 프로세스 스케줄링 없이 시스템의 전체 스레드를 대상으로 스레드를 선택하는 스레드 스케줄링(thread scheduling)을 실행한다. 오늘날 운영체제에서는 프로세스 스케줄링이 없다고 봐도 과언이 아니다. 프로세스 스케줄링은 스레드 스케줄링 알고리즘과 큰 차이가 없어 5장에서 함께 설명한다.

> **잠깐!** 프로세스 제어 블록(PCB)과 프로세스 컨텍스트는 다르다.
>
> 프로세스 컨텍스트(process context)와 프로세스 제어 블록(PCB)이 이름이 비슷하지만 서로 다르다. 프로세스 컨텍스트는 프로세스의 실행 상태에 관한 정보들이다. 현재 몇 번지의 코드를 실행하고 있는지, 스택의 톱 주소는 어디인지, 프로세스의 주소 매핑 테이블은 메모리 어디에 있는지 등을 나타내는 정보로 CPU 레지스터들이 이들을 저장하거나 가리킨다. 프로세스 컨텍스트는 프로세스가 Running 상태에서 Ready나 Blocked 상태로 갈 때 저장되고, Ready에서 Running 상태로 바뀔 때 CPU에 복귀된다.
>
> 한편, PCB는 프로세스가 생성되어 종료되는 일생동안 커널이 프로세스를 관리하기 위해 만들고 유지하는 프로세스 정보를 저장하는 구조체이다. 프로세스 컨텍스트는 PCB에 저장된다.

2.5 프로세스 정보 보기

프로세스에 관한 대부분의 정보는 커널의 PCB에 저장되어 있지만, 사용자나 응용프로그램은 직접 이 정보를 접근할 수 없고 리눅스의 쉘이나 Windows의 작업 관리자와 같은 도구 소프트웨어를 이용하면 된다. 응용프로그램에서는 시스템 호출 함수를 이용하여 프로세스 정보를 얻을 수 있다.

리눅스 쉘 명령으로 프로세스 정보 보기

리눅스의 쉘에서 ps 명령은 그림 3-11과 같이 시스템의 모든 프로세스 정보를 출력한다. 그림 3-12는 이름이 kitae인 사용자가 소유하고 있는 프로세스 목록을 출력한 사례이다.

```
$ ps -eal
```

```
$ ps -eal
F S   UID   PID  PPID  C  PRI   NI ADDR SZ WCHAN  TTY          TIME CMD
4 S     0     1     0  0   80    0 - 29933 -       ?        00:00:38 systemd
1 S     0     2     0  0   80    0 -     0 -       ?        00:00:00 kthreadd
1 I     0     4     2  0   60  -20 -     0 -       ?        00:00:00 kworker/0:0H
1 I     0     6     2  0   60  -20 -     0 -       ?        00:00:00 mm_percpu_wq
1 S     0     7     2  0   80    0 -     0 -       ?        00:03:27 ksoftirqd/0
1 I     0     8     2  0   80    0 -     0 -       ?        01:20:16 rcu_sched
1 I     0     9     2  0   80    0 -     0 -       ?        00:00:00 rcu_bh
1 S     0    10     2  0  -40    - -     0 -       ?        00:00:00 migration/0
5 S     0    11     2  0  -40    - -     0 -       ?        00:00:08 watchdog/0
1 S     0    12     2  0   80    0 -     0 -       ?        00:00:00 cpuhp/0
1 S     0    13     2  0   80    0 -     0 -       ?        00:00:00 cpuhp/1
5 S     0    14     2  0  -40    - -     0 -       ?        00:00:09 watchdog/1
1 S     0    15     2  0  -40    - -     0 -       ?        00:00:00 migration/1
1 S     0    16     2  0   80    0 -     0 -       ?        00:04:32 ksoftirqd/1
1 I     0    18     2  0   60  -20 -     0 -       ?        00:00:00 kworker/1:0H
```

```
1 S    0   19    2 0 80  0 -    0 -       ?         00:00:00 cpuhp/2
..........
```

그림 3-11 'ps -eal' 명령으로 시스템 내 모든 프로세스의 정보 출력

```
$ ps -U kitae -u
USER      PID %CPU %MEM   VSZ  RSS TTY     STAT START  TIME COMMAND
kitae   18150  0.0  0.0 22468 3712 pts/2    S   11:51  0:00 bash
kitae   18157  0.0  0.0 38644 3320 pts/2    R+  11:52  0:00 ps -U kitae -u
```

그림 3-12 'ps -U kitae -u' 명령으로 사용자 kitae가 소유한 프로세스 출력

그림 3-11과 그림 3-12에서 항목 몇 개를 간단히 소개하면 다음과 같다.

- USER – 로그인 이름
- UID – 프로세스를 소유한 사용자 id
- PID – 프로세스 번호
- PPID – 부모 프로세스 번호
- PRI – 커널이 스케줄링 시 참고할 프로세스의 우선순위 값으로 클수록 낮은 우선순위
- NI – nice 값으로 다른 프로세스에게 양보할 의지를 정수로 표현. 값이 클수록 낮은 우선순위로 처리
- STAT – 프로세스 상태

리눅스 커널은 프로세스마다 PRI와 NI 값을 두며 PRI 값을 기준으로 스케줄링한다. 응용프로그램이나 사용자는 PRI 값을 직접 조정할 수 없고 NI 값을 수정하면 내부 공식에 따라 PRI가 변경된다. NI는 [-20~19] 사이의 값이고 디폴트는 0이다.

C 프로그램으로 프로세스 정보 얻기

응용프로그램은 시스템 호출을 통해 프로세스에 관한 정보를 얻을 수 있다. 탐구 3-2는 getpid()와 getppid() 시스템 호출 함수를 이용하여 프로세스 번호(PID)와 부모 프로세스의 번호(PPID)를 얻는 간단한 C 프로그램 사례이다.

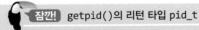

잠깐! getpid()의 리턴 타입 pid_t

탐구 3-2에서 프로세스 번호는 정수인데 왜 getpid()와 getppid()는 int 대신 pit_t를 리턴 타입으로 사용하고 있는가? 그 이유는 프로세스 번호에 대한 C 프로그램의 호환성과 이식성을 위해서이다. 운영체제마다 프로세스 번호를 나타내기 위해 short, int, long 등 서로 다른 타입을 사용하게 되면 C 프로그램은 호환성을 잃게 된다. 그래서 운영체제마다 〈sys/types.h〉 헤더 파일에 pid_t 타입을 선언하고 있으며, 사용자는 간단히 pid_t 타입을 사용하면 된다. pid_t 타입은 다음과 같이 int로 선언되어 있다고 간단히 생각하면 된다.

```
typedef int pid_t;
```

3 프로세스의 계층 구조

3.1 프로세스의 부모-자식 관계

운영체제는 모든 프로세스들을 부모-자식의 계층 관계로 관리한다. 프로세스는 프로세스에 의해 생성되며, 생성한 프로세스를 부모 프로세스(parent process), 생성된 프로세스를 자식 프로세스(child process)라고 한다. 시조 프로세스인 #0 프로세스를 제외하고 모든 프로세스는 부모 프로세스를 반드시 가지며, 부모 프로세스는 여러 개의 자식 프로세스를 가질 수 있다.

프로세스들의 계층 관계에 대한 표준은 없다. 그림 3-14는 리눅스에서 ps -eal 명령으로 출력한 프로세스 목록이며, 그림 3-13은 리눅스에서 프로세스의 일부를 부모 자식으로 나타낸 사레이다. 이 둘을 함께 보면서 설명해보자. #0, #1, #2번 프로세스는 모두 부팅 초기에 생성된다. #0 프로세스는 시스템 내에 스케줄될 프로세스(Ready 상태)가 하나도 없을 때 실행되는 유휴 프로세스(idle process)이다. #1 프로세스는 init 프로세스 혹은 systemd 프로세스라고 부르는데, 부팅 과정에서 시스템을 초기화하여 사용자가 시스템을 사용할 수 있는 상태까지 부팅을 완료한다. 그리고 시스템 종료(shutdown)시까지 살아 있어 시스템 종료 과정을 책임진다.

init 프로세스는 외부 네트워크로부터 연결 요청을 대기하는 sshd 프로세스를 생성하며, sshd는 외부 네트워크로부터의 접속을 받으면 사용자로부터 로그인 이름과 암호를 확인한 후 쉘 프로세스(bash)를 자식으로 생성한다. bash 쉘은 스크린에 '$'를 출력하고 사용자 명령을 받아 자식 프로세스를 생성하고 자식에게 명령을 실행하도록 한다. 예를 들어 사용자가 ps 명령을 입력하면 쉘은 자식 프로세스를 생성하여 ps 명령을 실행시킨다. 그러므로 그림 3-13과 같이 이들은 모두 init 프로세스의 자손들이다.

#2 프로세스 kthreadd는 부팅 때 생성되어 커널 공간에서 커널 모드로 실행되면서 커널의 기능을 돕는 프로세스이다. 응용 프로그램과 전혀 관계없이 실행된다.

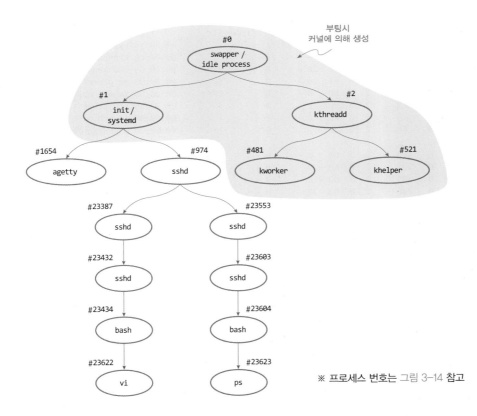

그림 3-13 부모-자식의 계층 관계로 구성되는 리눅스의 프로세스들 사례

그림 3-13과 그림 3-14에 나타난 프로세스들의 부모-자식 관계를 확인해보자. #1과 #2 프로세스는 #0 프로세스에 의해 생성되지 않고 부팅 과정에서 하드 코딩(hard coding)으로 생성되지만, 오래된 유닉스 운영체제의 관례에 따라 #1, #2 프로세스의 부모를 #0 프로세스로 다룬다. 그림 3-14에서 #1과 #2 프로세스의 PPID가 0인 것을 볼 수 있으며, #4~#10까지의 프로세스는 모두 커널 모드에서 커널 공간에서만 실행되는 프로세스들로서 그들의 부모가 #2 프로세스인 것을 볼 수 있다. 또한 #974 sshd 프로세스와 #1654 agetty 프로세스의 부모는 #1 init 프로세스이며, #23623 ps의 부모 프로세스를 따라가면 #1까지 올라가는 것을 확인할 수 있다. 사용자 모드에서 실행되는 모든 프로세스들의 조상은 #1 init 프로세스이다.

Windows에서도 프로세스들이 부모-자식 관계로 구성되지만 계층 구조의 의미는 부모-자식 관계 이상의 의미는 없다. 부모는 자식 프로세스의 핸들(handle)을 가지고 있기 때문에 이 핸들을 이용하여 자식 프로세스를 제어할 수 있다. 하지만 자식 프로세스의 핸들을 다른 프로세스에게 알려 줄 수 있기 때문에 계층 구조는 큰 의미가 없다. 이런 이유로 Windows는 프로세스들 사이에 계층 관계가 없고 모든 프로세스가 동등하다고 말한다.

```
$ ps -eal
F S   UID   PID PPID  C PRI  NI ADDR SZ WCHAN    TTY        TIME CMD
4 S     0     1    0  0  80   0 - 29971 -         ?      00:00:19 systemd     ← init 프로세스
1 S     0     2    0  0  80   0 -     0 -         ?      00:00:00 kthreadd
1 I     0     4    2  0  60 -20 -     0 -         ?      00:00:00 kworker/0:0H
1 I     0     6    2  0  60 -20 -     0 -         ?      00:00:00 mm_percpu_wq
1 S     0     7    2  0  80   0 -     0 -         ?      00:03:06 ksoftirqd/0
1 I     0     8    2  0  80   0 -     0 -         ?      01:32:55 rcu_sched
1 I     0     9    2  0  80   0 -     0 -         ?      00:00:00 rcu_bh
1 S     0    10    2  0 -40   - -     0 -         ?      00:00:00 migration/0
.............
1 S     0   199    2  0  80   0 -     0 -         ?      00:31:14 usb-storage
1 I     0   202    2  0  60 -20 -     0 -         ?      00:22:29 kworker/2:1H
1 I     0   205    2  0  60 -20 -     0 -         ?      00:00:00 ttm_swap
1 I     0   206    2  0  60 -20 -     0 -         ?      00:22:24 kworker/0:1H
.............
4 S     0   974    1  0  80   0 - 16378 -         ?      00:00:00 sshd
0 S   108  1251    1  0  80   0 - 130908 -        ?      00:00:00 notify-osd
4 S   109  1645    1  0  80   0 - 93497 -         ?      00:00:00 whoopsie
4 S     0  1654    1  0  80   0 -  4304 -         tty1   00:00:00 agetty
5 S     0  1672    1  0  80   0 -  3764 -         ?      00:00:00 xinetd
4 S     0 23378  974  0  80   0 - 23732 -         ?      00:00:00 sshd
5 S  1000 23432 23378 0  80   0 - 23732 -         ?      00:00:00 sshd
0 S  1000 23434 23432 0  80   0 -  5934 wait      pts/8  00:00:00 bash
.............
4 S     0 23553  974  0  80   0 - 23732 -         ?      00:00:00 sshd
5 S  1000 23603 23553 0  80   0 - 23732 -         ?      00:00:00 sshd
0 S  1000 23604 23603 0  80   0 -  5934 wait      pts/9  00:00:00 bash
0 S  1000 23622 23434 0  80   0 -  8361 poll_s    pts/8  00:00:00 vi
0 R  1000 23623 23604 0  80   0 -  7549 -         pts/9  00:00:00 ps    ← 쉘에 입력한 ps - eal
$
```

그림 3-14 리눅스의 프로세스들

탐구 3-3 리눅스에서 실행 중인 프로세스들의 계층 구조 보기

리눅스에서 현재 실행 중인 모든 프로세스들을 부모-자식 계층 관계로 출력하라.

다음 명령을 입력하면 그림 3–15와 같이 프로세스 계층 구조를 보여준다.

```
$ pstree 0        # 0번 프로세스부터 프로세스들의 계층 구조를 트리 형태로 출력
```

```
$ pstree 0
?─┬─kthreadd─┬─acpi_thermal_pm
  │          ├─ata_sff
  │          ├─charger_manager
  │          ├─cpuhp/0
  │          ├─cpuhp/1
  │          ├─cpuhp/2
  │          ├─cpuhp/3
  │          ├─crypto
  ..................................................
  │          ├─writeback
  │          ├─xfs_mru_cache
  │          └─xfsalloc
  └─systemd─┬─ModemManager─┬─{gdbus}
            │              └─{gmain}
            ├─NetworkManager─┬─dnsmasq
            │                ├─{gdbus}
            │                └─{gmain}
            ├─accounts-daemon─┬─{gdbus}
            │                 └─{gmain}
            ├─acpid
            ├─agetty
            ├─avahi-daemon───avahi-daemon
  ..................................................
            ├─irqbalance
            ├─lightdm─┬─Xorg───{InputThread}
            │         ├─lightdm─┬─upstart─┬─at-spi-bus-laun─┬─dbus-daemon
            │         │         │         │                 ├─{dconf worker}
            │         │         │         │                 ├─{gdbus}
            │         │         │         │                 └─{gmain}
            │         │         │         ├─t-spi2-registr─┬─{gdbus}
            │         │         │         │                └─{gmain}
            │         │         │         ├─bamfdaemon─┬─{dconf worker}
            │         │         │         │            ├─{gdbus}
            │         │         │         │            └─{gmain}
  ..................................................
            ├─rsyslogd─┬─{in:imklog}
            │          ├─{in:imuxsock}
            │          └─{rs:main Q:Reg }
            ├─rtkit-daemon───[   {rtkit-daemon}]
            ├─sshd─┬─sshd───sshd───bash───vi
            │      └─sshd───sshd───bash───pstree
            ├─systemd───sd-pam)
            ├─systemd-journal
            ├─systemd-logind
            ├─systemd-timesyn───{sd-resolve}
            ├─systemd-udevd
  ..................................................
            └─xinetd
```

그림 3–15 쉘에서 'pstree 0' 명령으로 실행 중인 모든 프로세스들의 계층 구조 출력

탐구 3-4 Windows에서 부모 프로세스와 자식 프로세스 확인하기

Windows에서 현재 실행 중인 프로세스들의 부모 자식 관계를 알아보는 방법은 무엇인가?

Process Explorer 응용프로그램을 실행하면 그림 3–16과 같이, Windows에서 현재 실행 중인 모든 프로세스와 부모 자식 관계를 확인할 수 있다. Process Explorer 응용프로그램은 다음 사이트에서 다운로드받으면 된다.

```
https://docs.microsoft.com/en-us/sysinternals/downloads/process-explorer
```

그림 3–16에서 한 가지의 사례만 보자. 바탕화면을 그리고 사용자의 마우스 입력을 처리하는 프로세스가 바로 Windows 탐색기로 불리는 explorer.exe이다. 바탕화면에서 '한글(Hwp.exe)' 아이콘을 클릭하면, explorer.exe는 한글(Hwp.exe)을 자식 프로세스로 만들어 실행시킨다. explorer.exe의 PID는 #9232, Hwp.exe의 PID가 #9064이다. 그림 3–16에서 Hwp.exe 라인을 더블클릭하면 그림 3–17과 같이 Hwp.exe 프로세스에 관한 자세한 정보를 얻을 수 있다. 이 곳에서 Hwp.exe의 부모는 PID가 #9232인 explorer.exe 임을 확인할 수 있다.

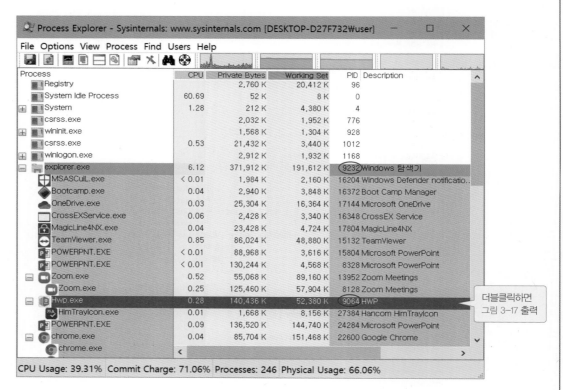

그림 3–16 Process Explorer 응용프로그램으로 Windows의 프로세스 정보 보기

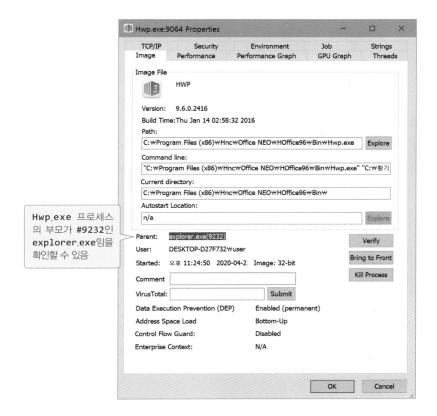

Hwp.exe 프로세스의 부모가 #9232인 explorer.exe임을 확인할 수 있음

그림 3-17 Hwp 프로세스의 속성 보기. 부모 프로세스가 explorer라는 것 확인

3.2 #0과 #1 프로세스 : idle 프로세스와 init 프로세스

컴퓨터가 시작되면 프로세스는 0번부터 시작된다. 그러므로 #0 프로세스는 그 시스템의 최고 어른이다. 운영체제의 역사에서 유닉스를 말하지 않을 수 없다. 유닉스의 변천 과정에서 #0 프로세스도 많이 변해 왔다. 초기 유닉스에서 #0 프로세스는 swapper라고 불리는 프로세스로, 부팅을 담당하고, 메모리가 부족할 때 일부 메모리 데이터를 디스크에 저장하여 메모리에 빈 공간을 확보하였다가 필요할 때 다시 메모리로 읽어 들이는 일을 하였다. #0 프로세스는 부팅 후 #1 init 프로세스를 생성하였다. init 프로세스는 시스템을 시작시키고, 시스템이 종료될 때 마무리하는 일을 하였다.

현재 리눅스의 경우를 보자. 리눅스에서 #0 프로세스를 idle 프로세스라고 부르지만, 유닉스로부터 유래된 관례를 맞추기 위해 swapper라고도 부른다. 리눅스에서 idle 프로세스는 유닉스의 사례처럼 부팅에 관여하지 않고, 무한 루프를 돌면서 아무 일도 하지 않으며, 우선순위가 가장 낮아 실행 가능한 다른 프로세스가 있으면 실행될 일도 없다. 그럼에도 idle 프로세스를 만든 이유는 모든 프로세스가 블록 상태여서 시스템에 실행시킬 Ready 상태의 프로세스가 1개도 없는 상황에 빠지지 않도록 하기 위해서이다. 리눅스는 실행시킬 프로세스가 없을 때 #0 idle 프로세스를 실행시킨다.

그림 3-18은 Windows 작업 관리자가 현재 실행 중인 프로세스 목록을 보여준다. 이곳에서 '시스템 유휴 프로세스(#0 system idle process)'의 존재를 확인할 수 있다. 그런데 이 프로세스가 CPU를 89% 사용하고 있다. 어떻게 된 것일까? '시스템 유휴 프로세스'가 이렇게 많은 시간 동안 CPU를 사용하고 있다니! 그 답은 다음과 같다. 아마도 컴퓨터가 켜져만 있거나 사용자가 컴퓨터 앞에 앉아 생각하고 있는 경우, 대부분의 프로세스들이 아무 작업도 하고 있지 않을 가능성이 매우 크다. 그러니까 그들 대부분은 사용자의 입력을 기다리고 있는 블록 상태(Blocked)에 있을 것이다. 컴퓨터에는 반드시 한 개의 프로세스가 CPU에 의해 실행되고 있어야 하므로, 바로 이때 커널은 시스템 유휴 프로세스를 실행시킨다. 그래서 사용자가 아무 작업도 하지 않을 때, 시스템 유휴 프로세스가 89%의 CPU 시간을 소모하는 것으로 보인다. 시스템 유휴 프로세스의 코드는 커널 공간에 있으며 커널 모드에서 단순 루프를 돌면서 시간을 보낸다. 시스템 유휴 프로세스의 CPU 활용률이 89%라는 것은 CPU가 커널 모드에 있는 시간이 최소 89%라는 것과 같다.

시스템 유휴 프로세스는 아무 인터럽트나 발생할 때까지 CPU 클럭 속도를 줄이거나 CPU를 절전 모드에 들어가도록 구현되기 때문에, 시스템 유휴 프로세스가 실행된다고 해서 CPU가 전력을 계속 소모하는 것은 아니다. 그러므로 시스템 유휴 프로세스의 CPU 활용률이 89%라는 것은 11%의 시간만 프로그램이 실행되었고, 89%의 시간은 CPU가 사용되지 않았다는 뜻이다.

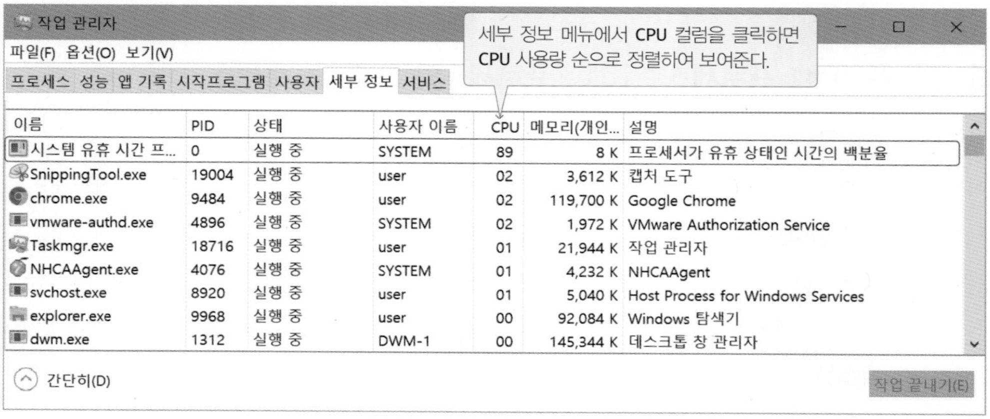
작업 관리자
파일(F) 옵션(O) 보기(V)
프로세스 성능 앱 기록 시작프로그램 사용자 세부 정보 서비스
세부 정보 메뉴에서 CPU 컬럼을 클릭하면 CPU 사용량 순으로 정렬하여 보여준다.
이름 PID 상태 사용자 이름 CPU 메모리(개인... 설명
시스템 유휴 시간 프... 0 실행 중 SYSTEM 89 8 K 프로세서가 유휴 상태인 시간의 백분율
SnippingTool.exe 19004 실행 중 user 02 3,612 K 캡처 도구
chrome.exe 9484 실행 중 user 02 119,700 K Google Chrome
vmware-authd.exe 4896 실행 중 SYSTEM 02 1,972 K VMware Authorization Service
Taskmgr.exe 18716 실행 중 user 01 21,944 K 작업 관리자
NHCAAgent.exe 4076 실행 중 SYSTEM 01 4,232 K NHCAAgent
svchost.exe 8920 실행 중 user 01 5,040 K Host Process for Windows Services
explorer.exe 9968 실행 중 user 00 92,084 K Windows 탐색기
dwm.exe 1312 실행 중 DWM-1 00 145,344 K 데스크톱 창 관리자
간단히(D)
작업 끝내기(E)

※ 시스템 유휴 프로세스는 시스템에 1개 존재하며, 멀티코어 CPU에서는 각 코어마다 시스템 유휴 프로세스가 1개씩 실행된다. 시스템 유휴 프로세스는 종료시킬 수 없다.

※ Process Explorer 응용프로그램을 이용하면 시스템 유휴 프로세스의 스레드를 확인할 수 있다.

그림 3-18 Windows의 #0 시스템 유휴 프로세스

3.3 부모 자식 프로세스의 실행 관계

모든 프로세스는 부모 프로세스에 의해 생성된다. 프로세스의 생성은 프로세스 테이블과 PCB 등 커널 데이터를 생성하고 조작하는 작업을 포함하므로, 당연히 커널 코드에 의해 이루어진다. 뿐만 아니라, 프로세스가 종료되면 PCB를 삭제하고 프로세스 테이블의 항목을 지우는 등 처리 작업 역시 커널 데이터를 조작한다. 그러므로 운영체제들은 시스템 호출을 통해서만 프로세스를 생성하고, 시스템 호출을 통해서만 프로세스를 종료하도록 하고 있다.

다음은 프로세스의 생성, 종료에 사용되는 시스템 호출들이다. 이 절에서는 부모 자식의 실행 관계를 설명하기 위해 리눅스의 시스템 호출을 사용한다.

- fork() – 자식 프로세스를 생성하는 시스템 호출 함수
- exit() – 현재 프로세스의 종료를 처리하는 시스템 호출 함수
- wait() – 부모가 자식 프로세스가 종료할 때까지 기다리는 시스템 호출 함수

리눅스와 같은 유닉스 계열의 운영체제에서는 부모 프로세스가 자식 프로세스의 종료를 책임지도록 되어 있는데, 부모와 자식 프로세스의 전형적인 실행 관계는 그림 3-19와 같다. 그림 3-19(a)에서는 부모 프로세스는 fork() 시스템 호출을 이용하여 자식 프로세스를 생성한 후, 자신에게 주어진 작업을 수행하고 나서, 자식 프로세스의 종료를 확인하기 위해 wait()를 호출한다. wait()는 자식 프로세스가 종료할 때까지 리턴하지 않고 커널 내에서 대기한다. 자식 프로세스가 exit()을 호출하여 종료하면, 커널은 대기 중인 부모 프로세스를 깨운다. 부모 프로세스는 wait() 시스템 호출 내에서 자식 프로세스의 PCB에 남겨진 종료코드(exit code)를 읽고 자식 프로세스를 완전히 제거한다. 그 후 부모 프로세스는 wait()에서 리턴하여 실행을 계속한다.

그림 3-19(b)는 부모가 wait()를 호출하기 전, 자식이 exit()을 호출하여 먼저 종료한 경우이다. exit() 시스템 호출은 프로세스가 할당받은 메모리를 반환하고 열어 놓은 파일을 닫는 등 프로세스가 소유한 모든 자원을 해제하지만, 프로세스 테이블 항목과 PCB는 삭제하지 않고 그냥 둔다. 그리고 PCB에는 프로세스가 남긴 종료코드를 기록해둔다. 부모가 언젠가 wait()을 호출하면, wait()은 자식의 PCB에 저장된 종료코드를 읽은 후 자식을 프로세스 테이블에서 제거하고 자식의 PCB도 삭제하여 자식 프로세스의 종료를 마무리한다.

자식이 종료할 때 부모가 반드시 확인하도록 하는 유닉스 계열 운영체제의 정책은 자식이 종료코드를 통해 종료 원인을 부모에게 전달할 수 있도록 하고자 함이다. 종료하였지만, 부모 프로세스가 wait()를 호출하지 않아 시스템에서 완전히 제거되지 않고 남아 있을 때 좀비 프로세스라고 한다.

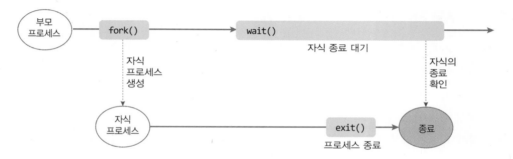

(a) 부모가 자식을 생성한 후 자식의 종료를 기다리는 경우

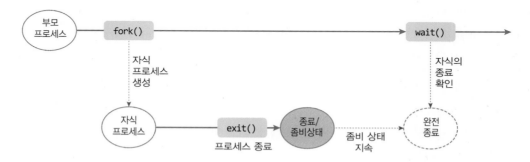

(b) 자식이 부모보다 먼저 종료한 경우

그림 3-19 부모 프로세스와 자식 프로세스의 실행 관계

3.4 좀비 프로세스: 종료 후 방치된 자식 프로세스

리눅스 등 유닉스 계열의 운영체제에서는 프로세스가 종료할 때 커널은 프로세스가 남긴 종료코드를 PCB에 저장하고 프로세스의 상태를 Terminated/Zombie(리눅스에서는 EXIT_ ZOMBIE)로 표시한다. 그리고 PCB는 프로세스 테이블에서 제거하지 않고 남겨둔다. 그림 3-20과 같이 부모 프로세스는 wait() 시스템 호출을 실행하여 자식 프로세스가 남긴 종료코드를 읽고, 자식 프로세스의 PCB와 프로세스 테이블 항목이 제거되도록 해야 한다.

> 종료하였지만, 부모가 종료코드를 읽지 않는 상태로 시스템에 남아 있을 때, 이 프로세스를 좀비 프로세스라고 한다.

자식 프로세스가 exit() 시스템 호출을 실행하면, exit()은 부모 프로세스에게 자식의 죽음을 통보(자식의 죽음을 알리는 SIGCHLD 신호 전달)한다. 그런데 부모가 이 통보를 받았을 때 wait() 시스템 호출을 부르도록 작성되어 있지 않다면 죽은 자식 프로세스는 계속 좀비 상태로 남게 된다.

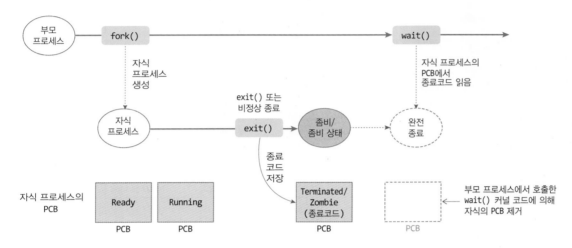

그림 3-20 부모 프로세스에서 자식의 종료를 확인하는 **wait()** 시스템 호출

이렇듯이, 부모 프로세스의 코드가 부주의하게 작성되어 wait() 시스템 호출을 실행하지 않는다면, 자식 프로세스는 종료하였지만 좀비 상태로 PCB와 프로세스 테이블에 항목이 남아 있어 마치 살아 있는 것처럼 보여진다. 그래서 쉘에서 **ps** 명령을 입력하면 좀비 프로세스도 프로세스 리스트에 나타난다.

Windows 운영체제에서도 좀비 프로세스가 존재하는데, 자식 프로세스가 죽었을 때 부모 프로세스가 'CloseHandle(자식프로세스핸들)' 시스템 호출을 실행하여 자식 프로세스를 완전히 소멸시켜야 한다. 그렇지 않으면 종료한 자식은 좀비 프로세스가 되고 시스템에서 제거되지 않는 채 구천을 떠돌면서 계속 남아 있게 된다.

그림 3-21은 저자가 우분투 리눅스에서 좀비 상태의 프로세스(zombie_test)를 10개 만들고 System Monitor 프로그램을 실행하여 출력한 결과이다. 10개의 zombie_test 프로세스는 모두 상태가 Zombie이고 메모리가 제거되어 메모리 사용량을 나타낼 수 없음(N/A)으로 표시한 것을 볼 수 있다.

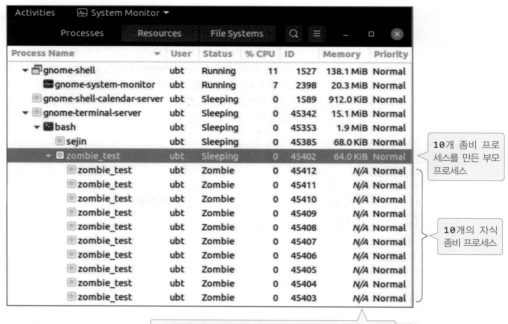

<table>
<tr><td colspan="2">Activities</td><td colspan="5">System Monitor ▼</td></tr>
</table>

| | Processes | Resources | File Systems | | | |

Process Name		User	Status	% CPU	ID	Memory	Priority
▼ ⬛ gnome-shell		ubt	Running	11	1527	138.1 MiB	Normal
	🖥 gnome-system-monitor	ubt	Running	7	2398	20.3 MiB	Normal
	⬛ gnome-shell-calendar-server	ubt	Sleeping	0	1589	912.0 KiB	Normal
▼ ⬛ gnome-terminal-server		ubt	Sleeping	0	45342	15.1 MiB	Normal
▼ ⬛ bash		ubt	Sleeping	0	45353	1.9 MiB	Normal
	⬛ sejin	ubt	Sleeping	0	45385	68.0 KiB	Normal
▼ ⬛ zombie_test		ubt	Sleeping	0	45402	64.0 KiB	Normal
	⬛ zombie_test	ubt	Zombie	0	45412	N/A	Normal
	⬛ zombie_test	ubt	Zombie	0	45411	N/A	Normal
	⬛ zombie_test	ubt	Zombie	0	45410	N/A	Normal
	⬛ zombie_test	ubt	Zombie	0	45409	N/A	Normal
	⬛ zombie_test	ubt	Zombie	0	45408	N/A	Normal
	⬛ zombie_test	ubt	Zombie	0	45407	N/A	Normal
	⬛ zombie_test	ubt	Zombie	0	45406	N/A	Normal
	⬛ zombie_test	ubt	Zombie	0	45405	N/A	Normal
	⬛ zombie_test	ubt	Zombie	0	45404	N/A	Normal
	⬛ zombie_test	ubt	Zombie	0	45403	N/A	Normal

10개 좀비 프로세스를 만든 부모 프로세스

10개의 자식 좀비 프로세스

좀비 프로세스는 메모리가 제거되어 사용량을 나타낼 수 없음

그림 3-21 리눅스의 좀비 프로세스

좀비 프로세스 제거

좀비 프로세스를 제거하려면 셸에서 'kill -SIGCHLD 좀비프로세스의부모프로세스PID' 명령을 입력하여 부모 프로세스에게 SIGCHLD 신호를 보내면 된다(신호는 부록에서 다룸). 이것은 부모 프로세스에 wait()를 호출하는 SIGCHLD 신호 핸들러가 작성되어 있다는 것을 전제로 한다. 만일 부모 프로세스가 SIGCHLD 신호를 처리하지 않는다면, 다른 방법으로 부모 프로세스를 강제 종료시키면 된다. 좀비 프로세스의 부모 프로세스가 종료하면, 자동으로 #1 init 프로세스가 좀비 프로세스의 부모가 되며, init 프로세스는 주기적으로 wait() 시스템 호출을 실행하기 때문에 자식인 좀비 프로세스가 제거된다.

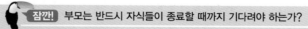 **잠깐!** 부모는 반드시 자식들이 종료할 때까지 기다려야 하는가?

부모 프로세스는 대부분 자식의 종료를 기다리도록 코딩하지만 꼭 그럴 필요는 없다. 부모가 먼저 종료하면 자식들은 고아 프로세스가 되고 이들은 곧장 init 프로세스에게 입양 된다. 양자가 된 프로세스들이 종료하면 init 프로세스가 wait()을 호출하여 이들의 종료를 확인한다.

3.5 고아 프로세스와 입양: 슬프다, 부모님이 먼저 돌아가셨네!

유닉스 계열의 운영체제에서 대부분의 프로세스는 exit()을 실행하여 정상 종료하지만, 비정상 종료되는 경우도 있다.

> 어떤 경우든, 부모가 먼저 종료한 자식 프로세스들을 고아 프로세스(orphan process)라고 부른다.

프로세스가 exit()을 호출하여 종료할 때 살아있는 자식 프로세스들이 있으면, exit()의 커널 코드는 즉각적으로 그림 3-22와 같이 자식 프로세스들의 부모를 init 프로세스로 지정한다. init이 비록 이들의 양부모가 되었다 하더라도, 자식들은 원래 부모를 잃어버렸기 때문에 여전히 고아 프로세스라고 부른다.

한편, 어떤 운영체제에서는 프로세스가 종료하면 자식 프로세스들을 모두 종료시키기도 한다. 리눅스 쉘의 경우 쉘이 종료될 때 자식 프로세스들에게 SIGHUP 신호를 보내 자식들을 강제로 종료시킨다. 리눅스 3.40의 경우, 프로세스는 자신이 고아가 될 경우 가장 가까운 조상 프로세스에게 입양될 것을 미리 지정할 수 있다. 이런 경우 init 프로세스 대신 미리 지정된 프로세스에게 입양된다. 그렇지 않은 경우 init 프로세스에게 입양된다.

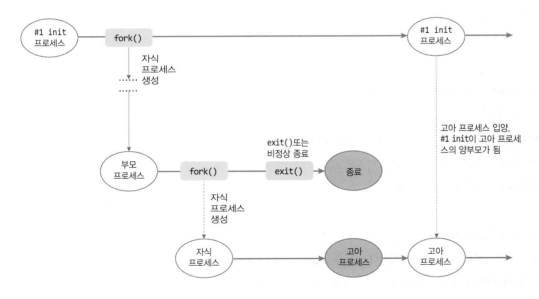

그림 3-22 #1 init 프로세스가 고아 프로세스를 입양하는 과정

3.6 백그라운드 프로세스와 포그라운드 프로세스

백그라운드 프로세스(background process)는 사용자와의 대화를 필요로 하지 않는 프로세스이다. 역사적으로 터미널(terminal)을 사용하던 오래 전, 한 터미널에서 사용자는 여러 개의 프로세스를 실행할 수 있었다. 터미널은 키보드와 디스플레이만 있는 장치이다. 사용자가 실행시킨 프로세스 중, 사용자와 대화가 없는 채로 실행되는 프로세스를 백그라운드 프로세스로 정의하였다. 이와 반면, 포그라운드 프로세스(foreground process)는 터미널 사용자로부터의 입출력을 독점하는 프로세스로, 운영체제는 터미널에서의 사용자 입력을 모두 포그라운드 프로세스로 보낸다.

현대에도 사용자와 대화 없이 낮은 우선순위로 실행되는 여러 백그라운드 프로세스들이 있다. Windows의 작업 관리자에서 '서비스' 메뉴를 선택하면 보이는 '서비스'들이 모두 백그라운드 프로세스들이다. 서비스를 보려면 Process Explorer 응용프로그램을 이용해도 된다. 백그라운드 프로세스는 특정 사건이 일어나기를 기다리면서 대부분의 시간을 idle 상태로 잠을 자거나 디스크에 스왑된 상태로 실행된다.

3.7 CPU 집중 프로세스와 I/O 집중 프로세스

프로세스의 작업이 대부분 계산 중심적인 일로 구성되어 실행의 많은 부분에 CPU가 활용될 때 CPU 집중 프로세스(CPU intensive process)라고 하고, 프로세스의 작업 중 많은 부분이 파일 입출력이나 네트워크 전송 등 입출력 작업인 경우 I/O 집중 프로세스(I/O intensive process)라고 부른다. I/O 집중 프로세스는 I/O 작업을 기다리는 시간이 대부분이므로 CPU를 사용하는 시간 비중은 매우 낮다.

CPU 집중 프로세스의 예를 들면, 배열을 곱하거나 더하는 연산이 주된 이미지 처리, 신경망에서 학습하는 인공지능 등이며, I/O 집중 프로세스는 파일을 읽고 쓰는 작업이 대부분인 파일 서버가 대표적이다. CPU 집중 프로세스의 경우 CPU의 속도가 성능을 좌우하므로 CPU 바운드 프로세스(CPU bound process, CPU 성능에 종속적인 프로세스)라고도 하며, I/O 집중 프로세스의 경우 입출력 장치의 속도가 성능을 좌우하므로 I/O 바운드 프로세스(I/O bound process, I/O 성능에 종속적인 프로세스)라고도 한다.

운영체제는 I/O 집중 프로세스의 스케줄링 우선순위를 CPU 집중 프로세스보다 높게 다룬다. 그 이유는 I/O 집중 프로세스를 먼저 실행시키면 I/O 집중 프로세스가 입출력 요청을 대기하고 있는 동안, 다른 프로세스에게 CPU를 할당할 수 있어 I/O 장치와 CPU가 동시에 활용되어 시스템 자원이 효율적으로 사용되고, 사용자 응답 시간이 짧아지며, 시스템 처리율이 높아지기 때문이다.

4 프로세스 제어(fork, exec, wait, exit)

이 절에서는 프로세스 제어 중 가장 기본적인 다음 기능들을 소개한다.

- 프로세스 생성, 프로세스 오버레이, 프로세스 종료, 프로세스 종료 대기, 좀비 프로세스 제어

4.1 프로세스 생성과 fork()

컴퓨터 시스템에서 프로세스가 생성되는 경우는 다음 여러 가지가 있다.

- 시스템 부팅 과정에서 프로세스 생성
- 로그인 시 쉘 프로세스 생성(bash, Windows 탐색기)
- 사용자 명령에 따라 응용프로그램 프로세스 생성(vi a.c)
- 배치(at, batch) 프로세스 생성
- 응용프로그램이 다중처리(multitasking)를 위해 자식 프로세스 생성

프로세스의 생성 방법은 운영체제에 따라 다르지만, 한 가지 공통점은 fork()나 CreateProcess()와 같은 시스템 호출을 통해 생성된다는 점이다. 프로세스 생성은 커널에서 이루어지며 다음 작업이 진행된다.

- 새로운 PID 번호 할당
- PCB 구조체 생성
- 프로세스 테이블에 새 항목 할당
- 새로 할당된 프로세스 테이블 항목에 PCB 연결
- 프로세스를 위한 메모리 공간 할당(코드, 데이터, 힙, 스택)
- 할당받은 메모리 공간에 프로세스의 코드와 데이터 적재
- PCB에 프로세스 정보 기록
- PCB에 프로세스의 상태를 Ready로 표시하고 준비 큐에 넣어 차후 스케줄 되게 함

자식 프로세스가 생성되면 PID가 부모 프로세스에게 알려지며, 부모 프로세스는 자식 프로세스의 PID를 이용하여 자식 프로세스에게 신호를 보내거나 자식이 종료하기를 기다거나 하는 등 자식 프로세스와 교통한다.

응용프로그램이 다중처리를 위해 자식 프로세스 생성

응용프로그램에서 자식 프로세스를 만드는 이유는 다중처리(multitasking)에 있다. 응용프로그램이 부모 프로세스와 자식 프로세스로 나누고, 각각 서로 다른 코드를 실행시키는 방법으

로 여러 개의 작업을 병렬적으로 처리하여 작업의 효율을 올리고자 할 때 사용된다. 다중 처리의 사례로는 웹서버가 대표적이다. 웹 서버 프로세스는 접속을 대기하다가 접속하는 사용자마다 별도의 자식 프로세스를 생성하여 사용자의 요청을 처리하도록 하고 자신은 다시 접속을 기다린다. 만일 동시에 100명의 사용자가 접속하면 웹서버는 100개의 자식 프로세스를 생성하여 각 사용자의 요청을 처리하도록 한다. 참고로, 현대에서는 웹 서버뿐 아니라 대부분의 다중처리 응용프로그램들은 프로세스 대신 스레드(thread)를 이용하여 다중처리를 구현한다. 스레드는 4장에서 다룬다.

fork() 시스템 호출

fork() 시스템 호출을 이용하여 프로세스를 생성해보자. fork()의 형식은 다음과 같다.

```
#include <unistd.h>
pid_t fork(void);
        현재 프로세스를 복사하여 자식 프로세스를 만든다. 리턴 타입 pid_t는 int 타입으로 생각하면 된다.
• 리턴값 : 자식 프로세스에게는 0, 부모 프로세스에게는 새로 생성된 자식 프로세스의 PID 리턴.
          실패시 -1 리턴
```

fork()를 이용하여 자식 프로세스를 생성하는 전형적인 코드는 다음과 같다.

```
1    pid_t pid; // pid 변수 선언
2
3    pid = fork(); // 자식 프로세스 생성
4    if(pid > 0) {
5        /* 부모 프로세스가 실행할 코드 */
6    }
7    else if(pid == 0) {
8        /* 자식 프로세스가 실행할 코드 */
9    }
10   else {
11       /* fork() 오류를 처리하는 코드 */
12   }
```

fork()를 이용하는 경우, 응용프로그램 내에 부모 프로세스의 코드와 자식 프로세스의 코드를 모두 둔다. fork()는 코드, 데이터, 스택, 힙 등 현재 프로세스를 복사한 자식 프로세스를 만들고 리턴한다. 그러므로 부모와 자식 프로세스는 각각 fork()에서 리턴한 후 리턴 값을 자신의 pid 변수에 넣는, 다음 지점에서부터 실행을 시작한다.

```
pid = fork();
```
└── fork()에서 리턴하는 이 지점에서 부모프로세스와 자식 프로세스 모두 각각 실행 시작

pid 변수도 부모와 자식 모두 각각 존재한다. fork()는 리턴하기 전, 부모 프로세스의 영역에 막 생성한 자식 프로세스의 PID 값을 리턴 값으로 저장하고, 자식 프로세스의 영역에는 0을 저장한다. 그러므로 부모 프로세스는 fork()의 리턴값으로 자식 프로세스의 PID를 받게 되고, 자식 프로세스는 fork() 리턴 값으로 0을 받게 된다. 결국 부모 프로세스가 실행되면 pid 변수에 자식 프로세스의 PID가, 자식 프로세스의 pid 변수에 0이 저장되어, 부모 프로세스는 라인 5의 코드를, 자식 프로세스는 라인 8의 코드를 각각 실행한다.

휴~~. 조금 어렵다. 이 현상은 탐구 3-5와 그림 3-23을 보면서 천천히 이해하기 바란다. 탐구 3-5는 fork()를 이용하여 자식 프로세스를 생성하는 C 프로그램 사례이며, 그림 3-23은 fork() 전 후의 상황을 자세히 보여준다.

탐구 3-5 fork()를 이용한 자식 프로세스 생성

fork() 시스템 호출을 이용하여 자식 프로세스를 만들어라. 부모는 자식 프로세스의 종료를 기다린 후 종료하고, 자식은 1에서 100까지 합을 구하여 출력하고 종료한다.

| forkex.c |

```c
#include <stdio.h>
#include <sys/types.h>
#include <sys/wait.h>
#include <unistd.h>

int main() {
    pid_t pid;
    int i, sum=0;

    pid = fork(); // 자식 프로세스 생성
    if(pid > 0) { // 부모 프로세스에 의해 실행되는 코드
        printf("부모프로세스: fork()의 리턴 값 = 자식프로세스 pid = %d\n", pid);
        printf("부모프로세스: pid = %d\n", getpid());
        wait(NULL); // 자식 프로세스가 종료할 때까지 대기
        printf("부모프로세스종료\n");
        return 0;
```

```
        }
    else if(pid == 0) { // 자식 프로세스에 의해 실행되는 코드
        printf("자식프로세스: fork()의 리턴 값 pid = %d\n", pid);
        printf("자식프로세스: pid = %d, 부모프로세스 pid = %d\n", getpid(), getppid());
      for(i=1; i<=100; i++)
          sum += i;
        printf("자식프로세스: sum = %d\n", sum);
        return 0;
    }
    else { // fork() 오류
        printf("fork 오류");
        return 0;
    }
}
```

| 실행결과 |

```
$ gcc -o forkex forkex.c
$ ./forkex
부모프로세스: fork()의 리턴 값 = 자식프로세스 pid = 29138
부모프로세스: pid = 29137
자식프로세스: fork()의 리턴 값 pid = 0
자식프로세스: pid = 29138, 부모프로세스 pid = 29137
자식프로세스: sum = 5050
부모프로세스종료
$
```

그림 3-23과 함께 탐구 3-5가 실행되는 과정을 간단히 알아보자. fork()는 현재 프로세스 (부모)의 메모리를 복사하여 자식 프로세스를 생성한다. fork()의 커널 코드는 자식 프로세스의 PID를 29138으로 결정하고, 부모 프로세스의 영역에는 fork()의 리턴값으로 자식 프로세스의 PID 29138을 삽입해두고 자식 프로세스의 영역에는 fork() 리턴값으로 0을 삽입해놓고 리턴한다. 부모 자식 중 누가 먼저 스케줄될 지 모르지만, 두 프로세스가 각각 스케줄되어 실행을 시작하면, fork()로부터 리턴되는 동일한 위치에서 실행을 시작하게 된다. 부모 프로세스는 실행을 시작하면 자신의 영역에 있는 fork()의 리턴 값을 자신의 pid 변수에 저장한다. pid 변수 값은 29138이 되고, if(pid>0)의 조건이 참이 되어 if 문의 블록을 실행한다.

한편, 자식 프로세스도 fork()로부터 리턴되는 동일한 위치에서 실행을 시작하며, 자신의 영역에 저장된 fork()의 리턴값 0을 자신의 pid 변수에 저장한다. 그리고 실행을 계속하면 else if(pid == 0)의 조건이 참이 되어 else if 문의 블록을 실행한다.

이런 식으로 응용프로그램 내에는 부모와 자식이 각각 실행할 코드를 담는다.

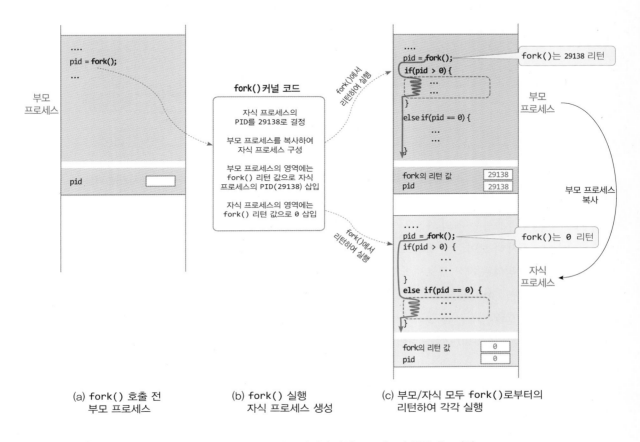

그림 3-23 fork()에 의해 부모 프로세스가 복사되어 자식 프로세스가 생성되는 과정

4.2 프로세스 오버레이와 exec()

프로세스 오버레이(process overlay)는 현재 실행중인 프로세스의 주소 공간에 새로운 응용프로그램을 적재하여 실행시키는 기법으로 **exec()** 시스템 호출이 사용된다. 프로세스가 exec()을 호출하면, exec()은 호출한 프로세스의 주소공간에 새로운 응용프로그램의 코드, 데이터, 힙, 스택을 올리게 되어, 호출 프로세스의 모든 영역들이 사라진다. 그렇지만 호출 프로세스의 PID는 그대로 계승된다. exec()을 응용프로그램에서 사용할 때는 execlp(), execv(), execvp() 등 exec 패밀리라고 부르는 시스템 호출 함수들 중 적절한 것을 사용한다.

그림 3-24는 부모 프로세스가 fork()를 호출하여 자식 프로세스를 만든 후, exec()을 이용하여 자식 프로세스 위에 응용프로그램(/bin/ls)을 오버레이하는 과정을 보여준다.

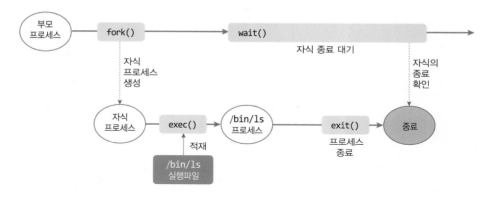

그림 3-24 exec()을 이용하여 /bin/ls 응용프로그램을 실행시키는 과정

그림 3-24의 과정을 코딩 사례로 만들면 탐구 3-6과 같다. 그림 3-25는 탐구 3-6의 과정을 자세히 보여준다. 응용프로그램에서는 먼저 fork() 시스템 호출을 통해 자식 프로세스를 만든다. 생성된 자식 프로세스의 PID는 29566이다. 자식 프로세스는 execlp() 시스템 호출을 이용하여 /bin/ls 응용프로그램을 적재하고 실행시킨다. execlp()에 관한 자세한 것은 'Tip. exec() 호출 패밀리'를 참고하기 바란다. execlp()의 커널 코드는 프로세스 29566의 주소 공간에 실행파일(/bin/ls)을 읽어 들이고 바로 실행시킨다. 기존의 29566 프로세스의 정보들이 사라진다. 하지만, 프로세스 번호 29566과 부모 프로세스의 PID는 바뀌지 않는다.

이미 작성된 응용프로그램을 자식 프로세스로 실행시키고자 할 때 fork() 후 exec()을 호출하는 방법이 실제 응용에서 많이 사용된다.

탐구 3-6 fork()로 자식 프로세스 만들고 execlp()로 "ls –l" 명령을 오버레이하여 실행

자식 프로세스를 만들고 "ls -l" 명령을 실행시키는 응용프로그램을 작성하라.

| execex.c |

```
#include <stdio.h>
#include <sys/types.h>
#include <sys/wait.h>
#include <unistd.h>
```

```
int main() {
    pid_t pid;

    pid = fork(); // 자식프로세스 생성
    if(pid > 0) { // 부모 프로세스 코드
        printf("부모프로세스: fork()의 리턴 값 = 자식프로세스 pid = %d\n", pid);
        printf("부모프로세스: 프로세스 pid = %d\n", getpid());
        wait(NULL); // 자식프로세스가 종료할 때까지 대기
        return 0;
    }
    else if(pid == 0) { // 자식 프로세스 코드
        printf("자식프로세스: fork()의 리턴 값 pid = %d\n", pid);
        printf("자식프로세스: pid = %d, 부모프로세스 pid = %d\n", getpid(), getppid());
        execlp("/bin/ls", "ls", "-l", NULL); // /bin/ls를 현재프로세스에 오버레이하여 실행
    }
    else { // fork() 오류
        printf("fork 오류");
        return 0;
    }
}
```

| 실행결과 |

```
$ gcc -o execex execex.c
$ ./execex
부모프로세스: fork()의 리턴 값 = 자식프로세스 pid = 29566
부모프로세스: 프로세스 pid = 29565
자식프로세스: fork()의 리턴 값 pid = 0
자식프로세스: pid = 29566, 부모프로세스 pid = 29565
합계 32
-rwxrwxr-x 1 han00 han00 9016 4월 23 23:21 execex
-rw-rw-r-- 1 han00 han00 883 4월 23 23:21 execex.c
-rwxrwxr-x 1 han00 han00 9016 4월 23 16:20 forkex
-rw-rw-r-- 1 han00 han00 969 4월 23 16:20 forkex.c
$
```

execlp("/bin/ls" …)에 의해
/bin/ls –l이 실행된 결과

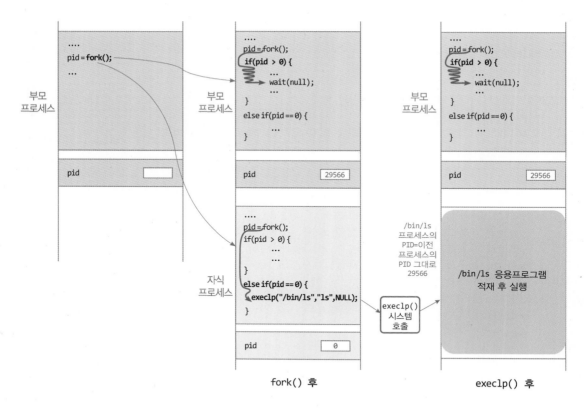

그림 3-25 fork() 후 execlp()를 이용하여 /bin/ls 실행

TIP 쉘에서 exec() 활용

exec()은 리눅스의 쉘, Windows의 탐색기나 cmd 창에서 사용자가 입력한 명령이나 응용프로그램을 실행시킬 때 사용되는데, 전형적인 코드는 다음과 같다.

```
1  while(true) {
2      char *cmd = readCommand(); // 사용자로부터 명령을 읽음
3      pid_t pid = fork(); // 자식 프로세스 생성
4      if(pid > 0) { // 부모 프로세스 코드
5          wait(NULL); // 자식 프로세스가 종료할 때까지 대기
6          continue; // 다음 명령 기다리기 위해 while 문으로 점프
7      }
8      else if(pid == 0) { // 자식 프로세스 코드
9          exec(cmd); // 자식 프로세스에 cmd 실행 파일을 적재하고 실행시킴
10     }
11     else {
12         // fork() 오류 처리 코드
13     }
14 }
```

TIP exec() 시스템 호출 패밀리

exec() 시스템 호출 패밀리의 몇 가지 함수를 소개한다.

● **int execlp(const char *file, const char *arg1, const char *arg2, ...)**

file에는 실행시킬 응용프로그램의 경로명을 담고, arg1,2,3 …에는 응용프로그램을 실행시킬 때 필요한 전체 명령을 분할하여 전달한다. 예를 들어 **"ls -l"**을 실행시킬 경우 다음과 같다.

```
execlp("/bin/ls", "ls", "-l", NULL); // NULL은 매개변수 끝을 나타냄
```

만일 **/bin** 디렉터리가 PATH 환경 변수에 설정되어 있다면 **"/bin/ls"** 대신 **"ls"**만 주어도 된다.

```
execlp("ls", "ls", "-l", NULL); // NULL은 매개변수 끝을 나타냄
```

● **int execvp(const char *file, char *const argv[])**

file에는 실행시킬 응용프로그램의 경로명을 담고, argv[] 배열에는 응용프로그램을 실행시킬 때 필요한 전체 명령을 문자열로 분할 저장하여 전달한다. **"ls -l"**을 실행시킬 경우 다음과 같다.

```
char* const cmd [ ] = {"/bin/ls", "-l", NULL};
execvp(cmd[0], cmd);
```

만일 **/bin** 디렉터리가 PATH 환경 변수에 설정되어 있다면 **"/bin/ls"** 대신 **"ls"**만 주어도 된다.

● **int execv(const char *path, char *const argv[])**

execv()는 path에 응용프로그램의 전체 경로명을 반드시 전달하여야 한다. argv[] 배열에는 execvp()의 argv[]와 같은 형식으로 주면 된다. **"ls -l"**을 실행시킬 경우 다음과 같다.

```
char* const cmd [ ] = {"/bin/ls", "-l", NULL};
execv(cmd[0], cmd);
```

4.3 프로세스 종료와 프로세스 종료 대기

프로세스 종료와 종료코드

프로세스가 정상 종료되기 위해서는 반드시 exit() 시스템 호출이 실행되어야 한다. 하지만, C 프로그램을 작성해본 학생들은 "main() 함수가 종료되면 프로세스가 종료되는 것 아닌가?"하고 항변할 수 있다. 많은 사람들은 main() 함수가 리턴되면 바로 프로세스가 종료되는 것을 알고 있지만, 사실 main()을 호출한 공개되지 않은 코드가 있으며 그 곳에서 exit()이 호출된다.

```
#include <stdlib.h>
void exit(int status);
      현재프로세스를 종료시키고 종료코드 status를 부모 프로세스에게 전달한다.
```

프로세스의 종료 행위는 exit() 시스템 호출의 커널 코드에서 이루어지며, 그 과정은 다음과
같다.

(1) exit()을 호출한 프로세스에게 할당된 코드, 데이터, 힙, 스택 등 모든 메모리와 자원을 반
환하고, 열어 놓은 파일이나 소켓 등을 닫는다.

(2) PCB와 프로세스 테이블의 항목은 그대로 두고, PCB 내에 프로세스 상태를 Terminated/
Zombie로 바꾼다. 그리고 종료코드를 PCB에 저장한다. main() 함수의 리턴 값이나
exit(status)의 매개 변수 status가 종료코드이다.

```
int main() {
    return 0; // 프로세스의 종료코드 0. exit(0);으로 해도 됨
}

void func() {
    exit(1); // 프로세스의 종료코드 1
}
```

(3) 현재 프로세스의 모든 자식 프로세스들을 init 프로세스에게 입양시킨다.

(4) 현재 프로세스의 부모에게 자식의 죽음을 알리기 위해 SIGCHLD 신호를 보낸다. 부모 프
로세스에 이 신호를 처리하는 핸들러가 작성되어 있는 경우, 이 핸들러에서 wait()를 호
출하여 자식이 남긴 종료코드를 읽으면 자식은 완전히 종료되지만, 그렇지 않은 경우 부
모는 언젠가 wait() 시스템 호출을 이용하여 자식의 종료를 처리하여야 한다.

부모 프로세스가 자식의 종료 확인

자식 프로세스의 종료를 확인하는 것은 부모의 일이다. 부모가 자식의 종료를 확인하도록 하
는 것은 자식이 남긴 종료 이유를 전달받도록 하는데 목적이 있다. 부모가 wait() 시스템 호
출을 시행하면, wait()의 커널 코드는 자식 프로세스의 PCB에서 종료코드를 읽고, 자식 프로
세스의 PCB를 삭제하고 프로세스 테이블의 항목도 제거한다. 이로서 자식 프로세스는 완전히
사라진다.

종료코드의 범위와 의미

종료코드는 프로세스가 종료한 상태나 이유를 부모에게 전달하기 위한 것으로, POSIX 표준에서 0~255 사이의 1바이트 숫자로, 정상 종료는 0으로 정하고, 1~255의 값은 개발자가 종료 이유를 임의로 정해 사용하도록 하였다.

main() 함수의 리턴 값이나 exit()의 매개변수는 int 타입(4바이트)이지만, 이들을 통해 전달하는 종료코드는 0~255(1바이트)의 값만 가능하다. 그러므로 다음과 같이 300을 종료코드로 리턴하면 300을 256으로 나눈 나머지 44가 종료코드로 전달된다.

```
int main() {
    return 300; // return 44;와 같음
}

void func() {
    exit(300); // exit(44)와 같음
}
```

만일, -1을 종료코드로 리턴하면, -1은 0xff이므로 이것은 곧 양의 정수로 255이다. 결과적으로 255가 전달된다는 점에 유의하라. 1바이트의 종료코드에 종료 이유 외 다른 정보를 담지 않도록 권한다.

wait() 시스템 호출로 자식 프로세스 종료 대기

부모 프로세스는 자식의 종료를 확인하기 위해 다음과 같이 wait() 시스템 호출을 이용한다.

```
#include <sys/wait.h>

pid_t wait(int *statloc);
```
자식 프로세스 중 하나라도 종료할 때까지 기다린 후, 종료한 자식 프로세스의 종료 상태를 statloc 포인터가 가리키는 곳에 저장하고 종료한 자식의 PID를 리턴한다. 이미 자식 프로세스가 종료된 상태라면 자식 프로세스의 PCB에서 종료코드를 읽고 리턴한다. statloc가 가리키는 종료 상태에는 종료코드 외, 다른 정보도 함께 들어 있다.
- 리턴값 : 자식 프로세스가 없다면 -1. 자식 프로세스의 종료코드를 읽고 리턴하는 경우 자식 프로세스의 PID

wait()를 사용하여 자식의 종료를 기다리는 사례는 다음과 같다.

```
int status; // 자식 프로세스의 종료 상태 값을 저장하기 위한 변수
pid_t childpid = wait(&status);
```

```
/* 자식 프로세스 중 하나의 종료를 기다림. status 변수에 자식의 상태 값을 전달받는다. 그리고 종료한 자
식 프로세스의 PID를 리턴받아 childpid에 저장 */
```

wait()에서 리턴하면, status 변수에 자식의 종료코드 외에 정상 종료인지 아닌지를 나타
내는 다른 정보도 포함되어 있다. 종료코드는 status 변수의 하위 8비트에 담겨 있으므로 다음
WEXITSTATUS 매크로를 이용하여 종료코드를 알아낼 수 있다.

```
#include <sys/wait.h>

int WEXITSTATUS(int status);

    매개변수 status는 wait()를 호출하여 전달받은 자식 프로세스의 상태 값이며, WEXITSTATUS 매크로는
    status 변수의 하위 8비트를 끊어 내어 종료코드만을 알려준다.
```

WEXITSTATUS 매크로를 이용하여 종료코드를 알아내는 사례는 다음과 같다.

```
int exitcode; // 종료코드만 저장하기 위한 변수
int status; // exit()을 호출하여 자식의 종료 상태를 전달받기 위한 변수
pid_t childpid = wait(&status);
exitcode = WEXITSTATUS(status); // status에서 하위 8비트의 종료코드를 exitcode에 저장
```

다음과 같이 매개변수에 NULL을 주면 종료 상태 값을 전달받지 않을 수도 있다.

```
pid_t childpid = wait(NULL); // 자식 프로세스의 종료 대기. 종료 상태는 전달받지 않음
```

탐구 3-7 wait()로 자식 프로세스 종료 대기와 종료코드 읽기

fork(), execlp(), wait()를 사용하여 자식 프로세스를 생성하고 자식이 종료하기를 기다린 다음 자식이
남긴 종료코드를 읽어 출력하는 응용프로그램을 작성하라.

첫째, 자식 프로세스로 실행시킬 응용프로그램 child.c를 작성하고 컴파일하여 child 실행 파일을 만든다.
child는 100을 종료코드로 남긴다.

둘째, fork()와 execlp()을 이용하여 child 응용프로그램을 자식 프로세스로 실행시킨 후 wait()를 호
출하여 child의 종료를 기다리는 waitex.c를 작성한다. 그리고 waitex.c는 wait()를 통해 전달받은 자식
프로세스의 종료코드를 출력한다.

| child.c |

```c
#include <stdio.h>

int main() {
    printf("I am a child\n");
    return 100; // 종료코드 100. exit(100);으로 바꾸고 #include <unistd.h>를 삽입해도 됨
}
```

| waitex.c |

```c
#include <stdio.h>
#include <sys/types.h>
#include <sys/wait.h>
#include <unistd.h>

int main() {
    pid_t pid;
    int status;

    pid = fork(); // 자식프로세스 생성
    if(pid > 0) { // 부모 프로세스 코드
        printf("부모프로세스: 자식의 종료를 기다림\n");
        wait(&status); // 자식프로세스 종료 대기. status에 종료 상태 받음
        printf("부모프로세스: child의 종료 코드=%d \n", WEXITSTATUS(status));
        return 0;
    }
    else if(pid == 0) { // 자식 프로세스 코드
        execlp("./child", "child", NULL); // child를 자식프로세스로 실행
    }
    else { // fork() 오류
        printf("fork 오류");
        return 0;
    }
}
```

| 실행결과 |

```
$ gcc -o child child.c
$ gcc -o waitex waitex.c
$ ./waitex
부모프로세스: 자식의 종료를 기다림
I am a child
부모프로세스: child의 종료 코드=100
$
```

C 프로그램의 main() 함수가 return 0;을 하는 이유는 무엇일까? 그리고 값 0은 도대체 누구에게 전달하려고 리턴하는 것일까? 많은 학생들은 main() 함수가 리턴한 0이 운영체제에게 전달된다고 대답한다. 반은 맞고 반을 틀린다. main()이 리턴한 값은 프로세스의 종료코드로서 프로세스의 PCB에 저장되므로 운영체제에게 전달하는 값이라고 해도 부분적으로는 맞는 말이다. 하지만, 궁극적으로 그 값은 부모 프로세스에게 전달되는 값이다.

그러면 main() 함수를 실행하는 프로세스의 부모는 누구인가? 만일 사용자가 응용프로그램을 바탕화면에서 클릭하여 실행시켰다면 부모는 바로 Windows 탐색기이다. 리눅스의 경우 쉘에서 사용자가 명령을 입력하여 실행시켰다면 쉘이 부모이다. 탐구 3-7과 같이 waitex가 child를 실행시킨 경우라면 child의 부모는 waitex이다.

그러면 main()은 0외에 다른 값을 전달할 수 있는가? Windows 탐색기나 쉘에서 종료코드를 사용하는 일반적인 용법은 다음과 같이 정하고 있지만,

- 종료코드 0: 정상 종료
- 종료코드 1: 오류 상태로 종료

사용자가 부모 프로세스와 자식 프로세스를 모두 작성하는 경우, 사용자가 임의로 정해서 사용하면 된다. 예를 들어, 그래픽 응용프로그램을 부모-자식 형태로 작성하는데, 부모 프로세스는 사용자의 입력을 받아 그림을 그리고, 그림을 프린터에 출력할 때만 자식 프로세스를 실행시킨다고 하자. 이 때 프린트가 성공하면 0, 용지가 없으면 1, 프린터가 꺼져 있으면 2를 종료코드로 리턴하도록 자식 프로세스를 작성하면, 부모 프로세스는 자식 프로세스의 종료코드를 통해 프린트의 성공 여부나 실패 원인을 알 수 있다.

4.4 좀비 프로세스

프로세스가 종료하여 메모리와 할당받은 모든 자원이 반환되었지만, 자신이 남긴 종료코드가 부모에게 전달되지 않은 상태로 있을 때 좀비 프로세스라고 부른다. 좀비 프로세스의 PCB와 프로세스 테이블 항목은 여전히 커널 내에 존재하며 부모 프로세스가 언젠가 wait()을 호출하여 PCB에 기록된 종료코드를 읽어 갈 때 비로소 제거된다. 실제로 시스템에는 시체 상태의 좀비 프로세스들이 존재하며, 프로세스 목록을 출력하는 ps 명령이나 유틸리티를 이용하면 좀비 상태의 프로세스들을 볼 수 있다.

좀비 프로세스들이 존재하게 되는 이유는 부모 프로세스를 작성한 개발자의 무지에서 비롯되거나 부모 프로세스에 오류가 발생하여 wait()를 부르지 않고 비정상 종료해버린 경우가 대부분이다. 죽은 자식 프로세스를 제거하는 것은 부모 프로세스 본연의 의무이다. 시스템 내에 생각보다 많은 좀비 프로세스를 생성하는 부모 프로세스가 있다면, 아마도 초보가 작성하였거나 부모 프로세스에 버그(bug, 오류)가 있는 경우이다.

탐구 3-8 좀비 프로세스 만들고 관찰하기

부모 프로세스는 자식 프로세스를 만들고 10초 동안 잠을 잔 후 wait()을 호출하여 자식의 종료를 기다린다. 자식 프로세스는 실행을 시작한 후 즉각 종료하면 부모 프로세스가 미쳐 wait()을 부르기 전이므로 좀비 프로세스가 된다. 응용프로그램 zombieex.c를 부모-자식형태로 작성하여 좀비 프로세스를 만들고 관찰하라.

| zombieex.c |

```c
#include <stdio.h>
#include <stdlib.h>
#include <sys/types.h>
#include <sys/wait.h>
#include <unistd.h>

int main() {
   pid_t pid, zompid;
   int status;

   pid = fork();
   if(pid > 0) { // 부모 프로세스 코드
      sleep(10); // 10초 동안 잠자기
      zompid = wait(&status); // 자식프로세스 종료 대기
      printf("부모프로세스: 자식 PID=%d, 종료 코드=%d\n",zompid, WEXITSTATUS(status));
      return 0;
   }
   else if(pid == 0) { // 자식 프로세스 코드
      printf("자식프로세스: %d 종료합니다.\n", getpid());
      exit(100); // 자식이 종료하여 부모가 wait()를 호출할 때까지 좀비 프로세스가 됨. 종료코드 100 전달
   }
   else { // fork() 오류
      printf("fork 오류");
      return 0;
   }
}
```

| 실행결과 |

```
$ gcc -o zombieex zombieex.c
$ ./zombieex&      ← 백그라운드로 실행
[1] 30748
자식프로세스: 30749 종료합니다.
```

10초가 지나기 전에 ps -l 명령 입력

```
$ ps -l
F S UID PID PPID C PRI NI ADDR SZ WCHAN TTY TIME CMD
0 S 1000 30580 30579 0 80 0 - 5932 wait pts/8 00:00:00 bash
0 S 1000 30748 30580 0 80 0 - 1055 hrtime pts/8 00:00:00 zombieex
1 Z 1000 30749 30748 0 80 0 - 0 - pts/8 00:00:00 zombieex <defunct>    좀비 프로세스
0 R 1000 30750 30580 0 80 0 - 7549 - pts/8 00:00:00 ps


부모프로세스: 자식 PID=30749, 종료 코드=100


[1]+  완료     zombieex
$
```

zombieex.c 프로그램이 실행된 지 10초가 지나면, 부모 프로세스는 좀비가 된 자식 프로세스의 종료를 확인하므로 자식은 좀비 상태에서 벗어나 시스템에서 영원히 삭제된다.

탐구 3-8을 실행하는 방법은, zombieex.c를 컴파일하여 zombieex를 만든 다음, zombieex& 명령을 입력하여 zombieex를 백그라운드로 실행시킨다. 그러고 나서 10초가 지나기 전 'ps -l' 명령을 입력하면 현재 실행중인 프로세스 리스트에서 좀비 프로세스를 발견할 수 있다.

실행 결과 중에서 'ps -l'에 의해 출력된 다음 라인은 좀비 프로세스의 존재를 보여준다. 좀비 프로세스의 PID는 30749이고 그 부모는 30748이며, 좀비 프로세스의 메모리는 이미 모두 반환되어 크기가 0인 것을 볼 수 있다.

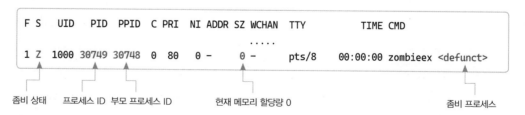

TIP 좀비 프로세스는 시스템 성능에 문제를 일으키는가?

좀비 프로세스는 메모리와 모든 자원이 반환된 죽은 프로세스이지만, 프로세스 테이블 항목과 PCB가 제거되지 않고 남아있어 살아 있는 것처럼 보인다. PCB는 그리 크지 않기 때문에 메모리가 부족해지는 문제를 일으키지는 않는다. 또한 좀비 프로세스는 스케줄링에서 배제되기 때문에 CPU 시간을 소모하는 일도 없고 다른 프로세스의 실행을 방해하지도 않는다. 그러나 시스템에는 1개의 프로세스 테이블이 있고 크기도 제한되어 있기 때문에, 많은 좀비 프로세스가 존재한다면 최악의 경우 새로운 프로세스를 생성할 수 없는 경우도 발생할 수 있다.

Notes

◎ 프로세스 개요

- 프로그램은 하드 디스크나 USB 등 저장 장치에 저장된 실행 가능 파일이며, 프로그램이 메모리에 적재되어 실행 중일 때 프로세스라고 한다.

- 운영체제는 응용프로그램을 실행시키고 실행을 관리하기 위해 프로세스를 생성한다.

- CPU 주소 공간이란 CPU가 액세스 가능한 전체 메모리 공간이며 크기는 CPU의 주소선 개수에 달려 있다.

- 운영체제는 프로세스를 코드 영역, 데이터 영역, 힙 영역, 스택 영역으로 구성한다. 코드 영역에는 프로세스의 모든 코드가 적재되고, 데이터 영역에는 전역변수들이, 힙 영역에는 실행 중 동적으로 할당받는 공간이, 스택 영역에는 호출된 함수들의 지역변수와 매개변수들이 적재된다. 응용프로그램에 링크된 라이브러리도 프로세스의 영역에 포함되어 함께 적재된다.

- 프로세스 주소 공간이란 프로세스가 실행 중에 접근할 수 있는 주소의 최대 범위로, 프로세스의 사용자 코드, 데이터, 힙, 스택뿐 아니라 시스템 호출을 통해 접근할 수 있는 커널 공간도 포함한다.

- 프로세스의 주소 공간은 물리 공간이 아니라 가상 공간이며 0번지에서 시작하여 코드, 데이터, 힙, 스택이 연속적으로 배치된다.

- 프로세스의 주소 공간은 프로세스마다 별도의 매핑테이블을 통해 물리 주소 공간으로 매핑된다.

◎ 커널의 프로세스 관리

- 커널은 시스템 전체에 하나의 프로세스 테이블을 두고 실행 중인 모든 프로세스들을 관리한다.

- 커널은 프로세스를 생성할 때마다 프로세스 제어 블록(PCB)을 생성하여 프로세스의 정보를 저장하고, 프로세스 테이블의 비어 있는 항목에 프로세스 번호(PID)와 함께 PCB를 연결한다.

- 프로세스 제어 블록에는 프로세스 번호, 부모 프로세스 번호, 프로세스 상태, CPU 컨텍스트, 스케줄링 정보, 종료코드, 프로세스의 오픈 파일 테이블, 메모리 관리를 위한 정보, 프로세스사이의 통신 정보, 회계 정보, 프로세스의 소유자 정보 등이 저장된다.

- 프로세스의 상태는 운영체제마다 다르지만 일반적으로 New, Ready, Running, Blocked, Terminated/Zombie, Terminated/Out 등이 있다.

- New는 생성중인 상태이며, Ready는 스케줄되면 실행가능한 상태이며, Running은 현재 CPU에 의해 실행중인 상태이고, Blocked는 입출력이나 sleep() 등으로 인해 실행이 중단된 상태이고, Terminated는 프로세스가 종료된 상태이다. 특별히 프로세스가 종료되었지만 자신이 남긴 종료코드를 부모 프로세스가 읽어가지 않아 시스템에서 완전히 제거되지 못한 상태가 Terminated/Zombie 상태이다.

◎ 프로세스의 계층 구조

- 운영체제는 프로세스들을 부모-자식의 계층 관계로 관리한다. 프로세스는 프로세스에 의해 생성되는데, 이들을 부모 프로세스와 자식 프로세스로 부른다.

- 부모 프로세스는 자식을 생성하고 자식이 남긴 종료코드를 읽는 방식으로 자식의 종료를 확인한다. 자식 프로세스가 종료되면 커널은 부모 프로세스에게 통보한다.

- #0 프로세스를 리눅스나 Windows에서 유휴 프로세스(idle process)라고 부른다. 이 프로세스는 무한 루프를 돌면서 아무 일도 하지 않으며 우선순위가 가장 낮아 실행 가능한 다른 프로세스가 있으면 실행될 일도 없다. 유휴 프로세스를 만든 이유는 시스템에 실행시킬 준비 상태의 프로세스가 1개도 없는 상태에 빠지지 않도록 하기 위해서이다.

- 좀비 프로세스(zombie process)는 종료하여 모든 자원은 이미 시스템에 반환된 상태이지만, 부모가 종료코드를 읽지 않아 시스템에 남아 있는 프로세스이다. 커널은 부모 프로세스가 종료코드를 읽을 때까지 자식 프로세스의 종료코드가 담긴 PCB와 프로세스 테이블 항목을 제거하지 않고 유지한다.

- 고아 프로세스(orphan process)란 부모가 먼저 종료한 자식 프로세스이다. 고아 프로세스는 즉각 #1 init 프로세스에게 입양되든지 아니면 미리 정해진 프로세스에게 입양된다.

- 백그라운드 프로세스는 사용자와 대화가 없는 채로 낮은 우선순위로 실행되는 프로세스이며, 포그라운드 프로세스는 사용자로부터 입력을 받는 등 대화하면서 실행되는 프로세스이다.

- CPU 집중 프로세스(CPU intensive process)는 CPU 연산이 주를 이루는 프로세스를 일컬으며, 입출력 작업이 주를 이루는 경우 I/O 집중 프로세스(I/O intensive process)라고 한다.

프로세스 제어

- 리눅스에서 fork()는 부모 프로세스를 복사하여 새 프로세스를 생성할 때, exec()은 프로세스가 자신의 주소공간에 다른 실행 파일을 적재하여 실행시킬 때, wait()은 자식 프로세스의 종료를 기다릴 때, exit()은 프로세스가 종료할 때 사용하는 시스템 호출이다.

- 종료코드는 프로세스가 exit()를 호출할 때 매개 변수를 통해 전달하는 0~255 사이의 값으로, 종료 이유를 부모 프로세스에게 전달하는 목적으로 사용된다.

연습문제

개념 체크

1. 다음 글에서 프로세스와 프로그램 중에서 선택하라.

> (   )은(는) 컴파일되어 실행 가능한 형태로 저장 장치에 저장된 상태일 때 부르는 용어이며,
> (   )은(는) 메모리에 적재되어 실행 중인 상태일 때 부르는 용어이다.

2. 프로세스의 특징을 설명한 것 중 맞는 것은?

① 프로세스에게는 정수 번호가 하나씩 할당되지만, 같은 번호를 가지는 프로세스가 존재할 수 있다.

② 부모 프로세스와 자식 프로세스는 데이터 공간을 공유하므로 통신이 편리하다.

③ 프로세스를 실행시키고, 대기시키고, 종료시키는 관리는 모두 응용프로그램에 의해 이루어진다.

④ 프로세스를 스케줄링하는 것은 커널의 기능이다.

3. 프로세스에 대한 설명으로 틀린 것은?

① 동일한 프로그램이 실행되어 생성된 프로세스는 항상 동일한 프로세스 번호를 할당받는다.

② 프로세스 번호로 프로세스를 구분한다.

③ 프로세스 사이에는 부모 자식 관계가 있다.

④ 커널은 프로세스마다 각각 PCB 구조체를 두고 프로세스의 정보를 별도로 관리한다.

4. PCB에 들어 있는 정보가 아닌 것은?

① 프로세스 컨텍스트   ② 프로세스 번호

③ 부모 프로세스 번호   ④ 프로세스 이름

5. 프로세스의 종료코드는 어디에 저장되는가?

① 프로세스의 PCB   ② 커널 스택

③ 사용자 스택   ④ 부모 프로세스의 PCB

6. 프로세스가 종료될 때, 커널이 프로세스 테이블 항목이나 PCB를 즉각 삭제하지 않는 이유는 무엇인가?

① 얼마 지나지 않아 사용자가 동일한 프로그램을 실행시킬 것을 대비하여

② 프로세스 종료코드를 부모 프로세스가 읽어갈 때까지 기다리기 위해

③ 약간의 시간 지연을 통해 커널 데이터를 동기화시키기 위해

④ 프로세스가 종료한 뒤, 사용자가 undo 명령을 내릴 것을 대비하기 위해

7. 32비트 CPU에 대해 다음에 답하여라.

    (1) CPU의 주소선 개수는?

    (2) CPU가 액세스 가능한 메모리의 최대량은?

    (3) 이 CPU를 사용할 때 프로세스의 주소 공간 크기는?

8. 프로세스의 주소 공간에 대한 설명으로 맞는 것은?

    ① 프로세스가 실행되는 동안 접근할 수 있는 메모리의 최대 범위이다.

    ② 프로세스의 주소 공간은 물리 공간이다.

    ③ 프로세스의 주소 공간에는 커널 공간이 포함되지 않고 사용자 공간만 포함한다.

    ④ 프로세스에서 발생한 주소 100번지는 물리 메모리 100번지이다.

9. 프로세스가 메모리에 적재될 때 프로세스를 구성하는 4개의 영역은 무엇인가?

10. 운영체제는 프로세스를 코드, 데이터, 힙, 스택의 4 영역으로 구성한다. 다음은 어느 영역에 형성되는가?

    (1) 전역 변수

    (2) 지역 변수

    (3) C++에서 new 연산자나 C 프로그램에서 malloc() 함수를 호출하여 할당받은 메모리

    (4) 사용자가 작성한 함수 코드

    (5) 라이브러리에 작성된 함수 코드

    (6) 라이브러리 함수에 선언된 지역 변수들

11. 프로세스가 적재된 이후 실행 과정 동안 크기가 변하는 않는 영역을 있는 대로 골라라?

    ① 코드 영역   ② 데이터 영역

    ③ 힙   ④ 스택

12. printf()는 C 프로그램에서 화면 출력을 위해 사용되는 C 표준 라이브러리 함수이다. 다음 질문에 답하라.

    (1) printf() 함수의 코드는 프로세스의 코드 영역에 포함되는가?

    (2) printf() 함수 내에 선언된 지역 변수들은 프로세스의 어느 영역에 포함되는가?

        ① 프로세스의 영역에 포함되지 않는다.   ② 데이터 영역

        ③ 힙   ④ 스택

    (3) printf() 함수의 코드와 지역 변수들은 사용자 공간에 적재되는가, 커널 공간에 적재되는가?

13. 프로세스의 주소 공간은 0번지부터 시작되어 연속적인 번지로 이루어진다. 만일 3개의 프로세스가 메모리에 적재된 채 동시에 실행된다고 하면, 모든 프로세스가 0번지에서 시작하므로, 프로세스들 사이에 번지 충돌이 발생하고 메모리 충돌이 발생할 것 같다. 운영체제는 어떻게 이 문제를 해결하는가?

14. 프로세스 스케줄링에는 어떤 상태의 프로세스들이 대상이 되는가?

① Ready 상태

② Ready 상태와 Blocked 상태

③ New 상태와 Ready 상태, 그리고 Blocked 상태

④ 어떤 상태에 있든 상관없이 모든 프로세스

15. 커널은 현재 실행 중인 프로세스가 입출력을 요청하면 어떤 상태로 전이시키는가?

① Ready 상태   ② Blocked 상태

③ Zombie 상태   ④ 전이시키지 않는다.

16. 프로세스는 실행 중 다음 각 경우에 어떤 상태로 바뀌는가?

(1) yield() 시스템 호출을 불러 스스로 실행을 중단하고 다른 프로세스에게 양보할 때

(2) sleep(1) 시스템 호출을 불러 1초 동안 잠을 잘 때

(3) exit(-1) 시스템 호출을 불러 종료할 때

(4) 프로세스에게 할당된 타임 슬라이스가 다 되었을 때

17. PCB 내에 프로세스가 열어 놓은 파일에 관한 정보가 저장되는 것으로 미루어 다음 중 틀리게 설명한 것은?

① 프로세스가 종료할 때, 닫지 않는 모든 파일을 커널이 자동으로 닫는다.

② 프로세스에 속한 모든 스레드들이 프로세스에 열려 있는 파일에 입출력 할 수 있다.

③ 열어 놓은 파일은 프로세스 별로 관리된다.

④ 한 프로세스가 열어 놓은 파일을 다른 프로세스가 입출력할 수 있다.

18. 다음 중 자식 프로세스를 생성하는데 사용되는 시스템 호출은?

① fork()   ② exec()

③ exit()   ④ create()

19. wait() 시스템 호출에 대해 잘 설명한 것은?

① 자식 프로세스가 종료할 때까지 대기한다.

② 요청한 입출력이 종료할 때까지 대기한다.

③ 일정할 시간이 흐를 때까지 대기한다.

④ 부모 프로세스가 종료할 때까지 대기한다.

20. 부모 프로세스가 wait() 시스템 호출을 부르기 전, 자식 프로세스가 먼저 종료할 때 상황에 맞게 설명된 것은?

① 커널은 자식 프로세스를 좀비 프로세스로 만든다.

② 커널은 부모 프로세스에게 신호를 보내고 자식 프로세스를 제거한다.

③ 커널은 자식 프로세스를 종료시키지 않고 부모 프로세스가 wait()를 호출할 때까지 대기시킨다.

④ 자식 프로세스에 오류가 발생하고 비정상 종료된다.

21. 좀비 상태의 프로세스에 대한 설명 중 틀린 것은?

① 좀비 프로세스는 시스템의 성능을 심각하게 떨어뜨린다.

② 좀비 프로세스는 코드, 데이터, 힙, 스택 등 할당받은 메모리와 모든 자원이 모두 반환된 상태이다.

③ PCB는 커널 내에 여전히 존재한다.

④ 프로세스 테이블의 항목이 제거되지 않고 있다.

22. 유닉스 계열의 운영체제에서 #1 프로세스를 무엇이라고 부르는가?

① swapper
② init 프로세스
③ idle 프로세스
④ pager 프로세스

23. 유닉스 계열의 운영체제에서 모든 사용자 프로세스의 조상은 누구인가?

24. Windows에서 #0 프로세스인 시스템 유휴 프로세스(system idle process)나 리눅스의 #0 idle 프로세스의 역할은 무엇인가?

25. 다음은 어떤 프로세스를 설명하는지 적어라.

(1) 부모 프로세스가 먼저 종료한 자식 프로세스

(2) 종료할 때 종료코드를 남겨 놓았지만 부모 프로세스가 읽어가지 않고 있을 때, 종료한 자식 프로세스

(3) 입출력 작업이 계산 작업보다 월등히 많은 프로세스

(4) 계산 작업이 입출력 작업보다 월등히 많은 프로세스

(5) 사용자와 대화가 필요하지 않고 낮은 우선순위로 실행되는 프로세스

26. 시스템에 무한히 많은 프로세스가 생성되지 못하는 이유가 구체적으로 무엇일까?

27. main()에서 3을 리턴하는 three라는 C 프로그램을 작성하였다. 쉘에서 다음과 같이 실행시키면, main()에서 리턴한 값 3은 누구에게 전달되는가?

```
$ ./three
$
```

① 커널

② init 프로세스

③ 쉘

④ 부모 프로세스가 없기 때문에 아무에게도 전달되지 않는다.

28. 종료코드의 목적은 무엇인가?

　① 프로세스가 어떤 상태로 종료함을 커널에게 전달하기 위해

　② 프로세스가 어떤 상태로 종료함을 부모 프로세스에게 전달하기 위해

　③ 프로세스가 어떤 상태로 종료함을 디스크에 기록해두기 위해

　④ 프로세스가 오류로 종료하는지 정상 종료하는지 커널에게 알리기 위해

복합 문제

1. 다음 C 프로그램을 실행하면 오류가 발생하지는 않는다. 하지만 잘못 작성되었다고 의심되는 부분이 있다. 이를 지적하고 이유를 설명하라.

```c
#include <stdio.h>

int main() {
    printf("I am a child\n");
    return 300;
}
```

※ [2~3] 다음 C 프로그램에 대해 물음에 답하라. 헤더 파일은 생략하였다.

```c
int a=10;
int main() {
    int b=20;
    int* p = (int*)malloc(100);
    f();
    printf("%d", b);
    return -1;
}
void f() {
    int c=30;
    printf("%d", c);
}
```

2. main() 함수의 return -1;에서 -1을 무엇이라고 부르는가? exit(-1)로 해도 같은 의미인가? 누구에게 전달하려고 리턴하나? 이 값을 받은 프로그램이 받은 값을 양수로 출력하면 얼마가 출력될 것인가?

3. main() 함수가 실행되어 f() 함수 내 printf()가 실행되기 직전과 f()에서 리턴한 직후의 사용자 주소 공간을 각각 그리고 주소 공간이 형성되는 과정을 설명하라. 현재 함수나 변수는 소스 코드에 보이는 것들만 고려하라.

4. 다음 C 프로그램에서 main()이 실행되면 f(2)를 호출하고, f()는 다시 g()를 호출한다. f()가 g()를 호출하기 직전과 g()에서 리턴한 직후의 사용자 주소 공간을 각각 그리고 주소 공간이 형성되는 과정을 설명하라. 함수나 변수는 현재 소스 코드에 보이는 것들만 고려하라.

```c
int a[100];
int main() {
    int b=1;
    f(2);
    return 0;
}
void f(int c) {
    int d=3;
    g();
    printf("%d", c);
}
void g() {
    int* p = (int*)malloc(100);
}
```

5. 다음 코드에 대해 답하라.

```c
/****************************************************
소스 프로그램 prac3_5.c
컴파일 및 실행 방법
$ gcc -o prac3_5 prac3_5.c
$ ./prac3_5
****************************************************/
#include <stdio.h>
#include <sys/types.h>
#include <unistd.h>
#include <stdlib.h>
#include <wait.h>

int main(void) {
    pid_t pid;
    int status;

    pid = fork();
    if(pid > 0) { // (a) ①부모 ②자식 ③오류처리
        sleep(2);
        wait(&status);
        printf("%d\n", WEXITSTATUS(status));
        return 0;
```

```
        }
        else if(pid == 0) { // (b) ① 부모 ② 자식 ③ 오류처리
            sleep(1);
            return -1;
        }
        else { // (c) ① 부모 ② 자식 ③ 오류처리
            sleep(3);
            return 1;
        }
    }
```

(1) 위 코드의 3개의 주석문 (a), (b), (c)에서 ① 부모 ② 자식 ③ 오류처리 중 적합한 것 하나를 선택하라.

(2) 실행 결과 출력되는 내용은 무엇인가? 프로그램을 실행시켜 결과를 확인하라.

(3) 자식 프로세스는 종료 후 얼마의 시간 동안 좀비 프로세스로 있게 되는가?

6. 다음 C 프로그램에 대해 답하라.

```
/*****************************************************
소스 프로그램 prac3_6.c
컴파일 및 실행 방법
$ gcc -o prac3_6 prac3_6.c
$ ./prac3_6
*****************************************************/
#include <stdio.h>
#include <sys/types.h>
#include <unistd.h>
#include <stdlib.h>
#include <wait.h>

int main(void) {
    pid_t pid;
    int status;

    pid = fork();
    if(pid > 0) {
        sleep(1);
        return 0;
    }
    else if(pid == 0) {
        sleep(2);
        printf("부모프로세스의 pid = %d", getppid());
        return -1;
    }
}
```

(1) fork() 후 어느 부분이 부모 프로세스의 코드와 자식 프로세스의 코드인가?

(2) 고아 프로세스가 발생하는가?

(3) 이 프로그램의 실행 결과는 무엇이라고 예측되는가? 프로그램을 실행시켜 결과를 확인하고 실행 결과에 대한 이유를 설명하라.

7. 1에서 10까지 더한 합을 종료코드로 리턴하는 sum.c 프로그램을 작성하라. 그리고 execlp("./sum", "./sum", NULL);을 이용하여 sum 프로그램을 자식 프로세스로 실행시키고 종료코드를 받아 합을 출력하는 프로그램 prac3_7.c를 작성하라. 컴파일 및 실행 사례는 다음과 같다.

```
$ gcc -o sum sum.c
$ gcc -o prac3_7 prac3_7.c
$ ./prac3_7
1에서 10까지 합한 결과는 55
$
```

8. 종료코드를 활용하는 사례를 연습해보자. 다음과 같이 주어진 응용프로그램을 작성하라.

부모 프로세스는 두 변수 n과 m을 통해 자식 프로세스가 더할 범위를 지정한다. n에는 10, m에는 100을 저장한다. 이들을 전역 변수로 선언하든 지역 변수로 선언하든 상관없다. 그리고 fork()를 이용하여 자식 프로세스를 생성한다.

자식 프로세스는 부모 프로세스를 그대로 복사하므로 부모에 선언된 변수 n과 m을 그대로 물려받는다. 자식 프로세스는 변수 n에서 변수 m까지 합을 구하고 합이 1000보다 작으면 0을, 1000이면 1을, 1000보다 크면 2를 종료코드로 리턴한다.

부모 프로세스는 wait() 함수를 호출하여 자식 프로세스가 종료하기를 기다린 후, 자식 프로세스의 종료코드를 읽어 n에서 m까지의 합이 1000보다 큰 것이었는지를 판별한다.

이 프로그램이 prac3_8.c라고 할 때, 컴파일 및 실행 사례는 다음과 같다.

```
$ gcc -o prac3_8 prac3_8.c
$ ./prac3_8
자식 프로세스 : 10에서 100까지의 합은 5005
부모 프로세스 : 1000보다 크다.
$
```

참고로, 실행 결과에서 "자식 프로세스 : 10에서 100까지의 합은 5005"은 자식 프로세스가 출력한 것이고, "부모 프로세스 : 1000보다 크다."는 부모 프로세스가 자식의 종료코드를 분석하여 출력한 결과이다.

Chapter

04

스레드와
멀티스레딩

학습 키워드 정리

스레드, 멀티스레딩, 메인 스레드, 스레드 제어 블록(TCB), 동시성(concurrency), 병렬성(parallelism), pthread, 스레드 주소 공간, 스레드 컨텍스트, 스레드 로컬 스토리지(TLS), 스레드 상태, 스레드 컨텍스트 스위칭, 커널 레벨 스레드, 사용자 레벨 스레드, 스레드 라이브러리, N:1 매핑, 1:1 매핑, N:M 매핑, 하이퍼스레딩

04 스레드와 멀티스레딩

1 프로세스의 문제점

컴퓨터에서 처리하고자 하는 일의 단위를 작업 혹은 태스크(task)라고 부르고, 멀티태스킹 (multi-tasking)은 컴퓨터 시스템 내에 여러 태스크(응용프로그램)를 동시에 실행시키거나 한 응용프로그램 내에서 여러 태스크를 동시에 실행시키는 기법이다. 멀티태스킹은 사용자나 개발자의 입장에서는 동시에 여러 작업을 처리할 수 있는 장점이 있지만, 운영체제 입장에서는 동시에 실행되는 여러 개의 태스크를 관리해야하는 문제점들을 떠안게 되었다.

전통적으로 태스크는 프로세스로 만들어왔다. 1980년대 초반까지도 Unix 기반의 운영체제 들은 프로세스를 실행 단위로 하여, 프로세스 단위로 스케줄링하고 여러 프로세스를 동시에 실 행시키는 다중프로세스(multi-process) 방법으로 멀티태스킹을 실현하여 왔다. 응용프로그 램 개발자는 각 태스크를 만들기 위해 운영체제가 제공하는 fork()와 같은 시스템 호출을 이용 하여 프로세스를 만들었고, 운영체제는 프로세스 스케줄링을 통해 태스크들을 번갈아 실행시켰 다. 프로세스를 실행 단위로 하는 멀티태스킹은 여러 프로세스를 동시에 실행시켜 CPU 활용률과 시스템 처리율을 높여 다양한 멀티태스킹 응용들이 등장하게 하는 배경이 되었다. 하지만, 얼마 가지 않아 프로세스를 실행 단위로 하는 멀티태스킹에 여러 문제점들이 나타나기 시작했다. 어 떤 문제가 있는지 알아보자.

● 프로세스 생성의 큰 오버헤드

첫째, 프로세스의 생성에 너무 많은 시간이 걸린다는 점이다. 모든 프로세스들은 독립적인 메 모리 공간을 가지므로, 생성하는 프로세스를 위해 메모리를 할당되고 부모 프로세스의 메모리 를 복사하며, PCB를 만들고, 가상 주소를 물리 주소로 변환하는 매핑 테이블(페이지 테이블)을 구성하는 등 프로세스 관리를 위한 구조체가 생성되고 초기화되는 데 많은 시간이 걸린다.

- **프로세스 컨텍스트 스위칭의 큰 오버헤드**

둘째, 현재 실행 중인 프로세스를 중단시키고 다른 프로세스를 실행시키는 컨테스트 스위칭에 시간적 공간적 오버헤드가 크다는 점이다. 구체적으로 이 시간은 현재 실행중인 프로세스의 CPU 컨텍스트를 PCB에 저장하고 새로 실행될 프로세스의 컨텍스트를 CPU로 옮기는 시간, 현재 실행중인 프로세스의 매핑 테이블을 새로 실행될 프로세스의 매핑 테이블로 교체하는 시간, 그리고 CPU 캐시 메모리에 들어 있는 현재 프로세스의 코드나 데이터를 무력화시키고 실행될 프로세스의 코드와 데이터를 적재되는데 걸리는 시간 등이다.

- **프로세스 사이의 통신 어려움**

셋째, 멀티태스킹 시 프로세스들 사이의 통신에 많은 어려움이 있다. 이 어려움은 프로세스들이 각각 독립된 메모리 공간에서 실행되어 프로세스가 다른 프로세스의 메모리를 전혀 접근할 수 없다는데 근본 이유가 있다. 그러므로 프로세스들은 그림 4-1과 같이 공유 메모리(shared memory), 신호(signal), 파이프(pipe), 파일(file), 소켓(socket), 메시지 큐(message queue), 세마포(semaphore), 메모리맵파일(Memory Mapped File) 등 다양한 기법으로, 커널 메모리나 커널에 의해 마련된 메모리 공간을 이용하여 데이터를 주고받아야 했다. 이 기능들은 커널의 직접적인 지원을 받을 수밖에 없기 때문에 응용프로그램들은 운영체제 사이에 호환성도 부족하고, 개념이 복잡하며, 코딩이 어렵고, 실행 속도도 느려 사용에 어려움이 있다.

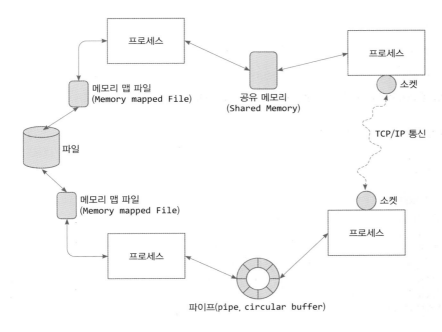

그림 4-1 프로세스 사이의 통신 기법들

2 스레드 개념

2.1 스레드의 출현 목적

프로세스를 실행 단위로 하는 멀티태스킹은 앞서 설명한 여러 이유들로 인해 커널에 많은 시간과 공간 부담을 주어 시스템 전체 속도를 저하시켰다. 이에, 프로세스보다 작고 쉽게 데이터를 주고받을 수 있는 실행 단위가 고안되었는데 이것이 바로 스레드(thread)이다. 스레드는 프로세스보다 작은 크기의 실행 단위라고 해서 가벼운 프로세스(light-weight process, LWP)라고도 부른다. 스레드의 출현 목적은 다음과 같이 간단히 요약할 수 있다.

- 프로세스보다 작은 실행 단위 필요
- 프로세스의 생성 및 소멸에 따른 오버헤드 감소
- 빠른 컨텍스트 스위칭
- 프로세스들 사이의 통신에 대한 어려움 해소

2.2 스레드 개념

스레드를 실행 단위로 다루는 운영체제를 멀티스레드 운영체제(Multi-Threaded Operating System)라고 한다. 현대의 거의 모든 운영체제가 멀티스레드 운영체제이다. 지금부터 스레드의 개념에 대해 알아보자.

스레드는 실행 단위이며 스케줄링 단위이다.

스레드는 응용프로그램 개발자에게는 작업을 만드는 단위이며, 운영체제에게는 실행 단위이고 CPU를 할당하는 스케줄링 단위이다. 스레드는 코드, 데이터, 힙, 스택이 담긴 주소공간을 가진 실체로서, 실행이 운영체제에 의해 제어된다. 스레드가 운영체제에 의해 관리되는 실행 단위라는 뜻은, 프로세스마다 PCB를 두고 프로세스 정보를 관리하듯이, 스레드마다 TCB(Thread Control Block) 구조체(그림 4-3 참조)를 두고 스레드 ID, 스케줄링 우선순위 등 스레드 정보를 관리하며, 생성, 소멸, 스케줄링 등 스레드를 독립된 단위로 다룬다는 의미이다. 즉, 운영체제는 TCB를 통해 스레드의 존재를 인식하며 TCB 중 하나를 선택하여 CPU에게 실행시킨다. 멀티태스킹 응용프로그램을 개발하고자 하는 개발자는 각 작업을 프로세스 대신 스레드로 구현하면 된다.

프로세스는 스레드들의 컨테이너이다.

스레드의 출현이 프로세스의 종말을 나타내는 것은 아니다. 대신, 프로세스는 여러 스레드를 담는 컨테이너로 개념이 수정되었다. 스레드는 독립적으로 존재할 수 없고 프로세스 안에 존재하도록 개념화하였다. 운영체제는 여전히 응용프로그램을 실행시키기 위해 프로세스를 생성하고 관리한다.

프로세스가 실행단위가 아니고 스레드가 실행 단위이므로, 스레드를 가지지 않는 프로세스는 있을 수 없다. 프로세스를 생성할 때, 커널은 자동으로 프로세스 내에 1개의 스레드를 생성하는데, 이 스레드를 메인 스레드(main thread)라고 부른다. 그리고 프로세스가 실행을 시작한다는 것은, 곧 메인 스레드가 실행을 시작하는 것이다. 메인 스레드가 다른 스레드를 생성하고, 스레드가 또 다른 스레드를 생성함으로써 프로세스는 여러 개의 스레드를 가진다. 프로세스가 실행 중이라는 뜻은 프로세스에 속한 스레드 중 하나가 실행중이라는 뜻이다. 프로세스는 더 이상 스케줄링되는 실행 단위가 아님을 다시 한 번 기억하라.

그림 4-2는 프로세스가 스레드들의 컨테이너임을 이해하기 쉽도록, 회사를 프로세스에 사원을 스레드에 비유하고 있다. 세상에 많은 회사가 있는 것처럼, 컴퓨터 시스템에 많은 프로세스가 있다. 회사에서 사원이 일을 하는 단위인 것처럼, 컴퓨터 시스템에서 혹은 응용프로그램(프로세스) 내에서 작업을 실행하는 단위는 스레드이다. 1인 회사는 사장이 곧 사원인 것처럼, 프로세스가 생성되면 운영체제는 자동으로 메인 스레드를 만들어 실행시킨다. 회사 내에 할 일이 많아지면 새 회사를 만들기보다 새 사원을 고용하는 것이 보통이다. 개발자 역시 응용프로그램에 새 작업을 추가하려면 새 프로세스를 생성하기보다 새 스레드를 생성하는 방법을 택한다. 회사에 사원이 3명이면 3개의 일이 동시에 진행될 수 있는 것처럼, 프로세스에 스레드가 3개 있으면 동시에 3개의 작업이 실행 가능하다.

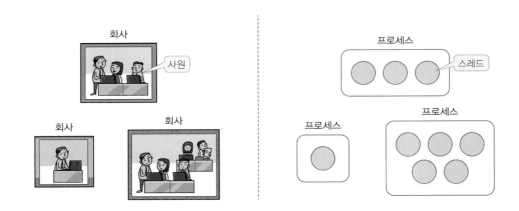

그림 4-2 프로세스와 스레드를 회사와 사원에 비유

그림 4-3은 멀티스레드 운영체제에서 프로세스와 스레드를 관리하는 모양이다. 프로세스마다 PCB(Process Control Block)가 생성되고, 스레드마다 스레드 정보를 담는 TCB(Thread

Control Block) 구조체가 생성된다. TCB는 스레드 엔터티(thread entity)라고도 부르며, 스케줄링 단위가 스레드이므로 TCB나 스레드를 스케줄링 엔터티(scheduling entity)라고도 부른다.

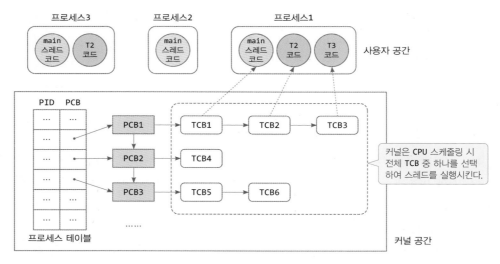

※ 스레드마다 TCB가 만들어지고 서로 연결된다. 프로세스에 속한 스레드들을 관리하기 위해 PCB는 TCB와 연결된다.

그림 4-3 프로세스와 스레드 관리

프로세스는 스레드들의 공유 공간 제공

프로세스는 스레드들이 공유할 수 있는 공간(환경)을 제공한다. 스레드들은 프로세스의 주소 공간을 나누어 사용한다. 프로세스의 주소 공간 내에 스레드의 코드들이 적재되며, 스레드들은 프로세스 내에 작성된 함수(코드)들을 어떤 것이든 호출할 수 있고 프로세스 내에 선언된 전역 변수를 액세스할 수 있으며 프로세스의 힙을 공유한다(4.3절 참고). 이 공유의 의미는 스레드가 동적 할당받는 곳이 바로 프로세스의 힙이며, 한 스레드가 동적 할당받은 메모리를 다른 스레드가 액세스할 수 있다는 뜻이다.

이 공유 환경은 프로세스에 속한 스레드들끼리 상호 데이터를 주고받는데 매우 편리한 환경을 제공한다. 그러므로 스레드를 이용하면, 프로세스의 단점, 즉, 프로세스가 독립적인 메모리 공간을 가지고 있어 프로세스 사이에 데이터를 주고받는데 있었던 심각한 어려움을 완벽히 해소한다. 그림 4-4는 사원들이 회사 내 자원들을 공유하여 쉽게 소통하고 협업하는 것과 스레드들이 프로세스의 자원을 공유하는 것을 비교하여 보여준다.

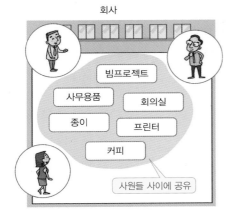

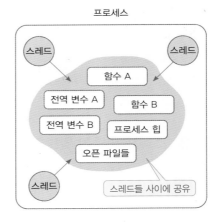

그림 4-4 사원들이 회사의 자원을 공유하듯이, 스레드들이 프로세스 내 자원 공유

잠깐! 다른 프로세스에 속한 스레드들간의 통신

한 프로세스에 속한 스레드들끼리 통신하는 것은 매우 쉽지만, 다른 프로세스에 속한 스레드 사이의 통신은 프로세스 사이의 통신과 다를 바 없다. 이때는 두 스레드가 프로세스 통신 기법(부록 참고)을 사용하여 통신할 수밖에 없다.

스레드가 실행할 작업은 함수로 작성한다.

스레드는 함수로 작성한다. 스레드가 실행할 작업은 함수로 작성하고, 스레드가 사용할 데이터는 함수 내 지역 변수나 전역 변수로 만들면 된다. 전역변수는 프로세스 내에 선언하며 다른 스레드에서도 접근할 수 있다. 대표적으로 C 응용프로그램에서 main() 함수가 메인 스레드가 실행할 작업이다.

함수를 만든다고 자동으로 스레드가 되는 것은 아니다. 운영체제에게 이 함수를 스레드로 만들어 줄 것을 요청해야 한다. 그러면 운영체제가 TCB를 하나 만들고, 함수의 시작 주소를 TCB에 기록한다. 그리고 이 TCB가 스케줄링되면 기록된 주소에서 실행이 시작된다. 스레드가 생성된다는 것은 커널 내에 TCB가 생성된다는 것이다. 운영체제는 스레드 단위로 스케줄링한다.

스레드는 운영체제에 의해 직접 구현되기도 하고 스레드 라이브러리에 의해 구현되기도 한다. 운영체제가 스레드를 구현한다는 의미는 TCB를 활용하여 스레드의 생성, 소멸, 스케줄링 등 스레드의 생명 주기 동안 발생하는 모든 일들을 운영체제가 알고 제어한다는 뜻이다. 스레드가 스레드 라이브러리에 의해 구현되는 경우, 스레드를 다루지 않은 운영체제에서도 멀티스레딩 응용프로그램을 작성할 수 있다. 스레드의 구현은 4.4절에서 자세히 다룬다.

스레드와 프로세스의 생명

스레드로 만든 함수가 종료하면 스레드가 종료된다. 스레드가 종료되면 운영체제나 스레드 라이브러리는 TCB 등 스레드 관련 정보를 모두 제거한다. 프로세스에 속한 모든 스레드가 종료할 때, 프로세스도 종료되며 프로세스에 할당된 모든 메모리와 자원이 시스템에서 제거된다.

2.3 스레드 만들기 맛보기

스레드를 실제 만들어보자! 그래야 감이 오지 않겠는가! 리눅스에서 POSIX 표준의 pthread 라이브러리를 이용하여 2개의 스레드로 구성된 멀티스레드 C 응용프로그램을 만들어보자. main 스레드가 calcThread를 생성하여 1에서 100까지 더하게 하고, 자신은 calcThread가 합을 구할 때까지 기다린 다음, 구한 합을 출력하는 사례이다.

프로그램 코드

맛보기 프로그램 makethread.c는 그림 4-5와 같이 main() 함수와 calcThread() 함수, 그리고 전역 변수 sum으로 간단히 구성된다.

- main() 함수 – 스레드 코드. calcThread 스레드 생성
- calcThread() 함수 – 스레드의 코드가 되는 함수로서, 정수(param)를 매개변수로 전달받고 1에서 param 까지의 합을 구하여 전역 변수 sum에 저장
- sum 변수 – 프로세스에 선언된 전역 변수로 calcThread와 main 스레드 모두 접근 가능

| makethread.c |

```c
#include <pthread.h> // pthread 라이브러리를 사용하기 위해 필요한 헤더 파일
#include <stdio.h>
#include <stdlib.h>

void* calcThread(void *param); // 스레드로 작동할 코드(함수)
int sum = 0; // main 스레드와 calcThread가 공유하는 전역 변수

int main() {
  pthread_t tid; // 스레드의 id를 저장할 정수형 변수
  pthread_attr_t attr; // 스레드 정보를 담을 구조체

  pthread_attr_init(&attr); // 디폴트 값으로 attr 초기화
  pthread_create(&tid, &attr, calcThread, "100"); // calcThread 스레드 생성
  // calcThread 스레드는 커널에 의해 언젠가 스케줄되어 실행
```

```
  pthread_join(tid, NULL); // tid 번호의 스레드 종료를 기다림
  printf("calcThread 스레드가 종료하였습니다.\n");
  printf("sum = %d\n", sum);
}


void* calcThread(void *param) { // param에 "100" 전달받음
  printf("calcThread 스레드가 실행을 시작합니다.\n");
  int to = atoi(param); // to = 100
  int i;

  for(i=1; i<=to; i++) // 1에서 to까지 합계산
    sum += i; // 전역 변수 sum에 저장
}
```

그림 4-5 2개의 스레드로 구성된 멀티스레드 C 응용프로그램

그림 4-5의 맛보기 프로그램은 다음과 같이 리눅스에서 컴파일하고 실행한다.

```
$ gcc -o makethread makethread.c -lpthread ← pthread 라이브러리를 링크시키는 옵션
$ ./makethread
calcThread 스레드가 실행을 시작합니다.
calcThread 스레드가 종료하였습니다.
sum = 5050
$
```

맛보기 프로그램의 실행 과정

그림 4-6은 맛보기 프로그램이 실행되는 과정을 보여준다. 실행 과정을 하나씩 알아보자.

(1) 커널은 makethread 응용프로그램을 실행시키기 위해 프로세스를 생성하고 PCB를 만든다.
그리고 main 스레드의 TCB를 생성하고, 실행을 시작할 코드의 주소 즉 main() 함수의 시작
주소와 스레드 번호 등 여러 정보를 기록한다(이 설명에는 약간의 오류가 있다. C 언어에서
는 main() 함수를 호출하는 startup 코드라는 것이 있는데, 스레드 실행 과정에 대한 설
명에 초점을 맞추기 위해 main() 함수에서부터 실행을 시작한다고 가정한다). 그림 4-6(1)
은 makethread 프로세스가 생성된 직후 모습이다. 프로세스의 주소 공간에는 main()과
calcThread() 함수의 코드가 적재되어 있고 sum 변수의 공간도 할당되어 있다. 커널은
현재 스케줄 가능한 TCB가 한 개뿐이므로 main 스레드의 TCB를 선택한다. 그러면 CPU는
main() 함수에서 실행을 시작한다.

(2) main() 함수에서 다음과 같이 pthread 라이브러리에 들어 있는 pthread_create() 함수를 호출하면, calcThread() 함수에서 실행을 시작하는 스레드, 즉 TCB가 생성된다.

```
pthread_create(&tid, &attr, calcThread, "100");
```

여기서, pthread_create()의 매개변수 "100"은 calcThread(void *param) 함수의 매개변수 param에 전달된다. pthread_create() 함수는 생성한 스레드의 번호를 tid에 넣고, 스레드에 관한 정보를 attr에 저장한 채 리턴한다.

이때부터 2개의 TCB가 존재하므로 2개의 스레드가 동시에 실행되는 상황이 된다. 그림 4-6(2)는 pthread_create()에 의해 2개의 스레드가 생긴 직후 모습이다. 커널은 스케줄링을 통해 2개의 TCB 중 하나를 선택하여 실행시킨다. 이때 선택된 TCB에 기록된 주소가 CPU의 PC로 옮겨지고 CPU는 그 주소에서부터 실행을 시작한다. main 스레드와 calcThread 중 어떤 스레드가 먼저 실행될 지 아무도 모른다.

(3) 그림 4-6(3)에서는 main 스레드가 실행되어 pthread_join(tid, ...)을 호출하여 tid 번호의 calcThread 스레드가 종료하기를 기다린다. 한편, calcThread는 for 문을 돌면서 1에서 100까지 합을 계산한다. 그림은 현재 1에서 50까지 구한 합을 sum에 저장한 상태이다.

(4) 그림 4-6(4)에서는 calcThread() 함수가 최종 합을 구하여 sum 변수에 5050을 저장하고 종료하면 calcThread 스레드의 TCB가 제거되며 calcThread 스레드는 사라졌다. calcThread 스레드가 종료한다고 calcThread() 함수의 코드가 사라지는 것은 아니다. 그것은 그냥 적재된 코드일 뿐이다. TCB가 없어졌기 때문에 더 이상 스레드로 인식되지 않는다. 이제, main 스레드는 pthread_join() 함수에서 리턴하여 sum에 저장된 값 5050을 화면에 출력한다. main() 함수가 종료하면 main 스레드의 TCB도 제거되고 main 스레드가 사라지며, 프로세스도 종료되어 사라진다.

이 맛보기 프로그램을 통해 다음과 같이 스레드에 대한 여러 가지 개념을 확인할 수 있다.

- 프로세스가 생성되면 자동으로 main 스레드가 생성된다.
- main 스레드는 main() 함수를 실행한다.
- 스레드 코드는 함수로 만들어진다.
- 스레드는 pthread_create()와 같은 라이브러리 함수나 시스템 호출로 다른 스레드를 생성한다.
- 스레드마다 TCB가 하나씩 생성된다.
- TCB에는 스레드의 시작 주소가 들어 있으며, 스레드의 실행은 이 주소에서 시작된다.
- TCB가 하나의 스레드로 인식된다.
- 스레드는 스케줄링되고 실행되는 실행 단위이다.
- 프로세스는 더 이상 실행 단위가 아니며 스레드들의 컨테이너이다.

- 각 스레드는 독립된 작업을 수행한다.
- 프로세스의 전역 변수는 모든 스레드에 의해 공유되며 프로세스는 스레드들에게 공유 공간을 제공한다.

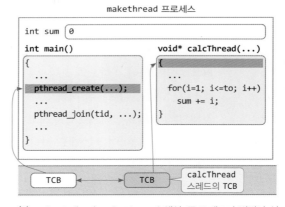

(1) 프로그램 실행 시작. main 스레드(TCB) 자동 생성

(2) main 스레드가 calcThread 생성. 두 스레드가 번갈아 실행. 스레드의 실행 순서는 알 수 없음

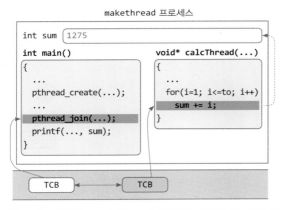

(3) main 스레드는 calcThread 스레드의 종료를 기다리고 있고, calcThread는 for 문을 실행하여 현재 1에서 50까지 합을 sum에 저장한 상태

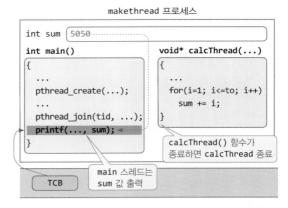

(4) calcThread() 함수가 종료하면 calcThread 스레드가 종료되고 calcThread의 TCB 제거. main 스레드는 sum 값 5050을 화면에 출력

그림 4-6 makethread 프로그램이 실행되는 과정

 잠깐! 스레드 라이브러리

스레드 라이브러리는 일반적으로 멀티스레드 운영체제와 함께 배포된다. 스레드 라이브러리는 스레드 생성, 종료, 동기화 등을 위한 50여개의 함수를 제공하며, 개발자는 이들을 이용하여 멀티스레드 응용프로그램을 작성할 수 있다. 대표적인 스레드 라이브러리는 Win32 스레드, 리눅스 스레드, POSIX의 pthread 등이 있다. 앞의 2개는 운영체제에 종속적인 것으로 다른 운영체제와는 호환되지 않는다. 하지만, POSIX 표준의 pthread는 유닉스 계열뿐 아니라 현재 거의 모든 컴퓨터 플랫폼에서 사용 가능하며 호환된다.

2.4 멀티스레드 응용프로그램 사례

현재, 대부분의 멀티태스킹 응용프로그램은 작업 단위를 스레드로 만드는 멀티스레딩 기법으로 개발하는데, 멀티스레딩의 예를 2가지만 들어보자.

첫째, 미디어 플레이어 응용프로그램은 그림 4-7(a)와 같이 최소 4개의 스레드로 구성된다. 네트워크나 파일로부터 인코딩된 미디어 데이터를 반복적으로 읽어들이는 스레드, 미디어 데이터를 디코딩하여 비디오와 오디오로 분리하는 스레드, 디코딩된 오디오 데이터를 스피커에 출력하는 스레드, 디코딩된 비디오 데이터를 디스플레이에 출력하는 스레드 등이다. 각 스레드는 정해진 작업을 독립적으로 수행하고, 다른 스레드에게 데이터를 전달하면서 유기적으로 실행된다. 미디어 플레이어를 스레드 하나로 만드는 경우, 네트워크로부터 데이터가 도착하기를 기다리는 시간이 길어지게 되면 오디오나 비디오의 출력이 멈추는 현상이 발생할 수 있다.

두 번째, 테트리스 게임 프로그램이다. 이 프로그램은 그림 4-7(b)와 같이, 음악을 연주하는 스레드, 키를 입력받아 블록의 방향과 모양을 바꾸는 스레드, 타이머에 의해 블록의 위치를 아래로 내리고 라인을 체크하는 스레드 등으로 구성된다. 키 입력을 처리하는 스레드와 블록의 위치를 아래로 조정하는 스레드는 블록 데이터를 공유하면서 유기적으로 실행된다.

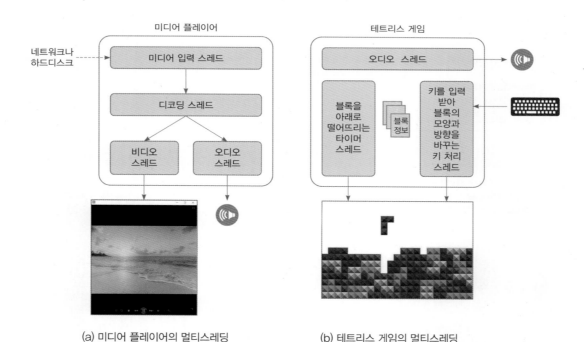

(a) 미디어 플레이어의 멀티스레딩   (b) 테트리스 게임의 멀티스레딩

그림 4-7 멀티스레딩 응용프로그램의 구조

2.5 멀티스레딩 분석

테트리스 게임만 좀 더 분석해보자. 그림 4-8은 테트리스 게임과 운영체제 커널의 관계를 간단히 보여준다. 테트리스가 3개의 스레드로 구성된다는 것은 3개의 TCB가 존재한다는 것과 같은 말이다. 3개의 TCB에는 테트리스 프로그램에 작성된 3개의 함수 주소가 각각 저장되어 있다. 이 주소는 커널에게는 스레드를 실행시킬 시작 주소이다.

TCB는 커널에 의해 생성되고 관리된다(시스템에 따라 스레드 라이브러리에 의해 관리되기도 함). 운영체제 커널이 스케줄링을 통해 한 개의 TCB를 선택하고 CPU에게 TCB에 저장된 주소에서 스레드 코드를 실행하도록 한다. 이런 식으로 응용프로그램에 작성된 함수가 독립적으로 실행되는 스레드가 되는 것이다.

> 다시 말하면, 함수는 다른 함수에 의해 호출되어 실행되지만, 스레드 함수의 코드는 CPU가 바로 실행하도록 커널에 의해 직접 제어된다.

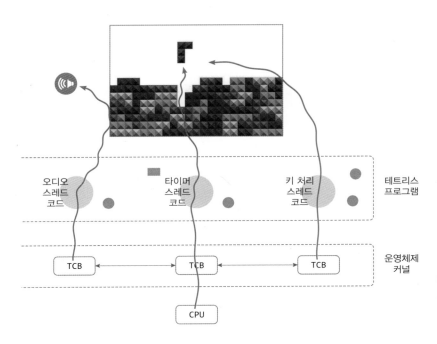

그림 4-8 테트리스 응용프로그램의 구조

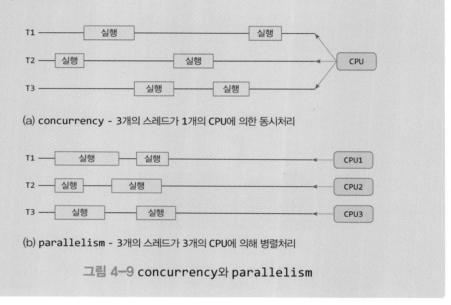
3 　스레드 주소 공간과 컨텍스트

이제, 스레드에 대해 대충 감이 왔으면, 스레드 주소 공간이 어디에 어떻게 형성되고 스레드가 커널에 의해 어떻게 관리되는지 알아보자.

3.1 스레드 주소 공간

> 스레드의 주소 공간(thread address space)은 스레드가 실행 중에 사용하는 메모리 공간으로 스레드의 코드, 데이터, 힙, 스택 영역이며, 이들은 모두 프로세스의 주소 공간에 형성된다.

프로세스에 속한 모든 스레드들은 그림 4-10의 사례와 같이 프로세스의 주소 공간을 나누어 사용한다. 이것은 앞서 설명한 것처럼 프로세스가 스레드들의 컨테이너 역할을 하고 스레드들에게 공유 공간을 제공함을 구체적으로 보여준다.

스레드의 주소 공간은 프로세스 주소 공간 내에서 스레드가 사적으로 사용하는 공간(private space)과 스레드 사이의 공유 공간(shared space)으로 나뉜다.

- 스레드 사적 공간 – 스레드 스택과 스레드 로컬 스토리지(TLS, Thread Local Storage)
- 스레드 공유 공간 – 프로세스의 코드, 데이터, 힙 영역

스레드마다 별도의 스레드 스택이 주어지며, 스레드마다 데이터를 저장할 별도의 데이터 공간이 주어진다. 물론 프로세스의 주소 공간 내에서이다.

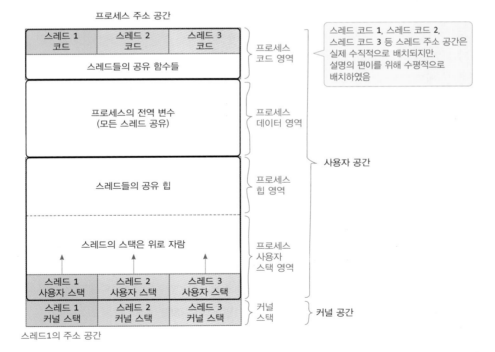

※ 스레드의 주소 공간은 프로세스 주소 공간 내에 존재한다.

그림 4-10 프로세스 주소 공간에 형성된 3개 스레드의 주소 공간 사례

스레드 주소 공간에 대한 설명

- ### 스레드 코드 영역

  프로세스의 함수가 스레드의 코드가 되기 때문에 스레드가 실행할 코드는 프로세스 코드 영역 내에 있다. 그리고 프로세스의 코드 영역에 적재된 모든 함수들은 모든 스레드가 호출할 수 있다. 그림 4-10에서 각 스레드가 코드 영역을 분할 할당받는 것처럼 보일 수 있지만 이것은 스레드가 실행할 코드가 프로세스의 코드 영역에 있음을 단순히 보여주기 위한 것으로 오해가 없기 바란다. 하나의 함수는 여러 스레드의 스레드 코드로 동시에 활용될 수 있다.

- ### 스레드 데이터 영역

  스레드가 사용할 수 있는 데이터 공간은 프로세스 데이터 공간 전체이다. 프로세스에 선언된 모든 전역 변수들은 프로세스의 모든 스레드에 의해 공유된다. 이 영역이 무엇보다 중요한 이유는 스레드들이 상호 데이터를 주고받기 위한 공간으로 사용되기 때문이다. 프로세스들 사이에는 공유 공간이 없어 프로세스 간에 통신이 어려웠던 것을 기억하면, 스레드 사이에는 통신이 매우 쉽다는 것을 알 수 있다.

- ### 스레드 힙 영역

  프로세스의 힙은 프로세스에 속한 모든 스레드들이 동적 할당받는 힙 공간으로 공유된다. 스레드가 C 언어의 `malloc()`으로 동적 메모리의 할당을 요청하면 프로세스의 힙에서 할당된다. 또한 한 스레드가 할당받은 동적 메모리는 그 주소만 알면 다른 스레드가 접근할 수 있어, 힙은 스레드 간에 데이터를 주고받는 통신 장소로도 사용된다.

- ### 스레드 스택 영역

  프로세스의 사용자 스택은 스레드가 생길 때마다 일부분이 스레드 스택으로 할당된다. 각 스레드의 사용자 스택은 스레드가 사용자 모드에서 호출한 함수들의 매개변수들과 지역변수 등을 독립적으로 저장하기 위한 공간으로 스레드의 사적 공간이다. 또한 스레드는 생성될 때 커널 영역에 각 스레드마다 고유한 커널 스택에 할당되는데, 이 커널 스택은 스레드가 시스템 호출을 통해 커널 모드로 진입할 때마다 사용되며 커널 모드에 있는 내내 커널 내에서 함수 호출 등에 사용된다. 스레드가 종료되면 사용자 스택과 커널 스택 모두 반환된다. 운영체제에 따라 다르지만 사용자 스택의 크기는 8MB 혹은 몇십 MB이고 커널 스택은 8KB, 12KB 등의 크기이다.

- ### 스레드 로컬 스토리지

  프로세스의 데이터 영역은 모든 스레드의 공용 공간이므로 각 스레드마다 안전하게 다루고자 하는 데이터를 저장하기 위한 별도의 공간이 필요하다. 각 스레드는 자신만 사용할 수 있는 특별한 변수들을 선언할 수 있는데 이들을 스레드 로컬 스토리지(TLS, Thread Local Storage)라고 부른다. 언어마다 다르지만 C 언어에서는 static __thread int sum = 5;와 같이 특별한 키워드를 사용하여 스레드 로컬 스토리지 변수 sum을 선언한다. 스레드 로컬 스토리지가 선언되면, 생성되는 모든 스레드에게 동일한 크기의 스레드 로컬 스토리지가 별도로 할당되어 각 스레드가 독립적으로 사용할 수 있다. 스레드가 종료하면 스레드 로컬 스토리지도 사라진다. 운영체제에 따라 다르지만, 스레드 로컬 스토리지는 대체로 힙이나 스택 영역에 할당된다.

3.2 스레드의 주소 공간 확인

스레드의 주소 공간 개념을 프로그램 사례를 통해 구체적으로 알아보자. 그림 4-5의 코드를 약간 수정하여 1에서 100까지 합을 구하는 스레드와 1에서 200까지 합을 구하는 스레드를 만들고 두 개의 합을 다시 더하는 멀티스레드 응용프로그램, makethreadwithTLS.c를 그림 4-11에 작성해보았다. 이 코드를 먼저 분석해보고 다음 질문에 답해보기 바란다.

Q1. 이 프로그램이 실행되는 동안 총 몇 개의 스레드가 실행되는가?

Q2. tsum을 어떤 변수라고 부르는가? 그리고 total 변수와 차이점은 무엇인가?

Q3. 이 프로그램이 실행되는 동안 프로세스와 스레드의 주소 공간을 그려라.

| makethreadwithTLS.c |

```
1  #include <pthread.h>
2  #include <stdio.h>
3  #include <stdlib.h>
4
5  void printsum(); // 모든 스레드에 의해 호출되는 함수
6  void* calcThread(void *param); // 스레드 코드로 사용되는 함수
7
8  static __thread int tsum = 5; // 스레드 로컬 스토리지(TLS) tsum 변수 선언
9                                // 스레드가 생길 때마다 스레드 로컬 스토리지에 tsum 변수 생성
10 int total = 0; // 프로세스의 전역 변수, 모든 스레드에 의해 공유
11
12 int main() {
13     char *p[2] = {"100", "200"};
14     int i;
15     pthread_t tid[2]; // 스레드의 id를 저장할 정수 배열
16     pthread_attr_t attr[2]; // 스레드 정보를 담을 구조체
17
18     // 2개의 스레드 생성 //
19     for(i=0; i<2; i++) {
20         pthread_attr_init(&attr[i]);  // 구조체 초기화
21         pthread_create(&tid[i], &attr[i], calcThread, p[i]); // 스레드 생성
```

```
22          printf("calcThread 스레드가 생성되었습니다.\n");
23    }
24
25    // 2개 스레드의 종료를 기다린 후에 total 값 출력
26    for(i=0; i<2; i++) {
27        pthread_join(tid[i], NULL); // 스레드 tid[i]의 종료대기
28        printf("calcThread 스레드가 종료하였습니다.\n");
29    }
30    printf("total = %d\n", total); // 2개 스레드의 합이 누적된 total 출력
31    return 0;
32 }
33
34 void* calcThread(void *param) { // 스레드 코드
35    printf("스레드 생성 초기 tsum = %d\n", tsum); // TLS 변수 tsum의 초기값 출력
36
37    int i, sum = 0; // 지역 변수
38    for(i=1; i<=atoi(param); i++) sum += i; // 1~param까지 더하기
39
40    tsum = sum; // TLS 변수 tsum에 합 저장
41    printsum();
42    total += sum; // 전역 변수 total에 합 누적
43 }
44
45 void printsum() { // 모든 스레드가 호출할 수 있는 공유 함수
46    printf("계산 후 tsum = %d\n", tsum);
47 }
```

※ 이 코드의 라인 42는 2개의 calcThread가 total을 동시에 갱신하는 문제가 있다. 6장 스레드 동기화에서 해결책을 설명한다.

그림 4-11 스레드 주소 공간 확인을 위한 멀티스레드 응용프로그램 makethreadwithTLS.c

이 코드는 다음과 같이 리눅스에서 컴파일하고 실행한다.

```
$ gcc -o mtTLS makethreadwithTLS.c -lpthread
$ ./mtTLS
calcThread 스레드가 생성되었습니다.
스레드 생성 초기 tsum = 5
calcThread 스레드가 생성되었습니다.
계산 후 tsum = 5050
스레드 생성 초기 tsum = 5
계산 후 tsum = 20100
calcThread 스레드가 종료하였습니다.
calcThread 스레드가 종료하였습니다.
total = 25150
$
```

프로그램 분석

샘플 프로그램이 실행되는 동안, 스레드 코드, 스레드 로컬 스토리지(TLS), 스레드 스택 등 스레드의 주소 공간이 형성되는 과정을 그림 4-12와 함께 알아보자. TLS 공간은 스레드 스택 공간에 생성되는 것으로 가정한다.

(1) 프로세스 적재와 main 스레드 실행

프로세스가 적재되면 main(), calcThread(), printsum() 함수의 코드가 코드 영역에 적재된 후 main() 함수 코드를 실행할 main 스레드가 생성된다. 이때 프로세스 스택의 일부가 main 스레드의 사용자 스택으로 할당된다. 그리고 프로그램의 라인 8에 다음과 같이 스레드 로컬 스토리지에 적재될 tsum이 선언되어 있으므로,

```
8 static __thread int tsum = 5; // 스레드 로컬 스토리지(TLS) tsum 변수 선언
```

스레드가 생성될 때마다 tsum 변수는 각 스레드의 TLS 영역에 적재되고 스레드에 의해 사적으로 사용된다. 그러므로 그림 4-12(1)과 같이 main 스레드만 사용할 수 있는 TLS 공간이 마련되고 이곳에 tsum 변수가 5로 초기화된다. 그리고 프로그램의 라인 9에 다음과 같이 전역 변수 total이 선언되어 있는데, total은 모든 스레드가 공유하는 변수로 프로세스의 데이터 영역에 생성된다.

```
10 int total = 0; // 프로세스의 전역 변수, 모든 스레드에 의해 공유
```

이제 main 스레드의 스택에 main() 함수의 다음 지역 변수들의 공간이 할당된다.

```
p[2], i, tid[2], attr[2]
```

스레드의 커널 스택은 스레드가 생길 때 사용자 스택과 함께 커널 영역에 할당되지만 스레드가 시스템 호출을 통해 커널 코드를 실행할 때만 사용되기 때문에 현재는 비어있다.

(2) main 스레드에 의해 1에서 100까지 합을 구하는 첫 번째 calcThread 스레드 생성

main 스레드가 main() 함수 코드에서 실행을 시작하고, 라인 19~23의 for 문에서 첫 번째 루프를 돌 때 1에서 100까지 합을 구하는 첫 번째 calcThread가 생성된다.

```
pthread_create(&tid[i], &attr[i], calcThread, p[i]); // 스레드 생성
```

스레드가 생성되면 그림 4-12(2)와 같이 스레드 주소 공간이 구성된다. 스레드 스택이 프로세

스 스택 내에 할당되고, 이 스레드만 사용할 수 있는 TLS 공간이 할당되고 이곳에 5로 초기화된 tsum 변수 공간이 만들어진다. 스레드 스택에는 calcThread() 함수의 다음 매개변수와 지역 변수들이 생성되며 param에는 "100"이 i와 sum에는 초기값 0이 저장된다.

```
param, i, sum
```

이 스레드는 calcThread() 함수에서 실행을 시작한다.

(3) main 스레드에 의해 1에서 200까지 합을 구하는 2번째 calcThread 스레드 생성

main 스레드는 다시 라인 19~23의 for 문에서 2번째 루프에서 pthread_create()를 호출하여 1에서 200까지 합을 구하는 2번째 calcThread 스레드를 생성한다. 이 스레드 역시 calcThread() 함수에서 실행을 시작하므로 이전에 생성된 스레드와 calcThread() 함수 코드를 공유한다. 스레드가 새로 만들어졌기 때문에 스레드 스택이 할당되고, TLS가 생기고 이곳에 새로 생성된 스레드만 액세스할 수 있는 tsum 변수 공간이 또 생성된다.

그러고 나면 main 스레드를 포함한 3개의 스레드가 스케줄러에 의해 번갈아 실행된다. 그림 4-12(3)은 첫 번째 calcThread 스레드가 먼저 1에서 100까지 합을 구하여 자신의 tsum에 5050을 기록하고(라인 40), 공유 변수 total에도 5050을 저장한 상태이다(라인 42). 2번째 calcThread 스레드는 아직 1에서 9까지 밖에 합을 구하지 못한 상태로, 지역변수 sum은 45이고 자신의 tsum 변수는 5 그대로이다.

(4) 스레드 종료

첫 번째 calcThread 스레드가 calcThread() 함수에서 리턴하면 스레드가 종료되며 그림 4-12(4)와 같이 스레드에게 할당된 TLS를 포함하여 스택 영역이 지워진다. 그러는 동안, 두 번째 calcThread 스레드가 실행을 계속하여 1에서 200까지의 합을 구하게 되면 그림 4-12(4)와 같이 자신의 tsum에 20100을 저장하고, total은 20100이 더해져 25150이 된다.

그림 4-11의 샘플 프로그램을 통해, 스레드 주소 공간이 형성되고 소멸되는 과정을 알아보았다. tsum 변수는 스레드마다 하나씩 생기고, total은 프로세스에 하나만 생겨 모든 스레드가 공유됨도 보았다. 저자는 샘플 프로그램에 printsum() 함수를 일부러 만들어 놓았다. 그 이유는 모든 스레드가 printsum()을 호출할 수 있으며, tsum은 스레드가 호출한 어떤 함수 (calcThread(), printsum())에서도 사용할 수 있는 스레드 사적 변수임을 보여주기 위함이다.

이제 앞의 질문에 답을 해보자.

Q1. 이 프로그램이 실행되는 동안 총 몇 개의 스레드가 실행되는가?
    A. main 스레드를 포함하여 총 3개의 스레드가 실행된다.

Q2. tsum을 어떤 변수라고 부르는가? 그리고 **total** 변수와 차이점은 무엇인가?

A. tsum은 TLS 변수라고 부르는데 스레드가 생성될 때 각 스레드의 TLS 영역에 생성되어 스레드에 의해 사적으로 사용되며, **total**은 프로세스 전체에 하나만 생기고 모든 스레드에 의해 공유된다.

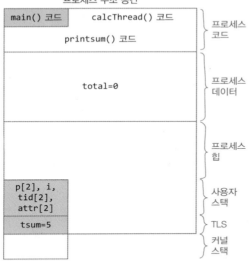

프로세스 주소 공간

| main() 코드 | calcThread() 코드 | 프로세스 코드 |
| printsum() 코드 |
total=0	프로세스 데이터
	프로세스 힙
p[2], i, tid[2], attr[2]	사용자 스택
tsum=5	TLS
	커널 스택

(1) 프로세스가 적재되고, main 스레드가 생성되어 main 스레드의 주소 공간 형성

프로세스 주소 공간

| main() 코드 | calcThread() 코드 |
| printsum() 코드 |
| total=0 |
	param "100"
p[2], i, tid[2], attr[2]	i 0
	sum 0
tsum=5	tsum=5

(2) 첫 번째 calcThread 스레드가 생성되어 프로세스 내에 주소 공간 형성

프로세스 주소 공간

| main() 코드 | calcThread() 코드 |
| printsum() 코드 |
| total=5050 |
p[2], i, tid[2], attr[2]	param "100"	param "200"
	i 100	i 9
	sum 5050	sum 45
tsum=5	tsum=5050	tsum=5

(3) 2번째 calcThread 스레드가 생성되어 주소 공간을 형성하고, 첫 번째 calcThread가 1에서 100까지 합을 구한 상태. 그리고 2번째 calcThread 스레드는 1에서 9까지밖에 합을 구하지 못한 상태

프로세스 주소 공간

| main() 코드 | calcThread() 코드 |
| printsum() 코드 |
| total=25150 |
p[2], i, tid[2], attr[2]	param	param "200"
	i	i 200
	sum	sum 20100
tsum=5	tsum=5050	tsum=20100

(4) 첫 번째 calcThread 스레드가 종료하여 TLS를 포함하여 스레드의 사용자 스택과 커널 스택이 소멸되고, 2번째 calcThread 스레드가 1에서 200까지의 합을 구한 상태

그림 4-12 샘플 프로그램이 실행되는 동안 스레드 주소 공간이 변해가는 과정

Q3. 이 프로그램이 실행되는 동안 프로세스와 스레드의 주소 공간을 그려보라.

  A. 그림 4-12에 이미 그렸다.

> **잠깐! 라이브러리 함수의 코드와 데이터 생략**
>
> `pthread` 라이브러리의 함수 코드와 전역 변수는 프로세스의 코드 영역과 프로세스의 데이터 영역에 각각 생성되지만, 설명을 단순화하기 위해 그림 4-12에서 모두 생략하였음을 양해 바란다

> **잠깐! 동일한 함수 코드를 여러 스레드가 공유**
>
> 함수를 시작점으로 하여 스레드가 실행되지만, 모든 스레드가 반드시 서로 다른 함수에서 실행을 시작해야 하는 것은 아니다. 신문 한 장을 펼쳐 놓고 두 사람이 함께 읽을 수 있는 것처럼, 동일한 함수 코드를 여러 스레드가 실행할 수 있다. 독자들은 하나의 함수를 두 스레드가 동시에 실행하면 함수 내의 변수들이 망가지는 것이 아닌가? 하는 의문을 가질 수 있다.
>
> 운영체제는 이 문제를 해결하기 위해 함수 코드와 함수의 변수(매개변수와 지역 변수)들을 분리하여 다룬다. 코드는 실행 중에도 바뀌지 않아 스레드들이 공유하지만, 함수의 매개변수와 지역 변수들은 스레드마다 별도의 스레드 스택에 저장되기 때문에, 두 스레드가 동일한 코드를 실행하더라도 그들이 계산하는 변수는 다른 스택에 있다. 문제가 발생하지 않으니 안심하기 바란다.

3.3 스레드 상태와 스레드 운용(operation)

스레드는 프로세스와 마찬가지로 생성에서 소멸에 이르기까지 여러 상태를 거치면서 일생을 보낸다. 스레드 상태의 개수와 의미는 운영체제마다 조금씩 다르게 구현된다. 이 절에서는 여러 운영체제에서 공통적으로 구현하고 있는 4가지 스레드 상태에 대해 설명하며 스레드의 상태 변이는 그림 4-13과 같다.

- 준비 상태(Ready) – 스레드가 스케줄을 기다리는 상태
- 실행 상태(Running) – 스레드가 현재 CPU에 의해 실행되고 있는 상태
- 블록 상태(Blocked) – 스레드가 입출력을 요청하거나 `sleep()`과 같은 시스템 호출로 커널에 의해 중단된 상태
- 종료 상태(Terminated) – 스레드가 종료한 상태

스레드 상태는 TCB(스레드 제어 블록)에 저장된다. 스레드에 대한 연산 혹은 운용(operation)은 스레드 생성, 종료, 조인, 양보 등이 있으며 이들은 스레드를 구현하는 커널이나 스레드 라이브러리에 의해 이루어진다.

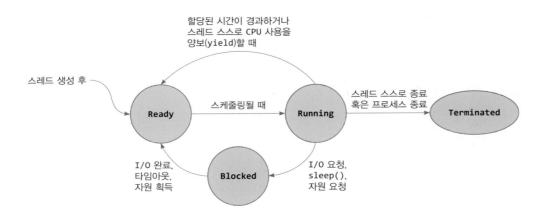

그림 4-13 스레드의 상태 변이도

스레드 생성(thread creation)

프로세스를 생성할 때 운영체제는 자동으로 main 스레드를 생성한다. main 스레드를 제외하고, 스레드는 스레드에 의해 생성되는데 이들을 부모-자식 스레드로 부른다. 하지만, 프로세스의 부모 자식관계 만큼 의미가 있는 것은 아니다. 일반적으로 부모 스레드가 종료한다고 자식 스레드가 종료하지도 않고 자식 스레드가 종료한다고 부모 스레드에게 통보되는 것도 아니다. 다만 부모 스레드는 자식 스레드를 생성하였기 때문에 자식 스레드에 대한 스레드 ID를 가지고 있어 자식 스레드를 제어할 수 있다.

스레스를 생성되는 과정을 알아보자. 먼저 TCB 구조체(표 4-1 참고)를 만든 후 스레드에게 ID를 부여한다. 그리고 스레드가 실행을 시작할 코드(함수)의 주소를 TCB의 PC에 기록하고, 스레드 사용자 스택을 할당하고 그 주소를 TCB의 SP에 저장한 후, 스레드 상태를 Ready로 하고 스레드를 준비 리스트에 넣는다. TCB를 프로세스의 PCB와 다른 TCB에 연결하면 끝난다. 스레드의 생성 과정은 프로세스의 생성 과정에 비해 매우 단순하다. 왜냐하면 이미 적재된 프로세스의 영역 속에서 스레드가 생성되므로 메모리 관련된 초기 작업이 매우 적기 때문이다.

스레드 종료(thread termination)

프로세스 종료와 스레드 종료를 구분하여 이해할 필요가 있다. 스레드 코드로 실행을 시작했던 함수가 종료하면(return 하면) 그 스레드만 종료된다. 하지만 프로세스가 종료되면 모든 스레드가 종료된다. 프로세스의 종료는 main 스레드가 종료하는 경우(C 언어의 main() 함수의 종료)나 어떤 스레드가 exit() 시스템 호출을 부르는 경우, 혹은 모든 스레드가 종료되는 경우이다. 한 스레드라도 exit()을 호출하면 프로세스와 함께 모든 스레드가 종료된다.

스레드만 종료하려면 해당 스레드만 종료시키는 **pthread_exit()** 함수를 호출하면 된다. main() 함수에서도 pthread_exit()을 호출하면 프로세스 전체가 종료되지 않고 main 스레드만 종료된다. 부모 스레드가 종료된다고 자식 스레드가 함께 종료되는 것은 아니다. 프로세스에 남은 마지막 스레드가 종료되면 그 때 프로세스도 종료된다.

한편, 스레드가 다른 스레드를 강제로 종료하는 방법은 일반적으로 제공되지 않는다. 한 스레드가 다른 스레드를 종료시키려면 약속된 신호(**signal**)를 보내고, 수신하는 스레드가 약속된 신호를 받으면 스스로 종료하도록 코딩해야 한다.

스레드 종료는 TCB가 시스템에서 제거되고 TCB가 연결된 링크들이 해제되는 것으로, 매우 단순하다. 스레드 종료 후에 스레드의 TCB와 스레드 스택은 사라지지만 스레드가 실행했던 코드는 그대로 존재하며, 스레드가 동적 할당받고 해제하지 않은 메모리는 할당된 상태로 남아 있다. 다른 스레드가 이 주소를 알고 사용하고 있으면 모르지만, 그렇지 않으면 프로세스가 종료할 때까지 다른 스레드에게 할당할 수 없는 상태가 된다. 이처럼 스레드의 생성과 종료가 간단하고 빠른 것이 바로 프로세스 대신 스레드를 사용하는 이유이다.

스레드 조인(thread join)

스레드 조인은 스레드가 다른 스레드의 종료를 기다리는 행위이다. 그림 4-14는 스레드 조인이 일어나는 전형적인 모습이다. 스레드 T1은 스레드 T2를 생성하여 복잡하고 긴 계산 작업을 시켰다. T1은 자신의 작업을 끝내고 pthread_join()을 호출하여 T2가 계산을 마칠 때까지 기다리고, T2가 종료하면 T1의 계산 결과를 이용하여 다음 작업을 수행한다.

스레드 번호(tid)만 알면 아무 스레드나 다른 스레드를 '조인(join)'할 수 있지만, '스레드 조인'은 그림 4-14와 같이 부모 스레드가 자식 스레드를 생성하여 작업을 시키고 자식 스레드가 작업을 완료하기를 기다릴 때 주로 사용된다.

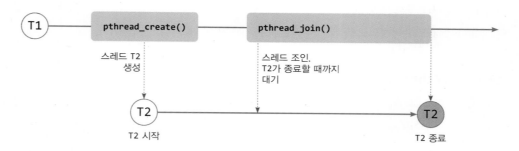

그림 4-14 부모 스레드 T1가 자식 스레드 T2가 종료하기를 기다리는 스레드 조인

스레드 양보(thread yield)

스레드 양보는 실행 중인 스레드가 다른 스레드에게 CPU를 양보하기 위해 스스로 실행을 중단하는 행위이다. 양보한 스레드는 Ready 상태로 준비 큐에 들어가고, 준비 큐에 있는 스레드 중 하나가 스케줄링되어 실행된다. 준비 큐에 아무 스레드로 없으면 양보한 스레드가 다시 실행된다. 스레드는 상황에 따라 스스로 일시 중단하고 다른 스레드에게 양보할 수 있도록 이 기능이 만들어졌다.

> **잠깐!** 운영체제마다 스레드의 상태들을 달리 구현한다.
>
> 리눅스 운영체제는 스레드 상태로 Ready, Blocked, Running, Terminated의 4가지를 두고 있다. Windows의 경우 Ready, Deferred ready, Standby, Running, Waiting, Terminated, Initialized의 7가지로 보다 세분화하여 스레드를 관리하며, 자바에서는 New, Runnable, Blocked, Waiting, Timed_waiting, Terminated 등 6가지로 스레드의 상태를 관리한다. 이것은 스레드를 운용하는 방법이 운영체제마다 서로 다름을 뜻한다. 스레드의 상태가 많으면 그만큼 운영체제는 세밀하게 스케줄링 전략을 짤 수 있다.

3.4 스레드 컨텍스트와 스레드 제어 블록(TCB)

스레드 컨텍스트

스레드 컨텍스트(thread context)란 스레드가 현재 실행중인 일체의 상황을 말한다. 그 일체의 상황은 그림 4-15와 같이 CPU 내의 레지스터들과 메모리에 고스란히 담겨 있다. 메모리에는 코드와 데이터가 있고 스택에는 현재 실행 중인 함수의 매개변수와 지역변수 등이 저장되어 있다. CPU의 PC 레지스터는 현재 실행 중인 스레드의 코드 주소가, SP 레지스터는 스레드 스택의 톱 주소가, 여러 데이터 레지스터에는 실행 결과나 실행에 사용될 데이터들이, 상태 레지스터에서는 CPU의 상태 정보와 프로그램에 의해 설정된 제어 정보들이 들어있다.

스레드 코드, 데이터, 스택 등 메모리에 저장된 정보는 프로세스의 공간에 그대로 있기 때문에, CPU 레지스터들만 저장하면 현재 실행 중인 스레드의 컨텍스트를 저장할 수 있다. 그러므로 스레드 컨텍스트는 간단히 다음과 같이 정의된다.

> 스레드 컨텍스트는 CPU가 스레드를 실행하고 있을 때 CPU의 레지스터 값들이다.

CPU에 따라 수십 개의 레지스터가 있는데 이들 정보만 CPU에 다시 설정될 수 있다면 스레드는 이전에 실행하던 상황으로 돌아갈 수 있다.

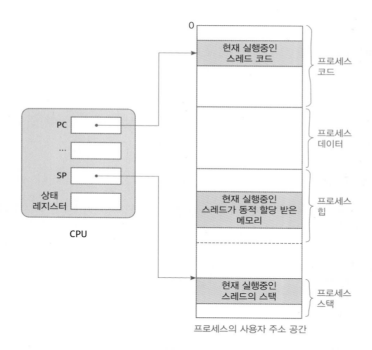

프로세스의 사용자 주소 공간

그림 4-15 스레드가 실행중일 때 PC와 SP, 그리고 CPU 레지스터들

스레드 제어 블록(TCB, Thread Control Block)

커널은 스레드를 실행 단위로 관리하기 위해, 커널 내에 스레드마다 스레드 제어 블록(TCB, Thread Control Block)이라는 구조체를 만들어 관리한다. TCB는 스레드가 생성될 때 만들어지고 종료되면 제거된다. TCB는 운영체제에 따라 달리 구현되지만 일반적으로 표 4-1과 같은 요소들로 구성된다.

CPU가 명령을 실행할 때마다 TCB의 컨텍스트 정보들(PC, SP, 다른 레지스터들)을 수정하는 것은 아니다. TCB의 컨텍스트 정보들은 스레드가 실행이 중단되어 컨텍스트 스위칭될 때, 그 때 CPU 레지스터들의 값들이 저장된 것이다. 또한 스레드가 생성되는 초기에 실행 시작 주소와 할당된 스택의 주소가 PC와 SP에 각각 저장된 것으로 생각하면 된다. CPU마다 레지스터 개수와 크기가 다르므로 TCB에 저장되는 컨텍스트 크기도 CPU에 따라 다르다.

표 4-1 TCB의 구성

구분	요소	설명
스레드 정보	tid	스레드 ID. 스레드가 생성될 때 부여된 고유 번호
	state	스레드의 상태 정보. 실행(Running), 준비(Ready), 블록(Blocked), 종료(Terminated)

컨텍스트	PC	CPU의 PC 레지스터 값. 스레드가 스케줄될 때 실행할 명령의 주소
	SP	CPU의 SP 레지스터 값. 스레드 스택의 톱 주소
	다른 레지스터들	스레드가 중지될 때의 여러 CPU 레지스터 값들
스케줄링	우선순위	스케줄링 우선순위
	CPU 사용 시간	스레드가 생성된 이후 CPU 사용 시간
관리를 위한 포인터들	PCB 주소	스레드가 속한 프로세스 제어 블록(PCB)에 대한 주소
	다른 TCB에 대한 주소	프로세스 내 다른 TCB들을 연결하기 위한 링크
	블록 리스트/준비 리스트 등	입출력을 대기하고 있는 스레드들을 연결하는 TCB 링크, 준비 상태에 있는 스레드들을 연결하는 TCB 링크(스레드 스케줄링 시 사용) 등

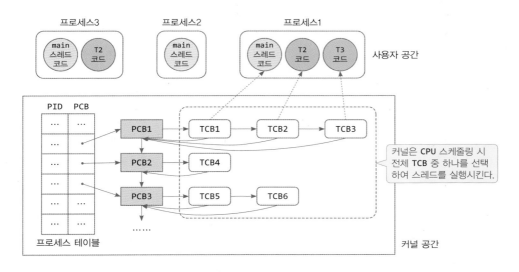

그림 4-16 PCB와 TCB의 관계

운영체제는 그림 4-16의 형태로 프로세스와 스레드를 함께 관리한다. 스레드의 주소 공간이 프로세스 내에 있기 때문에, PCB와 프로세스 내에 속한 모든 스레드의 TCB들을 링크드 리스트로 연결하여 관리한다. TCB도 자신이 속한 프로세스의 PCB에 대한 링크를 가지고 있다.

프로세스들은 스레드들이 생기고 활동하는 자원의 컨테이너로서, 운영체제는 프로세스를 스케줄링 단위가 아니라 스레드들을 위한 자원의 할당 단위로 다룬다. 커널이 실행 단위로 인식하는 스레드 실체는 TCB이다.

준비 리스트와 블록 리스트

커널은 PCB와 TCB를 연결하는 링크 외에, 그림 4–17과 같이 Ready 상태의 스레드와 Blocked 상태의 스레드를 관리하기 위해, 준비 리스트(ready thread list)와 블록 리스트(blocked thread list)의 두 링크드 리스트로 TCB들을 연결하여 관리한다.

커널의 스케줄러 코드는 준비 리스트에 있는 TCB 중 하나를 선택한다. 실행 중인 스레드가 스스로 양보하거나 할당된 CPU 타임 슬라이스를 다 소모한 경우 스레드의 TCB는 준비 리스트에 삽입된다. 스레드가 입출력을 시행하여 블록 상태가 되면 블록 리스트에 삽입된다. 이런 식으로 스레드는 상태에 따라 다른 리스트로 이동한다. 블록 리스트는 대기하는 자원이나 I/O 장치별로 따라 만들어지기도 한다.

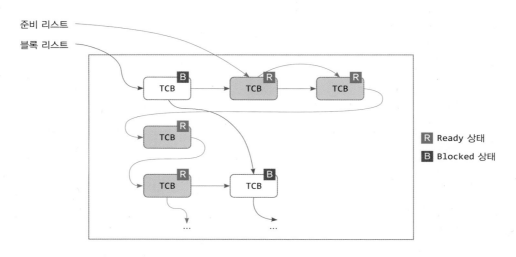

그림 4–17 준비 리스트와 블록 리스트

> **잠깐!** 그런데 말입니다! 스레드의 실체가 궁금합니다.
>
> 스레드의 개념을 이해하고 받아들이는데 시간이 걸린다. 스레드가 뜬구름 같기 때문이다. 운영체제에게 실행 단위라는 것은 운영체제가 실행시키고 중단시키고 종료시키는 단위라는 뜻이며, 스레드가 실행 단위라는 것은 바로 TCB를 두고 하는 말이다. 운영체제의 눈에는 TCB만 보인다. 실행시킬 단위의 스레드(코드)가 몇 개있는지 알고자 하면 TCB가 몇개 있는지 확인하고, 어떤 스레드(코드)를 실행시킬지 결정하려면 TCB 중에 하나를 선택한다. TCB에는 실행을 시작할 코드의 메모리 주소(PC)와 스택의 주소(SP) 등이 기록되어 있기 때문에, 운영체제는 TCB에 저장된 PC, SP를 비롯한 레지스터 값들을 CPU에 적재시켜 스레드를 실행시킨다. 이것이 바로 스레드의 실행이다. 스레드는 운영체제가 직접 실행시키는 실행 단위로, 운영체제에게 스레드는 TCB이다.

3.5 스레드 컨텍스트 스위칭

정의

스레드 컨텍스트 스위칭은 현재 CPU가 실행 중인 스레드를 중단시키고 CPU에게 새 스레드를 실행시키는 과정이다. 그림 4-18과 같이 커널은 스케줄러 코드를 이용하여 새로 실행시킬 스레드를 선택하고(스케줄링), 현재 스레드의 CPU 레지스터들의 값을 TCB에 저장하고 선택된 스레드의 TCB로부터 스레드 컨텍스트를 CPU에 적재하여 새 스레드를 실행시킨다(컨텍스트 스위칭). 스레드 컨텍스트 스위칭은 간단히 스레드 스위칭으로도 불리는데, 커널이 CPU 자원을 한 스레드에서 다른 스레드로 옮기는 작업이라고도 할 수 있다.

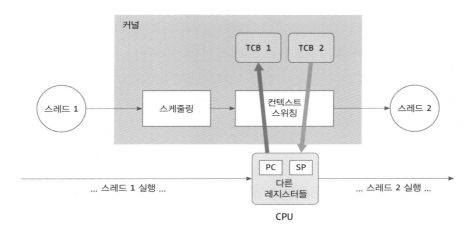

그림 4-18 스레드 1에서 스레드 2로 컨텍스트 스위칭

스레드 스위칭이 발생하는 경우

스레드 스위칭은 시스템 호출이나 인터럽트 서비스를 실행하는 도중에만 이루어지는데, 구체적으로 다음 4가지 경우이다.

(1) 스레드가 자발적으로 다른 스레드에게 양보하는 경우(시스템 호출 내)

이 경우는 2가지로 나뉘는데, 스레드가 직접 yield() 시스템 호출을 불러 다른 스레드에게 양보하는 경우나 sleep()이나 wait() 등의 시스템 호출을 불러 다른 스레드로 컨텍스트 스위칭되는 경우이다.

(2) 스레드가 I/O 작업을 요청하는 시스템 호출 시 블록되는 경우(시스템 호출 내)

스레드가 파일을 읽기 위해 read( ) 시스템 호출을 부르면, 디스크 장치로부터 파일이 읽혀질 때까지 실행이 진행될 수 없기 때문에, 커널은 강제로 현재 스레드를 블록 상태로 바꾸고 준비 리스트에서 다른 스레드를 선택한 후 컨텍스트 스위칭한다.

(3) 스레드가 타임 슬라이스를 소진한 경우(인터럽트 서비스 루틴 내)

대부분의 운영체제는 타임슬라이스 단위로 돌아가면서 스레드를 실행시킨다. 이때 커널은 타이머 인터럽트를 이용하여 스레드의 실행 시간을 체크하고 스레드가 CPU 타임슬라이스를 소진한 경우 강제로 중단시켜 준비 리스트에 넣는다. 그리고 준비 리스트에서 다른 스레드를 선택한 후 컨텍스트 스위칭한다.

(4) I/O 장치로부터 인터럽트가 걸린 경우(인터럽트 서비스 루틴 내)

현재 실행중인 스레드보다 더 높은 순위의 스레드가 블록 상태로 I/O 완료를 기다리고 있는 상황에서, I/O 작업이 완료되어 I/O 장치로부터 인터럽트가 발생하면, 인터럽트 서비스 루틴은 현재 스레드를 강제로 중단시켜 준비 리스트로 옮기고, I/O 작업 완료를 대기 중인 높은 순위의 스레드로 컨텍스트 스위칭한다.

스레드 스위칭이 이루어지는 위치

스레드 스위칭이 일어나는 앞의 4가지 경우를 자세히 들여다보면, 스레드 스위칭이 이루어지는 위치는 다음 2가지임을 알 수 있다.

> 스레드 스위칭은 시스템 호출을 처리하거나 인터럽트 서비스 루틴의 실행 도중 커널 코드에서 매우 짧은 시간 내에 원자적으로 이루어진다.

스레드 스위칭 과정

매우 중요한 것으로, 스레드 스위칭은 시스템 호출 처리나 인터럽트 서비스 실행 중 커널 코드 내에서 이루어진다. 좀 어렵게 느껴지지만, 그림 4-19와 함께 스레드 A가 실행 중에 스레드 B로 스위칭되는 과정을 알아보자.

(1) CPU 레지스터 저장 및 복귀

먼저, 현재 스레드 A가 실행 중인 상황(컨텍스트)을 모두 TCB-A에 저장한다. 구체적으로 현재 CPU의 PC, SP, 그 외 레지스터들을 모두 TCB-A에 저장한다. 그리고 나서, TCB-B에 저장된 스레드 B의 컨텍스트(PC, SP, 그 외 레지스터들 값)를 CPU에 적재시킨다. 이로서 CPU는 스레드 B 가 이전에 중단된 위치에서 실행을 재개할 수 있으며 자신의 스택도 되찾게 된다.

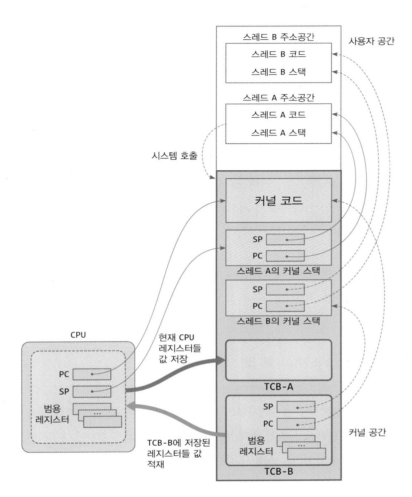

그림 4-19 스레드 컨텍스트 스위칭

• TCB와 커널 스택에 저장된 내용들

그런데 이러한 컨텍스트 스위칭은 스레드 A가 커널 코드를 실행하는 도중에 일어난다. 그림 4-19는 이 상황을 매우 자세히 보여준다. 현재의 상황은 구체적으로 스레드 A의 사용자 코드에서 시스템 호출을 통해 커널 코드를 실행하는 도중, 스레드 B로 컨텍스트 스위칭되는 상황이다. 현재 CPU는 커널 코드를 실행하고 있기 때문에, CPU의 PC 레지스터는 커널 코드를 가리키고, SP 레지스터는 스레드 A의 커널 스택을 가리키고 있다. 스레드 A의 커널 스택에는 스레드 A가 시스템 호출로 커널에 진입할 때 저장해둔 사용자 공간 코드 주소와 사용자 공간의 스택 주소가 저장되어 있다. 이들은 시스템 호출로부터 복귀하면 실행될 사용자 컨텍스트 정보이다.

한편, 스레드 B는 커널 코드를 실행하던 중 컨텍스트 스위칭으로 중단된 상태였기 때문에, 스레드 B의 커널 스택에는 스레드 B의 사용자 공간의 코드 주소와 스택 주소가 각각 저장되어 있다. 그리고 TCB-B에는 스레드 B가 컨텍스트 스위칭 전에 실행하고 있었던 커널 코드의 주소와 스레드 B가 사용하던 커널 스택 주소가 저장되어 있다.

(2) 커널 정보 수정

TCB-A와 TCB-B에 스레드의 상태 정보와 CPU 사용 시간 등을 수정하고, TCB-A를 준비 리스트나 블록 리스트로 옮기고, TCB-B를 준비 리스트에서 분리시키는 등 TCB 리스트를 조작하는 작업을 한다.

(3) 스레드 B로 컨텍스트 스위칭이 끝나면

컨텍스트 스위칭이 끝나면 CPU에는 TCB-B에 저장된 컨텍스트가 적재되므로, CPU는 스레드 B가 이전에 실행을 중단한 커널 코드에서부터 실행을 재개한다. 커널 코드의 작업을 마치면 스레드 B는 커널 스택에 저장해둔 사용자 컨텍스트 정보(PC와 SP값)를 CPU에 복귀시키고 시스템 호출로부터 사용자 코드로 돌아가서 사용자 코드를 계속 실행하게 될 것이다.

> **잠깐!** 커널에 별도의 스케줄링 스레드가 있는가?
>
> 간혹 운영체제 내에 스케줄링을 전담하는 커널 스레드가 있는 것으로 착각하는데, 유닉스, 리눅스, Windows, iOS 등 현대 대부분의 모놀리식 운영체제에서 스레드 스케줄링을 처리하는 스레드는 없다. 스케줄링 코드는 커널 함수로 구현되고 시스템 호출이 처리되는 과정이나 인터럽트 서비스 루틴이 실행되는 과정에서 호출되는 함수이다.

함수가 호출되면 스택에 함수의 지역변수와 매개변수들이 저장된다. 함수가 끝나면 이들을 사라지지만, 이 함수가 다른 함수를 호출하면 호출된 함수의 지역 변수와 매개변수가 현재 스택 위에 형성된다. 그러므로 스택에는 연결되어 호출된 함수들의 지역변수와 매개변수들이 모두 쌓여 있기 때문에, 스택 주소를 잃어버리면 프로그램은 실행할 수 없다. TCB에 SP 레지스터를 저장하는 이유도 여기에 있다. 스레드가 다시 실행될 때 스레드 스택의 주소를 복귀하기 위해서이다.

스레드가 시스템 호출로 커널로 진입할 때, 커널은 스레드의 사용자 스택 주소(현재 CPU의 SP 레지스터)를 저장해두고 다시 사용자 코드로 돌아갈 때 저장해둔 스택 주소를 CPU의 SP 레지스터에 복귀시킨다. 스레드 실행 중 인터럽트가 발생해도 이와 동일한 방법으로 스레드 스택을 잃어버리지 않게 한다.

3.6 컨텍스트 스위칭의 오버헤드

멀티스레드 운영체제에서 스레드의 컨텍스트 스위칭은 필연적이다. 하지만, 컨텍스트 스위칭은 CPU를 전적으로 사용하는 작업으로 상당량의 CPU 시간을 소모한다. 컨텍스트 스위칭에 걸리는 시간이 크면 컴퓨터의 처리율이 상대적으로 떨어지므로 스레드 스위칭 시간을 최소화할 필요가 있다. 다음 2가지 경우에 따라 컨텍스트 스위칭의 오버헤드가 달리 나타난다.

동일한 프로세스의 다른 스레드로 스위칭하는 경우

동일한 프로세스의 다른 스레드로 스위칭이 일어나는 경우 걸리는 시간을 나열하면 다음과 같다.

(1) 컨텍스트 저장 및 복귀 시간

현재 CPU 상태(PC, SP, 데이터 레지스터, 상태 레지스터 등)를 스레드의 TCB에 저장하고, 새로 선택된 스레드의 TCB에 저장된 레지스터 값들을 CPU에 복귀하는 시간

(2) TCB 리스트 조작 시간

스레드의 TCB를 준비 리스트나 블록 리스트 등으로 옮기는 시간

(3) 캐시 플러시 및 채우기 시간

새로 실행될 스레드의 코드나 데이터가 CPU 캐시에 없다면 캐시 미스가 발생하여 이들이 캐시에 채워지는 된다. 이 과정은 컨텍스트 스위칭 이후 새 스레드가 실행하는 동안 이루어지므로 컨텍스트 스위칭 시간에 포함시키지 않는다.

다른 프로세스의 스레드로 스위칭되는 경우

동일한 프로세스의 다른 스레드로 스위칭이 일어나는 경우는 동일한 프로세스의 주소 공간 내에서 다른 코드가 실행되는 정도의 작은 변화에 불과하지만, 프로세스가 교체되면 CPU가 실행하는 주소 공간이 완전히 바뀌는 큰 변화가 일어난다. 이에 따라, 앞서 동일한 프로세스의 스레드로 스위칭되는 오버헤드에다 다음 2개의 시간이 추가된다.

(1) 메모리 관련 오버헤드

프로세스의 논리 주소를 물리 주소로 매핑하는 MMU(Memory Management Unit) 장치 내에 들어 있는 이전 맵 테이블(페이지 테이블)을 제거하고 새로운 프로세스의 맵 테이블(페이지 테이블)을 적재해야 한다. 이 과정에서 새로운 프로세스의 코드나 데이터가 메모리에 없고 하드 디스크에 있어 이를 메모리로 옮겨와야 하는 과정(페이지 폴트, 9장 참고)이 발생하기도 한다. 또한 9장의 가상 메모리를 배워야 알 수 있는 것이지만, CPU 내에 현재 프로세스의 TLB(Translation Look-aside Buffer, 고속 주소 변환 장치, 9장 참고)를 모두 비우고, CPU에 새 프로세스의 TLB를 채우는 작업이 필요하다. 이 시간은 결코 작지 않다.

(2) 추가적인 캐시 오버헤드

프로세스가 바뀌기 때문에 현재 CPU 캐시에 담긴 프로세스의 코드와 데이터를 무효화(cache invalidate)시켜야 한다. 이 과정에서 캐시 속의 수정된 데이터가 메모리에 복사되는 캐시 플러시(cache flush) 시간이 소요된다. 그러고 나서 새 프로세스의 스레드가 실행을 시작하면 CPU 캐시에 계속 캐시 미스(cache miss)가 발생하고 캐시가 채워지는 과정이 진행되는데 여기에도 상당한 시간이 소요된다. 캐시 미스와 캐시가 채워지는 시간은 컨텍스트 스위칭 시간에 포함시키지 않는다.

스레드 스위칭 오버헤드 줄이기

멀티스레드 운영체제에서 스레드 스위칭이 매우 자주 발생한다. 컨텍스트 스위칭은 상당한 CPU 시간이 소모되는 CPU 집중(CPU intensive) 작업으로, 컨텍스트 스위칭 시간이 클수록, 스위칭 횟수가 많을수록 컴퓨터의 처리율이 떨어지므로 컨텍스트 스위칭 시간을 최소화할 필요가 있다. 멀티 코어 CPU를 가진 현대의 컴퓨터 시스템에서는 프로세스를 특정 CPU 코어에 배치하여, CPU 코어가 여러 프로세스에 걸쳐 스레드를 실행하지 않도록 하는 방법을 사용하기도 하고, CPU와 TCB 사이에 컨텍스트를 이동하는 작업을 없애기 위해 CPU에 스레드 별로 레지스터 셋을 따로 두어, 컨텍스트 스위칭 시 현재 실행 중인 스레드의 CPU 레지스터들을 TCB에 저장하는 않는 방법을 사용하기도 한다(뒷부분의 TIP 하이퍼스레딩 참고).

4 커널 레벨 스레드와 사용자 레벨 스레드

4.1 커널 레벨 스레드와 사용자 레벨 스레드

스레드는 컴퓨터 시스템에서 실행 단위이다. 스레드 정보는 TCB에 저장되며, TCB를 실행 단위로 하여 시스템 내 TCB들 중에 하나를 선택하는 것이 바로 스레드 스케줄링이다. 지금까지 스레드를 설명하면서 TCB, 스레드 컨텍스트 스위칭, 스레드 스케줄링 등 스레드와 관련된 작업이 모두 커널 코드에 의해 커널 모드에서 수행된다고 설명하였다. 이것은 설명을 쉽게 하기 위한 방편이었고, 스레드는 스레드 라이브러리에 의해 구현되기도 한다. 스레드는 스케줄링 주체에 따라 다음 2 종류로 구분된다.

- 커널 레벨 스레드(kernel-level thread) – 커널에 의해 스케줄링되는 스레드
- 사용자 레벨 스레드(user-level thread) – 스레드 라이브러리에 의해 스케줄링되는 스레드

스레드 정보를 담은 TCB를 생성하고 소유하고 있는 주체가 커널인지 스레드 라이브러리인지에 따라 커널 레벨 스레드와 사용자 레벨 스레드로 구분된다고도 할 수 있다.

커널 레벨 스레드

커널 레벨 스레드란, TCB가 커널에 의해 커널 공간에 만들어지고 커널에 의해 스케줄되는 스레드이다. 줄여서 커널 스레드라고도 부른다. 커널 레벨 스레드는 시스템 호출을 통해서만 만들어진다. 그리고 스레드 조인, 동기화 등 스레드 운용의 모든 기능은 커널에 의해서만 제공되므로, 커널 스레드들은 시스템 호출을 통해서만 이 기능을 활용할 수 있다. 왜냐하면 TCB가 커널에 있기 때문이다. 다시 정리해보자.

커널 레벨 스레드는 커널 코드에 의해 만들어져, 커널에 의해 그 존재가 인지되고, 커널에 의해 스케줄링되는 스레드이다.

커널 레벨 스레드가 커널에 의해 생성되고 스케줄링된다는 의미이지, 커널 레벨 스레드의 코드와 데이터가 커널에 있어야 한다는 것은 아니다. 커널 레벨 스레드의 코드와 데이터가 사용자 공간(user space)에 있을 수도 있고, 커널 공간(kernel space)에 있을 수도 있다. 사용자는 시스템 호출을 통해, 자신이 작성한 응용프로그램 내의 코드를 실행하는 스레드를 커널 레벨 스레드로 만들 수 있다. 중요한 것은 시스템 호출을 통해 스레드를 만들면, TCB가 커널 공간에 만들어지고, TCB에 기록된 스레드 코드의 주소는 응용프로그램의 코드를 가리키게 된다. 이 TCB가 커널 스케줄러에 의해 스케줄링되면, CPU는 응용프로그램에 작성된 사용자 코드를 실행한다.

특별히 부팅할 때부터 커널 공간에서 실행되도록 작성된 커널 레벨 스레드가 있는데, 저자는 이 스레드를 순수 커널 레벨 스레드(pure kernel level thread)라고 명명한다. 이 스레드는 처음부터 커널 모드에서 실행되면서 커널을 돕는 목적으로 만들어진다. 대부분의 운영체제에는 여러 순수 커널 레벨 스레드들이 실행된다.

한편, 응용프로그램을 적재하여 프로세스를 생성할 때, 커널은 'main 스레드'라고 불리는 커널 레벨 스레드, 즉 커널에 main 스레드의 TCB를 생성한다. C 언어로 작성된 응용프로그램의 경우 main() 함수를 실행하는 스레드가 바로 main 스레드이다. 이 후 main 스레드가 다른 스레드를 생성하여 멀티스레딩을 달성한다. 이 과정은 그림 4-21의 설명을 통해 확인하라.

사용자 레벨 스레드

두 번째 유형의 스레드는 사용자 레벨 스레드이다. 그 정의는 다음과 같다.

> 스레드 라이브러리에 의해, 사용자 공간에 생성되고, 관리되고, 스케줄되는 스레드를 사용자 레벨 스레드라고 한다. 줄여서 사용자 스레드라고도 한다.

스레드의 TCB가 스레드 라이브러리에 의해 사용자 공간에 생성되고 관리되므로, 사용자 레벨 스레드에 대한 존재는 커널에 전혀 알려지지 않는다.

스레드 라이브러리는 응용프로그램에 링크되어 응용프로그램의 바이너리 코드에 합쳐지기 때문에, 응용프로그램이 적재될 때 함께 사용자 영역에 적재된다. 사용자 레벨 스레드라고 이름 붙은 이유는, 응용프로그램(프로세스)은 스레드 라이브러리의 함수를 호출(function call 방법으로)하여 스레드를 생성하고, 스레드 라이브러리는 생성한 TCB를 사용자 공간에 저장하기 때문이다. 다시 말해, 스레드의 탄생, 조인, 스케줄링, 동기화, 종료 등 모든 관리가 사용자 공간에서 이루어지기 때문이다.

스레드 라이브러리는 사용자 레벨 스레드가 실행되는 환경(일종의 가상 머신) 역할을 한다. 사용자 레벨 스레드는, 사용자 주소 공간에 적재된 스레드 라이브러리의 스케줄러 코드에 의해 선택되어 실행된다. 스레드 라이브러리는 프로세스에 포함된 사용자 레벨 스레드들만 스케줄링한다.

사용자 레벨 스레드에 대한 이해를 돕기 위해 그림 4-20을 준비하였다. 그림 4-20은 프로세스 기반의 운영체제에서 스레드 라이브러리에 의해 사용자 레벨 스레드가 생성되고 실행되는 모습을 보여준다. 그림에서 3개의 PCB가 만들어져 있고, 커널은 3개의 프로세스가 실행되고 있다고만 알고 있다. 그리고 현재 PCB3이 선택되어 프로세스3이 실행되고 있는 상황이다. 프로세스3은 스레드 라이브러리를 이용하여 3개의 사용자 레벨 스레드를 생성하였으며, 스레드 라이브러리는 3개의 스레드에 관한 정보(U-TCB)를 생성 관리하고, 자체에 내장한 스케줄러 코드를 이용하여 이들 중 하나를 선택하여 스레드 코드를 실행시킨다. 현재는 프로세스3의 스레드2가 실행중이다. 커널은 사용자 스레드의 존재에 대해 전혀 알지 못하며, 프로세스3의 개발자는 3개의 스레드를 만들었다고 생각한다.

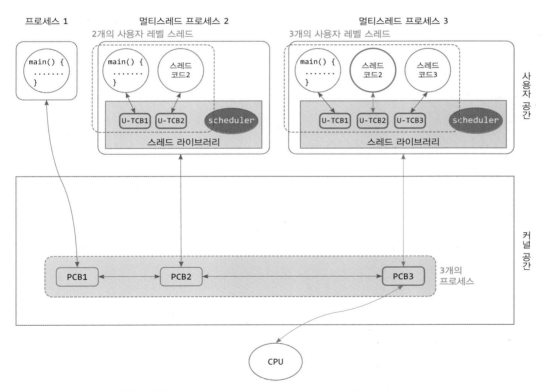

그림 4-20 프로세스 기반의 운영체제에서 스레드 라이브러리에 의해
관리되는 사용자 레벨 스레드

4.2 커널 레벨 스레드와 사용자 레벨 스레드 사례

이제, 멀티스레드 운영체제에서 커널 레벨 스레드와 사용자 레벨 스레드가 어떻게 실행되는지 알아보자. 그림 4-21은 개념 설명을 위해 임의로 준비한 것으로 2개의 코어를 가진 CPU에서의 사례이다. 멀티스레딩이 컴퓨터 시스템에서 구현되는 형태는 4절에서 자세히 설명한다.

사례 개요

그림 4-21에는 2개의 프로세스가 있으며, 커널 레벨 스레드가 4개, 사용자 레벨 스레드가 3개 있다. 멀티스레드 운영체제이므로 스레드를 실행 단위로 다룬다. 커널은 각 커널 레벨 스레드에 대해 TCB를 생성하고 이 TCB들을 대상으로 스케줄링한다.

순수 커널 레벨 스레드

첫 번째, 그림 4-21의 왼쪽에는 커널에 주소 공간을 두고 있는 2개의 순수 커널 레벨 스레드 TCB1과 TCB2가 보인다. 순수 커널 레벨 스레드는 커널을 돕기 위해 만든 스레드이다. 예를 들어 USB 장치가 컴퓨터에 장착될 때 이를 인식하고 처리하거나, 커널이 디스크 입출력 시 비동기적으로 처리하도록 남겨 놓은 디스크 입출력을 시행하거나, 마우스를 핸들링하거나, 코어별 작업 부하를 균등히 하게 위해 한 스레드의 큐에서 대기 중인 작업을 다른 스레드의 큐로 옮겨 놓는 등의 기능이다. 어떤 순수 커널 레벨 스레드는 부팅 때부터 생성되어 커널의 기능을 돕는다. 리눅스에서 kthreadd, ksoftirqd, kworker, rcu_sched, rcu_bh, watchdog, migration, kswapd, aio 등의 스레드가 이에 속한다. 하지만 순수 커널 레벨 스레드를 커널이라고 부르지는 않는다. 순수 커널 레벨 스레드는 커널 모드에서만 실행되고 사용자와 대화하지 않으며 백그라운드에서 실행된다. 자기 자신의 독립된 주소 공간을 별도로 가지지 않으며 커널 공간에 적재된 코드를 실행한다. 사용자가 멀티태스킹을 위해 스레드를 만들듯이, 커널 역시 필요에 의해 순수 커널 레벨 스레드를 만든다.

커널 레벨 스레드

두 번째, TCB3과 TCB4의 커널 레벨 스레드를 보자. 멀티스레드 운영체제에서 응용프로그램을 실행시킬 때, 커널은 프로세스를 만들고 그 안에 커널 레벨 스레드를 1개(메인 스레드) 만든다. 커널 레벨 스레드를 만든다는 의미는 커널이 스케줄링할 수 있는 TCB를 커널 공간에 만든다는 의미이다. 그러므로 그림 4-21에서 단일 스레드 프로세스1을 생성할 때, 커널은 커널 레벨 스레드 TCB3(메인 스레드)을 만든다. 그리고 TCB3에 시작 주소로 main()의 주소로 기록하고 나머지 스레드 정보를 기록한다. 또 멀티스레드 프로세스2를 생성할 때 역시 커널 레벨 스레드 TCB4(메인 스레드)를 생성하고 main() 함수의 주소를 시작 주소로 등록한다. 커널은 스케줄링을 할 때, TCB1~TCB4의 4개의 커널 레벨 스레드 중에서 하나를 선택하여 실행시키는데, TCB3이 선택되는 경우 프로세스1의 main() 함수 코드가 실행된다.

커널 레벨 스레드가, 커널 공간에 만들어진 코드를 실행하는 스레드를 뜻하는 것이 결코 아니다. 사용자 응용프로그램이든 커널에 존재하는 코드이든, 커널에 만들어진 **TCB**들을 대상으로 커널에 의해 스케줄링되는 스레드가 바로 커널 레벨 스레드이다.

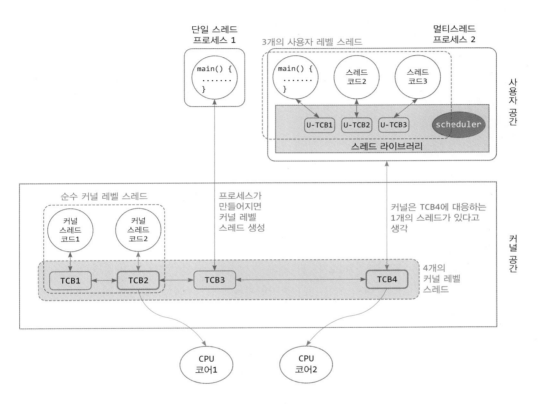

그림 4-21 커널 레벨 스레드와 사용자 레벨 스레드 사례

사용자 레벨 스레드

세 번째 경우로, 그림 4-21의 상단 오른쪽에서 멀티스레드 프로세스2의 3개의 사용자 레벨 스레드에 주목해보자. 프로세스의 사용자 주소 공간에 응용프로그램과 스레드 라이브러리가 함께 적재되어 있다.

이 프로세스를 적재할 때, 커널은 커널 레벨 스레드 **TCB4**를 생성하고, **TCB4**에 실행 시작 주소에 **main()** 함수의 주소를 기록한다. 그 후 커널 스케줄링에 의해 **TCB4**가 선택되어 **main()** 함수가 실행되고, main( ) 함수는 자신을 사용자 레벨 스레드로 등록하는 스레드 라이브러리 함수를 호출한다. 스레드 라이브러리는 사용자 공간에 U-TCB1을 생성하고 이곳에 시작 주소를 main( ) 함수의 주소로 설정한다. 그리고 나서 main( ) 함수는 스레드 라이브러리의 스레드 생성 함수를 호출하여 사용자 레벨 스레드를 2개를 추가 생성한다. 이때 스레드 라이브러리는 사용자 공간에 U-TCB2와 U-TCB3을 생성하여 관리한다. U-TCB1이 생성되는 방법과 시점은 스레드 라이브러리에 따라 다르게 구현된다. 커널은 프로세스 내에 만들어진 사용자 레벨 스레드(U-TCB1, U-TCB2, U-TCB3)에 대해 전혀 알지 못한다. 커널은 프로세스2를 1개의 스레드로 인식하며 사용자가 만들어 놓은 3개의 작업(사용자 스레드)이 있는지 어떤 작업(사용자 스레드)이 실행되고 있는지 전혀 알지 못한다.

스레드 라이브러리에는 스케줄러 코드(함수)가 있으며, 이 코드가 호출되면 3개의 사용자 레벨 스레드에서 하나를 선택하여 실행시킨다.

스레드의 스케줄링 및 실행

이제, 그림 4-21에서 커널 레벨 스레드와 사용자 레벨 스레드가 분명해졌다. 현재 CPU에 2개의 코어가 있으므로 코어 당 1개씩 2개의 스레드가 병렬적으로(parallel) 실행될 수 있다. 커널은 TCB1~TCB4까지 4개의 커널 레벨 스레드만 대상으로 스케줄링한다. 커널은 사실 이 4개 밖에 알지 못한다. 커널은 스케줄링 결과, 코어1에 TCB2의 스레드를, 코어2에 TCB4 스레드를 할당하였다. 독자들은, 코어1이 TCB2가 가리키는 커널 코드를 실행하는 것이 분명하지만, 코어2의 경우 TCB4가 프로세스 내의 어떤 코드를 가리키는지 알 수 없다. 독자뿐 아니라 커널 역시, main( )의 코드인지, '스레드 코드2'인지 '스레드 코드3'인지 모른다. 커널의 입장에서는 이 프로세스에 하나의 스레드만 있다고 인식하고 있기 때문이다.

이제, 사용자 레벨 스레드가 어떻게 스케줄링되어 실행되는지 이해를 돕기 위해 하나의 시나리오를 만들어보자. 커널이 코어2에서 실행시킬 스레드로 TCB4를 스케줄하고, TCB4에 저장된 컨텍스트를 코어2에 복귀시켰더니, 실행을 시작할 주소(PC 레지스터)가 스레드 코드3 내의 한 위치라고 하자. 코어2는 '스레드 코드3'을 실행하기 시작한다. 실행 도중 '스레드 코드3'이 프로세스 내 다른 사용자 레벨 스레드에게 양보하기 위해 스레드 라이브러리의 함수(예: yield( ) 함수)를 호출하면, 이 함수는 스레드 라이브러리의 스케줄러 함수를 호출하고, 스케줄러 함수가 U-TCB1과 U-TCB2 중 하나를 선택한다. 만일 스케줄러 함수가 U-TCB2를 선택하였다면 스레드 라이브러리는 U-TCB3에서 U-TCB2로 스위칭한다. 즉, 현재 실행 중인 컨텍스트('스레드 코드 3' 내의 주소 등)를 U-TCB3에 저장하고, U-TCB2에 기록된 '스레드 코드2' 내의 주소로 점프하여 실행을 계속한다. 사용자 레벨 스레드의 스케줄링은, 스레드 라이브러리의 스케줄링 함수가 다른 사용자 레벨 스레드의 주소로 점프하는 식으로 이루어진다.

이제 마지막으로 정리해보자. 커널에 의해 스케줄되고 관리되는 스레드를 커널 레벨 스레드라고 부르고, 스레드 라이브러리에 의해 스케줄되고 관리되는 스레드를 사용자 레벨 스레드라고 부른다. 지금까지 설명한 것은 다분히 이론적이다. 운영체제마다, 스레드 라이브러리마다 스레드를 다루는 방법은 매우 다양하다.

 용어 정리

스레드를, 스케줄의 단위라는 뜻으로 스케줄 가능한 엔터티(schedulable entity)라고 부르기도 한다. 또한 커널 레벨 스레드를 커널 스레드로, 사용자 레벨 스레드를 사용자 스레드로 줄여 부르기도 한다. 그래서 문서를 읽다보면 '커널 스레드'라는 단어를 마주칠 때가 있는데 긴장하고 문서를 읽는다. 분명히 해두자면, 커널 스레드는 커널모드에서 커널 코드를 실행하는 스레드가 아니다. 스레드 라이브러리의 의해 스케줄되지 않고 커널에 의해 스케줄되어 실행되는 스레드이다. Windows 경우, 응용프로그램이 CreateThread() 커널 API(시스템 호출)를 호출하면 응용프로그램 코드를 실행하는 커널 레벨 스레드를 만들 수 있다. 부팅 때부터 만들어지는 순수 커널 레벨 스레드를 제외하면, 커널 레벨 스레드가 실행하는 코드는 사용자 코드이다.

4.3 사용자 레벨 스레드의 유용성

스레드가 운영체제에 도입되었을 초기에는 커널 레벨 스레드만 있었는데, 커널 레벨 스레드는 컨텍스트 스위칭에 많은 시간이 소요되어 시스템 성능을 떨어뜨리는 원인이 되었다. 이에 커널의 도움을 받지 않고도 스레드를 만들고 스케줄링할 수 있는 스레드 라이브러리가 개발되고 그와 함께 사용자 레벨 스레드가 도입되었다. 사용자는 스레드 라이브러리를 이용하여 쉽게 멀티스레드 응용프로그램을 작성할 수 있게 되었다. 또한 사용자 레벨 스레드는 그림 4-20과 같이 스레드를 지원하지 않는 운영체제에서도 스레드 라이브러리를 이용하여 멀티스레드 응용프로그램을 작성할 수 있는 장점이 있다.

4.4 사용자 레벨 스레드와 커널 레벨 스레드의 비교

사용자 레벨 스레드와 커널 레벨 스레드의 특징을 표 4-2에 비교 정리하였다.

표 4-2 사용자 레벨 스레드와 커널 레벨 스레드의 비교

항목	사용자 레벨 스레드	커널 레벨 스레드
정의	스레드 라이브러리에 의해 스케줄되는 스레드	커널에 의해 스케줄되는 스레드
구현	스레드 라이브러리에 의해 구현되고 다루어짐	커널에 의해 구현. 커널 API (시스템 호출) 필요

스레드 스위칭	사용자 모드에서 스레드 라이브러리에 의해 실행	커널 모드에서 커널에 의해 실행
컨텍스트 스위칭 속도	커널 레벨 스레드보다 100배 이상 빠르다고 알려짐	커널 내에서 상당 시간 지연
멀티스레드 응용프로그램	스레드 라이브러리를 이용하여 작성하기 쉽고, 스레드 생성 속도 빠름	시스템 호출을 이용하여 스레드 생성. 스레드 생성 속도 느림
이식성(portability)	운영체제 상관없이 작성 가능하므로 높은 이식성. 스레드를 지원하지 않는 운영체제에서도 가능	스레드를 생성하고 다루는 시스템 호출이 운영체제마다 다르므로 이식성 낮음
병렬성(parallelism)	멀티 CPU 컴퓨터나 멀티 코어 CPU에서 멀티스레드의 병렬처리 안 됨	높은 병렬성. 커널 레벨 스레드들이 서로 다른 CPU나 서로 다른 코어에서 병렬 실행 가능
병렬성의 종류	concurrency(동시성)	parallelism(병렬성)
블록킹(blocking)	하나의 사용자 레벨 스레드가 시스템 호출 도중 입출력 등으로 인해 중단(Blocked)되면 프로세스의 모든 사용자 레벨 스레드가 중단됨	하나의 커널 레벨 스레드가 시스템 호출 도중 입출력 등으로 인해 중단(Blocked)되어도 해당 스레드만 중단
커널 부담	없음	커널 코드의 실행 시간 증가. 시스템 전체에 부담
스레드 동기화	스레드 라이브러리에 의해 수행	시스템 호출을 통해 커널에 의해 수행
관리의 효율성	커널 부담 없음	커널 부담
최근 경향	멀티 코어 CPU에 적합하지 않아 줄고 있는 추세	멀티 코어 CPU에서 높은 병렬성을 얻을 수 있어 많이 사용되는 추세

4.5 커널 레벨 스레드와 사용자 레벨 스레드의 장단점

컨텍스트 스위칭과 스레드 관리

컨텍스트 스위칭 측면에서, 사용자 레벨 스레드가 커널 레벨 스레드보다 효율적이다. 커널 레벨 스레드 사이의 컨텍스트 스위칭은 커널 공간에서 이루어지며 커널 내 여러 자료 구조를 수정하는 작업이 일어난다. CPU의 레지스터들을 커널 내 TCB에 저장하고 TCB 리스트도 조작된다. 그리고 컨텍스트 스위칭 후 새 스레드가 실행되는 동안 CPU 캐시에 코드와 데이터가 교체되고, TLB(Translation Look-aside Buffer, 고속 주소 변환 장치)의 내용이 교체되는 오버헤드도 발생한다. 하지만, 사용자 레벨 스레드 사이의 컨텍스트 스위칭은 스레드 라이브러리에 의해 사용자 공간에서 진행되므로 커널 모드로 바꾸는 등 커널로 진입하는 부담도 없고, 실제 CPU에 컨텍스트를 쓰거나 읽어오는 작업이 없다. U-TCB 사이의 교체와 U-TCB 리스트의 조작 정도로, 비교적 저장되거나 복귀되는 데이터 량이 매우 적어 시간도 적게 걸린다. 스레드를 생성하는데 걸리는 시간 역시 사용자 공간에서 이루어지므로 사용자 레벨 스레드가 훨씬 짧다.

이식성 및 활용성

이식성 측면에서 사용자 레벨 스레드가 우세하다. 사용자 레벨 스레드는 스레드 라이브러리에 의해 관리되므로, 사용자 레벨 스레드로 작성된 응용프로그램은 운영체제에 종속적이지 않다. 또한 멀티스레드를 지원하지 않는 운영체제에서도 스레드 라이브러리를 이용하여 멀티스레드 응용프로그램을 작성할 수 있기 때문에, 사용자 레벨 스레드의 이식성과 활용성이 더 좋다고 평가된다.

실행 블록킹

사용자 레벨 스레드들로 작성된 멀티스레드 응용프로그램의 경우, 임의의 사용자 레벨 스레드가 read()나 write() 시스템 호출을 실행하여 입출력 완료를 기다리는 블록 상태가 될 때, 응용프로그램 내 다른 모든 사용자 레벨 스레드가 실행될 수 없게 된다. 그림 4-24는 이 과정을 자세히 보여준다. 하지만, 커널 레벨 스레드들로 작성된 멀티스레드 응용프로그램에서는, 임의의 커널 레벨 스레드가 중단(블록)된다 하더라도, 응용프로그램 내 다른 커널 레벨 스레드가 스케줄링되어 실행될 수 있기 때문에 응용프로그램 전체가 중단되는 일은 발생하지 않는다.

병렬성

그림 4-21과 그림 4-25의 사례와 같이, 멀티 코어 CPU를 가진 컴퓨터에서 커널은 CPU 코어마다 하나의 커널 레벨 스레드를 실행시킨다. 4개의 코어를 가진 CPU가 있다면 4개의 커널 레벨 스레드를 동시에 실행시킬 수 있다. 하지만 그림 4-21과 같이 응용프로그램 내의 모든 사용자 레벨 스레드들은 하나의 CPU 코어에서 스레드 라이브러리에 의해 번갈아 실행된다. 멀티 코어 CPU가 있다 하더라도, 사용자 레벨 스레드들은 여러 코어에서 병렬적으로 실행될 수 없어, 멀티 코어에 대한 활용성이 떨어진다.

5 멀티스레드 구현

지금까지 스레드, 스레드 컨텍스트, 컨텍스트 스위칭, 사용자 레벨 스레드와 커널 레벨 스레드 등 개념을 중심으로 학습하였다. 이 절에서는 사용자 응용프로그램 내에 작성한 각 스레드 코드가 독립적 단위로 실행되는 멀티스레딩을 구현하기 위해, 스레드 라이브러리와 커널이 어떻게 작동하고 협력하는지 설명한다.

5.1 배경

대부분의 응용프로그램 개발자들은 스레드 라이브러리를 이용하여 멀티스레드 응용프로그램을 개발한다. 리눅스 경우 `pthread` 라이브러리의 `pthread_create()` 함수를 호출하여 스레드를 생성한다. 생성되는 스레드가 사용자 레벨 스레드인지 커널 레벨 스레드인지 생각하지 않고 프로그램을 작성하며, 작성한 여러 스레드가 동시에 잘 실행될 것이라고만 믿는다.

응용프로그램에서 생성된 사용자 레벨 스레드의 코드가 CPU에 의해 실행되려면, 궁극적으로 커널에 의해 스케줄되어야 한다. 커널은 커널 레벨 스레드밖에 모르기 때문에, 필연적으로 사용자 레벨 스레드와 커널 레벨 스레드가 연계(매핑, mapping)되어야 한다. 스레드가 생긴 이래로 이 문제에 대한 다양한 방법이 제시되어 왔고 운영체제도 여러 변화를 겪어 왔다. 대표적으로 다음 3가지 모델이 있다.

- N:1 매핑
- 1:1 매핑
- N:M 매핑

N:1, 1:1, N:M 모델은 어디까지나 이론이며 이들의 실현은 스레드 라이브러리와 스레드를 다루는 커널의 구현에 달려있다. 어떤 운영체제를 사용하느냐 혹은 어떤 스레드 라이브러리를 사용하느냐에 따라, 멀티스레드 응용프로그램의 스레드가 모두 커널 스레드로 실행될 수 있고 모두 사용자 스레드로 실행될 수도 있다.

5.2 N:1 매핑

N:1 매핑이란, 그림 4-22와 같이 하나의 응용프로그램(프로세스)에 속한 모든 사용자 스레드를 하나의 커널 스레드로 매핑하는 개념이다. 다르게 말하면, N개의 U-TCB를 1개의 TCB에 매핑하는 것이다. N:1 매핑을 따르는 운영체제에서는 응용프로그램 당 하나의 커널 레벨 스레드가 생성되고, 커널에 의해 커널 레벨 스레드가 스케줄되면 그것은 곧 사용자 프로세스를 스케줄한 것과 같다.

그림 4-22를 보자. N:1 매핑을 사용하는 운영체제는 모든 프로세스를 기본적으로 단일 스레드 프로세스(single-threaded process)로 다룬다. 프로세스가 생성되면 커널에는 스케줄 가능한 엔터티(schedulable entity)가 만들어지는데 바로 TCB이다(TCB를 커널 레벨 스레드라고 부름). 그림에서 3개의 사용자 레벨 스레드를 가진 멀티스레드 프로세스가 TCB4에 연결된 모습을 볼 수 있다. 3개의 사용자 레벨 스레드가 1개의 커널 레벨 스레드에 매핑되어 있으며, 커널 스케줄러가 TCB4를 코어2에 할당하여 코어2가 '스레드 코드3'의 코드를 실행하고 있는 모습이다.

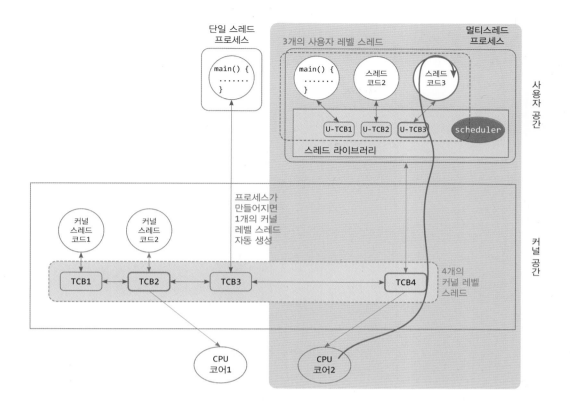

그림 4-22 사용자 레벨 스레드와 커널 레벨 스레드의 N:1 매핑(3:1 매핑)

3개의 사용자 레벨 스레드가 실행되는 과정을 자세히 알아보자. 그림 4-23(a)와 같이 코어2가 응용프로그램에 작성된 '스레드 코드3'을 실행하면, 사용자 레벨 스레드3이 실행되는 것이다. '스레드 코드3'이 실행 중에 스레드 라이브러리의 스케줄러 함수를 호출하면, 스케줄러 함수는 U-TCB2를 선택하고 U-TBC2에 적힌 주소로 점프하면 그림 4-23(b)와 같이 '스레드 코드2'가 실행된다. '스레드 코드2'가 실행되기 전, '스레드 코드3'이 실행되고 있었던 것도 main() 함수가 스레드 라이브러리의 스케줄러 함수를 호출하는 동일한 과정에 의해 진행된 결과이다.

사용자 스레드의 스위칭 과정은 스레드 라이브러리의 구현에 따라 다를 수 있지만, 분명한 것은 커널이 현재 '스레드 코드2'가 실행되는지 '스레드 코드3'이 실행되는지 전혀 알지 못한다는 것이다. 커널은 현재 TCB4의 커널 스레드를 실행하고 있다고 생각할 뿐이다. 사용자가 만든 3개의 스레드는 사용자 레벨 스레드이며 이들의 실행은 하나의 커널 스레드 TCB4에 연계되어 있다. 3개의 사용자 레벨 스레드 중 어떤 것이라도 실행되기 위해서는 TCB4의 커널 레벨 스레드가 커널에 의해 스케줄되어야 한다. 이것이 N:1 매핑이다.

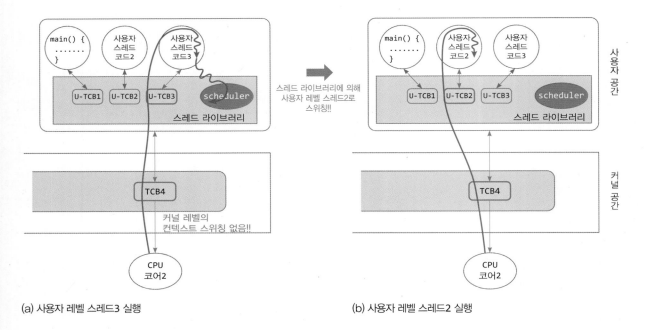

(a) 사용자 레벨 스레드3 실행   (b) 사용자 레벨 스레드2 실행

그림 4-23   3개의 사용자 레벨 스레드가 1개의 커널 레벨 스레드 TCB4 공유

장점

N:1 모델은 단일 코어 CPU에서 멀티스레드 응용프로그램이 실행되는 속도가 전반적으로 빠르다. 왜냐하면, 스레드가 생성되고, 스케줄링되고, 동기화되는 등 모든 것이 커널에 진입하는 과정 없이 스레드 라이브러리에 의해 사용자 공간에서 이루어지기 때문이다.

단점

반대로 단점도 있다. 첫째, N:1 모델은 응용프로그램에 속한 사용자 스레드 중 하나에게만 CPU 코어가 할당되므로, 멀티 코어 CPU를 가진 현대의 컴퓨터에서 개발자가 의도했던 멀티스레드의 병렬성(parallelism)을 얻을 수 없다.

둘째, 응용프로그램 내에 한 사용자 스레드가 시스템 호출을 시행하여 입출력을 기다리는 등의 이유로 블록 상태가 되면, 나머지 사용자 스레드 모두 실행시킬 수 없어 응용프로그램의 실행이 중단되는 문제점이 있다. 그림 4-24는 이 과정을 보여준다. 그림 4-24(a)에서 코어2가 '사용자 레벨 스레드2'의 코드를 실행하는 도중, 파일을 읽으려고 read() 시스템 호출을 실행하였다. 시스템 호출에 의해 커널 코드가 실행되고 커널 코드는 디스크 장치로부터 파일 블록이 읽혀질 때까지 현재 스레드를 블록 상태로 만든다. 커널은 TCB4를 Blocked 상태로 표시하고, 커널 스케줄러를 호출하여 그림 4-24(b)와 같이 코어2를 다른 커널 레벨 스레드(TCB3)를 할당한다. 이렇게 되면 응용프로그램에 다른 사용자 스레드들이 있음에도 불구하고 응용프로그램 전체가 중단된다. 파일 블록의 읽기가 완료되어 **TCB4**가 Blocked에서 Ready 상태로 바뀌어 커널 스케줄러에 의해 스케줄될 때까지 응용프로그램의 실행이 중단된다.

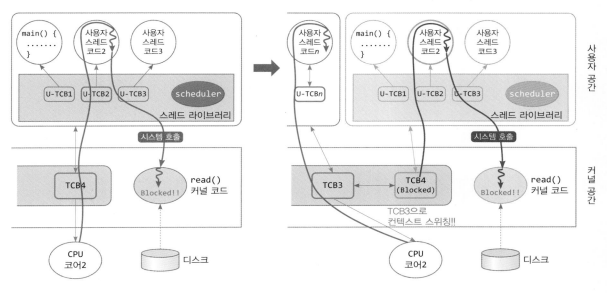

(a) 사용자 스레드2에서 블록되면 응용프로그램 전체가 블록됨

(b) 커널은 코어2를 TCB3의 커널 레벨 스레드에게 할당

그림 4-24 N:1 매핑에서 사용자 레벨 스레드가 블록되면 응용프로그램 전체가 중단되는 경우

적용하고 있는 운영체제

N:1 매핑은 과거 솔라리스의 `Green Threads`, GNU의 `Portable Threads`, 리눅스의 `LinuxThreads`, 리눅스 2.6 이후 NPTL(`Native POSIX Thread Library`) 라이브러리에서 사용되었고 지금도 사용되고 있지만 많이 사용되지는 않는다.

5.3 1:1 매핑

1:1 매핑은 가장 단순한 매핑 방법으로, 사용자 레벨 스레드 하나당 커널에 의해 스케줄 가능한 엔터티 즉 TCB 하나를 연계시킨다. 커널이 스케줄링을 통해 TCB를 선택하면, CPU에게 이 TCB에 연결된 사용자 레벨 스레드의 코드를 실행하도록 하는 기법이다.

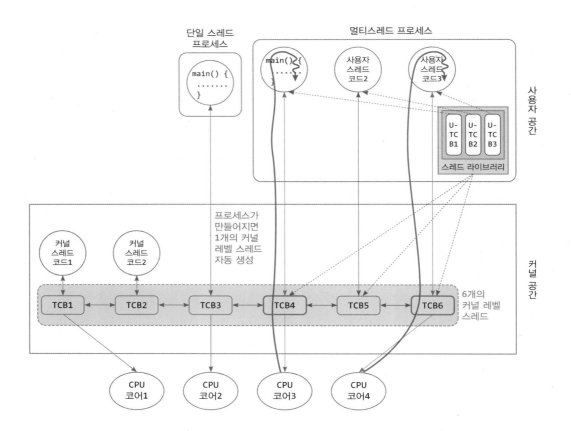

그림 4-25 사용자 레벨 스레드와 커널 레벨 스레드의 1:1 매핑

그림 4-25는 4개의 코어를 가진 CPU가 탑재된 컴퓨터에서 사용자 레벨 스레드와 커널 레벨 스레드를 1:1로 매핑한 사례이다. 커널이 응용프로그램을 적재하면, 커널 공간에 TCB4(main 스레드)를 생성하고 TCB4의 시작 주소(PC)에 main() 함수의 주소를 기록한다. 이때까지는 TCB5와 TCB6이 생기기 전이다. 커널은 TCB4를 스케줄하여 코어3에 할당하고, 코어3은 TCB4에 기록된 주소(main() 함수)에서 실행을 시작한다. main() 함수에서 '스레드 라이브러리의 함수'를 호출하여 새 스레드를 생성하면, 이 함수는 새로운 사용자 레벨 스레드를 생성할 뿐 아니라 '시스템 호출'을 통해 커널 레벨 스레드를 생성해 줄 것으로 요청한다. 이 결과 커널에는 TCB5가 생기고 TCB5의 시작 주소에 '사용자 스레드 코드2'의 주소가 기록된다. 이런 식으로 응용프로그램에서 사용자 레벨 스레드를 하나 더 생성하면 커널에 TCB6이 생기고 TCB6의 시작 주소에 '사용자 스레드 코드3'의 주소가 기록된다. 그 후 커널이 TCB6을 선택하여 코어4에 할당하면 '사용자 스레드 코드3'이 코어4에 의해 실행된다. 이렇게 되면 응용프로그램에서 만든 2개의 스레드가 서로 다른 코어에서 동시에 실행되게 된다.

1:1 매핑이 구현되기 위해서는 운영체제가 커널 레벨 스레드를 만드는 시스템 호출을 제공해

야하고, 스레드 라이브러리는 사용자가 스레드를 만들 때마다 시스템 호출을 이용하여 커널 레벨 스레드를 생성해야 한다. 1:1 매핑이 구현된 시스템에서 응용프로그램 개발자는 스레드 라이브러리를 통해 사용자 레벨 스레드를 생성하고 있다고만 생각하고 있을 것이다.

장점

첫째, 1:1 매핑은 개념이 단순하여 구현하기 쉽다. 둘째, 사용자 레벨 스레드들이 여러 개의 CPU 코어에서 동시에 실행되므로, 멀티스레드 응용프로그램에게 높은 병렬성(parallelism)을 제공한다. 그러므로 멀티 코어 CPU나 멀티프로세서를 가진 현대의 컴퓨터 시스템에 매우 적합하다. 셋째, N:1 모델과 달리, 사용자 레벨 스레드 중 하나가 시스템 호출 중 블록 상태가 되어도, 응용프로그램 내 다른 사용자 레벨 스레드는 여전히 스케줄링 가능하므로 응용프로그램 전체가 중단되는 일은 없다.

단점

1:1 매핑은 여러 장점에도 불구하고 운영체제의 비용 부담이 크다. 사용자 레벨 스레드의 개수만큼 커널 레벨 스레드가 생기므로 커널에 TCB를 비롯한 여러 구조체가 생성되며, 사용자 레벨 스레드의 생성, 소멸, 조인, 동기화 등 사용자 스레드의 모든 운용에 커널 모드로 진입하기 때문에 커널 모드 진입 횟수가 많아지고, 모든 스레드를 커널이 스케줄하기 때문에 스케줄에 따른 시간 부담도 많다. 또한 사용자 레벨 스레드 사이의 컨텍스트 스위칭도 결국 커널 레벨 스레드의 컨텍스트 스위칭이 되기 때문에 커널의 부담이 매우 크다.

적용하고 있는 운영체제

단점에도 불구하고, 1:1 매핑은 개념이 단순하여 구현하기 쉽고, 특히 멀티 코어 CPU에서 높은 병렬성을 얻을 수 있어서 현재 리눅스를 포함한 대부분의 운영체제가 적용하고 있다. 리눅스는 2.6 버전 이후 NPTL(Native POSIX Thread Library) 라이브러리와 함께 1:1 매핑을 지원하고, OS/2와 Win32는 처음부터 1:1 모델을 사용해 왔다. 리눅스의 C library에서 이 모델을 구현하였고 지금은 리눅스, Solaris, NetBSD, FreeBSD, macOS, iOS 등 대부분의 운영체제에서 사용된다.

5.4 N:M 매핑

N:M 매핑은 응용프로그램에 속한 사용자 레벨 스레드 중 N개의 스레드들을 M개의 커널 레벨 스레드에 연계시키는 방법으로, 그림 4-26은 3개의 사용자 레벨 스레드를 2개의 커널 레벨 스

레드에 연계시킨 사례이다. 응용프로그램에서 스레드 라이브러리를 호출하여 사용자 레벨 스레드를 생성하면, 스레드 라이브러리는 시스템 호출을 사용하여 커널 레벨 스레드를 만든다. 하지만, 커널은 N개의 사용자 레벨 스레드에 M개의 커널 레벨 스레드만 만들 수 있도록 제한한다.

N:M 매핑에서 스레드 코드가 실행되는 과정은 2단계의 스케줄링을 거친다. 커널 스케줄링을 통해 먼저 M개의 커널 레벨 스레드 중 하나가 선택되고, 그 다음 N개의 사용자 레벨 스레드 중 하나가 스레드 라이브러리에 의해 선택된다. N:M 매핑은 2단계를 거쳐 사용자 레벨 스레드가 실행되게 되므로 2단계(two-level) 모델이라고도 불린다.

N:M 매핑은 1:1 매핑과 N:1 매핑의 단점을 보완한다. 사용자 레벨 스레드의 개수만큼 커널 레벨 스레드가 만들어지는 1:1 매핑의 단점을 보완하여 커널의 부담을 줄인다. 또한 하나의 사용자 레벨 스레드가 블록될 때 응용프로그램이 통째로 블록되는 N:1 매핑의 단점을 보완하여, 사용자 레벨 스레드가 블록되더라도 응용프로그램 전체가 블록되는 확률을 낮추었다. 하지만 N:M 매핑은 구현이 복잡하여 현재 거의 사용되지 않고 있다.

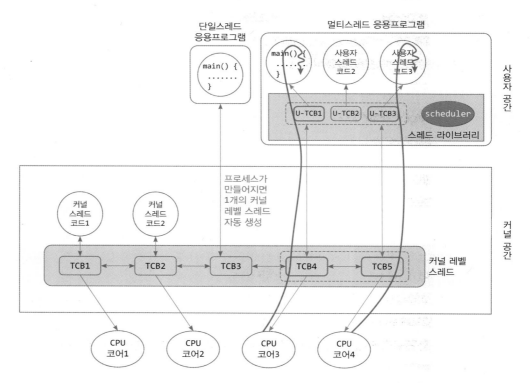

그림 4-26 사용자 레벨 스레드와 커널 레벨 스레드의 N:M 매핑(3:2 매핑)

장점

1:1 매핑에 비해 커널 레벨 스레드의 개수가 적어 커널의 부담이 줄어들었다.

단점

매핑과 스케줄링 과정이 복잡하여 현대의 운영체제에서는 거의 사용하지 않는다.

적용한 운영체제

N:M을 적용한 운영체제로는 IRIX, HP-UX, Tru64 UNIX 등이 있다.

6 멀티스레딩에 관한 이슈

6.1 프로세스와 스레드 리뷰

운영체제에서 프로세스와 스레드 사이의 관계에 있어 중요한 부분만 다시 한 번 정리해보자.

첫째, 프로세스는 여러 스레드들의 코드와 데이터, 힙, 스택이 생성되고 실행되는 주소 공간이며 공유 공간이다. 그러므로 스레드들끼리 프로세스의 데이터, 힙, 스택 영역을 이용하여 쉽게 정보를 주고받을 수 있다. 프로세스는 농사를 지을 수 있는 땅에, 스레드는 땅을 나누어 경작하는 농부에 비유된다.

둘째, 프로세스는 운영체제가 응용프로그램을 적재하는 단위이며, 실행 단위는 스레드이다. 그래서 커널은 응용프로그램을 실행시키기 위해 프로세스를 만들 때 무조건 스레드를 1개 생성하며 이 스레드가 스케줄링되어 실행될 때 프로세스의 시작 코드가 실행된다. 이 스레드를 main 스레드라고 부른다. 프로세스가 생성되면 PCB 1개와 TCB 1개가 반드시 생성되며, 스레드가 없는 프로세스는 존재할 수 없다.

셋째, PCB에 저장된 정보를 환경 컨텍스트(environment context)라고 하고, TCB에 저장된 정보를 실행 컨텍스트(execution context)라고 하는데, PCB에 저장되는 내용은 모든 스레드가 공유하는 프로세스의 정보가 저장되고, TCB에는 현재 실행중인 실행 단위의 정보만이 저장되기 때문이다.

넷째, 동일한 프로세스 내에 속한 스레드 사이의 컨텍스트 스위칭은 서로 다른 프로세스에 걸쳐 있는 스레드들 사이의 컨텍스트 스위칭 속도보다 빠르다.

다섯째, 프로세스에 속한 모든 스레드가 종료할 때 프로세스도 종료된다. 프로세스를 종료시키는 exit( ) 시스템 호출이 실행되면 모든 스레드가 종료된다.

6.2 멀티스레딩으로 응용프로그램을 작성하는 장점

멀티스레딩을 이용하여 응용프로그램을 작성할 때 다음과 같은 장점들이 있다.

높은 실행 성능

입출력 작업과 CPU의 사용 시간이 많은 계산 중심 작업을 각각 스레드로 만들면 스레드들이 동시에 처리되어 CPU의 활용률이 높아진다. 또한 멀티코어 CPU를 가진 컴퓨터에서 스레드들이 여러 코어에서 병렬 실행되어 응용프로그램의 실행 시간이 단축된다.

사용자에 대한 우수한 응답성

응용프로그램을 멀티스레드로 작성하면 한 스레드가 블록되어도, 다른 스레드들은 여전히 스케줄링되어 실행되기 때문에, 응용프로그램 전체가 블록되는 일을 일어나지 않는다. 예를 들어, 응용프로그램에 파일 쓰기 스레드와 키 입력 스레드를 둔다면, 파일 쓰기 메뉴를 처리하는 파일 쓰기 스레드(작업 스레드)가 블록되어도, 키 입력을 기다리는 스레드(UI 스레드)가 사용자 키를 입력받고 다른 메뉴를 실행할 수 있어서 사용자에게 높은 응답성을 준다.

서버 프로그램의 우수한 응답성

웹 서버나 파일 서버 등 서버 프로그램들은 많은 사용자들의 동시 접근에 대한 사용자 응답성이 높아야 한다. 멀티스레딩은 접근하는 각 사용자마다 스레드를 할당하여 서비스함으로써, 동시에 접근하는 많은 사용자들에게 높은 응답성을 줄 수 있다.

시스템 자원 사용의 효율성

스레드는 프로세스에 비해 생성하고 유지하는데 메모리나 자원이 적게 사용된다.

응용프로그램 구조의 단순화

멀티스레드를 사용하면 응용프로그램의 구조를 단순화할 수 있다. 일반적으로 응용프로그램은 독립적인 여러 작업들로 분할 가능하다. 각 작업은 함수 수준의 간단한 루틴으로 작성 가능한데, 이 함수들을 각각 스레드로 만든다면 쉽게 멀티스레드 프로그램을 설계하고 코딩할 수 있다. 또한 응용프로그램에 새로운 작업을 덧붙이는 경우 새로운 스레드를 만들어 그 작업을 하게 할 수 있기 때문에, 멀티스레딩은 응용프로그램의 확장이나 변환을 용이하게 한다.

작성하기 쉽고 효율적인 통신

스레드 사이의 통신은 프로세스 사이의 통신에 비해 매우 간단하며 코딩하기 편리하다. 그것은 스레드들이 프로세스의 주소 공간을 공유하기 때문이다. 또한 스레드 사이에 데이터를 주고받을 때 프로세스의 전역변수나 동적 할당 메모리를 사용하면, 주고받는 속도 역시 매우 빠르고 데이터 량으로 인한 문제도 발생하지 않는다.

6.3 멀티스레딩에 있어 주의할 점

멀티스레딩이 좋은 점만 있지 않다. 멀티스레딩에 있어 주의할 몇 가지 사항을 알아보자.

첫째, 프로세스에 여러 개의 스레드가 있을 때, 한 스레드가 fork() 시스템 호출을 이용하여 자식 프로세스를 생성하는 경우이다. 5개의 스레드를 가진 프로세스에서 한 스레드가 fork()를 호출하여 자식 프로세스를 생성하면, 자식 프로세스에는 부모 프로세스에서 fork()를 호출한 스레드만 살아 main 스레드가 만들고, 나머지 4개의 스레드들은 종료되어 버린다. 결국, fork() 후 자식 프로세스에는 main 스레드만 유일하게 실행된다. 물론 부모 프로세스의 5개 스레드는 정상적으로 실행된다. 그러므로 개발자는 멀티스레딩 응용프로그램에서 함부로 fork()를 사용하지 않도록 권한다.

둘째, 더 복잡한 문제로 스레드가 exec() 시스템 호출을 실행하는 경우이다. 프로세스 내 한 스레드가 exec()을 호출하면 모든 스레드를 종료시키고 프로세스의 주소 공간에 새로운 응용프로그램을 적재하여 실행시킨다. 개발자 스스로 exec()이 가져올 결과를 잘 알고 사용해야 한다.

셋째, 스레드 사이의 동기화 문제이다. 여러 스레드가 공유 데이터에 동시 접근하면 공유 데이터를 훼손시킬 수 있다. 이에 대한 해결책 없이 멀티스레드 응용프로그램을 작성하면 틀린 결과를 얻게 되거나 교착상태에 빠지는 등 심각한 일이 발생할 수 있다. 스레드 사이에 공유 데이터의 동시 접근을 제어하는 동기화 기법은 6장에서 다루고, 교착상태는 7장에서 다룬다.

하이퍼스레딩(hyper-threading)은 인텔(Intel)이 개발한 하드웨어 멀티스레딩 기술로서 하나의 CPU나 코어가 2개의 스레드 코드를 동시에 실행하는 기술이다. 하이퍼스레딩 기술이 사용되려면 운영체제와 BIOS(Basic Input Output System)가 반드시 이를 지원해야한다. 하이퍼스레딩은 동시 스레딩(simultaneous threading)이라고 불리는 기존 기술을 인텔이 브랜드화한 것이다.

하이퍼스레딩 기술을 사용하지 않는 기존의 CPU와, 하이퍼스레딩 기술이 적용된 CPU의 구조와 프로그램 실행 과정을 비교해보자. 그림 4-27(a)는 하이퍼스레딩을 사용하지 않는 CPU에서 스레드를 실행하는 과정을 보여준다. 커널의 스케줄러는 CPU에게 1번에 1개의 스레드를 할당한다. 한편, 하이퍼스레딩 기술은 그림 4-27(b)와 같이, CPU 내부에 1개의 '실행 장치(execution unit)'와 2개의 '레지스터 셋(register set)'을 두어 2개의 스레드가 각각 자신의 레지스터 셋을 사용하도록 한다. 실행 장치에는 회로를 추가하여, 실행 장치가 한 스레드(T0)의 코드를 실행하는 동안 캐시 미스(cache miss) 등의 이유로 코드나 데이터가 준비되기를 기다리게 되는 경우, 다른 스레드(T1)의 코드를 실행한다(캐시 미스란 CPU가 실행 중에 필요한 코드나 데이터가 캐시에 없어 메모리로부터 캐시로 이들을 가져오도록 하는 사건이다). 즉 CPU 안에 레지스터 셋이 이중화되어 있기 때문에, '실행 장치'가 현재 실행 중인 스레드(T0)의 컨텍스트(레지스터 값들)를 메모리로 옮길 필요 없이 레지스터에 그대로 두고, 다른 스레드(T1)의 컨텍스트가 저장된 레지스터 셋으로 전환하여 다른 스레드를 실행하면 된다. CPU는 다른 스레드로 매우 빠르게 전환할 수 있다.

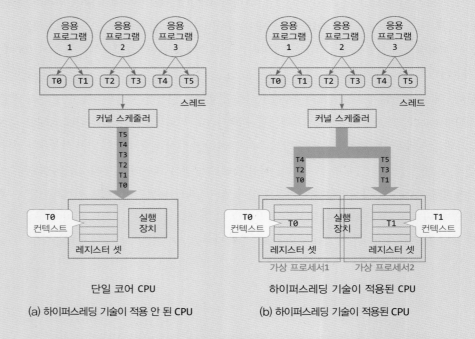

(a) 하이퍼스레딩 기술이 적용 안 된 CPU (b) 하이퍼스레딩 기술이 적용된 CPU

그림 4-27 기존의 CPU와 하이퍼스레딩 기술이 적용된 CPU에서의 실행 과정 비교

하이퍼스레딩에서 실행 장치는 이런 식으로 2개의 스레드를 번갈아 실행한다. 이 기법은 CPU 내부에 2개의 처리기(processor)가 있는 것처럼 운영체제를 착각하게 만든다. 이 2개의 처리기를 가상 프로세서 혹은 논리 프로세서(virtual processor/logical processor)라고 부르며, 운영체제는 가상 프로세서 각각에 스레드를 스케줄한다. 그러므로 하이퍼스레딩 기술이 탑재된 Dual core CPU(2-코어 CPU)를 가진 컴퓨터에서

Windows 작업 관리자를 실행시키면, 4개의 프로세서가 있는 것으로 나타난다. 그런데 착각이다. 4개의 프로세서는 가상 프로세서이며 실제로는 2개의 코어, 즉 2개의 프로세서가 있다.

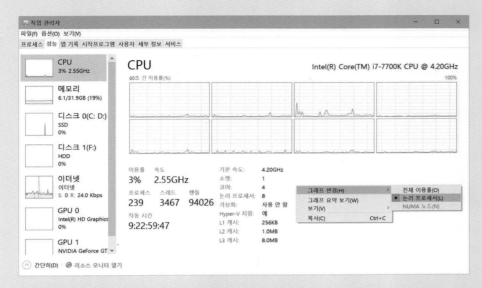

※ i7-7700K CPU는 하이퍼스레딩 기술을 적용한 4-코어 CPU

그림 4-28 Windows의 작업 관리자로 가상 프로세서(논리 프로세서) 보기

그림 4-28은 **Intel Core i7-7700K CPU**를 탑재한 컴퓨터에서 작업관리자를 실행시켜 CPU의 성능을 캡쳐한 화면이다. **i7-7700K CPU**는 4개의 **CPU** 코어를 가지고 있지만, 하이퍼스레딩 기술로 만들어졌기 때문에 8개의 가상 프로세서를 가지고 있다. 그러므로 그림 4-28에서 **Windows**는 총 8개의 프로세서가 있는 것으로 알고 이들 각각의 실행 성능을 보여주고 있는 것이다.

하이퍼스레딩 기술을 사용한다고 하더라도, 각 코어에는 실행 장치가 하나뿐이기 때문에 물리적으로 같은 시간에 2개의 스레드를 동시에 실행할 수 없다. 하이퍼스레딩으로 얻을 수 있는 성능 향상은 **15%**에서 최대 **30%** 정도로 알려져 있다.

 잠깐! 소프트웨어 스레드와 하드웨어 스레드

소프트웨어 스레드는 운영체제에 의해 다루어지는 실행 단위의 소프트웨어 코드이다. 반면, 하드웨어 스레드는 하나의 소프트웨어 스레드를 독립적으로 실행할 수 있는 하드웨어 처리기로서, 멀티코어 **CPU**에서는 코어를, 단일 코어 **CPU**에서는 **CPU** 자체를 의미한다. 그러므로 **4-코어 CPU**에는 4개의 하드웨어 스레드가 있다고 말한다. 물론 이 **CPU**가 하이퍼스레딩을 지원한다면 코어 당 2개의 가상 프로세서가 있으므로 총 8개의 하드웨어 스레드가 있는 셈이다. 8개의 하드웨어 스레드를 가진 컴퓨터 시스템은 8개의 소프트웨어 스레드를 동시에 실행할 수 있다. 8개 이상의 소프트웨어 스레드가 있다면 8개의 하드웨어 스레드 상에서 스케줄링을 통해 번갈아(**concurrent**) 실행된다.

결론적으로 소프트웨어 스레드는 응용프로그램이나 운영체제 입장에서 독립적으로 스케줄 가능한 실행 단위의 코드이며, 하드웨어 스레드란 컴퓨터에서 독립적으로 코드를 실행할 수 있는 처리기(**processor**)이다.

💡 프로세스의 문제점

- 프로세스를 실행 단위로 하는 멀티태스킹은 프로세스 생성과 컨텍스트 스위칭의 오버헤드가 크고, 프로세스간 통신에 어려움이 있어 비효율적이다.

💡 스레드 개념

- 스레드는 프로세스보다 작은 크기의 실행 단위이며 가벼운 프로세스(LWP, light weight process)라고도 부른다. 스레드가 실행할 작업은 일반적으로 함수로 작성한다.

- 멀티스레드 운영체제에서 스레드는 실행 단위이고 스케줄링 단위이며, 프로세스는 스레드들의 컨테이너이며 스레드들에게 공유 공간을 제공한다.

- 다수의 스레드가 동시에 실행되는 상황은 concurrency(동시성)와 parallelism(병렬성)으로 구분되는데 concurrency는 1개의 CPU로 시간을 나누어 2개 이상의 스레드를 실행하는 것이고 parallelism은 2개 이상의 스레드가 각각 서로 다른 CPU에서 동시에 실행되는 것이다.

💡 스레드 주소 공간과 컨텍스트

- 스레드의 주소 공간은 스레드가 사용할 수 있는 메모리 공간으로, 프로세스의 주소 공간 내에 형성되며 프로세스에 속한 모든 스레드들이 프로세스의 주소 공간을 나누어 사용한다.

- 스레드는 프로세스의 코드 영역에 스레드 코드 공간을 형성하고, 프로세스의 데이터 영역에 스레드마다 사적으로 사용할 수 있는 스레드 로컬 스토리지(Thread local storage, TLS)를 가질 수 있으며, 프로세스의 스택 영역에 스레드만의 사용자 스택이 할당된다. 스레드들은 프로세스 영역에 적재된 함수 코드와 전역변수들을 공유한다. 스레드가 동적으로 할당받는 메모리 역시 프로세스의 힙을 사용하며 모든 스레드에 의해 공유된다. 스레드가 시스템 호출을 통해 커널에 진입하면 스레드마다 할당된 커널 스택이 사용된다.

- 스레드는 프로세스와 마찬가지로 생성에서 소멸에 이르기까지 여러 상태를 거치면서 일생을 보낸다. 스레드의 상태는 일반적으로 준비 상태(Ready), 실행 상태(Running), 블록 상태(Blocked), 종료 상태(Terminated)로 나뉘며 운영체제에 따라 다르다. 스레드 상태는 TCB에 저장된다.

- 스레드 운용은 스레드 생성, 스레드 조인, 스레드 양보, 스레드 종료 등이 있으며, POSIX의 pthread 라이브러리는 이들을 위해 pthread_create(), pthread_join(), pthread_yield(), pthread_exit()와 같은 함수를 제공한다.

- 스레드 컨텍스트는 스레드의 실행중인 상황 정보로서 CPU 레지스터 값들이다. 특별히 PC 레지스터에는 다음에 실행할 스레드의 코드 주소가, SP 레지스터에는 스레드 스택에 대한 주소가 들어 있다.

- 커널은 스레드를 실행 단위로 관리하기 위해 스레드마다 스레드 제어 블록(TCB, Thread Control Block)이라는 구조체를 만들어 관리한다.

- TCB에는 스레드 정보(스레드 ID와 스레드 상태)와 스레드 컨텍스트(PC와 SP를 포함한 여러 레지스터들), 스케줄링 정보(우선순위, CPU 사용 시간), 여러 관리 정보(PCB 주소, 다른 TCB 들에 대한 주소, 입출력 리스트 등) 등이 저장된다.

- PCB에 저장된 정보를 환경 컨텍스트(environment context)라고 하고, TCB에 저장된 정보를 실행 컨텍스트(execution context)라고 하는데, PCB에 저장되는 내용은 모든 스레드가 공유하는 프로세스 정보가 저장되고, TCB에는 실행 단위의 정보만 저장되기 때문이다.

- 스레드 컨텍스트 스위칭은 현재 실행 중인 스레드를 중단시키고 새 스레드를 실행시키는 과정이다. 현재 실행 중인 CPU 레지스터들의 값을 TCB에 저장하고 새 스레드의 TCB로부터 스레드 컨텍스트를 CPU에 적재하여 새 스레드를 실행시킨다.

- 커널에 의해 스레드 스위칭이 이루어지는 경우는 스레드가 자발적으로 다른 스레드에게 양보거나, 스레드가 I/O 작업을 요청하여 블록되거나, 스레드가 타임 슬라이스를 소진하였거나, I/O 장치로부터 인터럽트가 걸린 4가지이다.

- 스레드 스위칭은 시스템 호출을 처리하거나 인터럽트 서비스 루틴의 실행 도중 커널 코드에서 실행된다.

🔘 커널 레벨 스레드와 사용자 레벨 스레드

- 스레드는 스케줄링 주체에 따라 커널에 의해 스케줄되는 커널 레벨 스레드(kernel-level thread)와 스레드 라이브러리에 의해 스케줄되는 사용자 레벨 스레드(user-level thread)의 2종류로 나뉜다. 커널 레벨 스레드를 커널 스레드로, 사용자 레벨 스레드를 사용자 스레드로 줄여 부르기도 한다.

- 사용자 레벨 스레드는 스레드 라이브러리에 의해 사용자 공간에 생성되고 관리되므로 커널은 그 존재를 알 수 없다.

- 커널이 프로세스를 생성하면 반드시 1개의 커널 레벨 스레드를 만드는데 이를 메인 스레드라고 부르며, C언어의 main() 함수는 메인스레드에 의해 실행된다. 모든 프로세스는 반드시 1개의 커널 레벨 스레드를 가진다.

- 스레드가 운영체제에 도입되었을 초기에는 커널 레벨 스레드만 있었는데, 커널 레벨 스레드는 컨텍스트 스위칭에 많은 시간이 소요되어 시스템의 성능을 떨어뜨리는 원인이 되었다. 이에 커널의 도움을 받지 않고도 스레드를 만들고 스케줄링할 수 있는 스레드 라이브러리가 개발되고 그와 함께 사용자 레벨 스레드가 도입되었다.

- 사용자 레벨 스레드는 스레드를 지원하지 않는 운영체제에서도 스레드 라이브러리를 이용하여 멀티스레드 응용프로그램을 작성할 수 있는 장점이 있으며, 컨텍스트 스위칭과 이식성 면에서 커널 레벨 스레드보다 우월하다.

- 멀티 코어 CPU를 가진 컴퓨터에서 커널은 CPU 코어마다 커널 레벨 스레드를 실행시킬 수 있지만, 사용자 레벨 스레드들은 하나의 CPU 코어에서 스레드 라이브러리에 의해 번갈아 실행되므로 멀티 코어에 대한 활용성이 떨어진다.

🔘 멀티스레드 구현

- 멀티스레드의 구현 모델로는 N개의 사용자 레벨 스레드를 1개의 커널 레벨 스레드에 매핑시키는 N:1 매핑, 1개의 사용자 레벨 스레드를 1개의 커널 레벨 스레드에 매핑시키는 1:1 매핑, N개의 사용자 레벨 스레드를 M개의 커널 레벨 스레드에 매핑시키는 N:M 매핑이 있다.

- N:1 매핑은 스레드 생성, 스케줄링, 동기화 등 모든 것이 사용자 공간에서 스레드 라이브러리에 의해 이루어지기 때문에, 스레드 제어의 실행은 빠르지만 멀티 코어의 병렬성(parallelism)을 얻을 수 없고, 한 사용자 레벨 스레드가 블록되면 응용프로그램 전체가 중단되는 문제가 있다.

- 1:1 매핑은 개념이 단순하여 구현이 쉽고 사용자 레벨 스레드 중 하나가 블록되어도 응용프로그램 내 다른 사용자 레벨 스레드는 여전히 스케줄링 가능하다. 특별히 멀티 코어 시스템은 멀티스레드 응용프로그램에게 높은 병렬성(parallelism)을 제공하기 때문에 현대 운영체제에서는 1:1 방식을 주로 사용한다. 하지만 모든 스레드 운용이 커널에 의해 이루어지므로 커널의 부담이 큰 단점이 있다.

- N:M 매핑은 구현이 복잡하여 현재 거의 사용되지 않고 있다.

연습문제

개념 체크

1. 스레드가 도입된 배경으로 프로세스의 문제점을 잘못 설명한 것은?
  ① 프로세스를 생성하는데 많은 시간이 걸리는 문제를 해결하고자 했다.
  ② 프로세스 사이의 컨텍스트 스위칭에 걸리는 많은 시간을 줄이려 했다.
  ③ 프로세스 사이의 통신 어려움을 해소하려고 했다.
  ④ 프로세스 스케줄링의 복잡성을 줄이려 했다.

2. 프로세스와 스레드의 관계에 대한 설명으로 틀린 것은?
  ① 스레드의 주소 공간은 프로세스의 주소 공간 내에 형성된다.
  ② 현대 대부분의 운영체제는 스레드 단위로 스케줄한다.
  ③ 프로세스는 자신에게 속한 모든 스레드의 부모이다.
  ④ 모든 프로세스는 내부에 최소 하나의 스레드를 가지고 있다.

3. 멀티태스킹 프로그램을 작성하는데 있어서 각 태스크를 프로세스로 만드는 것과 스레드로 만드는 방법 중 스레드로 만드는 방법이 유리한 이유로 맞는 것은?
  ① 공유 데이터를 여러 프로세스가 동시에 액세스할 때 동기화가 필요하지만, 공유 데이터를 여러 스레드가 액세스할 때는 동기화가 필요 없기 때문이다.
  ② 프로세스들은 주소 공간이 완전히 분리되어 있어 공유 공간을 만들기 위해 운영체제의 도움을 받아야 하지만, 멀티스레드를 이용하는 경우 프로세스 내에 공유 변수 등을 통해 쉽게 통신할 수 있기 때문이다.
  ③ 프로세스들은 부모 자식 관계로 복잡하지만 스레드 들 사이에는 이런 관계가 없어 관리하기 편하기 때문이다.
  ④ 최근 운영체제는 프로세스를 더 이상 다루지 않고 스레드만 다루기 때문이다.

4. 스레드에 관한 정보를 저장하는 구조체를 무엇이라고 부르는가?
  ① PCB   ② TCB
  ③ TLB   ④ MMU

5. 다음 중 다른 한 가지는?
  ① TCB   ② scheduling entity
  ③ TLS(Thread Local Storage)   ④ thread entity

6. 다음 중 프로세스와 스레드 중 선택하여 문장을 완성하라.

운영체제의 실행 단위는 (　　　　)이며, (　　　　)는 (　　　　)들이 공유하는 환경을 제공한다. (　　　　)들은 각각 독립적인 메모리 공간에서 실행되므로 (　　　) 사이에 데이터를 주고받는데 심각한 어려움이 있다. 응용프로그램을 실행시키기 위해 운영체제는 (　　　)을(를) 만든다. 하나의 (　　　) 가 실행되면 반드시 한 개의 (　　　)가 자동으로 만들어지고 이것을 (　　　)라고 부른다. 하나의 (　　　) 는 여러 개의 (　　　)를 가질 수 있다. (　　　)가 실행중이라는 뜻은 (　　　)에 속한 (　　　) 중 한 개의 (　　　)가 현재 CPU에 의해 실행되고 있음을 뜻한다. 그러므로 운영체제 스케줄러에 의해 스케줄되는 단위 는 (　　　)이며, (　　　)에 속한 모든 (　　　)가 종료할 때 (　　　)도 종료된다.

7. 다음 설명은 concurrency와 parallelism 중 어떤 것인지 선택하라.

(1) 1개의 CPU가 여러 스레드를 번갈아 실행할 때

(2) 2개의 CPU에서 2개의 스레드가 각각 동시에 실행될 때

(3) CPU가 스레드의 입출력으로 인해 유휴(idle) 상태에 있지 않고 다른 스레드를 실행할 때

(4) 멀티 코어 CPU가 여러 스레드를 같은 시간에 동시에 실행할 때

8. 다음 그림은 스레드 T1, T2, T3가 실행되는 과정을 보여준다. concurrency인가, parallelism인가?

9. 스레드가 활동하는 코드, 데이터, 힙, 스택은 어떤 메모리 공간에 형성되는가?

① 스레드는 주소 공간을 가지지 않는다.

② 스레드를 위해 할당한 별도의 사용자 공간에

③ 커널 공간 내에

④ 스레드가 속한 프로세스 주소 공간 내에

10. 스레드의 주소 공간에 대한 설명으로 틀린 것은?

① 프로세스 내에 선언된 전역변수는 프로세스 내에 생성된 모든 스레드에 의해 공유된다.

② 스레드가 할당받은 동적 메모리 공간은 프로세스 내의 모든 스레드가 접근할 수 있다.

③ 스레드마다 고유한 스택이 주어진다.

④ 스레드 코드는 프로세스의 공간 밖에 별도의 공간에 적재된다.

11. 스레드 로컬 스토리지(TLS)란 어떤 메모리 공간인가?

　① 다른 스레드가 접근할 수 없는 스레드만의 사적인 공간이다.

　② 스레드가 실행되는 동안 함수의 지역 변수를 저장하는 공간이다.

　③ 스레드가 전용으로 사용할 수 있는 하드 디스크 공간이다.

　④ 모든 스레드가 공유하는 공유 공간이다.

12. 스레드 A가 malloc(100)을 이용하여 동적 할당받은 100바이트 공간에 대해 틀리게 설명한 것은?

　① 100바이트는 프로세스의 힙 공간에 할당된다.

　② 스레드 A가 할당받은 100바이트 공간의 주소를 다른 스레드 B가 안다면 액세스하는데 문제가 없다. 오히려 이
　　런 방식으로 스레드 A와 스레드 B는 100바이트 공간을 통해 데이터를 주고받을 수 있다.

　③ 스레드 A가 종료할 때 할당받은 100바이트 공간은 자동 반환되지 않는다.

　④ 스레드 A가 할당받은 100바이트 공간은 다른 프로세스에 속한 스레드도 액세스할 수 있다.

13. TCB에 저장되는 내용이 아닌 것은?

　① 스레드 번호　　　　　　　　　　　　② 스레드 컨텍스트

　③ 스케줄링 우선순위　　　　　　　　　④ 스레드 크기

14. TCB에 저장되는 내용이 아닌 것은?

　① PC 레지스터 값　　　　　　　　　　② CPU 총 사용 시간

　③ PCB에 대한 주소　　　　　　　　　④ 스레드 시작 시간

15. 다음 중 스레드 스케줄링이 일어나는 시점이 아닌 것은?

　① 스레드가 자발적으로 양보할 때

　② 스레드가 종료하였을 때

　③ 스레드가 시스템 호출을 하여 커널로 진입한 직후

　④ 스레드에게 현재 할당된 타임 슬라이스를 다 소진한 경우

16. 프로세스 컨텍스트 스위칭과 스레드 컨텍스트 스위칭를 비교하여 잘 설명하지 못한 것은 ?

　① 프로세스보다 스레드 사이의 컨텍스트 스위칭이 훨씬 빠르다.

　② 프로세스 컨텍스트 스위칭은 매핑 테이블(페이지 테이블) 교체와 관련된 작업을 수반하지만, 프로세스 내 스
　　레드 컨텍스트 스위칭은 이 작업이 필요 없다.

　③ 프로세스 사이의 컨텍스트 스위칭은 CPU 캐시에 대한 갱신 작업이 더 많이 요구된다.

　④ 프로세스 컨텍스트 스위칭이 개념적으로 스레드 컨텍스트 스위칭보다 단순하다.

17. 스레드 운용에 관한 설명 중 틀린 것은?

① 스레드 양보는 실행 중인 스레드가 다른 스레드에게 실행을 양보하는 행위이다.

② 스레드가 종료되면 스레드가 속한 프로세스도 종료된다.

③ 스레드 조인은 한 스레드가 다른 스레드가 종료할 때까지 대기하는 행위이다.

④ 스레드 양보 후 스레드는 준비 상태로 바뀐다.

18. 스레드 라이브러리에 포함된 것이 아닌 것은?

① 스레드에서 파일을 여는 함수

② 스레드 생성 및 종료 함수

③ 스레드 양보 및 조인 함수

④ 스레드 스케줄러와 컨텍스트 스위칭 코드

19. 커널 레벨 스레드의 정의는 무엇인가?

① 커널 공간에서 커널 코드를 실행되는 스레드

② 커널에 의해 스케줄되는 스레드

③ 커널 수준의 중요한 작업을 하는 스레드

④ 부팅시부터 생성되어 커널 데이터를 접근하도록 만들어진 스레드

20. 사용자 레벨 스레드의 정의는 무엇인가?

① 응용프로그램에서 생성한 스레드

② 응용프로그램에서 생성하였지만 커널에 의해 스케줄되는 스레드

③ 커널에 진입하지 못하고 사용자 코드만 실행하는 스레드

④ 스레드 라이브러리에 의해 스케줄되는 스레드

21. 사용자 레벨 스레드의 장점이 아닌 것은?

① 스레드의 생성 및 컨텍스트 스위칭이 빠르다

② 커널에 부담을 주지 않기 때문에 효율적이다.

③ 여러 스레드가 각 코어에서 동시에 실행될 수 있기 때문에 멀티 코어 CPU를 가진 시스템에 적합하다.

④ 운영체제 상관없이 멀티스레드 응용프로그램 작성이 가능하므로 이식성이 높다.

22. 커널 레벨 스레드의 장점은?

① 커널이 직접 스케줄하므로 스레드의 실행에 안전이 보장된다.

② 시스템 호출을 사용하여 스레드가 생성되므로 스레드 생성이 빠르다.

③ 여러 스레드가 각 코어에서 동시에 실행될 수 있기 때문에 멀티 코어 CPU를 가진 시스템에 적합하다.

④ 커널 코드를 마음대로 접근할 수 있어 시스템 프로그램을 작성하는데 적합하다.

23. 최근 들어 운영체제는 사용자가 만든 스레드를 커널 레벨 스레드로 구현하는 추세이다. 그 이유는 무엇인가?

① 응용프로그램에서 생성한 각 스레드를 멀티 코어 CPU에 할당하여 응용프로그램 실행에 높은 병렬성을 얻을 수 있기 때문

② 외부의 공격으로부터 스레드 실행의 보안성을 높이기 위해

③ 커널 레벨 스레드는 사용자 레벨 스레드보다 실행 속도가 빠르기 때문

④ 스레드 라이브러리보다 커널의 스케줄링이 훨씬 빠르기 때문

24. N개의 사용자 레벨 스레드를 1개의 커널 레벨 스레드로 매핑하는 N:1 매핑의 최대 단점은 응용프로그램에 속한 한 개의 사용자 레벨 스레드가 입출력을 수행하여 블록 상태가 되면 응용프로그램 내의 다른 모든 사용자 레벨 스레드가 스케줄(실행)될 수 없다는 점이다. 이 과정을 자세히 설명하라.

25. 사용자 레벨 스레드와 커널 레벨 스레드의 매핑 기법으로 최근에 가장 많이 사용하는 것은?

① N:1

② 1:1

③ N:M

④ 비슷하게 사용된다.

26. 사용자 레벨 스레드와 커널 스레드의 매핑 기법으로 1:1 기법을 현재 가장 많이 사용하는 이유는 ?

복합 문제

1. 그림 4–5의 맛보기 프로그램을 참고하여, 리눅스에서 다음 5가지 조건에 부합하는 멀티스레드 C 응용프로그램을 작성하라. 4개의 스레드를 활용하여 1에서 40000까지의 합을 구하여 출력한다.

(1) pthread 라이브러리를 이용하여 작성하라.

(2) 응용프로그램에 0으로 초기화된 전역 변수 int sum[4]을 선언하라.

(3) 스레드로 실행할 함수의 이름을 runner로 하라.

(4) main()에서 pthread_create() 함수를 활용하여 4개의 스레드를 연속적으로 생성하여 4개의 스레드를 동시에 실행시켜라.

```
• 스레드 1 : 1~10000 까지의 합을 구하고 sum[0]에 저장
  pthread_create(…, …, runner, "1"); // 1에서 10000까지 합 구하기
• 스레드 2 : 10001~20000 까지의 합을 구하고 sum[1]에 저장
  pthread_create(…, …, runner, "10001"); // 10001에서 20000까지 합 구하기
• 스레드 3 : 20001~30000 까지의 합을 구하고 sum[2]에 저장
  pthread_create(…, …, runner, "20001"); // 20001에서 30000까지 합 구하기
• 스레드 4 : 30001~40000 까지의 합을 구하고 sum[3]에 저장
  pthread_create(…, …, runner, "30001"); // 30001에서 40000까지 합 구하기
```

(5) main()은 4개의 스레드가 모두 종료하기를 기다린 후 sum[ ] 배열의 값을 모두 합쳐 그 결과를 화면에 출력하라. 다음은 이 프로그램의 이름이 prac4_1.c라고 할 때 컴파일 과정과 실행 결과를 보여준다.

```
$ gcc -o prac4_1 prac4_1.c -lpthread
$ ./prac4_1
1에서 40000까지 4개의 스레드가 계산한 총 합은 800020000
$
```

2. 앞의 문제 1을 수정하여 리눅스에서 다음 5가지 조건에 부합하는 멀티스레드 C 응용프로그램을 작성하라. 4개의 스레드를 활용하여 1에서 40000까지의 합을 구하여 출력한다.

(1) pthread 라이브러리를 이용하여 작성하라.

(2) 응용프로그램에 전역 변수 int sum을 선언하고 0을 초기화하라.

(3) 스레드로 실행할 함수의 이름을 runner로 하라.

(4) main()에서 pthread_create() 함수를 활용하여 4개의 스레드를 연속적으로 생성하여 4개의 스레드를 동시에 실행시켜라.

```
• 스레드 1 : 1~10000 까지의 합을 구하고 sum에 합산
  pthread_create(…, …, runner, "1"); // 1에서 10000까지 합을 구하여 sum에 합산
• 스레드 2 : 10001~20000 까지의 합을 구하고 sum에 합산
  pthread_create(…, …, runner, "10001"); // 10001에서 20000까지 합을 구하여 sum에 합산
• 스레드 3 : 20001~30000 까지의 합을 구하고 sum에 합산
  pthread_create(…, …, runner, "20001"); // 20001에서 30000까지 합을 구하여 sum에 합산
• 스레드 4 : 30001~40000 까지의 합을 구하고 sum에 합산
  pthread_create(…, …, runner, "30001"); // 30001에서 40000까지 합을 구하여 sum에 합산
```

(5) main()은 4개의 스레드가 모두 종료하기를 기다린 후 sum 값을 화면에 출력하라. 다음은 이 프로그램의 이름이 prac4_2.c라고 할 때 컴파일 과정과 여러 번의 실행결과를 보여준다.

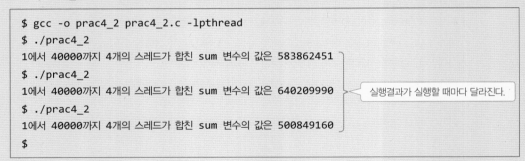

```
$ gcc -o prac4_2 prac4_2.c -lpthread
$ ./prac4_2
1에서 40000까지 4개의 스레드가 합친 sum 변수의 값은 583862451
$ ./prac4_2
1에서 40000까지 4개의 스레드가 합친 sum 변수의 값은 640209990
$ ./prac4_2
1에서 40000까지 4개의 스레드가 합친 sum 변수의 값은 500849160
$
```

실행결과가 실행할 때마다 달라진다.

1에서 40000까지의 합은 문제 1의 결과에 따라 800020000인데, 앞의 결과 화면에는 800020000가 출력되지 않는다. 여러 번 실행해도 계속 다른 값이 출력된다. 그 이유는 무엇인지 나름대로 설명해보라. 참고로 멀티스레딩에 있어 발생할 수 있는 이 문제를 해결하기 위해 6장에서 스레드 동기화 기법을 다룬다.

만일 위의 실행 결과가 계속 같은 값이 나온다면, 각 스레드가 합하는 범위를 더 높여 1, 100001, 200001, 300001로 바꾸어보라.

Chapter

05

CPU 스케줄링

1. CPU 스케줄링 개요
2. CPU 스케줄링 기본
3. 다양한 CPU 스케줄링 알고리즘
4. 멀티 코어 CPU에서의 스케줄링

학습 키워드 정리

CPU 스케줄링, 타임 슬라이스, CPU-burst, I/O burst, CPU 활용률, 디스패치, 선점, 비선점, 기아, 에이징, FCFS, SJF, SRTF, RR, Priority, MLQ, MLFQ, 코어 친화성, 부하 균등

05 CPU 스케줄링

1 CPU 스케줄링 개요

스케줄링은 자원에 대한 경쟁이 있을 때 경쟁자들 중 하나를 선택하는 과정으로 컴퓨터 시스템 여러 곳에서 일어난다. 대표적인 자원으로 CPU, 디스크, 프린터, 파일, 데이터베이스 등이 있다. CPU 스케줄링은 준비 상태(Ready)에 있는 스레드들 중 하나를 선택하여 CPU를 할당하는 과정이며, 디스크 스케줄링은 디스크 입출력 요청 중 하나를 선택하여 디스크 장치를 사용하도록 하는 과정이다. 이 장에서는 CPU 스케줄링만 다루고 디스크 스케줄링은 12장에서 다룬다. 초기 다중프로그래밍 시절의 CPU 스케줄링은 프로세스 스케줄링이었지만, 오늘날 운영체제에서 실행 단위가 스레드이므로 CPU 스케줄링은 스레드를 대상으로 한다.

> 오늘날 CPU 스케줄링은 준비 상태의 스레드 중 하나를 선택하는 스레드 스케줄링이다.

1.1 다중프로그래밍과 스케줄링

다중프로그래밍은 CPU의 유휴 시간(idle time)을 줄이기 위해 도입되었다. 다중프로그래밍 운영체제는 프로세스가 I/O를 요청하면 프로세스를 중단시키고 다른 프로세스에게 CPU를 넘겨주어 CPU의 유휴 시간을 줄였다. 다중프로그래밍이 도입된 이후 운영체제는 다음 2가지 스케줄링을 시행하였다.

- 작업 스케줄링(job scheduling)
- CPU 스케줄링(CPU scheduling)

초기 다중프로그래밍 시스템은 그림 5-1과 같이 사용자가 작성한 작업(응용프로그램)을 읽어 디스크 장치에 저장해두고, 이 중 몇 개의 작업을 메모리에 적재하고 이들을 다중프로그래밍 방식으로 처리한다. 메모리에 적재된 프로세스가 종료하면 디스크에서 기다리는 작업 중 하나를 선택하여 메모리에 적재하는데, 이 과정이 '작업 스케줄링'이고, 실행 중인 프로세스가 I/O를 실행할 때 메모리에 적재된 다른 프로세스 중 CPU에 실행시킬 프로세스를 선택하는 과정이 'CPU 스케줄링'이다.

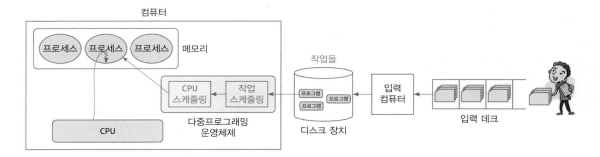

그림 5-1 다중프로그래밍 시스템에서 작업 스케줄링과 CPU 스케줄링

1.2 CPU burst와 I/O burst

일반적으로 응용프로그램에는 CPU의 연산 작업뿐 아니라, 화면 출력, 키보드 입력, 파일 입출력, 네트워크 송수신 등 입출력(I/O) 작업이 섞여 있다. 그러므로 응용프로그램(프로세스)이 실행되는 과정은 그림 5-2와 같이 한동안 CPU에 의해 코드가 실행되다가, 화면에 출력하거나 키보드에서 읽거나, 혹은 파일에서 읽고 쓰는 등 I/O가 진행되고, I/O가 완료되면 다시 CPU의 연산 작업이 실행되기를 반복한다. 프로그램의 실행 과정에서 CPU가 코드를 집중적으로 실행하는 상황을 CPU burst라고 부르고 이 시간을 CPU burst 시간이라고 한다. 그리고 I/O 장치에 의해 입출력이 이루어지는 상황을 I/O burst라고 부르고 이 시간을 I/O burst 시간이라고 한다.

프로그램은 CPU burst - I/O burst - … -CPU burst - I/O burst를 반복한다.
　　　　　(연산 작업)　　(입출력 작업)　　　(연산 작업)　　(입출력 작업)

그림 5-2와 같이 프로세스가 실행되는 동안 CPU burst 시간이 I/O burst 시간보다 절대적으로 많을 때, CPU 집중(CPU intensive) 프로세스라 하고, 그 반대의 경우 I/O 집중(I/O intensive) 프로세스라고 한다. 프로세스의 이러한 실행 특징은 1960년대 초반을 전후하여 다중프로그래밍의 도입기에 이미 파악되어, I/O burst 시간 동안 CPU 유휴 시간을 줄이기 위해 CPU를 다른 프로세스에게 할당하는 CPU 스케줄링이 도입되었다.

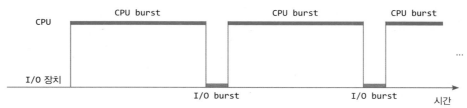

(a) CPU 집중 프로세스의 실행 특성

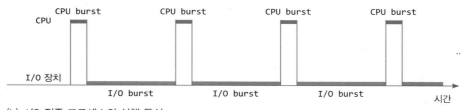

(b) I/O 집중 프로세스의 실행 특성

그림 5-2 프로세스의 실행 특성 – CPU burst와 I/O burst

잠깐! CPU intensive와 CPU bound, 같은가 다른가?

CPU bound는 'CPU의 성능에 좌우되는'으로 해석하면 된다. 프로세스가 많은 CPU 작업을 수반하기 때문에 프로세스의 성능이 CPU의 성능에 좌우될 때 CPU bound 프로세스라고 한다. 엄격하게 보면 CPU bound와 CPU intensive의 의미는 서로 다르지만, CPU 작업이 많고 그래서 프로세스의 성능이 CPU의 성능에 달려있다는 점에서 동일하게 사용되기도 한다.

잠깐! CPU 집중 응용프로그램과 I/O 집중 응용프로그램 사례

CPU 집중 응용프로그램으로는 입출력보다 계산을 주로 하는 비디오나 이미지 압축 프로그램, 행렬 연산이 주를 이루는 AI 프로그램 등이 있고, I/O 집중 응용프로그램으로는 인터넷 검색, 파일 액세스, 데이터베이스 입출력을 대규모로 실행하는 빅데이터 응용, 디스크의 조각 모음 응용프로그램 등이 있다. 하지만, 대부분의 응용프로그램은 한쪽으로 극단적이지 않으며 CPU burst와 I/O burst가 적절히 섞여 있다.

1.3 CPU 스케줄링의 기본 목표

CPU 스케줄링은 실행을 기다리는 스레드 중 하나를 선택하는 과정으로 기본 목표는 다음 2가지이다.

- CPU 활용률 향상
- 컴퓨터 시스템 처리율 향상

CPU 스케줄링의 기본 목표는 CPU를 가능한 놀지 않게 하여 CPU 활용률을 높이고, 컴퓨터 시스템이 단위 시간 당 더 많은 스레드를 처리하도록 하는데 있다. 하지만 컴퓨터 시스템에 따라서는 그 목표가 CPU 활용률과 처리율 향상이 아닌 경우도 있다. 다음 절에서 알아보자.

1.4 CPU 스케줄링의 기준(criteria)

CPU 스케줄링은 컴퓨터 시스템의 목표에 따라 마련된 기준에 의거하여 설계 구현된다. 모든 컴퓨터 시스템이 동일한 목표를 가지고 있는 것은 아니다. 어떤 시스템은 우선순위가 높은 스레드를 빨리 실행되도록 하는데 목표가 있고, 어떤 시스템은 모든 사용자에게 실행 시간을 균등하게 분배하는데 목표가 있으며, 어떤 시스템은 스레드들을 빨리 실행시키기보다 모든 스레드를 완료시한(deadline) 이내에 실행시키는데 목표가 있고, 어떤 시스템은 사용자에게 빠른 응답을 주는데 목표가 있다. 컴퓨터 시스템의 목표들이 다양한 만큼 CPU 스케줄링이 달성할 목표도 다양하며, 스케줄링 알고리즘을 평가하는 기준(척도) 역시 다음과 같이 다양하다.

- **CPU 활용률(CPU utilization)**

CPU 활용률은 컴퓨터의 전체 가동 시간에 대한 CPU 사용 시간의 비율이다. CPU 활용률이 10%라는 것은 10시간 중 1시간만 CPU가 스레드를 실행하고 9시간은 놀고 있다는 뜻이다.

- **처리율(throughput)**

처리율은 단위 시간 당 처리하는 스레드의 개수이다.

- **공평성(fairness)**

모든 스레드에게 CPU 사용 시간을 공평하게 배분하는 것이 스케줄링의 목표가 되기도 한다.

- **응답 시간(response time)**

사용자에 대한 응답 시간 최소화가 스케줄링의 목표나 평가 기준이 되기도 한다.

- **대기 시간(waiting time)**

대기 시간은 스레드가 준비 리스트에서 CPU를 할당받을 때까지 기다리는 시간으로 이를 최소화하는 것이 스케줄링의 목표나 평가 기준이 되기도 한다.

- **소요 시간(turnaround time)**

소요 시간이란 작업이 컴퓨터 시스템에 진입하는 시점에서 완료까지 걸린 시간이다. 이 시간은 배치 시스템(batch system)에서는 작업이 제출된 시점부터 결과가 반환될 때까지 걸린 시간이고, 다중프로그래밍 시스템에서는 프로세스가 시작되어 종료될 때까지 걸린 시간이다. 사용자의 입장에서, 소요 시간은 작업을 시작시킨 사용자가 결과를 얻기까지 걸린 총 시간이다.

- ### 시스템 정책 우선(high policy enforcement)

시스템 정책 우선이란 CPU 스케줄링이 시스템의 정책에 맞도록 이루어져야함을 뜻한다. 예를 들어, 보안 중심의 시스템에서는 사용자 스레드보다 보안체크 스레드를 더 높은 순위로 스케줄링하고, 실시간 시스템에서는 모든 스레드가 완료시한 내에 이루어지도록 스케줄링한다.

- ### 자원 활용률(high resource efficiency)

CPU나 I/O 장치 등 자원이 놀지 않도록 자원 활용률을 극대화하는 것이 스케줄링 목표가 되기도 한다. 자원 활용률이 높아지면 당연히 단위 시간당 더 많은 작업을 처리할 수 있다.

1.5 CPU 스케줄링과 타임 슬라이스

가장 높은 순위의 스레드에게 무조건 CPU를 할당하는 철저한 우선순위 기반 운영체제를 제외하고, 대부분의 운영체제들은 하나의 스레드가 너무 오래 CPU를 사용하도록 허용하지 않는다. 운영체제는 스레드가 CPU를 사용할 타임 슬라이스(time slice)를 정하고 이 시간 동안 CPU를 사용하게 한다. 커널은 타이머의 도움을 받아 타임 슬라이스가 되면 스레드를 강제 중단시켜(preemption) 준비 리스트에 삽입하고 다른 스레드를 선택하여 타임 슬라이스 동안 CPU를 사용하도록 한다. 타임 슬라이스는 스레드가 CPU 사용을 보장받는 시간이며 커널이 CPU 스케줄링을 하는 주기 시간이다. 타임 슬라이스를 타임 퀀텀이라고도 한다.

> **잠깐!** 오늘날 운영체제에서 타임 슬라이스의 크기는?
>
> 컨텍스트 스위칭에 소요되는 시간이 몇 십 나노초(nanosecond)에서 몇 마이크로초(microsecond)이므로 타임 슬라이스는 이보다 길어야 의미가 있다. Windows 같은 경우 버전에 따라 다르지만, 20~120ms의 수준이며, 리눅스의 경우 스케줄링할 때마다 타임 슬라이스가 바뀐다(부록 B CFS 참조). 타임 슬라이스는 시대에 따라 하드웨어 기술 발전에 따라 변하겠지만, 오늘날 몇 십 밀리초(millisecond) 정도로 알고 있으면 되겠다.

2 CPU 스케줄링 기본

2.1 CPU 스케줄링이 실행되는 4가지 상황

CPU 스케줄링이 실행되는 상황은 대체로 다음 4가지 경우이다(그림 5-3 참고).

첫째, 스레드가 I/O를 요청하는 시스템 호출을 실행시키거나 자원을 기다리는 등 블록 상태 (Blocked)가 될 때, 다른 스레드에게 CPU를 할당하는 경우이다(CPU 유휴 시간을 줄이는 목적).

둘째, 스레드가 자발적으로 CPU를 반환하는 경우이다. 스레드가 종료되거나 `yield()` 시스템 호출을 통해 스스로 실행을 중단하고 CPU를 자발적으로 내놓을 때, 현재 스레드를 준비 상태 (Ready)로 만들어 준비 리스트에 넣고 CPU 스케줄링을 시행한다(자발적 CPU 양보).

셋째, 스레드에게 할당된 타임 슬라이스가 다 소진되어 타이머 인터럽트가 발생할 때, 인터럽트 서비스 루틴 내에서 CPU 스케줄링이 실행된다(균등한 CPU 분배 목적).

넷째, 현재 실행중인 스레드보다 높은 순위의 스레드가 요청한 입출력이 완료되어 I/O 인터럽트가 발생한 경우, 인터럽트 서비스 루틴에서 현재 스레드를 강제 중단시켜 준비 상태로 만들고 I/O를 기다렸던 더 높은 스레드를 스케줄링하여 실행시킨다(우선순위를 지키기 위한 목적).

2.2 CPU 스케줄링과 디스패치(dispatch)

CPU 스케줄링 코드의 위치와 실행 시점

CPU 스케줄링은 커널에 의해 이루어진다. 스케줄링과 관련하여 2가지 분명히 할 것이 있다.

첫째, CPU 스케줄링을 담당하는 별도의 커널 스레드나 프로세스가 있는가? 없다. 리눅스를 포함한 현대 운영체제들은 대부분 모놀리식 커널(2장 TIP 참조)을 가지고 있는데, 모놀리식 커널의 경우 스케줄링을 전담하는 별도의 스레드가 없고 스케줄링 코드는 그림 5-3처럼 시스템 호출이나 인터럽트 서비스 루틴에 의해 호출되는 코드(함수) 형태로 존재한다.

둘째, CPU 스케줄링 코드가 실행되는 자세한 시점은 언제인가? CPU 스케줄링 코드는 시스템 호출이나 인터럽트 서비스 루틴이 서비스를 마치는 마지막 과정에서 스케줄링이 필요할 때 호출된다.

그림 5-3은 커널에 있는 CPU 스케줄링 코드가 실행되는 4가지 상황을 모두 보여준다. 스레드 A가 `yield()`나 입출력을 요청하는 시스템 호출로 커널에 진입하여 시스템 호출 서비스를 받는 경우와 스레드 A의 실행중 타이머나 I/O 장치로부터 인터럽트가 발생하여 인터럽트 서비스 루틴을 실행하는 상황이다. 시스템 호출 서비스 루틴이 요청된 작업을 거의 이룬 마지막 단계나, 인터럽트 서비스 루틴이 서비스를 거의 마친 상태에서 '스케줄러 코드'를 호출한다. '스케줄러 코

드'는 현재 준비 리스트(TCB 준비 리스트)에 있는 스레드 중 스레드 B를 선택한다. 그러고 나서 '디스패처(dispatcher) 코드'를 호출한다.

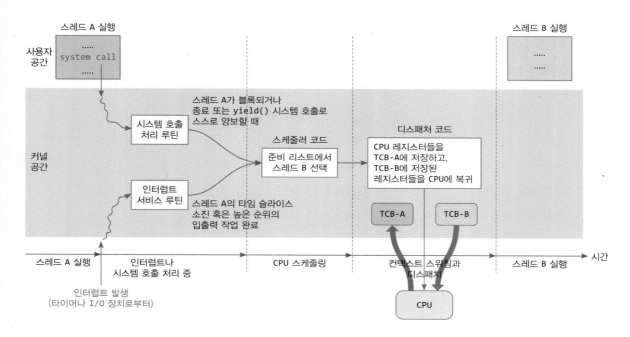

그림 5-3 CPU 스케줄링과 CPU 디스패치

디스패처(dispatcher) 코드 실행

디스패처 코드는 '스케줄러 코드'에 의해 선택된 스레드를 CPU가 실행하도록 하는 커널 코드의 한 부분이다. 디스패처 코드는 현재 CPU 레지스터들을 스레드 A의 TCB-A에 저장하고, 스레드 B의 TCB-B에 저장된 레지스터들을 CPU에 적재하는 컨텍스트 스위칭을 실행한다. 디스패치 결과, CPU는 이전에 스레드 B가 중단되었던 상태에서 실행을 시작한다. 그림 5-3은 논리적인 과정으로 운영체제에 따라 달리 구현될 수 있다. 디스패처 코드나 스케줄러 코드는 실행 시간이 가능한 짧도록 작성되어야 한다.

2.3 스케줄링 타입: 선점 스케줄링과 비선점 스케줄링

CPU 스케줄링은, 실행 중인 스레드를 강제로 중단시키는지 여부에 따라 비선점 스케줄링 (non-preemptive scheduling)과 선점 스케줄링(preemptive scheduling)타입으로 나뉜다.

비선점 스케줄링

비선점 스케줄링은 스레드가 CPU를 할당받아 일단 실행을 시작하면 완료되거나 CPU를 더 이상 사용할 수 없는 상황이 될 때까지 스레드를 강제로 중단시키지 않고, 실행중인 스레드가 더 이상 CPU를 사용할 수 없는 다음의 상황에야 비로소 스케줄링을 시행한다.

- CPU를 더 이상 사용할 수 없게 된 경우: I/O로 인한 블록 상태, `sleep()`
- 자발적 CPU 양보: `yield()` 시스템 호출
- 스레드 종료

비선점 스케줄링은 Windows 3.1과 애플 매킨토시 등에서 사용되었으나 범용 시스템에서는 거의 사용되지 않고 실시간 처리가 필요한 임베디드 시스템에서 주로 사용된다. 비선점 스케줄링에 속하는 스케줄링 알고리즘으로는 FCFS, SJF(Shortest Job First), Priority 스케줄링 (non-preemptive version) 등이 있다.

선점 스케줄링

선점 스케줄링은 스레드가 종료하거나 자발적으로 양보하거나 블록당하는 경우 외에도, 현재 실행 중인 스레드를 강제로 중단시켜 준비 리스트로 이동시키고 스케줄링하는 방식이다. 선점 스케줄링을 채택하는 스케줄링 알고리즘은 다음 상황에서 강제로 스케줄링한다.

- 타임 슬라이스가 소진되었을 때
- 인터럽트나 시스템 호출 종료 시점에서 더 높은 순위의 스레드가 대기 상태에 있을 때

현재 일부 실시간 처리가 필요한 임베디드 시스템을 제외하고 대부분의 운영체제는 선점 스케줄링을 한다. 스케줄링 알고리즘으로는 RR(Round Robin), SRTF(Shortest Remaining Time First), Priority 스케줄링(preemptive 버전) 등이 이에 속한다.

비선점 스케줄링과 선점 스케줄링 사례

그림 5-4는 3개 스레드 T1, T2, T3를 비선점과 선점 방식으로 각각 스케줄링하는 사례를 보여준다. 비선점 스케줄링의 경우는 그림 5-4(a)와 같다. T1이 먼저 실행을 시작하면 종료할 때까지 스케줄링이 이루어지지 않으며, T1이 종료될 때 비로소 스케줄링이 이루어져 T2가 실행된다. T2의 실행 중 I/O가 발생하면 T2를 중단시키고 스케줄링을 실행하여 T3을 선택한다. T3이 실행 중 `yield()`를 호출하면 준비 상태인 T2를 스케줄링하고 실행시킨다. T2가 끝날 때 다시 스케줄링이 이루어지고 T3이 실행된다.

선점 스케줄링은 그림 5-4(b)와 같이 타임 슬라이스마다 실행 중인 스레드를 강제로 중단시켜 준비(ready) 상태로 만들고 다른 스레드를 실행시킨다. T1을 타임 슬라이스만큼 실행시킨 후,

T2를 스케줄하여 실행시킨다. 스케줄링 번호 5와 같이, T2가 실행 중 I/O를 요청하면 T2를 블록
시키고 할당된 타임 슬라이스가 소진되기 전이지만 스케줄링을 실행한다. 이런 식으로 선점 스
케줄링이 일어나다가, T3이 yield() 시스템 호출을 실행하면 커널은 T3을 준비 상태로 만들고
스케줄링을 실행한다(스케줄링 번호 11). 스레드가 종료하면, 스케줄링을 통해 다른 스레드를
실행시킨다(스케줄링 번호 13).

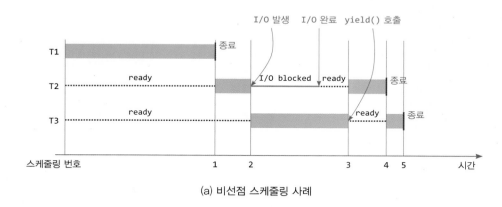

(a) 비선점 스케줄링 사례

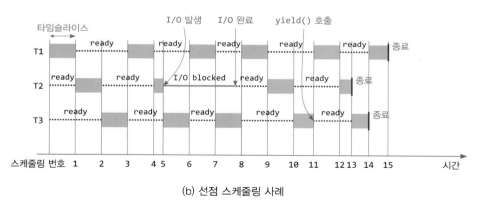

(b) 선점 스케줄링 사례

그림 5-4 비선점과 선점 스케줄링의 사례

2.4 기아와 에이징

스레드가 스케줄링 과정에서 선택되지 못한 채 오랜 동안 준비 리스트에 있는 상황을 기아
(starvation)라고 한다. 우선순위를 기반으로 하는 시스템에서 더 높은 순위의 스레드가 계속
준비 리스트에 들어오면, 낮은 순위의 스레드는 스케줄링에서 계속 배재되어 오랜 동안 대기하
게 되며 언제 실행될 지 알 수 없다. 또 실행 시간이 짧은 스레드를 우선 실행시키는 알고리즘이
사용되는 경우, 자신보다 짧은 스레드가 계속 준비 리스트에 들어오면 스레드는 선택에서 계속
배재되어 기아에 빠지게 된다. 새로운 스케줄링 알고리즘을 개발한다면, 기아가 발생하는지 면

밀히 평가해야 하고, 기아가 발생하지 않도록 하는 것이 바람직하다.

기아에 대한 해결책으로 가진 많이 활용되는 것이 에이징(aging) 기법으로, 스레드가 준비 리스트에 머무르는 시간에 비례하여 우선순위를 높여주는 기법이다. 에이징을 사용하면, 스레드가 오래 기다릴 수는 있지만 언젠가 가장 높은 우선순위에 도달하는 것이 보장되기 때문에 무한정 준비 리스트에 머무르는 일은 발생하지 않는다.

3 다양한 CPU 스케줄링 알고리즘

이 절에서는 전통적인 CPU 스케줄링 알고리즘들을 소개한다. 이들을 포함하여 거의 대부분의 CPU 스케줄링 알고리즘은 1960년대가 가기 전에 완성되었다. 그럼에도 불구하고 이들을 소개하는 것은 스케줄링에 담긴 철학과 공학적 접근을 전달하려는 의도와 더불어 리눅스를 비롯한 현대 운영체제의 스케줄링 알고리즘이 이들을 조합하고 변형한 것들이기 때문이다.

이 절에서는 CPU 스케줄링 알고리즘들을 소개하면서 준비 리스트에서의 대기 시간(wait time)을 성능으로 비교한다. CPU 스케줄링 알고리즘들은 준비 상태의 스레드를 대상으로 하는데 준비 리스트를 큐(queue)로 부른다.

3.1 FCFS(First Come First Served) 스케줄링

- **알고리즘**

  FCFS(선입 선처리)는 큐에 먼저 도착한 스레드를 먼저 스케줄링한다.

- **스케줄링 파라미터 – 스레들 별 큐 도착 시간**

- **스케줄링 타입 – 비선점 스케줄링**

  먼저 도착한 스레드가 실행을 마쳐야 다음 스레드가 실행되므로 비선점 스케줄링이다.

- **스레드 우선순위 – 없음**

- **기아 – 발생하지 않음**

정상적인 경우라면 기아는 발생하지 않는다. 앞서 도착한 스레드들이 실행되고 나면 스레드는 언젠가 큐의 맨 앞에 있게 되기 때문이다. 하지만, 앞서 도착한 스레드가 무한 루프를 실행하는 오류가 있는 경우 이를 멈출 수 있는 방법이 없어 뒤 스레드들이 기아에 빠질 수 있다.

- **성능 이슈**

FCFS 알고리즘이 사용되면, 긴 CPU burst를 실행하는 스레드가 CPU를 양도할 때까지 뒤에서 대기하거나 늦게 도착한 짧은 스레드들이 오래 대기하여 시스템 전체가 느려지는 호위효과(Convoy Effect)가 나타나는 단점이 있다. FCFS는 처리율이 낮지만 단순하고 구현이 용이하다.

- **스케줄링 사례**

그림 5-5는 FCFS의 스케줄 과정을 보여주며, 평균 대기 시간을 계산하면 다음과 같다.

- 평균 대기 시간: (0 + 3 + 5 + 3)/4 = 2.75ms

스레드	도착 시간	실행 시간(ms)
T1	0	4
T2	1	3
T3	2	1
T4	5	3

실행 시간 동안 입출력은 발생하지 않는다고 가정한다.

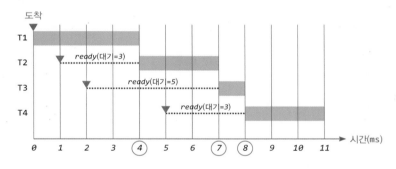

※ 빨간 원은 스케줄링이 일어나는 시점을 나타낸다.

그림 5-5 FCFS의 실행 사례

3.2 SJF(Shortest Job First) 스케줄링

- **알고리즘**

SJF(최단 작업 우선 스케줄링)는 실행 시간이 가장 짧은 스레드를 먼저 실행시켜 스레드들의 평균 대기 시간을 최소화하는데 목적이 있다. 그러므로 SJF는 준비 큐에서 예상 실행 시간이 가장 짧은 스레드를 우선 선택한다. SJF의 이름에서 작업(Job)은 CPU burst 작업을 뜻한다. SJF는 큐를 순회하여 실행 시간이 가장 짧은 스레드를 선택하도록 구현할 수 있지만, 스레드가 큐에 도착할 때 예상 실행 시간이 가장 짧은 스레드를 큐 맨 앞에 배치하도록 정렬하여 삽입할 수도 있다. 이렇게 하면 SJF 스케줄러는 큐의 맨 앞에 있는 스레드를 선택하기만 하면 된다.

- **스케줄링 파라미터 – 스레드별 예상 실행 시간**

  SJF는 스레드별 실행 시간 정보를 필요로 하는데 이 시간을 정확히 예측하는 것은 현실적으로 불가능하다.

- **스케줄링 타입 – 비선점 스케줄링**

  SJF는 선택된 스레드가 실행을 끝낼 때까지 중단시키지 않는 비선점 스케줄링이다.

- **스레드 우선순위 – 없음**

- **기아 – 발생 가능**

  짧은 실행 시간을 가진 스레드가 계속 큐에 도착하면 긴 스레드에 기아가 발생할 수 있다.

- **성능 이슈**

  짧은 스레드를 먼저 실행하면 대기 중인 모든 스레드의 대기 시간이 짧아지므로 평균 대기 시간은 최소화된다. 하지만 스레드의 실행 시간을 예측할 수 없기 때문에 SJF는 현실에서 사용할 수 없다. 스레드의 실행 시간을 예측하는 알고리즘들이 있지만 이론에 그치고 실효성은 없다.

스레드	도착 시간	예상 실행 시간(ms)
T1	0	4
T2	1	3
T3	2	1
T4	5	3

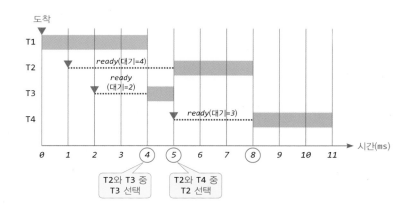

그림 5-6 SJF의 실행 사례

- 스케줄링 사례

   그림 5-6은 SJF의 스케줄 과정을 보여주며 평균 대기 시간은 다음과 같다.

   - 평균 대기 시간: $(0 + 4 + 2 + 3)/4 = 2.25ms$

3.3 SRTF(Shortest Remaining Time First) 스케줄링

- 알고리즘

   SRTF(최소 잔여 시간 우선 스케줄링)는 SJF의 선점 스케줄링 버전으로 남은 실행 시간이 가장 짧은 스레드를 우선 스케줄한다. 그러므로 현재 실행 중인 스레드의 시간보다 더 짧은 실행 시간을 가진 스레드가 큐에 도착하면 현재 스레드의 실행을 중단시키고 도착한 스레드를 실행시킨다.

- 스케줄링 파라미터 – 스레드별 예상 실행 시간

   SRTF를 사용하기 위해서는 스레드 별로 예상 실행 시간과 남은 실행 시간 정보가 필요하다.

- 스케줄링 타입 – 선점 스케줄링

   SRTF는 현재 실행되는 스레드의 남은 실행 시간보다 실행 시간이 더 짧은 스레드가 큐에 도착하면 현재 스레드를 강제 중단시키고 새 스레드를 실행시키므로 선점 스케줄링이다.

- 스레드 우선순위 – 없음

- 기아 현상 – 발생 가능

   짧은 실행 시간을 가진 스레드가 지속적으로 큐에 도착하면, 긴 스레드는 언제 실행될 지 예측할 수 없어 기아가 발생할 수 있다.

- 성능 이슈

   SJF와 마찬가지로 가장 짧은 스레드를 먼저 실행하므로, 스레드들의 평균 대기 시간은 최소화된다. 하지만 스레드의 실행 시간을 예측할 수 없기 때문에 현실에서는 사용되지 않는다.

- 스케줄링 사례

   그림 5-7은 SRTF의 스케줄 과정을 보여주며 평균 대기 시간은 다음과 같다.

   - 평균 대기 시간: $(1 + 4 + 0 + 3)/4 = 2ms$

스레드	도착 시간	실행 시간(ms)
T1	0	4
T2	1	3
T3	2	1
T4	5	3

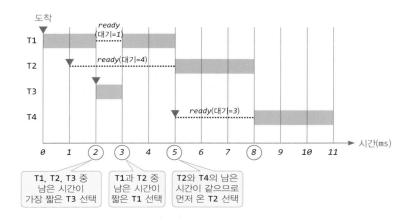

그림 5-7 SRTF의 실행 사례

3.4 RR(Round-Robin) 스케줄링

• 알고리즘

RR(라운드 로빈)은 스레드들에게 공평한 실행 기회를 주기 위해 큐에 대기중인 스레드들을 타임 슬라이스 주기로 돌아가면서 선택한다. 도착하는 스레드는 큐 끝에 삽입되며, RR은 준비 리스트의 맨 앞에 있는 스레드를 선택한다. 스레드는 실행이 시작된 후 타임 슬라이스가 지나면 커널에 의해 강제 중단되어 큐 끝에 다시 삽입된다. 커널은 한 번에 한 스레드에게 타임 슬라이스의 시간만큼만 CPU를 사용하도록 한다.

• 스케줄링 파라미터 – 타임 슬라이스

• 스케줄링 타입 – 선점 스케줄링

RR은 스레드 실행 후 타임 슬라이스가 지나면 강제로 중단시켜 큐 끝에 다시 삽입하고, 새 스레드를 선택하므로 선점 스케줄링이다.

- 스레드 우선순위 – 없음

- 기아 – 없음

스레드는 타임 슬라이스만큼 돌아가면서 스케줄되고, 우선순위 없이 큐에 도착한 순서대로 스케줄되므로, 일정한 시간 후에는 반드시 실행 기회를 얻게 된다. 그러므로 기아는 발생하지 않는다.

- 성능 이슈

RR은 공평하고 기아가 없고 구현이 쉬운 장점이 있다. 하지만 잦은 스케줄링으로 인해 스케줄링과 컨텍스트 스위칭에 소요되는 시간이 큰 단점이 있다. 타임 슬라이스가 작을수록 스케줄링 횟수도 증가하므로 성능 저하도 심해진다.

타임 슬라이스를 조절하면 RR은 FCFS와 SJF의 중도를 취하는 알고리즘이 된다. 타임 슬라이스가 클수록 타임 슬라이스 내에 단번에 완료되는 스레드의 비율이 높아져 RR은 FCFS에 가까운 알고리즘이 되며, 타임 슬라이스가 작을수록 거의 모든 스레드들이 여러 번에 걸쳐 실행되므로 처리 시간이 짧은 스레드가 먼저 종료할 가능성이 높아져 RR은 SJF나 SRTF에 가깝다.

또한 RR은 FCFS와 SJF가 가진 극단성에 균형을 취하는 알고리즘이다. FCFS에서는 늦게 도착한 짧은 스레드가 오래 기다려야 하지만, RR에서는 FCFS보다 빨리 완료된다. SJF 알고리즘의 경우 긴 스레드는 오래 기다려야 하지만, RR의 경우 SJF보다 빨리 완료된다.

- 스케줄링 사례

그림 5-8은 타임 슬라이스가 2ms인 경우와 1ms인 경우 각각에 대해 RR 스케줄링 과정을 보여준다.

타임 슬라이스가 2ms인 경우, 성능은 다음과 같다.

- 평균 대기 시간: (3 + 4 + 2 + 3)/4 = 3ms
- 스케줄링 횟수: 6번
- 컨텍스트 스위칭 횟수: 5번(스케줄링 번호 10에서는 컨텍스트 스위칭 일어나지 않음)

타임 슬라이스가 1ms인 경우는 다음과 같이 평균 대기 시간이 늘어나고, 스케줄링 횟수도 10번으로 늘어난다.

- 평균 대기 시간: (5 + 4 + 1 + 3)/4 = 13/4 = 3.25ms
- 스케줄링 횟수: 10번
- 컨텍스트 스위칭 횟수: 9번(스케줄링 번호 10에서는 컨텍스트 스위칭 일어나지 않음)

스레드	도착 시간	실행 시간(ms)
T1	0	4
T2	1	3
T3	2	1
T4	5	3

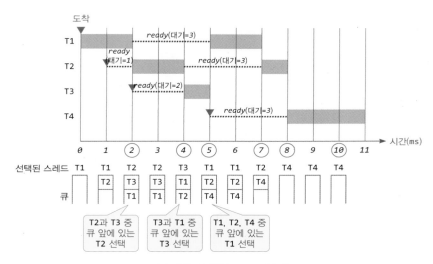

(a) 타임 슬라이스 = 2ms일 때

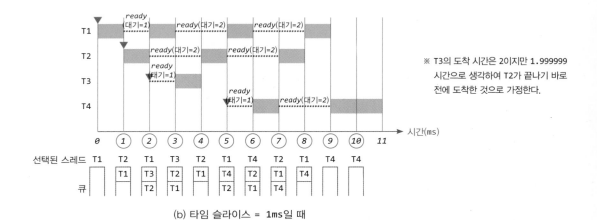

※ T3의 도착 시간은 2이지만 1.999999
시간으로 생각하여 T2가 끝나기 바로
전에 도착한 것으로 가정한다.

(b) 타임 슬라이스 = 1ms일 때

그림 5-8 RR 스케줄링 알고리즘의 실행 사례

3.5 Priority 스케줄링

- **알고리즘**

Priority 스케줄링은 철저히 우선순위에 따라 스레드를 실행시키려는 목적의 알고리즘으로, 스레드마다 고정 우선순위가 정해져 있는 상황에서, 큐에서 가장 높은 우선순위의 스레드를 선택한다. 스레드가 도착할 때 우선순위에 따라 정렬하여 가장 높은 순위의 스레드가 큐의 맨 앞에 오도록 구현하면, 스케줄러는 큐의 맨 앞에 있는 스레드를 선택하기만 하면 된다.

- **스케줄링 파라미터 – 스레드들의 우선순위 값**

- **스케줄링 타입 – 선점/비선점 모두 가능**

선점, 비선점 방식 모두 구현 가능하다. 더 높은 순위의 스레드가 도착할 때 현재 스레드를 중단하고 도착한 스레드를 실행시키면 선점 스케줄링(Preemptive Fixed Priority)이 되고, 현재 실행 중인 스레드가 종료한 후 스케줄링을 하게 되면 비선점 스케줄링(Non Preemptive Fixed Priority)이 된다.

- **스레드 우선순위 – 스레드마다 고정 우선순위**

- **기아 – 발생 가능**

지속적으로 높은 순위의 스레드가 큐에 도착하는 경우, 스레드에 기아가 발생할 수 있다. 큐의 대기 시간에 비례하여 일시적으로 우선순위를 높이는 에이징 기법을 결합하면 기아를 해결할 수 있다.

- **성능 이슈**

당연히 우선순위가 높은 스레드일수록 대기 시간이나 응답 시간이 짧다. Priority 스케줄링은 스레드마다 고정 우선순위를 가지는 실시간 시스템에서 주로 사용된다. 리눅스나 Windows, Java 플랫폼 등 대부분의 운영체제들은 우선순위를 반영하여 스케줄링한다. 이 경우 우선순위는 고정되지 않고 가변적이다.

3.6 MLQ(Multi-level Queue) 스케줄링

- **설계 의도**

1950년대 후반에서 1960년대 초에 이미 사용된 알고리즘으로, 스레드들을 n개의 우선순위 레벨로 구분하고 레벨이 높은 스레드를 우선 처리할 목적으로 설계되었다.

- **알고리즘**

MLQ 알고리즘은 그림 5-9와 같이 n개의 레벨 큐(우선순위 큐)를 두고, 스레드를 레벨(우선순위)에 따라 큐에 삽입한다. 스레드는 도착한 순서대로 큐에 삽입되며 다른 큐로 이동할 수 없다. MLQ 스케줄러는 가장 높은 레벨의 큐에서 맨 앞에 있는 스레드를 선택하며, 높은 레벨의 큐가 비어 있을 때 그 아래 레벨의 큐에서 스레드를 선택한다. 큐마다 별도의 큐 스케줄러를 둘 수 있는데, 큐 앞에 배치하거나 MLQ 스케줄러가 큐에서 하나를 선택할 때 호출되도록 배치하여, CPU 사용 시간 등 다른 지표를 이용하여 큐 내 스레드를 스케줄링할 수도 있다.

- **스케줄링 파라미터 – 스레드 우선순위**

- **스케줄링 타입 – 선점/비선점 모두 가능**

MLQ 알고리즘은 선점, 비선점으로 모두 구현 가능하다. 스레드가 종료할 때 스케줄링하도록 구현하면 비선점 스케줄링이 되고, 실행 중 더 높은 레벨의 큐에 스레드가 도착할 때 현재 스레드의 실행을 중단하고 새로 도착한 스레드를 스케줄하면 선점 스케줄링이 된다.

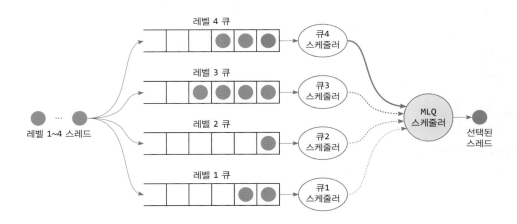

그림 5-9 4개의 우선순위 레벨을 가진 시스템에서 MLQ 스케줄링

- **스레드 우선순위 – 고정 우선순위(n 레벨 중 하나)**

- **기아 – 발생 가능**

지속적으로 높은 순위의 스레드가 큐에 도착하는 경우, 낮은 순위의 스레드는 언제 실행될 지 예상할 수 없어 기아가 발생할 수 있다.

- **활용 사례 및 성능 이슈**

MLQ는 스레드 별로 고정 우선순위를 두고 높은 순위의 스레드를 먼저 실행시키는 시스템에서 사용된다. 예를 들면, 시스템 전체 스레드를 백그라운드 스레드와 포그라운드 스레드로 나누고 포그라운드 스레드를 높은 순위로 스케줄링하는 경우나, 시스템 스레드, 대화식 스레드, 배치 스레드 등 3개의 레벨로 나누고 시스템 스레드를 우선적으로 스케줄링하는 경우이다. 대학에서 교수, 교직원, 대학원생, 학부생 등 사용자를 4개의 레벨로 나누고 사용자에 따라 실행시킨 스레드의 순위를 다르게 매기는 경우도 이에 해당한다.

MLQ는 높은 순위를 가진 스레드들의 대기 시간이나 응답 시간이 짧은 장점이 있다. 하지만, 낮은 레벨의 큐에 있는 스레드가 높은 레벨의 큐로 이동할 수 없어 지속적으로 높은 레벨의 스레드가 도착하면 기아가 발생한다. 다음 절에서 다룰 MLFQ 스케줄링은 MLQ의 기아 문제를 해결하기 위해 스레드를 다른 레벨의 큐로 이동시킨다.

> **잠깐! MLQ 알고리즘의 활용**
>
> MLQ는 CPU 스케줄링 외 여러 상황에서 사용된다. 예를 들어 메시징 서버(messaging server)에서 메시지 종류를 '매우 긴급', '긴급', '보통', '낮음'의 4개 우선순위로 나누고 큐도 4개 둔다. 각 메시지가 서버에 도착하면 우선순위에 따라 해당 메시지 큐에 삽입되고 서버는 가장 높은 순위의 큐에서 메시지를 먼저 처리한다.

3.7 MLFQ(Multi-level Feedback Queue) 스케줄링

- **설계 의도**

MLFQ는 1962년 페르난도 J. 코바토가 Multics 운영체제와 함께 개발한 스케줄링 알고리즘으로, CPU burst가 짧은 스레드나 I/O 작업이 많은 스레드, 혹은 대화식 스레드를 우선 실행시켜 스레드의 평균대기시간을 줄여 사용자의 응답시간을 짧게 하고 스레드에 기아가 발생하지 않게 한다. MLFQ는 구현에 따라 다를 수 있기 때문에 이 책에서는 알고리즘의 핵심만 설명한다.

- **n개의 레벨 큐**

MLFQ는 그림 5-10과 같이 우선순위(레벨)로 구분된 n개의 큐를 둔다. 스레드는 우선순위가 없고 도착할 때 가장 높은 레벨의 큐에 삽입된다. 높은 레벨의 큐를 먼저 스케줄링하며, 높은 레벨의 큐가 비어 있을 때만 아래 레벨의 큐에서 스케줄링한다. MLFQ는 큐마다 별도의 스케줄링 정책을 사용할 수 있지만 RR이 가장 무난하다. 큐에는 준비 상태의 스레드들이 대기하며 I/O로 인해 블록된 스레드는 들어가지 않는다.

먼저, 프로그램은 'CPU burst → I/Oburst → CPU burst → I/O burst ...'가 반복되는 실행

특성이 있다는 점을 상기하라. MLFQ에서 각 큐는 CPU burst와 관계있다. 큐마다 타임 슬라이스가 다르게 설정되는데, 낮은 레벨의 큐일수록 타임 슬라이스가 크게 설정된다. 실행 중인 스레드의 CPU burst가 큐의 타임 슬라이스를 넘어가면 강제 중단되어 아래 레벨 큐로 이동된다. 타임 슬라이스 전에 스레드의 CPU burst가 끝나면 스레드는 동일한 큐에 다시 삽입된다.

예를 들어, 그림 5-10과 같이 레벨 4 큐의 타임 슬라이스가 4ms이므로, CPU burst가 4ms보다 작은 스레드는 다시 레벨 4의 큐에 삽입되지만, CPU burst가 4ms보다 큰 스레드는 레벨 4의 큐에서 한 번 실행된 후 강제 중단되어 레벨 3의 큐로 이동된다. 레벨 3 큐의 타임 슬라이스가 6ms이므로, CPU burst가 6ms보다 작은 스레드는 이 큐에 반복하여 머무르겠지만, CPU burst가 6ms보다 큰 스레드는 6ms를 소진한 후 다시 아래 큐로 이동된다. 이런 식으로 시간이 지나면 각 스레드는 CPU burst의 크기에 따라 적당한 레벨의 큐에 정착하게 된다. 레벨 4 큐에는 CPU burst가 4ms보다 작은 스레드들이, 레벨 3 큐에는 CPU burst가 4ms보다 크고 6ms보다 작은 스레드들이, 레벨 2 큐에는 CPU burst가 6ms보다 크고 8ms보다 작은 스레드들이 모여 있게 되고 8ms보다 큰 스레드들은 모두 레벨 1 큐에 모이게 된다. 그러므로 MLFQ에서는 CPU burst가 작은, 즉 CPU 시간을 작게 소모하고 입출력이 빈번한 스레드가 높은 우선순위로 실행된다. 높은 레벨의 스레드들이 모두 입출력 중이면, 그 아래 레벨의 큐에 있는 스레드가 실행된다.

● **알고리즘**

그림 5-10은 4개의 레벨 큐를 가진 MLFQ의 사례이다. 알고리즘을 간단히 알아보자.

- 도착하는 스레드는 가장 높은 레벨 큐에 삽입된다.
- MLFQ 스케줄러는 가장 높은 레벨 큐에서 스레드를 선택하여 실행시킨다. 큐가 비었으면 아래 레벨 큐에서 선택하는 식으로 처리한다.

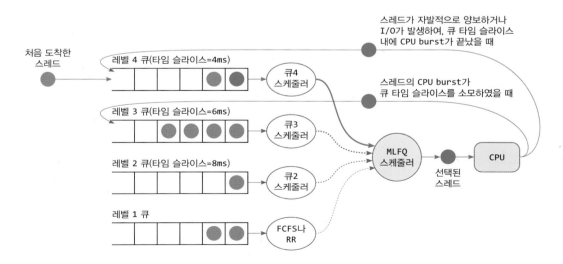

그림 5-10 4개의 우선순위 레벨을 가진 MLFQ 스케줄링 알고리즘

- 실행 중인 스레드의 CPU burst가 큐 타임 슬라이스보다 길어지면, 강제 중단시켜 아래 레벨 큐로 이동시킨다. 여기서 스레드가 큐에서 실행된 총 누적 시간과 큐 타임 슬라이스를 비교하는 것은 아니다.
- 스레드가 실행 중 자발적으로 중단하면 동일 큐에 다시 삽입된다.
- 스레드가 I/O를 요청하면 해당 큐에서 나오지만, I/O 작업이 끝나면 동일한 큐로 다시 삽입된다.
- 큐에서 대기하는 시간이 오래되면 기아를 막기 위해 한 레벨 위의 큐로 이동시킨다.
- 최하위 레벨의 큐는 주로 FCFS나 긴 타임 슬라이스의 RR로 스케줄된다.

그림 5-11은 그림 5-10과 같이 4개의 레벨 큐를 가진 상황에서, 스레드 1개가 도착하여 실행되면서 낮은 레벨의 큐로 이동하는 과정의 한 부분을 사례로 보여준다. 그림을 따라가면 충분히 이해될 것이므로 설명을 생략한다.

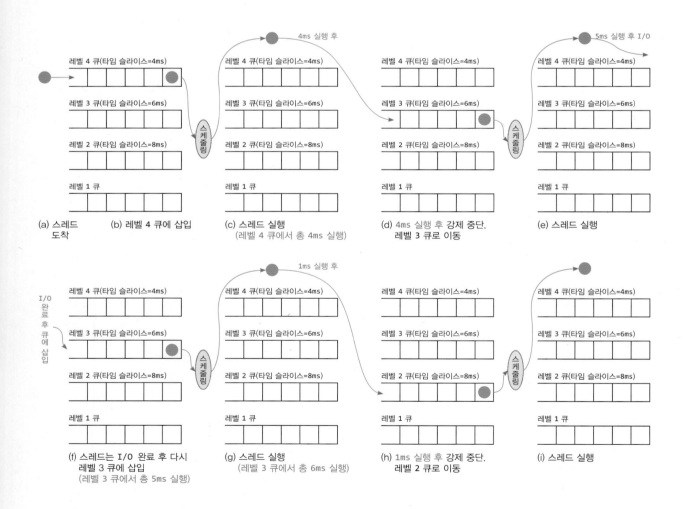

그림 5-11 MLFQ 알고리즘 사례

● MLFQ의 실전 스케줄링 사례

3개의 레벨 큐가 있는 상황에서 그림 5-12와 같이 3개의 스레드가 실행되는 사례를 알아보자. Q3의 우선순위가 가장 높고 각 큐는 RR 스케줄링을 사용한다. 표에서 실행시간은 CPU burst와 I/O burst를 나열하여 보여준다. 예를 들어, T1은 2ms 동안 CPU를 사용한 후 5ms 동안 I/O를 진행하고 다시 2ms 동안 CPU를 사용하고 6ms 동안 I/O를 진행한다. 그리고 2ms 동안 CPU를 사용하고 종료한다. T3 스레드의 경우 CPU만 12ms를 사용하고 종료한다.

큐 타임 슬라이스 : Q3=4ms, Q2=6ms, Q1=무제한

스레드	도착 시간	실행 시간(ms) (CPU-I/O-CPU-I/O-CPU)
T1	0	2 - 5 - 2 - 6 - 2
T2	1	6 - 2 - 4
T3	3	12

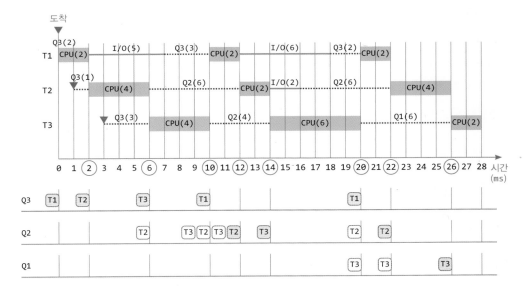

그림 5-12 MLFQ 알고리즘을 이용한 스케줄링 실행 사례

그림 5-12는 각 큐에 대기 중인 스레드들을 보여준다. 여기서 놓치지 말아야 할 것은 스레드는 스케줄링되면 큐에서 제어되어 실행 상태나 블록 상태인 동안 어떤 큐에도 들어가 있지 않다는 것이다. T1의 경우 CPU burst가 2ms이므로 I/O 완료 후에 계속 Q3에 남아서 최우선으로 스케줄링된다. T2는 처음 Q3에 들어갔지만, 스케줄된 이후 4ms의 타임 슬라이스를 다 사용하고 강제로 중단되어 Q2로 이동되었다. T3의 경우 Q3에 들어간 후 스케줄링되어 4ms의 타임 슬라이스를 다 사용한 후 강제로 Q2로 이동되고, 다시 6ms의 타임 슬라이스를 다 사용한 후 Q1로 이동되었다.

그림 5-12의 사례에서 스레드의 평균 대기 시간(큐에서의 대기 시간)은 다음과 같이 계산된다.

> T1의 대기 시간 = 3 + 2 = 5ms
> T2의 대기 시간 = 1 + 6 + 6 = 13ms
> T3의 대기 시간 = 3 + 4 + 6 = 13ms
> 평균 대기 시간 = (5ms + 13ms + 13ms)/3 = 31ms/3 = 10.3ms

- **스케줄링 파라미터**

  MLFQ의 스케줄링에는, 큐의 개수, 각 큐의 스케줄링 알고리즘, 우선순위 격하 시점(각 큐의 타임 슬라이스들), 우선순위 격상 시점(기아를 막기 위해 한 레벨 높은 큐로 이동시키기 위한 큐 대기 시간의 최대치), 도착하는 스레드가 진입할 큐 등 여러 사항에 대한 결정이 요구된다.

- **스케줄링 타입 – 선점 스케줄링**

  MLFQ는 실행중인 스레드의 CPU burst가 큐의 타임 슬라이스를 초과하면 스레드를 강제 중단(preempt)시키므로 선점 스케줄링이다. 하지만, 더 높은 레벨의 큐에 새로 스레드가 도착한다고 하더라도 실행중인 스레드를 강제 중단시키지 않는 것을 원칙으로 한다. 물론 구현에 따라서는 강제 중단시킬 수도 있다.

- **스레드 우선순위 – 없음**

- **기아 – 없음**

  이론적으로 MLQF는 스레드가 낮은 레벨의 큐에서 너무 오랜 시간 대기하면 하나 높은 레벨의 큐로 이동시키는 에이징 기법을 사용하기 때문에 무한정 대기하는 기아가 발생하지 않는다. 하지만, 큐 개수가 많거나 높은 레벨의 큐에 스레드들이 많은 경우, 낮은 레벨의 큐에 있는 스레드는 오랜 시간을 기다려야 하는 상황이 벌어질 수도 있다.

- **성능 이슈**

  MLFQ에서는 CPU burst가 짧거나 입출력이 빈번한 스레드, 혹은 대화식 스레드에게 높은 우선순위를 주어 응답 시간을 빨리하고 평균 대기 시간을 줄인다. 또한 기아를 막을 수 있고, 큐의 개수나 타임 슬라이스 값 등 스케줄링 파라미터를 조절하여 대상 시스템에 적합하게 구현할 수 있는 유연성이 뛰어나지만, 알고리즘이 복잡하여 CPU의 오버헤드가 증가되는 단점도 있다.

4 멀티 코어 CPU에서의 스케줄링

4.1 멀티 코어 CPU와 병렬 처리

2001년 2개의 코어(core)를 가진 멀티 코어 CPU인 PowerPC가 IBM에 의해 최초로 개발된 뒤, 현재 대부분의 컴퓨터들이 멀티 코어 CPU를 사용하고 있다. 코어란 그림 5-13과 같이 레지스터들과 연산장치(ALU), 그리고 제어장치(Control Unit)와 버스 인터페이스(Bus Interface)를 가지고 기계 명령을 처리할 수 있는 완벽한 프로세서(processor)이다. 멀티 코어 이전의 CPU들은 싱글(single) 코어 CPU로 보면 된다. 멀티 코어 CPU는 다양한 구조를 가지는데, 그림 5-14는 데스크톱에서 많이 사용되는 4개의 코어를 가진 인텔 Core-i7 CPU의 구조를 보여준다.

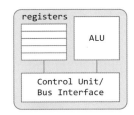

그림 5-13 싱글 코어의 구조

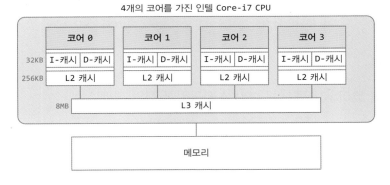

그림 5-14 4개의 코어를 가진 인텔 Core-i7 CPU

Core-i7 CPU에서 각 코어는 독립적으로 사용하는 L1/L2 캐시를 가지고 있으며, L3 캐시는 4개의 코어에 의해 공유된다. L1 캐시는 명령어들(프로그램 코드)만 저장하는 I-cache와 데이터만 저장하는 D-cache로 나누어 구성된다. 각 코어는 독립적으로 스레드를 실행할 수 있기 때문에 운영체제는 각 코어를 하나의 완전한 프로세서(CPU)로 다룬다.

그림 5-15는 4개의 코어가 4개의 스레드를 병렬 실행하는 것을 보여준다. 총 3개의 프로세스가 실행되며, 프로세스1은 싱글스레드 응용프로그램이며, 프로세스 2와 3은 각각 2개, 3개의 스레드를 가진 멀티스레드 응용프로그램이다. 커널은 6개의 스레드 중 4개를 각 코어에 하나씩 할당하였다. 각 코어에서 실행되는 스레드가 동시에 시스템 호출을 실행하여 커널로 진입할 수 있기 때문에, 멀티 코어 CPU에서 실행되는 운영체제의 설계는 복잡하다.

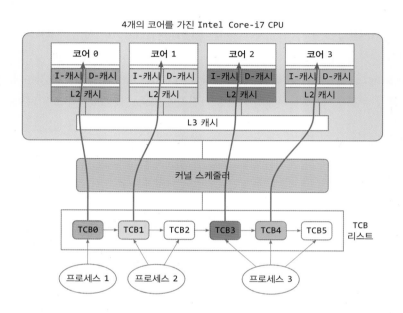

그림 5-15 4개의 코어를 가진 멀티 코어 CPU에서 멀티스레딩

4.2 멀티 코어 시스템에서 CPU 스케줄링과 작업 분배

싱글 코어 CPU에서 사용한 스케줄링 기법을 멀티 코어 CPU에서 그대로 사용하면 2가지 문제가 발생하는데 이 문제들과 해결책에 대해 알아보자.

- 컨텍스트 스위칭 후 오버헤드 증가
- 코어별 부하 불균형

컨텍스트 스위칭 후 오버헤드 – 코어 친화성으로 해결

그림 5-15에서 볼 수 있듯이 각 코어는 독립적인 캐시 메모리를 가지고 있다. 만일 CPU 스케줄러에 의해 어떤 코어에 실행시키기로 결정된 스레드가 이전에 이 코어에서 실행된 적이 없다면, 새 스레드가 실행된 이후 새 스레드의 코드와 데이터가 캐시에 적재되는 데 적잖은 시간이

소요된다. 만일 CPU 스케줄러가 코어에서 최근에 실행된 적이 있는 스레드 중 하나를 선택한다면 캐시를 다시 채우는 과정이 줄어들 수 있다.

이러한 문제는 스레드를 동일한 코어에서만 계속 실행되도록 스케줄하는 CPU 친화성(CPU affinity)으로 해결된다. CPU 친화성이란 프로세스나 스레드가 특정 CPU에서만 실행되도록 제한하는 스케줄링 특성으로 CPU 피닝(pinning)이라고도 부르며, 캐시와의 관련성 때문에 캐시 친화성(cache affinity)이라고도 한다. CPU 친화성은 멀티 코어 시스템에서는 코어 친화성(core affinity)으로 통한다.

리눅스는 사용자가 쉘에서 taskset 명령이나, sched_setaffinity() 시스템 호출을 이용하여 프로세스나 스레드에 CPU 친화성을 지정할 수 있으며, Windows에서는 그림 5-16과 같이 작업 관리자에서 프로세스를 특정 코어에서만 실행되도록 지정할 수 있다. 또한 Windows 응용프로그램에서 SetProcessAffinityMask() 시스템 호출을 통해 프로세스에 속한 모든 스레드를 특정 CPU에 묶어둘 수 있다.

멀티 코어를 지원하는 운영체제는 코어 친화성을 위해 그림 5-16과 같이 코어마다 '스레드 큐'를 두고, 한 코어에서 실행이 중단된 스레드를 다시 동일한 코어의 큐에 삽입하는 방법을 사용하기도 한다.

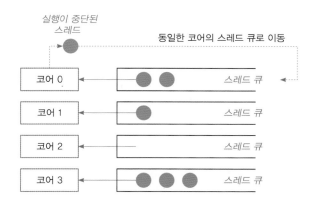

그림 5-16 코어 친화성을 위해 코어마다 두는 스레드 큐

잠깐! 프로세스 친화성과 스레드 친화성

프로세스가 특정 코어에 친화성을 가진다면 운영체제는 프로세스에 속한 모든 스레드를 그 코어에서 실행되도록 스케줄링한다. 하지만, 사용자가 개별 스레드마다 서로 다른 코어에 친화성을 둘 수도 있다. 스레드들은 프로세스의 공간을 공유하기 때문에 스레드들이 서로 다른 코어에 친화성을 가지도록 하는 것은 신중할 필요가 있다. 특별한 경우가 아니라면 친화성은 운영체제가 알아서 하도록 두는 것이 좋다. 이 일에 있어서는 운영체제가 사용자보다 더 똑똑하기 때문이다.

TIP **Windows의 작업 관리자에서 프로세스에게 코어 친화성 지정**

Windows에서는 그림 5-17과 같이 작업 관리자에서 프로세스가 특정 코어에서만 실행되도록 친화성을 지정할 수 있다. chrome 프로세스의 '선호도 설정' 메뉴에서 CPU1에 체크하면 chrome 프로세스를 CPU1에서만 실행시키라는 지시이며, '모든 프로세서'를 체크하면 아무 CPU로나 스케줄링해도 된다는 뜻이다.

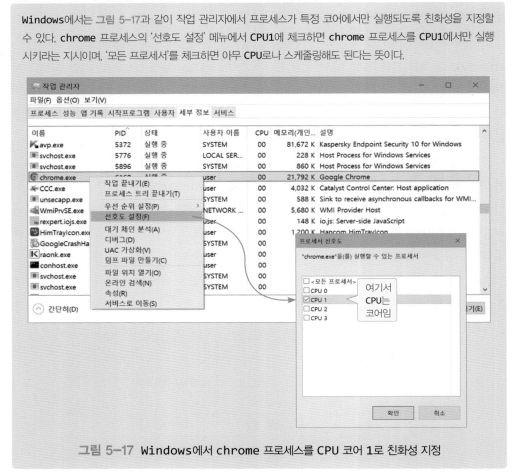

그림 5-17 Windows에서 chrome 프로세스를 CPU 코어 1로 친화성 지정

코어별 부하 불균형 – 부하 균등화 기법으로 해결

멀티 코어 시스템에서 운영체제가 스레드를 무작위로 스케줄링 한다면 어떤 코어는 많은 수의 스레드를 어떤 코어는 작은 수의 스레드를 실행한다. 이렇게 코어 사이의 부하 불균형이 초래되면, 많은 스레드가 몰린 코어에서 실행되는 스레드는 대기 시간과 처리 시간이 길어지는 한편, 어떤 코어는 실행할 스레드가 없어 노는 상태가 되어, 코어의 활용률과 함께 시스템 처리율이 떨어진다. 운영체제는 코어 사이의 부하 불균형을 해결하기 위해 다음과 같은 부하 균등화 기법(load balancing)을 사용한다.

첫째, 푸시 마이그레이션(push migration) 기법이다. 시스템에 '스레드 큐'를 감시하는 별도의 감시 스레드를 두고, '스레드 큐'가 매우 짧거나 실행할 스레드가 없는 코어가 생길 때, 감시 스레드는 다른 스레드 큐로부터 스레드를 강제로 옮겨 놓는 기법이다. 이런 식으로 코어마다 처리하는 스레드의 개수를 균등하게 유지한다.

둘째, 풀 마이그레이션(pull migration) 기법이다. 코어는, 처리할 스레드가 없게 될 때 다른 코어의 스레드 큐에서 스레드를 가져와 자신의 스레드 큐에 넣고 실행하는 기법이다.

💡 CPU 스케줄링 개요

- CPU 스케줄링은 준비 리스트에 대기 중인 스레드 중 하나를 선택하는 스레드 스케줄링이다.

- 프로그램 실행 과정에서 CPU가 집중적으로 코드를 실행하는 상황을 CPU burst라고 부르고 I/O 장치에 의해 입출력이 이루어지는 상황을 I/O burst라고 한다.

- CPU burst 시간이 I/O burst 시간보다 절대적으로 많을 때 CPU 집중(CPU intensive) 프로세스라고 부르고, 그 반대의 경우 I/O 집중(I/O intensive) 프로세스라고 한다.

- CPU 활용률은 컴퓨터의 전체 가동 시간에 대한 CPU 사용 시간의 비율이다.

- 처리율은 단위 시간 당 처리하는 스레드의 개수이다.

- 타임 슬라이스는 CPU 스케줄링이 일어나는 주기 시간이고, 스레드가 CPU 사용을 보장받는 시간이다.

💡 CPU 스케줄링 기본

- CPU 스케줄링이 실행되는 상황은 스레드가 블록 상태가 되거나, 자발적으로 CPU를 반환한 경우, 스레드의 CPU 타임 슬라이스가 다 소진된 경우, 더 높은 순위의 스레드의 입출력 작업이 완료되어 I/O 인터럽트가 발생한 경우 등 4가지이다.

- 스케줄러 코드나 디스패처 코드는 실행 시간이 짧도록 작성되어야 한다.

- CPU 스케줄링은 실행 중인 스레드를 강제로 중단시키는 선점 스케줄링(preemptive scheduling)과 실행 중인 스레드가 종료하거나 입출력으로 인해 블록되어 더 이상 실행될 수 없을 때까지 스레드를 중단시키지 않는 비선점 스케줄링(non-preemptive scheduling)의 두 가지 타입으로 나뉜다.

- 스레드가 스케줄링 과정에서 선택되지 못한 채 오래 기다리는 상황을 기아(starvation)라고 한다.

- 에이징(aging)은 기아에 대한 해결책으로 스레드가 준비 리스트에 머무르는 시간에 비례하여 우선순위를 높여 가까운 시간 내에 스케줄링이 될 것을 보장하는 기법이다.

💡 다양한 CPU 스케줄링 알고리즘

- CPU 스케줄링의 전통적인 기법으로 FCFS(First Come First Served), SJF(Shortest Job First), SRTF(Shortest Remaining Time First), RR(Round-Robin), Priority 스케줄링, MLQ(Multi-level Queue) 스케줄링, MLFQ(Multi-level Feedback Queue) 스케줄링 등이 있다.

- FCFS(선입 선처리)는 큐에 도착한 순서대로 스레드를 선택하는 단순한 방법으로 구현이 쉽고 기아도 발생하지 않지만 처리율이 낮다.

- SJF(최단 작업 우선 스케줄링)는 실행 시간이 가장 짧은 스레드를 먼저 실행시켜 스레드들의 평균 대기 시간을 최소화할 수 있지만, 기아 가능성이 있고 스레드의 실행 시간을 알 수 없기 때문에 비현실적이다.

- SRTF(최소 잔여 시간 우선 스케줄링)는 실행 중인 스레드의 남은 실행 시간보다 더 짧은 실행 시간을 가진 스레드가 도착하면 현재 스레드의 실행을 중단시키고 도착한 스레드를 실행시킨다. SJF의 선점 스케줄링 버전으로 평균 대기 시간을 최소화한다. 하지만 기아 가능성이 있고 스레드의 실행 시간을 알 수 없기 때문에 비현실적이다.

- **RR**(라운드 로빈)은 스레드에게 공평한 실행 기회를 주기 위해 타임 슬라이스 간격으로 돌아가면서 스레드를 실행하는 방법으로 기아를 발생시키지 않는다. 타임 슬라이스가 과도하게 작으면 스케줄링 횟수가 증가하여 스케줄링과 컨텍스트 스위칭의 오버헤드가 커질 수 있다.

- **Priority** 스케줄링은 높은 우선순위의 스레드를 먼저 실행시키는 기법이다. 지속적으로 높은 순위의 스레드가 도착하는 경우 스레드는 기아에 빠질 수 있다.

- **MLQ** 스케줄링은 스레드들을 n개의 우선순위 레벨로 나누고 n개의 레벨 큐를 둔다. 도착하는 스레드를 해당하는 레벨 큐에 삽입하고 높은 레벨의 큐에 있는 스레드를 우선적으로 처리한다. 낮은 순위의 스레드는 기아에 빠질 수 있다.

- **MLFQ** 스케줄링은 우선순위를 가진 n개의 레벨 큐를 두고 높은 레벨의 큐를 우선 스케줄링한다. 높은 레벨의 큐가 비었을 때만 그 아래 레벨의 큐에서 스케줄링한다. 스레드는 우선순위가 없고 도착할 때 가장 높은 레벨의 큐로 진입한다. 큐마다 타임 슬라이스가 달리 설정되는데 높은 레벨일수록 작게 설정되며, 스레드가 실행되어 **CPU burst**가 큐의 타임 슬라이스를 초과하면 강제 중단되어 아래 레벨의 큐로 이동된다. **MLFQ**는 **CPU burst**가 작고 **I/O**가 빈번한 스레드 혹은 대화식 스레드를 높은 우선순위로 처리하여 사용자에게 빠른 응답 시간을 제공한다. 낮은 레벨의 큐에서 무작정 기다리는 기아를 방지하기 위해, 큐에서 일정 시간 이상 대기하면 한 단계 높은 레벨 큐로 이동시킨다.

🔎 멀티 코어 CPU에서의 스케줄링

- 싱글 코어 **CPU**에서 사용한 스케줄링 기법을 멀티 코어 **CPU**에서 그대로 사용하면 **CPU** 캐시로 인한 컨텍스트 스위칭 후 오버헤드 증가와 코어별 부하 불균형의 2가지 문제가 발생한다.

- 멀티 코어 시스템에서, 스레드를 최근에 실행된 적이 없는 코어에 배치하면 코어의 캐시에 스레드 코드와 데이터가 적재되느라 많은 시간이 소모된다. 이 문제는 스레드를 동일한 코어에서만 계속 실행되도록 배치하는 **CPU** 친화성 (**CPU affinity**)으로 해결된다. **CPU** 친화성은 멀티 코어에서 코어 친화성이라고 한다.

- 멀티 코어 시스템에서 운영체제가 스레드를 무작위로 스케줄한다면 코어마다 처리하는 스레드의 개수가 균일하지 않은 부하 불균형이 발생할 수 있다. 부하 불균형은 시스템 처리율을 떨어뜨린다.

- 코어의 부하 불균형을 해결하는 부하 균등화 기법(**load balancing**)에는, (1) 운영체제가 실행할 스레드가 없는 코어의 큐에 다른 코어의 큐에서 대기 중인 스레드를 강제로 옮겨 놓는 푸시 마이그레이션(**push migration**)과, (2) 코어는 처리할 스레드가 없을 때 다른 코어의 큐에서 스레드를 가져와 실행시키는 풀 마이그레이션(**pull migration**)이 있다.

연습문제

개념 체크

1. 다음 빈 칸에 적절한 단어를 삽입하라.

> 프로그램의 실행 과정은 두 가지 상황이 번갈아 진행되는데, 그것은 한동안 CPU 연산이 계속되는 (   ) 상황과,
> I/O 작업이 이루어지는 (   ) 상황이다. CPU 연산이 주를 이룰 때 (   ) 프로세스라고 부르고 I/O 작업이
> 주를 이룰 때 (   ) 프로세스라고 한다. CPU 스케줄링은 CPU의 (   ) 시간을 줄이기 위해 도입되었다.

> **보기**
>
> CPU 집중, CPU burst, I/O 집중, I/O burst, 포그라운드, 백그라운드, idle, busy

2. CPU 스케줄링 알고리즘을 평가하는 기준과 거리가 먼 것은?

① CPU 활용률(CPU utilization)

② 동시성(concurrency)

③ 준비 큐에서의 대기 시간(waiting time)

④ 자원 활용률(resource efficiency)

3. CPU 스케줄링의 평가 기준 사이의 관계를 잘못 설명한 것은?

① CPU 활용률을 높이면 처리율도 높아진다.

② 공평성을 높이면 CPU 활용률은 상대적으로 떨어진다.

③ 시스템 정책 우선으로 스케줄링하면 CPU 활용률은 높아진다.

④ 응답 시간을 줄이는 알고리즘은 처리율을 높인다.

4. CPU 스케줄링이 행해지는 상황들을 나열하였다. 비어 있는 상황을 적어라.

> 첫째, 스레드에게 할당된 CPU 타임 슬라이스가 소진되었을 때
>
> 둘째, 스레드가 자발적으로 CPU를 반환하는 경우
>
> 셋째, 현재 실행중인 스레드보다 더 높은 순위의 스레드로부터 내려진 입출력이 완료되어 I/O 인터럽트가 발생한
> 경우
>
> 넷째, (   )

5. 타임 슬라이스에 대한 설명으로 틀린 것은?

① 스레드에게 할당된 CPU 사용 시간이다.

② 타이머 인터럽트를 통해 타임 슬라이스가 소진되었는지 검사한다.

③ 타임 슬라이스를 두는 이유는 스레드들에게 공평하게 CPU를 사용하도록 하기 위함이다.

④ 타임 슬라이스가 클수록 컨텍스트 스위칭의 횟수가 증가한다.

6. 선점과 비선점 중 선택하여 빈 칸을 채워라.

스레드가 CPU를 할당받아 일단 실행을 시작하면 완료되거나 CPU를 더 이상 사용할 수 없는 상황이 될 때까지 스레드를 강제로 중단시키지 않는 방식을 (   ) 스케줄링이라고 하며, 커널이 현재 실행 중인 스레드를 강제로 중단시켜 준비 리스트로 이동시키고, 스케줄링을 통해 다른 스레드에게 CPU를 넘겨주는 방식을 (   ) 스케줄링이라고 한다. (   ) 스케줄링의 경우, 스레드가 더 이상 CPU를 사용할 수 없는 상황에야 비로소 스케줄링이 이루어진다. PC와 같은 범용 시스템에서 (   ) 스케줄링은 현재는 거의 사용되고 있지 않다.

7. 다음 스케줄링이 선점 스케줄링인지 비선점 스케줄링인지 표기하라.

(1) 선입 선처리(FCFS)   (   )

(2) 최단 작업 우선 스케줄링(SJF)   (   )

(3) 최소 잔여 시간 우선 스케줄링(SRTF) (   )

(4) 라운드 로빈 스케줄링(RR)   (   )

8. 다음 그림은 3개의 프로세스 p1, p2, p3이 실행되는 과정을 보여준다. 선점 스케줄링과 비선점 스케줄링 중 어떤 것이 사용되었는지 판단하고 그 이유를 설명하라.

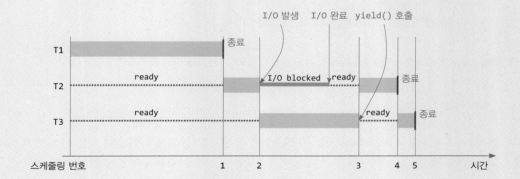

9. 다음은 무엇에 대한 설명인가?

스케줄링 과정에서 선택되지 못한 채 오랜 동안 준비 리스트에 있는 상황

① 무한대기   ② 교착상태
③ 블록   ④ 기아

10. 다음은 무엇에 대한 설명인가?

스레드가 준비 리스트에 머무르는 시간에 비례하여 우선순위를 높여주는 기법

① 부하 균등화(load balancing)
② 스레드 마이그레이션(thread migration)
③ 에이징(aging)
④ 우선순위 올림(priority ceiling)

11. 다음은 무엇에 대한 설명인가?

프로세스나 스레드가 특정 CPU에서 실행되도록 제한하는 스케줄러의 특징

① CPU 친화성(CPU affinity)
② CPU 마스킹(CPU masking)
③ 하이퍼스레딩
④ CPU의 부하 균등화

12. 에이징(aging) 기법은 CPU 스케줄링의 어떤 단점을 극복하기 위한 정책인가?

13. RR(Round Robin) 스케줄링을 사용할 때 오늘날 합리적인 타임 슬라이스로 적합한 것은?
① 5나노초   ② 50마이크로초
③ 50밀리초   ④ 500밀리초

14. 스레드가 종료할 때 비로소 새 스레드를 스케줄한다면 이 운영체제는 선점 스케줄링을 하는가 아니면 비선점 스케줄링을 하는가?

15. 다음은 에이징을 설명하는 문장이다. 빈 칸에 적절한 단어는 무엇인가?

스레드가 준비 리스트에 머무르는 시간에 비례하여 스레드의 (   )을/를 높이는 기법이다.

① 우선순위   ② nice 값
③ 메모리 할당량   ④ 타임 슬라이스

16. 다음 CPU 스케줄링 알고리즘 중에서 실현성이 없는 것은?

① FCFS   ② SJF

③ MLQ   ④ CFS

17. 다음 중 모든 스레드에게 CPU를 가장 공평하게 나누어 주는 스케줄링 기법은?

① RR   ② FIFO

③ MLFQ   ④ CLOCK

18. 다음 중 기아 발생 가능성이 가장 큰 CPU 스케줄링은?

① FIFO   ② RR

③ MLFQ   ④ SJF

19. 다음 중 기아가 전혀 발생하지 않는 CPU 스케줄링은?

① RR   ② SJF

③ SRTP   ④ MLQ

20. 어떤 연구소에서 컴퓨터 시스템 사용자들을 책임연구원, 연구원, 연구 보조원의 3 그룹으로 나누어 놓고 각 사용자들이 생성된 프로세스나 스레드의 우선순위를 다르게 매기려고 한다. 가장 적절한 CPU 스케줄링은 무엇인가?

① RR   ② SJF

③ SRTF   ④ MLQ

21. RR(Round Robin) 스케줄링에서 스레드에게 할당하는 타임 슬라이스의 크기에 관한 설명 중 틀린 것은?

① 타임 슬라이스가 클수록 단번에 완료되는 스레드의 비율이 높아져 FCFS에 가까운 알고리즘이 된다.

② 타임 슬라이스가 클수록 더 균등한 알고리즘이 된다.

③ 타임 슬라이스가 작을수록 처리 시간이 짧은 스레드가 먼저 실행을 종료할 가능성이 높아 SJF에 가까워진다.

④ 타임 슬라이스가 작을수록 스케줄링이 빈번하게 발생하여 시스템 성능 저하가 심해진다.

22. MLFQ(Multi-level Feedback Queue) 스케줄링에 대한 설명으로 옳은 것은?

① 스레드들이 N개 레벨의 우선순위를 가지고 도착한다.

② 스레드의 기아를 막기 위해 큐에 대기하는 시간이 오래되면 위 레벨의 큐로 이동시킨다.

③ 처음 도착한 스레드는 가장 낮은 우선순위의 큐에 삽입된다.

④ 높은 레벨의 큐일수록 큐 타임 슬라이스가 크다.

23. 단일 코어 CPU와 달리 멀티 코어 CPU에서 스케줄링할 때 특별히 고려할 사항과 거리가 가장 먼 것은?

① 타임 슬라이스

② 부하 균등화

③ 스레드를 무작위로 코어에게 할당하지 않는다.

④ 코어 친화성

24. 코어 친화성 혹은 CPU 친화성과 관계가 깊은 것은?

① 캐시

② 메모리 크기

③ CPU나 코어 내의 연산장치(ALU)

④ 병렬 처리

25. 멀티 코어 CPU를 가진 시스템에서 CPU 스케줄링 알고리즘은 스레드를 어떤 코어에서 실행시킬 것인지에 따라 컨텍스트 스위칭 후 오버헤드가 달라진다고 한다.

(1) 구체적으로 어떤 오버헤드가 문제인가?

(2) 이 오버헤드를 줄일 수 있는 해결책은 무엇인가?

26. 멀티 코어 CPU를 가진 시스템에서 스케줄링이 잘못되면 한 코어에만 스레드가 몰리고 다른 코어는 놀게 되는 현상이 나타난다. 이러한 현상을 무엇이라고 부르고 그 해결책은 무엇인가?

27. (부록 B) 리눅스의 CFS 스케줄링에서 프로세스 p의 가상 실행 시간은 다음과 같이 계산하여, 프로세스 p의 가상실행시간이 작을수록 다음에 스케줄될 확률을 높이는 이유에 해당하지 않는 것은?

```
vr_p = actual_run_time_p * 1024 / weight_p
```

① 프로세스 p가 타임 슬라이스 내에서 실제 실행한 시간(actual_run_time)이 작을수록 CPU를 사용할 기회를 많이 주기 위해

② 높은 순위의 프로세스에게 CPU를 사용할 기회를 더 많이 주기 위해

③ 프로세스의 기아를 없애기 위해

④ CPU 집중 프로세스를 I/O 집중 프로세스보다 더 자주 스케줄하기 위해

28. (부록 B) 고정 값의 타임 슬라이스를 사용하는 RR과 달리, 리눅스의 CFS는 스케줄할 때마다 현재 준비 큐에서 대기 중인 프로세스의 개수를 반영하여 프로세스에게 할당할 타임 슬라이스를 다시 계산하는 이유는 무엇인가?

1. 다음 표와 같이 5개의 스레드가 있다. 스레드들이 모두 0의 시간에 도착하여 T1에서 T5의 순서로 준비 큐에 대기 중이라고 할 때 다음 물음에 답하라. 실행 시간 동안 스레드는 입출력 없이 실행된다고 가정한다.

스레드	실행 시간(ms)	우선순위(숫자가 클수록 높은 순위)
T1	2	2
T2	3	1
T3	8	4
T4	1	2
T5	4	3

(1) FCFS, SJF, Non-Preemptive Priority 스케줄링 알고리즘 각각에 대해 스레드들이 스케줄링되어 실행되는 과정을 차트를 그리고 5개의 스레드가 모두 실행되는데 걸린 평균 대기 시간을 계산하라.

(2) RR(타임 슬라이스 = 2ms)으로 스케줄링할 때 실행되는 과정을 차트로 그리고 5개의 스레드가 모두 실행되는데 걸린 평균 대기 시간을 계산하라.

(3) RR(타임 슬라이스 = 2ms)으로 스케줄링할 때 스케줄링 오버헤드(스케줄링 시간 + 컨텍스트 스위칭 시간)가 평균적으로 0.1ms 걸린다고 하면 5개의 스레드가 모두 실행되는데 걸린 시간은 총 얼마인가?

2. 다음 표와 같이 5개의 스레드가 있다. 시간 단위는 밀리초이며 스레드들은 시간에 맞추어 도착한다. 실행 시간 동안 스레드는 입출력 없이 실행된다고 가정한다. 또한 T1, T2, T3은 모두 0의 시간에 도착하였지만 극히 작은 시간 차이로 T1, T2, T3 순으로 준비 큐에 대기 중이다. 이 상태에서 스케줄링이 시작된다고 가정한다.

스레드	도착 시간	실행 시간(ms)	우선순위(숫자가 클수록 높은 순위)
T1	0	4	3
T2	0	3	2
T3	0	8	5
T4	1	1	1
T5	9	5	4

(1) FCFS, SJF, Non-Preemptive Priority 스케줄링 알고리즘 각각에 대해 스레드들이 스케줄링되어 실행되는 과정을 그리고 5개의 스레드를 실행하는데 걸린 평균 대기 시간을 계산하라.

(2) SRTF 알고리즘으로 스케줄링되어 실행되는 과정을 그리고 평균 대기 시간을 계산하라.

(3) Preemptive Priority 알고리즘으로 스케줄링되어 실행되는 과정을 그리고 평균 대기 시간을 계산하라.

Chapter

06

스레드 동기화

1. 스레드 동기화의 필요성

2. 상호배제

3. 멀티스레드 동기화 기법

4. 생산자 소비자 문제

스레드 동기화

1 스레드 동기화의 필요성

멀티태스킹은 다수의 작업을 동시에 실행시키는 응용프로그램 작성 기법이다. 여러 작업을 동시에 실행시키면 작업 처리의 병렬성을 높여, 응용프로그램의 실행 시간을 단축하거나 사용자에게 빠른 응답을 제공할 수 있다.

한편으로, 다수의 작업들이 공유 데이터에 동시에 접근하여 쓰기를 수행하면 공유 데이터가 훼손되어 예상치 못한 문제가 발생할 수 있다. 예를 들어 은행의 서버 컴퓨터에서 실행되는 멀티스레딩 프로그램이 계좌에 대한 동시 접근을 고려하지 않고 작성된 경우를 생각해보자. 100만원의 잔액이 있는 공동 계좌에, 회원 두 사람이 동시에 100만원씩 입금하면 총 300만원이 되어야 하는데, 동시 접근으로 인해 잔액 데이터가 훼손되어 잔액이 200만원이 되는 파국이 벌어질 수 있다. 이것은 잔액에 대한 2개의 덧셈 작업이 동시에 이루어지는 충돌을 해결하지 못할 때 발생한다.

공유 데이터에 대한 다수 스레드의 동시 접근을 해결하는 방법이 바로 스레드 동기화(thread synchronization)이며 이 장에서 다루고자 하는 주제이다. 이제, 다수의 스레드가 공유 데이터에 동시에 접근하는 구체적인 사례를 통해 문제점과 해결책을 알아보자.

1.1 공유 집계판 문제

학과에서 MT를 가는 날이다. 학과 대표는 학생들에게 10개의 짐을 옮긴 후 공유 집계판에 합을 갱신하도록 하였다. 그림 6-1(a)와 함께 집계판에 합을 기록하는 과정에서 어떤 문제가 발생하는지 알아보자. 집계판에 적힌 수가 50인 상태에서 학생 A가 집계판이 설치된 방에 들어왔다. 학생 A가 50+10=60을 암산하고 있는 사이, 학생 B가 들어왔다. 학생 B도 50+10=60을 암산한다. 학생 A가 집계판에 60을 적고 방을 나가자마자 학생 B도 집계판에 60을 쓰고 나간다. 합한 결과가 70이 되어야 하지만 60이 되는 오류가 발생하였다. 오류가 발생한 이유는 무엇일까? 2명의 학생이 동시에 공유 집계판에 접근하였기 때문이다.

이 문제에 대한 해결책은 무엇일까? 그림 6-1(b)의 시나리오를 보자. 집계판이 있는 방에 도착한 학생 A가 문을 잠그고 들어간다. 학생 A가 방에 들어가 있을 때 학생 B가 도착하면 문이 잠겨 있어 문이 열리기를 기다린다. 학생 A는 50+10=60을 암산한 후 집계판에 60을 기록하고 나갔다. 학생 B는 학생 A가 방을 나간 후 문을 잠그고 60+10=70을 계산하여 70을 기록한다. 집계는 정확히 이루어진다. 집계판에 먼저 접근한 학생이 사용을 끝낼 때까지 다른 학생의 접근을 차단함으로써 집계가 잘못되는 문제가 해결되었다.

공유 집계판에 대한 학생들의 접근 문제는, 공유 데이터(집계판)에 대한 멀티스레드(학생들)의 접근 문제와 동일하다. 멀티스레드 응용프로그램에서, 다수의 스레드가 공유 데이터에 동시에 접근할 때, 한 스레드가 공유 데이터 사용을 마칠 때까지 다른 스레드가 접근하지 못하도록 제어해야 하는데 이것을 스레드 동기화(thread synchronization)라고 부른다.

> 스레드 동기화란 다수의 스레드가 공유 데이터를 동시에 쓰는 충돌 상황에서 공유 데이터가 훼손되지 않도록 스레드의 실행을 제어하는 기법이다.

스레드 동기화를 통해 한 스레드가 공유 데이터에 대해 배타적이고 독점적으로 접근하도록 허용되어야 한다.

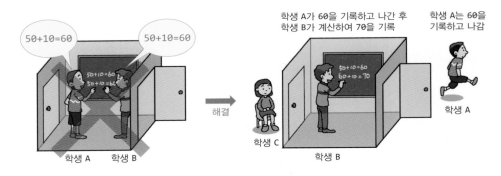

(a) 학생 A와 B가 동시에 방에 들어와서
    집계판을 수정하는 경우 집계 **결과가 잘못됨**

(b) 학생 A가 집계 작업을 끝내도록
    학생 B가 대기하는 경우 집계 **결과는 정상**

그림 6-1 공유 집계판에 학생들이 합을 기록할 때 발생하는 상황

1.2 공유 데이터 액세스 문제와 해결방법

이제 공유 집계판 문제를 프로그램의 세계로 옮겨서 문제의 발생 원인과 해결책을 알아보자.

공유 데이터에 대한 멀티스레드의 동시 접근 문제의 원인 분석

공유 집계판 문제를 프로그램의 세계로 옮기면 그림 6-2의 모델로 표현할 수 있다.

- 두 학생 – 스레드 T1과 T2
- 공유 집계판 – 공유 변수 sum
- 계산 식 – sum = sum + 10

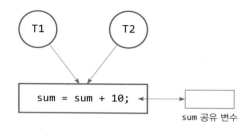

그림 6-2 스레드 T1과 T2가 공유 변수 sum을 동시에 10 증가시키는 모델

이제, 공유 집계판 문제를 잊고 그림 6-2에만 집중해보자. 이 문제는 T1과 T2가 다음 코드를 동시에 실행하는 문제이다.

```
sum = sum + 10
```

2개의 스레드가 'sum = sum + 10의 한 줄짜리 C 코드를 동시에 실행한다고 문제가 생길까?'라고 생각할지 모르겠다. 'sum = sum + 10이 단번에 실행될 텐데 sum 값이 정말 훼손될까?'하는 의문을 품을 수 있다. 지금부터 T1과 T2가 sum = sum + 10 연산을 동시에 수행할 때 어떤 문제가 발생하는지 차분히 알아보자. sum = sum + 10의 C 코드는 다음 3개의 기계 명령들로 번역된다.

```
mov ax, sum      ; sum 변수 값을 읽어 ax 레지스터에 저장
add ax, 10       ; ax 레지스터의 값을 10 증가
mov sum, ax      ; ax 레지스터 값을 sum 변수에 저장
```

CPU가 메모리에 있는 sum 변수 값을 ax 레지스터로 읽은 후, ax에 10을 더하고, ax를 다시 sum 변수에 쓰는 과정으로 실행된다. 이제 그림 6-3과 함께 이 3개의 기계 명령이 T1과 T2 스레

드에 의해 동시에 실행되는 동안 문제가 발생하는 과정을 자세히 알아보자. 단일 CPU에서 실행되며 sum 변수에는 현재 50이 들어 있다.

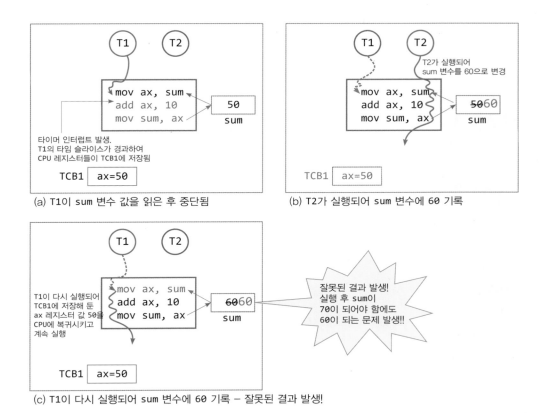

(a) T1이 sum 변수 값을 읽은 후 중단됨

(b) T2가 실행되어 sum 변수에 60 기록

(c) T1이 다시 실행되어 sum 변수에 60 기록 – 잘못된 결과 발생!

그림 6-3 T1과 T2 스레드가 sum에 10을 더하는 코드를 동시에 실행할 때 문제가 발생하는 과정

그림 6-3(a)에서 T1이 실행을 먼저 시작하여 mov ax, sum 명령을 실행하고 ax 레지스터에 50을 저장한 후 중단되었다. 그 결과 CPU의 ax 레지스터 값 50이 TCB1에 저장되었다. 그 후 T2가 스케줄되어 그림 6-3(b)와 같이 3개의 기계 명령을 모두 실행하여 sum을 60으로 바꾸었다.

시간이 지나 그림 6-3(c)와 같이 다시 T1이 스케줄되어 TCB1에 저장해 두었던 레지스터 값들이 CPU에 복귀되면 CPU의 ax 레지스터가 50이 된다. T1이 add ax, 10 코드에서부터 실행을 시작하여 ax에 10을 더한 60을 sum 변수에 기록한다. 정상적이라면 sum이 70이 되어야 하지만 10을 잃어버린 채 60이 되었다. 만약 이 60이 60억 계좌의 잔액이라면 10억이 사라지게 된 것으로 심각한 문제가 아닐 수 없다.

이 문제의 원인이 무엇인가? 그 원인은 C 언어의 한 줄짜리 코드 'sum = sum + 10'이 하나의 CPU 명령이 아니라는 점과, 그래서 한 스레드가 'sum = sum + 10'의 실행을 완전히 마칠 때까지

다른 스레드가 이 코드를 실행하는 것을 막지 못했다는데 있다.

이제 탐구 6-1을 통해 공유 집계판 사례를 실제 코딩하여 공유 데이터에 대한 동기화 조치가 없을 때 공유 데이터가 훼손되는 것을 확인해보자.

탐구 **6-1** 스레드 동기화가 안 된 사례 – 공유 집계판 사례를 멀티스레드로 작성

그림 6-2의 공유 집계판 사례를 멀티스레드로 구현하여, 공유 데이터에 대한 스레드 동기화 조치가 없을 때 공유 데이터가 훼손되는 상황을 확인하고자 한다. 다음 sum.c는 2개의 worker 스레드가 공유 변수 sum에 10을 더하는 코드를 1000000번씩 실행하므로 sum이 최종적으로 20000000이 될 것으로 예상된다. 예상대로 잘 실행될 것인지 예측하여 보라.

| sum.c |

```
#include <stdio.h>
#include <pthread.h>

int sum = 0; // 두 스레드가 공유하는 변수

void* worker(void* arg) { // 스레드 코드
    for(int i=0; i<1000000; i++) {
        sum = sum + 10;
    }
}

int main() {
    char *name[] = {"황기태", "이찬수"};
    pthread_t tid[2]; // 2개의 스레드 ID를 담을 배열
    pthread_attr_t attr[2]; // 2개의 스레드 정보를 담을 배열

    pthread_attr_init(&attr[0]); // 디폴트 속성으로 초기화
    pthread_attr_init(&attr[1]); // 디폴트 속성으로 초기화

    pthread_create(&tid[0], &attr[0], worker, name[0]); // 스레드 생성
    pthread_create(&tid[1], &attr[1], worker, name[1]); // 스레드 생성

    pthread_join(tid[0], NULL); // 스레드 종료 대기
```

```
    pthread_join(tid[1], NULL); // 스레드 종료 대기

    printf("sum = %d\n", sum); // 두 스레드의 종료 후 sum 출력

    return 0;
}
```

| 실행결과 |

```
$ gcc -o sum sum.c -lpthread
$ ./sum
sum = 13814970
$ ./sum
sum = 10352010
$ ./sum
sum = 11502410
$
```

실행할 때마다 sum 값이 달라지며, 20000000이 되지 않는 오류가 발생한다.

2개의 worker 스레드가 동시에 실행되면서 sum = sum + 10의 코드를 동시에 실행하게 되면 그림 6-3에서 설명한 것과 같이 sum 변수에 대한 충돌이 발생하여 sum 값이 20000000에 미치지 못하는 결과를 낳았다. 그리고 실행할 때마다 충돌 양상이 달라 sum 값이 매번 달라졌다. 이런 오류가 발생한 이유는, sum이 공유 변수이고, sum = sum + 10이 공유 변수를 액세스하는 임계구역인데, 임계구역을 한 스레드가 배타적으로 사용할 수 있도록 해주는 상호배제, 즉 동기화 기능이 마련되어 있지 않았기 때문이다. 탐구 6-2와 탐구 6-3에서 동기화 기능을 이용하여 이 문제를 해결하는 것을 볼 수 있다.

※ CPU가 매우 빠른 경우 for 문에서 1000000번 반복으로도 두 스레드의 충돌을 보지 못할 수도 있다. 이 때는 반복 횟수를 더 높여 실행해보기 바란다.

공유 데이터에 대한 동시 접근 문제의 해결책

멀티스레드 응용프로그램에서 발생하는 공유 데이터 문제는 다음과 같이 정리할 수 있다.

문제점: 여러 스레드가 공유 데이터에 동시에 쓰기를 수행하면 공유 데이터가 훼손될 수 있다.

이 문제에 대한 해결책은 다음과 같이 간단히 설명할 수 있다.

해결책: 스레드 동기화. 한 스레드가 공유 데이터에 대한 사용을 마칠 때까지 다른 스레드가 접근하지 못하도록 제어한다.

1.3 임계구역과 상호배제

스레드 동기화는, 공유 데이터를 사용하려고 다수의 스레드가 경쟁하는 경우, 먼저 접근한 스레드가 공유 데이터를 배타적으로 사용하도록 다른 스레드가 접근하지 못하게 상호 협력 (coordination)하는 것이다. 여기서, 스레드 동기화와 관련하여 반드시 알아야 할 중요한 다음 2개의 용어가 있다.

> 임계구역과 상호배제

사용자가 작성한 프로그램 중 공유 데이터에 접근하는 코드 블록을 임계구역(critical section)이라고 부른다. 매우 중요한 코드 영역이라는 뜻이다. 다수의 스레드로부터 공유 데이터의 훼손을 막기 위해, 임계구역은 반드시 한 스레드만 배타적 독점적으로 실행하도록 관리되어야 한다. 이를 상호배제(mutual exclusion)라고 한다. 상호배재의 핵심은 임계구역에 먼저 진입한 스레드가 임계구역의 실행을 끝낼 때까지 다른 스레드가 진입하지 못하도록 보장하는 것이다. 상호배제 장치가 없는 임계구역은 있을 수 없다. 임계구역은 반드시 상호배제와 함께 한다. 공유 집계판 문제에서 sum 변수를 갱신하는 sum = sum + 10의 코드가 바로 임계구역이며 공유 집계판 모델을 그림 6-4와 같이 다시 그릴 수 있다.

임계구역 설정은 멀티스레드 응용프로그램 개발자의 판단에 따라 이루어진다. 개발자가 스스로 공유 데이터를 액세스하는 코드 블록을 임계구역으로 묶고, 임계구역에 대한 상호배제가 이루어지도록 작성해야 한다. 이러한 작업들은 일반적으로 3절에서 설명하는 스레드 동기화를 위해 제공되는 멀티스레드 라이브러리나 시스템 호출을 이용하여 작성한다.

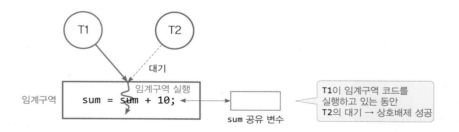

그림 6-4 T1이 임계구역 코드를 실행하고 있는 동안 T2의 대기 – 상호배제 성공

> **잠깐!** thread-safe와 thread-unsafe
>
> 공유 데이터가 여러 스레드에 의한 동시 접근에도 훼손되지 않게 유지될 때 **thread-safe**라고 한다. 공유 데이터에 대한 스레드의 동기화가 잘 구현되어 있다는 뜻이다. 예를 들어 자바에서 Vector 클래스는 **thread-safe**하다. 여러 자바 스레드들이 동시에 사용해도 스레드 동기화가 이루어지도록 Vector 클래스가 작성되어 있다는 뜻이다. 반면 자바의 *ArrayList* 클래스는 **thread-unsafe**하여 멀티스레드에 의해 사용되면 문제가 발생할 수 있다. 한편, *ArrayList*는 데이터를 넣고 뺄 때마다 동기화 기능을 수행하는 긴 코드를 가진 **Vector**보다 속도가 빨리 단일 스레드 응용프로그램에게는 유리하다.

2 상호배제

상호배제는 멀티스레드(멀티태스킹)가 실행되는 환경에서, 한 스레드가 임계구역 전체를 배타적으로 실행하도록 보장하는 기법이다. 상호배제는 멀티스레드 동기화를 위해 필연적이다. 지금부터 상호배제가 어떻게 구현되는지 알아보자.

2.1 상호배제 위치

공유 데이터를 다루는 멀티스레드 프로그램은 일반적으로 그림 6-5와 같이 구성되며, 임계구역 전후에 상호배제 코드가 작성된다. 이 두 코드를 각각 임계구역 진입코드(entry 코드), 임계구역 진출코드(exit 코드)라고 부른다.

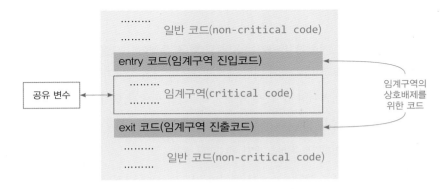

그림 6-5 멀티스레드 프로그램의 임계구역과 상호배제 코드

- **일반 코드(non-critical 코드)**

  멀티스레드 응용프로그램에서 공유 데이터를 액세스하지 않는 코드 부분이다.

- **임계구역 진입코드(entry 코드)**

  entry 코드는 임계구역에 진입하기 전 필요한 코드 블록으로, 현재 임계구역을 이미 실행 중인 스레드가 있는지 검사하고, 없는 경우 다른 스레드가 들어오지 못하도록 조치를 취한다. 만일 임계구역에 이미 진입한 스레드가 있다면 진입한 스레드가 임계구역 실행을 끝내고 exit 코드를 실행할 때까지 현재 스레드를 대기시킨다.

- **임계구역 진출코드(exit 코드)**

  exit 코드는 스레드가 임계구역 실행을 마칠 때 실행되어야 하는 코드 블록으로, entry 코드에서 대기 중인 스레드가 임계구역에 진입할 수 있도록 entry 코드에서 취한 조치를 해제한다.

- **임계구역 코드(critical 코드)**

  임계구역은 공유 데이터에 접근하는 코드 블록으로, 한 번에 한 스레드만 실행하도록 보장되어야 하는 프로그램 부분이다. 임계구역은 짧을수록 좋기 때문에, 공유 데이터를 액세스하는 최소한의 코드를 임계구역으로 만드는 것이 바람직하다.

2.2 상호배제 구현

> 임계구역에 대한 상호배제는 '임계구역에 오직 한 스레드만 들어가게 하는 방책'이다.

상호배제는 1960년대로 거슬러 올라가는 오래된 연구 주제이다. 1960년대 후반 다중프로그래밍 기법이 도입되면서 공유 데이터에 대한 프로세스들의 경쟁 문제가 대두되어, 이미 이 시절부터 상호배제 방법들이 개발되어 왔다. 상호배제 방법들은 다음과 같이 나눌 수 있다.

- 소프트웨어적 방법 – Peterson's 알고리즘 등
- 하드웨어적 방법 – 인터럽트 서비스 금지, 원자명령 활용

소프트웨어적 방법은 알고리즘 수준에서 제시된 것들로 실제 구현에 있어 여러 문제를 노출하기 때문에, 오늘날에는 하드웨어적 방법을 사용하며 그 중에서 원자명령을 활용하는 방법을 사용하고 있다. 임계구역의 상호배제는 임계구역의 entry 코드와 exit 코드를 어떻게 구현하느냐가 관건이다. 지금부터 하드웨어를 활용하는 2가지 방법을 간단히 소개한다.

2.3 방법 1 - 인터럽트 서비스 금지

임계구역으로 진입할 때 entry 코드에서 인터럽트 서비스를 금지하고 exit 코드에서 인터럽트 서비스를 허용하는 CPU 명령들을 실행하는 방법이다. 이렇게 하면, 임계구역을 실행하고 있는 동안 인터럽트가 발생하지 않아 스레드는 선점(preemption)되지 않는다.

먼저, 그림 6-6은 인터럽트를 금지시키지 않은 경우, 두 스레드가 동시에 임계구역을 실행하는 불행한 상황을 보여준다. (1) T1이 임계구역으로 진입한다. (2) T1이 임계구역을 실행하는 도중 인터럽트가 발생하였다. (3) 인터럽트 서비스 루틴은 현재 실행중인 T1을 중단시키고 T2를 스케줄한다. (4) T2가 임계구역 코드를 실행한다. 그러면 T1과 T2 모두 임계구역 코드를 실행하는 상황이 벌어진다. T2는 T1이 액세스하고 있던 공유 데이터를 수정하여 공유 데이터를 훼손시킬 수 있다.

그림 6-6의 상황이 발생하지 않게 하려면, 컴퓨터 시스템에 있는 모든 입출력 장치와 타이머가 인터럽트를 걸지 못하도록 하면 되겠지만, 그것은 현실적으로 불가능한 일이다.

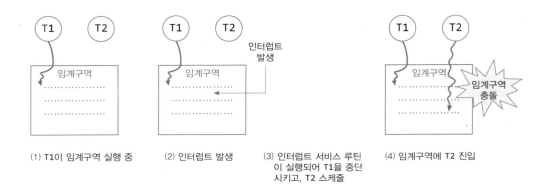

(1) T1이 임계구역 실행 중   (2) 인터럽트 발생   (3) 인터럽트 서비스 루틴이 실행되어 T1을 중단시키고, T2 스케줄   (4) 임계구역에 T2 진입

그림 6-6 인터럽트에 의해 두 스레드가 동시에 임계구역을 실행하게 되는 상황 발생

인터럽트 서비스 금지

다른 방법을 찾아보자. 입출력 장치나 타이머가 인터럽트를 걸 수 있도록 허용해 놓고, T1이 임계구역을 실행하는 동안만 CPU가 인터럽트 서비스를 하지 않도록 하고, 임계구역을 벗어난 다음 인터럽트를 서비스하도록 하면 된다.

이를 위해, 임계구역에 들어가는 entry 코드에 발생한 인터럽트를 CPU가 서비스하지 못하게 하는 기계 명령을 실행시키고, 임계구역을 빠져 나오는 exit 코드에서 인터럽트 서비스를 허용하는 기계 명령을 실행시킨다. 다음은 인터럽트 서비스의 금지와 허용에 사용되는 대표적인 x86 명령으로 cli과 sti를 이용한 코드 사례이다.

```
cli                ; entry 코드. 인터럽트 서비스 금지 명령 cli(clear interrupt flag)
.....
임계구역 코드
...
sti                ; exit 코드. 인터럽트 서비스 허용 명령 sti(set interrupt flag)
```

cli 명령은 CPU 내부의 인터럽트 플래그(IF)를 0으로 리셋시켜, 인터럽트가 발생해도 CPU가 인터럽트를 무시하고 현재 작업을 계속 수행하게 한다. sti 명령은 CPU의 인터럽트 플래그(IF)를 1로 설정하여 인터럽트가 발생하면 CPU가 하던 일을 멈추고 인터럽트 서비스 루틴을 실행하게 한다. 그림 6-7은 cli와 sti를 이용하여 상호배제를 구현한 사례이다. 상호배제가 이루어지는 과정을 보자.

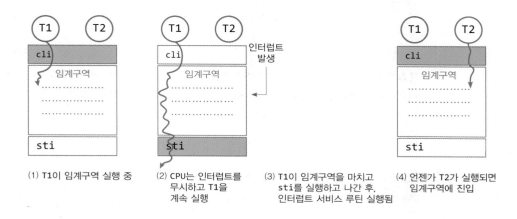

그림 6-7 임계구역에 진입 시 인터럽트 서비스를 금지하고, 나올 때 허용하는 방법

(1) T1이 cli 명령을 실행하고 임계구역에 진입한다. T1이 임계구역에 있는 동안 타이머 인터럽트가 발생해도 인터럽트 서비스 루틴이 실행되지 않기 때문에 T1이 중단되고 다른 스레드로 스위칭될 일은 없다.

(2) T1이 임계구역 코드를 실행하는 도중 인터럽트가 발생하였다. 하지만 CPU는 이를 무시하고 계속 임계구역 코드를 실행한다. 임계구역을 빠져나간 직후 sti 명령을 실행한다.

(3) CPU는 대기중인(pending) 인터럽트의 서비스 루틴을 실행한다.

(4) T2가 언젠가 스케줄되고 임계구역으로 진입한다.

임계구역에 진입하기 전에 인터럽트 서비스를 금지시켜 임계구역에 대한 상호배제가 성공하였다. 하지만, 이 방법 역시 2가지 점에서 문제가 있다.

첫째, 임계구역을 실행하는 동안 모든 인터럽트가 무시된다는 점이다. 혹시라도 임계구역의 실행 시간이 길어지게 되면 중요한 인터럽트의 서비스 루틴이 제때 실행되지 못할 수 있다.

둘째, 인터럽트 서비스를 금지하는 방법은 단일 CPU 시스템에서는 활용 가능하지만, 멀티코어를 비롯한 다중 CPU를 가진 시스템에서는 활용할 수 없다. 하나의 임계구역을 공유하는 두 스레드가 서로 다른 코어에서 실행될 때, 한 스레드가 cli 명령을 통해 인터럽트 서비스를 금지한다고 하더라도 다른 코어의 인터럽트 서비스까지 금지시키지는 못하기 때문이다. 그러므로 다른 코어에서 실행되는 스레드가 임계구역에 들어오는 것을 막지 못한다. 인터럽트 서비스를 금지시키는 방법보다 확실한 상호배제의 방법을 찾아야 한다.

> **잠깐!** IF(Interrupt Flag)
>
> IF는 CPU 안에 있는 플래그 레지스터의 비트이다. IF 비트 값이 1인 경우 인터럽트가 발생하면 CPU는 하던 작업을 멈추고 인터럽트 서비스 루틴을 실행하지만, IF 비트 값이 0인 경우 인터럽트가 발생해도 서비스 루틴을 실행하지 않고 현재 하던 작업을 계속한다. 모든 CPU는 IF를 포함한 여러 플래그를 가진 플래그 레지스터를 두고 있으며, IF를 0으로 만드는 cli 기계 명령과 IF를 1로 만드는 sti와 같은 기계 명령을 두고 있다.

2.4 방법 2 - 원자명령(atomic instruction) 사용

인터럽트를 금지시키는 상호배제 방법은 불완전하기 때문에 오늘날 상호배제를 구현하기 위해 원자명령(atomic instruction)을 이용한다. 원자명령은 상호배제를 위해 만들어진 CPU 명령이며, CPU마다 명령이 서로 다르지만 통일하여 원자명령이라고 부른다. 지금부터 원자명령의 정체와 원자명령 없이는 상호배제가 근본적으로 불가능한 이유를 알아보자.

원자명령 없이 lock 변수를 이용한 상호배제 시도

0이나 1의 값을 가지는 lock 변수를 두고, 임계구역에 들어갈 때 lock에 1을 쓰고 나올 때 0으로 변경하여 lock이 0인 경우에만 임계구역에 들어갈 수 있도록 하는 방법(locking/unlocking 방식)으로 상호배제를 시도해보자. 화장실을 생각하면 쉽다. 화장실에 들어갈 때 문을 잠그고(lock=1), 나올 때 문을 열어 놓아(lock=0) 다른 사람이 들어갈 수 있게 하는 것과 유사하다. 화장실을 들어가려고 할 때 문이 잠겼으면 문이 열리기를 기다려야 한다. 여기서, 변수 이름이 꼭 lock일 필요는 없다. 잠근다는 뜻이 잘 어울려서 사용한 것뿐이다.

자! lock 변수를 사용하여 상호배제를 이루어 낼 수 있을지 알아보자. 그림 6-8은 lock 변수를 사용하는 entry 코드와 exit 코드를 어셈블리어로 보여준다. lock 변수가 0으로 초기화되어 있다고 하자. 임계구역에 들어갈 때 entry 코드에서 lock 변수를 1로 하고, 나올 때 exit 코드

에서 0으로 바꾼다. lock이 1이면 이미 임계구역에 들어가 있는 스레드가 있으므로, entry 코드
는 임계구역에 들어가지 못하게 한다.

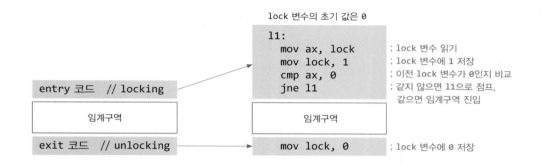

그림 6-8 lock 변수를 이용한 상호배제 시도

구체적으로 entry 코드를 하나씩 분석해보자.

- mov ax, lock – lock 변수 값을 ax 레지스터로 읽어 온다.

- mov lock, 1 – 다른 스레드가 임계구역에 들어오지 못하게 잠근다.

- cmp ax, 0 – ax 값, 즉 lock 값이 0이었는지 비교한다. ax가 0이면 임계구역에 들어갈 수 있지만,
  1이라면(lock 값이 1이었다면) 임계구역에 들어가서는 안 된다.

- jne 11 – 이전 명령에서 비교한 값이 같지 않다면 11 위치로 점프하고, 같으면 아래 임계구역을
  실행한다. 참고로 jne 명령어는 jmp not equal의 약자로 이전에 실행한 비교 명령(cmp ax, 0)
  의 결과, 같지 않으면 11의 위치로 점프시키는 명령이다. 11 위치로 점프하면 ax가 1이 될 때까지
  동일한 과정을 반복한다.

lock 값이 0이었다면 임계구역에 들어갈 수 있다. 만일 lock 값이 1이었다면 임계구역에 들
어가 있는 스레드가 있으므로 임계구역에 들어가서는 안 된다. 그래서 lock 값이 0이 될 때까지
lock 값을 읽어 비교하는 일을 반복한다. 그림 6-9는 lock 변수를 이용하여 상호배제를 구현하
는 과정을 자세히 보여준다.

(1) T1 스레드가 entry 코드를 실행하여, lock 변수 값을 ax 레지스터로 읽고 lock 변수에 1을
기록한다. 임계구역에 들어가려고 잠그는 과정이다. 참고로 변수는 메모리에 존재한다. 그
러고 나서 ax와 0을 비교한 결과 같기 때문에 임계구역으로 진입한다. 임계구역을 실행하
는 도중에 T2로 컨텍스트 스위칭되었다.

(2) T2가 실행되어 임계구역에 들어가고자 entry 코드를 실행한다. lock 변수 값을 ax로 읽어
오고 lock 변수에 1을 기록한다. 이미 T1이 임계구역에 들어가 있어 lock 값은 1이다. 그러
므로 T2는 임계구역에 들어가지 못하고 11의 위치로 점프하여 lock이 0이 될 때까지 lock

변수를 읽고 0과 비교하는 코드를 반복 실행한다. 시간이 지나 T2가 entry 코드 어딘가에서 중단된다.

(3) T1이 다시 실행을 시작하여 임계구역의 실행을 끝내고 exit 코드를 실행하여 lock 변수를 0으로 만든다.

(4) T2가 다시 실행을 시작하여, lock 변수가 0이므로 lock 변수를 1로 바꾸고 임계구역으로 진입한다. 이로써 임계구역에 대한 T1과 T2 스레드의 상호배제가 잘 이루어졌다. 아니, 잘 이루어진 것처럼 보인다!!

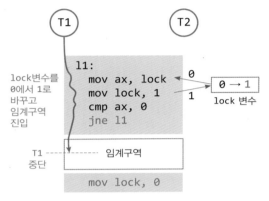

(1) T1이 실행되어 lock 변수를 1로 바꾸고 임계구역 실행. T1 중단.

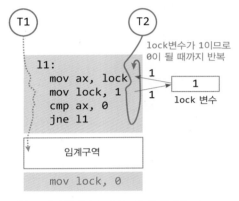

(2) T2가 실행되어 lock이 0이 될 때까지 계속 lock 변수 조사. T2는 임계구역에 들어가지 못함.

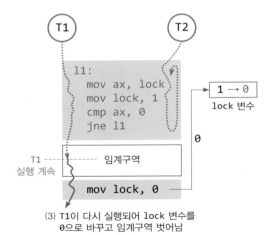

(3) T1이 다시 실행되어 lock 변수를 0으로 바꾸고 임계구역 벗어남

(4) T2 실행. lock 변수가 0이므로 1로 바꾸고 임계구역 진입

그림 6-9 lock 변수를 이용한 상호배제 시도 – 성공한 것처럼 보임

lock 변수를 이용한 상호배제의 근본적인 문제

그림 6-9의 사례에서는 상호배제가 성공하였지만, lock 변수를 이용하는 상호배제에는 근본적인 문제가 있다. 그림 6-10을 보면서 lock 변수 방법이 실패하는 사례를 알아보자.

(1) T1이 먼저 entry 코드를 실행한다. T1이 lock 변수 값 0을 ax로 읽어 들인 후, T2로 컨텍스트 스위칭되었다. T1은 lock에 1을 쓰지 못한 상태로 중단되었으며, ax를 포함한 CPU 레지스터들의 값이 TCB1에 기록되었다.

(2) T2가 실행되어 lock 변수에 1을 쓰고(잠그고) 임계구역을 실행한다. 그리고 임계구역 실행 중 중단되었다.

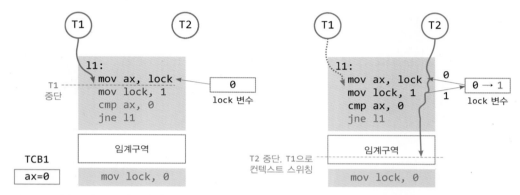

(1) T1이 lock 변수 값 0을 읽은 후 중단

(2) T2는 lock 변수를 1로 변경하고 임계구역 진입. 그리고 중단

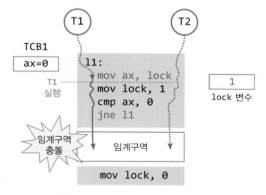

(3) T1이 다시 실행되어 lock 변수를 1로 변경.
이전에 lock 값을 읽어 놓은 ax가 0이므로 임계구역 진입.
임계구역에 T1과 T2가 동시에 들어가 있는 충돌 상황 발생

그림 6-10 lock 변수를 사용한 상호배제가 실패하는 경우

(3) T1이 다시 스케줄되어 TCB1에 기록해둔 레지스터 값들이 CPU에 복귀되고, mov lock, 1 명령부터 실행되기 시작한다. ax 레지스터에는 이전에 저장해둔 0이 복귀된 상태이다. cmp ax, 0 명령에서 ax가 0이기 때문에, 현재 임계구역으로 들어간 스레드가 없다고 판단하고 T1은 임계구역 코드를 실행한다. 이로써, T1과 T2 모두 임계구역에 들어가 있는 상황이 벌어진다. 임계구역에 대한 상호배제가 실패했다!

2.5 원자명령을 이용한 상호배제

lock 변수를 사용한 경우 상호배제가 실패한 원인

lock 변수를 이용한 상호배제가 실패한 원인이 무엇일까? 그 원인은 entry 코드에 있다. 정확히 말하면, 그림 6-11과 같이 lock 변수 값을 읽어 들이는 명령과 lock 변수를 1로 바꾸는 명령 사이에 컨텍스트 스위칭이 발생할 때 문제가 발생한다. lock 변수 값을 CPU 레지스터에 읽어 놓는 명령과 lock 변수를 1로 바꾸는 2개의 명령이 하나의 단위로 실행되지 않는 것이 상호배제가 실패하는 원인을 제공한다.

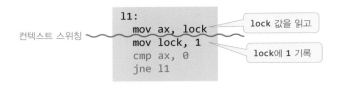

그림 6-11 상호배제가 실패하게 만드는 원인 부분

lock 변수 값을 ax에 읽어 놓는 명령(mov ax, lock)과 lock을 1로 바꾸는 명령(mov lock, 1) 사이에, 다른 어떤 스레드도 임계구역에 진입하지 못하도록 했어야 했다. lock 값이 0일 때, lock 값을 CPU 레지스터에 읽어 놓고 lock을 1로 바꾸지 못한 상태에서 다른 스레드가 실행되면, 그 스레드는 현재 lock 값이 0이므로 임계구역에 들어가 버리기 때문이다.

해결 방법 – 원자명령 도입

이 문제의 해결 방법은, lock 값을 읽어 들이는 명령과 lock 변수에 1을 저장하는 명령 사이에 컨텍스트 스위칭이 일어나지 않도록 이 두 명령을 하나의 명령으로 만드는 것이다. 이 명령을 원자명령(atomic instruction) 혹은 TSL(Test and Set Lock) 명령이라고 부른다. 간단히 TSL 혹은 Test and Set이라고도 한다. 그림 6-12는 mov ax, lock과 mov lock, 1 명령을 TSL ax, lock 명령 하나로 만든 사례이다. 원자명령들은 CPU마다 이름은 다르지만 현재 대부분의 CPU가 제공한다.

그림 6-12 두 명령을 합친 하나의 원자명령

이제, lock 변수와 원자명령 TSL을 사용하여 상호배제를 완성하면 **그림 6-13**과 같다. 개발자가 멀티스레드 응용프로그램을 작성할 때, 직접 원자명령을 이용하여 entry/exit 코드를 작성하는 것은 무리이다. 다음 절에서 다룰 다양한 동기화 라이브러리를 이용하면 된다.

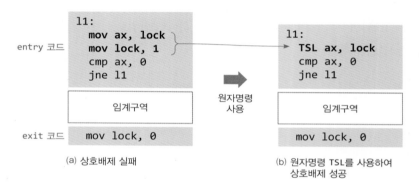

그림 6-13 상호배제를 위해 entry 코드에 원자명령 TSL 사용

> **잠깐!** 모든 CPU 명령은 원자적인데 TSL을 특별히 원자명령이라고 부르는 이유
>
> 모든 기계 명령은 원자적이어서 CPU가 기계 명령을 실행하는 도중 중단하는 일은 없다. CPU는 기계 명령을 실행 중일 때 인터럽트가 발생한다고 하더라도, 현재 기계 명령을 실행한 후 인터럽트를 서비스한다. 그러므로 기계 명령이 실행되는 도중에는 컨텍스트 스위칭이 결코 일어날 수 없다. 이렇듯 모든 기계 명령은 원자적이다. 그럼에도 불구하고 TSL을 원자명령이라 명명한 것은, 2개의 명령을 합쳐 1개의 명령으로 만들고 TSL 명령 실행 중간에 인터럽트 서비스나 컨텍스트 스위칭이 발생하지 못하도록 하였다는 의미이다.

3 멀티스레드 동기화 기법

상호배제는 임계구역을 지키는 원초적인 기능이다. 이 절에서는 상호배제의 기반 위에, 여러 스레드들이 문제없이 공유 자원을 활용하도록 돕는 멀티스레드 동기화 기법에 대해 소개한다. 일반적으로 동기화 기법들은 스레드 라이브러리나 시스템 호출에 의해 제공된다. 이들은 스레드의 동기화를 위해 멀티스레드 응용프로그램에서 반드시 사용되어야 하므로, 동기화 프리미티브(synchronization primitive)로 부른다. 동기화 기법들은 겉으로 드러나지는 않지만, 임계구역에 진입할 때 상호배제를 위해 원자명령을 사용한다.

이 절에서는 여러 멀티스레드 동기화 기법 중 대표적인 다음 3가지 기법을 알아본다.

- 락(lock) 방식 – 뮤텍스(mutex), 스핀락(spinlock)
- wait-signal 방식 – 세마포(semaphore)

락 방식은 하나의 락 변수를 두고, 락을 잠근 스레드만이 임계구역에 진입하도록 기법이며, 세마포는 여러 개의 공유 자원을 여러 스레드가 사용할 수 있도록 관리하는 기법이다.

3.1 뮤텍스

뮤텍스 동기화 기법을 먼저 알아보자. 뮤텍스는 잠김/열림(locked/unlocked) 중 한 상태를 가지는 락 변수를 이용하여, 한 스레드만 임계구역에 진입시키고 다른 스레드들을 큐에 대기시키는 기법이다. 뮤텍스 기법의 구성은 그림 6-14와 같고 요소들은 다음과 같다.

- 변수 – 락 변수
- 연산 – lock/unlock 연산
- 큐 – 대기 큐(wait queue)

락 변수

락 변수를 잠김으로 만든 스레드만이 임계구역을 실행할 수 있다. 락 변수를 잠김으로 만드는 것은 '락을 잠근다', '락을 소유한다'로 표현하고, 락 변수를 열림으로 만드는 것을 '락은 연다', '락을 푼다'로 표현한다.

lock/unlock 연산

lock 연산은 스레드가 임계구역에 들어가기 전 실행하는 entry 코드로서, 락이 잠겨 있으면 현재 스레드를 블록 상태로 만들어 대기 큐에 삽입한다. 락이 열린 상태이면 락을 잠그고 임계구역으로 진입하게 한다. unlock 연산은 임계구역을 나올 때 실행하는 exit 코드로서, 락을 열림 상태로 바꾸고 대기 큐에 있는 스레드 하나를 깨워 준비 상태로 만든다. lock/unlock 연산의 구현에 원자명령이 사용된다.

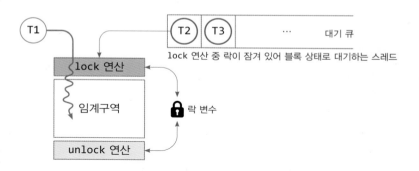

그림 6-14 뮤텍스 기법의 동기화 구조

뮤텍스는, 락이 잠겨 있는 경우 락이 풀릴 때까지 스레드가 블록 상태로 대기 큐에서 잠을 자기 때문에 블록킹 락(blocking lock)이나 수면 대기 락(sleep-waiting lock)이라고 한다. 그림 6-14에서는 T1 스레드가 lock 연산을 먼저 실행하여 락을 잠그고 임계구역을 실행중일 때 T2와 T3가 임계구역에 들어오려고 lock 연산을 실행하였지만, lock 연산은 현재 락이 잠겨 있어 T2와 T3를 모두 중단시켜 대기 큐에 넣고 락이 풀릴 때까지 기다리게 한 상황이다.

뮤텍스를 활용한 스레드 동기화 과정

그림 6-15는 뮤텍스 기법을 활용하여 T1과 T2 스레드가 동기화되는 과정을 보여준다.

(1) T1 스레드가 lock 연산을 실행하여 락을 잠그고 임계구역을 실행한다.

(2) T1이 임계구역을 실행하는 도중 T2가 실행되어 lock 연산을 실행한다. lock 연산은 락이 잠겨 있어 T2를 중단시키고 대기 큐에 삽입한다.

(3) T1이 임계구역의 실행을 마치고 unlock 연산을 실행한다. unlock 연산은 락을 열림 상태로 바꾼 후 대기 큐에서 잠든 스레드 하나를 깨워 준비 리스트에 넣는다. T1은 unlock 연산 후 작업을 계속한다.

(4) 깨어난 스레드 T2는 준비 리스트에 있다가 스케줄되면 중단된 lock 연산에서 실행을 계속하여 락이 잠겨있는지 검사하고 락을 잠근 후 임계구역으로 들어간다.

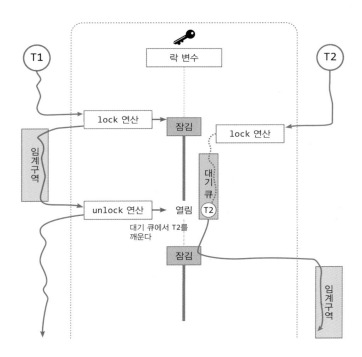

그림 6-15 뮤텍스 기법으로 T1과 T2 스레드가 동기화되는 과정

뮤텍스의 특징

임계구역의 실행 시간이 짧은 경우 뮤텍스는 비효율적이다. 락이 잠겨 있는 경우, 스레드는 CPU를 내놓고(컨텍스트 스위칭) 대기 큐로 들어가서 락이 풀리면 다시 CPU를 얻어(컨텍스트 스위칭) 실행된다. 임계구역의 실행 시간이 짧은 경우, 락이 잠겨 있는 시간보다 스레드가 잠자고 깨는데 걸리는 시간 낭비(2번의 컨텍스트 스위칭)가 더 크기 때문에 비효율적이다.

pthread 라이브러리의 뮤텍스

POSIX 표준의 pthread 라이브러리는 멀티스레드 응용프로그램이 뮤텍스 기법을 사용하도록 다음 요소들을 제공한다. 대기 큐는 pthread 라이브러리 내부에서 생성 유지되므로 사용자에게 보이지 않는다.

- 뮤텍스락 변수 – pthread_mutex_t lock;
- 뮤텍스 조작 함수들
    - pthread_mutex_init() – 뮤텍스락 변수 초기화
    - pthread_mutex_lock() – 뮤텍스락 잠그기
    - pthread_mutex_unlock() – 뮤텍스락 풀기
    - pthread_mutex_destroy() – 뮤텍스락 변수 사용 종료

응용프로그램은 먼저 뮤텍스락 변수를 다음과 같이 생성하고 초기화한다.

```
pthread_mutex_t lock; // 뮤텍스락 변수 생성. lock 변수의 이름을 개발자가 임의로 정함
pthread_mutex_init(&lock, NULL); // 뮤텍스락 변수 초기화
```

그리고 임계구역의 앞뒤에 다음과 같이 entry/exit 코드를 작성하면 된다.

```
pthread_mutex_lock(&lock); // 임계구역 entry 코드. 뮤텍스락 잠그기
... 임계구역코드 ....
pthread_mutex_unlock(&lock); // 임계구역 exit 코드. 뮤텍스락 열기
```

탐구 6-2 pthread의 뮤텍스를 이용한 공유 집계판 스레드 동기화

멀티스레드 동기화가 작성되어 있지 않았던 탐구 6-1을 pthread의 뮤텍스를 이용하여 수정해보자.
아래 mutex.c 코드를 컴파일하고 실행한 결과, 임계구역(sum = sum + 10;)에 대한 상호배제 및 스레드 동기
화가 잘 이루어져 sum의 최종 값은 20000000이 되었다.

| mutex.c |

```c
#include <stdio.h>
#include <pthread.h>

int sum = 0; // 두 스레드가 공유하는 변수
pthread_mutex_t lock;   // 뮤텍스락 변수 선언

void* worker(void* arg) { // 스레드 코드
   printf("%s 시작\t %d\n", (char*)arg, sum);
   for(int i=0; i<1000000; i++) {
      pthread_mutex_lock(&lock); // entry 코드. 뮤텍스락 잠그기
      sum = sum + 10; // 임계구역 코드
      pthread_mutex_unlock(&lock); // exit 코드. 뮤텍스락 열기
   }
   printf("%s 끝\t %d\n", (char*)arg, sum);
}
int main() {
   char *name[] = {"황기태", "이찬수"};
```

```
    pthread_t tid[2];
    pthread_attr_t attr[2]; // 스레드 정보를 담을 구조체

    pthread_attr_init(&attr[0]); // 디폴트 속성으로 초기화
    pthread_attr_init(&attr[1]); // 디폴트 속성으로 초기화

    pthread_mutex_init(&lock, NULL); // 뮤텍스락 변수 lock 초기화

    pthread_create(&tid[0], &attr[0], worker, name[0]);  // 스레드 생성
    pthread_create(&tid[1], &attr[1], worker, name[1]); // 스레드 생성

    pthread_join(tid[0], NULL); // 스레드 종료 대기
    pthread_join(tid[1], NULL); // 스레드 종료 대기

    printf("최종 sum = %d\n", sum); // 두 스레드 종료 후 sum 출력

    pthread_mutex_destroy(&lock); // 뮤텍스락 lock 사용 끝

    return 0;
}
```

| 실행결과 |

```
$ gcc -o mutex mutex.c -lpthread
$ ./mutex
황기태 시작        0
이찬수 시작        0
황기태 끝       19236950
이찬수 끝       20000000
최종 sum = 20000000
$ ./mutex
황기태 시작        0
이찬수 시작       202390
이찬수 끝       14510640
황기태 끝       20000000
최종 sum = 20000000
$
```

스케줄링으로 인해 두 스레드가 실행되는 순서가 달라 중간 결과는 항상 달라짐

최종 sum은 20000000으로, 실행시킬 때마다 동일한 결과

TIP 탐구 6-2에서 worker()를 다르게 작성

worker() 함수에서 for 문 전체를 임계구역으로 잡아 다음과 같이 작성하면 어떨까?

```
void* worker(void* arg) { // 스레드 코드
    printf("%s 시작 %d\t\n", (char*)arg, sum);
    pthread_mutex_lock(&lock); // 임계구역 entry 코드. 뮤텍스락 잠그기
    for(int i=0; i<1000000; i++) { // 임계구역
        sum = sum + 10;
    }
    pthread_mutex_unlock(&lock); // 임계구역 exit 코드. 뮤텍스락 열기
    printf("%s 끝\t %d\n", (char*)arg, sum);
}
```

pthread_mutex_lock()을 먼저 호출한 스레드가 1000000번 루프를 실행하여 sum을 완전히 구할 때까지 다른 스레드는 임계구역에 접근할 수 없어 실제로는 두 스레드가 순차적으로 합을 구하는 꼴이 된다. 아니러니 하게도, 탐구 6-2보다 실행 속도는 더 빠르다. 탐구 6-2의 worker() 함수는 락을 걸고 풀기를 1000000번하기 때문에 실행 속도가 현저히 떨어진다. 탐구 6-2의 worker()와 여기서 수정한 worker() 모두 for문의 반복 회수를 더 높여 10000000로 수정하여 실행시키면, 탐구 6-2의 실행 속도가 현저히 느린 것을 눈으로 확인할 수 있다.

3.2 스핀락(spinlock)

스핀락도 뮤텍스와 같이 락을 기반으로 하지만, 뮤텍스와 달리 대기 큐가 없다. 스핀락의 구성은 그림 6-16과 같고 스핀락 기법의 요소들은 다음과 같다.

- 변수 – 락 변수
- 연산 – lock/unlock 연산

락 변수

스핀락 기법에서 락 변수를 간단히 스핀락이라고 부르며, 스핀락을 소유한 한 개의 스레드만 임계구역에 진입할 수 있다.

lock/unlock 연산

lock 연산은 스레드가 임계구역에 들어가기 전 실행하는 entry 코드이다. lock 연산은 락 변수가 열림 상태이면 잠김 상태로 만들고 스레드가 임계구역에 들어가게 한다. 만일 락이 잠겨

있으면 열릴 때까지 락 검사를 무한 반복하고, 락이 열리면 즉각 락을 잠그고 스레드가 임계구역으로 들어가게 한다. unlock 연산은 락을 열림으로 변경한다. lock/unlock 연산의 구현에는 원자명령이 사용된다.

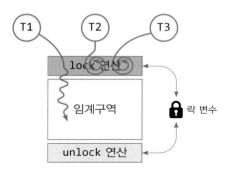

그림 6-16 스핀락의 동기화 구조

스핀락 기법에서 lock 연산은 락이 잠겨 있으면 무한 루프를 돌면서 락이 풀릴 때까지 검사한다. 결국 타임 슬라이스가 소진될 때 스레드는 컨텍스트 스위칭 되고, 다시 스케줄되면 다시 락이 풀릴 때까지 검사를 반복한다. 그래서 스핀락을 공격적인 뮤텍스(aggressive mutex)라고 한다. 스핀(spin) 용어 역시 락이 풀릴 때까지(자원을 얻을 때까지) 계속 락 변수를 검사하기 때문에 붙여졌다. 뮤텍스 기법을 수면 대기 락(sleep-waiting lock), 스핀락을 바쁜 대기 락(busy-waiting lock)이라 한다. 그림 6-16에서는 T1 스레드가 lock 연산을 먼저 수행하여 락을 잠그고 임계구역을 실행 중일 때, T2와 T3이 임계구역에 들어오려고 lock 연산을 실행하여 락을 검사하고 있는 상황이다. T1이 unlock 연산을 마친 후에야 T2나 T3 중 먼저 락을 검사한 스레드가 락을 잠그고 임계구역에 진입한다.

스핀락을 활용한 스레드 동기화 사례

그림 6-17은 스핀락을 이용하여 T1과 T2 스레드의 동기화 과정을 보여준다.

(1) T1 스레드가 lock 연산을 수행하여 락을 잠그고 임계구역을 실행한다.

(2) T1이 임계구역을 실행하는 중에 T2가 스케줄되어 lock 연산을 실행한다. lock 연산은 락이 열림 상태가 될 때까지 반복하여 락을 검사하는 CPU 명령들을 실행한다.

(3) T1이 임계구역의 실행을 마치고 unlock 연산을 실행한다. unlock 연산으로 락을 열림 상태로 만든 후, T1은 임계구역을 벗어나 실행을 계속한다.

(4) T2는 반복된 락 검사 중 열림 상태를 확인하고 락을 잠그고 임계구역으로 들어간다.

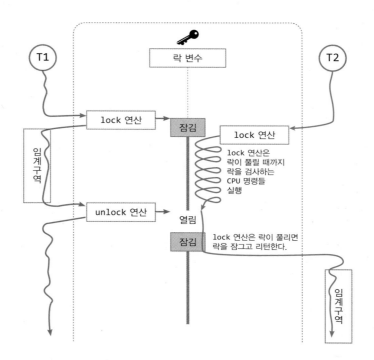

그림 6-17 스핀락 동기화 기법으로 T1과 T2 스레드가 동기화되는 과정

스핀락의 특징

첫째, 스핀락 기법은 뮤텍스 기법의 바쁜 대기(busy-waiting) 모형이다. lock 연산에서, 락이 잠겨 있을 때 블록되지 않고 락이 열릴 때까지 락을 검사하는 코드를 실행하기 때문이다.

둘째, 단일 CPU를 가진 운영체제에서 스핀락은 매우 비효율적이다. 그림 6-17을 다시 보자. T1 스레드가 락을 잠그고 임계구역을 실행한다. CPU가 하나뿐이라면 운영체제는 T1을 중단시키고 T2를 스케줄하여 실행시킨다. T2가 실행되었지만 락이 잠겨 있어, lock 연산은 락이 열림 상태가 될 때까지 락을 검사하는 코드를 실행하므로 계속 CPU를 사용한다. 락을 소유한 T1이 실행되어야 락이 열리게 되지만, 단일 CPU에서는 T2의 타임 슬라이스가 소진될 때까지는 T1이 실행될 수 없기 때문이다. 결국 T2는 타임 슬라이스 내내 의미 없는 검사에 CPU를 사용하기 때문에, CPU의 낭비가 심하고 다른 스레드의 실행 기회마저 뺐게 된다. 이런 이유로 스핀락은 단일 CPU를 가진 시스템에서 비효율적이다. 이와 대조적으로, 멀티 코어 CPU 의 경우, 락을 경쟁하는 스레드들을 서로 다른 코어에서 실행시키면 상당히 효과적이다.

셋째, 스핀락은 임계구역 코드가 짧아서 락이 빨리 열리는 응용에 매우 효과적이다. 뮤텍스의 경우, 락이 잠겨 있으면 스레드는 컨텍스트 스위칭되어 대기 큐에 들어가고, 락이 열리면 다시 대기 큐에서 깨고 컨텍스트 스위칭되어 임계구역으로 진입한다. 2번의 컨텍스트 스위칭과 그 사이에서 일어나는 스케줄링이 그리 짧은 시간이 아니다. 만일 이 시간보다 락이 열리는 시간이 더 짧다면, 대기 큐에 들어가지 않고 락을 계속 검사하는 편이 더 낫다. 스핀락의 의도는 여기에 있다. 스핀락을 이용하면 2번의 컨텍스트 스위칭(락을 얻지 못한 스레드를 블록시키는 컨텍스트 스위칭과 대기 큐에서 다시 실행시키는 컨텍스트 스위칭)이 필요 없고, 이 사이에서 벌어지는 스케줄링 또한 필요 없다.

넷째, 스핀락은 스레드들이 락을 얻기 위해 무한 경쟁하기 때문에, 불행하게도 어떤 스레드는 오랜 동안 락을 얻지 못해 기아가 발생할 수 있다. 또한 락을 잠근 스레드가 락을 열어놓지 않고 종료하거나 코딩이 잘못되어 무한 루프를 도는 경우, 락이 열리기를 기다리는 다른 스레드들은 무한정 CPU를 사용하면서 영원히 기다리게 될 수도 있다.

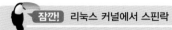 **리눅스 커널에서 스핀락**

현대 컴퓨터는 대부분 멀티 코어 **CPU**를 장착하고 있으며 리눅스 커널은 스레드 동기화의 기본 기법으로 스핀락을 사용하고 있다.

pthread 라이브러리의 스핀락

POSIX 표준의 **pthread** 라이브러리는 멀티스레드 응용프로그램에서 스핀락 기법을 사용하도록 다음 요소들을 제공한다.

- 스핀락 변수 - pthread_spinlock_t lock;
- 스핀락 조작 함수들

  pthread_spin_init() – 스핀락 변수 초기화

  pthread_spin_lock() – 스핀락 잠그기

  pthread_spin_unlock() – 스핀락 풀기

  pthread_spin_destroy() – 스핀락 변수 사용 종료

응용프로그램은 먼저 스핀락 변수를 다음과 같이 생성하고 초기화해야 한다.

```
pthread_spinlock_t lock; // 스핀락 변수 lock 생성. lock 변수의 이름은 개발자가 임의로 정함
pthread_spin_init(&lock, NULL); // 스핀락 변수 초기화
```

그리고 임계구역의 앞뒤에 다음과 같이 코딩하면 된다.

```
pthread_spin_lock(&lock); // 임계구역 entry 코드. 스핀락 잠그기
... 임계구역코드 ....
pthread_spin_unlock(&lock); // 임계구역 exit 코드. 스핀락 열기
```

탐구 6-3 pthread의 스핀락을 이용한 공유 집계판의 스레드 동기화

멀티스레드 동기화가 작성되어 있지 않아 합산 오류가 있었던 탐구 6-1을 pthread의 스핀락을 이용하여 수정해보자. 아래 spinlock.c 코드를 컴파일하고 실행한 결과, 임계구역(sum = sum + 10;)에 대한 상호배제 및 스레드 동기화가 잘 이루어져 sum의 최종 값은 20000000이 되었다.

| spinlock.c |

```c
#include <stdio.h>
#include <pthread.h>

int sum = 0; // 두 스레드가 공유하는 변수
pthread_spinlock_t lock; // 스핀락 변수 선언

void* worker(void* arg) { // 스레드 코드
    printf("%s 시작\t %d\n", (char*)arg, sum);
    for(int i=0; i<1000000; i++) {
        pthread_spin_lock(&lock); // entry 코드. 스핀락 잠그기
        sum = sum + 10; // 임계구역 코드
        pthread_spin_unlock(&lock); // exit 코드. 스핀락 열기
    }
    printf("%s 끝\t %d\n", (char*)arg, sum);
}

int main() {
    char *name[] = {"황기태", "이찬수"};
    pthread_t tid[2];
    pthread_attr_t attr[2]; // 스레드 정보를 담을 구조체

    pthread_attr_init(&attr[0]); // 디폴트 속성으로 초기화
    pthread_attr_init(&attr[1]); // 디폴트 속성으로 초기화

    pthread_spin_init(&lock, PTHREAD_PROCESS_PRIVATE); // 스핀락 변수lock 초기화
    // lock 변수에 대한 접근을 현재 프로세스에 속한 스레드들로 제한

    pthread_create(&tid[0], &attr[0], worker, name[0]);  // 스레드 생성
    pthread_create(&tid[1], &attr[1], worker, name[1]); // 스레드 생성

    pthread_join(tid[0], NULL); // 스레드 종료 대기
    pthread_join(tid[1], NULL); // 스레드 종료 대기
```

```
    printf("최종 sum = %d\n", sum); // 두 스레드 종료 후 sum 출력
    pthread_spin_destroy(&lock); // 스핀락 lock 사용 끝

    return 0;
}
```

| 실행결과 |

```
$ gcc -o spinlock spinlock.c -lpthread
$ ./spinlock
황기태 시작      0
이찬수 시작      0
이찬수 끝        13096310
황기태 끝        20000000
최종 sum = 20000000
$ ./spinlock
황기태 시작      0
이찬수 시작      0
황기태 끝        10069990
이찬수 끝        20000000
최종 sum = 20000000
$
```

스케줄링으로 인해 두 스레드가 실행되는 순서가
달라 중간 결과는 항상 달라짐

최종 sum은 20000000으로, 실행시킬 때마다
동일한 결과

 잠깐! 하이브리드 뮤텍스(hybrid mutex)란?

하이브리드 뮤텍스는 스핀락과 뮤텍스를 혼합한 동기화 방식으로 오늘날 커널에서 많이 사용한다. 하이브리드 뮤텍스는 처음에는 스핀락처럼 동작하다가 일정 시간이 지날 때까지 락을 획득하지 못하면 뮤텍스처럼 작동하여 스레드를 블록 상태로 만들어 대기 큐에 넣고 락이 풀릴 때까지 대기시킨다. 하이브리드 뮤텍스는 적응적 뮤텍스(adaptive mutex), 적응적 스핀락(adaptive spinlock)이라고 부르기도 한다.

 잠깐! 스레드 동기화는 사용자 응용프로그램과 커널 코드 모두에게 필요한가?

스레드 동기화는 사용자 응용프로그램이나 커널 코드 모두에서 필요하다. 사용자 공간에 있는 공유 자원과 임계구역 코드, 커널 공간에 있는 커널 자원과 임계구역 코드에 대해 각각 배타적으로 스레드가 접근하도록 동기화되어야 한다.

뮤텍스와 스핀락은 간단하여 많이 사용되지만 각각 어떤 상황에 적합할까?

첫째, 락이 잠기는 시간이 긴 응용의 경우 뮤텍스가 효율적이다. 락을 얻지 못했을 때 CPU를 다른 스레드에게 양보하여 CPU를 효과적으로 사용할 수 있기 때문이다. 하지만, 락이 잠기는 시간이 짧으면 스핀락이 더 효율적이다. 락이 잠기는 시간이 짧은 응용에서 뮤텍스를 사용하면, 락이 잠겨 있는 시간보다 스레드가 잠자고 깨어 다시 락을 소유하는데 걸리는 시간이 더 크기 때문이다.

둘째, 단일 CPU를 가진 시스템에서 뮤텍스가 더 적합하다. CPU가 하나뿐이므로 락을 얻지 못한 스레드를 블록시키고 다른 스레드에게 CPU를 빨리 양도하여, 락을 소유한 스레드가 가능하면 빨리 실행되어 락을 풀도록 하는 것이 효과적이기 때문이다. 한편, 단일 CPU를 가진 시스템에서 스핀락의 사용은 크게 의미가 없다. 다른 스레드에게 양보하지 않고 계속 CPU를 점유하면서 락이 풀리는지 비교하는 명령을 실행하므로 어떤 다른 스레드도 실행되지 못한다. 더욱이 스핀락을 얻고자 무한 루프를 도는 스레드의 타임 슬라이스가 소진할 때 비로소, 락을 걸었던 스레드에게 실행할 기회가 생기게 되므로 스핀락을 사용하면 락이 풀리는 시간만 길어지게 된다.

셋째, 멀티코어를 가진 시스템에서 스핀락이 더 효율적이다. 락이 풀리기를 무한 루프로 검사하는 스레드가, 락을 잠근 스레드와 동시에 다른 코어에서 실행될 때, 락이 풀리는 순간 컨텍스트 스위칭 없이 바로 임계구역으로 들어갈 수 있기 때문이다. 현재 멀티코어 CPU가 대부분 사용되고 있고 임계구역 코드는 짧게 작성되므로, 리눅스를 비롯하는 여러 운영체제들은 커널 코드에 스핀락을 많이 활용하고 있다.

넷째, 뮤텍스는 사용자 응용프로그램에서 주로 이용되며, 스핀락은 커널 코드나 인터럽트 서비스 루틴에서 주로 사용된다. 인터럽트 서비스 루틴은 빠른 시간 내에 실행되어야 하므로 코드가 짧을 뿐 아니라 실행 중에 블록되어 잠을 자도록 되어서는 안 되기 때문이다. 커널 내 임계구역은 최고의 개발자들에 의해 실행 시간이 매우 짧도록 잘 설정된다. 표 6-1은 뮤텍스와 스핀락을 비교하여 보여준다.

표 6-1 뮤텍스와 스핀락의 비교

	뮤텍스	스핀락
대기 큐	있음	없음
블록 가능 여부	락이 잠겨 있으면 블록됨 (blocking)	락이 잠겨 있어도 블록되지 않고 계속 락 검사 (non-blocking)
lock/unlock 연산 비용	저비용	CPU를 계속 사용하므로 고비용
하드웨어 관련	단일 CPU에서 적합	멀티코어 CPU에서 적합
주 사용처	사용자 응용 프로그램	커널 코드, 인터럽트 서비스 루틴

3.3 세마포(Semaphore)

세미나실을 대여하는 사업을 한다고 해보자. 그림 6-18과 같이 세미나실 대여 시스템을 만들 수 있다. 또한 돈을 받고 화장실을 대여하는 사업의 경우도 마찬가지다. 실제로 영국이나 유럽의 경우 도심에서 화장실이 공짜가 아닌 경우가 많아 동전이 꼭 필요하다. 저자도 영국에서 동전이 없어 혼난 적이 있다.

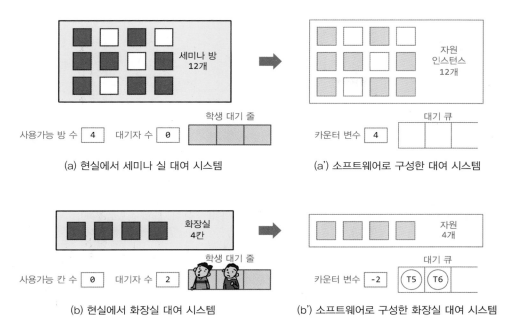

그림 6-18 n개의 자원을 여러 명이 사용할 때 관리가 필요한 사례들

그림 6-18(a)는 12개의 방을 갖춘 실세계의 세미나실 예약 시스템의 모습이다. 현재 8개의 방이 이용되고 있으며 사용가능한 방의 수와 대기자 수를 나타내는 팻말이 붙어 있다. 학생이 세미나실을 사용하려면 사용가능한 방의 수를 3으로 고치고 세미나 방을 사용하면 된다. 만일 12개의 방이 모두 사용 중이면 대기자 수를 1로 고치고 대기 줄에서 기다린다. 그림 6-18(a')와 그림 6-18(b')는 실세계를 프로그램 세계로 옮겨놓은 것이다. 사용가능한 방의 개수를 카운터 변수로, 학생 대기 줄은 대기 큐로 나타내었다.

세마포 개념

세마포 기법은 간단히 세마포라고 부르는데 정의를 먼저 내려보자.

> 세마포는 **n**개의 자원을 다수의 스레드가 공유하여 사용하도록 돕는 자원 관리 기법이다.

그림 6-19는 세마포가 필요한 상황을 보여준다. n개의 자원이 있는 상황에서 멀티스레드가 자원을 사용하려고 한다. 자원이 모두 동날 때, 자원을 사용하려는 스레드는 기다려야 하고, 자원을 다 사용한 스레드는 이를 알려 대기 중인 스레드가 자원을 사용할 수 있도록 관리하는 주체가 필요하다. 세마포가 바로 이 일을 하도록 제안되었다. 세마포는 자원의 개수 **n**를 알고, 스

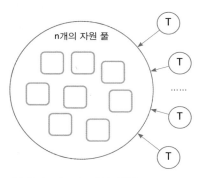

(a) 멀티스레드가 n개의 자원을
활용하려는 상황

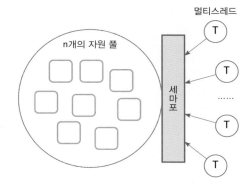

멀티스레드

(b) 세마포를 이용하여 멀티스레드가 n개의
자원을 원활히 사용할 수 있도록 관리

그림 6-19 세마포가 필요한 상황

레드의 요청을 받아 사용을 허락하고, 자원이 모자랄 때 요청한 스레드는 대기큐에서 잠을 재우며, 자원 사용을 끝낸 스레드가 세마포에게 알리면 세마포가 대기큐에서 잠을 자는 스레드를 깨워 자원을 사용하도록 허락하는 방식이다.

구체적으로 세마포가 사용되는 사례를 보자. 컴퓨터 시스템에 n개의 프린터를 사용하고자 하는 다수의 스레드가 있고 스레드는 어떤 프린터를 사용해도 상관없다고 하자. 프린터를 사용하려는 스레드는 세마포에게 요청하여 허락을 맡고, 프린터 중 하나를 사용한다. 프린터 사용을 요청하는 스레드가 많아져서 n개의 프린터가 모두 사용 중이라면 세마포는 스레드의 요청을 허락할 수 없고 대기 큐에서 재운다. 어떤 스레드가 프린터 사용이 끝났음을 세마포에게 알리면 세마포는 대기 큐에서 한 스레드를 깨워 프린터를 사용하도록 허락한다.

세마포는 다음 4개의 요소로 구성되며 그림 6-20은 세마포의 구조를 보여준다.

- 자원 – n개
- 대기 큐 – 자원을 할당받지 못한 스레드가 잠자는 곳
- counter 변수 – 사용가능한 자원의 개수를 나타내는 정수형 변수로 자원의 개수 n으로 초기화된다. counter 변수가 음수이면 자원을 기다리는 스레드의 개수를 나타낸다. counter 변수를 구현하는 방법에 따라 사용가능한 자원이 없을 때 counter 변수를 계속 0으로 유지하기도 한다.
- P/V 연산 – P 연산은 자원 요청 시, V 연산은 자원 반환 시 실행되는 연산

그림 6-20은 자원에 4개의 인스턴스가 있을 때, counter 변수는 초기에 4이었는데, T1이 P 연산을 할 때 3이 되고, T2가 P 연산을 하면 2가 되고, 다시 T3이 P 연산을 하여 1이 되고, T4가 P 연산을 하여 0이 된다. 그리고 T5, T6가 순서대로 P 연산을 하면 counter 변수 즉 사용가능한 자원의 개수가 0 이하이므로 대기 큐에 들어가고 counter 변수는 -2가 된 상황이다. 현재

T1~T4 스레드는 하나씩 자원을 할당받아 사용하고 있으며, 2개의 스레드 T5와 T6는 사용가능한 자원이 생기기를 기다리고 있는 상태이다. 자원을 할당받은 스레드는 자신의 자원을 활용하는 코드(코드 A~D)를 실행한다. 스레드 수가 자원의 개수보다 작으면 자원을 할당받는데 아무 문제가 없지만, 자원의 개수보다 많을 때 스레드들 사이에 자원을 할당하고 해제하는 등 자원 관리가 필요하며 이때 세마포가 유용하다.

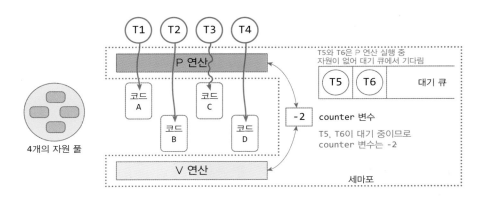

그림 6-20 세마포의 개념 - 멀티스레드를 위한 자원 관리

뮤텍스나 스핀락은 여러 스레드가 임계구역에 진입하기 위해 경쟁할 때, 한 스레드에게 임계구역을 배타적으로 사용하도록 하는데 목적이 있지만, 세마포는 n개의 자원이 있고 여러 스레드들이 자원을 사용하고자 할 때 원활하게 관리하는 것이 목적이다.

P 연산과 V 연산

P/V 연산은 wait/signal 연산으로도 불린다. P 연산은 스레드에게 자원 사용을 허가하는 과정이며 V 연산은 스레드가 자원 사용이 끝났음을 세마포에게 알리는 과정이다. P 연산은 counter 변수를 1 감소시키고, V 연산은 counter 변수를 1 증가시킨다. 세마포는 자원을 할당받지 못하는 스레드를 다루는 방법에 따라 다음 2가지 종류로 나뉘며 P/V 연산이 다르게 작동한다.

- 수면 대기(sleep-wait) 세마포
- 바쁜 대기(busy-waiting) 세마포

수면 대기 세마포는 그림 6-21(a)와 같이 P 연산 중 자원 사용을 허가받지 못한 스레드를 대기 큐에서 잠을 재우고(sleep-wait), V 연산에서 사용가능한 자원이 생기게 되면 스레드를 깨워 자원 사용을 허락하는 형태이다.

바쁜 대기 세마포는 그림 6-21(b)와 같이 P 연산에서 가용 자원이 생길 때까지 무한 루프를 돌면서 검사하는 방식이다. 그러다가 V 연산에 의해 가용 자원이 생기면, P 연산을 통과한 후 자원을 획득하는 방식이다. 바쁜 대기 세마포에는 대기 큐가 없다.

```
P 연산 { // wait
  counter--; // 자원 요청
  if counter < 0 {
    ... 현재 스레드를 대기 큐에 삽입 ... // sleep-wait
  }
}
```

```
P 연산 { // wait
  while counter <= 0; // busy-wait
  counter--;
}
```

```
V 연산 { // signal
  counter++; // 자원 반환
  if counter <= 0 { // 기다리는 스레드 있는 경우
    ... 대기 큐에서 한 스레드 깨움 ...
  }
}
```

```
V 연산 { // signal
  counter++;
}
```

(a) 수면 대기(sleep-wait) 세마포 기법

(b) 바쁜 대기(busy-wait) 세마포 기법

그림 6-21 수면 대기(sleep-wait) 세마포와 바쁜 대기(busy-wait) 세마포의 P/V 연산

P/V 연산이 wait/signal 연산이라고 불리는 이유는, 자원을 사용하려는 스레드는 대기 큐에 있든 무한루프를 돌든 자원을 얻을 때까지 대기(wait)하고, 자원 사용을 끝낸 스레드는 대기하는 스레드에게 이를 알려(signal) 자원에 대한 스레드 동기화를 이루기 때문이다. P/V보다 wait/signal이 훨씬 와 닿아, P/V 대신 wait/signal을 사용하는 문헌들도 많이 있다.

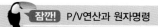 잠깐! P/V연산과 원자명령

counter 변수는 P, V 연산에 의해 공유되는 변수이므로 counter에 대한 접근은 원자명령을 이용하여 원자적으로 처리되도록 구현되며 여러 스레드가 동시에 P 연산을 수행할 수 없다. P, V 연산은 원자적으로 수행된다. counter 변수를 세마포 변수라고 부른다.

pthread 라이브러리의 세마포

POSIX 표준의 pthread 라이브러리는 멀티스레드 응용프로그램에서 사용할 수 있도록 세마포 기능을 다음과 같이 제공한다.

- 세마포 구조체 − sem_t s; // counter 변수 등을 가진 구조체
- 세마포 조작 함수들

    sem_init() − 세마포 구조체 초기화. counter 변수를 자원의 개수로 초기화

    sem_destroy() − 세마포 기능 소멸

    sem_wait() − P 연산 수행. 수면 대기 방식으로 가용 자원이 없으면 현재 스레드를 블록시키고 대기 큐에서 잠을 재움

    sem_trywait() − P 연산 수행. 가용 자원이 있으면 counter값을 감소시키고 바로 0 리턴, 없으면 counter 값을 감소시키지 않고 −1 리턴

    sem_post() − V 연산 수행

    sem_getvalue() − 세마포의 현재 counter 값(세마포 구조체 속에 있는) 리턴

pthread의 세마포는 sem_wait()과 sem_trywait()에서 세마포 구조체 속에 있는 counter 변수를 1 감소시키고 sem_post() 함수에서 1 증가시킨다. 가용 자원이 없을 때 counter 변수를 0으로 계속 유지한다(그림 6-20과 달리 음수가 되도록 구현되지 않았음). pthread의 세마포를 사용하는 코드는 다음과 같이 구현하면 된다.

```
sem_t sem; // 세마포 구조체 생성
sem_wait(&sem); // P 연산. 자원사용 요청
... 할당받은 자원 활용 ...
sem_post(&sem); // V 연산. 자원사용 끝
```

탐구 6-4 세마포 활용 사례

3칸짜리 화장실에 5명의 고객이 사용하는 사례를 pthread의 세마포를 이용하여 스레드를 동기화 시키는 사례를 작성하라. 세마포의 counter 변수는 3으로 초기화하고, 5명의 고객은 5개의 스레드로 작성하라. 화장실 사용을 요청하고 사용한 후 화장실을 나오는 작업은 guestThread() 함수로 구현하라. guestThread() 함수가 스레드 코드이다.

| sem.c |

```
#include <stdio.h>
#include <pthread.h>
#include <semaphore.h>
#include <unistd.h>

sem_t toiletsem; // POSIX 세마포 구조체로 모든 스레드에 의해 공유
```

```
void* guestThread(void* arg) { // 고객의 행동을 묘사하는 스레드 코드
    int cnt = -1;

    sem_wait(&toiletsem); // P 연산. 자원 사용 요청. 세마포의 counter 값 1 감소
    sem_getvalue(&toiletsem, &cnt); // 세마포의 counter 을 cnt 변수로 읽어오기
    printf("고객%s 화장실에 들어간다... 세마포 counter = %d\n", (char*)arg, cnt);
    sleep(1); // 1초 동안 화장실을 사용한다.
    printf("고객%s 화장실에서 나온다.\n", (char*)arg);
    sem_post(&toiletsem); // V 연산. 화장실 사용을 끝냈음을 알림
}
```

> 동시에 2개의 스레드가 sem_wait()을 통과하면 스케줄링에 의해 printf() 문의 실행 순서가 바뀌기도 하고 같은 int 값이 출력되기도 하지만 문제는 없다.

```
#define NO 0     // 자식 프로세스와 세마포 공유하지 않음
#define MAX_COUNTER 3 // 자원의 개수, 동시에 들어갈 수 있는 스레드의 개수

int main() {
    int counter = -1;
    char *name[] = {"1", "2", "3", "4", "5"};
    pthread_t t[5]; // 스레드 구조체

    // 세마포 초기화 : MAX_COUNTER 명이 동시에 사용
    int res = sem_init(&toiletsem, NO, MAX_COUNTER);
    if(res == -1) {
        printf("semaphore is not supported\n");
        return 0;
    }
    sem_getvalue(&toiletsem, &counter); // 세마포의 현재 counter 값 읽기
    printf("세마포 counter = %d\n", counter);

    for(int i=0; i<5; i++) pthread_create(&t[i], NULL, guestThread,
                                          (void*)name[i]); // 5명의 고객(스레드) 생성
    for(int i=0; i<5; i++) pthread_join(t[i],NULL); // 모든 고객이 소멸할 때까지 대기

    sem_getvalue(&toiletsem, &counter); // 세마포의 현재 counter 값 읽기
    printf("세마포 counter = %d\n", counter);
    sem_destroy(&toiletsem); // 세마포 기능 소멸

    return 0;
}
```

> 이 예제는 이름 없는 세마포를 사용하고 있다. 맥 운영체제는 현재 이름 없는 세마포를 지원하지 않아서 sem_init()에서 오류를 리턴하므로 이 예제가 실행되지 않는다. 맥에서는 sem_init() 대신 sem_open()을 사용하면 된다.

| 실행결과 |

```
$ gcc -o sem sem.c -lpthread
$ ./sem
```

```
세마포 counter = 3
고객2 화장실에 들어간다... 세마포 counter = 2
고객3 화장실에 들어간다... 세마포 counter = 1
고객1 화장실에 들어간다... 세마포 counter = 0
고객2 화장실에서 나온다.──[ 세마포 counter = 1로 증가 ]
고객4 화장실에 들어간다... 세마포 counter = 0
고객3 화장실에서 나온다.
고객1 화장실에서 나온다.──[ 세마포 counter = 2로 증가 ]
고객5 화장실에 들어간다... 세마포 counter = 1
고객4 화장실에서 나온다.
고객5 화장실에서 나온다.
세마포 counter = 3
$
```

 잠깐! sem_wait()을 sem_trywait()으로 수정하면?

앞의 소스에서 **sem_wait()** 대신 **sem_trywait()**을 이용하면 **guestThread()** 함수 안을 다음과 같이 수정할 수 있다.

```
sem_wait(&toiletsem); -> while(sem_trywait(&toiletsem));
```

sem_trywait() 함수가 **toiletsem** 세마포를 검사하여 사용가능한 자원이 없다면 바로 **-1**을 리턴하고 사용가능한 자원이 있으면 **0**을 리턴하므로, **while(sem_trywait(&toiletsem));**는 사용가능한 자원이 생길 때까지 무한루프를 도는 코드이다.

 잠깐! P와 V의 이름 뜻은?

P와 V는 각각 **try**와 **increment**를 뜻하는 네덜란드어 **Proberen**과 **Verhogen**의 머릿 글자를 따서 만들어졌다.

 잠깐! busy—waiting, busy—looping, spinning

busy-waiting, busy-looping, spinning은 모두 바쁜 대기라고 해석되는 동일한 표현들이다. 이들은 스레드 동기화에 국한된 용어는 아니며, 스레드가 어떤 조건이 참(**true**)이 될 때까지 반복 조사하면서 기다리는 기법을 일컫는다. 키보드가 입력될 때까지, 혹은 센서의 온도가 **30**도가 될 때까지, 혹은 락이 풀릴 때까지 등이다. 이 기법을 사용하면 **CPU**가 조건을 검사하면서 루프를 도는 코드를 계속 실행해야 하므로 **CPU**를 심하게 낭비하게 된다.

3.4 이진 세마포

세마포는 관리하는 자원이 여러 개인 경우와 1개인 경우에 따라 다음과 같이 구분된다.

- 카운터 세마포(counter semaphore) – 자원이 여러 개인 경우
- 이진 세마포(binary semaphore) – 자원이 1개인 경우

앞 절에서 다룬 세마포는 n개의 자원을 가진 카운터 세마포에 대한 설명이었다. 이진 세마포를 구성하는 요소는 다음과 같다.

- 세마포 변수 S – 0과 1 중 하나를 가지는 변수. 1로 초기화됨
- 대기 큐 – 자원이 사용가능하게 될 때까지 스레드들이 대기하는 큐
- P 연산 – 자원 사용의 허가를 얻는 과정으로 S를 1감소시키고 0보다 작으면 스레드를 대기 큐에서 잠들게 한다. 만일 S가 0보다 크거나 같으면 스레드는 자원을 사용하는 코드를 실행한다.
- V 연산 – 자원 사용이 끝났음을 알리는 과정으로, S를 1 증가시키고 0보다 크면 그냥 리턴하고, 0보다 작거나 같으면 대기 큐에 있는 스레드 중 하나를 깨운다.

이진 세마포는 하나의 자원에 대해 여러 스레드가 사용하고자 할 때 관리하는 기법이므로 뮤텍스와 매우 유사하다.

3.5 동기화 이슈: 우선순위 역전

우선순위 역전

실시간 시스템이나 우선순위 기반 시스템의 운영체제는 우선순위가 높은 스레드를 우선적으로 처리하지만, 스레드의 동기화로 인해 우선순위가 높은 스레드가 순위가 낮은 스레드보다 늦게 실행되는 우선순위 역전(priority inversion)이 발생할 수 있다. 우선순위 역전이 발생하는 경우가 몇 가지 있지만, 그림 6-22와 함께 가장 심각한 경우에 대해서 알아보자. 3개의 스레드가 다음과 같은 조건에 놓여 있다고 하자.

첫째, 서로 다른 순위의 스레드가 다음과 같이 3개 있다.

- T3 – 높은 우선순위 스레드
- T2 – 중간 우선순위 스레드
- T1 – 낮은 우선순위 스레드

둘째, T1과 T3은 자원을 공유하기 때문에 뮤텍스나 이진 세마포로 동기화된다. 그림 6-22는 이진 세마포를 사용하는 사례이다.

셋째, T2는 다른 스레드와 자원을 공유하지 않는다.

그림 6-22 우선순위 역전 사례

그림 6-22에서 우선순위 역전이 일어나는 과정은 다음과 같다.

❶ T1이 먼저 도착하여 실행되고 세마포의 P 연산을 통해 자원을 할당받았다.

❷ T1의 실행 도중 T3가 도착한다. 운영체제는 T3의 우선순위가 높기 때문에 T1을 중단시키고 T3을 실행시 킨다. T3은 자원을 사용하기 위해 P 연산을 실행한다. 하지만, 자원은 T1에게 이미 할당되어졌기 때문에, T3은 P 연산 내에서 잠든다.

❸ 다시 T1이 스케줄되어 실행된다.

❹ T1보다 높은 순위의 스레드 T2가 도착한다. 운영체제는 T1을 중단시키고 T2를 실행시킨다. 이때, T2가 T3보다 순위가 낮음에도 불구하고 먼저 실행되는 '우선순위 역전'이 발생한다.

❺ T2의 실행이 끝난 후 T1이 다시 실행된다.

❻ T1이 자원을 다 사용한 후 V 연산을 하면 T3이 깨어나고 운영체제는 T1을 중단시키고 순위가 더 높은 T3 을 실행시킨다.

실시간 시스템에서 우선순위 역전은 가벼운 문제가 아니다. 가장 높은 순위의 T3이 오랜 동안 중단된 것은 보통 일이 아니다. T2의 실행 시간이 길어지거나, T2같이 T1보다 높은 순위의 스레 드가 계속 발생하면 T1의 실행이 늦어지게 되고, 따라서 T3의 실행도 계속 늦어질 수밖에 없다. 실시간 시스템에서 높은 순위의 스레드가 더 중요한 작업을 처리하도록 설계되어 있기 때문에 높은 순위의 스레드가 오래 대기하는 것은 심각한 문제이다. 우선순위 역전은 실시간 시스템의 근본 목적을 붕괴시킬 수 있다.

우선순위 역전의 해결책

우선순위가 역전되는 문제에 대한 여러 해결책 중 2가지만 알아보자.

- ## 우선순위 올림(priority ceiling)

이 기법은 스레드(T1)가 공유 자원을 소유하게 될 때 우선순위를 일시적으로 미리 정해진 우선순위(T3보다 높은)로 높이는 방법이다. 이 우선순위는 공유 자원을 액세스할 어떤 스레드보다 더 높게 책정된다. 이렇게 함으로써 공유 자원을 소유한 스레드(T1)는 다른 스레드(T2)에 의해 선점되지 않고 빨리 실행된다. 공유 자원에 대한 액세스가 끝나면 원래 우선순위로 되돌린다.

- ## 우선순위 상속(priority inheritance)

스레드(T1)가 공유 자원을 획득하고 실행하는 동안 높은 순위의 스레드(T3)가 공유 자원을 요청하면, 낮은 순위의 스레드(T1) 우선순위를 요청한 스레드(T3)보다 높게 변경하여 계속 실행시키고 공유 자원에 대한 사용이 끝날 때 원래 순위로 되돌린다.

이 두 방법 모두 구현이 쉽지 않고 오버헤드 또한 존재한다.

4 생산자 소비자 문제

4.1 응용프로그램에 존재하는 생산자 소비자 문제 사례

생산자 소비자 문제는 많은 응용프로그램에서 발생하는 전형적인 동기화 문제이다. 이 문제의 정의와 해결책을 알아보기에 앞서 그림 6-23의 두 사례를 통해 문제를 직관적으로 인식해보자.

그림 6-23(a)는 멀티스레드로 작성된 미디어 플레이어의 구조를 간략하게 보여준다. 입력스레드는 네트워크나 비디오 파일로부터 주기적으로 한 프레임씩 읽어 비디오 버퍼에 저장하는 일을 반복하고, 재생스레드는 비디오 버퍼에 도착하는 프레임을 주기적으로 읽고 디코딩하여 디스플레이에 출력하는 작업을 반복한다. 미디어 플레이어가 잘 동작하려면 다음 3가지 문제가 해결되어야한다.

- 입력스레드와 재생스레드가 비디오 버퍼를 동시에 접근하는 경우의 상호배제
- 재생스레드가 읽으려고 했을 때 비디오 버퍼가 비어있는 문제 – 네트워크의 지연 등으로 입력스레드에 의한 프레임 공급이 늦어지고 있는 상황
- 입력스레드가 쓰려고 했을 때 비디오 버퍼가 꽉 찬 문제 – 재생스레드가 비디오 버퍼를 비워내는 속도보다 더 빠르게 입력스레드에 의해 프레임이 채워지는 경우

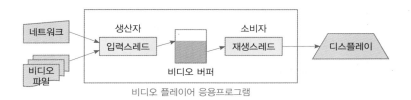

(a) 미디어 플레이어의 구조(1:1 생산자 소비자 관계)

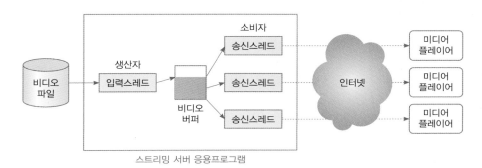

(b) 스트리밍 서버의 구조(1:N 생산자 소비자 관계)

그림 6-23 응용프로그램에 존재하는 생산자 소비자 문제 사례

그림 6-23(b)의 비디오 스트리밍 서버의 사례도 보자. 입력스레드는 주기적으로 비디오 파일이나 카메라로부터 비디오 프레임을 읽어 비디오 버퍼에 계속 공급하며, 각 송신스레드는 비디오 버퍼로부터 주기적으로 프레임을 읽어 네트워크를 통해 연결된 미디어 플레이어로 전송하는 작업을 반복한다. 여기에도 역시 앞의 3가지 문제점이 동일하게 존재한다. 스트리밍 서버의 개발이 미디어 플레이어보다 조금 더 어렵다. 그 이유는 송신스레드가 여러 개 있어 이들 모두 비디오 버퍼를 읽었을 경우에만 입력스레드가 비디오 버퍼에 프레임을 공급하도록 작성해야 하기 때문이다.

4.2 생산자 소비자 문제의 정의

생산자 소비자 문제는 멀티스레드 응용프로그램에서 항상 발생할 수 있는 문제이다. 앞의 두 사례에서 입력스레드를 생산자로, 재생스레드와 송신스레드를 소비자라고 부른다.

생산자 소비자 문제는, 유한한 크기의 공유버퍼에 데이터를 공급하는 생산자와 공유버퍼에서 데이터 읽고 소비하는 소비자가 공유버퍼를 문제없이 사용하도록 생산자와 소비자를 동기화시키는 (실행 순서를 제어하는) 문제이다.

유한한 크기의 버퍼로 인해 발생하므로 유한 버퍼 문제(bounded buffer problem)라고도 한다. 생산자 소비자 모델을 그림으로 표현하면 그림 6-24와 같다. 공유버퍼는 1개 이상의 독립된 단위 버퍼들로 구성된다. 생산자와 소비자는 버퍼 단위로 공유버퍼에 쓰고 읽으며 그 과정에서 쓰거나 읽을 버퍼의 인덱스를 수정해나간다. 생산자와 소비자의 개수는 1:1이 대부분이지만 1:N, N:1, N:M 등 여러 경우가 있을 수 있다.

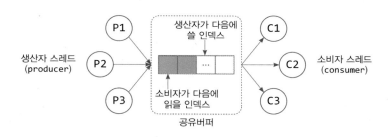

그림 6-24 생산자 소비자 모델

생산자 소비자 문제는 구체적으로 다음 3가지 문제이다.

- 문제 1 - 상호배제(생산자들과 소비자들의 공유버퍼 사용에 대한 상호배제)
- 문제 2 - 비어 있는 공유버퍼 문제(비어 있는 공유버퍼를 소비자가 읽을 때)
- 문제 3 - 꽉 찬 공유버퍼 문제(꽉 찬 공유버퍼에 생산자가 쓸 때)

4.3 생산자 소비자 문제의 해결책

상호배제 해결

공유버퍼를 액세스하는 임계구역 코드에 대한 상호배제 문제는 생산자와 소비자가 1개씩 있는 경우에는 생산자와 소비자 사이에만 발생하지만, 생산자나 소비자가 여러 개 있는 경우에는 생산자들 사이에 혹은 소비자들 사이에도 발생할 수 있다. 임계구역에 대한 상호배제는 뮤텍스나 세마포를 이용하여 작성한다.

비어있는 공유버퍼 문제 해결

공유버퍼에는 저장 공간을 1개만 두기도 하지만 보통 여러 개를 둔다. 소비자 스레드가 공유버퍼에서 읽을 때 공유버퍼가 완전히 비어 있는 경우, 버퍼 내 저장 공간 중 하나라도 데이터가 기록될 때까지 기다리도록 코딩되어야 한다. 한편, 생산자 스레드는 공유버퍼에 데이터를 기록하고, 기다리고 있을 소비자 스레드를 깨운다. 소비자 스레드는 깨어나서 공유버퍼로부터 데이터를 읽는다.

이 과정은 소비자 스레드는 대기(wait)하고, 생산자 스레드는 대기상태에서 깨어나도록 알리는(signal) 방식이므로, 스레드 동기화를 위해 세마포가 적당하다. 세마포 R을 만들고 세마포 R에 대한 P 연산은 소비자 스레드가, V 연산은 생산자 스레드가 실행하도록 설계한다.

이제, 공유버퍼가 비어 있는 경우에 생산자와 소비자는 어떻게 행동해야 하는지, 그림 6-25에서 알아보자. 현재 공유버퍼에는 4개의 저장 공간이 있고 모두 비어 있는 상태이다. 세마포 R의 counter 값은 읽기 가능한 버퍼의 개수를 나타내며 최댓값은 4이다.

(1) 소비자 스레드가 공유버퍼에서 읽고자 P 연산을 실행하면, 세마포 R의 counter가 0(읽을 버퍼의 개수가 0)이므로 P 연산에서 잠을 잔다.

(2) 생산자 스레드가 공유버퍼 내에 데이터를 쓰고 V 연산을 실행하면, V 연산은 세마포 R의 counter 값을 1로 만들고(읽을 수 있는 버퍼의 개수가 1) 소비자 스레드를 깨운다. 그리고 생산자 스레드는 자신의 일을 수행하며, 소비자 스레드는 깨어나 P 연산의 남은 부분을 실행한 후 버퍼를 읽는다. P 연산의 실행이 마치면 세마포 R은 다시 0이 될 것이다.

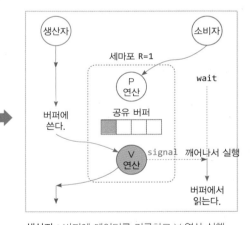

(1) 버퍼가 비어 있는 상태에서
    소비자가 읽으려고 할 때

(2) 빈 버퍼에 생산자가 쓸 때

소비자 : 버퍼에서 읽기 전 P 연산 실행
P 연산 : 버퍼가 빈 경우(R=0),
         소비자가 잠을 자면서 대기하도록 작성

생산자 : 버퍼에 데이터를 기록하고 V 연산 실행
V 연산 : 세마포 변수 R을 1증가(R=1),
         대기 중인 소비자를 깨우도록 작성
소비자 : 깨어나면 P 연산을 마치고 공유버퍼에서
         읽는다. P 연산에서 세마포 R을 1감소(R=0)

그림 6-25 공유버퍼가 비었을 때 소비자와 생산자의 동기화 과정

꽉 찬 공유버퍼 문제 해결

버퍼가 꽉 차있을 때, 생산자 스레드와 소비자 스레드가 어떻게 만들어져야 하는지 그림 6-26을 보면서 알아보자. 생산자 스레드는 공유버퍼에 기록하기 전에 반드시 버퍼가 꽉 차 있는지 확인한다. 만일 모든 버퍼가 꽉 차있다면, 생산자 스레드는 소비자 스레드가 하나의 버퍼라도 비울 때까지 기다려야 한다. 한편, 소비자 스레드는 버퍼에서 데이터를 읽은 후 기다리고 있을 생산자 스레드를 깨운다. 생산자 스레드는 깨어나서 비어 있는 버퍼에 데이터를 쓴다.

이 과정은 구현하기 위해서는 세마포 W를 만든다. 세마포 W의 counter 값은 쓰기 가능한 버퍼의 개수를 나타내며 버퍼가 꽉차있는 경우 counter 값은 0이다.

(1) 생산자 스레드는 버퍼에 쓰기 위해 세마포 W에 대해 P 연산을 수행한다. 버퍼가 꽉 차 있기 때문에(세마포 W의 값이 0이므로), P연산은 생산자 스레드를 중단시키고 잠을 재운다.

(2) 소비자 스레드는 버퍼에서 데이터를 읽고, 세마포 W에 대해 V 연산을 수행하면 V 연산은 세마포 W의 값을 1증가시켜 1로 만들고, 대기 중인 생산자 스레드를 깨우고 자신의 일을 한다. 깨어난 생산자 스레드는 P 연산의 남은 코드를 실행하고 버퍼에 쓴다. 이 때 P 연산이 남은 부분이 실행되면 세마포 W는 다시 0이 될 것이다.

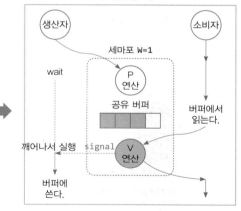

(1) 공유 버퍼가 찬 상태에서 생산자가 쓰려고 할 때

(2) 버퍼에 데이터가 있는 경우 소비자가 읽을 때

생산자 : 버퍼에 쓰기 전 P 연산 실행
P 연산 : 버퍼가 꽉 찬 상태(W=0)이면, 생산자가 잠을 자면서 대기하도록 작성

소비자 : 버퍼에서 데이터를 읽은 후 V 연산 실행
V 연산 : 세마포 변수 W를 1증가시키고(W=1), 대기 중인 생산자를 깨우도록 작성
생산자 : 깨어나면 P 연산을 마치고 공유버퍼에 쓴다. P 연산에서 세마포 W를 1감소(W=0)

그림 6-26 공유버퍼가 꽉 찼을 때 소비자와 생산자의 동기화 과정

생산자와 소비자 알고리즘

그림 6-25와 그림 6-26의 사례에서 본 바와 같이 생산자와 소비자를 구현하기 위해서는 2개의 카운팅 세마포가 필요하며 counter의 최댓값은 공유버퍼의 개수이다.

- 세마포 R: 읽기 가능한 버퍼의 개수를 나타내며 0이면(비어있는 경우) 대기
- 세마포 W: 쓰기 가능한 버퍼의 개수를 나타내며 0이면(꽉 차있는 경우) 대기

여기에 버퍼에서 읽고 쓰는 임계구역 코드의 상호배제를 위해 1개의 뮤텍스가 필요하다.

- 뮤텍스 M: 생산자 소비자 두 스레드에 의해 사용

소비자와 생산자는 다음 알고리즘으로 구현하면 된다.

```
Consumer { // 소비자
   while(true) {
     P(R); // 세마포 R에 P 연산을 수행한다. 버퍼가 비어 있으면(읽기 가능한 버퍼 수=0) 대기한다.

     뮤텍스(M)를 잠근다.
     공유버퍼에서 데이터를 읽는다. // 임계구역 코드
     뮤텍스(M)를 연다.

     V(W); // 세마포 W에 대해 V 연산을 수행한다. 버퍼가 비기를 기다리는 Producer가 있으면 깨운다.
   }
}
Producer { // 생산자
   while(true) {
     P(W); // 세마포 W에 P 연산을 수행하며, 버퍼가 꽉 차 있으면(쓰기 가능한 버퍼 수=0) 대기한다.

     뮤텍스(M)를 잠근다.
     공유버퍼에 데이터를 저장한다. // 임계구역 코드
     뮤텍스(M)를 연다

     V(R); // 세마포 R에 대해 V 연산을 수행한다. 버퍼에 데이터가 저장되기를 기다리는 Consumer
            를 깨운다.
   }
}
```

탐구 6-5 생산자−소비자로 구성된 응용프로그램 만들기

1개의 생산자 스레드와 1개의 소비자 스레드를 이용하여 다음과 같이 작동하는 응용프로그램을 작성하라.
- 공유버퍼 − 4개의 정수를 저장할 배열을 원형 큐로 구현한다.
- 생산자 스레드 − 랜덤한 시간 간격으로 0~9까지 10개의 정수를 순서대로 공유버퍼에 쓴다.
- 소비자 스레드 − 공유버퍼로부터 랜덤한 시간 간격으로 10개의 정수를 읽어 출력한다.

이 문제를 풀기 위해 다음 2개의 세마포를 사용한다.
- 세마포 semWrite − 초기값이 4인 counter를 가짐. counter는 비어 있는 정수 공간의 개수
- 세마포 semRead − 초기값이 0인 counter를 가짐. counter는 채워져 있는 정수 공간의 개수

그리고 공유버퍼에 읽고 쓰는 코드를 모두 임계구역으로 설정하고 다음 뮤텍스로 상호배제를 구현한다.
- pthread_mutex_t critical_section;

| procon.c |

```c
#include <stdio.h>
#include <pthread.h>
#include <semaphore.h>
#include <unistd.h>
#include <stdlib.h>

#define N_COUNTER 4 // 공유버퍼의 크기. 정수 4개 저장
#define MILLI 1000

void mywrite(int n);
int myread();

pthread_mutex_t critical_section; // 뮤텍스
sem_t semWrite, semRead;          // POSIX 세마포
int queue[N_COUNTER];             // 4개의 정수를 저장하는 공유버퍼
int wIdx=0;                       // 생산자 스레드가 queue[]에 저장할 다음 인덱스
int rIdx=0;                       // 소비자 스레드가 queue[]에서 읽을 다음 인덱스

void* producer(void* arg) { // 생산자 스레드 함수
    for(int i=0; i<10; i++) {
        mywrite(i); // 정수 i를 공유버퍼에 저장

        // m 밀리초 동안 잠을 잔다.
        int m = rand()%10; // 0~9 사이의 랜덤한 정수
        usleep(MILLI*m*10); // m*10 밀리초 동안 잠자기
    }
    return NULL;
```

```
}

void* consumer(void* arg) { // 소비자 스레드 함수
    for(int i=0; i<10; i++) { // 공유버퍼의 맨 앞에 있는 정수 읽어 리턴
        int n = myread();

        // m 밀리초 동안 잠을 잔다.
        int m = rand()%10; // 0~9 사이의 랜덤한 정수
        usleep(MILLI*m*10); // m*10 밀리초 동안 잠자기
    }
    return NULL;
}

void mywrite(int n) { // 정수 n을 queue[]에 삽입
    sem_wait(&semWrite); // queue[]에 저장할 수 있는지 확인하고 없다면 대기
    pthread_mutex_lock(&critical_section); // 뮤텍스 락 잠그기
    queue[wIdx] = n; // 버퍼에 정수 n을 삽입한다.
    wIdx++;                                              임계구역
    wIdx %= N_COUNTER;
    pthread_mutex_unlock(&critical_section); // 뮤텍스 락 열기
    printf("producer : wrote %d\n", n);
    sem_post(&semRead); // consumer 스레드 깨우기
}

int myread() { // queue[]의 맨 앞에 있는 정수를 읽어 리턴
    sem_wait(&semRead); // queue[]에서 읽을 수 있는지 확인하고 없다면 대기
    pthread_mutex_lock(&critical_section); // 뮤텍스 락 잠그기
    int n = queue[rIdx]; // 버퍼에서 정수를 읽는다.
    rIdx++;                                              임계구역
    rIdx %= N_COUNTER;
    pthread_mutex_unlock(&critical_section); // 뮤텍스 락 열기
    printf("\tconsumer : read %d\n", n);
    sem_post(&semWrite); // producer 스레드 깨우기
    return n;
}

int main() {
    pthread_t t[2]; // 스레드구조체

    srand(time(NULL)); // 난수 발생 초기화(seed 랜덤 지점)
    pthread_mutex_init(&critical_section, NULL); // 뮤텍스 락 초기화
    // 세마포 초기화 : N_COUNTER 개의 자원으로 초기화
    int res = sem_init(&semWrite, 0, N_COUNTER); // 가용 버퍼의 개수를 N_COUNTER로 초기화
    if(res == -1) {
        printf("semaphore is not supported\n");
        return 0;
    }
```

> 이 예제는 이름 없는 세마포를 사용하고 있다. 맥 운영체제는 현재 이름 없는 세마포를 지원하지 않아서 sem_init()에서 오류를 리턴하므로 이 예제가 실행되지 않는다. 맥에서는 sem_init() 대신 sem_open()을 사용하면 된다.

```
        sem_init(&semRead, 0, 0); // 가용 버퍼의 개수를 0으로 초기화

        // producer와 consumer 스레드 생성
        pthread_create(&t[0], NULL, producer, NULL); // 생산자 스레드 생성
        pthread_create(&t[1], NULL, consumer, NULL); // 소비자 스레드 생성

        for(int i=0; i<2; i++)
            pthread_join(t[i],NULL); // 모든 스레드가 종료할 때까지 대기

        sem_destroy(&semRead); // 세마포 기능 소멸
        sem_destroy(&semWrite); // 세마포 기능 소멸

        pthread_mutex_destroy(&critical_section); // 뮤텍스 락 소멸
        return 0;
}
```

| 실행결과 |

```
$ gcc -o procon procon.c -lpthread
$ ./procon
producer : wrote 0
    consumer : read 0
producer : wrote 1
    consumer : read 1
producer : wrote 2
producer : wrote 3
    consumer : read 2
    consumer : read 3
producer : wrote 4
producer : wrote 5
    consumer : read 4
producer : wrote 6
    consumer : read 5
producer : wrote 7
    consumer : read 6
producer : wrote 8
    consumer : read 7
    consumer : read 8
producer : wrote 9
    consumer : read 9
$
```

실행 결과의 과정을 그림으로 해석하여 그리면 그림 6-27과 같다.

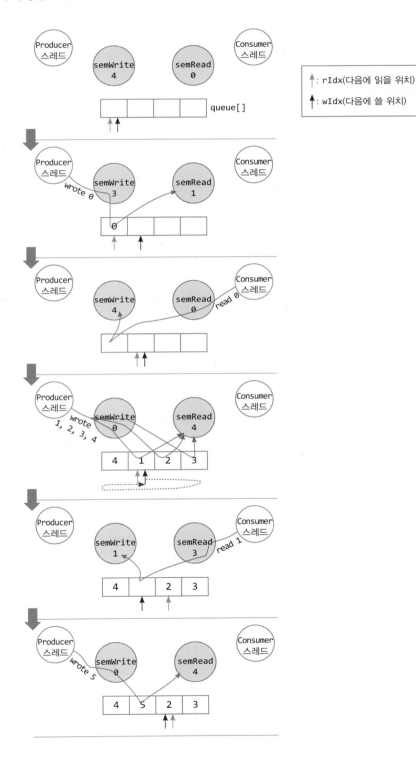

그림 6-27 탐구 6-5의 실행 과정

⚡ 스레드 동기화의 필요성

- 다수의 스레드가 공유 데이터에 동시에 접근하면 공유 데이터가 훼손되는 문제가 발생할 수 있다.

- 스레드 동기화(thread synchronization)는 공유 데이터에 대한 다수 스레드의 동시 접근 문제를 해결하는 방법으로, 핵심은 한 스레드가 공유 데이터에 대한 접근을 마칠 때까지 다른 스레드가 접근하지 못하도록 제어하는 것이다.

- 임계구역(critical section)은 프로그램 코드 중 공유 데이터에 접근하는 코드 부분이다.

- 다수의 스레드로부터 공유 데이터의 훼손을 막기 위해 임계구역은 반드시 한 스레드만 배타적 독점적으로 실행하도록 관리되어야 한다. 이를 상호배제(mutual exclusion)라 한다.

⚡ 상호배제

- 상호배제가 이루어지는 위치는 임계구역의 진입코드와 진출코드 부분이다. 진입코드에서는 임계구역을 실행하는 스레드가 있는 경우 현재 스레드가 들어가지 못하게 하고, 없는 경우 다른 스레드가 들어오지 못하도록 조치를 취한다. 진출코드에서는 다른 스레드가 임계구역에 들어 갈 수 있도록 조치를 취한다.

- 상호배제를 구현하는 가장 확실한 방법으로 원자명령(atomic instruction)을 사용한다. 원자명령은 TSL(Test and Set Lock) 명령이라고도 하는데 Lock 값을 읽어오는 명령과 Lock 값을 1로 만드는 두 명령을 하나의 명령으로 만든 것이다.

⚡ 멀티스레드 동기화 기법

- 공유자원에 대한 대표적인 멀티스레드의 동기화 기법으로 뮤텍스(mutex), 스핀락(spinlock), 세마포 (semaphore) 등이 있다.

- 뮤텍스 기법은 락을 소유하지 않은 스레드들을 대기 큐에서 재우면서 락이 풀리기를 기다리게 하는 방식이고, 스핀락 기법은 락을 소유하지 않은 스레드가 락이 풀릴 때까지 락을 검사하는 무한 루프를 실행하는 기법이다.

- 락이 잠겨있는 시간이 긴 경우 뮤텍스가 효율적이지만 락이 잠겨있는 시간이 짧으면 스핀락이 더 효율적이다.

- 단일 CPU를 가진 시스템에서는 뮤텍스가 더 적합하지만 멀티코어 시스템에서는 스핀락이 더 효율적이다.

- 뮤텍스는 사용자 응용프로그램에서 주로 이용되며, 스핀락은 커널 코드나 인터럽트 서비스 루틴에서 주로 사용된다.

- 세마포 기법은 n개의 인스턴스를 가진 자원을 다수의 스레드가 동시에 사용하도록 하는 자원 관리 기법이다. 자원이 없는 경우 스레드를 대기시키고, 스레드가 자원을 반환하는 경우 대기 중인 스레드에게 전달하여 자원을 획득하게 한다.

- 세마포에서 P 연산은 스레드의 자원 사용을 허가하는 과정으로 counter 변수를 1 감소시키고, V 연산은 자원 사용을 마칠 때 실행되는 연산으로 counter 변수를 1 증가시킨다.

- 수면 대기(sleep-wait) 세마포는, (P 연산 중) 자원 사용을 허가받지 못한 스레드를 자원이 생길 때까지 대기 큐에서는 잠을 재우고, (V 연산에 의해) 가용 자원이 생기게 되면 스레드를 깨워 자원을 획득하게 하는 형태이다.

- 바쁜 대기(busy-waiting) 세마포는, (P 연산에서) 스레드가 가용 자원이 생길 때까지 무한 루프를 돌면서 검사하게하고 그러다가 (V 연산에 의해) 가용 자원이 생기면 (P 연산에서) 스레드가 자원을 획득하게 한다.

- 세마포는 관리하는 자원이 여러 개인 카운터 세마포(counter semaphore)와 자원이 1개인 이진 세마포(binary semaphore)로 구분된다.

- 실시간 시스템이나 우선순위를 기반으로 하는 시스템에서, 스레드 동기화로 인해 우선순위가 높은 스레드가 순위가 낮은 스레드보다 늦게 실행되는 우선순위 역전(priority inversion)이 발생할 수 있다.

- 우선순위 역전 문제의 해결책으로, 스레드가 공유 자원을 소유하게 될 때 우선순위를 일시적으로 미리 정해진 우선순위로 높이는 우선순위 올림(priority ceiling)과, 낮은 순위의 스레드가 공유 자원을 획득하고 실행하는 동안 높은 순위의 스레드가 공유 자원을 요청하면 낮은 순위의 스레드 우선순위를 요청한 스레드보다 높게 변경하여 계속 실행시키고 공유 자원 사용이 끝날 때 원래 순위로 되돌리는 우선순위 상속(priority inheritance)이 있다.

🔍 생산자 소비자 문제

- 생산자 소비자 문제는 공유버퍼에 데이터를 공급하는 생산자 스레드와 공유버퍼에서 데이터 읽고 소비하는 소비자 스레드 사이에 공유버퍼의 충돌을 해결하는 문제로 멀티스레드 응용프로그램 개발 시에 흔히 나타난다.

연습문제

개념 체크

1. 여러 스레드가 공유 변수를 접근하려고 경쟁할 때 공유 변수의 값이 훼손되는 상황이 발생할 수 있다. 공유 변수가 훼손되지 않도록 스레드 사이에 공유 변수에 대한 접근 시간과 방법 등을 조절하는 기법을 무엇이하고 하는가?

① 스레드 동기화   ② 멀티스레딩

③ 생산자 소비자 문제   ④ 우선순위 역전

2. 멀티스레드가 동시에 공유 데이터를 접근할 때 공유 데이터가 훼손되지 않도록 막는 기법의 핵심 정책은 무엇인가?

① 상호배제   ② 컨텍스트 스위칭

③ 인터럽트 금지   ④ 시스템 호출

3. 다음은 무엇에 대한 정의인가?

> 다수의 스레드로부터 공유 데이터의 훼손을 막기 위해 임계구역이 오직 한 스레드만 배타적 독점적으로 사용하도록 관리하는 기술

① 상호배제   ② 멀티스레딩

③ 컨텍스트 스위치   ④ 스레드 스케줄링

4. 원자명령(atomic instruction)이란?

① CPU 명령   ② 쉘 명령

③ 시스템 호출 명령   ④ C 라이브러리의 특별한 함수

5. Test and Set Lock 혹은 TSL 명령에 대한 설명이 틀린 것은?

① CPU 명령   ② 원자명령

③ 상호배제를 위한 명령   ④ 스핀락

6. 다음 원자명령에 대한 설명으로 옳은 것은?

```
TSL ax, lock
```

① ax 값을 lock 변수에 기록하고 ax에 0을 저장한다.

② ax 값을 lock 변수에 기록하고 ax에 1을 저장한다.

③ lock 변수 값을 ax에 읽어오고 lock 변수에 0을 저장한다.

④ lock 변수 값을 ax에 읽어오고 lock 변수에 1을 저장한다.

7. 원자명령과 가장 거리가 먼 것은?

① 2개의 CPU 명령을 한 번에 처리하기 위해 2개의 CPU 명령을 하나의 CPU 명령으로 만든 것

② 스핀락과 뮤텍스락 기법도 원자명령을 사용하여 구현한다.

③ 상호배제를 위해 설계된 특별한 CPU 명령

④ 원자명령은 거의 모든 CPU에 있으며 CPU를 막론하고 이름이 동일하다.

8. 임계구역에 대한 설명으로 틀린 것은?

① 임계구역은 짧을수록 좋다.

② 임계구역은 멀티스레드가 공유 데이터를 액세스하는 코드 부분이다.

③ 임계구역은 상호배제가 이루어져야 한다.

④ 대부분의 운영체제는 임계구역에 진입할 때 다른 스레드가 진입하지 못하도록 인터럽트를 금지시키고, 나올 때 인터럽트를 허용하는 방법을 사용한다.

9. 멀티스레드의 동기화 기법 중 멀티코어 CPU를 가진 현대의 시스템에 적합한 것은?

① 뮤텍스락	② 스핀락
③ 세마포	④ 모니터

10. 멀티스레드의 동기화 기법 중 요청한 자원을 사용할 수 있을 때까지 대기하는 큐를 사용하지 않는 방법은?

① 뮤텍스락	② 스핀락
③ 세마포	④ 모니터

11. 임계구역의 실행 시간이 매우 짧을 경우에 적합한 멀티스레드의 동기화 기법은?

① 뮤텍스락	② 스핀락
③ 세마포	④ 모니터

12. 커널 코드나 인터럽트 서비스 루틴 등에서 임계구역에 접근할 때 멀티스레드 동기화를 위해 사용되는 기법은?

① 뮤텍스락	② 스핀락
③ 세마포	④ 커널에서는 스레드 동기화가 필요 없다.

13. 멀티스레드 동기화 기법 중 오랜 시간 동안 공유 자원을 접근하지 못하는 기아가 발생할 수 있는 것은?

① 뮤텍스락	② 스핀락
③ 세마포	④ 모니터

14. 멀티스레드의 동기화는 왜 필요한가?

① 여러 스레드가 동시에 실행될 때 스케줄링을 공평하게 유지하기 위해

② 여러 스레드가 동시에 동일한 변수를 읽고 쓸 때 발생하는 문제를 해결하기 위해

③ 여러 스레드 중 우선순위가 높은 스레드를 우선 스케줄하기 위해

④ 여러 스레드가 실행될 때 병렬성을 높이기 위해

15. 다음 중 CPU 사용 시간을 심하게 낭비하는 것이 아닌 것은?

① busy-waiting
② sleep-waiting
③ spinning
④ busy-looping

16. 다음 중 동기화가 발생하는 공간에 대한 것 중 옳은 것은?

① 사용자 공간의 코드에서만 동기화 필요
② 커널 공간의 코드에서만 동기화 필요
③ 사용자 공간과 커널 공간 모두 동기화 필요
④ 사용자 공간과 커널 공간 모두 동기화 필요 없음

17. 우선순위 역전에 대한 설명 중 틀린 것은?

① 우선순위 역전이란 늦게 도착한 낮은 순위의 스레드가 높은 순위의 스레드보다 먼저 실행되는 현상이다.
② 우선순위 역전은 실시간 시스템에서는 허용되어서는 안 되는 중대한 문제이다.
③ 우선순위 올림은 스레드가 공유자원을 소유할 때 미리 정해진 우선순위로 높이는 방법이다.
④ 우선순위 역전은 낮은 순위의 스레드가 기아 상태에 빠지는 것을 막기 위한 매우 효율적인 방법이다.

18. 공유 자원과 가장 거리가 먼 단어는?

① 교착 상태
② 생산자 소비자 문제
③ 원자명령
④ N:1 매핑

19. 생산자 소비자 문제에 대해 잘 설명한 것은?

① 공유 버퍼를 사이에 두고 공유 버퍼에 데이터를 저장하는 스레드와 공유 버퍼로부터 데이터를 읽어가는 스레드 사이에 공유 버퍼에 대한 동시 접근 문제이다.
② 생산자 소비자 문제는 스레드 동기화 문제라고 볼 수 없다.
③ 생산자보다는 소비자에게 항상 문제가 발생한다.
④ 생산자 소비자 문제는 단일 스레드로 작성되는 응용프로그램에서 주로 발생한다.

20. 생산자 소비자 문제인 것을 모두 골라라.

① 마이크로부터 연속하여 들어오는 오디오 샘플을 큐에 넣는 스레드와 큐의 오디오 샘플을 스피커로 출력하는 스레드
② a.c 파일을 찾기 위해 디스크 드라이버 C와 D를 각각 검색하는 2개의 스레드
③ 프린트할 파일이 생길 때마다 큐에 넣은 스레드와 큐에 있는 파일을 프린터로 출력하는 스레드
④ 1에서 10000까지 더하기 위해 1에서 5000까지 더하는 스레드와 5001에서 10000까지 더하는 스레드, 그리고 이들이 모두 더하기를 기다려 두 결과를 합하여 화면에 출력하는 스레드

21. pthread 라이브러리를 이용하여 작성된 다음 4개의 보기에 대해 물음에 답하라. 보기에서 worker() 함수는 스레드가 실행하는 코드이다.

(1)
```
int sum = 0;
pthread_mutex_t lock;

void* worker(void* arg) {
   for(int i=0; i<10; i++) {
      pthread_mutex_lock(&lock);
      sum = sum + 10;
      pthread_mutex_unlock(&lock);
   }
}
```

(2)
```
int sum = 0;
pthread_mutex_t lock;

void* worker(void* arg) {
   pthread_mutex_lock(&lock);
   for(int i=0; i<10; i++) {
      sum = sum + 10;
   }
   pthread_mutex_unlock(&lock);
}
```

(3)
```
int sum = 0;
pthread_mutex_t lock;

void* worker(void* arg) {
   int x = 0;
   for(int i=0; i<10; i++) {
      pthread_mutex_lock(&lock);
      x = x + 10;
      pthread_mutex_unlock(&lock);
   }
   sum += x;
}
```

(4)
```
int sum = 0;
pthread_mutex_t lock;

void* worker(void* arg) {
   int x = 0;
   for(int i=0; i<10; i++) {
      x = x + 10;
   }
   pthread_mutex_lock(&lock);
   sum += x;
   pthread_mutex_unlock(&lock);
}
```

(1) 보기 (1)에서 임계구역의 코드를 적으라.

(2) worker()를 실행하는 **10**개의 스레드가 동시에 실행될 때 **4**개의 보기 중 가장 실행 속도가 느린 코드는?

(3) worker()를 실행하는 **10**개의 스레드가 동시에 실행될 때 **4**개의 보기 중 가장 실행 속도가 빠른 코드는?

(4) Worker()를 **10**개의 스레드가 동시에 실행될 때 스레드 동기화가 실패할 가능성이 있는 코드는?

① 없다. 모두 성공한다.　　　② 보기 (1)　　　③ 보기 (2)

④ 보기 (3)　　　⑤ 보기 (4)　　　⑥ 보기 (3), (4)

22. 다음은 비디오 플레이어 응용프로그램의 구조를 간략히 묘사한 것이다. 물음에 답하라.

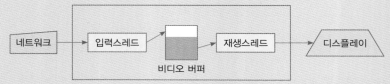

비디오 플레이어 응용프로그램

(1) 이 응용프로그램을 개발하기 위해서는 생산자 소비자 문제를 해결해야 한다. 생산자 소비자 문제는 생산자 스레드, 소비자 스레드, 그리고 공유 버퍼로 구성되는데 이들이 각각 그림의 어느 부분에 해당하는지 밝혀라.

(2) 이 응용프로그램에서 입력스레드와 재생스레드가 생산자와 소비자로서 비디오를 재생하는 과정을 간단히 설명하라.

복합 문제

1. 응용프로그램 개발자는 어떤 코드를 임계구역으로 설정해야 하는가?

2. 다음 코드는 lock 변수를 이용하여 임계구역에 멀티스레드의 상호배제를 이루려고 한다. lock은 0이나 1 값을 가지는 변수이다. 질문에 답하라.

```
1    loop:
2          mov ax, lock
3          mov lock, 1
4          cmp ax, 0
5          jne loop
6          ..........
...        임계구역
100        ..........
101        mov lock, 0
```

(1) lock 변수의 역할은 무엇인가?

(2) 스레드 A가 임계구역의 코드를 실행하다 중단된 경우, 스레드 B가 1번 라인부터 실행하게 되면 스레드 B는 어떤 코드를 실행하게 되는가?

(3) 이 코드는 임계구역에 대한 상호배제를 이룰 수 있는 코드인가? 상호배제에 실패하는 코드인가?

(4) 질문 (3)의 이유를 설명하라.

(5) 만일 질문 (3)에서 상호배제가 실패하는 코드라면, 상호배제가 성공하도록 해결 방법을 제시하라.

3. 테트리스 응용프로그램이 다음과 같이 작동한다고 하자.

> 테트리스 프로그램에서 타이머 루틴은 떨어지는 블록(현재 블록)의 y좌표 값을 증가시키고 화면에 블록을 그린다. 또한 타이머 루틴은 현재 블록의 y좌표 값이 바닥 위치와 같을 때 점수에 100을 더한다. 키 입력 처리 루틴은 사용자가 좌우키를 입력받아 떨어지는 블록의 x좌표와 y좌표 값을 참고하여 옆에 다른 블록이 있거나 옆으로 이동할 수 있는지 확인하고 x좌표를 조정한다. 조정 후 화면에 블록을 그린다.

  (1) 어떤 스레드가 필요한지 설명하라.

  (2) 스레드들 사이에 공유 변수가 있는지/없는지 설명하라. 있다면 어떤 변수가 공유 변수인지 설명하라.

  (3) 질문 (2)의 결과에 따라 스레드 사이에 동기화가 필요한지 설명하라. 만일 동기화가 필요하다면 어떤 코드를 임계구역으로 정하면 좋을지 설명하라.

4. 다음과 같이 작동하는 어떤 응용프로그램을 작성한다고 하자.

> 마스크 판매 온라인 사이트에는 브라우저로 접속한 각 사용자마다 요청을 처리하는 별도의 스레드가 실행된다. 사용자들이 브라우저에서 구매 버튼을 클릭할 때마다 사이트 내에 전체 구매량이 갱신된다. 최대 **1000**명의 사용자에게만 판매 예정이므로 사용자별로 이름과 주소, 구매량을 저장할 배열 **custom[ ]**을 미리 만들어 두고, 구매하는 사용자가 있을 때 해당 스레드는 **custom** 배열[ ]의 다음 원소에 이름, 주소, 구매량을 기록한다. 초기에는 **custom[ ]** 배열에 대한 인덱스 변수 **index**는 **0**으로 시작하며, 구매가 이루어질 때마다 각 스레드는 **custom[ ]** 배열에 대한 인덱스를 증가시킨다.

  (1) 마스크 판매 온라인 사이트 개발시 어떤 스레드가 필요한지 설명하라.

  (2) 스레드들 사이에 공유 변수가 있는지/없는지 설명하라. 있다면 어떤 변수가 공유 변수인지 설명하라.

  (3) 질문 (2)의 결과에 따라 스레드 사이에 동기화가 필요한지 설명하라. 만일 동기화가 필요하다면 어떤 코드를 임계구역으로 정하면 좋을 지 설명하라.

5. 학생 상담실에는 펜이 10개 비치되어 있어 상담록에 서명할 때 필요한 학생에게 1개씩 대여한다. 펜이 모두 대여된 경우에 학생은 대기한다. 펜을 대여한 학생은 상담록에 자기 이름을 쓰고 반환한다. 학생 상담실에서의 펜 대여를 소프트웨어로 작성하고자 한다. 이 때 공유 자원인 펜에 대한 동기화 기법으로 세마포를 사용하고자 할 때 다음 질문에 답하라.

  (1) 현실 세계에 있는 학생 상담실, 펜, 학생, 상담록 중에서 어떤 것을 스레드로 작성하는 것이 바람직한가?

  (2) 세마포를 사용할 때, 대기 큐, counter 변수, P 연산, V 연산, 학생을 각각 어떻게 구현할 지 묘사하라.

6. 본문의 탐구 6-5를 참고하여 다음 설명과 같이 작동하는 응용프로그램을 작성하라.

큐를 만들고, 랜덤한 시간 간격으로 큐에 정수를 저장하는 생산자 스레드와 큐에 있는 정수를 읽어 정수의 개수만큼 화면에 별문자(*)를 출력하는 소비자 스레드를 가진 멀티스레드 응용프로그램 plotter.c을 작성하라. 큐는 정수형 배열(int queue[])로 구현하면 된다.

이 응용프로그램을 컴파일하고 실행하는 과정과 실행 결과는 다음과 같다. 실행 결과는, 생산자가 큐에 19, 14, 10, 7, 2, 3, 20, 17, 6, 13 등의 정수를 랜덤하게 계속 삽입한 상황으로, 소비자 스레드가 각 숫자대로 별문자(*)를 출력하고 있는 장면이다.

```
$ gcc -o plotter plotter.c -lpthread
$ ./plotter
*******************
**************
**********
*******
**
***
********************
*****************
******
*************
```

Chapter

07

교착상태

1. 교착상태 문제 제기
2. 교착상태
3. 교착상태 해결

CHAPTER

07 교착상태

OPERATING SYSTEM

1 교착상태 문제 제기

1.1 무한 대기와 교착상태

교착상태를 간단히 이해하기 위해 그림 7-1의 두 사례를 알아보자. 첫 번째 사례는 젓가락과 숟가락이 하나씩만 있는 식탁에서 두 사람이 식사를 한다. 둘은 대화할 수 없고, 숟가락과 젓가락을 모두 들어야 한 입 식사가 가능하다고 하자. 이 경우, 한 사람이 숟가락을 드는 것과 동시에 다른 사람이 젓가락을 들면, 두 사람은 상대가 가진 것을 확보할 때까지 무한정 기다리는 상황에 빠지게 된다. 두 번째 사례는 교차로에서 모든 차들이 서로 무한정 대기하는 경우이다. 이두 사례의 상태를 교착상태(deadlock)라고 부르며, 교착상태는 컴퓨터 시스템에서도 발생한다. 컴퓨터 시스템에서 교착상태는 다중프로그래밍 도입과 함께 발생하게 되었다.

(a) 두 사람의 식사 교착상태

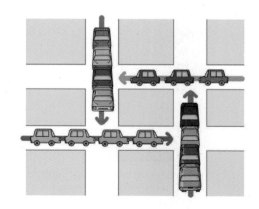

(b) 교차로에서의 교착상태

그림 7-1 실생활에서 발생하는 교착상태 사례

1.2 식사하는 철학자 문제(Dining Philosophers Problem)

이제 교착상태가 처음으로 제기된 1960년대로 돌아가 보자.

문제의 개요

네덜란드 아인트호벤 기술 대학(Eindhoven University of Technology)의 Edsger Dijkstra (에드거 다익스트라) 교수는 1965년 병렬 처리 강의에서 동기화 문제와 해결 방법과 관련하여 다음 문제를 낸다.

고대에 부유한 박애주의자가 저명한 **5명의 철학자**를 위해 대학을 기증하였습니다. 철학자에게는 전문적인 사고 활동을 할 수 있는 개인 방과 식사를 위한 공동 식당이 1개 제공되었습니다. 식당에는 5개의 의자로 둘러싸인 원형 테이블이 있고, 각 의자에는 앉을 철학자의 이름이 붙어 있습니다. 철학자의 이름은 PHIL0, PHIL1, PHIL2, PHIL3, PHIL4이고, 의자는 테이블을 따라 반 시계 방향으로 배치되어 있습니다. 각 철학자의 왼쪽에는 **황금 포크**가, 앞에는 **스파게티**가 담긴 그릇이 놓여 집니다. 그리고 스파게티는 끊임없이 보충됩니다. 철학자는 대부분의 시간을 생각하면서 보내지만, 배고플 때는 식당에 가서 자기 의자에 앉아 식사를 할 수 있습니다. 스파게티를 먹기 위해서는 2개의 포크가 모두 필요하며, 먼저 자신의 왼쪽 포크를 들어 스파게티 속에 넣고, 다시 오른쪽에 있는 포크도 가져야만 합니다. 먹기가 끝나면 두 포크를 내려놓고 의자에서 나와 계속 생각을 할 것입니다. 포크는 한 번에 한 철학자만 사용할 수 있습니다. 철학자가 포크를 사용하려면 포크가 사용가능할 때까지 기다려야 합니다. 자, 이제 철학자가 식사하는 동안 어떤 문제가 생길까요?(출처: **Communicating Sequential Processes**, C. A. R. Hoare, 1985년 **Prentice Hall**에서 출간된 글을 저자가 번역한 것임)

그림 7-2 5명의 철학자가 식사하는 식탁

이 문제를 흔히 식사하는 철학자 문제(Dining Philosophers Problem)라고 부른다. 식사하는 철학자 문제를 그림 7-2에 표현하였으며, 요약하면 다음과 같다.

- 5명의 철학자가 원탁에서 식사. 식사 시간은 서로 다를 수 있음
- 자리마다 스파게티 그릇이 하나 있고 5개의 포크가 그릇 사이에 있음
- 철학자는 다른 철학자와 대화할 수 없음
- 식사를 위해서는 양 옆의 포크를 함께 들어야 함
- 왼쪽 포크를 먼저 든 다음 오른쪽 포크를 드는 순서이며 포크가 사용 중이면 대기해야 함
  왼쪽 포크를 옆 철학자가 사용하고 있다면 오른쪽 포크도 잡을 수 없음

이 질문 요지는 '철학자들이 규칙에 따라 식사할 때 원활한 식사가 이루어지지 못할 수도 있는 가?'하는 질문이다. 독자들도 1965년 그러니까 지금부터 50년도 더 지난 Dijkstra 교수의 이 질문에 답해보기 바란다.

철학자가 식사하는 모든 경우 분석

철학자들의 식사에 문제가 있는지 하나씩 경우를 따져보자.

첫째, 철학자 1명이 식사를 할 때 양쪽 포크를 모두 사용할 수 있으니 아무 문제가 없다.

둘째, 그림 7-3(1) 경우처럼 두 철학자가 양쪽 포크를 모두 들 수 있을 때 두 철학자의 식사에는 아무 문제가 없다. 그러나 그림 7-3(2)의 경우에는 한 철학자가 사용 중인 포크를 다른 철학자가 사용하려는 충돌이 발생한다. 이때는 포크를 먼저 소유한 철학자가 포크를 내려놓을 때까지 다른 철학자는 기다리면 된다. 두 철학자 중 한 명은 기다리지만 결국 둘 다 식사를 할 수 있다. 3명이 식사할 때도 마찬가지이다.

셋째, 4명이 식사하는 그림 7-3(3)의 경우를 보자. 철학자들 사이에 포크에 대한 충돌이 많이 발생한다. 하지만, 철학자는 스파게티를 한 입 먹고 가까운 시간 내에 양쪽의 포크를 모두 내려놓기 때문에 옆에서 대기하고 있는 철학자들은 양쪽 포크를 모두 가질 기회가 반드시 온다. 대기가 발생하겠지만 식사를 하는 데는 문제가 없다.

넷째, 이제 5명의 모든 철학자가 동시에 식사를 하는 그림 7-3(4)의 경우를 보자. 철학자들 사이에 포크를 잡는 순간이 약간씩 다른 경우 충돌은 많이 발생하겠지만 언젠가는 식사를 할 수 있다.

다섯째, 하지만, 5명이 동시에 왼쪽 포크를 잡은 그림 7-3(5)의 경우는 어떤가? 모든 철학자가 동시에 자신의 왼쪽 포크를 들고 오른쪽 포크를 집으려고 하는 경우 모든 철학자가 자신의 오른쪽 포크를 무한정 기다리게 된다. 철학자들은 아무도 식사를 하지 못하고 영원히 대기하는 교착 상태에 빠지게 된다.

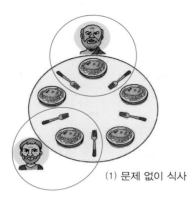

(1) 문제 없이 식사

포크 사용 충돌

(2) 포크 사용 충돌 가능. 둘 중 하나가 잠깐 대기

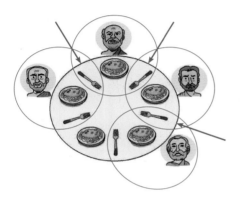

(3) 포크 사용 충돌 가능. 누군가 잠깐 대기.
무한 대기는 발생하지 않음

(4) 포크 사용 충돌 가능. 포크를 잡는 순간이
약간 다른 경우 여러 철학자가 잠깐씩
대기하면서 식사 가능

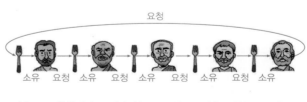

(5) 모든 철학자가 동시에 왼쪽 포크를 든 경우 오른쪽 포크를
들려고 할 때 모든 철학자의 무한 대기 발생

그림 7-3 5명의 철학자가 식사하는 모든 경우

- **철학자들의 교착상태 원인 – 환형 요청/대기(circular request/wait)**

  식사하는 철학자들이 교착상태에 빠진 그림 7-3(5)의 경우를 관찰해 보면, 5명 모두 왼쪽 포크를 가진 상태에서 동시에 자신의 오른쪽 철학자가 가진 포크를 요청하여, 대기가 환형 고리를 형성하고 있으며 이 환형 고리를 스스로 해체할 수 없어 교착상태에 빠진 것이다.

- **철학자들의 교착상태 해결 – 환형 요청/대기가 생기지 않게 규칙 변경**

  철학자들의 식사에 교착상태가 발생하지 않게 하려면, 환형 요청/대기가 발생하지 않게 해야 한다. 예를 들어, 그림 7-4와 같이 5명 중 4명(1,2,3,4번 철학자)은 왼쪽 포크를 잡은 뒤 오른쪽 포크를 잡는 순서라면, 나머지 한 철학자(5번)만 오른쪽 포크를 먼저 잡은 뒤 왼쪽 포크를 잡도록 규칙을 바꾸면 된다.

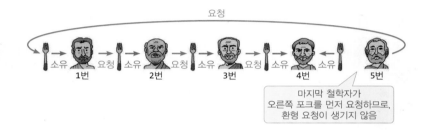

그림 7-4 교착상태 해결 – 환형 요청/대기가 생기지 않음

마지막 철학자(5번 철학자)가 오른쪽 포크를 잡으려고 했을 때 이미 첫 번째 철학자가 그 포크를 들고 있다면, 마지막 철학자는 왼쪽 포크마저 잡을 수 없기 때문에, 마지막 철학자의 왼쪽 포크는 자신의 왼쪽 철학자(4번 철학자)가 소유하게 되어 환형의 요청은 발생하지 않는다.

이렇게 되면 2개의 포크를 모두 소유한 1명의 철학자(4번 철학자)가 반드시 생기게 되고, 이 철학자가 식사 후 두 포크를 내려놓으면 그 왼쪽이나 오른쪽에 있는 철학자가 식사를 할 수 있게 되고, 또 이 철학자가 식사 후 두 포크를 내려놓으면 다시 그 왼쪽이나 오른쪽의 철학자가 식사를 할 수 있게 되는 등 모든 철학자가 잠깐씩 대기할 수는 있어도 언젠가는 식사를 할 수 있게 되어 철학자들이 교착상태에 빠지지 않게 된다.

독자들은 '식사하는 철학자'의 문제를 인식하고 이해하는 데 약간의 집중력이 필요했을 것이다. '식사하는 철학자 문제'는 멀티태스크가 실행되는 환경에서 발생하는 '교착상태'라는 문제 제기와 그 현상, 그리고 해결책을 모두 보여주는 역사적인 주제이다. 운영체제를 공부하는 전공자라면 이 정도의 지식은 가지고 있어야 하지 않을까?

 **잠깐!** 식사하는 철학자 이야기의 슬픈 결말

Dijkstra 교수가 만든 식사하는 철학자 이야기의 결말은 무엇일까? 5명의 저명한 철학자들이 먹고 싶을 때 먹고 자유롭게 생각하면서 연구에만 몰두하도록 만들어진 호사스러운 대학에서 즐겁게 사는 것으로 끝날까? 식사하는 철학자들은 Dijkstra 교수가 만들어 놓은 식사 규칙 때문에 언젠가는 그림 7-3(5)와 같이 5명이 교착상태에 빠져 스파게티 앞에서 왼쪽 포크를 들고 영원히 기다리다가 굶어 죽는다. 철학자들이 교착상태에 관한 지식이 있었다면 식사 규칙이 자신들을 굶겨 죽일 수 있다는 사실을 알았을 텐데...

1.3 식사하는 철학자와 컴퓨터 시스템

1950년대 말부터 1960년 초반에 도입되어 컴퓨터 시스템의 성능 향상을 주도한 다중프로그래밍에 여러 문제점들이 노출되었다. 교착상태도 그 중 하나이다. 스레드들(혹은 프로세스들)이 상대가 가진 자원을 서로 요청하면서 실행을 중지한 채 대기하는 교착상태를 발견하게 되었다.

'식사하는 철학자 문제'는 컴퓨터 시스템에서 발생하는 교착상태의 발생 요인을 설명하기 위해 다음과 같이 비유적으로 만든 사례이다.

- 철학자 – 스레드
- 포크 – 자원
- 스파게티 – 스레드가 처리할 작업

그림 7-5는 5개의 스레드, T1~T5 사이에서 발생하는 교착상태 모습이다. 각 스레드는 자원을 소유한 채 다른 스레드가 가진 자원을 요청하면서 무한 대기하고 있다. 이런 상황은 CPU가 여러 개 있는 다중 CPU 혹은 멀티 코어 시스템이든, CPU가 1개 있는 시스템이든 모두 발생할 수 있다. 5개의 CPU를 가진 시스템의 경우를 생각해보자. 각 스레드는 5개의 CPU에서 동시에 실행되면서 자원을 한 개씩 각각 소유하고, 다른 스레드가 가진 자원을 동시에 요청할 때 교착상태에

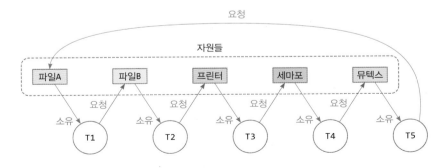

그림 7-5 컴퓨터 시스템에서 스레드들의 교착 상태 사례

빠질 수 있다.

CPU가 1개 있는 시스템에서 그림 7-5의 교착상태에 빠지는 경우를 보자. CPU는 먼저 스레드 T1을 실행한다. T1이 작업을 수행하든 도중 '파일A'에 락을 걸어 소유한다. 그리고 또 작업을 조금 실행하다가 T2로 컨텍스트 스위칭되어 CPU는 T2를 실행한다. T2는 작업을 조금 수행하다가 '파일B'에 락을 걸어 소유하고 다른 작업을 조금 실행하다가 T3으로 컨텍스트 스위칭된다. CPU는 이제 T3을 실행하고 T3 역시 '프린터'를 소유한 채 T4로 컨텍스트 스위칭된다. 이런 식으로 CPU는 T5를 실행하게 되고 T5가 '뮤텍스'에 락을 걸고 다른 작업을 수행하다가 T1로 컨텍스트 스위칭되었다. CPU가 T1을 실행하던 도중 T1은 '파일B'에 락을 걸려고 시도하였지만, 이미 T2에 의해 락이 걸려 있기 때문에 대기할 수밖에 없다. 그래서 CPU는 T2를 스케줄하여 실행하고 T2가 '프린터' 사용을 요청하지만 T3이 사용 중이므로 대기할 수밖에 없다. 이런 식으로 5개의 스레드들은 교착상태에 빠지게 된다.

> **잠깐!** 식사하는 동안 철학자들 사이에 대화가 금지됨은 어떤 의미?
>
> 식사하는 철학자 문제에 대해 이런 질문을 할 수 있다. '철학자들끼리 서로 말을 하면 되잖아? 내가 먼저 포크를 사용할테니 조금만 기다릴래?'라고. 하지만 철학자들은 서로 대화할 수 없다는 조건이 명시되어 있어 이것은 불가능하다. 그러면 이 조건을 둔 이유는 무엇일까? 그것은 컴퓨터 시스템에서 프로세스나 스레드에서 일어나는 교착상태의 문제를 그대로 반영하기 위해서이다. 프로세스나 스레드는 실행 중에 사람처럼 말을 하지 않기 때문이다.

2 교착상태

교착상태에 대해 감이 잡혔다면 이제 컴퓨터 시스템에서의 교착상태를 정의하고 해결하는 방법에 대해 알아보자. 교착상태 문제가 처음 대두되었을 당시에는 실행단위가 프로세스였기 때문에 많은 문헌들에서는 프로세스를 중심으로 교착상태를 설명하지만, 오늘날 실행 단위는 스레드이기 때문에 이 책에서는 스레드를 대상으로 설명한다.

2.1 교착상태 정의

교착상태는 1965년 Dijkstra의 banker's algorithm research에서 처음으로 문제화되었다. 교착상태는 스레드 사이에서 발생하는 공유 자원에 대한 동기화 문제 중의 하나이며, 다음과 같이 정의되고 '풀지 못하는 포옹(deadly embrace)'이라고도 한다.

교착상태는 자원을 소유한 스레드들 사이에서 각 스레드는 다른 스레드가 소유한 자원을 요청하여 모든 스레드가 무한정 대기하는 현상이다.

전형적인 멀티스레드 교착상태 사례

멀티스레드 응용프로그램 내에서 발생하는 교착상태의 일반적인 모습은 **그림 7-6**과 같다. 두 스레드가 임계구역에 진입하기 위해 2개의 락 **LockA**와 **LockB**가 모두 필요할 때, 각 스레드가 락을 하나씩 소유한 상태에서 상대 스레드가 소유한 락을 요청하는 경우이다.

교착상태는 단일 **CPU**든 다중 **CPU**든 가리지 않고, 락이나 자원에 대한 멀티스레드의 경쟁이 있는 한 발생할 수 있다. 그러므로 **그림 7-6**에서 교착상태는 **thread1**과 **thread2**가 같은 **CPU**에서 실행되든 서로 다른 **CPU**에서 실행되든 상관없이 발생한다.

교착상태는 커널 코드 내에서는 거의 발생하지 않고, 사용자 응용프로그램 내에서 주로 발생한다. 커널은 교착상태를 고려하여 매우 정교하게 잘 작성되어 있지만 사용자가 작성한 멀티스레드 응용프로그램은 그렇지 않기 때문이다. 그럼에도 불구하고, 오늘날 교착상태를 막도록 운영하는 컴퓨터 시스템은 거의 없다. 교착상태를 막기 위해서는 많은 시간과 공간 비용을 치러야 하기 때문이다. 이에 대해서는 천천히 알아보자.

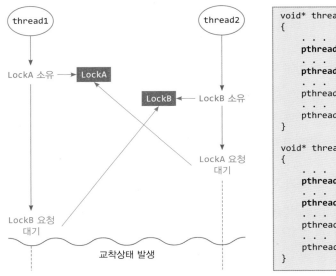

그림 7-6 컴퓨터 시스템에서의 교착상태

2.2 컴퓨터 시스템에 잠재된 교착상태 유발 요인

컴퓨터 시스템이 실행되는 방식에 교착상태를 유발시킬 수 있는 여러 요인들이 근본적으로 잠재되어 있다. 잠재적 요인이 어떤 것인지 알아보자.

- **자원 – 자원은 교착상태의 발생지이다.**

  교착상태는 멀티스레드가 자원을 동시에 사용하려는 충돌에서 발생하는데 컴퓨터 시스템에는 많은 자원들이 존재한다. 이들은 다음과 같다.

  > 소프트웨어/데이터 자원 - 뮤텍스, 스핀락, 세마포, 파일, 데이터베이스, 파일락 등
  > 하드웨어 자원 - 프린터, 메모리, 프로세서 등

  파일락은 스레드가 파일의 일부나 전체를 독점 사용하기 위한 잠금으로 사용되는 것으로 Unix에서 flock과 POSIX의 파일락 등이 있고, 이들은 파일 서버나 데이터베이스 응용프로그램에서 많이 사용된다.

- **자원과 스레드 – 한 스레드가 동시에 여러 개의 자원을 필요로 하는 경우가 있다.**

  스레드가 실행되는 동안 한 개의 자원만 필요한 경우 교착상태가 발생하지 않는다. 하지만 스레드가 여러 자원을 동시에 소유한 채 실행되어야 하는 경우도 많다. 데이터베이스나 파일 처리 응용프로그램의 경우, 여러 레코드나 여러 파일에 동시에 락을 걸기도 한다.

- **자원과 운영체제 – 운영체제는 한 번에 하나씩 자원을 할당한다.**

  스레드가 자원을 필요로 할 때 반드시 운영체제로부터 할당받아야 하며, 여러 개의 자원이 필요하더라도 한 번에 한 개씩 할당받는 과정을 거쳐야 한다. 만일 스레드가 운영체제로부터 필요한 자원을 한 번에 모두 할당 받는다면 교착상태가 발생하지 않을 수도 있다.

- **자원 비선점 – 할당된 자원은 스레드가 자발적으로 내놓기 전에 강제로 뺏지 못한다.**

  대부분의 운영체제는 스레드가 할당받은 자원을 강제로 빼앗지 못한다. 만일 강제로 빼앗아 기다리는 스레드에게 줄 수 있다면 교착상태가 발생하지 않는다. 물론 빼앗긴 스레드에게는 문제가 발생하겠지만.

2.3 교착상태 모델링

자원 할당 그래프

　컴퓨터 시스템에서 자원 할당 그래프(RAG, resource allocation graph)를 이용하여 교착 상태를 표현하고 이 그래프를 기반으로 교착상태 예방, 회피, 감지 등이 운용된다. 자원 할당 그래프는 컴퓨터 시스템에 존재하는 자원과 스레드들의 상태를 나타내는 방향성 그래프(graph)이다. 여느 그래프와 같이 자원 할당 그래프 역시 꼭짓점(vertex)과 간선(edge)로 구성된다.

- 꼭짓점 – 스레드는 원으로, 자원은 사각형으로 나타낸다.
- 간선 – 간선은 할당 간선(allocation edge)과 요청 간선(request edge)의 두 종류로 나뉜다. 할당 간선은 자원에서 스레드로 향하는 화살표로서 스레드가 자원을 소유하고 있음을 나타내며, 요청 간선은 스레드에서 자원으로 향하는 화살표로서 스레드가 자원을 기다리고 있음을 나타낸다.

　자원 할당 그래프를 통해 표현되는 정보는 다음과 같고, 그림 7-7은 자원 할당 그래프의 몇 가지 사례를 보여준다.

- 컴퓨터 시스템에 실행 중인 전체 스레드와 자원
- 각 자원의 총 인스턴스 개수와 할당 가능한 인스턴스 개수
- 각 스레드가 할당받아 소유하고 있는 자원의 인스턴스 개수
- 각 스레드가 실행에 필요한 자원 유형과 인스턴스 개수

(a) 시스템에는 2개의 스레드 T1과 T2 그리고 프린터 1개 있음. T1은 프린터 소유. T2는 프린터 요청 대기

(b) 시스템에는 2개의 스레드 T1과 T2 그리고 2개의 프린터 있음. T1과 T2 각각 프린터 1개씩 소유

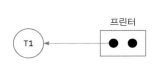

(c) 시스템에는 T1 스레드와 2개의 프린터 있음. T1이 프린터 1개 소유

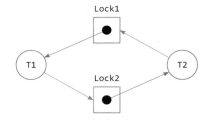

(d) 시스템에는 2개의 스레드 T1과 T2 그리고 Lock1과 Lock2의 두 자원이 있음. T1은 Lock1을 소유하고 Lock2를 요청. T2는 Lock2를 소유하고 Lock1을 요청

그림 7-7 자원 할당 그래프 사례

교착상태가 발생한 자원 할당 그래프 모양

자원 할당 그래프에는 컴퓨터 시스템의 전체 스레드와 자원들이 모두 포함되므로 자원 할당 그래프를 통해 어떤 스레드들이 교착상태에 빠졌는지 판단할 수 있다. 스레드들이 교착상태에 있게 되면, 자원 할당 그래프에 스레드와 자원들을 연결하는 간선들의 환형 고리가 나타난다. 그림 7-8은 교착상태가 발생하여 환형 고리를 가진 자원 할당 그래프 사례이다. 그림 7-8(a)에는 T1과 T2가 교착상태에 있고, 그림 7-8(b)에는 시스템 내에 5개의 스레드가 실행되고 있지만 이 중 T1, T2, T3이 교착상태에 걸려 있다.

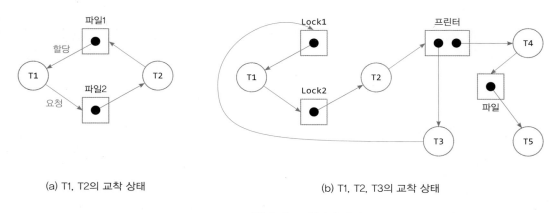

(a) T1, T2의 교착 상태   (b) T1, T2, T3의 교착 상태

그림 7-8 교착상태 사례

컴퓨터 시스템이 작동하는 동안 계속 자원 할당 그래프를 유지 갱신한다면, 자원 할당 그래프를 검사하여 교착상태를 발견하거나 교착상태에 빠진 스레드들과 자원들을 알아낼 수 있다. 실제 Windows 운영체제의 Driver Verifier 소프트웨어는 자원 할당 그래프를 구성하여, 사용자가 개발한 디바이스 드라이버에서 교착상태가 발생하는지 감지하는 기능을 가지고 있다.

2.4 교착상태에 빠진 응용프로그램 사례

탐구 7-1에서 pthread 라이브러리를 이용하여 교착상태가 발생하는 프로그램 사례를 만들고 자원할당 그래프를 그려보자.

탐구 7-1 교착상태에 빠진 응용프로그램 사례

다음과 같이 2개의 스레드와 2개의 공유 자원(변수 x, y)을 포함하여 교착상태가 발생하는 프로그램 사례를
작성해보자.

- 스레드 – worker1() 함수와 worker2() 함수를 각각 실행하는 2개의 스레드
- 공유 자원 – 정수형 변수 x와 y
- 뮤텍스 – lock1과 lock2
- 스레드 코드 worker1() 함수 – 변수 x를 1증가 후 변수 y를 1 증가. 둘 다 증가 후 종료
- 스레드 코드 worker2() 함수 – 변수 y를 1증가 후 변수 x를 1 증가. 둘 다 증가 후 종료

worker1 스레드는 lock1을 잠근 후 x를 1 증가시키고, lock2를 잠그고 y를 1 증가시킨다. 반대로
worker2 스레드는 lock2를 잠근 후 y를 1 증가시키고 lock1을 잠그고 x를 1 증가시킨다. 이 두 스레드가
동시에 실행되면 서로 상대방의 뮤텍스 락이 풀리기를 무한정 대기하는 교착상태가 발생한다.

| deadlock.c |

```
#include <stdio.h>
#include <stdlib.h>
#include <pthread.h>
#include <unistd.h>


int x = 0; // 공유 변수
int y = 0; // 공유 변수
pthread_mutex_t lock1; // 뮤텍스 락 변수
pthread_mutex_t lock2; // 뮤텍스 락 변수

void* worker1(void* arg) { // 스레드 코드
    pthread_mutex_lock(&lock1); // x를 독점 사용하기 위해 lock1 잠그기
    printf("%s lock1 잠금\n", (char*)arg);
    x++;
    sleep(2); // 2초 잠자기

    pthread_mutex_lock(&lock2); // y를 독점 사용하기 위해 lock2 잠그기
    printf("%s lock2 잠금\n", (char*)arg);
    y++;
    pthread_mutex_unlock(&lock2); // lock2 풀기
    printf("%s lock2 해제\n", (char*)arg);

    pthread_mutex_unlock(&lock1); // lock1 풀기
    printf("%s lock1 해제\n", (char*)arg);
}
```

```
void* worker2(void* arg) { // 스레드 코드
    pthread_mutex_lock(&lock2); // y를 독점 사용하기 위해 lock2 잠그기
    printf("%s lock2 잠금\n", (char*)arg);
    y++;
    sleep(2); // 2초 잠자기

    pthread_mutex_lock(&lock1); // x를 독점 사용하기 위해 lock1 잠그기
    printf("%s lock1 잠금\n", (char*)arg);
    x++;
    pthread_mutex_unlock(&lock1); // lock1 풀기
    printf("%s lock1 해제\n", (char*)arg);
    pthread_mutex_unlock(&lock2); // lock2 풀기
    printf("%s lock2 해제\n", (char*)arg);
}

int main() {
    char *name[] = {"황기태", "이찬수"};
    pthread_t tid[2];

    pthread_mutex_init(&lock1, NULL); // 뮤텍스 락 변수 lock1 초기화
    pthread_mutex_init(&lock2, NULL); // 뮤텍스 락 변수 lock2 초기화

    pthread_create(&tid[0], NULL, worker1, name[0]); // worker1 스레드 생성
    pthread_create(&tid[1], NULL, worker2, name[1]); // worker2 스레드 생성

    pthread_join(tid[0], NULL);
    pthread_join(tid[1], NULL);

    pthread_mutex_destroy(&lock2);
    pthread_mutex_destroy(&lock1);

    printf("x = %d, y = %d\n", x, y);

    return 0;
}
```

| 실행결과 |

```
$ gcc -o deadlock deadlock.c -lpthread
$ ./deadlock
황기태 lock1 잠금
이찬수 lock2 잠금
^C ─── 무한정 대기 상태로 있어 프로그램 강제 종료시킴
$
```

이 프로그램이 교착상태에 빠지는 과정과 자원 할당 그래프를 **그림 7-9**와 **그림 7-10**에 각각 그렸으니 참고하기 바란다.

worker1 스레드	공유 변수 x	공유 변수 y	worker2 스레드
pthread_mutex_lock(&lock1);	lock1 소유		
x++;	x 독점 사용 가능		
sleep(2);			
[blocked]		lock2 소유	pthread_mutex_lock(&lock2);
[blocked]		y 독점 사용 가능	y++;
[blocked]			sleep(2);
[blocked]			[blocked]
[blocked]			[blocked]
[blocked]			[blocked]
pthread_mutex_lock(&lock2);	lock2 요청/대기		[blocked]
[waiting lock2]		lock1 요청/대기	pthread_mutex_lock(&lock1);
[waiting lock2] ── 여기서부터 두 스레드의 교착상태 발생			[waiting lock1]
[waiting lock2]			[waiting lock1]
[waiting lock2]			[waiting lock1]
[waiting lock2]			[waiting lock1]

그림 7-9 탐구 7-1의 프로그램에 교착상태가 발생하는 과정

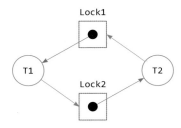

그림 7-10 탐구 7-1의 자원 할당 그래프 – 교착상태를 나타내고 있음

3 교착상태 해결

컴퓨터 시스템에서 교착상태가 발생하지 않게 할 수 있을까? 이론적으로 생각해보면, 교착상태가 발생하는 조건들을 조목조목 찾아내어 이 조건들이 처음부터 형성되지 않게 하면 교착상태가 발생하지 않을 것 같다. 설사 그렇게 교착상태의 발생을 막는 이론을 세울 수 있다고 하더라도, 구현하고 운영하는 것이 현실적으로 가능할까? 지금부터 이 문제에 대해 하나씩 알아보자.

3.1 코프만 조건(Coffman condition)

코프만(Coffman)은 1971년 6월(Computing Survey, Vol. 3, No. 2) 논문에서 컴퓨터 시스템에서 교착상태를 유발할 수 있는 4가지의 필요충분조건을 찾아내어 증명하였다. 그의 이론은 아래 4가지 조건을 모두 가진 컴퓨터 시스템에서는 언제든 교착상태가 발생할 수 있다는 것이다.

- 상호배제(Mutual Exclusion) – 자원은 한 번에 한 스레드에게만 할당
- 소유하면서 대기(Hold & Wait) – 스레드가 자원을 소유하면서 다른 자원대기
- 강제 자원 반환 불가(No Preemption) – 스레드에게 할당된 자원을 강제로 빼앗지 못함
- 환형 대기(Circular Wait) – 한 그룹의 스레드들에서 각 스레드가 다른 스레드가 소유한 자원을 요청하는 환형 고리 형성

다시 말하면, 컴퓨터 시스템이 상호배제, 소유하면서 대기, 강제 자원 반환 불가, 환형 대기의 4가지 상황을 모두 허용하고 있다면, 언제든 교착상태가 발생할 수 있다는 것이다. 뒤집어 보면, 이 4가지 조건 중에 한 가지라도 성립되지 않게 하면 스레드들은 결코 교착상태에 빠지지 않는다는 것이다. 즉 상호 배제를 허용하지 않든지, 소유하면서 대기하는 것을 원천적으로 못하게 만들든지, 스레드가 소유한 자원을 강제로 반환시킬 수 있게 하든지, 자원을 할당할 때마다 환형 대기가 일어날 것인지 검사하여 처음부터 환형대기가 일어나지 않게 자원 할당 방식을 구현하든지 이 4가지 중 하나만 성공하여도 교착상태는 발생하지 않을 것이다.

3.2 교착상태 해결 방법

역사적으로 교착상태를 해결하기 위해 다음 4가지 방법들이 제안되었다.

교착상태 예방(prevention)

교착상태 예방은 코프만의 4가지 조건 중 하나 이상의 조건이 아예 성립되지 못하도록 시스템을 설계하고 구성하여 교착상태가 발생할 여지가 없도록 예방하는 것이다.

교착상태 회피(avoidance)

교착상태 회피는 운영체제가 자원을 할당할 때 교착상태에 빠지지 않을 것이라고 확신하는 경우에만 자원을 할당하여 미래에 교착상태로 가지 않도록 하는 방법이다. 이 방법은 자원을 할당할 때마다 교착상태 가능성을 검사하므로 시스템의 성능을 많이 저하시킨다.

교착상태 감지 및 복구(detection and recovery)

교착상태의 예방이나 회피 전략을 가동하지 않고, 운영체제가 교착상태를 감지하는 별도의 프로그램을 백그라운드로 구동시켜 교착상태에 빠진 스레드 그룹을 발견하면 교착상태로부터 해체하는 방법이다. 교착상태를 감지하는 작업이 주기적으로 실행되어야 하므로 시스템에 많은 부담이 된다.

교착상태 무시(ignore and reboot)

교착상태 무시란 아무런 대비책 없이 교착상태가 발생하도록 내버려 두는 방법이다. 이 방법에 깔린 기본 철학은, 교착상태는 웬만해서 발생하지 않으며, 만일 사용자나 관리자가 이상을 느끼면 의심 가는 스레드를 종료시키든 부팅을 하든 그 때 대책을 세우면 된다는 것이다. 이 방법은 현재 Unix, Linux, Windows 등 대부분의 범용 운영체제에서 사용하고 있다. 교착상태 예방, 회피, 감지 및 복구 방법이 많은 시간과 공간을 필요로 하여 컴퓨터 시스템 성능을 떨어뜨리기 때문이다. 또한 범용 시스템에서는 교착상태가 발생한다고 하더라도 파국을 부를 만한 작업을 실행시키지 않기 때문이다. 교착상태 무시 알고리즘을 ostrich 알고리즘(타조 알고리즘)이라고 부르며 뒤에서 다시 다룬다.

> **잠깐! 교착상태로 인해 시스템 전체가 중단되는가?**
>
> 교착상태가 발생한다고 컴퓨터 시스템 전체가 멈추는 것은 아니다. 교착상태는 시스템 내에 몇몇 스레드들 사이에서(보통 한 응용프로그램에 속한 스레드들 사이에서) 발생하므로 이들 스레드들만 실행이 중지된 채 대기상태에 머물며, 이들로 인해 시스템 전체가 불능 상태가 되는 것은 아니다. 시스템 관리자나 사용자가 이들 스레드를 제거하면 이들의 교착상태는 사라진다. 만일 많은 스레드들이 교착상태에 연루되어 있을 때는 시스템을 재시작(reboot)하는 것이 좋다.

3.3 교착상태 예방

교착상태 예방은 교착상태가 처음부터 발생하지 않는 시스템 환경을 만드는 방법으로, 코프만의 4가지 조건 중 최소 한 가지 이상 성립하지 못하게 하여 교착상태를 예방한다.

1. 상호배제(Mutual Exclusion) → 상호배제 없애기

상호배제가 없다면 교착상태는 발생하지 않는다. 자원이 한 스레드에 의해 독점되는 것을 막기 위해 2개의 이상의 스레드가 동시에 자원을 사용할 수 있도록 허용하면 된다. 하지만 이것은 근본적으로 불가능하다. 한 자원을 동시에 2개의 스레드에게 사용하도록 할 수는 없다. 예를 들어, 하나의 프린터를 2개의 스레드가 동시에 사용하면 출력물이 엉망이 되고, 하나의 락을 동시에 2개의 스레드가 점유하도록 내버려두는 것은 애초 말이 안 되는 발상이다.

2. 소유하면서 대기(Hold & Wait) → 기다리지 않게

스레드가 자원을 소유하면서 다른 자원을 요청하여 대기하는 상황이 발생하지 않게 하려면, 스레드가 필요한 자원을 처음부터 모두 가지게 하면 된다. 이를 위한 첫 번째 방법으로 운영체제는 스레드 실행 전에 스레드가 필요한 자원을 모두 알고, 스레드 실행 시작과 함께 모든 자원을 할당해주어 실행 중에 자원을 요청하여 대기하는 일이 없도록 하는 것이다. 스레드가 필요한 자원을 모두 할당받을 수 없는 경우, 운영체제는 모든 자원이 준비될 때까지 아예 스레드의 실행 자체를 대기시킨다.

두 번째 방법은 스레드가 자원을 소유한 상태에서 새로운 자원이 필요하게 되면, 현재 할당받은 모든 자원을 반환하고 필요한 모든 자원을 한꺼번에 모두 요청하는 방법이다. 이렇게 함으로써 자원을 소유하면서 대기하는 일이 없도록 한다. 모 아니면 도 전략(all or nothing)이다.

3. 자원 강제 반환 불가(No Preemption) → 자원의 선점 허용

더 높은 순위의 스레드가 자원을 요청하면 운영체제가 자원을 가진 낮은 순위의 스레드에게서 강제로 자원을 빼앗으면 된다. 하지만, 자원을 강제로 반환하게 된 스레드가 자원을 다시 사용하게 될 때 이전 상태로 되돌아갈 수 있도록 상태를 관리할 필요가 있다. 단순치 않은 방법이다.

4. 환형 대기(Circular Wait) → 환형 대기 제거

환형 대기를 막는 좋은 알고리즘이 하나 있다. 모든 자원에 번호를 매기고, 스레드에게 반드시 번호 순으로 자원을 할당받게 하는 방법이다. 예를 들어 스레드 T1이 R1과 R2가 모두 필요할 때 R1, R2 순으로 요청하게 한다.

그림 7-11(a)는 4개의 스레드가 번호 순으로 자원을 요청하지 않을 때 환형 대기가 발생하는 경우이다. 그림 7-11(a)의 왼쪽 그림은, T1이 R1과 R2가 필요할 때 R1부터 먼저 할당받고, T2의 경우 R2와 R3이 필요하지만 R2부터 먼저 할당받고, T3은 R3와 R4가 필요한데 R3부터 할당받고, T4는 R4와 R1이 필요한데, R4부터 할당받은 경우이다. 그리고 나서 T1~T4 모두 나머지 자원의 할당을 요청하면 그림 7-11(a)의 오른쪽과 같이 환형 대기가 발생하여 교착상태에 빠지게 된다.

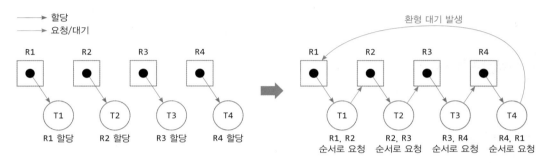

(a) 환형 대기가 발생하는 경우

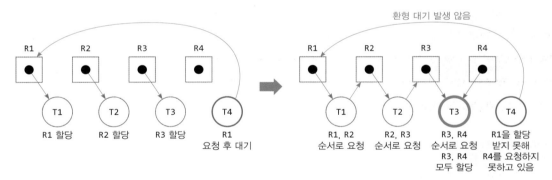

(b) 스레드가 번호 순으로 자원을 할당 받아 환형 대기가 발생하지 않는 경우.
T4가 R1과 R4가 필요할 때, R1부터 할당 받으면 환형 대기 발생 않음

그림 7-11 모든 스레드가 번호순으로 자원을 할당받으면 환형 대기 발생하지 않음

하지만, 그림 7-11(b)의 경우를 보자. 그림 7-11(b)의 왼쪽 그림에서는 T1~T4 모두 자신이 필요한 2개의 자원 중 번호가 낮은 자원을 먼저 할당받았다. 여기서 가장 주목할 것은 R1과 R4가 모두 필요한 T4가 그림 7-11(a)와 달리 R1을 먼저 요청하였다. R1은 이미 T1에 의해 소유되어 있기 때문에, T4는 대기 상태가 되어 R4를 요청할 수 없는 상태에 있게 된다. 그 후 T1~T3 모두 나머지 자원을 할당받기 위해 요청하면 그림 7-11(b)의 오른쪽과 같이 T3은 두 자원을 모두 할당받은 상태가 되고, T1~T4 사이에 환형 대기가 발생하지 않는다. 언젠가 T3이 R3을 반환하면 T2가 R3

을 소유하고, T2가 실행 후 R2를 반환하면 T1이 R2를 소유하고, T1이 실행 후 R1을 반환하면 그때 T4는 R1을 소유하고 R4를 요청하여 실행할 수 있게 된다.

3.4 교착상태 회피

교착상태 회피란 자원할당 알고리즘을 이용하여 교착상태를 방지하는 방법이다. 자원할당 알고리즘은 자원 할당을 요청받았을 때, 앞으로 환형 대기가 발생하지 않는다는 확신이 서는 경우에만 자원을 할당함으로써 교착상태의 발생을 피한다. 이 방법은 자원을 할당할 때마다 환형 대기가 발생할 것인지 판단하는 작업이 실행되는 큰 단점이 있다.

교착상태 회피 방법의 대표적인 알고리즘으로 `banker's` 알고리즘(은행원 알고리즘)이 있다. 이 알고리즘은 1965년 교착상태의 문제를 처음으로 제기한 Edsgar Dijstra에 의해 개발된 알고리즘으로 시스템을 안전한 상태와 불안전한 상태로 나누고, 자원을 할당하였을 때 안전한 상태로 갈 때만 자원을 할당한다. 이 알고리즘은 각 스레드가 필요로 하는 자원의 개수, 현재 실행 중인 각 스레드가 할당 받은 자원의 개수, 그리고 시스템 내 할당 가능한 자원의 개수를 토대로 현재 요청된 자원을 할당해도 안전한지 판단한다.

이 알고리즘을 사용하기 위해서는 각 스레드는 실행 전에 필요한 전체 자원의 수를 운영체제에게 알려주어야 하는데, 스레드의 실행 전에 필요한 자원의 개수를 아는 것은 사실상 불가능하므로 비현실적인 알고리즘이다. 실행 중인 스레드의 개수도 동적으로 변하기 때문에, 미리 스레드의 개수를 정적으로 고정시키는 것 또한 불가능하다.

3.5 교착상태 감지 및 복구

교착상태를 해결하는 또 다른 방법은 교착상태를 감지하는 백그라운드 프로그램을 상시적으로 실행시켜 교착상태를 감지하고 교착상태를 해제하는 방법이다. 교착상태의 감지는 자원 할당 그래프에 환형 대기 모양을 가지는 부분이 있는지 판단한다. 교착상태를 감지하였다고 해도 이를 해제하는 작업은 쉽지 않다. 교착상태 해제 방법에는 다음과 같은 것들이 있다.

● **자원 강제 선점(preemption)**

운영체제는 교착상태에 빠진 스레드 중 하나를 선택하고 이 스레드가 소유한 자원을 강제로 빼앗아 이 자원을 기다리는 다른 스레드에게 할당하는 방법이다. 이렇게 함으로써 스레드의 환형 대기 고리를 끊는다.

- **롤백(rollback)**

운영체제는 교착상태가 발생할 것으로 예측되는 스레드들에 대해 그들의 상태를 주기적으로 저장해두었다가, 교착상태가 발생하면 가장 최근에 저장해둔 상태로 복구시켜 가장 최근에 실행하던 상태로 돌아가게 한다. 이를 롤백이라고 부른다. 롤백 이후 스레드들이 다시 시작하면, 스케줄링 등 여러 요인에 의해 자원이 할당되는 순서가 다르게 되어 교착상태가 발생되지 않게 된다. 하지만, 롤백을 위해서는 주기적으로 스레드들의 상태가 저장되어야 하기 때문에, 시스템의 시간과 저장 공간을 소모하여 시스템 성능을 떨어뜨린다.

- **스레드 강제 종료(kill process)**

이 방법은 교착상태에 빠진 스레드 중 하나를 강제로 종료시키는 방법이다. 이로써 자원을 기다리는 환형 대기의 고리가 끊어지므로 교착상태로부터 벗어난다. 가장 간단하면서도 효과적인 방법이지만, 어떤 스레드를 희생시킬 지 결정하는 문제가 남아 있다. 사용자나 시스템 관리자가 흔히 사용하는 방법이다.

교착상태를 감지하여 복구하는 방법 역시, 상시적으로 백그라운드 프로그램이 실행되면서 자원 할당 그래프를 분석하여 교착상태가 있는지 판단하는 것은 시스템에 적잖은 부담을 주며 교착상태를 해제하는 방법들도 시스템에 많이 부담스럽다.

> 🦜 **잠깐!** **교착상태 발생 위치**
>
> 교착상태는 사용자가 작성한 멀티스레드 응용프로그램에서 주로 발생하며 개발자의 미숙한 멀티스레드 코딩에서 비롯된다. 교착상태는 커널 내에서도 발생할 수 있지만 거의 발생하지 않는다. 커널은 최고의 개발자들에 의해 매우 정교하게 작성되어 있기 때문이다.

> 🦜 **잠깐!** **교착상태와 기아 상태**
>
> 교착상태는 스레드가 자원을 소유한 채 다른 스레드가 할당받은 자원을 무한정 기다리지만 결코 할당받지 못하는 상황이며, 기아는 스레드의 우선순위가 낮아 자원 할당이 늦어지는 현상이다. 기아는 우선순위를 높이는 에이징 등 운영체제의 간단한 방법으로 자원을 할당받게 하는 해결책이 있지만, 교착상태에 빠지면 스레드 중 하나를 종료하거나 시스템을 재시작하는 방법 외에 다른 해결책이 없다.

3.6 교착상태 무시: 타조(ostrich) 알고리즘

교착상태를 해결할 필요가 있을까?

컴퓨터 시스템에서 교착상태는 얼마나 자주 발생하는가에 대한 통계치는 없다. 어떤 문헌에서는 1년에 한 번 정도 발생한다고도 하고, 멀티스레드 프로그램을 오래 작성한 개발자들 사이에서는 이보다는 자주 발생한다고도 한다. 1년에 1번 정도로, 교착상태가 발생할 가능성이 극히적은 반면 교착상태를 피하기 위한 비용이 많이 들어간다면, 굳이 많은 시간과 비용을 소모하면서까지 교착상태 예방, 회피, 혹은 감지 및 복구 등의 방법을 사용할 필요가 있을까?

현재 유닉스, 리눅스, Windows 등 대부분의 운영체제에서는 교착상태에 대해 아무 대책을 세우지 않는 교착상태 무시 전략 이른바 타조(ostrich) 알고리즘을 사용한다. 타조가 쫓길 때 머리를 모래에 박고 '아무 일도 일어나지 않을 거야'라고 생각한다고 해서 붙여진 이름이다.

최고의 알고리즘: 타조 알고리즘

타조 알고리즘은 교착상태에 대한 아무런 대책 없이 컴퓨터 시스템을 가동시키고, 교착상태가 의심되면 사용자나 관리자가 시스템을 재시작(reboot)하거나 의심가는 스레드를 강제 종료하는 쉬운 방법으로 교착상태를 해결한다. 이 과정에서 데이터를 잃어버리는 손실이 발생할 수있지만, 비용 면에서 더 나은 방법이다. 하지만, 시스템 재시작이나 스레드 강제 종료 등으로 파국을 초래될 수 있는 핵관련 시스템, 비행기, 미사일, 병원, 환자 감시 시스템 등 실시간 시스템에는 타조 알고리즘이 부적절하다.

보통 교착상태는 커널 코드보다는 멀티스레드 응용프로그램 내에서 스레드들 사이에서 주로발생하므로, 응용프로그램 개발자나 사용자는 교착상태와 같은 뭔가 실행에 이상이 생겼다는것을 어렵지 않게 파악할 수 있다. 언제 발생할지도 모르는 교착상태를, 많은 시간과 비용을 소모하는 대비책이나 해결책을 마련할 필요까지는 없다. 교착상태를 어떻게 다룰까 고민되는 현시점에서 Data General 사의 엔지니어인 Tomas West의 말이 기억난다.

> Not everything worth doing is worth doing well.
> 할 만한 가치가 있는 일이라고 해서 모두 잘할 가치가 있는 것은 아니다.

이 말은 교착상태의 해결책으로서 티조 알고리즘과 맥이 통하는 것 같다.

ostrich(타조)는 날지 못하는 매우 큰 새 외에 다른 뜻도 하나 가지고 있다. Longman 사전에서는 ostrich를 '문제가 발생하지 않을 것이라고 생각하고 문제에 대한 해결책을 만들어두지 않는 사람'으로, Cambridge 사전에서는 '문제를 회피하기 위해 문제가 존재하지 않는다고 말하는 사람' 등. ostrich는 '현실도피주의자'라는 뜻으로 빗대어 사용된다. 타조가 모래에 머리를 박는 것을 보고 어리석고 겁 많은 동물로 생각하여, '문제를 외면하는 사람', '현실도피주의자'로 빗대어 사용하게 된 경우이다. 이와 비슷하게 경영학에서도 타조 효과라는 것이 있는데, '경고를 무시하고 위기는 없어! 이익이 날거야!'라고 생각하는 현상이다. 이 역시 타조에 비유하여 만들어진 표현이다.

타조는 정말 겁 많은 동물일까? 그렇지 않다. 오래전 사람들이 타조가 먹이를 찾기 위해 모래에 머리를 박고 있는 모습을 보고, 쫓길 때 모래에 머리를 박는다고 오인하였고, 그 결과 1600년대 초에 ostrich는 '현실도피주의자'라는 뜻의 영어 단어로 등장하게 되었다. ostrich처럼 사람이나 사회 현상을 동물에 비유하는 경우가 종종 있는데, '겁쟁이'를 치킨(chicken, 닭)이라고 부르는 것도 같은 맥락이다.

🔎 교착상태 문제 제기

- 식사하는 철학자 문제(Dining Philosophers Problem)란 5명의 철학자가 원탁에서 식사를 할 때 5명 모두 왼쪽 포크를 들고 오른쪽 철학자가 들고 있는 포크를 잡기 위해 무한정 기다리는 문제이다.

- 식사하는 철학자 문제는 멀티스레드의 공유 자원에 대한 동기화 문제이며 교착상태 문제이다.

🔎 교착상태

- 교착상태(deadlock)는 자원을 소유한 스레드들 사이에서 각 스레드는 다른 스레드가 소유한 자원을 요청하여 모든 스레드가 무한정 대기하는 현상이다.

- 자원 할당 그래프는 컴퓨터 시스템에 존재하는 자원들과 스레드들의 자원 소유와 요청을 나타내는 방향성 그래프로 교착상태 예방, 회피, 감지 등에 사용된다.

- 스레드들이 교착상태에 있게 되면 자원 할당 그래프에 스레드와 자원들을 연결하는 간선들의 환형 고리가 나타난다.

🔎 교착상태 해결

- 코프만 조건(Coffman condition)은 코프만에 의해 증명된 것으로 컴퓨터 시스템에서 교착상태를 유발할 수 있는 4가지의 필요충분조건이다.

- 코프만 조건에 해당하는 상호배제(Mutual Exclusion), 소유하면서 대기(Hold & Wait), 강제 자원 반환 불가(No Preemption), 환형 대기(Circular Wait)의 4가지가 모두 허용되는 컴퓨터 시스템에서는 언제든 교착상태가 유발될 수 있다.

- 교착상태의 해결 방법으로는 교착상태 예방, 교착상태 회피, 교착상태 감지 및 복구, 교착상태 무시 등이 있다.

- 교착상태 예방은 교착상태가 발생할 여지가 없도록 예방하는 것으로, 교착상태를 유발하는 코프만의 4가지 필요충분조건 중 최소 한 개의 조건이 성립되지 않도록 시스템을 설계하고 구현하는 방법이다.

- 교착상태 예방을 위해 자원마다 번호를 매기고 스레드가 번호 순으로 자원을 할당받게 하면 환형 대기는 발생하지 않는다.

- 교착상태 회피란 예방책을 따로 두지 않고 운영체제가 자원할당 요청을 받았을 때 미래에 교착상태에 빠지지 않을 것이라는 확신이 있는 경우에만 자원을 할당하는 정책이다. 자원을 할당할 때마다 교착상태의 발생 가능성을 검사하므로 시스템 성능을 저하시킨다.

- 교착상태 회피의 대표적인 알고리즘으로 은행원 알고리즘(Banker's Algorithm)이 있지만, 이 알고리즘은 시스템 내 할당 가능한 자원의 개수와 실행 전에 스레드가 필요한 자원의 개수 등이 운영체제에 알려져야 하므로 현실성이 떨어진다.

- 교착상태 감지 및 복구는 운영체제가 예방이나 회피 전략을 가동하지 않고 교착상태를 감지하는 별도의 프로세스나 스레드를 실행시켜 교착상태를 감지하고 교착상태로부터 복구하는 전략이다. 교착상태를 감지하는 백그라운드 프로세스나 스레드가 늘 실행되므로 시스템에 많은 부담이 되며 복구를 위해 프로세스나 스레드를 희생시켜야 하는 문제가 있다.

- 교착상태로부터 복구하는 방법으로, 교착상태에 빠진 스레드 하나를 선택하고 이 스레드가 소유한 자원을 강제로 다른 스레드에게 할당하는 자원 강제 선점 방법과, 주기적으로 시스템 상태를 저장해 두었다가 교착상태가 발생하면 저장해둔 이전 상태로 복구시키는 롤백(**Rollback**), 교착상태에 빠진 스레드 중 하나를 강제로 종료시키는 스레드 강제 종료 등의 방법이 있다.

- 교착상태 무시는 교착상태에 아무런 대비 없이 내버려 두고 교착상태 발생이 의심될 때 의심 가는 스레드를 종료시키든 부팅을 하든 그 때 대책을 세우는 방법이다. 이 과정에서 데이터를 잃는 손실이 발생할 수 있지만 교착상태가 드물게 발생하므로 비용 면에서 유리하다. 현재 대부분의 운영체제가 이 방법을 사용하며 타조 알고리즘(**Ostrich Algorithm**)이라고도 부른다.

개념 체크

1. 젓가락과 숟가락이 하나씩만 있는 식탁에서 두 사람이 식사를 한다고 하자. 숟가락과 젓가락을 동시에 들어야 한 입 식사가 가능하며, 숟가락이든 젓가락이든 한 번에 하나 씩 들어야 한다. 한 개만 가진 사람은 나머지 한 개가 준비될 때까지 기다려야 한다. 한 입 식사 후 들고 있던 숟가락과 젓가락은 모두 내려놓으며, 둘은 대화할 수 없다고 할 때, 두 사람이 식사하는 동안 교착 상태가 발생하는 상황을 사례를 들어 설명하라.

2. 식사하는 철학자 문제를 잘못 기술한 것은?

① 식사하는 철학자 문제는 공유 자원에 대한 멀티스레드의 스케줄링 문제이다.

② 식사하는 철학자 문제는 공유 자원에 대한 멀티스레드의 스레드 동기화 문제이다.

③ 식사하는 철학자 문제는 멀티스레드가 실행되는 컴퓨터 시스템에서 실제 발생할 수 있는 문제이다.

④ 식사하는 철학자 문제에서 포크마다 번호를 매기고 포크가 필요할 때 번호 순으로 포크를 들게 하면 해결된다.

3. 식사하는 철학자 문제를 해결하는 방법으로 적합한 것을 있는 대로 골라라.

① 철학자가 하나의 포크를 들고 다른 포크를 1분 이상 기다릴 때, 두 포크를 놓고 잠시 생각한 뒤 다시 식사를 하면 해결된다.

② 식당에 지배인을 두고 지배인이 포크를 대기하고 있는 철학자가 있을 때, 기다리는 포크를 가지고 1분 이상 식사하고 있는 옆 철학자의 포크를 뺏어 주면 된다.

③ 포크마다 번호를 매기고 포크가 필요할 때 번호 순으로 포크를 들게 하면 해결된다.

④ 식사하는 철학자 문제는 교착상태에 빠지는 상황에 대한 문제로 어떤 방법으로도 해결할 수 없다.

4. 식사하는 철학자 문제가 단일 CPU에서도 발생할 수 있는가, 없는가?

5. 다음 문장의 빈 곳에 적절한 단어를 선택하여 문장을 완성하라.

> 컴퓨터 시스템에서 (   )는 **deadly embrace**라고도 불리는 것으로 (   )가 유발되는 4가지 필요충분조건은 (   )에 의해 증명되었다. 그럼에도 불구하고 현재 거의 모든 컴퓨터 시스템에서는 이를 무시하는 방법을 사용하고 있는데 이것을 (   ) 알고리즘이라고 부른다.

보기

> 식사하는 철학자, 치킨, 교착상태, 상호배제, 소유하면서 대기, 다익스트라(Dijksra), 폰노이만, 타조, 롤백, 코프만

6. 코프만의 4가지 조건에 해당하지 않는 것은?

　① 우선순위 역전　　　　　　　　　② 자원 강제 반환 불가

　③ 소유하면서 대기　　　　　　　　④ 환형 대기

7. 다음 자원할당 그래프에 대한 설명으로 맞는 것은?

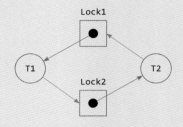

　① 교착상태가 아직 발생한 것은 아니지만 곧 발생할 것 같다.

　② T2 스레드는 Lock1 자원을 소유하면서 Lock2 자원을 요청하고 있다.

　③ 자원할당 그래프로 현재 시스템에 교착 상태가 발생하고 있는지 정확히 알 수 있는 것은 아니다.

　④ 자원할당 그래프는 자원을 할당하는 과정에서 만들어진다.

8. 다음 자원 할당 그래프에 대한 설명으로 틀린 것은?

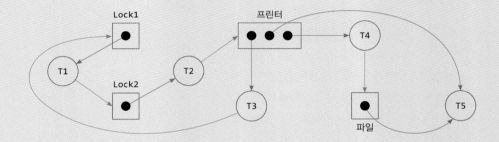

　① 현재 이 컴퓨터의 자원은 Lock1, Lock2, 프린터 3개, 파일 1뿐이다.

　② 현재 이 시스템에서 T1, T2, T3 사이에 교착상태가 발생하고 있다.

　③ 현재 이 시스템에서 T4와 T5 사이에 교착상태가 발생하고 있다.

　④ 현재 상태를 보니 교착상태를 해결하기 위해 Lock2를 강제로 T1 스레드에게 할당하면 된다.

9. 다음 자원 할당 그래프 중 교착상태를 나타내는 것은 있는 대로 골라라.

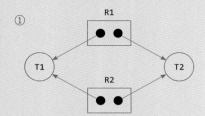

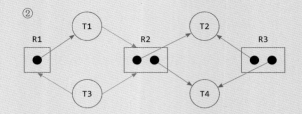

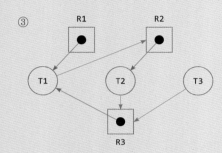

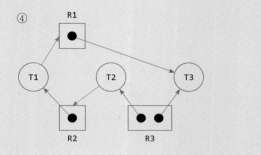

10. 코프만 조건은 어떤 문제에 관한 것인가?

① 교착상태

② 참조의 지역성

③ 생산자 소비자 문제

④ PV 연산

11. 교착상태 무시 전략이 나오게 된 배경이 아닌 것은?

① 교착상태가 그렇게 자주 발생하지 않는다.

② 교착상태가 발생한다고 피해가 발생하는 것은 아니다.

③ 교착상태에 대한 예방에 너무 많은 자원과 시간이 소모된다.

④ 교착상태에 대한 감지 및 복구 전략에 너무 많은 자원과 시간이 소모된다.

12. 교착상태 예방 전략의 이론적 배경은?

① 코프만 조건

② 식사하는 철학자 문제

③ 타조 알고리즘

④ 자원 할당 그래프

13. 자원할당 그래프를 전혀 사용할 필요가 없는 교착상태 해결 전략은?

① 교착상태 예방

② 교착상태 회피

③ 교착상태 감지 및 복구

④ 교착상태 무시

14. 교착상태 관련 알고리즘 중 타조 알고리즘에 대한 설명을 틀린 것은?

① 교착상태에 아무 대비책도 세우지 않는 방법이다.

② 교착상태가 의심되면 부팅하거나 의심가는 스레드 중 하나를 종료시키는 단순한 방법이다.

③ 타조가 머리를 모래에 박은 것처럼 교착상태가 지나가도록 기다리는 방법이다.

④ 타조 알고리즘으로 교착상태를 해결하면 데이터를 잃어버리는 손실이 발생할 수도 있다.

15. 교착상태 해결 방법 중 타조 알고리즘이 적합한 상황은?

① 개인용 PC
② 환자 감시 시스템
③ 미사일에 탑재되는 컴퓨터 시스템
④ 핵관련 제어 시스템

16. 교착상태 감지 및 복구와 관련된 방법이 아닌 것은?

① 롤백

② 모든 자원에 번호를 붙이고 각 스레드는 자원을 할당받을 때 작은 번호의 자원부터 할당받도록 함

③ 교착상태에 빠진 한 스레드의 강제 종료

④ 백그라운드 프로세스를 이용하여 자원할당 그래프를 만들어 교착상태 감지

17. 교착상태 감지 및 복구 방법에 대한 설명으로 틀린 것은?

① 롤백 방법이 있다.

② 백그라운드 프로세스를 이용하여 자원할당그래프로부터 교착상태 감지하는 방법이다.

③ 사용자나 시스템 관리자가 교착상태가 발생하였다고 생각되면 시스템을 재시작 시킨다.

④ 이 방법은 너무 많은 시간과 공간을 소모하므로 별로 사용되지 않는다.

18. 교착상태에 대한 설명으로 옳은 것은?

① 교착상태가 발생하면 시스템 전체가 중단된다.

② 교착상태는 몇 몇 스레드들 사이에서 발생하므로 이들만의 문제이지 시스템 전체의 문제는 아니다.

③ 교착상태는 근본적으로 해결할 수 없기 때문에 교착상태 무시 전략을 사용한다.

④ 교착상태는 응용프로그램들 사이에서 발생하기 보다는 커널 내에서 발생한다.

19. 교착상태는 주로 어디에서 발생하는가?

① 사용자가 작성한 멀티스레드 응용프로그램의 스레드들 사이에

② 커널 코드 안에서

③ 인터럽트 서비스 루틴 내에서

④ 디바이스 드라이버 코드 안에서

1. 운영체제가 교착상태를 해결할 필요가 있는지 자신의 생각으로 설명하라.

Chapter

08

메모리 관리

학습 키워드 정리

메모리 계층 구조, 참조의 지역성, 다중프로그래밍 정도(Degree Of Multiprogramming, DOM), 메모리 할당, 메모리 보호, 논리 주소, 물리 주소, 주소 변환 하드웨어, MMU(Memory Management Unit), 연속 메모리 할당, 분할 메모리 할당, 고정 크기 할당, 가변 크기 할당, 버디 시스템(buddy system), 세그먼트, 페이지, 세그먼테이션, 페이징, 단편화, 내부 단편화, 외부 단편화, 홀(hole), CPU 패키지, 홀 선택 알고리즘, 동적 메모리 할당 알고리즘, 최초 적합(first-fit), 최적 적합(best-fit), 최악 적합(worst-fit), 세그먼트 테이블

OPERATING SYSTEM

메모리 관리

1 메모리 계층 구조와 메모리 관리 핵심

1.1 메모리 계층 구조

컴퓨터 시스템에는 통칭 메모리라고 부르는 다양한 기억 장치들이 존재한다. 운영체제의 메모리 관리를 공부하기에 앞서 컴퓨터 시스템 내에 존재하는 여러 기억 장치들과 이들의 역할에 대해 포괄적으로 알아보자.

메모리는 CPU가 실행할 프로그램 코드와 데이터를 저장하는 물리 장치이며, CPU가 없는 컴퓨터를 상상할 수 없는 것처럼 메모리가 없는 컴퓨터도 존재할 수 없다. 메모리에는 실행될 프로그램의 코드와 데이터가 적재되고 실행 중 발생하는 데이터가 저장된다. 기본적으로 CPU는 메모리에 있는 코드와 데이터를 CPU 내부로 읽어 와서 계산하고 결과를 메모리에 저장하기도 한다.

컴퓨터 시스템의 모든 기억 공간들을 포괄적으로 메모리라고 할 때, 메모리는 그림 8-1과 같이 컴퓨터 시스템 내 여러 곳에 배치되어 사용된다. CPU 레지스터, 캐시 메모리(cache memory), 메인 메모리(main memory), 보조 기억 장치(secondary memory) 등 기억 장치들은 읽기쓰기의 속도와 용량에 따라 계층 구조를 이루는데 이것을 메모리 계층 구조라고 한다. CPU 레지스터에서 하드디스크로 갈수록 용량이 커지고, 가격을 싸지며, 읽기쓰기 속도는 느려진다. 메모리 계층 구조의 중심에 서 있는 것이 메인 메모리이다.

일반적으로 메모리라 함은 메인 메모리를 가리키지만, 초보자들은 메모리와 하드 디스크를 혼동한다. RAM이라고 부르는 반도체 기억 장치가 메모리이며 하드 디스크는 보조 기억장치이다. RAM 메모리는 전원이 끊어지면 저장된 정보가 사라지지만 하드 디스크와 같은 보조기억장치의 데이터는 사라지지 않는다. 하드 디스크가 없는 컴퓨터는 존재할 수 있지만, 메인 메모리가 없는 컴퓨터는 존재할 수 없다.

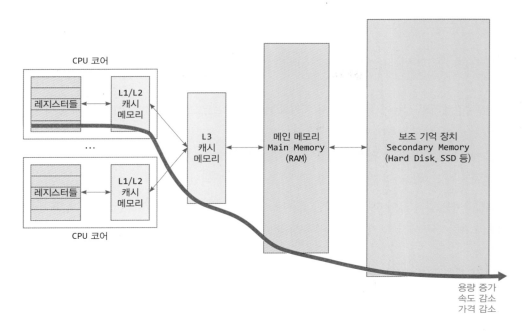

CPU 코어

레지스터들 ↔ L1/L2 캐시 메모리

...

레지스터들 ↔ L1/L2 캐시 메모리

CPU 코어

L3 캐시 메모리 ↔ 메인 메모리 Main Memory (RAM) ↔ 보조 기억 장치 Secondary Memory (Hard Disk, SSD 등)

용량 증가
속도 감소
가격 감소

그림 8-1 컴퓨터 시스템의 메모리 계층 구조

메모리 계층화, 성능과 비용의 절충

역사적으로 보면 초기에는 CPU와 메인 메모리로 컴퓨터가 구성되었고, CPU가 메인 메모리보다 천천히 동작했다. 하드웨어 기술의 발전으로 CPU와 메인 메모리의 성능이 모두 발전하였다. 하지만, 상대적으로 메인 메모리의 응답 속도가 CPU의 명령 처리 속도의 발전에 미치지 못하였다. 이 결과 CPU가 메모리로부터 명령과 데이터를 액세스하기 위해, 주소 버스와 제어 버스를 통해 메모리에게 액세스 신호를 보낸 후 메모리가 응답하기까지 많은 시간을 기다려야 했기 때문에, CPU의 명령 처리 속도가 빨라진 만큼 컴퓨터 시스템의 성능은 나아지지 않았다.

이에 CPU가 명령과 데이터를 가져오는 '메모리 액세스 시간'을 단축시키기 위해, 메인 메모리보다 더 빠른 캐시 메모리(off-chip 캐시)를 CPU와 메인 메모리 사이에 설치하여 사용하였다. 캐시 메모리에는 CPU가 현재 실행하는 프로세스의 코드와 데이터 중 당장 실행할 일부를 메인 메모리에서 가져다 놓고 실행하기 위한 메모리이다. 캐시 메모리는 도입된 초기에 CPU 바깥의 컴퓨터 보드 상에 있었고 응답 속도가 빠른 반면 가격이 비싸 적은 량만 사용하였다.

CPU의 처리 속도는 해마다 발전을 거듭되어 더 빠른 메모리를 필요로 하였고, 그 결과 CPU 칩 내부에 캐시 메모리(on-chip 캐시)를 두고 CPU 칩 내에서 코드와 데이터를 액세스함으로써 CPU의 메모리 액세스 시간을 단축시켰다. CPU 칩 크기 한계로 인해 CPU 내부에 두는 캐시의 크기는 더 제한적일 수밖에 없었다.

이런 식으로 메모리는 계층 구조를 이루게 되었고 그 목적은 다음과 같이 정리할 수 있다.

> 메모리 계층 구조의 목적은 CPU의 메모리 액세스 시간을 줄이기 위함이다.

한편, 컴퓨터의 성능이 좋아지면서 처리할 데이터와 프로그램의 크기도 대형화 되고 더 많은 프로세스를 동시에 실행하게 됨으로써, 아이러니하게도 처리할 프로그램 코드와 데이터를 모두 메인 메모리에 수용할 수 없게 되었고, 하드 디스크나 SSD와 같이 대용량이면서 값이 싼 보조 기억 장치를 메인 메모리의 연장된 저장 공간으로 활용하게 되었다.

그림 8-1은 멀티 코어 CPU를 장착한 컴퓨터 시스템의 메모리 계층 구조의 사례이며, **표 8-1**은 메모리 계층 구조에서 각 기억 장치의 특성을 보여준다.

메모리 계층 구조의 각 요소

메모리 계층 구조의 각 요소에 대해 간단히 알아보자.

• CPU 레지스터(CPU registers)

CPU는 현재 실행할 코드와 데이터, 혹은 다음에 실행할 몇 개의 코드와 데이터를 미리 저장할 목적으로 레지스터를 가지고 있다. 레지스터의 크기와 개수는 CPU의 종류에 따라 다르지만, CPU에는 일반적으로 8개~30개 정도의 레지스터가 있다. Intel Core i7에는 16개, 의도적으로 레지스터 개수를 늘린 RISC 스타일의 ARM8의 경우 30개의 범용 레지스터가 있다. 레지스터 1개의 크기가 32비트라고 하면, CPU에는 보통 32바이트~120바이트 정도 저장 공간이 있는 셈이다.

• 캐시 메모리(cache memory)

캐시 메모리는 주기억장치로 사용하고 있는 메인 메모리보다 더 빠른 메모리로서 CPU의 빠른 처리 속도에 맞추기 위해 도입되었다. 캐시 메모리는 메인 메모리보다 가격이 비싸 소량만 사용된다. 캐시 메모리가 있는 컴퓨터에서는 CPU가 캐시 메모리에서 프로그램 코드와 데이터를 읽어 실행하므로, 코드와 데이터들은 메인 메모리에서 캐시 메모리로 미리 복사되어야 한다.

캐시 메모리는 응답 속도와 위치에 따라 여러 레벨로 나누어 사용된다. 멀티 코어로 구성된 현대의 CPU에는 코어 별로 L1/L2 이름의 캐시를 두고, 모든 코어들이 공유하는 L3 캐시를 두고 있다. L1/L2 캐시는 CPU 패키지 내에 두지만, L3 캐시는 CPU 외부의 컴퓨터 보드 상에 두거나 Core i7과 같이 CPU 내부에 두기도 한다.

• 메인 메모리(main memory)

일반적으로 '메모리'하면 바로 메인 메모리를 가리키며, RAM이라고 부르는 것이 바로 이 메인 메모리이다. 메인 메모리에는 현재 실행 중인 모든 프로세스의 코드와 데이터, 읽거나 쓰고 있는 여러 파일들의 블록뿐 아니라 운영체제의 커널 코드와 커널 데이터들이 저장된다. 캐시 메모리에는 메인 메모리로부터 당장 실행을 위해 필요한 일부분의 코드와 데이터가 복사되는데, 사용자 프로그램과 운영체제 커널을 구분하지 않고 복사된다.

● 보조기억장치(secondary memory)

보조기억장치는 하드 디스크나 SSD와 같이 전원을 꺼도 지워지지 않는 대용량 저장 장치이다. 보조기억장치는 파일이나 데이터베이스 등을 저장할 목적으로 사용되지만, 메인 메모리의 크기 한계로 인해 메모리에 적재된 프로그램 코드와 데이터의 일부를 일시 저장하는 용도(스왑 영역)로도 사용된다.

표 8-1 메모리 계층 구조의 특성

	CPU 레지스터	L1/L2 캐시	L3 캐시	메인 메모리	보조 기억 장치
용도	몇 개의 명령과 데이터 저장	한 코어에서 실행되는 명령과 데이터 저장	멀티 코어들에 의해 공유. 명령과 데이터 저장	실행 중인 전체 프로세스들의 코드와 데이터, 입출력 중인 파일 블록들 저장	파일이나 데이터베이스, 그리고 메모리에 적재된 프로세스의 코드와 데이터의 일시 저장
용량	바이트 단위. 8~30개 정도. 1KB 미만	KB 단위 (Core i7의 경우 32KB/256KB)	MB 단위 (Core i7의 경우 8MB)	GB 단위 (최근 PC의 경우 최소 8GB 이상)	TB 단위
타입		SRAM (Static RAM)	SRAM (Static RAM)	DRAM (Dynamic RAM)	마그네틱 필드나 플래시 메모리
속도	〈1ns	〈5ns	〈5ns	〈50ns	〈20ms
가격		고가	고가	보통	저가
휘발성	휘발성	휘발성	휘발성	휘발성	비휘발성

프로그램의 실행과 메모리 계층 구조

응용프로그램의 실행은 그림 8-2처럼 운영체제가 보조기억장치에 저장된 실행 파일 (executable file)을 메인 메모리에 적재하는 것으로 시작한다. 메인 메모리에 적재된 코드와 데이터 중 실행할 일부의 코드와 실행에 필요한 데이터가 L3 캐시로 복사되고, L3 캐시에서 당장 실행할 코드와 데이터의 일부분이 L1/L2 캐시로 복사된다. CPU 코어는 L1/L2 캐시에서 현재 실행할 명령과 데이터를 레지스터로 읽어 들인 후 연산을 실행한다.

L1, L2, L3 캐시 모두 선택 사항이다. 컴퓨터 시스템에 따라 있을 수도 있고 없을 수도 있다. 한 가지 분명한 것은, 캐시가 없는 컴퓨터에서는 CPU가 메인 메모리로부터 프로그램 코드와 데이터를 액세스하여 명령을 실행하지만, 캐시를 가진 컴퓨터에서는 CPU가 캐시로부터만 프로그램 코드와 데이터를 읽고 실행한다는 점이다. 그래서 실행에 필요한 코드와 데이터는 반드시 캐시로 복사되어야 한다.

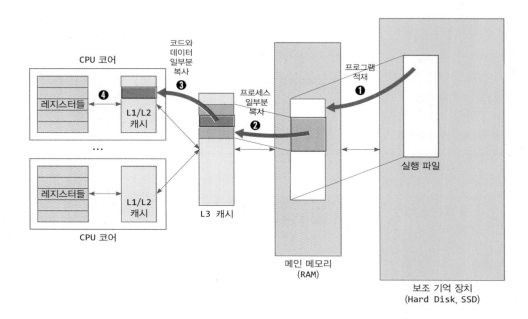

그림 8-2 메모리 계층에서 코드와 데이터의 이동

메인 메모리와 캐시

CPU가 현재 프로세스나 스레드의 실행을 중단하고 다른 프로세스나 스레드를 실행하게 되면, L1/L2 캐시에는 새로 실행하고자 하는 프로세스나 스레드의 명령과 데이터를 찾을 수 없는 캐시 미스(cache miss)가 발생하고 연쇄적으로 메인 메모리로부터 L3 캐시로, L3 캐시에서 L1/L2 캐시로 새 프로세스의 코드와 데이터가 이동하게 된다. 새로운 프로세스나 스레드의 코드와 데이터가 캐시로 들어오기 전에, 현재 캐시에 들어 있는 데이터 중 수정된 데이터는 다시 L3 캐시나 메인 메모리에 기록되어야 한다. 이처럼 캐시로 인해, 프로세스나 스레드의 컨텍스트 스위칭은 코드와 데이터를 이동시키는 보이지 않는 오버헤드를 초래한다.

캐시의 크기가 작기 때문에, 캐시 미스는 프로그램의 실행 중에도 발생한다. CPU가 액세스하는 코드나 데이터가 캐시에 없을 때 발생하며, L3 캐시로부터 필요한 코드와 데이터가 L1/L2 캐시로 복사된다. 만일 L3 캐시에도 없다면 메인 메모리에서 L3 캐시로, 다시 L3 캐시에서 L1/L2

캐시로 복사된다. 캐시 관리는 이 책에서 다루지 않는다.

메인 메모리와 보조기억장치

프로세스가 새로운 메모리 할당을 요구하거나 새로운 프로세스를 실행시키기 위해 메모리가 필요할 때, 운영체제는 메인 메모리에서 빈 영역을 할당한다. 만일 메인 메모리 전체가 사용 중이거나 빈 영역이 일정 이하로 줄어들면, 메인 메모리에 적재된 코드나 데이터의 일부분을 하드디스크나 SSD에 저장하고 메인 메모리에 빈 공간을 확보해둔다. 이런 식으로 메인 메모리의 영역을 보조기억장치에까지 확장하는 기법을 가상 메모리(virtual memory)라고 부르며 10장에서 자세히 설명한다.

1.2 메모리 계층화의 성공 이유, 참조의 지역성

메모리를 계층화하면 과연 효율적일까? 캐시 메모리는 크기가 작기 때문에 당장 실행할 프로그램의 코드와 데이터를 일부분밖에 둘 수 없다. CPU가 캐시 메모리에 있는 적은 량의 코드를 실행하고 나면 금방 캐시 미스가 발생하고, 다음 코드나 데이터가 캐시로 복사되는 동안 CPU는 기다려야 한다. CPU의 기다리는 시간이 길거나 캐시 미스가 잦다면, 캐시가 아무리 빠른들 CPU의 대기 시간이 길어져서 프로그램의 실행 성능이 좋아질 수 있을까?

이런 질문이 일면 타당해 보인다. 하지만, 메모리 계층 구조는 실보다 득이 많다. 그 이유는 참조의 지역성(locality of reference)이라는 일반적인 프로그램 실행 특성에 있다. 참조의 지역성이란 코드나 데이터, 자원 등이 아주 짧은 시간 내에 다시 사용되는 프로그램의 특성이다. 반복문을 떠 올리면 좋겠다. 캐시 크기가 비록 작지만 하나의 for문 정도는 적재할만하므로, CPU는 for문을 실행하는 상당 시간 동안 캐시에 적재된 코드와 데이터를 액세스하기 때문에, 빠른 캐시를 사용함으로써 얻는 이득이 캐시를 다시 채우기 위해 CPU가 대기하는 실보다 훨씬 크다. 참조의 지역성은 10장 4절에서 자세히 다룬다. 새로운 지식에 목마르거나 성격이 급한 독자들은 참조의 지역성을 지금 펼쳐보기 바란다.

1.3 메모리 계층화의 미래

메모리의 계층 구조는 더욱 세분화될 것으로 보인다. 컴퓨터 시스템의 초기에만 해도 메인 메모리만 있었지만, 캐시가 도입되고, 캐시는 다시 CPU 내부 캐시와 외부 캐시로 나누고, CPU 내부 캐시는 다시 2개의 캐시로 계층화되었다. 최근 들어 메인 메모리와 보조 기억 장치(하드디스크 혹은 SSD) 사이에 또 다른 형태의 메모리가 구현되고 있다.

1.4 메모리 관리

메모리는 현재 실행 중인 모든 프로세스들의 코드와 데이터, 그리고 운영체제의 코드와 데이터가 적재되어 모든 프로세스들에 의해 사용되는 컴퓨터의 핵심 공유 자원이다. 그러므로 메모리는 운영체제에 의해 철저히 관리된다.

메모리 관리 이유

메모리가 운영체제에 의해 관리되어야 하는 이유를 구체적으로 알아보자.

첫째, 메모리는 여러 프로세스에 의해 사용되는 공유 자원이기 때문이다. 그러므로 프로세스가 마음대로 임의의 메모리 영역을 사용하도록 놓아둘 수 없다. 이를 위해 운영체제는 프로세스별로 할당된 메모리 영역과 비어 있는 영역을 관리할 필요가 있다. 또한 운영체제는 새로운 프로세스가 생성되거나 프로세스가 실행 중 메모리를 필요로 할 때 빈 메모리를 할당하고, 프로세스의 소멸 시 메모리를 반환하는 등 여러 프로세스가 메모리를 나누어 사용하도록 관리할 필요가 있다.

둘째, 메모리를 보호하기 위해서이다. 운영체제는 프로세스에게 할당된 메모리를 다른 프로세스가 접근하지 못하도록 보장할 필요가 있고, 또한 사용자 모드(user mode)에서 커널 공간(커널이 차지하고 있는 메모리)에 접근하지 못하도록 하는 메모리 보호 기능이 필요하다.

셋째, 메모리의 용량 한계를 극복하기 위해서이다. 시스템에 설치된 메모리보다 더 많은 메모리를 필요로 하는 큰 프로세스나, 작지만 많은 프로세스들을 동시에 실행시킬 때 메모리가 부족하여 이들을 수용하지 못하는 경우가 발생할 수 있다. 운영체제는 이런 경우에도 프로세스들을 정상적으로 실행시킬 수 있는 메모리 관리 기법이 필요하다. 하드 디스크를 확장된 메모리처럼 사용하여 메모리의 물리적 크기 한계를 극복하는 가상 메모리와 같은 메모리 관리 정책이 필요하다.

넷째, 메모리 사용의 효율을 높이기 위해서이다. 다중프로그래밍정도(DOM, Degree Of Multiprogramming)란 운영체제가 메모리에 동시에 적재하여 실행시키는 프로세스의 개수로서, 운영체제의 메모리 관리 효율성을 나타내는 지표이다. 운영체제는 정해진 양의 메모리에 가능하면 많은 프로세스들을 실행시켜 시스템 처리율을 높이는 메모리 관리가 필요하다.

메모리 관리 기능

앞서 언급한 메모리 관리 이유로부터 기본적인 메모리 관리 기능은 할당과 보호의 2개로 요약할 수 있다. 어떤 운영체제이든 이 2가지 기능은 반드시 지원되어야 한다.

● **메모리 할당**

여러 프로세스들이 컴퓨터 시스템의 메모리를 나누어 사용하도록 프로세스에게 적절히 메모리를 할당하는 기능이다.

● **메모리 보호**

프로세스가 자신의 영역 외, 다른 프로세스에게 할당된 메모리 영역이나 운영체제 영역을 침범하거나 훼손하지 못하도록 보호하는 기능이다.

2 메모리 주소

2.1 물리 주소와 논리 주소

메모리는 오직 주소를 이용해서만 접근되며, 주소는 다음 2가지 형태가 있다.

- 물리 주소(physical address) – 실제 메모리 주소(하드웨어 주소)
- 논리/가상 주소(logical/virtual address) – 프로그램 내에서 사용되는 주소

> 물리 주소(physical address)는 물리 메모리(RAM으로 생각하면 됨)에 매겨진 주소로서, 컴퓨터를 설계하고 제작하는 시점에 물리 메모리에 매겨지는 하드웨어적인 주소이며 0번지부터 시작된다.

그림 8-3에서 물리 메모리에 0번지부터 물리 주소가 매겨져 있는 것을 볼 수 있다. 물리 메모리는 컴퓨터 시스템의 내부에 뻗쳐있는 주소 버스(address bus)에 연결되며, CPU 패키지 혹은 CPU 칩으로부터 발생된 이진 신호의 물리 주소가 주소 버스에 실려 물리 메모리로 전달된다.

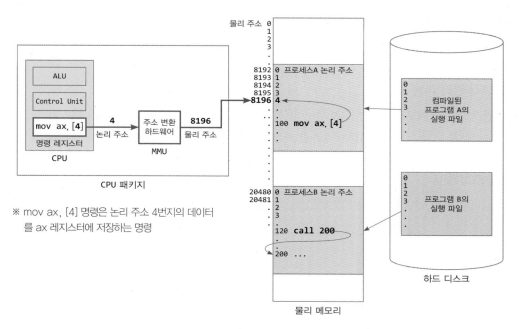

※ mov ax, [4] 명령은 논리 주소 4번지의 데이터
　를 ax 레지스터에 저장하는 명령

※ 논리 주소는 프로세스의 코드나 데이터에 대한 주소이며, 물리 주소로 변환되어 물리 메모리가 액세스된다.

그림 8-3 논리 주소와 물리 주소, 그리고 논리 주소의 물리 주소로의 변환

> 이와 달리, 논리 주소(logical address)는 프로세스 내에서 코드나 데이터(변수나 동적 할당
> 메모리)의 주소이며 가상 주소와 동일한 의미로 사용된다.

다시 말해, 논리 주소는 프로세스가 적재된 물리 메모리와 관계없이 컴파일러에 의해 프로세스 내에서 매겨진 주소이다. 프로세스의 시작점이 논리 주소 0번지이며 코드나 변수의 주소는 이 주소에 대한 상대 주소이다. 그러므로 논리 주소는 사용자/프로그램 개발자나 프로그램/프로세스에서 사용하는 주소이다. 프로세스 내에서 변수 n이 100번지라고 하면 이것은 논리 주소가 100번지라는 뜻이다. 논리 주소는 프로세스 내에서 사용되는 주소이다.

논리 주소는 프로세스나 사용자에게 2가지 착각을 준다. 사용자나 프로세스 자신이 모든 메모리를 독점하여 사용하고 있다는 착각과, 프로세스의 코드와 변수들이 0번지부터 연속적으로 메모리에 적재되어 있다는 착각이다. 이러한 착각 때문에 논리 주소를 가상 주소(virtual address)라고도 한다.

그림 8-3은 현재 실행중인 프로세스 A와 B의 논리 주소와 물리 주소를 각각 보여준다. 프로세스 A는 물리주소 8192번지부터 할당되어 있다. 그러므로 프로세스 A의 논리 주소 4번지는 물리 주소는 8196번지이며, 프로세스 B의 논리 주소 0은 물리주소는 20480번지이다.

프로세스의 코드 안에 적힌 주소는 모두 논리 주소이며, CPU가 실행하려는 기계 명령 속에 담긴 변수의 주소도 모두 논리 주소이다. 프로세스 A에서 4번지의 값을 ax 레지스터에 읽어오는 다음 명령에서 4 역시 논리 주소이다.

```
mov ax, [4]        ; 논리 주소 4번지의 데이터를 ax 레지스터에 저장
```

프로세스 B에서 어떤 함수의 코드가 200번지부터 시작하도록 컴파일되었고 이 함수를 호출하는 다음 문장의 200 역시 논리 주소 200이다.

```
call 200           ; 논리 주소 200번지에 적재된 함수 호출
```

CPU가 프로세스를 실행하는 동안 다루는 모든 주소는 논리 주소이다. 프로세스 A, B뿐 아니라 모든 프로세스는, 실행될 때마다 다른 물리 주소에 적재되지만, 프로세스 내에 적재된 코드와 변수의 논리 주소는 항상 동일하다. 여기에 논리 주소의 큰 의미가 있다. 커널 역시 논리 주소로 이루어져 커널 코드가 실행될 때도 논리 주소가 물리 주소로 바뀌어야 한다.

2.2 논리 주소의 물리 주소 변환

메모리를 액세스하기 위해서는 논리 주소가 물리 주소로 바뀌어, 물리 주소가 물리 메모리에 전달되어야 한다. 그림 8-3과 함께 프로세스 A의 다음 명령이 CPU에 의해 실행되는 과정을 통해 논리 주소가 물리 주소로 바뀌는 과정을 알아보자.

```
mov ax, [4]
```

이 명령은 메모리 4번지의 데이터를 읽어 레지스터 ax에 저장하라는 명령이다. 여기서 4번지는 논리 주소 4번지이다. CPU가 이 명령을 실행하기 위해 논리 주소 4번지를 발생시키면 '주소 변환 하드웨어(MMU)'에 의해 물리 주소 8196으로 변환되고 이 주소가 CPU 패키지 바깥으로 빠져나가 물리 메모리에 전달된다.

주소 변환 하드웨어(Address Translation H/W)는 MMU(Memory Management Unit)로 불리며 CPU 패키지 내에 구성된다. MMU는 프로세스의 논리 주소와 물리 주소의 매핑 정보를 담은 매핑 테이블을 참고하여 논리 주소를 물리 주소로 변환한다. MMU는 메모리 관리 방식에 따라 다르게 구현된다.

여기서 잠깐 정리하고 넘어가야할 것이 있다. 'CPU가 발생시키는 주소가 논리 주소냐 아니면

물리 주소냐하는 점이다. MMU가 CPU 칩(CPU 패키지) 외부에 있었던 오래 전에는 CPU가 발생시키는 주소가 논리 주소였다. 하지만, 현대 컴퓨터에서는 MMU가 CPU 패키지 안에 들어 있기 때문에, CPU 패키지 바깥으로 나오는 주소는 물리 주소이다. 그래서 저자는 이 책에서 CPU와 CPU 칩(패키지)를 구분하여 사용하고자 한다. 명령을 읽고 처리하는 본연의 기능에 국한하여 CPU라고 부르고, MMU나 캐시 등을 포함하는 경우 CPU 패키지로 부른다. 독자들도 책이나 블로그 등 문서를 읽을 때 상황에 따라 잘 해석하기 바란다.

2.3 컴파일과 논리 주소, 논리 주소가 사용되는 이유

컴파일러는 사용자가 작성한 프로그램을 논리 주소로 컴파일한다. 컴파일 시점에서 응용프로그램이 물리 메모리 몇 번지에 적재될 지 알 수 없기 때문에 물리 주소로 컴파일하는 것은 애초 불가능한 일이다. 그러므로 컴파일 후 생성된 실행 파일 내에 모든 코드와 변수들은 논리 주소로만 구성된다.

프로그램이 실행을 시작할 때, 운영체제는 프로세스를 생성하고 실행 파일로부터 코드와 데이터 등을 적절한 물리 메모리에 적재한 후, 프로세스 별로 코드와 데이터가 적재된 물리 주소의 매핑 테이블을 만들어놓는다. MMU는 이 매핑 테이블을 이용하여 CPU로부터 출력된 논리 주소를 물리 주소로 바꾼다.

매핑 테이블과 MMU 덕분에 컴파일러는 프로그램을 논리 주소로 컴파일하는데 부담이 없고, 운영체제 역시 프로세스의 코드와 데이터를 물리 메모리의 빈 곳 아무데나 할당하고 적재해도 된다. 같은 프로그램이 실행될 때마다 다른 번지의 물리 메모리에 적재되어도 문제가 발생하지 않는다. 프로그램 개발자 역시 응용프로그램이 물리 메모리 몇 번지에 적재될지 몰라도 된다. 사실 알 수도 없다. CPU도 현재 실행하는 명령이 물리 메모리 몇 번지에 있는지 알지 못한다. 오직 MMU 만이 알고 있다.

> **잠깐!** 논리 주소를 사용하지 않는 컴퓨터
>
> 단일 프로세스 운영체제의 경우, 응용프로그램이 굳이 논리 주소로 컴파일될 이유는 없다. 응용프로그램 혼자 메모리를 독점 사용하기 때문이다. 컴퓨터 초기 시대에 이런 형태가 있어왔지만, 현대에도 단일 프로세스 운영체제를 탑재한 임베디드 컴퓨터에서 프로그램이 논리 주소를 사용하지 않고 물리 주소를 사용하기도 한다. 하지만, 임베디드 컴퓨터라도 멀티스레드 운영체제를 사용하는 경우 여러 스레드가 메모리를 공유하도록 하고 메모리를 다른 스레드로부터 보호하기 위해 논리 주소와 물리 주소를 구분하여 사용한다.

80386은 인텔사에서 개발한 **CPU**로서 오래된 것이긴 하지만 현대 **CPU**의 구조보다 단순하여 논리 주소를 물리 주소로 바꾸는 하드웨어 등을 한 눈에 볼 수 있다. **80386 CPU**의 칩 내부는 그림 8–4와 같다.

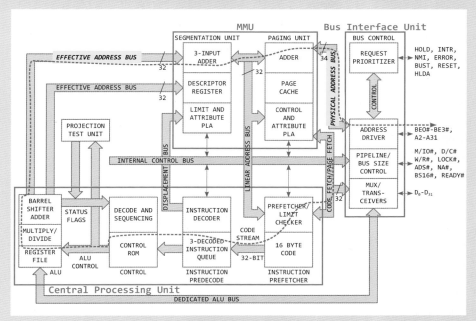

그림 8–4 **80386 CPU 칩 내부 구조**

80386 칩은 그림과 같이 **CPU(Central Processing Unit)**, **BIU(Bus Interface Unit)**, 그리고 **MMU(Memory Management Unit)**로 나누어진다. **CPU** 부분의 오른쪽에는 3개의 명령을 메모리에서 미리 읽어오는 회로와 명령들을 저장해두는 큐가 있다. 읽혀진 명령은 왼쪽으로 이동하여 제어장치(**Control Unit**)와 연산장치(**ALU**)에 의해 처리된다.

위쪽에는 세그먼테이션 장치(**Segmentation Unit**)와 페이징 장치(**Paging Unit**)을 포함하는 **MMU**가 있다. **MMU**에 의해 논리 주소(**effective address**라고 표기됨)가 물리주소(**physical address**)로 바뀌고 물리 주소가 **BIU**를 통해 **80386** 칩에 연결된 주소 버스를 타고 물리 메모리에 전달된다. **80386**은 주소 변환을 효과적으로 하기 위해 최근에 사용된 매핑 테이블(페이지 테이블)의 일부를 저장해두는 페이지 캐시(**PAGE CACHE**)를 두고 있다. 페이지 캐시에는 논리 주소와 물리 주소의 매핑 정보가 들어 있다. **80386**은 메모리를 관리하기 위해 세그먼테이션과 페이징 기법을 함께 사용하기 때문에, **MMU**에는 이들을 위한 회로가 모두 존재한다.

탐구 8-1 C 프로그램에서의 주소는 논리 주소인가 물리 주소인가?

C 프로그램 내에서 변수의 물리 주소를 알 수 있을까? 다음 C 프로그램은 전역 변수 n의 주소를 출력한다. 여기서 출력되는 변수 n의 주소 값은 논리 주소인가 물리 주소인가? 프로그램을 실행할 때마다 변수 n의 주소는 같을까 다를까?

| logicaladdress.c |

```
#include <stdio.h>
int n = 10;
int main() {
    printf("변수 n의 주소는 %p\n", &n); // n의 주소 출력
}
```

| 실행결과 |

```
$ gcc -o logical logicaladdress.c
$ ./logical
변수 n의 주소는 0x60103c
$ ./logical
변수 n의 주소는 0x60103c
$ ./logical
변수 n의 주소는 0x60103c
$
```

출력되는 주소 0x60103c는 변수 n의 논리 주소이다. 컴파일러와 링커에 의해 탐구 프로그램의 코드와 변수들은 0번지부터 시작하는 논리 주소가 할당된다. 주소 0x60103c는 탐구 프로그램 내에서 변수 n의 상대 위치로서 물리 메모리에 대한 주소가 아니다. 프로그램 내에서 변수 n의 위치를 바꾸지 않는 한 변수 n의 논리 주소는 변하지 않으며, 일단 컴파일되면 실행 파일 내에서 n의 위치가 변하지 않기 때문에 실행할 때마다 동일한 0x60103c 주소가 출력된다.

만일 0x60103c가 물리 주소였다면, 탐구 프로그램이 실행될 때마다 적재되는 물리 메모리의 위치가 바뀌기 때문에 변수 n의 물리 주소도 실행될 때마다 다른 주소로 출력되어야 할 것이다. 하지만, 실행될 때마다 n의 주소가 0x60103c로 동일하게 출력되는 것은, 이것이 논리 주소라는 증거이다. 컴파일러마다 컴파일 방식이 다르고 링크 방식 또한 다르기 때문에, 변수 n의 논리 주소는 시스템마다 다를 수 있지만, 한 번 컴파일된 실행 파일 내에서 변수 n의 논리 주소는 항상 동일하다.

그러면 다른 질문을 하나 더 해보자. Windows에서 C 프로그램의 개발에 많이 사용하는 비주얼 스튜디오의 디버거를 통해 변수 n의 물리 주소를 알 수 있을까? 절대로 알 수 없다. 어떤 운영체제나 어떤 디버거를 사용한다고 하더라도 변수 n의 물리 주소는 알 수 없다.

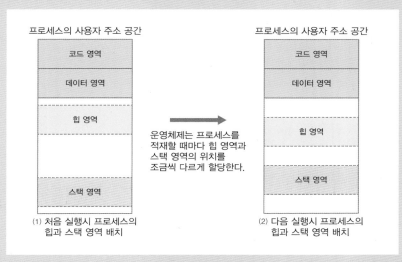
3 물리 메모리 관리

컴퓨터 시스템 내에 설치된 메모리는 여러 프로세스들이 적재되고 실행되면서 공동으로 활용되는 실존 공간이다. 그래서 물리 메모리라고 부른다. 운영체제는 제한된 물리 메모리에서 여러 프로세스들이 실행되도록 잘 관리해야 한다. 앞으로 특별한 설명이 없는 한 물리 메모리를 줄여 메모리로 사용하지만, 강조하거나 명확히 하기 위해 물리 메모리라는 용어를 사용한다.

3.1 메모리 할당(memory allocation)

메모리 할당이란 운영체제가 새 프로세스를 실행시키거나 실행중인 프로세스가 메모리를 필요로 할 때 그림 8-6과 같이 프로세스에게 물리 메모리를 할당하는 것이다. 구체적으로, 프로세스의 코드와 데이터를 적재하기 위해 물리 메모리 공간이 할당되고, 프로세스의 실행 중 동적으로 스택이나 힙을 사용할 때 필요한 물리 메모리 공간이 할당되는데, 메모리 할당은 전적으로 운영체제 커널에 의해 이루어진다. 물리 메모리 할당 기법은 그림 8-7과 같이 간단히 분류된다.

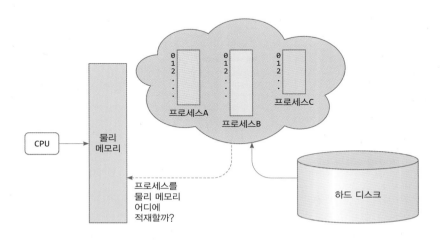

그림 8-6 메모리 할당

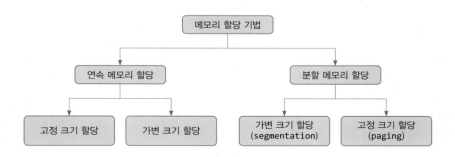

그림 8-7 운영체제의 메모리 할당 기법들

3.2 연속 메모리 할당

연속 메모리 할당(contiguous memory allocation)은 각 프로세스에게 메모리 한 덩어리(single contiguous memory)씩 할당하는 기법이다. 여기서 연속이라는 뜻은 프로세스가 할당받은 메모리가 한 덩어리로 연속된 공간이라는 의미이다.

연속 메모리 할당은 다시 2가지로 분류되는데, 메모리 전체를 파티션(partition)으로 불리는 고정 크기로 나누고 프로세스마다 1개의 파티션을 할당하는 고정 크기 할당(fixed size partition allocation)과, 프로세스마다 프로세스 크기의 메모리를 할당하는 가변 크기 할당(variable size partition allocation)이 있다. 고정 크기 할당은 파티션의 크기는 모두 같거나 다를 수 있으며, 파티션이 미리 나누어져 있기 때문에 고정 할당(fixed partitioning) 혹은 정적 할당(static partitioning)이라고도 하며, 프로세스 크기에 가장 가까운 파티션을 할당한다. 가변 크기 할당은 파티션이 미리 나누어져 있지 않고 프로세스의 크기나 요청에 따라 파티션의 크기가 정해지므로 동적 할당(dynamic partitioning)이라고도 한다. 그림 8-8의 (a)는 고정 크기 파티션을 각 프로세스에게 할당하며, (b)는 프로세스 크기와 동일한 크기의 파티션을 프로세스에게 할당하는 사례이다. (b)에서 파티션이 할당되고 해제되기를 반복하면 할당된 파티션 사이에 빈 공간이 만들어진다.

3.3 분할 메모리 할당

연속 메모리 할당은 프로세스에게 하나의 연속된 메모리를 할당하므로 메모리 할당의 유연성이 부족하다. 메모리 전체에 비어 있는 작은 공간(홀이라고 부름)들을 합하면 충분한 공간이 있음에도 불구하고, 프로세스를 적재할 만큼 연속된 메모리가 없어 프로세스를 적재할 수 없는 경우가 발생한다. 연속 메모리 할당의 이런 단점을 해결하기 위해 분할 메모리 할당 기법이 제안되었다.

분할 메모리 할당(non-contiguous memory allocation)은 프로세스에게 필요한 메모리를 여러 덩어리로 나누어 분산 할당하는 방법으로, 대표적으로 다음 2가지가 있다.

- 가변 크기 할당 – 세그먼테이션(segmentation)
- 고정 크기 할당 – 페이징(paging)

세그먼테이션 기법은 프로세스에게 크기가 다른 여러 개의 덩어리 메모리를 할당하며, 페이징 기법은 프로세스에게 동일한 크기의 덩어리를 여러 개 할당하는 기법이다.

세그먼테이션 기법에서는 프로세스를 여러 개의 논리적인 덩어리로 분할하고 각 덩어리를 세그먼트(segment)라고 부른다. 세그먼트는 프로세스 내에서 하나의 단위로 다룰 수 있는 의미는 블록이다. 예를 들어 함수가 하나의 세그먼트가 될 수 있고, 객체가 하나의 세그먼트가 될 수 있다. 프로세스를 구성하는 각 세그먼트들의 크기가 다를 수밖에 없다. 세그먼테이션 기법은 프로세스를 구성하는 세그먼트들을 물리 메모리에 분산 할당한다. 세그먼테이션을 지원하는 대부분의 시스템에서는 프로세스를 코드, 데이터, 스택, 힙의 4개 세그먼트로 분할하고 할당하는 방법을 사용한다. 세그먼트들은 크기가 서로 다르기 때문에, 프로세스들이 실행되고 종료되기를 반복하고 나면 메모리에 적재된 세그먼트들 사이에 빈 공간이 생기게 되며, 그들 중 일부는 크기가 작아 새 프로세스에게 할당하지 못하는 메모리 낭비(외부 단편화)가 초래된다.

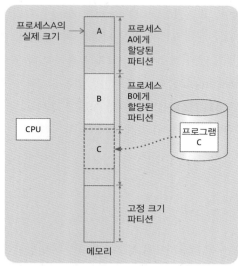

메모리를 고정 크기의 파티션으로 나누고
각 프로세스를 하나의 파티션에 배치

(a) 연속 메모리 할당 – 고정 크기

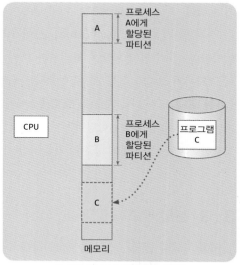

각 프로세스에게 자신의 크기만한
파티션 동적 할당

(b) 연속 메모리 할당 – 가변 크기

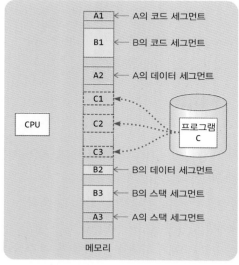

프로세스를 가변 크기의 세그먼트들로 분할 할당

(c) 분할 할당 – 세그먼테이션(segmentation)

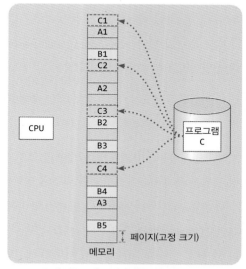

프로세스를 고정 크기의 페이지들로 분할 할당

(d) 분할 할당 – 페이징(paging)

그림 8-8 메모리 할당 기법 비교(프로세스 A, B, C에게 메모리 할당 사례)

세그먼테이션의 이러한 메모리 낭비를 해결하기 위해 페이징 기법이 도입되었다. 페이징 기법은 프로세스를 논리적인 단위로 분할하지 않고, 논리주소 0번지부터 페이지(page)라고 부르는 고정 크기로 분할한다. 물리 메모리 역시 페이지와 동일한 크기로 분할하여 프레임(frame)이라고 부르며, 프로세스의 각 페이지를 물리 메모리의 프레임에 하나씩 분산 할당한다.

그림 8-8의 (c)는 프로세스에게 여러 세그먼트를 분할 할당하며, (d)는 메모리를 페이지 단위의 동일한 크기로 나누고 프로세스에게 여러 프레임의 메모리를 분할 할당하는 사례이다.

세그먼테이션과 페이징 기법은 서로 장단점이 있으므로 대부분의 현대 컴퓨터 시스템에서는 페이징 기법을 기반으로 세그먼테이션을 혼합하여 사용하기도 한다.

4 　연속 메모리 할당

연속 메모리 할당은 그림 8-8과 같이 프로세스에게 1개의 연속된 메모리 블록을 할당하는 기법으로 초기 운영체제에서 사용하였지만 지금은 거의 사용하지 않는다. 연속 메모리 할당 기법은 다음과 같이 나눌 수 있다.

- MS-DOS와 같은 단일사용자 단일프로세스 시스템에서의 연속 메모리 할당
- 고정 크기(fixed size partition) 할당
- 가변 크기(variable size partition) 할당

과거, 연속 메모리 할당을 사용한 대표적인 운영체제는 MS-DOS이다. MS-DOS는 개인용 운영체제로, 단일사용자 단일프로세스만 지원하였기 때문에 현재 실행중인 프로세스가 전체 메모리를 하나의 연속된 저장 공간으로 독점 사용하였다. 한편, 초기의 다중사용자 다중프로그래밍 운영체제에서도 연속 메모리 할당을 사용하였다.

4.1 　고정 크기 할당

고정 크기 할당 기법은 메모리를 처음부터 파티션(partition)이라고 부르는 고정 크기로 나누고, 프로세스에게 1개의 파티션을 할당하는 단순한 기법이다. 예를 들어 4KB, 8KB, 16KB 등 몇 가지 고정 크기의 파티션들을 만들어두고 프로세스 크기에 가장 적합한 파티션을 할당한다. 고정 크기 할당을 사용한 대표적인 운영체제가 IBM의 초기 운영체제인 IBM OS/360 MFT(Multiple Programming with a Fixed Number of Tasks)로서, 그림 8-9와 같이, 메모리 전체를 n개의 동일한 크기의 파티션으로 분할해두고, 프로세스를 실행시킬 때 각 프로세스에게 1개의 파티션을 할

당한다. 동시에 실행시킬 수 있는 프로세스의 개수는 n개로 제한되어, n개의 프로세스가 실행되고 있을 때 새로운 프로세스가 도착하면 프로세스 하나가 종료될 때까지 작업 큐에서 대기한다.

고정 크기 할당은 프로세스가 파티션의 크기보다 작은 경우 메모리의 일부가 낭비되고, 파티션 크기보다 큰 프로세스는 처음부터 실행될 수 없는 문제를 지닌다. 이 문제는 시스템 운영자가 실행시킬 전체 응용프로그램들의 크기를 사전에 계산하여 파티션 크기를 정하는 방식으로 해결된다. 그 당시에는 통계를 처리하거나 기업의 실적을 계산하는 등 실행시킬 응용프로그램들이 이미 정해져 있었기 때문에 운영자의 이러한 결정이 가능했었다.

그림 8-9 고정 크기로 메모리를 할당하는 IBM OS/360 MFT 운영체제

4.2 가변 크기 할당

고정 크기 할당은, 프로세스의 크기가 파티션의 크기보다 항상 작기 때문에 파티션 내에 사용되지 않는 메모리 낭비(내부 단편화)가 발생한다. 이러한 메모리 낭비를 줄이고 고정 개수의 프로세스를 실행시킬 수밖에 없는 한계를 해결하고자 가변 크기 할당이 제시되었다. 가변 크기 할당 기법은 프로세스의 크기가 모두 다른 것을 고려하여, 처음부터 파티션을 나누어 놓지 않고 각 프로세스에게 프로세스와 동일한 크기의 메모리를 할당한다.

그림 8-10은 IBM은 IBM OS/360 MVT(Multiple Programming with a Variable Number of Tasks) 운영체제에서 사용한 가변 크기 할당 방법을 보여주며, 할당되는 메모리 공간을 리전(region)이라고 불렀다(이 책에서 설명의 일관성을 위해 리전을 파티션이라고 부른다).

가변 크기 할당을 사용하면 수용 가능한 프로세스의 개수는 가변적이다. 프로세스가 도착하였을 때 가용 메모리가 부족하면, 실행 중인 프로세스가 종료되어 필요한 만큼 가용 공간이 생길 때까지 작업 큐에서 대기한다.

그림 8-10 가변 크기로 메모리를 할당하는 IBM OS/360 MVT 운영체제

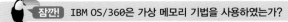

잠깐! IBM OS/360은 가상 메모리 기법을 사용하였는가?

IBM OS/360 MFT나 MVT 운영체제에서는 프로세스에게 물리 메모리를 어떻게 할당할 것인지가 관심거리였다. 가상 메모리는, 그 이후에 나온 메모리 관리 기법으로, 프로그램의 크기가 커지고 CPU의 성능이 올라감에 따라 더 많은 프로그램을 동시에 실행시키기 위해 메모리의 영역을 하드 디스크의 영역까지 늘려 고려하는 기법이다. 가상 메모리는 10장에서 다룬다.

4.3 단편화(fragmentation)

단편화란 프로세스에게 할당할 수 없는 작은 크기의 조각 메모리들이 생기는 현상을 뜻한다. 조각 메모리를 홀(hole)이라고 부르며 홀이 너무 작아 프로세스에게 할당할 수 없을 때 단편화가 발생한다. 단편화는 홀이 생기는 위치에 따라 내부 단편화(internal fragmentation)와 외부 단편화(external fragmentation)로 나뉜다. 연속 메모리 할당뿐 아니라 어떤 메모리 할당 정책을 사용해도 단편화는 발생하므로, 단편화로 인한 메모리 낭비를 줄이는 메모리 할당 정책이 좋은 정책이라 할 수 있다.

내부 단편화

내부 단편화는 프로세스에게 할당된 메모리 영역 내에 활용할 수 없는 홀이 생기는 경우이다. 내부 단편화는 고정 크기 파티션에서 볼 수 있다. IBM OS/360 MFT 운영체제의 경우, 그림 8-11(a)와 같이 프로세스의 크기는 파티션 크기보다 작거나 같기 때문에 그 차이만큼 내부에 홀이 발생하며, 이 홀은 다른 프로세스에게 할당할 수 없는 낭비 메모리가 되기 때문에 이 홀이 생기는 현상을 내부 단편화라고 부른다.

외부 단편화

외부 단편화는 할당된 메모리들 사이에 활용할 수 없는 홀이 생기는 경우이다. 가변 크기 파티션의 경우 외부 단편화가 나타난다. 크기가 다른 파티션이 할당되고 반환되기를 반복하면서 파티션과 파티션 사이의 홀이 발생하는데, 그 중 어떤 홀들은 너무 작아 프로세스에게 할당할 수 없는 단편화를 초래한다. 그림 8-11(b)는 IBM OS/360 MVT 운영체제에서 가변 크기 할당 시 외부 단편화가 발생하는 모습을 보여준다. 외부 단편화로 인해 할당할 메모리가 부족해지면 파티션을 이동시켜 홀을 없애는 메모리 압축(memory compaction) 기법을 사용할 수 있다.

파티션 내에 홀 발생

| 운영체제
주요 코드 및 데이터,
시스템 큐 영역 | ... | | | | | | |

파티션 n   파티션 4   파티션 3   파티션 2   파티션 1

(a) 고정 크기 할당 시 파티션 내에 내부 단편화 발생

파티션과 파티션 사이의 홀 발생

| 운영체제
주요 코드 및 데이터,
시스템 큐 영역 | ... | Region 5
(파티션 5) | Region 3
(파티션 3) | Region 1
(파티션 1) | 자주
사용되는
운영체제
코드 상주 |

(b) 가변 크기 할당 시 파티션과 파티션 사이에 외부 단편화 발생

그림 8-11 내부 단편화와 외부 단편화 사례

4.4 연속 메모리 할당 구현

고정 크기 할당이든 가변 크기 할당이든 상관없이 연속 메모리 할당을 구현하기 위해서는 하드웨어와 운영체제의 지원이 필요하다.

하드웨어 지원

연속 메모리 할당을 구현하기 위해, 하드웨어적으로는 프로세스의 실행 중에 논리 주소를 물리 주소로 변환하는 기능과 프로세스가 다른 프로세스의 메모리 액세스를 금지하는 기능이 구현되어야 한다. 이 기능들을 구현하기 위해 CPU에는 다음 레지스터들이 필요하다.

- base 레지스터 – 현재 실행 중인 프로세스에게 할당된 물리 메모리 시작 주소
- limit 레지스터 – 현재 실행 중인 프로세스에게 할당된 메모리 크기
- 주소 레지스터 – 현재 액세스하는 메모리의 논리 주소

그리고 CPU에서 나오는 논리 주소를 물리 주소로 바꾸는 다음 장치가 필요하다.

- 주소 변환 하드웨어(MMU) – 논리 주소를 물리 주소로 변환하는 장치

그림 8-12는 CPU 패키지 내에서 주소 변환과 메모리 보호가 일어나는 과정을 함께 보여준다. 각 프로세스가 사용하는 주소는 모두 논리 주소임을 상기하고 그림 8-12의 사례를 알아보자. 현재 실행 중인 프로세스는 물리 메모리 1000번지부터 800바이트에 할당되어 있다. 그러므로 CPU의 base 레지스터에는 1000이 들어 있고, limit 레지스터에는 800이 들어 있다. 프로세스의 실행 중에 CPU는 다음 명령을 읽어 들였고 이제 실행하려고 한다.

```
mov ax, [300]          ; 논리 주소 300번지의 데이터를 읽어 ax 레지스터에 저장
```

이 명령은 메모리 300번지의 데이터를 읽어 레지스터 ax에 저장하는 명령이다. 여기서 300은 논리 주소 300이다. 이 명령이 실행되려면 논리 주소 300이 물리 주소로 변환되어야 한다. CPU 가 주소 레지스터에 담긴 논리 주소 300을 출력하면, 주소 변환 하드웨어는 base 레지스터에 저 장된 물리 주소 1000과 논리 주소 300을 더해 물리 주소 1300을 만들고 이 주소를 CPU 패키지 바깥으로 내보낸다. 물리 주소 1300이 주소 버스를 타고 메모리에 전달되면 메모리는 1300번지 에 저장된 데이터를 데이터 버스에 내놓고 CPU가 이 값을 CPU 내부로 채어 간다.

한편, 주소 변환 하드웨어는 논리 주소를 물리 주소로 바꾸는 전 단계에서 다른 프로세스의 메모리를 보호하기 위해, 논리 주소를 limit 레지스터의 값과 비교하여 할당된 메모리 범위를 넘어섰다면 바로 시스템 오류 신호를 발생시키는 회로를 포함한다. 시스템 오류 신호가 발생하 면, CPU는 오류를 처리하는 커널 코드를 실행하고 현재 프로세스를 강제로 중단시킨다. 이렇게 함으로써 프로세스가 자신에게 할당된 영역을 넘어 다른 프로세스나 운영체제가 적재된 영역을 침범하지 못하도록 메모리를 보호한다.

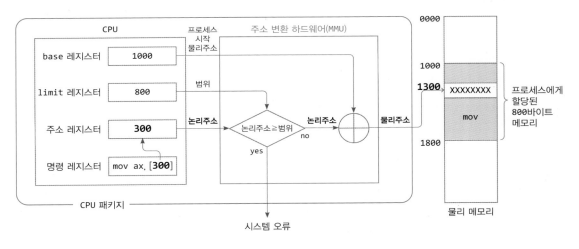

그림 8-12 연속 메모리 할당 운영 시 주소 변환과 메모리 보호

운영체제의 지원

운영체제는 연속 메모리 할당을 위해, 모든 프로세스에 대해 프로세스별로 할당된 '물리 메모 리의 시작 주소와 크기 정보'를 저장 관리하고 비어 있는 메모리 영역을 관리해야 한다. 그리고 새 프로세스를 스케줄링하여 실행시킬 때마다, 프로세스의 '물리 메모리의 시작 주소와 크기 정 보'를 CPU 내부의 base 레지스터와 limit 레지스터에 적재시켜야 한다.

CPU 캐시나 MMU, 실수연산장치(Floating Point Processor, Coprocessor, Math Processor 등으로 불림) 등이 출현할 당시, 이들은 모두 CPU 칩 바깥에 별도의 하드웨어로 만들어지고 CPU와 버스를 통해 연결되었다. 시간이 흐르고, 프로그램의 실행 속도를 높이기 위해 이들은 모두 CPU 칩 내부로 패키징되어 들어가게 되었다. 현대의 CPU 칩 안에는 명령을 읽고 해석하고 실행하는 전통적인 의미의 CPU 외, 캐시나 MMU 등 다른 하드웨어들이 들어와 있기 때문에 경우에 따라 용어의 혼란이 있다. CPU라고 할 때, 전통적인 의미의 CPU를 말하기도 하고 CPU 칩을 말하기도 한다. 예를 들어, CPU가 출력하는 주소가 논리 주소라고 말하는 문서들이 있다. 여기서 CPU가 CPU 칩 내부의 전통적인 CPU 부분을 언급하면 맞는 말이지만, CPU 칩을 언급하고 있다면 틀린 말이다. 현대 컴퓨터에서 CPU 칩(패키지)에서 출력되는 주소는 물리 주소이다. 이런 혼란을 막기 위해 이 책에서는 전통적인 CPU와 구분하기 위해 CPU 패키지 혹은 CPU 칩이라는 용어를 사용한다.

한편, IBM OS/360과 같은 연속 메모리 할당 운영체제가 사용되는 시절에는 주소 변환 하드웨어가 CPU 외부에 별도로 존재하였고 CPU 패키지라는 말도 없었다. 하지만, 이 책에서는 뒤에서 다룰 세그먼테이션과 페이징 설명의 일관성을 위해 CPU와 MMU(주소 변환 하드웨어)를 합쳐 CPU 패키지라고 부른다.

4.5 홀 선택 알고리즘/동적 메모리 할당

프로세스가 실행되고 종료하는 과정을 거치면서 메모리가 할당되고 반환되기를 반복하며, 이 과정에서 메모리에는 할당된 영역 사이에 홀들이 생긴다. 운영체제는 프로세스를 처음 실행시키거나 프로세스의 실행 도중 메모리가 요구될 때, 적당한 홀을 선택해서 할당해야 하는데 이를 홀 선택 알고리즘(hole selection algorithm) 혹은 동적 메모리 할당(dynamic memory allocation)이라고 한다.

고정 크기 할당 시 홀 선택 알고리즘은 단순하다. 운영체제는 홀(파티션)들을 가용 메모리 리스트로 만들어 관리하고 여기서 하나를 선택하면 된다.

하지만 가변 크기 할당을 사용한다면, 운영체제는 메모리 전체에 걸쳐 비어있는 영역, 즉 홀마다 '시작 주소와 크기' 정보를 구성하고, 이들을 홀 리스트(hole list 혹은 가용 메모리 리스트)로 만들고 관리해야 한다. 그리고 메모리 할당 요청이 발생하면 홀 리스트에서 적절한 홀을 선택해야 한다. 어떤 홀을 선택하느냐에 따라 성능이 달라지는데 다음은 대표적인 3가지 홀 선택 알고리즘이다.

- first-fit(최초 적합)
- best-fit(최적 적합)
- worst-fit(최악 적합)

- **first-fit**

  first-fit은 홀 리스트를 검색하여 처음으로 만나는, 요청 크기보다 큰 홀을 선택한다. 알고리즘의 속도는 빠르지만 외부 단편화로 인한 메모리 낭비가 크다.

- **best-fit**

  best-fit은 홀 리스트를 검색하여, 요청 크기를 수용하는 것 중 가장 작은 홀을 선택한다. best-fit의 경우 홀 리스트가 크기 별로 정렬되어 있지 않으면 홀을 전부 검색해야 하는 부담이 있다.

- **worst-fit**

  worst-fit은 홀 리스트를 검색하여, 요청 크기를 수용하는 것 중 가장 큰 홀을 선택한다. 이 방법 역시 홀 리스트가 크기 별로 정렬되어 있지 않으면 홀을 전부 검색해야 하는 부담이 있다.

  그림 8-13은 3가지 홀 선택 알고리즘의 실행 사례를 비교하여 보여준다. 그림에 요청 메모리의 크기를 그려놓았다. first-fit은 홀 리스트를 처음부터(왼쪽에서 오른쪽으로) 검색한 결과 홀2를 선택한다. 이것은 홀2가 처음으로 요청 크기를 수용할 수 있는 홀이기 때문이다. best-fit은 요청 크기와 가장 근접한 홀3을 선택한다. 홀3 안에서 요청 크기의 메모리를 할당하고 나면 작은 홀이 또 생긴다. worst-fit을 사용하면 가장 큰 홀4를 선택하고 홀4 내에 요청한 크기의 메모리를 할당한다. 그러고 나면 홀4 내에는 다시 큰 홀이 생기게 된다. worst fit은 잘 사용하지 않는다.

  홀 선택이나 동적 메모리 할당 알고리즘은 오늘날 힙 메모리를 관리하는 라이브러리나 응용 프로그램 내부에서도 메모리 관리를 위해 사용되고 있다.

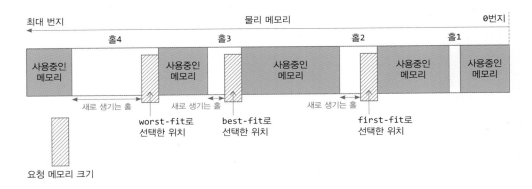

그림 8-13 3가지 홀 선택 알고리즘의 실행 사례

 **잠깐!** 홀과 단편화

홀은 메모리의 할당 과정에서 자연스럽게 생기며 큰 홀도 있고 작은 홀도 있다. 홀이 생기는 현상이 곧 단편화가 아니다. 메모리 할당 요청에 사용할 수 없게 된 작은 홀이 생기는 현상을 단편화라고 한다.

잠깐! 우리는 왜 과거를 배워야 하는가?

독자들 중에서는 지금은 사용하지 않는 '연속메모리할당'이나 'IBM OS/360'과 같은 오래된 운영체제의 메모리 할당 정책을 왜 다루는지 고개를 갸우뚱 거릴지도 모르겠다. 과거의 것이라고 다 의미 없지는 않다. 이들에 관한 지식은 컴퓨터 시스템의 기본을 이해하는데 도움을 준다. 또한 소프트웨어를 개발하는 과정에서 알고리즘을 설계하다 보면 과거 운영체제를 만들 때 고민했던 동일한 고민을 하게 되며, 이때 과거의 기술이 현재 시스템의 설계에 도움이 되기도 한다.

4.6 연속 메모리 할당의 장단점

연속 메모리 할당은 메모리 할당 알고리즘이 단순하여 구현이 용이하다. 그리고 논리 주소를 물리 주소로 바꾸는 과정이 단순하여 CPU가 메모리를 액세스하는 속도가 상대적으로 빠르다. 분할 메모리 할당에서 프로세스에게 할당된 여러 분할 메모리 영역을 관리하는 부담에 비하면, 프로세스마다 할당된 물리 메모리 영역을 관리하기 위해 물리 메모리의 시작 위치와 크기 정보만 관리하면 되므로 운영체제의 부담이 덜하다.

하지만, 연속 메모리 할당은 프로세스에게 하나의 연속된 메모리를 할당하므로 메모리 할당의 유연성이 부족하다. 즉, 작은 홀들을 합하면 메모리에 충분한 공간이 있음에도 불구하고 프로세스에게 연속된 메모리 공간을 할당할 수 없는 경우가 발생한다. 이런 경우 홀들을 한쪽으로 모아 큰 빈 메모리 공간을 만드는 메모리 압축(memory compaction) 과정이 필요하다. 만일 처음부터 프로세스에게 필요한 메모리를 예측하여 큰 메모리를 할당한다면 내부 단편화를 초래하는 메모리 낭비가 될 수도 있다.

4.7 버디 시스템

버디 시스템은 오늘날 리눅스의 커널 메모리 관리에 사용되는 메모리 할당 알고리즘이다. 버디 시스템은 메모리 할당과 반환 속도를 높이기 위해, 고정 크기 할당과 가변 크기 할당의 장점을 결합한 연속 메모리 할당 정책을 사용하는 것으로, 본문에서 다루지 않고 부록에 삽입하였으니 참고하기 바란다.

5 세그먼테이션 메모리 관리

5.1 세그먼테이션의 개요

세그먼테이션 메모리 관리 기법에서 프로세스를 구성하는 논리 블록을 세그먼트라고 부른다. 세그먼테이션 메모리 관리 기법은 프로세스를 논리 세그먼트들로 나누고 각 논리 세그먼트에 한 덩어리의 물리 메모리를 할당하는 정책이다. 이 물리 메모리 덩어리를 물리 세그먼트라고 부르며 크기는 서로 다르다.

운영체제마다 세그먼트를 서로 다르게 구성할 수 있지만 역사적으로 세그먼테이션을 사용하는 운영체제들은 세그먼트들을 다음과 같이 나누어왔다.

- 코드 세그먼트
- 데이터 세그먼트
- 스택 세그먼트
- 힙 세그먼트

프로그램 전체에 걸쳐 작성된 모든 코드들을 한데 모아 이를 코드 세그먼트라 하고, 프로그램 전체에 걸쳐 선언된 전역 변수들과 정적 변수들을 모아 데이터 세그먼트로 정의하며, 함수가 호출될 때 지역 변수나 매개변수, 리턴값들을 저장하는 메모리 공간을 스택 세그먼트로 다룬다. 그리고 프로세스가 실행 중에 동적으로 할당받는 메모리 영역을 힙 세그먼트라고 부른다.

세그먼테이션 기법으로 메모리가 관리되기 위해서는 컴파일러와 링커, 그리고 로더(loader)의 도움이 있어야 한다. 컴파일러와 링커는 응용 프로그램과 라이브러리의 코드를 한 군데로 모아 코드 세그먼트를 구성하고, 전역 변수들과 정적 변수들을 모아 데이터 세그먼트를 구성한 후 실행 파일을 생성한다. 프로그램이 실행될 때, 운영체제의 로더는 실행 파일 내에 구성되어 있는 각 논리 세그먼트에 대해 물리 메모리에서 동일한 크기로 물리 세그먼트를 할당하고, 논리 세그먼트를 물리 세그먼트에 적재한다. 그리고 운영체제는 프로세스 실행 시 필요한 크기의 스택 세그먼트와 동적 할당을 위한 힙 세그먼트를 물리 메모리에 할당한다.

5.2 논리 세그먼트와 물리 세그먼트의 매핑

세그먼테이션 기법을 사용하는 운영체제는 프로세스의 각 논리 세그먼트가 할당된 물리 메모리의 위치를 관리하기 위해 그림 8-14와 같은 세그먼트 테이블을 구성한다. 세그먼트 테이블은 프로세스별로 둘 수도 있지만, 프로세스 당 세그먼트의 개수가 작기 때문에 시스템 전체에 1개의 세그먼트 테이블을 이용하여 현재 적재된 모든 프로세스들의 세그먼트들을 관리한다.

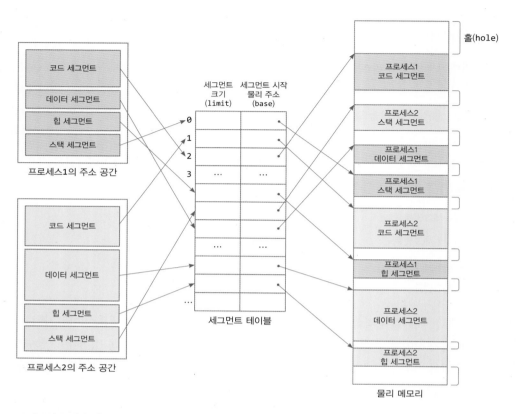

세그먼트 크기(limit)　세그먼트 시작 물리 주소(base)

세그먼트 테이블

프로세스1의 주소 공간

프로세스2의 주소 공간

홀(hole)

물리 메모리

※ 세그먼트 테이블은 시스템에 1개만 있다

그림 8-14 프로세스들의 논리 세그먼트와 물리 세그먼트의 매핑

세그먼트 테이블의 항목은 논리 세그먼트가 적재된 '세그먼트의 시작 물리 주소(base)'와 '세그먼트의 크기(limit)'로 구성되고, 세그먼트 테이블에는 현재 실행 중인 모든 프로세스에 대해 논리 세그먼트 당 하나의 항목이 저장된다.

프로세스가 실행되고 사라지는 과정이 반복되면 그림 8-14와 같이 자연스럽게 물리 메모리에는 물리 세그먼트들 사이에 홀이 생기며, 작은 홀들로 인해 외부 단편화가 초래된다. 또한 새로운 프로세스가 실행되면 운영체제는 프로세스의 각 세그먼트를 적재할 빈 홀을 찾기 위해 '홀 선택 알고리즘' 혹은 '동적 메모리 할당 알고리즘'을 사용한다.

5.3 세그먼테이션의 구현

세그먼테이션 메모리 관리가 실현되기 위해 어떤 요소들이 구현되어야 하는지 알아보자. CPU, 컴파일러와 링커, 운영체제, 로더 등이 모두 세그먼테이션을 지원해야 한다. 세그먼트에 대한 정의와 세그먼테이션의 구현은 CPU에 매우 의존적이며(뒷부분의 잠깐! 인텔의 세그먼테이션 구현 참조) 운영체제마다 다르게 구현될 수 있다. 이 절에서는 특정 CPU나 운영체제를 대상으로 하지 않고 세그먼테이션 구현을 위한 이론적인 내용을 설명한다.

하드웨어 지원

● **논리주소 구성**

프로그램 코드나 데이터의 주소는 세그먼트 내에서의 상대 주소(옵셋)로 컴파일되고 세그먼트에는 번호가 매겨진다. 그러므로 프로세스에서 사용되는 논리 주소는 다음과 같이 세그먼트 번호와 옵셋으로 구성되며, 옵셋은 세그먼트 내에서의 상대 주소이다.

```
세그먼테이션의 논리주소 = [ 세그먼트 번호(s), 옵셋(offset) ]
```

예를 들어 변수 n이 데이터 세그먼트 내 100번지에 있도록 컴파일되고 데이터 세그먼트가 적재될 때 2번 세그먼트에 할당된다면, 변수 n 값을 읽어오는 기계 명령은 다음과 같이 구성된다.

```
mov ds, 2
mov ax, [ds : 100]      ; 2번 세그먼트 내 100번지를 읽어 ax 레지스터에 저장
```

● **CPU**

세그먼트 테이블은 메모리에 저장되므로 CPU에는 세그먼트 테이블의 시작 주소를 가리키는 레지스터(segment table base register)가 필요하다. CPU에 의해 발생하는 논리 주소는 [세그먼트 번호, 옵셋]의 형태이다.

● **MMU**

MMU 장치에는 메모리 보호와 주소 변환의 두 기능이 구현된다. 논리 주소가 세그먼트 크기를 넘어서는지를 판별하는 기능과 논리 주소를 물리 주소로 바꾸는 기능이다. 그림 8-15는 이 두 기능이 구현되는 구조를 보여준다. CPU에서 논리 주소가 발생되면 먼저 메모리에 저장된 세그먼트 테이블에서 세그먼트 번호에 해당하는 항목이 읽혀진다. 그리고 이 항목의 limit 값과 논리 주소의 옵셋(offset)을 비교하여 offset이 limit보다 크면 논리 주소가 세그먼트의 영역을 벗어났으므로 바로 시스템 오류를 발생시킨다. offset이 limit보다 작으면 세그먼트 테이블의

항목에 들어 있는 물리 세그먼트의 시작 주소(base)와 offset을 더해 물리 주소를 출력한다. 시스템 오류가 발생하는 경우 물리 주소로 변환하는 회로는 작동되지 않는다.

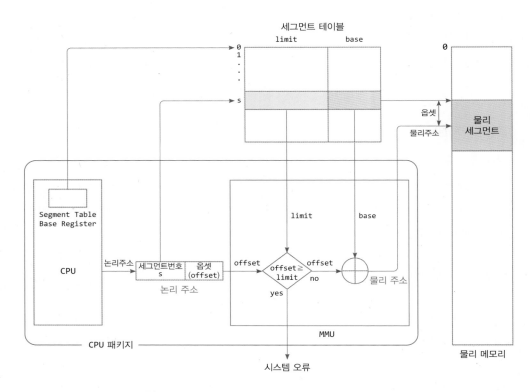

그림 8-15 세그먼테이션에서 논리 주소의 물리 주소 변환

● 세그먼트 테이블

가장 단순하고 쉬운 방법은 세그먼트 테이블을 메모리에 두는 것이다. 이 경우 CPU가 논리 주소를 발생하여 메모리를 액세스할 때마다, 현재 세그먼트(s)의 limit과 base 값을 알아내기 위해 메모리에 있는 세그먼트 테이블 항목을 읽어 와야 해서 실행 속도에 큰 부담이 된다. 주소 변환 속도를 빠르게 하기 위해 세그먼트 테이블의 일부를 MMU 내에 두기도 한다.

운영체제 지원

운영체제는 현재 할당된 물리 세그먼트들의 리스트와 빈 메모리(홀) 리스트로 만들고 관리해야 한다. 또한 세그먼트 테이블을 생성, 관리, 유지해야 한다. 프로세스가 생성될 때마다 논리 세그먼트를 적재할 물리 세그먼트를 빈 메모리 리스트에서 찾아 할당하고, 프로세스가 종료할 때마다 할당된 물리 세그먼트를 반환하는 기능을 가지고 있어야 한다.

컴파일러, 링커, 로더 지원

세그먼테이션 기법이 컴퓨터 시스템에서 사용되기 위해서는 사용자 프로그램은 컴파일러에 의해 사전에 정의된 세그먼트들로 분할되고 링킹되어야 하며 기계 명령에 들어가는 메모리 주소 역시 [세그먼트 번호, 옵셋] 형식으로 컴파일되어야 한다. 운영체제의 일부분인 로더 역시 실행 파일에 만들어진 논리 세그먼트들을 인지하고 이들을 물리 메모리의 빈 영역을 할당받아 적재하며 세그먼트 테이블을 갱신해야 한다.

 잠깐! 인텔의 세그먼테이션 구현

인텔은 세그먼테이션 기법으로 메모리를 관리하기 위해 프로세스를 code segment, data segment, stack segment, extra segment의 4개 세그먼트로 나누고, CPU에 각 세그먼트의 물리 메모리 시작 주소를 저장하는 4개의 레지스터 CS, DS, SS, ES를 둔다. 그리고 CPU는 실행 중에 논리 주소를 물리 주소로 바꾸어 메모리를 액세스한다. 컴파일러 역시 인텔 CPU의 구조에 맞추어 프로그램을 세그먼트로 나누고 컴파일한다. 인텔의 경우를 통해서, 세그먼테이션 기법이 CPU에 매우 의존적임을 알 수 있다.

5.4 단편화

세그먼테이션 기법은 프로세스에게 가변 크기로 물리 세그먼트들을 할당하므로 그림 8-14와 같이 할당하기에 너무 작은 홀들이 생기는 외부 단편화가 필연적으로 발생한다. 하지만 논리 세그먼트와 동일한 크기의 물리 세그먼트를 할당하기 때문에 내부 단편화는 없다.

◉ 메모리 계층 구조와 메모리 관리 핵심

- 컴퓨터 시스템에는 다양한 기억 장치들이 메모리 계층 구조를 형성한다. 메모리 계층 구조는 CPU 레지스터에서부터 CPU 내의 캐시, CPU 바깥에 있는 캐시, 메인 메모리, 디스크와 같은 보조 기억 장치 순으로 연결된다. 기억 장치는 CPU에 가까울수록 용량이 적고 가격은 비싸고 속도는 빠르다.

- 메모리 계층 구조를 만드는 이유는 CPU의 메모리 액세스 속도를 높이기 위해서이다.

- 프로그램이 실행되기 위해서는 메모리 계층 구조를 따라 보조기억장치에서 메인 메모리로, 메인 메모리에서 CPU 캐시로 코드와 데이터가 이동하며, CPU는 오직 캐시에 들어 있는 명령과 데이터를 CPU 내 레지스터로 읽어 와서 실행한다.

- 메모리 계층화가 성공적인 이유는 참조의 지역성에 있다. 참조의 지역성은 코드나 데이터가 아주 짧은 시간 내에 다시 사용되는 프로그램의 특성으로, 빠른 속도의 작은 캐시를 사용하는데서 얻는 실행 속도 이득이 크다.

- 운영체제의 메모리 관리가 필요한 이유는 첫째, 메모리는 공유 자원이고, 둘째, 프로세스가 할당받은 메모리 영역을 다른 프로세스로부터 보호해야 하고, 셋째, 메모리 용량 한계의 극복책이 필요하며, 넷째, 한정된 메모리에 가능한 많은 프로세스를 실행시켜 메모리 효율을 높이기 위해서이다.

◉ 메모리 주소

- 물리 주소는 하드웨어 메모리의 주소이고, 논리 주소는 프로세스 내에서 사용되는 코드와 데이터에 대한 주소로서 물리 주소로 바뀌어서 물리 메모리가 액세스된다.

- MMU는 논리 주소를 물리 주소로 바꾸는 주소 변환 하드웨어 장치로 오늘날 MMU는 CPU 패키지 내에 존재한다.

- CPU 내에서 다루어지는 주소는 논리 주소이며, MMU에 의해 변환되어 CPU 패키지 바깥으로 나오는 주소는 물리 주소이고 물리 주소는 주소 버스를 타고 메모리에 전달된다.

◉ 물리 메모리 관리

- 프로세스에게 필요한 물리 메모리를 할당하는 방법은 연속 메모리 할당과 분할 메모리 할당이 있다.

- 연속 메모리 할당은 연속된 한 덩어리의 메모리 영역을 할당하는 방법이고, 분할 메모리 할당은 여러 개의 덩어리로 나누어 메모리를 할당하는 방법이다.

◉ 연속 메모리 할당

- 연속 메모리 할당은 고정 크기 할당과 가변 크기 할당으로 나뉜다. 고정 크기 할당은 물리 메모리를 파티션이라고 불리는 고정 크기로 분할해놓고 프로세스마다 1개의 파티션을 할당하는 방법으로 파티션 크기보다 큰 프로세스를 실행시킬 수 없고 메모리에 수용할 수 있는 프로세스의 개수가 정해져 있는 고전적인 방법이다. 파티션 내에 내부 단편화가 발생한다.

- 연속 메모리 할당 중 가변 크기 할당은 프로세스에 프로세스 크기와 동일한 크기로 파티션을 할당하는 고전적인 방법으로 메모리에 적재되는 프로세스의 개수는 가변적이다. 파티션과 파티션 사이에 외부 단편화가 발생한다.

- 내부 단편화는 할당된 메모리 내에 사용되지 않는 메모리이며, 외부 단편화는 할당된 메모리 사이에 사용할 수 없는 작은 크기의 메모리가 발행하는 현상이다.

- 연속 메모리 할당을 구현하기 위해서는 CPU 내에 현재 실행중인 프로세스에게 할당된 물리 메모리의 시작 주소를 저장하는 base 레지스터, 할당된 메모리 크기를 저장하는 limit 레지스터, 논리 주소를 담은 주소 레지스터가 필요하다.

- 연속 메모리 할당에서 논리 주소를 물리 주소로 바꾸는 과정은, 논리 주소가 limit 레지스터보다 큰 경우 시스템 오류로 처리하고, 아닌 경우 논리 주소에 base 레지스터를 더하여 물리 주소로 바꾼다. 운영체제는 모든 프로세스

에 대해 프로세스의 크기와 프로세스가 적재된 물리 메모리의 시작 주소를 저장 관리하고 프로세스가 실행을 시작할 때 CPU의 limit 레지스터와 base 레지스터에 각각 적재시킨다.

- 분할 메모리 할당은 세그먼테이션과 페이징 방법으로 나뉜다.

💡 홀 선택 알고리즘/동적 메모리 할당

- 홀(hole)이란 물리 메모리에서 할당된 메모리들 사이에 비어 있는 메모리 공간을 뜻한다.

- 홀 선택 알고리즘은 메모리 할당 요청을 받았을 때 적당한 홀을 선택하는 알고리즘으로 동적 메모리 할당 알고리즘이라고도 한다.

- 홀 선택 알고리즘에는 최초 적합(fitst-fit), 최적 적합(best-fit), 최악 적합(worst-fit) 등이 있으며, 최초 적합은 홀 리스트에서 처음 만나는 홀을 선택하는 방법이며, 최적 적합은 요청 크기에 가장 근접한 홀을 선택하는 방법이며, 최악 적합은 가장 큰 홀을 선택하는 방법이다.

💡 버디 시스템(부록 E)

- 버디 시스템은 가변 크기 할당 정책의 심각한 외부 단편화 문제를 해결하기 위해 제안되었다.

- 버디 시스템은 각 메모리 할당 요청에 대해 한 개의 연속된 메모리 블록을 할당하는 정책으로, 4KB, 8KB, 16KB, 32KB, … 등, 2^n 크기의 고정 크기 블록을 할당한다.

- 버디 시스템의 메모리 할당 과정은, 요청 크기가 K인 경우 $2^n-1 < K <= 2^n$의 조건을 만족하는 2^n 크기의 빈 블록을 할당한다. 예를 들어 7KB가 요청되면 8KB 크기의 블록을 할당한다. 만일 2^n 크기의 빈 블록이 없는 경우, 앞의 조건을 만족하는 2^n 크기의 블록이 생길 때까지 높은 차수의 블록을 반으로 나누는 작업을 반복 실행한다. 예를 들어 7KB를 요청받았다면, 8KB 빈 블록을 찾고, 없으면 16KB 빈 블록을 찾고, 또 없으면 32KB 빈 블록을 찾는다. 32KB 빈 블록을 찾았으면 2개의 16KB 블록으로 나누고 그 중 한 개를 다시 2개의 8KB 블록으로 나누고 이 중 한 개를 할당한다. 반으로 분할된 두 블록을 서로 버디라고 부른다.

- 버디 시스템의 메모리 반환 과정은, 블록을 단순히 빈 블록 리스트에 넣으면 된다. 이 과정에서 인접한 빈 블록이 버디이면 이 둘을 병합하여 한 차수 큰 블록을 구성한다. 병합 과정은 버디가 없을 때까지 반복된다.

- 버디 시스템은 단순하여 구현이 쉽고 할당 및 반환 속도가 빠르고 외부 단편화가 작게 발생하는 장점을 가지지만, 요청 크기보다 항상 크거나 같은 블록이 할당되므로 내부 단편화가 발생한다. 내부 단편화에도 불구하고 다른 장점들로 인해 리눅스 등에서 사용되고 있다.

💡 세그먼테이션 메모리 관리

- 세그먼테이션은 프로세스를 세그먼트라고 불리는 논리적인 블록들로 분할한다. 프로세스의 각 논리 세그먼트는 물리 메모리에 동일한 크기로 적재되는데 이를 물리 세그먼트라고 한다.

- 페이징은 프로세스를 페이지라고 부르는 고정 크기의 블록으로 분할한다. 물리 메모리 역시 페이지와 동일한 크기로 분할하고 프레임이라고 부른다. 프로세스의 각 페이지는 0부터 번호가 매겨지고 물리 메모리에 있는 임의의 빈 프레임에 적재된다.

- 세그먼테이션에서는 물리 세그먼트들 사이에 외부 단편화가 발생하지만 내부 단편화는 발생하지 않는다. 페이징에서 프로세스의 마지막 페이지가 꽉 차지 않는 경우 내부 단편화가 발생하지만 외부 단편화는 발생하지 않는다.

- 세그먼테이션에서는 실행중인 모든 프로세스들의 모든 논리 세그먼트에 대해 적재된 물리 세그먼트의 메모리 주소를 기록하는 세그먼트 테이블을 시스템 전체에 1개 둔다.

- 세그먼테이션에서 논리 주소는 (세그먼트번호, 옵셋)으로 구성되며, 세그먼트 테이블에서 세그먼트번호에 해당하는 물리 세그먼트의 주소를 알아내고 이 주소와 옵셋을 결합하여 물리 주소를 결정한다.

개념 체크

1. 컴퓨터 시스템에서 메모리 계층 구조를 이루는 근본 이유는 무엇인가?

 ① CPU의 메모리 액세스 속도를 높이기 위해

 ② 컴퓨터 내 저장 용량을 늘리기 위해

 ③ 가격이 싼 메모리를 사용하여 컴퓨터의 가격을 낮추기 위해

 ④ 저장 공간을 다양화 하기 위해

2. 메모리 계층화가 성공적인 이유는?

 ① 참조의 지역성 때문   ② CPU 캐시 때문

 ③ 메모리의 가격 하락 때문   ④ CPU의 속도 증가 때문

3. 메모리 계층 구조에서 가장 빠른 메모리는?

 ① 디스크 캐시   ② 메인 메모리 RAM

 ③ CPU 내부에 있는 캐시 메모리   ④ CPU 레지스터

4. 메모리 계층 구조를 구성하는 기억 장치들의 특징으로 틀린 것은?

 ① 용량이 클수록 속도도 빠르다.

 ② 캐시 메모리는 메인 메모리에 비해 거의 10배 이상 속도가 빠르다.

 ③ 캐시 메모리가 빠를수록 CPU의 처리 능력은 커진다.

 ④ 캐시 메모리를 많이 사용하지 못하는 것은 비용 문제이다.

5. 다음 문장의 빈 곳에 보기 중에서 적절한 단어를 삽입하여 문장을 완성하라.

> (   )는 개발자나 프로그램에서 사용하는 주소로 0번지부터 시작되고 연속된다. CPU는 (   )를 (   )
> 로 변환하는 (   )를 내장하고 있다. CPU의 PC(Program Counter) 레지스터에 들어 있는 주소는
> (   )이다. 시스템 버스를 통해 전달되는 주소는 (   )이고 그 범위는 CPU의 (   )의 크기에 달려
> 있다. 개발자나 응용프로그램에서는 작성된 코드의 (   )는 알 수 있으나 (   )는 알 수 없다.

보기

논리 주소, MMU, 캐시, 연산장치, 데이터버스, 제어장치, 물리 주소, 제어버스, 주소버스

6. 운영체제의 메모리 관리 목표에 해당하지 않는 것은?

　　① 메모리를 연속적으로 할당함으로써 프로세스의 실행 성능 향상

　　② 프로세스에게 할당된 메모리를 다른 프로세스로부터 보호

　　③ 메모리 용량 한계 극복

　　④ 메모리에 가능한 많은 프로세스를 적재하고 실행하는 메모리 고효율성

7. 논리 주소에 대해 잘못 설명한 것은?

　　① 프로세스에 의해 사용되는 주소이다.

　　② 모든 프로세스는 각각 0번지에서부터 시작하는 논리 주소를 가진다.

　　③ CPU의 PC 레지스터에는 다음에 액세스할 명령의 주소가 들어 있는데 이 주소는 물리 주소이다.

　　④ 메모리 액세스 시 논리 주소는 MMU에 의해 물리 주소로 바뀐다.

8. 물리 주소에 대한 설명으로 잘못된 것은?

　　① 컴파일러가 생성한 주소는 논리 주소이다.

　　② 메모리에 대한 하드웨어 주소가 물리주소이며 0번지에서 시작한다.

　　③ 커널 코드는 물리 주소만 사용한다. 왜냐하면 커널 코드의 빠른 실행을 위해 논리 주소를 물리 주소로 바꾸는
　　　시간을 없애기 위해서이다.

　　④ 논리 주소를 물리 주소로 바꾸는 장치를 MMU라고 부른다.

9. 다음 프로그램은 C 언어에서 100바이트의 메모리를 동적 할당 받는 코드이다. 포인터 변수 p에는 동적 할당받은 메
모리의 주소가 들어 있다. 포인터 변수 p에 들어 있는 주소는 무슨 주소인가?

```
int *p = (int*)malloc(100);
```

　　① 논리 주소　　　　　　　　　　　　　　② 물리 주소

　　③ 옵셋 주소　　　　　　　　　　　　　　④ 절대 주소

10. 다음 중 절대 주소 300번지는?

　　① 황수연 학생은 자신이 작성한 C 프로그램의 배열 n의 시작 주소가 300번지라는 것을 디버거를 통해 보았다.

　　② CPU 패키지를 통해 출력된 주소 300이 주소 버스를 타고 메모리 장치에 도달하였다.

　　③ 컴파일러는 변수 n을 300번지에 할당하고, n=10;의 코드를 300번지에 10을 넣도록 컴파일하였다.

　　④ malloc(10)을 이용하여 동적 할당받은 10바이트의 시작 주소를 출력하니 300번지이다.

11. 비주얼 스튜디오를 이용하여 C 응용프로그램을 작성하고 컴파일하였다. 응용프로그램 내에 선언된 변수 n의 절대주
소를 알 수 있는 존재는?

　　① 프로그램 사용자　　　　　　　　　　　② 비주얼 스튜디오 컴파일러

　　③ 비주얼 스튜디오 디버거　　　　　　　　④ 위의 어떤 것도 알 수 없다.

12. 연속 메모리 할당이 분할 메모리 할당보다 나은 면은?

① 논리 주소와 물리 주소 사이의 매핑 과정이 단순하여 상대적으로 빠른 프로세스의 실행

② 단편화가 생기지 않음

③ 적은 메모리를 효율적으로 사용

④ 메모리를 연속적으로 할당하여 메모리 낭비 최소화

13. 분할 메모리 할당은 연속 메모리 할당의 어떤 면을 개선하기 위한 것인가?

① 메모리 할당 시간을 개선하기 위해

② 여러 개의 물리 메모리(RAM)로 메모리 확장을 용이하게 하기 위해

③ 사용자 공간과 커널 공간의 관리를 쉽게 하기 위해

④ 메모리에 빈 영역이 많이 산재되어 있음에도 불구하고 프로세스를 적재할 수 없는 메모리 할당의 경직성을 극복하기 위해

14. 다음 중 내부 단편화가 발생하는 것을 모두 골라라?

① 페이징

② 세그먼테이션

③ 고정 크기 연속 메모리 할당

④ 가변 크기 연속 메모리 할당

15. 세그먼테이션과 페이징에 대해 잘못 설명한 것은?

① 세그먼테이션이나 페이징 모두 세그먼트 테이블과 페이지 테이블이 프로세스마다 1개씩 존재한다.

② 세그먼트 크기는 가변적이나 페이지 크기는 고정적이다.

③ 세그먼트는 내용에 따라 나누어지며 페이지는 주소에 따라 나누어진다.

④ 논리 주소는 세그먼테이션에서는 (세그먼트번호, 옵셋)으로, 페이징에서는 (페이지번호, 옵셋)으로 구성된다.

16. 홀 선택 알고리즘 중 요청하는 메모리 크기를 수용하는 홀(비어 있는 메모리 공간) 중 가장 작은 홀을 선택하는 알고리즘은 무엇인가?

① first-fit   ② best-fit

③ worst-fit   ④ small-fit

17. 홀 선택 알고리즘은 메모리의 홀(비어 있는 메모리 공간) 중에서 선택하여 요청된 메모리를 할당한다. 요청 크기와 홀의 크기가 같지 않는 경우 할당된 홀에 새로운 홀이 생기게 된다. 이 때 보기 중에서 가장 큰 홀이 만들어지는 알고리즘은 무엇인가?

① first-fit   ② best-fit

③ worst-fit   ④ small-fit

18. 세그먼테이션 메모리 관리 기법에서 세그먼트 테이블의 항목은 어떤 정보로 구성되는가?

① 세그먼트 번호와 세그먼트의 물리 주소

② 세그먼트의 크기와 세그먼트의 물리 주소

③ 세그먼트 번호, 세그먼트 크기, 세그먼트의 물리 주소

④ 프로세스 번호, 세그먼트 번호, 세그먼트 크기, 세그먼트의 물리 주소

19. 세그먼테이션 메모리 관리 기법에서 세그먼트 테이블의 항목에는 세그먼트의 크기 정보가 저장된다. 이것은 어떤 목적으로 사용되는가?

① 세그먼트를 크기 별로 관리하기 위해

② CPU가 발생하는 논리 주소가 물리 주소로 바꾸기 위해

③ 물리 메모리에 할당된 전체 세그먼트들의 총량을 알기 위해

④ CPU에 의해 발생된 논리 주소가 세그먼트가 할당된 물리 메모리의 영역을 넘어섰는지 판단하기 위해

20. 현대의 컴퓨터에서 CPU 패키지 안에 들어 있지 않는 것은?

① ALU   ② MMU

③ CPU 캐시   ④ SSD

복합 문제

1. CPU 캐시 메모리는 크기가 작기 때문에 당장 실행할 프로그램의 코드와 데이터 일부분만 둘 수밖에 없다. CPU가 캐시 메모리에 적재된 코드를 실행하고 나면, 다음 코드나 데이터가 캐시로 복사되는 동안 CPU는 기다려야 한다. CPU의 기다리는 시간이 길거나 캐시로 복사되는 횟수가 잦다면, 캐시가 아무리 빠른들 CPU의 대기 시간이 길어져서 프로그램의 실행 성능이 좋아질 수 있는지 의문이 든다. 그럼에도 불구하고 캐시를 사용하면 프로그램의 실행 성능이 좋아지는 이유는 무엇인가?

2. 컴퓨터 시스템에서 논리 주소와 물리 주소를 두고 논리 주소를 물리 주소로 바꾸어 메모리를 액세스한다. 이렇게 하면 주소 변환에 따른 시간이 소모되는데 왜 이런 식으로 설계되어 있는지 이유를 설명하라.

3. 다음은 메모리 계층 구조를 보여준다. 프로그램이 실행되기 위해 보조 기억 장치에 저장된 실행 파일의 코드와 데이터가 메모리 계층 구조에서 이동하는 과정을 그리고 설명하라.

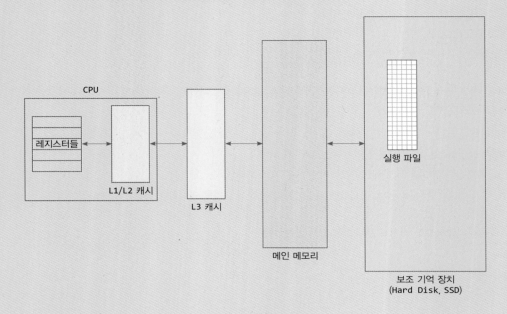

4. 연속 메모리 할당 기법 중 가변 메모리 할당 기법을 사용하는 운영체제가 있다고 할 때 현재 메모리의 할당 상황은 그림과 같다. 그림에서 흰색으로 비어있는 부분이 할당되지 않은 빈 메모리(홀)이며 적힌 숫자는 홀의 크기이다.

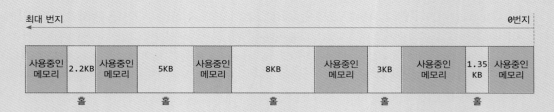

(1) 이때 운영체제가 2KB의 메모리 할당을 요청받았다면, first-fit, best-fit, worst-fit 알고리즘을 각각 사용하였을 경우 빈 메모리 영역 중 어느 영역에 메모리를 할당할 것인지 그림에 표시하라.

(2) 운영체제가 best-fit 알고리즘으로 2KB의 메모리를 할당하고 나서 생기는 새로운 홀의 크기는 얼마인가?

Chapter

09

페이징
메모리 관리

학습 키워드 정리

페이징, 페이지, 논리 페이지, 물리 페이지, 프레임, 페이지 테이블, PTBR(Page Table Base Register), 논리 주소의
물리 주소 변환, TLB, TLB 미스, TLB 히트, 참조의 지역성, TLB 범위(TLB reach), 역페이지 테이블, 멀티레벨 페이지
테이블, 2-레벨 페이지 테이블

CHAPTER

OPERATING SYSTEM

09 페이징 메모리 관리

1 페이징 메모리 관리 개요

1.1 페이징 개념

페이징(paging)은 프로세스의 주소 공간을 0번지부터 페이지(page)로 불리는 고정 크기로 나누고 물리 메모리 역시 0번지부터 페이지와 동일한 크기로 분할하여, 프로세스의 각 페이지를 물리 메모리의 임의의 페이지에 분산 할당하는 메모리 관리 기법이다. 물리 메모리에서 페이지 크기의 메모리 블록을 프레임(frame), 페이지 프레임(page frame), 혹은 물리 페이지(physical page)라고 부른다. 페이지는 대부분 4KB로 설정되지만, 시스템에 따라 8KB, 16MB 등으로 설정되기도 한다.

페이징 기법의 기본 이론은 프로세스의 주소 공간을 페이지 크기로 일률적으로 나누고 페이지 경계를 고려하지 않고 코드, 데이터, 힙을 연이어 배치한다. 그러므로 코드가 담긴 마지막 페이지에 데이터 영역이 시작되고 데이터 영역의 마지막 페이지 내에 힙 영역이 시작된다. 하지만 실제 운영체제들은 코드, 데이터, 힙 등을 쉽게 관리하기 위해 데이터와 힙 영역이 새 페이지에서 시작하도록 배치한다. 이 책에서는 페이징 기본 이론에 준하여 설명한다.

그림 9-1은 물리 메모리가 프레임으로 분할되어 있는 것과, 프로세스의 각 페이지가 페이지 테이블을 통해 물리 프레임에 매핑된 사례를 보여준다. 페이지 테이블의 각 항목(PTE, Page Table Entry)에는 페이지의 프레임 번호가 기록된다. 예를 들어, 프로세스1의 페이지 0은 프레임 7에, 페이지 1은 프레임 1에 저장되어 있다. 프로세스의 주소 공간은 논리 주소 0번지부터 시작하여 이어져 있지만, 프로세스는 물리 메모리의 여러 프레임에 분산 할당되어 있다. 프로세스마다 페이지와 물리 프레임을 매핑하는 페이지 테이블이 존재하며, MMU 장치는 페이지 테이블을 이용하여 논리 주소를 물리 주소로 변환한다.

> 페이지 테이블은 프로세스마다 만들어지며, 프로세스에 속한 모든 스레드는 실행 시 프로세스의 페이지 테이블을 이용한다.

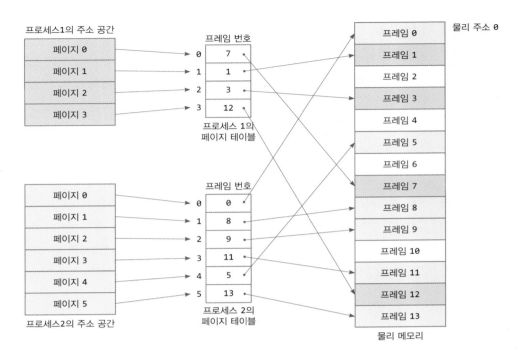

그림 9-1 프로세스의 페이지와 물리 메모리 프레임

페이징의 우수성

분할 할당의 대표적인 두 방법인 세그먼테이션과 페이징 중 어떤 것이 더 우수할까? 페이징이 여러 면에서 우수하다. 그 이유를 알아보자.

첫째, 구현이 쉽다(easy). 페이징은 메모리를 0번지부터 고정 크기의 페이지로 분할하기 때문에 세그먼테이션보다 이해하기 쉽고 구현하기 쉽다.

둘째, 이식성이 높다(portable). 페이징은 CPU에 의존적이지 않기 때문에 다양한 컴퓨터 시스템에 동일한 방식으로 쉽게 구현 가능하다.

셋째, 융통성이 높다(flexible). 시스템에 따라 혹은 응용에 따라 페이지의 크기를 달리 설정할 수 있다.

넷째, 세그먼테이션에서 발생하는 외부 단편화가 없고 홀 선택 알고리즘을 실행할 필요가 없어 메모리 활용과 시간 오버헤드 면에서 훨씬 우수하다. 물론 내부 단편화가 발생하지만, 그 크기는 매우 작다.

1.2 페이지 테이블

그림 9-1은 프로세스가 적재될 때 필요한 페이지가 모두 할당되는 초기 페이징 시스템의 모습이며, 오늘날 페이징이 사용되는 모습과는 차이가 있다. 예를 들어 32비트 CPU의 경우 한 프로세스의 주소 공간은 2^{32}바이트=4GB의 크기이므로(3장 1절에서 설명) 오늘날 시스템은 그림 9-2와 같이 구성된다.

그림 9-2는 32비트 CPU를 가진 컴퓨터 즉 4GB의 주소 공간을 가지는 프로세스에 대해 프로세스의 주소 공간과 페이지 테이블, 물리 메모리의 관계를 사례를 통해 보여준다. 페이지는 4KB이고, 코드는 페이지0~페이지2에 걸쳐 있고, 데이터는 페이지2~페이지3에, 힙은 페이지3~페이지4에 걸쳐있다. 그리고 스택은 사용자 공간의 맨 마지막 페이지에 형성되며, 프로세스가 스택 공간에서 한 페이지를 사용하고 있다. 현재 이 프로세스는 사용자 공간에서 총 6개의 페이지를 사용하고 있으므로 프로세스의 크기는 약 6x4KB = 24KB 정도이며 페이지 테이블의 많은 항목들은 비어있다.

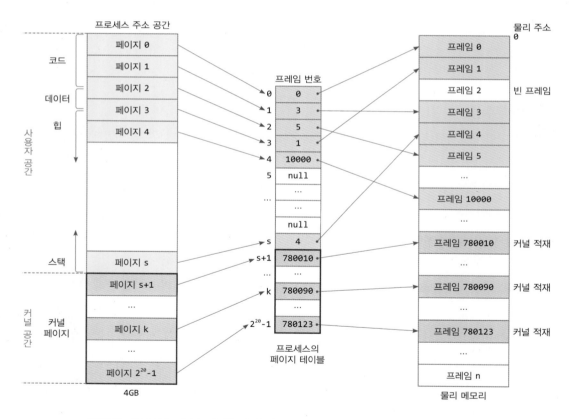

그림 9-2 32비트 주소 체계를 가진 컴퓨터에서 프로세스의 주소 공간과 물리 메모리

프로세스가 동적 할당 받을 때

프로세스의 힙과 스택 영역은 프로세스의 실행 중에 페이지가 생기기도 하고 소멸되기도 하면서 계속 변한다. 프로세스의 실행 중에 프로세스가 어떻게 변해나가는지 프로세스가 동적 메모리를 할당받는 과정을 통해서 알아보자.

그림 9-2의 상황에서 프로세스가 200바이트를 동적 할당받는 다음 코드를 실행한다고 하자.

```
char *p = (char*)malloc(200); // 프로세스의 힙 영역에서 200 바이트 동적 할당
```

운영체제는 malloc(200) 함수가 요청한 200바이트의 메모리를 할당하기 위해 먼저 프로세스의 힙 영역에 페이지 5를 할당하고(페이지 4를 모두 사용하고 있다고 가정), 비어 있는 물리 프레임 2를 할당하여 프로세스 페이지 테이블의 항목 5에 프레임 번호 2를 기록하면 그림 9-3과 같이 된다. 그러고 나서 페이지 5의 앞 200바이트를 malloc(200)의 요청 결과로 할당해준다.

malloc(200) 함수는 페이지 번호 5의 논리 주소인 20480을 리턴하여 포인터 변수 p에는 20480이 저장된다. 페이지 5의 시작 주소 20480은 5×4KB=20KB=20×1024=20480로 계산된 주소이다. 그리고 프레임 2의 물리 주소는 2×4KB=8192번지이다.

이제 다음과 같이 포인터 p가 가리키는 메모리에 'a'를 기록하면,

```
*p = 'a'; // 페이지 5에 문자 'a' 기록
```

CPU는 논리 주소 20480 번지에 'a'를 저장하는 것으로 실행하지만, 실제로는 MMU에 의해 논리 주소 20480이 물리 주소 8192로 바뀌어 물리 메모리 8192 번지에 'a'가 저장된다.

또한 다음과 같이 free(p)를 실행하여 할당받은 메모리를 반환한다면,

```
free(p);
```

페이지 5 내에 할당된 200바이트가 반환되는데, 반환 후 페이지 5 전체가 비게 되므로 페이지 5와 프레임 2가 모두 반환되어 다음 물리 메모리 할당 시에 사용될 것이다. 또한 페이지 테이블의 항목 5에 null이 기록된다.

프로세스의 함수들이 호출될 때도 프로세스의 스택 영역의 s-1번 페이지가 함수의 스택으로 추가 활용되고 이 페이지를 적재할 물리 프레임이 할당된다. 그리고 페이지 테이블의 s-1번째 항목에 프레임 번호가 기록된다.

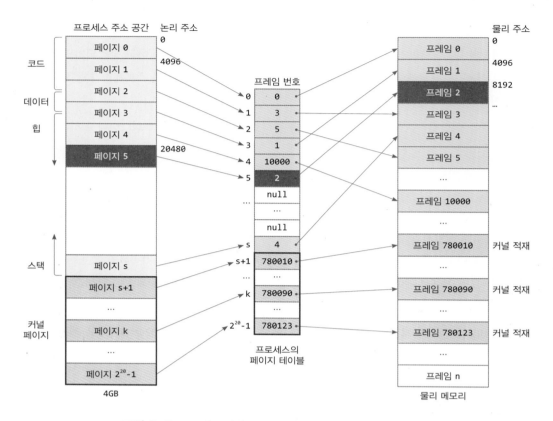

그림 9-3 프로세스 실행 중 200 바이트를 동적으로 할당받을 때

시스템 호출시 프로세스의 페이지 테이블 활용

그림 9-2와 그림 9-3에서 프로세스 주소 공간 중 커널 페이지들을 물리 프레임에 매핑하는 프로세스 테이블 항목들을 볼 수 있다. 프로세스의 주소 공간에서 커널 페이지가 활용되는 경우는 프로세스가 시스템 호출을 실행하는 경우이다.

그림 9-3의 상황에서 페이지 1에 담긴 코드를 실행하던 도중 시스템 호출이 일어나서 그림 9-4와 같이 페이지 k(커널 공간)의 커널 코드를 실행하게 된다고 하자. 커널 코드 역시 논리 주소로 컴파일되어 있기 때문에, '현재 프로세스의 페이지 테이블'에서 페이지 k가 저장된 물리 프레임 780090을 알아내고, 물리 프레임 780090에 적재된 커널 코드를 실행하게 된다.

이 과정을 통해 다음과 같은 사실을 알 수 있다.

커널 코드도 논리 주소로 되어 있으며, 시스템 호출을 통해 커널 코드가 실행될 때 현재 프로세스의 페이지 테이블을 이용하여 물리 주소로 변환된다.

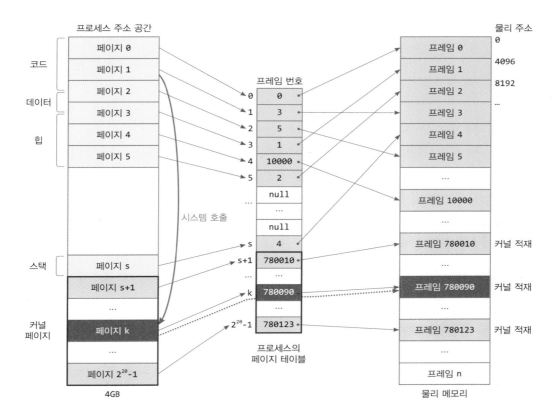

프로세스 주소 공간

코드
데이터
힙

스택

커널
페이지

4GB

페이지 0
페이지 1
페이지 2
페이지 3
페이지 4
페이지 5

시스템 호출

페이지 s
페이지 s+1
...
페이지 k
...
페이지 2²⁰-1

프레임 번호

0 0
1 3
2 5
3 1
4 10000
5 2
   null
   ...
   null
s 4
s+1 780010
k 780090
   ...
2²⁰-1 780123

프로세스의
페이지 테이블

물리 주소
0
프레임 0
4096
프레임 1
8192
프레임 2
...
프레임 3
프레임 4
프레임 5
...
프레임 10000
...
프레임 780010 커널 적재
...
프레임 780090 커널 적재
...
프레임 780123 커널 적재
...
프레임 n

물리 메모리

그림 9-4 프로세스가 페이지 1의 코드에서 시스템 호출을 실행하는 경우 커널 코드의 물리 메모리

잠깐! 커널 페이지를 위한 페이지 테이블

그림 9-3의 모습은 다분히 이론적이다. 페이지 테이블 항목 중 커널 공간에 대한 항목들은 모든 프로세스에 대해 동일하므로 프로세스마다 중복하여 이들을 둔다면 많은 메모리 낭비가 된다. 그러므로 여러 운영체제에서는 커널 페이지에 대한 페이지 테이블 항목들을 분리시켜 공유하도록 구현한다. 한 사례를 들면, CPU에 사용자 페이지 테이블과 커널 페이지 테이블의 물리 주소를 저장하는 레지스터들을 각각 두어, 프로세스가 사용자 페이지와 커널 페이지를 액세스할 때 서로 다른 페이지 테이블을 참조하기도 한다.

페이지와 페이지 테이블에 대한 정리

지금까지 학습한 페이지와 페이지 테이블에 관한 내용을 질문과 답의 형식으로 정리해보자. 32비트 CPU를 가진 컴퓨터에서 페이지 크기가 4KB인 경우를 가정한다.

Q1. 물리 메모리의 최대 크기는 얼마인가?

 A. 32비트 CPU의 경우 주소 비트가 32개이므로 물리 주소의 범위는 $0 \sim 2^{32}-1$이고 한 주소 당 한 바이트 크기이므로 물리 메모리의 최대 크기는 2^{32}바이트=4GB이다.

Q2. 프로세스의 주소 공간 크기는 얼마인가?

A. 프로세스의 주소 공간은 프로세스가 차지할 수 있는(접근할 수 있는) 최대 공간이다. 32비트 CPU 의 경우 주소 비트가 32개이고 한 주소 당 한 바이트 크기이므로 프로세스의 주소 공간은 2^{32}바이트 =4GB이다. 물리 메모리는 1GB, 2GB, 4GB 등으로 다양하게 설치될 수 있지만 프로세스 주소 공간 크기 는 물리 메모리 크기에 상관없이 4GB이다.

Q3. 한 프로세스는 최대 몇 개의 페이지로 구성되는가?

A. 페이지 개수는 프로세스 주소 공간을 페이지 크기로 나누면 된다.

$4GB/4KB=2^{32}/2^{12}$ = 2^{20}개 = 1M개 = 약 100만개

Q4. 프로세스 당 하나의 페이지 테이블이 있다. 페이지 테이블의 크기는?

A. 프로세스는 최대 2^{20}개의 페이지로 구성되며, 페이지 테이블은 모든 페이지에 대해 물리 프레임의 번호를 저장하므로 2^{20}개 항목을 확보하고 있어야 한다. 페이지 테이블 항목에는 물리 프레임 번호 만 저장되고 프레임 번호가 32비트(4바이트)로 구성된다고 하면, 프로세스의 테이블 크기는 다음 과 같이 계산된다.

2^{20}개 × 4바이트 = 4MB

Q5. 그림 9-2의 상황에서 프로세스가 사용자 공간에서 현재 사용하고 있는 크기는 얼마인가? 다른 말로 프로세스는 현재 몇 개의 페이지를 가지는가, 혹은 프로세스의 크기는 얼마인가?

A. 현재 이 프로세스는 사용자 공간에서 총 6개의 페이지를 사용하고 있다.

Q6. 응용프로그램이 하나의 프로세스라고 할 때 응용프로그램의 최대 크기, 즉 개발자가 작성할 수 있는 프로그램의 최대 크기는?

A. 응용프로그램의 크기는 운영체제가 설정한 사용자 공간의 크기이다.

Q7. 그림 9-2의 상황에서 페이지 테이블의 모양은?

A. 2^{20}개의 페이지 테이블 항목 중 사용자 공간을 위해서는 6개의 항목만 사용되고 수많은 항목들이 사용되지 않고 있다(null 값). 프로세스의 크기가 작을수록 페이지 테이블에서 사용되지 않고 낭 비되는 항목이 더 많다. 이 문제에 대한 해결책은 뒷 절에서 설명한다.

Q8. 페이지 테이블은 어디에 존재하는가?

A. 페이지 테이블은 4MB의 크기로 작지 않기 때문에 CPU 내부나 MMU 장치 내에 적재하기 곤란하다. 그래서 페이지 테이블은 메모리에 저장한다. CPU 칩 내에 페이지 테이블 베이스 레지스터(page table base register, PTBR)를 두어 현재 실행중인 프로세스의 페이지 테이블이 저장된 메모 리의 주소를 저장한다. 페이지 테이블은 프로세스 당 1개 만들어지므로, 실행중인 프로세스가 많은 경우 전체 페이지 테이블이 차지하는 메모리 량이 작지 않다.

Q9. 커널 코드가 논리 주소로 되어 있는가 물리 주소로 되어 있는가?

A. 커널 코드 역시 논리 주소로 컴파일되어 있기 때문에 커널 코드도 실행될 때 물리 주소로 변환되어 야 한다. 이때 현재 실행 중인 프로세스의 페이지 테이블이 사용된다.

1.3 단편화

세그먼테이션과 달리, 페이징에서는 많은 메모리를 낭비하는 외부 단편화가 발생하지 않는다. 내부 단편화가 발생하지만 그 크기는 미미하다. 스택이나 힙 영역에 할당된 메모리는 실행 중엔 계속 변하므로 단편화의 계산에서 배제한다면, 프로세스의 코드와 데이터가 주소 공간에 연속되어 있기 때문에 내부 단편화는 마지막 페이지에만 생긴다. 이렇게 가정하면 프로세스 당 단편화로 인해 낭비되는 메모리의 평균 크기는 1/2 페이지, 즉 2KB 정도로 극히 작다.

탐구 9-1 페이징 개념 확인

32비트의 주소를 사용하며 페이지 크기가 2KB이고 현재 설치된 물리 메모리는 1GB인 시스템이 있다. 프로세스 A가 실제 사용자 공간에서 54321바이트를 차지한다고 할 때, 다음 질문에 답하라.

Q1. 물리 메모리의 프레임 크기는?

A. 프레임 크기는 페이지 크기와 동일하므로 **2KB**이다.

Q2. 물리 메모리의 프레임 개수는?

A. 물리 메모리를 프레임 크기로 나누면, 프레임 개수는 1GB/2KB = $2^{30}/2^{11}$ = 2^{19}개로 약 **50만개** 정도이다.

Q3. 프로세스 A의 주소 공간의 크기와 페이지의 개수는?

A. 32비트 주소 체계에서 프로세스 A의 주소 공간의 크기는 2^{32} = 4GB이다. 페이지의 개수는 주소 공간을 페이지 크기로 나누면 되므로 $2^{32}/2^{11}$= 2^{21}개 = 2M개 = 약 **2백만개**이다.

Q4. 프로세스 A는 몇 개의 페이지로 구성되는가? 즉, 프로세스A를 모두 적재하기 위한 물리 프레임의 개수는?

A. 프로세스 A의 실제 크기가 54321바이트이다. 이를 페이지 크기인 2KB(2048바이트)로 나누면 26.5 이므로 프로세스 A는 27개 페이지로 구성된다고 단순 계산할 수 있다. 그러므로 프로세스 A가 적재되기 위해서는 물리 프레임 **27개**가 필요하다.

Q5. 페이지 테이블의 항목 크기가 4바이트라고 할 때, 프로세스 A의 페이지 테이블 크기는?

A. 페이지 테이블 항목 수는 페이지 개수 2^{21}개와 동일하다. 그러므로 페이지 테이블의 크기는 $2^{21} \times 4$바이트 = 2^{23}바이트 = $2^3 \times 2^{20}$ = 8×2^{20} = **8MB**이다.

Q6. 페이징에서 단편화 메모리의 평균 크기는?

A. 프로세스의 코드와 데이터가 연속되어 있으므로 마지막 페이지에만 내부 단편화가 생기고 그 평균 크기는 한 페이지의 반이므로, 평균 **1KB**이다.

Q7. 페이지 크기와 단편화의 관계는?

A. 페이지의 크기가 크면 단편화도 커진다. 하지만 극히 미미하다.

Q8. 페이지 크기와 페이지 테이블의 크기 관계는?

A. 페이지 크기가 크면 프로세스를 구성하는 페이지 개수가 작아지고, 따라서 페이지 테이블의 크기도 작아진다.

2 페이징의 주소 체계

2.1 페이징의 논리 주소

페이징을 사용하는 시스템에서는 프로세스의 논리 주소는 다음과 같이 페이지 번호와 옵셋으로 구성되며, 옵셋은 페이지 내에서의 상대 주소이다.

논리 주소 = [페이지 번호(p), 옵셋(offset)]

페이지 크기가 4KB($=2^{12}$)라면, 페이지 내의 각 바이트 주소(옵셋 주소)를 12비트로 나타낼 수 있다. 그러므로 논리 주소에서 옵셋의 크기는 12비트이다. 그림 9-5를 보자. 32비트 논리 주소에서 하위 12비트는 페이지 내 옵셋 주소이고, 상위 20비트는 페이지 번호이다.

그림 9-5의 오른쪽은 4KB 크기의 페이지들이 연속되는 4GB의 공간을 보여준다. 각 페이지의 주소 범위는 다음과 같으며 상위 20비트가 페이지 번호이다.

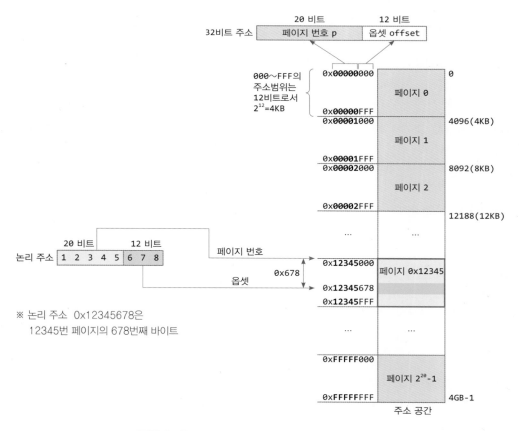

그림 9-5 32비트의 논리 주소와 4KB 크기의 페이지

```
논리 주소 0x00000000 ~ 0x00000FFF -> 페이지 0
논리 주소 0x00001000 ~ 0x00001FFF -> 페이지 1
논리 주소 0x00002000 ~ 0x00002FFF -> 페이지 2
...
```

그러면, 논리 주소 0x12345678은 몇 번째 페이지의 몇 번째 바이트에 대한 주소인가? 하위
12비트를 끊어내고 남은 20비트가 페이지 번호이므로, 그림 9-5에서 논리 주소 0x12345678은
0x12345번 페이지의 0x678번째 바이트에 대한 주소임을 보여준다.

2.2 논리 주소의 물리 주소 변환

그림 9-6은 프로세스의 페이지와 메모리 프레임 사이의 관계를 보여준다. 그림 9-6에서 논리
주소는 프로세스의 페이지 p의 옵셋(offset) 위치를 가리킨다. 페이지 테이블에는 프로세스의
모든 페이지에 대해 할당된 프레임 번호가 저장되기 때문에, p를 페이지 테이블의 인덱스로 하
여 페이지 테이블 항목을 찾으면 페이지 p가 할당된 프레임 번호 f를 얻을 수 있다. 페이지 번호
p를 프레임 번호 f로 바꾸고 옵셋을 그대로 사용하면 논리 주소를 물리 주소로 바꿀 수 있다.

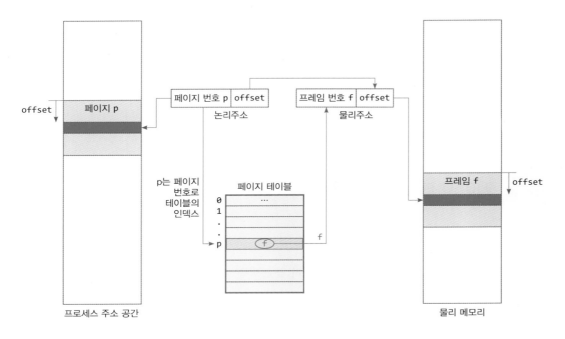

그림 9-6 페이징에서 논리 주소의 물리 주소 변환 과정

페이지 테이블은 물리 메모리에 저장된다는 사실을 잊지 마라. 설명을 쉽게 하기 위해 페이지 테이블을 메모리 영역에 그리지 않았다.

2.3 페이징 구현

페이징 기법이 컴퓨터 시스템에 구현되기 위해서는 CPU와 MMU, 그리고 운영체제의 공동 지원이 있어야 한다.

하드웨어 지원

CPU 칩 내에는 현재 실행 중인 프로세스의 페이지 테이블이 적재된 물리 메모리 주소를 가진 레지스터, PTBR(Page Table Base Register)이 필요하다. 이 레지스터의 값은 PCB에 저장되며, 프로세스가 스케줄되어 실행될 때 운영체제에 의해 CPU에 복귀된다. 또한 논리 주소를 물리 주소로 변환하기 위한 MMU 장치가 CPU 칩에 패키징된다. CPU에 따라 페이지 테이블의 일부를 MMU 장치 내에 저장하기도 한다.

운영체제 지원

운영체제는 물리 메모리의 빈 프레임 리스트를 생성하고 관리 유지하여, 메모리 프레임을 동적으로 할당/반환하는 기능과 이에 따라 페이지 테이블을 관리하는 기능을 가지고 있어야 한다. 또한 각 프로세스마다 페이지 테이블이 적재된 물리 메모리 주소를 PCB에 저장하고 프로세스가 스케줄되어 실행될 때마다 PCB로부터 페이지 테이블의 물리 주소를 CPU 내 PTBR 레지스터로 옮겨야 한다.

3 페이지 테이블의 문제점과 TLB

3.1 페이지 테이블의 문제점

페이징 기법은 단순하여 구현하기 쉬운 장점이 있는 반면, 페이지 테이블로 인한 성능 저하와 공간 낭비의 2가지 문제가 내재되어 있다.

첫째, 페이지 테이블은 몇 MB 수준으로 크기 때문에 CPU 칩 내에 둘 수 없어 메모리에 둔다. 그러므로 CPU가 메모리를 액세스할 때마다 페이지 테이블 액세스 1번, 데이터의 물리 메모리 액세스 1번으로, 물리 메모리를 2번 액세스하여 프로세스의 실행 속도를 심각하게 저하시킨다.

둘째, 페이지 테이블의 낭비 문제이다. 페이지 테이블의 크기는 프로세스의 최대 크기(주소 공간)에 맞추어 생성되지만, 실제 프로세스의 크기는 그에 못 미치기 때문에, 페이지 테이블의 많은 항목들이 사용되지 않는 채 비어 있어 메모리 낭비를 가져온다.

다음 절에서 페이지 테이블로 인한 이 두 가지 문제를 해결하는 방법에 대해 알아본다.

3.2 2번의 물리 메모리 액세스

CPU가 메모리를 액세스할 때 논리 주소가 발생하고 MMU에 의해 논리 주소가 물리 주소로 바뀌어 주소 버스를 통해 출력된 후, CPU는 물리 메모리가 데이터 버스에 출력한 데이터를 가져가게 된다. CPU의 이러한 메모리 액세스 과정에서 얼핏 물리 메모리가 1번만 액세스되는 것 같다.

하지만, 이 과정에서 드러나지 않는 사실이 하나 있다. 논리 주소를 물리 주소로 바꿀 때 페이지 테이블이 필요한데, 페이지 테이블이 물리 메모리에 존재하기 때문에 필요한 페이지 테이블 항목을 물리 메모리로부터 읽어오는 과정이 더 필요하다는 사실이다. 실제 CPU의 메모리 액세스에는 다음과 같이 2번의 물리 메모리 액세스가 필요하다.

메모리 액세스 = 페이지 테이블 항목 읽기 1번 + 데이터 액세스 1번

메모리 액세스 과정은 그림 9-7에서 자세히 보여준다. 그림 9-7에는 페이지 2가 프레임 7에 적재되어 있고, CPU가 페이지 2의 논리 주소를 발생시키는 사례를 적용하여 이해를 쉽도록 하였다.

❶ CPU가 메모리 액세스를 위해 논리 주소(페이지 2)를 발생시킨다.

❷ MMU에 의해 논리 주소가 물리 주소로 바꾸는 작업이 시작된다. PTBR(Page Table Base Register)가 가리키는 페이지 테이블의 물리 주소와 논리 주소에 담긴 페이지 번호(페이지 번호 2)를 더하여 페이지 테이블 항목의 물리 주소를 계산한다.

페이지 테이블 항목의 물리 주소 = PTBR에 저장된 물리 주소 + 페이지 번호

❸ (페이지 테이블 항목 읽기) 이제, 물리 메모리에 저장된 페이지 테이블 항목을 읽어 와서 물리 주소의 변환이 완료된다. 페이지 테이블 항목에는 프레임 번호 7이 들어 있다.

❹ (물리 메모리 액세스) MMU에 의해 논리 주소가 물리 주소로 바뀌고, 물리 주소가 CPU 칩 바깥으로 출력된다. CPU는 물리 메모리에서 코드나 데이터를 액세스한다.

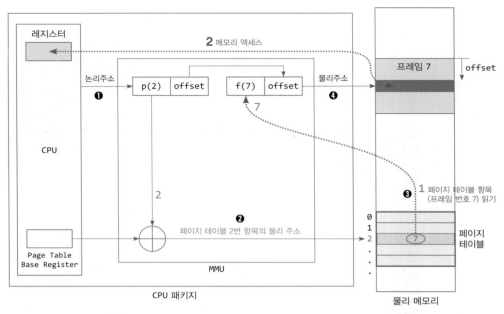

그림 9-7 메모리 액세스 시 2번의 물리 메모리가 액세스되는 과정

탐구 9-2 C 프로그램이 실행될 때 메모리 액세스 과정 분석

다분히 그림 9-7의 과정은 이론적이어서 가슴에 와 닿지 않는다. 응용프로그램이 실행되는 구체적인 상황에서 메모리 액세스 과정을 알아보자.

다음 C 프로그램은 배열 n[100]에 담긴 100개의 정수를 sum 변수에 합하는 코드이다. 이 응용프로그램이 실행될 때 배열 n[100]에 대한 메모리 액세스가 어떻게 진행되는지 알아보자.

```c
int n[100]; // 400 바이트. 전역 변수로 선언
int sum = 0; // 전역 변수로 선언
...
for(int i=0; i<100; i++)
   sum += n[i];
```

다음과 같이 몇 가지 사항을 가정하면 메모리 구성은 그림 9-8과 같다.
- 32비트 CPU, 페이지는 4KB
- 배열 n의 논리 주소는 0x2000부터 시작(페이지 2)
- 배열 n의 물리 주소는 0x7000부터 시작(프레임 7)
- 배열 n의 크기는 400바이트이며 페이지 2에 모두 들어 있음
- 페이지 테이블은 물리 메모리 0xA000 번지에서 시작

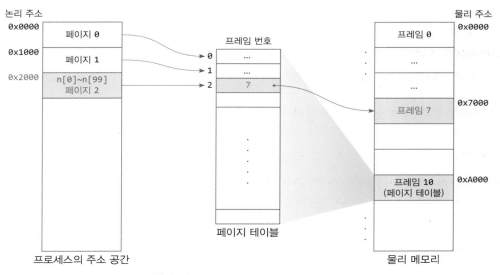

논리 주소   물리 주소

프레임 번호

페이지 테이블

프로세스의 주소 공간   물리 메모리

그림 9-8 프로세스 공간과 물리 메모리 구성

CPU가 for 문에서 sum += n[i];을 실행하는 동안 n[0], n[1], n[2], … n[99] 값들을 순차적으로 읽으므로 n[i]의 논리 주소는 다음 순서로 발생된다.

```
0x2000          // n[0]의 논리 주소
0x2004          // n[1]의 논리 주소
0x2008          // n[2]의 논리 주소
0x200C          // n[3]의 논리 주소
...
0x218C          // n[99]의 논리 주소
```

그림 9-9는 for 문에서 n[i] 값을 읽는 동안 2번의 메모리 액세스가 일어나는 과정을 보여준다. 이 그림을 보면서, n[0], n[1], n[2] 등이 읽혀지는 과정을 알아보자.

(1) n[0]을 읽기 위해 0x2000의 논리 주소가 발생되면 물리 주소로 바꾸기 위해, 페이지 테이블 항목 2를 먼저 읽는다. 항목의 크기가 4바이트라고 하면 항목 2의 물리 주소는 다음과 같다.

페이지 테이블의 2번 항목 주소 = 0xA008 번지

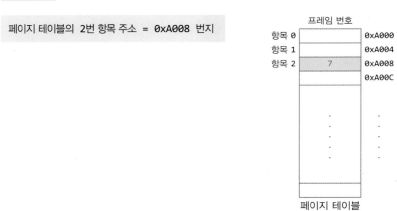

프레임 번호

페이지 테이블

페이지 테이블 항목 2에 저장된 값 7을 이용하여 물리 주소 0x7000이 완성되고, 물리 메모리 0x7000에서 n[0]를 읽는다.

(2) 계속해서, n[1]을 읽기 위해 0x2004의 논리 주소가 발생되고, 다시 페이지 테이블 항목 2를 읽고 물리 주소 0x7004를 출력하여 n[1]을 읽는다.

(3) 이런 식으로 n[99]를 읽을 때까지 계속된다.

n[i]를 읽기 위해 페이지 테이블 액세스 1번, n[i] 액세스 1번으로 총 2번의 물리 메모리가 액세스되며, for 문이 실행되는 동안 이 과정이 반복된다.

그림 9-9 for 문에서 배열 n[i]를 읽기 위해 2번 물리 메모리가 액세스되는 과정

탐구 9-2의 실행 과정을 분석한 결과 다음 2가지 현상을 발견할 수 있다.

- n[i]를 읽기 위해 2번 물리 메모리(페이지테이블항목 + n[i]의 물리메모리)가 액세스된다.
- 배열 n이 모두 한 페이지에 들어 있으므로 배열 n을 읽는 동안(n[0], n[1], n[2], ..., n[99]를 읽는 동안) 모두 페이지 테이블 항목 2를(0xA008번지) 액세스한다.

컴퓨터 시스템에서 물리 메모리의 액세스 횟수는 매우 중요하다. 하나의 논리 주소를 액세스하기 위해 2번의 물리 메모리를 액세스하면 성능에 심각한 저하가 생기므로 이에 대한 개선이 필요하다. 독자들은 어떤 개선책이 생각나는가? 앞의 2가지 현상을 참고하여 다음과 같은 아이디어는 어떨까?

처음 n[0]을 읽을 때, 페이지 테이블 항목 2를 MMU 내에 저장해두면 나머지 n[1]~n[99]를 읽는 동안 물리 메모리에서 페이지 테이블 항목 2를 반복해서 읽을 필요가 없지 않을까?

3.3 TLB를 이용한 2번의 물리 메모리 액세스 문제 해결

논리 주소를 물리 주소로 바꾸는 과정에서 페이지 테이블을 읽어 오는 과정을 없앤다면 프로그램의 실행 속도를 획기적으로 줄일 수 있다.

TLB

TLB(Translation Look-aside Buffer)는 MMU 내에 두는 것으로 'CPU가 최근에 액세스한 페이지 번호와 페이지가 적재된 프레임 번호의 쌍'을 저장하는 캐시 메모리이며 그림 9-10과 같이 구성된다.

TLB의 항목 = [페이지 번호 p, 프레임 번호 f]

TLB는 논리 주소를 물리 주소로 변환할 때 사용되므로 주소 변환용 캐시(address translation cache)라고도 부른다.

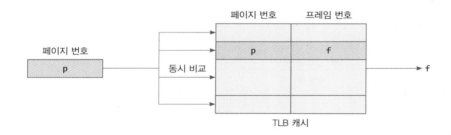

그림 9-10 TLB 캐시의 전체 항목과 페이지 번호를 동시에 비교

TLB 캐시에서 페이지 번호가 검색되는 방식이 일반 메모리와 많이 다르다. TLB는 논리 주소에 담긴 페이지 번호를 TLB 내의 각 항목에 걸쳐 하나씩 순차적으로 비교하지 않고, 그림 9-10과 같이 모든 항목과 동시에 비교하여 단번에 프레임 번호를 출력한다. 번지를 사용하지 않고, 내용을 직접 비교하여 찾는 메모리라고 해서 TLB를 '내용-주소화 기억 장치(content-addressable memory, CAM)' 혹은 '연관 메모리(associative memory)'라고도 부른다.

현재 상용 CPU 내에 사용되는 TLB의 경우, 항목의 개수는 64~1024개 정도로 작은 편이다. 이것은 모든 항목들을 동시에 비교하는 하드웨어 회로를 필요로 하기 때문에 가격이 비싸고, 항목수에 비례하여 회로가 늘어나서 CPU 내 공간 제약을 받을 수밖에 없기 때문이다. TLB의 크기가 작기 때문에 페이지 테이블 전체를 저장할 수 없고, 최근에 액세스한 소수의 '페이지와 프레임'의 번호를 저장하여 TLB의 활용성을 높인다.

TLB를 활용한 메모리 액세스

현재 대부분의 상용 CPU 칩은 TLB를 내장하고 있다. TLB가 있는 경우 CPU의 메모리 액세스 성능이 어떻게 향상되는지 알아보자. 그림 9-11은 TLB가 있는 경우 메모리 액세스 과정을 보여준다.

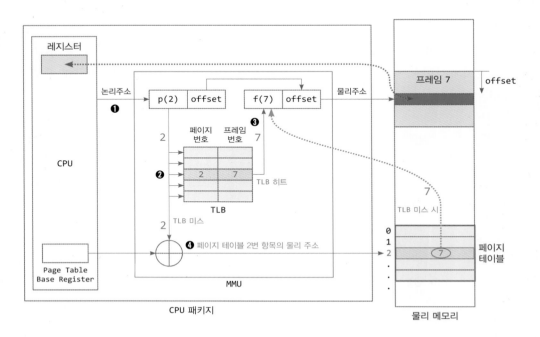

그림 9-11 TLB를 가진 경우 메모리 액세스 과정

❶ CPU로부터 논리 주소가 발생된다.

❷ 논리 주소의 페이지 번호(2)가 TLB로 전달된다.

❸ 페이지 번호(2)와 TLB 내에 저장된 모든 페이지 번호가 동시에 비교된다. 일치하는 항목을 발견한 경우 TLB 히트(TLB hit)라고 부르며 일치된 TLB 항목의 프레임 번호(7)가 출력된다. 이 프레임 번호 7과 논리 주소의 offset이 합쳐져 물리 주소가 만들어지고 물리 주소가 출력되어 물리 메모리가 액세스된다.

❹ 일치되는 항목이 발견되지 않는 경우 TLB 미스(TLB miss)라고 부른다. TLB 미스가 발생하면 MMU는 물리 메모리의 페이지 테이블 항목에서 프레임 번호(7)를 읽어와 물리 주소를 완성하고 물리 메모리를 액세스한다. 동시에, 방금 미스한 [페이지 번호(2), 프레임 번호(7)] 쌍을 TLB에 새 항목으로 삽입한다.

TLB를 사용하는 경우, TLB 히트가 발생하면 바로 주소 변환이 일어나므로 페이지 테이블을 액세스하지 않고 1번만 물리 메모리를 액세스한다. 즉 CPU의 메모리 액세스 시간을 반으로 줄인다.

탐구 9-3 TLB가 있는 경우 C 프로그램의 실행 과정 분석

TLB가 있는 경우 탐구 9-2의 C 프로그램이 어떻게 실행되는지 알아보자.

```
int n[100]; // 400 바이트. 전역 변수로 선언
int sum = 0; // 전역 변수로 선언
...
for(int i=0; i<100; i++)
    sum += n[i];
```

다음과 같이 상황은 동일하다.

- 32비트 CPU, 페이지는 4KB
- 배열 n의 논리 주소는 0x2000부터 시작(페이지 2)
- 배열 n의 물리 주소는 0x7000부터 시작(프레임 7)
- 배열 n의 크기는 400바이트이며 페이지 2에 모두 들어 있음
- 페이지 테이블은 물리 메모리 0xA000번지에서 시작

CPU가 for 문에서 sum += n[i];을 실행하는 동안, n[0], n[1], n[2], ... n[99]가 순차적으로 읽혀지므로 논리 주소도 다음과 같이 순차적으로 발생한다.

```
0x2000          // n[0]의 논리 주소
0x2004          // n[1]의 논리 주소
0x2008          // n[2]의 논리 주소
0x200C          // n[3]의 논리 주소
...
0x218C          // n[99]의 논리 주소
```

그림 9-12와 함께 TLB가 있을 때 n[i]를 읽는 과정을 자세히 알아보자.

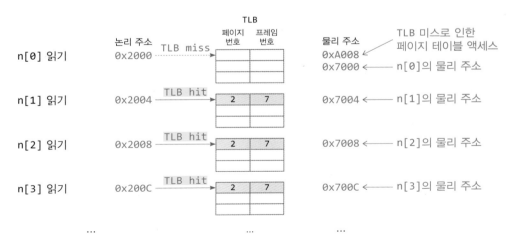

그림 9-12 TLB를 활용하여 배열 n이 읽혀지는 과정

(1) n[0]의 값을 읽기 위해 논리 주소 0x2000(페이지 2)이 발생되면 TLB 캐시가 먼저 검색된다. TLB 캐시가 처음에 비어 있어 TLB 미스가 발생한다. 그러므로 페이지 테이블의 항목 2(0xA008번지)를 읽어 페이지 2의 프레임 번호가 얼마인지 알아낸다. 페이지 2의 프레임 번호가 7이므로 0x7000번지의 물리 메모리를 액세스함과 동시에, [2, 7] 항목이 TLB 캐시에 기록된다.

(2) 그 후 n[1]을 읽기 위해 논리 주소 0x2004(역시 페이지 2)가 발생되면 전에 만든 항목 [2, 7]에서 TLB 히트가 이루어지고 즉각 물리 주소 0x7004가 완성되어 물리 메모리 0x7004 번지가 액세스된다.

(3) n[2]에서 n[99]까지 모두 페이지 2에 들어 있기 때문에 이들을 읽는 내내 TLB 히트가 이루어져서 페이지 테이블을 읽지 않고 물리 주소가 빠르게 완성된다.

탐구 9-3의 과정을 통해 TLB를 활용하는 경우 다음 2가지 현상을 발견할 수 있다.

- 처음에 TLB 미스가 발생하는 한 번의 경우에만 물리 메모리를 2번 액세스한다.
- 동일한 페이지를 연속하여 액세스는 동안 TLB 히트가 계속 발생한다.

TLB를 활용하면 페이지 테이블을 읽는 횟수가 대폭 줄고 프로그램의 실행 속도는 대폭 향상된다. 배열이나 코드들은 순차적으로 액세스되는 경향을 보이기 때문에 이들을 액세스하는 동안 동일한 페이지가 액세스될 가능성이 높다. 초기에 TLB 미스가 발생한 후 미스한 페이지 번호와 프레임 번호가 TLB 캐시에 삽입되므로 그 후부터는 거의 TLB 미스가 나지 않는다. 이것이 바로 TLB를 활용하면 CPU의 메모리 액세스 성능이 좋아지는 이유이다.

탐구 9-4 배열이 2개의 페이지에 걸쳐 있는 경우 TLB 활용 사례

TLB와 메모리 액세스에 대한 이해를 좀 더 높이기 위해, 배열이 2개의 페이지에 걸쳐 있는 경우 메모리가 액세스되는 과정을 알아보자. 앞의 탐구 9-3에서 사용한 C 프로그램에서 배열 n의 크기를 8000바이트로 바꾸었다.

```
int n[2000]; // 4x2000 = 8000 바이트. 전역 변수로 선언
int sum = 0; // 전역 변수로 선언
...
for(int i=0; i<2000; i++)
    sum += n[i];
```

페이지 크기가 4KB(4096바이트)이므로, 배열 n은 2개의 연속된 페이지에 걸쳐 있게 된다.

- 배열 n의 논리 주소는 0x2000부터 시작하여 페이지 2, 3에 연속됨

- 배열 n의 물리 주소는 0x7000부터 시작하여 **프레임 7과 프레임 9에 나누어 할당**
- 페이지 테이블은 물리 메모리 0xA000번지에서 시작

CPU가 for 문의 sum += n[i];를 실행하는 과정에서 n[0], n[1], n[2], ... n[1999]가 순차적으로 읽혀지기 때문에, 논리 주소는 다음과 같이 페이지 2와 페이지 3에 걸쳐 발생된다.

```
0x2000          // n[0]의 논리 주소, 페이지 2
0x2004          // n[1]의 논리 주소, 페이지 2
0x2008          // n[2]의 논리 주소, 페이지 2
...
0x2FFC          // n[1023]의 논리 주소, 페이지 2
0x3000          // n[1024]의 논리 주소, 페이지 3
0x3004          // n[1025]의 논리 주소, 페이지 3
...
0x3F3C          // n[1999]의 논리 주소, 페이지 3
```

n[0]~n[1999]를 읽는 동안 논리 주소와 물리 주소의 관계는 그림 9–13에 자세히 묘사된다.

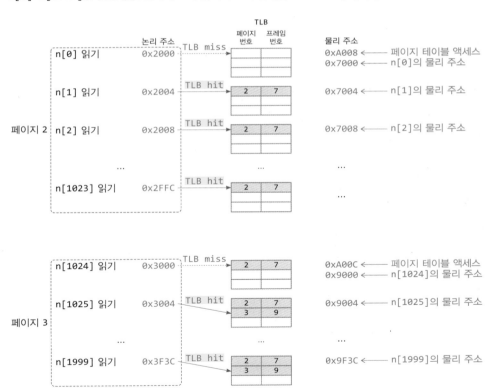

그림 9–13 배열 n이 2개의 페이지에 걸쳐 있는 경우 TLB 사용 사례

(1) CPU가 n[0]을 읽기 위해 논리 주소 0x2000(페이지 2)를 발생하면 TLB 캐시가 먼저 검색된다. TLB가 처음에는 비어 있어 TLB 미스가 발생하고, 메모리에서 페이지 테이블 2번 항목(물리 메모리 0xA008번지)을 읽어 페이지 2의 프레임 번호가 얼마인지 알아낸다. 페이지 2의 프레임 번호가 7이므로 0x7000번지의 물리 메모리를 액세스함과 동시에 [2, 7] 항목이 TLB 캐시에 기록된다.

(2) 그 다음 n[1]을 읽기 위해 논리 주소 0x2004(페이지 2)가 발생되면 '페이지 번호 2와 프레임 번호 7' 항목이 TLB 캐시에 있으므로 TLB 히트가 이루어지고 물리 주소 0x7004가 즉각 완성된다. n[2]~n[1023]은 모두 페이지 2에 속하므로 이들을 액세스하는 내내 TLB 히트가 이루어져 페이지 테이블을 읽지 않고 물리 주소가 빠르게 완성된다.

(3) 하지만, n[1024]~n[1999]의 논리 주소 0x3000~0x3F3C번지는 페이지 3에 속한다. CPU가 n[1024]를 읽기 위해 발생시킨 논리 주소 0x3000(페이지 3)은 TLB 캐시에 없기 때문에 TLB 미스가 발생한다. 물리 메모리 0xA00C 번지의 페이지 테이블 항목 3을 액세스하고 이곳에 적힌 프레임 번호 9를 읽어 와서 물리 주소 0x9000을 완성한다. 그리고 동시에 TLB 캐시에 [3, 9]의 항목이 추가된다. 그 후 CPU가 n[1025]부터 n[1999]까지 읽는 내내 TLB 히트가 발생하여 페이지 테이블 액세스 없이 물리 주소가 완성된다.

TLB와 참조의 지역성

탐구 9-3과 탐구 9-4를 통해 TLB를 사용하면 페이지 테이블의 액세스 횟수를 대폭 줄여 프로그램의 실행 속도가 향상됨을 알 수 있었다. TLB가 프로그램의 실행 속도를 향상시키는 보다 구체적인 이유에 대해 알아보자.

TLB를 사용한다고 모든 프로그램의 실행 속도가 개선되는 것은 아니다. 프로그램의 메모리 액세스 패턴에 따라 실행 속도가 달라진다. TLB는 순차 메모리 액세스 패턴을 가진 프로그램에게 매우 효과적이다. 프로그램은 실행되는 동안 짧은 시간 범위 내에 일정 구간의 메모리 영역(동일한 페이지나 바로 이전 페이지 등)을 반복 액세스하는 경향이 있다. 이 경향성을 참조의 지역성(locality of reference)이라고 한다. 프로그램에는 많은 반복문이 존재하므로 코드나 데이터가 아주 짧은 시간 내에 다시 액세스될 가능성이 매우 높다. 참조의 지역성은 공간에서도 나타나는데 지금 액세스되는 메모리의 주변 번지들이 가까운 미래에 액세스될 확률이 매우 높다. 그 사례로 배열은 보통 순차적으로 액세스되므로 가까운 미래에 배열의 다음 항목들이 액세스될 가능성이 매우 높다. 프로그램 코드 역시 순차적으로 실행되므로 현재 실행하는 다음 번지의 명령이 실행될 가능성이 매우 높다. 배열에 대한 순차 메모리 액세스, for와 같은 반복문 등은 같은 페이지 내에 있는 코드나 데이터를 액세스하기 때문에 TLB 히트가 계속되어 페이지 테이블을 액세스하는 횟수가 줄고 프로그램의 실행 속도가 개선된다. 참조의 지역성으로 인해 작은 크기의 TLB로도 프로그램의 실행 성능을 많이 개선할 수 있다.

하지만, 프로그램이 랜덤하게 메모리를 액세스할 경우, 참조의 지역성이 잘 형성되지 않기 때문에 TLB 미스가 자주 발생하고 페이지 테이블을 액세스하는 횟수 또한 많다. 랜덤 메모리 액세스 패턴을 가진 응용프로그램이 TLB 사용으로 얻는 실행 속도 향상은 크지 않다.

TLB 성능과 TLB 도달 범위(TLB reach/TLB coverage)

TLB 성능은 TLB 히트율(TLB hit ratio)이며 프로그램의 실행 성능과 직결된다. TLB 히트율은 CPU의 메모리 액세스 횟수에 대한 TLB 히트 횟수의 비율이다. TLB의 성능은 TLB의 항목 수와 페이지의 크기에 비례한다. TLB의 성능을 높이려면 TLB 항목 수를 늘리는 것으로 쉽게 해결되지만 비용도 상승하므로 절충점을 찾아야 한다.

다른 방법으로 페이지 크기가 클수록 TLB 히트율이 높아지고 프로그램의 실행 성능도 향상된다. 페이지 크기가 크면 내부 단편화가 증가하여 메모리가 낭비되는 단점이 있다. TLB 히트율과 내부 단편화는 이해득실(trade-off) 관계에 있으므로 선택의 문제이다. 페이지의 크기는 디스크 입출력 성능 향상을 위해 커지는 추세이다(가상 메모리 기법을 갖춘 운영체제에서는 메모리가 부족할 때 페이지 단위로 디스크에 쓰고 다시 읽는 방식을 사용하기 때문).

TLB 도달 범위(TLB reach)는 TLB 캐시의 항목 수와 페이지 크기가 모두 고려된 TLB의 성능을 나타내는 간단한 지표로서, TLB 캐시의 모든 항목이 채워졌을 때 TLB 미스 없이 작동하는 메모리 액세스의 범위로 정의되는데 간단히 'TLB 항목 수 × 페이지 크기'로 계산된다.

TLB를 고려한 컨텍스트 스위칭 재정립

오늘날 대부분 CPU의 MMU에는 TLB가 들어 있다. CPU 스케줄링 결과 동일한 프로세스의 다른 스레드가 실행된다면, TLB에 들어있는 항목들이 교체될 필요는 없다. 동일한 프로세스의 주소 공간에서 실행되므로 동일한 페이지 테이블이 사용되기 때문이다.

하지만, 다른 프로세스의 스레드로 컨텍스트 스위칭되는 경우 CPU는 다른 프로세스의 주소 공간에서 실행하기 때문에, TLB는 새로운 프로세스의 페이지 테이블 항목들로 교체되어야 한다. 컨텍스트 스위칭 과정은 TLB를 고려하여 다음과 같이 다시 정리되어야 한다.

(1) CPU의 모든 레지스터들을 TCB에 저장한다.

(2) 새 프로세스의 PCB에 저장된 페이지 테이블의 주소를 CPU 내의 PTBR(Page Table Base Register)에 적재한다.

(3) TLB 캐시의 모든 항목을 지운다. TLB에는 이전 프로세스의 페이지 매핑 정보가 들어가 있기 때문이다. 그대로 두면 전혀 다른 프레임으로 매핑된다.

(4) 새로 스케줄된 스레드의 TCB에 저장된 레지스터 값들을 CPU에 적재한 후 실행시킨다. TLB 캐시를 비운 채 스레드가 실행을 시작하면, TLB 미스가 계속 발생하게 되고 얼마 지나지 않

아 TLB 캐시는 새 스레드가 액세스한 페이지 번호와 프레임 번호들로 채워지게 될 것이다. 이 시간은 결코 무시할 수 없는 시간이다.

4 심화 학습: 페이지 테이블의 낭비 문제 해결

4.1 페이지 테이블의 메모리 낭비

페이지 테이블로 인해 메모리가 낭비되는 데는 다음 2가지 요인이 있다.

- 페이지 테이블의 일부 항목만 사용
- 프로세스마다 페이지 테이블 존재

첫 번째 요인에 대해 알아보자. 32비트 주소 체계를 사용하는 경우 프로세스의 주소 공간은 4GB이므로, 페이지가 4KB라고 할 때 프로세스의 최대 페이지 개수는 다음과 같이 계산된다.

> 프로세스의 최대 페이지 개수 = 4GB/4KB = $2^{32}/2^{12}$ = 2^{20} = 1M개 = 약 100만개의 페이지

페이지 테이블 항목이 4바이트라면, 프로세스의 페이지 테이블 크기는 다음과 같다.

> 페이지 테이블 크기 = 2^{20}개 x 4바이트 = 4MB

그러므로 운영체제는 프로세스를 생성할 때 4MB의 페이지 테이블을 물리 메모리에 할당한다. 문제는, 많은 프로세스의 경우 프로세스의 실제 크기는 주소 공간의 최대치에 많이 이르지 못한다는 점이다. 프로세스의 크기가 실제 10MB라면(프로세스의 코드, 데이터, 사용 중인 힙, 사용 중인 스택을 합쳐), 프로세스를 위해 실제 활용되는 페이지 테이블의 항목 수는 다음과 같다.

> 항목 수 = 10MB/4KB = $10 \times 2^{20}/2^{12}$ = 10×2^8 = 2560개

2560개는 최대치 100만개에 비하면 매우 작다. 대부분의 응용프로그램이 이런 식으로 페이지 테이블의 일부만 사용하여 페이지 테이블로 인한 메모리의 낭비가 크다.

두 번째 요인에 대해 알아보자. 운영체제는 프로세스마다 페이지 테이블을 만들고 메모리에 저장한다. 그러므로 100개의 프로세스가 실행되고 있다면, 운영체제가 페이지 테이블로 인해 소모되는 메모리는 다음과 같이 400MB에 이르며, 이것은 결코 적은 량이 아니다.

> 100개의 프로세스가 소모하는 페이지 테이블 량 = 100×4MB = 400MB

페이지 테이블로 인한 메모리 낭비를 줄이는 다양한 방법이 연구되었는데 대표적으로 다음 2가지 방법이 있다. 다음 절에서 이들에 대해 소개한다.

- 역 페이지 테이블(IPT, inverted page table)
- 멀티레벨 페이지 테이블(multi-level page table)

4.2 역 페이지 테이블

역 페이지 테이블의 구성

기존의 페이지 테이블이 프로세스를 중심으로 프로세스의 각 페이지가 적재된 프레임 번호를 저장하는 방식이었다면, 이와 반대로 역 페이지 테이블은, 프레임을 중심으로 물리 메모리의 전체 프레임에 대해 각 프레임이 어떤 프로세스의 어떤 페이지에 할당되었는지 나타내는 테이블로 시스템에 1개만 둔다.

그림 9-14는 물리 메모리가 n개의 프레임으로 구성될 때 역 페이지 테이블의 사례이다. 프레임의 개수가 n이므로 역 페이지 테이블의 항목 개수로 n개로 구성된다. 역 페이지 테이블의 항목에 기록되는 정보는 다음과 같다.

역 페이지 테이블의 항목 = [프로세스 번호(PID), 페이지 번호 p]

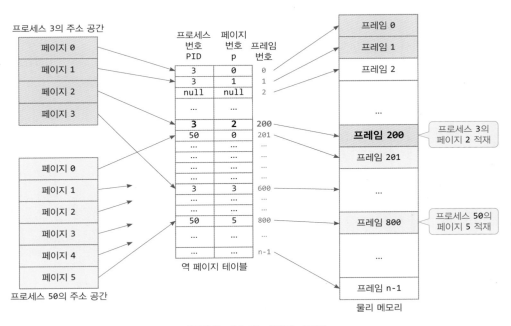

그림 9-14 역 페이지 테이블

그림에서 페이지 테이블의 항목 번호는 프레임 번호이며, 각 항목에는 해당 프레임에 저장된 프로세스 번호와 페이지 번호가 기록된다. 프레임이 비어 있는 경우, 항목에는 null이 저장된다. 그림 9-14에서 프레임 200에는 프로세스 3번의 페이지 2가 적재되어 있고, 프레임 800에는 프로세스 50의 페이지 5가 적재된 상태이다.

역 페이지 테이블의 크기는 컴퓨터에 설치된 물리 메모리의 크기에 좌우된다.

논리 주소의 물리 주소로의 변환

역 페이지 테이블을 사용하는 시스템에서 논리 주소가 물리 주소로 변환되는 과정을 그림 9-15와 함께 알아보자. 역 페이지 테이블을 사용하는 시스템에서 논리 주소는 다음과 같이 3개의 요소로 구성된다.

논리 주소 = [프로세스 번호(PID), 페이지 번호(p), 옵셋(offset)]

CPU가 논리 주소를 발생할 때, 프로세스 번호 PID를 포함할지는 CPU나 컴퓨터 시스템을 구현하기에 달렸다. 구현에 따라 현재 실행중인 프로세스의 번호 PID를 MMU 내 적절한 레지스터에 두고 CPU는 페이지 번호 p와 옵셋 offset만 출력할 수도 있다.

논리 주소가 발생되면 MMU는 PID와 p로 역 페이지 테이블을 검색하여 일치하는 항목을 찾는다. 항목이 발견되면, 항목 번호가 바로 프레임 번호이므로, 발견된 프레임 번호(f)와 옵셋

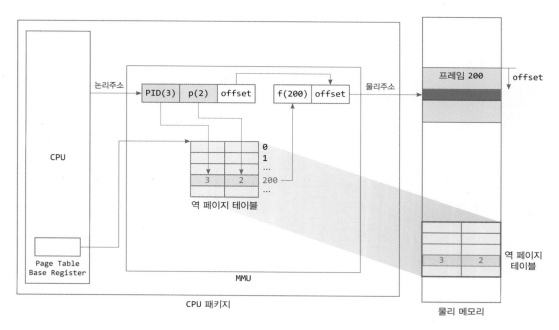

그림 9-15 역 페이지 테이블을 사용할 때, 논리 주소의 물리 주소 변환

(offset)을 연결하여 물리 주소를 만들고 물리 주소를 발생시킨다. 역 페이지 테이블은 물리 메모리에 저장해두며 그 위치는 CPU 내에 PTBR(page table base register)이 가리킨다.

그림 9-15는 구체적으로 CPU가 프로세스 3의 페이지 2를 액세스할 때, MMU가 역 페이지 테이블을 검색하여 항목 200에서 이들을 발견하여 프레임 번호 200과 논리 주소의 옵셋 offset을 합쳐 물리 주소로 변환하는 사례를 보여준다.

역 페이지 테이블의 크기

역 페이지 테이블의 크기는 시스템에 설치된 물리 메모리의 크기에 따라 달라지므로 모든 시스템에서 동일할 수 없다. 예를 들어 보자. 4GB의 물리 메모리가 설치된 시스템의 경우 총 프레임의 개수가 2^{20}개, 즉 약 100만개이다. 프로세스 번호가 4바이트, 페이지 번호가 4바이트라고 하면 한 항목의 크기는 8바이트이므로, 역 페이지 테이블의 크기는 다음과 같이 계산된다.

> 역 페이지 테이블의 크기 = 2^{20}개 × 8바이트 = 8MB

역 페이지 테이블을 사용하면 기존의 페이지 테이블 크기를 얼마나 줄일 수 있을까? 10개의 프로세스가 실행 중인 상황에서 비교해보자. 위와 동일한 조건에서, 기존의 페이지 테이블은 프로세스마다 4MB의 크기이므로 10개의 프로세스가 실행되고 있다면 40MB의 메모리가 페이지 테이블을 위해 사용된다. 한편, 역 페이지 테이블을 사용하면 8MB의 메모리가 소요되므로, 기존 페이지 테이블의 1/5(=8MB/40MB) 수준 밖에 되지 않는다. 역 페이지 테이블의 크기는 실행중인 프로세스의 개수와 관계없이 항상 동일하므로, 실행 중인 프로세스의 개수가 많을수록 더욱 효과적이다.

역 페이지 테이블 구현

역 페이지 테이블은 여러 방식으로 구현할 수 있다. 주소 변환 시 역 페이지 테이블 항목을 처음부터 하나씩 비교하여 일치하는 항목을 찾는 방식을 선형 역 페이지 테이블(linear inverted page table)이라 한다. 이 방식은 비교에 많은 시간이 걸리는 단점이 있다. 이 단점을 개선한 해시 역 페이지 테이블(hashed inverted page table)이 있다. 이것은 역 페이지 테이블을 해시 테이블로 만들고 해시 함수를 이용하여 'PID와 p'를 키로 해싱하여 단번에 일치하는 항목을 찾고 물리 주소로 변환한다. 이 방법은 PowerPC와 UltraSPARC 등 몇몇 CPU에서 사용되었다.

4.3 멀티레벨 페이지 테이블

멀티레벨(다단계) 페이지 테이블은 오늘날 대부분의 운영체제에서 사용되는 방식으로 프로세스에게 할당된 페이지들에서 대해서만 페이지 테이블을 만드는 방식으로 페이지 테이블의 낭비를 줄인다. 페이지 테이블을 수십~수백 개의 작은 페이지 테이블로 나누고 이들을 계층적으로 구성하는 방법이다. 32비트 운영체제에서는 2-레벨과 3-레벨이 사용되고, 64비트 운영체제에서는 4-레벨 또는 5-레벨까지 사용되고 있다.

2-레벨 페이지 테이블 개요

멀티레벨 페이지 테이블의 개념을 이해하기 위해 2-레벨 페이지 테이블에 대해 알아보자. 2-레벨 페이지 테이블은 그림 9-16과 같이 프로세스의 주소 공간을 1024개의 페이지들로 나누고, 1024개의 페이지를 1개의 페이지 테이블로 나타낸다. 그러므로 페이지 테이블의 항목은 1024개이다.

그림 9-16은 현재 프로세스에게 할당된 페이지들에 대해서만 페이지 테이블이 만들어진 사례로서 3개의 페이지 테이블이 만들어져 있다. 2번째 1024개의 페이지 중 일부 페이지가 없다고 할지라도 페이지 테이블은 만들어지며 항목이 일부 비어 있게 된다.

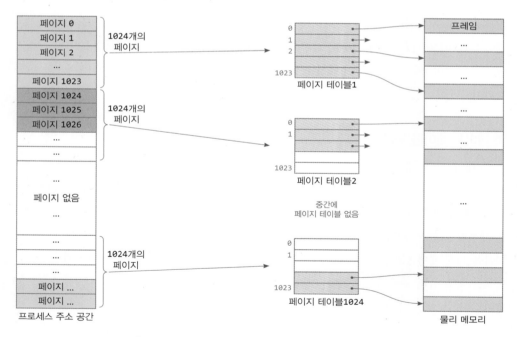

그림 9-16 1024개의 페이지마다 1개의 페이지 테이블 사용

프로세스에게 할당되지 않은 페이지들에 대해서는 페이지 테이블을 만들지 않음으로써 페이지 테이블의 크기를 줄인다. 페이지 테이블의 한 항목을 4바이트로 만들면, 1개의 페이지 테이블은 1024 × 4바이트 = 4KB로 1개의 프레임에 저장 가능한 크기이다. 이것은 1개의 페이지 테이블을 1개의 프레임에 저장하기 위해 의도적으로 설계한 것이다.

이것으로 2-레벨 페이지 테이블이 완성된 것은 아니다. 페이지 테이블이 메모리에 저장되므로 각 페이지 테이블이 저장된 메모리 프레임의 번호를 기억하는 다른 테이블이 필요한데 이를 페이지 디렉터리(page directory)라고 부른다. 그림 9-17은 페이지 디렉터리를 포함하는 제대로 된 2-레벨 페이지 테이블(2단 페이지 테이블) 방식을 보여준다.

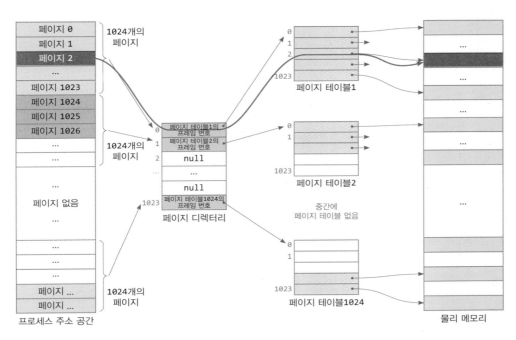

그림 9-17 페이지 디렉터리와 페이지 테이블로 구성된 2-레벨 페이지 테이블

페이지 디렉터리의 크기 역시 4KB로 1개의 프레임에 저장된다. 페이지 디렉터리의 각 항목에는 순서대로 페이지 테이블이 저장된 메모리 프레임의 번호가 기록된다.

그림 9-17을 자세히 보자. 프로세스가 실행되어 페이지 2에 저장된 코드나 데이터를 액세스하려면 페이지 디렉터리가 물리 메모리에서 읽혀지고, 페이지 디렉터리의 첫 번째 항목에서 페이지 테이블 1이 저장된 프레임 번호를 알아낸 후 메모리에서 페이지 테이블 1을 읽어 들이고, 페이지 테이블의 항목 2에서 페이지가 저장된 물리 프레임을 알아낸다. 페이지 디렉터리와 페이지 테이블의 2단계 과정을 거쳐야 페이지가 저장된 프레임을 알 수 있도록 구성하였기 때문에 2-레벨 페이지 테이블이라고 부른다.

2-레벨 페이지 테이블의 구성

2-레벨 페이지 테이블 방식은, 페이지 디렉터리와 페이지 테이블들이 2단으로 연결되므로, 논리 주소의 페이지 번호 부분이 [페이지 디렉터리 인덱스, 페이지 테이블 인덱스]로 나누어져 논리 주소는 다음과 같이 3개의 요소로 구성된다.

논리 주소 = [페이지 디렉터리 인덱스, 페이지 테이블 인덱스, 옵셋]

페이지 크기를 4KB로 하면, 논리주소의 하위 12비트는 페이지 내 옵셋 주소이며, 상위 20비트는 페이지 디렉터리 인덱스(page directory index)와 페이지 테이블 인덱스(page table index)로 나뉜다. 페이지 테이블이 1024개의 항목으로 구성되므로 페이지 테이블 인덱스는 하위 10비트로 충분하며, 상위 10비트가 페이지 디렉터리 인덱스이다. 다시 말하면 논리 주소는 '어떤 페이지 테이블'에서 '어떤 페이지'내에 '어떤 옵셋'에 저장된 데이터인지를 나타낸다.

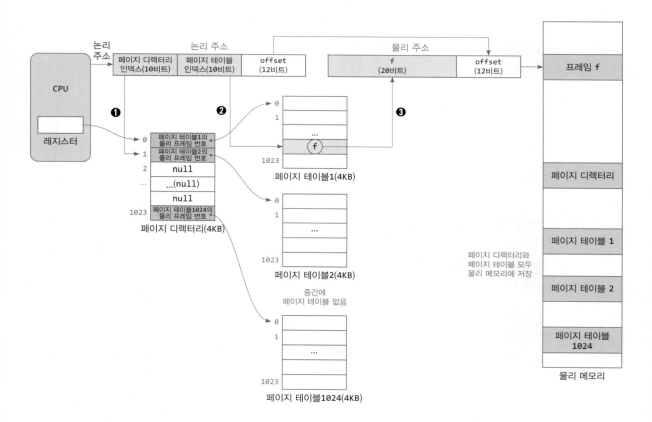

※ 2-레벨 페이지 테이블은 프로세스 당 하나의 페이지 디렉터리와 여러 개의 페이지 테이블로 이루어진다.

그림 9-18 2-레벨 페이지 테이블에서 논리 주소의 물리 주소 변환 과정

2-레벨 페이지 테이블에서 논리 주소의 물리 주소 변환 과정

그림 9-18을 보면서 MMU에 의해 논리 주소가 물리 주소로 바뀌는 과정을 알아보자. CPU에는 페이지 디렉터리가 저장된 물리 메모리의 주소를 저장하는 특별한 레지스터가 있으며, 프로세스가 스케줄될 때 PCB로부터 페이지 디렉터리가 저장된 물리 주소가 이 레지스터에 적재된다.

❶ 논리 주소의 최상위 10비트(페이지 디렉터리 인덱스)가 가리키는 페이지 디렉터리 항목을 읽고, 이 항목에 기록된 페이지 테이블의 프레임 번호를 알아낸다. 그리고 페이지 테이블을 물리 메모리로 읽어 들인다.

❷ 읽어 들인 페이지 테이블에서, 논리 주소의 중간 10비트(페이지 테이블 인덱스)가 가리키는 페이지 테이블의 항목에 저장된 프레임 번호(f)를 읽는다. 이 값이 바로 액세스하려는 페이지가 저장된 프레임 번호이다.

❸ 이제 MMU는 이 프레임 번호(f)와 논리 주소의 옵셋(offset)을 결합하여 물리 주소를 완성한다.

2-레벨 페이지 테이블이 형성되는 과정

멀티레벨 페이지 테이블에 대한 이해를 돕고자 2-레벨 페이지 테이블이 형성되어 가는 과정을 사례로 설명한다. 페이지 디렉터리는 페이지 테이블의 목록이라고 생각하면 된다.

(1) 프로세스가 실행될 때, 운영체제는 그림 9-19와 같이 페이지 디렉터리 1개와 페이지 테이블 1개를 생성하고, 페이지 디렉터리는 프레임 700에, 페이지 테이블 1은 프레임 760에 적재한다. 그리고 빈 프레임 5를 찾아 첫 번째 페이지(페이지 0)를 적재하고, 페이지 테이블 1의 첫 번째 항목에 프레임 번호 5를 기록한다. 페이지 디렉터리와 페이지 테이블의 나머지 항목은 모두 비어있다.

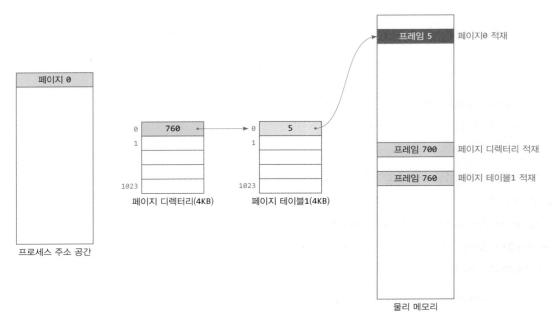

그림 9-19 프로세스의 페이지 0이 프레임 5에 적재될 때

(2) 운영체제는 그림 9-20과 같이 빈 프레임 20을 찾아 페이지 1을 적재하고 페이지 테이블 1 의 두 번째 항목에 20을 기록한다.

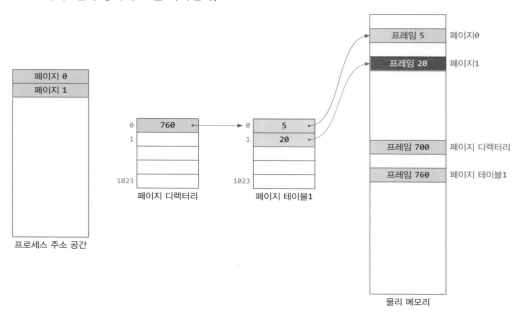

그림 9-20 프로세스의 페이지 1이 프레임 20에 적재될 때

(3) 운영체제가 그 후 계속해서 프로세스에게 페이지를 할당하여 그림 9-21과 같이 페이지 테 이블1의 1024개 항목을 다 사용하게 되면, 새로운 페이지 테이블 2를 생성하고 프레임 950

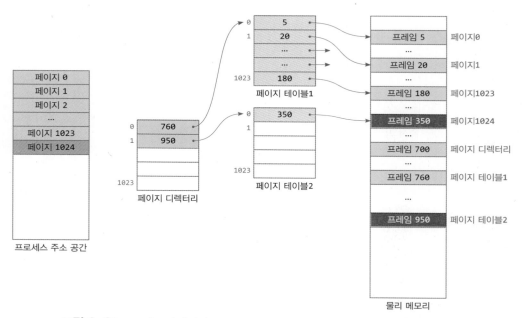

그림 9-21 프로세스의 페이지 1024가 프레임 350에 적재될 때 – 페이지 테이블2 생성

에 적재한다. 그리고 페이지 디렉터리의 두 번째 항목에 950을 기록한다. 그리고 프로세스의 페이지 1024를 적재하기 위해 프레임 350을 할당하고 350을 페이지 테이블 2의 첫 번째 항목에 기록한다. 페이지 테이블 2의 나머지 항목들은 비어 있다.

(4) 이런 식으로 프로세스가 적재된 후 실행 중에 스택을 사용하게 되면 그림 9–22와 같이 페이지 테이블을 하나 생성하고 프레임 1003에 적재한다. 또한 페이지 디렉터리의 어떤 항목에 1003을 기록한다. 그리고 스택 페이지를 적재하기 위해 프레임 990을 할당하고 990을 페이지 테이블에 기록한다. 나머지 항목들은 비어 있다.

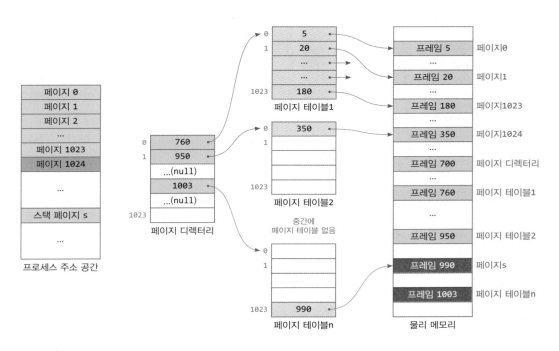

그림 9–22 프로세스가 스택 영역에 한 페이지(페이지 s, 프레임 990에 적재)를 할당받을 때

2-레벨 페이지 테이블은 프로세스가 현재 사용하는 페이지들에 대해서만 물리 프레임 번호를 기록하고, 사용하지 않는 페이지들에 대해서는 페이지 테이블을 만들지 않기 때문에, 기존의 페이지 테이블에 비해 페이지 테이블로 인한 메모리 낭비를 대폭 줄인다. 예를 들어, 그림 9–22 사례에서 프로세스가 현재 1026(페이지 0~페이지 1024, 스택 페이지 s)개의 페이지만 사용하고 있으므로, 프로세스를 위해 현재 사용된 2-레벨 페이지 테이블의 크기는 다음과 같이 계산된다.

페이지 디렉터리 1개(4KB) + 3개의 페이지 테이블(12KB) = 16KB

프로세스 당 4MB의 페이지 테이블로 구성되는 기존의 페이지 테이블 방식에 비해, 2-레벨 페이지 테이블 방식은 메모리 낭비를 대폭 줄이는 것을 알 수 있다.

2-레벨 페이지 테이블의 크기

2-레벨 페이지 테이블을 사용하는 경우 소모되는 메모리 량을 계산해보자. 페이지 디렉터리는 1개의 프레임 크기로 4KB이며 시스템에 1개만 있다. 페이지 테이블의 개수는 페이지 디렉터리의 항목 개수와 동일하므로, 최대 1024개의 페이지 테이블을 모두 사용한다고 가정하면 페이지 테이블 전체량은 1024x4KB = 4MB이다. 그러므로 하나의 프로세스가 주소 공간을 모두 활용한다고 가정하였을 때 총 소모되는 메모리는 페이지 디렉터리를 합쳐 다음과 같다.

> 2-레벨 페이지 테이블을 사용할 경우 최대 메모리 소모량 = 4MB + 4KB

하지만, 일반적으로 프로세스는 1024개의 페이지 테이블을 모두 사용하지 않는다. 만일 프로세스가 1000개의 페이지(프로세스의 크기는 1000×4KB=4000KB)로 구성된다고 하면, 단순 계산하여 1000개의 페이지는 1개의 페이지 테이블에 의해 매핑 가능하므로 2-레벨 페이지 테이블로 소모되는 메모리 량은 다음과 같이 계산된다.

> 프로세스가 1000개의 페이지를 사용할 때 2-레벨 페이지 테이블의 메모리 소모량 = 1개의 페이지 디렉터리와 1개의 페이지 테이블 = 4KB + 4KB = 8KB

참고로 이 경우 페이지 디렉터리에는 첫 번째 항목만 사용된다.

다른 사례로, 프로세스가 400MB의 크기라고 하면 프로세스는 총 400MB/4KB=100×1024개의 페이지로 구성되므로 이 프로세스를 위해서는 100개의 페이지 테이블이 필요하다(페이지 테이블 1개가 1024개의 페이지를 매핑하므로). 그러므로 소모되는 메모리 량은 다음과 같이 계산된다.

> 400MB의 프로세스를 위한 2-레벨 페이지 테이블의 메모리 소모량 = 1개의 페이지 디렉터리와 100개의 페이지 테이블 = 4KB + 100×4KB = 404KB

참고로 이 경우 페이지 디렉터리는 1024개의 항목 중 100개만 사용된다.

기존 페이지 테이블의 경우 프로세스 크기에 관계없이 프로세스 당 4MB가 소모되는 것에 비하면, 2-레벨 페이지 테이블의 경우 페이지 테이블로 인한 메모리 소모를 확연히 줄일 수 있다.

잠깐! 멀티레벨 페이지 테이블이 실제로 사용되고 있는가?

멀티레벨 페이지 테이블은 Windows나 리눅스 등 대부분의 운영체제에서 실제 사용되고 있다. CPU나 운영체제 버전에 따라 3-레벨, 4-레벨, 5-레벨까지 페이지 테이블로 구축하여 사용하고 있다.

❓ 페이징 메모리 관리 개요

- 페이징은 프로세스의 주소 공간을 페이지(page)라고 불리는 고정 크기로 나누고 물리 메모리 역시 페이지와 동일한 크기의 프레임(frame)으로 나눈다. 프로세스의 각 페이지는 임의의 물리 프레임에 적재된다.

- 페이지 크기는 보통 4KB이며 운영체제에 따라 다르고 크기 조절이 가능하다.

- 프로세스의 주소 공간은 논리 주소 0번지부터 페이지 크기로 분할하여 페이지 번호가 매겨진다.

- 페이지 테이블은 프로세스마다 존재하며 프로세스에 속한 모든 스레드의 실행 시 사용된다.

- 페이지 테이블은 프로세스의 각 페이지가 적재된 프레임 번호가 기록되며 커널에 의해 관리된다.

- 페이지 테이블 항목의 개수는 프로세스의 주소 공간 전체 페이지의 개수와 동일하다. 32비트 운영체제에서 프로세스의 주소 공간은 4GB이고 페이지 크기가 4KB이면 프로세스의 페이지 테이블에는 총 4GB/4KB=1M개의 항목이 존재한다. 한 항목이 4바이트이면 페이지 테이블은 4MB이다.

- 페이지 테이블의 항목들은 프로세스의 현재 크기만큼만 사용되고 나머지는 사용되지 않은 채 낭비된다.

❓ 페이징의 주소 체계

- 페이징에서 논리 주소는 [페이지 번호, 옵셋]으로 구성된다.

- 페이징에서 논리 주소를 물리 주소로 바꾸는 과정은, 페이지 번호를 인덱스로 하여 페이지 테이블 항목에 기록된 프레임 번호를 찾고 프레임 번호와 옵셋을 결합하여 물리 주소를 완성한다.

- 페이지 테이블은 비교적 크기 때문에 메모리에 둔다.

❓ 페이징 테이블의 문제점과 TLB

- 페이지 테이블에는 2가지 성능 문제가 존재한다. 첫째, CPU가 메모리를 액세스할 때 2번 물리 메모리(페이지 테이블 액세스 1번, 데이터 액세스를 위한 물리 메모리 액세스 1번)가 액세스된다. 이 문제는 TLB(Translation Look-aside Buffer)를 사용하여 해결한다. 둘째, 많은 경우 프로세스의 실제 크기가 프로세스의 주소 공간 크기에 많이 미치지 못하기 때문에 페이지 테이블의 많은 항목이 낭비된다. 이 문제는 역 페이지 테이블이나 멀티레벨 페이지 테이블로 해결한다.

- TLB는 최근에 액세스한 페이지들의 프레임 번호를 저장해두는 주소변환용 캐시 메모리로서, CPU 내 MMU에 두는 소량의 매우 빠른 메모리이다. TLB 캐시의 항목은 (페이지번호, 프레임번호)의 쌍으로 구성된다.

- TLB는 모든 항목을 동시에 비교하도록 만들어진 고속 메모리로서, 논리 주소의 페이지 번호가 TLB 캐시의 모든 항목과 동시에 비교되어 일치하는 항목이 발견되면 프레임 번호가 출력된다.

- TLB를 이용하는 경우, 논리 주소의 페이지 번호가 TLB에서 먼저 검색되고, 발견된 경우(TLB 히트) 프레임 번호와 옵셋이 결합되어 물리 주소가 만들어진다. 만일 TLB 항목에 페이지 번호가 없는 경우(TLB미스), 메모리에 적재된 페이지 테이블 항목에서 프레임 번호를 읽어 와 물리 주소를 생성한다. TLB 미스가 발생한 페이지 번호는 프레임 번호를 TLB에 새 항목으로 저장된다.

- TLB 범위(TLB reach)란 TLB로 주소 변환을 할 수 있는 메모리의 범위이다. TLB 항목 개수 x 페이지 크기로 계산된다.

- 상용화된 TLB 항목의 개수는 **64~1024** 정도로 작은 편이다. 이것은 **TLB**에 모든 항목을 동시에 비교하는 회로가 내장되기 때문에 가격이 비싸고 항목 수에 비례하여 회로가 차지하는 공간도 크기 때문이다.

- 작은 크기의 **TLB**가 효과적으로 작동하는 것은 최근에 사용된 페이지들의 프레임 번호를 저장해둠으로써 참조의 지역성을 적극 활용하기 때문이다.

🔍 심화 학습 : 페이지 테이블의 낭비 문제 해결

- 역 페이지 테이블은 물리 프레임의 개수와 동일한 개수의 항목들을 두고, 각 항목에는 해당 프레임에 적재된 프로세스 번호와 페이지 번호를 기록한다. 역 페이지 테이블은 시스템 전체에 **1**개만 두고 논리 주소는 [프로세스 번호. 페이지 번호, 옵셋]으로 구성된다. 프로세스 번호와 페이지 번호를 이용하여 역 페이지 테이블을 검색하고 일치하는 항목이 발견되면 항목의 인덱스가 바로 프레임 번호이다. 이 번호와 옵셋을 결합하면 물리 주소가 만들어진다.

- 멀티레벨 페이지 테이블 방식은 페이지 테이블을 수십~수백 개의 작은 페이지 테이블로 나누고 이들을 여러 레벨(다단계)로 구성한다. 프로세스가 현재 사용 중인 페이지들에서 대해서만 페이지 테이블을 만들기 때문에 페이지 테이블의 낭비를 줄인다.

연습문제

개념 체크

1. 다음은 페이징 메모리 관리에 대해 기술하는 문장이다. 보기에서 골라 빈칸을 채워라.

> 페이징은 프로세스의 주소 공간을 (   )라는 (   ) 크기로 나누고 (   ) 역시 (   ) 크기와 동일
> 한 크기로 나누고 이를 (   )이라고 부르며, 프로세스의 각 (   )을(를) 임의의 빈 (   )에 할당하는
> 메모리 관리 기법이다.

> **보기**
>
> 프레임, 고정, 세그먼트, 분할, 가변, 파티션, 페이지, 물리 메모리, 주소 공간

2. 프로세스가 실행될 때 변수의 물리주소를 알아내기 위해 사용하는 것은?

① 페이지 테이블   ② TCB

③ PCB   ④ 프로세스 테이블

3. 32비트의 주소 체계에서 페이지의 크기가 4KB이고 페이지 테이블의 한 항목이 4바이트라면, 한 프로세스 당 페이지
테이블의 크기는 얼마인가?

① 1MB   ② 4MB

③ 32GB   ④ 무한대로 커질 수 있다.

4. 페이지 테이블에 들어 있는 항목으로 적당한 것은?

① 페이지의 물리 주소

② 페이지의 물리 주소와 페이지 크기

③ 페이지의 물리 주소와 페이지 크기, 그리고 페이지의 논리 주소

④ 페이지의 물리 주소와 페이지 크기, 페이지의 논리 주소, 그리고 프로세스 번호

5. 페이지 테이블에 대한 설명으로 틀린 것은?

① 스레드마다 고유한 페이지 테이블이 사용된다.

② 프로세스마다 고유한 페이지 테이블이 사용된다.

③ 스레드가 실행되는 동안 프로세스의 페이지 테이블이 참조된다.

④ 페이지 테이블은 프로세스의 사용자 공간과 커널 공간 모두에 대해 적용된다.

6. 논리 주소를 물리 주소로 바꿀 때 사용되지 않는 것은?

① MMU   ② 페이지 테이블

③ TLB   ④ PCB

7. 페이지 테이블에 대한 설명 중 틀린 것은?

① 페이지 테이블은 크기가 커서 일반적으로 메모리에 저장된다.

② 페이지 테이블이 저장된 메모리 주소는 CPU 레지스터 중 하나에 저장된다.

③ 페이지 테이블은 실제로 많은 항목이 비어 있어, 낭비가 심한 문제가 있다.

④ 페이지 테이블은 시스템 전체에 하나 있으며 커널 공간에 저장된다.

8. 논리 주소를 물리 주소로 바꿀 때 사용되지 않는 것은?

① Page Table Base Register

② PC(Program counter) 레지스터

③ TLB

④ 페이지 테이블

9. 32비트 주소 체계에서 한 페이지의 크기가 4KB일 때, 논리 주소 0x98761234 번지는 몇 번째 페이지의 몇 번째 바이트에 대한 주소인가(정확한 답 사례: 0x###페이지의 0x###바이트)

10. 페이징 기법과 세그먼테이션 기법을 비교한 것으로 틀린 것은?

① 구현 면에서 페이징이 더 우수하다.

② 세그먼테이션 기법은 CPU마다 세그먼트를 다루는 방법을 달리하므로 이식성에 단점이 있다.

③ 세그먼테이션은 단편화가 적기 때문에 메모리 활용 면에서 페이징보다 우수하다.

④ 페이징은 시스템의 목적에 따라 페이지 크기를 달리 설정할 수 있어 융통성이 높다.

11. 페이지 테이블은 어디에 존재하는가?

① 메인 메모리   ② 캐시 메모리

③ 하드 디스크   ④ CPU의 특정 레지스터들 속에

12. 페이징에서 프로세스의 논리 주소는?

① [페이지 번호]   ② [페이지 번호, 옵셋]

③ [프레임 번호, 옵셋]   ④ 옵셋

13. 32비트 주소 체계에서 한 페이지가 2KB일 때, 다음 32비트의 논리 주소는 몇 번째 페이지의 몇 번째 바이트에 대한 주소인가?

```
0000 0000 0000 0000 0001 1000 0000 1111
```

14. 32비트 주소 체계에서 한 페이지의 크기가 4KB일 때, 다음 32비트의 논리 주소에 해당하는 물리 주소는(그림에서의 논리 주소와 프레임 번호는 16진수임)?

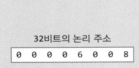

32비트의 논리 주소

| 0 | 0 | 0 | 0 | 6 | 0 | 0 | 8 |

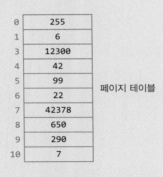

페이지 테이블

0	255
1	6
3	12300
4	42
5	99
6	22
7	42378
8	650
9	290
10	7

15. 페이징 메모리 관리 기법은 페이지 테이블로 인해 2가지 성능 이슈가 있다. 이 둘을 골라라?

① 페이지 테이블의 낭비

② 페이지 테이블 검색 시간 오버헤드

③ CPU의 메모리 액세스 시 2번의 물리 메모리 액세스로 인한 실행 속도 저하

④ MMU를 내장함에 따른 CPU의 가격 상승

16. TLB는 어떤 문제점을 해결하기 위한 것인가?

① 페이지 테이블의 크기 　　　② 페이지 테이블의 액세스 속도

③ 물리 메모리의 액세스 횟수 　　④ 물리 메모리의 크기

17. TLB는 일반적으로 어디에 존재하는가?

① CPU 패키지의 MMU 장치 내에 　　② 커널 영역의 메모리 내에

③ CPU 캐시 메모리 내에 　　　　　④ CPU 패키지 외부 하드웨어 형태로

18. TLB의 역할은 무엇인가?

① 논리 주소의 빠른 물리 주소 변환 　② 빠른 페이지 테이블 액세스

③ 물리 메모리의 빠른 액세스 　　　　④ 빠른 CPU 연산

19. TLB는 고가의 장치이므로 TLB 크기는 페이지 테이블의 약 1/1000 수준이다. 이렇게 적은 크기로 논리 주소를 물리 주소로 바꾸는데 효율적인 이유는 무엇인가?

20. 역 페이지 테이블과 멀티레벨 페이지 테이블 기법은 페이지 테이블의 어떤 문제를 개선하기 위한 것인가

① 페이지 테이블의 액세스 속도 개선 　　② 페이지 테이블의 낭비 개선

③ 페이지 테이블의 보호 　　　　　　　　④ 페이지 테이블의 갱신 시간 개선

21. 역 페이지 테이블을 사용할 때 역 페이지 테이블의 항목은 어떻게 구성되는가?

① [프레임 번호]

② [페이지 번호, 프레임 번호]

③ [프로세스 번호, 페이지 번호]

④ [프로세스 번호, 프레임 번호]

복합 문제

1. 32비트 CPU를 가진 운영체제가 페이징 기법으로 메모리를 관리한다. 페이지 크기가 8KB이고 현재 컴퓨터에 1GB의 메모리가 있을 때 다음 질문에 답하여라.

(1) 물리 메모리의 프레임 크기는 얼마인가?

(2) 물리 메모리에는 몇 개의 프레임이 존재하는가? 계산 과정을 보여라.

① 2^{20}개

② 2^{19}개

③ 2^{17}개

④ 약 1G개

(3) 32비트 CPU가 액세스할 수 있는 주소 범위는 4GB이다. 운영체제가 사용자 공간 2GB, 커널 공간 2GB로 나누어 사용한다면, 사용자가 작성할 수 있는 응용프로그램의 크기는 얼마인가? 그리고 응용프로그램의 주소 공간 크기는 얼마인가?

(4) 페이지 테이블 항목의 크기가 4바이트이고 현재 100개의 프로세스가 실행중일 때, 시스템 내에 생성된 전체 페이지 테이블의 크기는 얼마인가? 반드시 단위를 붙여 쓰라.

(5) 사용자가 작성한 응용프로그램의 프로세스가 현재 60000바이트의 메모리를 사용하고 있다면, 이 프로세스는 현재 몇 개의 페이지와 몇 개의 물리 프레임을 사용하고 있는가?

2. 다음과 같은 C 프로그램이 있다. 32비트 운영체제가 주소 공간을 사용자 공간 2GB, 커널 공간 2GB로 나누어 사용한다고 하자. 페이지 크기는 4KB이다. 이 C 프로그램을 컴파일하고 링크한 결과 프로세스의 코드 영역 크기가 6000바이트라고 할 때 다음 질문에 답하라. 코드 영역은 페이지 0부터 시작된다.

```
int n[1000]; // 4000 바이트

int main() {
    int sum = 0;
    int i;
    int *p = (int*)malloc(4); // 4 바이트의 메모리 할당
    for(i=0; i<1000; i++) {
        sum += n[i];
    }
    *p = sum; // 할당받은 메모리에 합 저장
}
```

(1) 프로세스가 실행되어 **for** 문의 실행을 끝냈을 때 사용자 주소 공간을 그리되, 프로세스의 각 영역들(코드, 데이터, 힙, 스택)이 몇 번 페이지에 포함되어 있는지 페이지와 함께 그려라. 이 프로세스가 사용하는 메모리는 몇 페이지인가?

(2) 페이지 테이블을 그려보라. 물리 프레임의 번호는 적당히 결정하라.

3. 다음과 같은 C 프로그램이 있다.

```
int n[100]; // 400 바이트
int sum = 0;
int main() {
    for(int i=0; i<100; i++)
        sum += n[i];
}
```

(1) 배열 n과 sum은 프로세스의 어느 영역에 저장되는가?

(2) 이 프로그램이 다음 조건에서 실행된다고 하자.

- 32비트 CPU에서 실행되고 페이지의 크기는 4KB이다.
- int 타입은 4바이트로 컴파일된다.
- 배열 n의 논리 주소는 0x2000부터 시작한다.
- 배열 n의 물리 주소는 0x7000부터 시작한다.
- 배열 n과 sum, 그리고 main() 함수의 코드를 합쳐 4KB가 안되므로 모두 한 페이지에 들어 있다.
- 페이지 테이블은 물리 메모리 0xA000 번지(프레임 10)에 있다.

TLB가 없는 경우, 본문의 탐구 9-2의 그림 9-9를 참고하여 for 문이 실행되는 동안 n[i]가 액세스되는 과정을 그려라. n[i]의 논리 주소와 n[i]의 물리 주소, 그리고 페이지 테이블이 액세스되는 과정을 그리면 된다.

그리고 그림 9-8과 유사하게 프로세스의 주소 공간과 페이지 테이블, 물리 프레임과의 관계를 그려라. 그림에 페이지 테이블이 프레임 10에 적재되어 있음도 그려라.

(3) TLB가 있을 때 본문의 그림 9-12와 그림 9-13을 참고하여 문제 (2)를 다시 풀어라. TLB 항목이 3개일 때 TLB 항목의 내용이 어떻게 변하는지도 함께 그려라.

4. 문제 3에서 배열 n의 크기와 for 문을 다음과 같이 수정하고 질문에 답하라.

```
int n[4000]; // 4000x4=16000 바이트
int sum = 0;
int main() {
    for(int i=0; i<4000; i++)
        sum += n[i];
}
```

배열 n의 논리 주소가 0x2000부터 시작하여 4개의 페이지에 연속하여 걸쳐 있고, 배열 n의 물리주소는 0x7000부터 시작하여 4개의 프레임 7, 5, 9, 6에 나누어 할당되어 있으며, 페이지 테이블은 물리 메모리 0xB000번지에서 시작한다고 할 때, 문제 3의 항목 (2)를 풀고, TLB 항목이 4개인 경우에 대해 항목 (3)을 풀어라.

Chapter

10

가상 메모리

1. 물리 메모리의 한계

2. 가상 메모리 개념

3. 요구 페이징

4. 참조의 지역성과 작업 집합

5. 프레임 할당

6. 페이지 교체

10

가상 메모리

1 물리 메모리의 한계

1.1 주소 공간과 물리 메모리

물리 메모리는 컴퓨터에 장착된 실제 메모리로서 최대 크기는 CPU에 의해 제한된다. 32비트 CPU에서, CPU가 32개의 주소선을 통해 액세스할 수 있는 물리 주소의 최대 개수는 그림 10-1과 같이 2^{32}개이다. 1개의 주소가 가리키는 크기는 메모리 한 바이트이므로 물리 메모리의 최대 크기는 2^{32}바이트, 즉 4GB이다.

> 32비트 CPU가 액세스할 수 있는 물리 메모리의 최대 크기는 2^{32}바이트 = 4GB

32비트 CPU를 가진 컴퓨터에서 사용자가 작성한 프로세스의 코드와 데이터(라이브러리 포함) 그리고 프로세스가 실행 중에 사용할 수 있는 스택과 힙, 그리고 프로세스가 시스템 호출을 통해 진입할 수 있는 커널 공간을 합쳐, 프로세스가 실행 중에 닿을 수 있는 최대 주소 범위는 2^{32}=4GB 크기이다. 이것을 프로세스의 주소 공간이라 한다. 프로세스의 주소 공간은 고정 크기이지만 물리 메모리의 크기는 설치하기에 달려 있으며, 대부분의 시스템에서 물리 메모리는 비용 때문에 프로세스의 주소 공간보다 작게 설치된다.

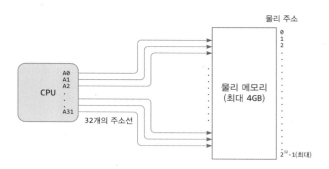

그림 10-1 32비트 CPU에서 물리 메모리의 최대 크기는 4GB

실제 독자들이 가진 컴퓨터를 한 번 보라. 독자들이 가진 컴퓨터가 대부분 64비트 CPU를 가지고 있어 프로세스의 주소 공간은 2^{64}바이트(2^{24}TB)이지만, 물리 메모리(RAM)는 적게는 8GB에서 32GB 수준일 가능성이 크다.

> 💭 **잠깐!** **사용자를 작성할 수 있는 응용프로그램(프로세스)의 크기**
>
> 사용자가 작성할 수 있는 응용프로그램(프로세스)의 최대 크기는 프로세스 주소 공간 중 운영체제가 설정한 사용자 공간의 크기이다. 32비트 Windows에서는 2GB이고, 32비트 리눅스에서는 3GB이다. 응용프로그램의 코드와 데이터, 그리고 동적 할당받아 사용하는 힙과 스택을 모두 합쳐 이 이상 커질 수 없다.

1.2 물리 메모리의 크기 한계

컴퓨터에 장착할 수 있는 물리 메모리의 크기는 CPU의 액세스 범위를 넘어설 수 없기 때문에 그림 10-2에서 보이는 것과 같이 물리 메모리 크기 한계로 인해 프로그램의 실행에 다음 2가지 의문이 제기된다.

● **운영체제는 물리 메모리보다 큰 프로세스를 실행할 수 있는가?**

첫째, 운영체제는 컴퓨터에 현재 설치된 물리 메모리보다 더 큰 메모리가 필요한 프로세스를 실행시킬 수 있는가하는 의문이다. 예를 들어, 컴퓨터에는 2GB의 메모리가 설치되어 있는데, 프로세스가 실행 중에 계속 동적 할당받아 프로세스가 사용하는 메모리량이 2GB보다 크게 되면 이 프로세스의 실행이 가능한가 하는 문제이다.

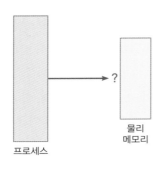

(a) 프로세스가 물리 메모리보다 큰 경우

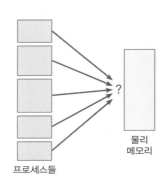

(b) 여러 프로세스들을 합친 크기가 물리 메모리보다 큰 경우

그림 10-2 물리 메모리의 크기 한계

- **운영체제는 여러 프로세스를 합쳐 물리 메모리보다 클 때 이들을 동시에 실행시킬 수 있는가?**

둘째, 여러 프로세스들의 크기를 합쳐 물리 메모리보다 큰 경우, 이들이 동시에 실행될 수 있는가하는 문제이다. 예를 들어, 5개의 프로세스가 동시에 실행된다. 처음에 이들은 메모리를 많이 활용하지 않았지만, 스택과 힙을 계속 늘여가서 이들이 사용하는 메모리가 설치된 물리 메모리보다 커지게 될 때, 운영체제는 과연 이들을 정상적으로 실행시킬 수 있는가하는 문제이다.

질문에 숨어 있는 전제

앞의 두 질문에 답하기 위해서는 질문 밑에 숨어 있는 한 가지 전제를 들추어내야 한다. 그 전제는 바로 '프로세스가 실행되려면 반드시 프로세스 전체가 물리 메모리에 적재되어야 한다.' 혹은 '프로세스는 필요한 모든 메모리를 할당받은 상태에서 실행되어야 한다.'는 전제이다. 이 전제를 깔고 있다면 앞선 두 질문에 대한 답은 "No", 즉 운영체제는 물리 메모리보다 큰 프로세스나 여러 프로세스들을 실행시킬 수 없다는 것이다.

하지만, 이 전제를 다음과 같이 부정해보자. '과연 프로세스가 완전히 메모리에 적재되어야 실행이 가능한 것일까? 당장 실행에 필요한 프로세스의 일부 메모리만 적재한 채 실행시킬 수는 없는가?' 지금부터 물리 메모리의 크기 한계를 극복하는 방법을 찾아가보자.

2 가상 메모리 개념

2.1 가상 메모리 개요

가상 메모리(virtual memory)는 물리 메모리보다 큰 프로세스나 여러 개의 작은 프로세스를 동시에 실행시켜, 사용자나 응용프로그램에게 무한대의 메모리가 있다고 느끼도록 하는 메모리 관리 기법이다.

가상 메모리 기법은 '프로세스가 실행되기 위해서는 프로세스의 코드, 데이터, 스택, 힙 등 모든 영역들이 물리 메모리에 적재되어 있어야 한다'는 전제를 깨고, 프로세스의 적재 공간을 메모리에서 보조 기억 장치(backing store)의 영역으로 확장한다. 보조 기억 장치에는 하드 디스크, SSD 등 여러 종류가 있지만 이 책에서는 하드 디스크를 대상으로 설명한다. 가상 메모리 기법의 핵심은 다음 2가지이다.

- 물리 메모리를 디스크 공간으로 확장
- 스와핑(swapping)

가상 메모리 개념

가상 메모리 기법을 하나씩 정리해보자.

첫째, 운영체제는 그림 10-3과 같이 물리 메모리의 영역을 하드 디스크까지 연장하고, 프로세스를 물리 메모리와 하드 디스크에 나누어 저장한다. 이렇게 함으로써 물리 메모리의 크기 한계를 극복한다.

둘째, 프로세스가 실행될 때 프로세스 전체가 물리 메모리에 적재되어 있을 필요는 없다. 코드의 경우 현재 실행에 필요한 일부 코드만 물리 메모리에 있으면 되고, 물리 메모리에 없는 코드를 실행하게 되면 그 때 디스크에서 물리 메모리로 적재하면 된다. 실행 속도 저하가 있겠지만 물리 메모리가 부족하니 어쩔 수 없는 선택이다. 이런 식으로 운영체제는 프로세스의 실행에 필요한 부분만 메모리에 적재하고 나머지는 하드 디스크에 저장해두고 실행에 필요할 때 물리 메모리로 이동시킨다.

셋째, 물리 메모리에 빈 영역이 부족하게 되면, 운영체제는 프로세스를 구분하지 않고 물리 메모리의 일부분을 하드 디스크에 옮겨 물리 메모리의 빈 영역을 확보한다. 이렇게 되면, 극한 경우 모든 프로세스에 있어 당장 실행에 필요한 최소한의 부분만 물리 메모리에 남고 나머지는 하드 디스크에 존재하게 된다. 이런 방식은, 가능한 많은 프로세스들을 메모리에 적재함으로써 다중프로그래밍 정도를 높여 CPU의 활용률을 높이고 시스템의 처리율을 높인다.

넷째, 물리 메모리를 확장하여 사용하는 디스크 영역을 스왑 영역(swap area)라고 부른다. 물리 메모리에 빈 영역을 만들기 위해 물리 메모리의 일부를 디스크로 옮기는 작업을 스왑-아웃(swap-out), 스왑 영역으로부터 물리 메모리로 적재하는 과정을 스왑-인(swap-in)이라고 부른다. 스왑 영역을 만드는 방법은 운영체제마다 다른데, Windows에서는 C:\pagefile.sys 파일을 스왑 영역으로 사용하고, 리눅스에서는 하드 디스크에 스왑 파티션을 만들거나 특정 위치를 정해서 사용한다. 결국 프로세스는 물리 메모리 + 스왑 영역 + 실행 파일에 분산되어 있다.

다섯째, 가상 메모리 기법이 사용되면, 사용자는 컴퓨터 시스템에 무한대에 가까운 물리 메모리가 있어 물리 메모리의 크기를 걱정하지 않고 큰 프로그램을 작성할 수 있고, 걱정없이 여러 프로그램을 동시에 실행시킬 수 있다. 한편, 프로세스는 0번지부터 연속적으로 존재한다고 생각하며, 어떤 부분이 물리 메모리에 있고 어떤 부분이 하드 디스크에 있는지 알지 못한다. 운영체제는 프로세스별로 어떤 부분이 물리 메모리에 적재되어 있고 어떤 부분이 하드 디스크에 있는지 유지 관리하고 프로세스에게 최소한의 물리 메모리를 할당하여 최대한 많은 프로세스를 실행시키는데 집중한다.

여섯째, 가상 메모리는 운영체제마다 구현 방법이 다르다.

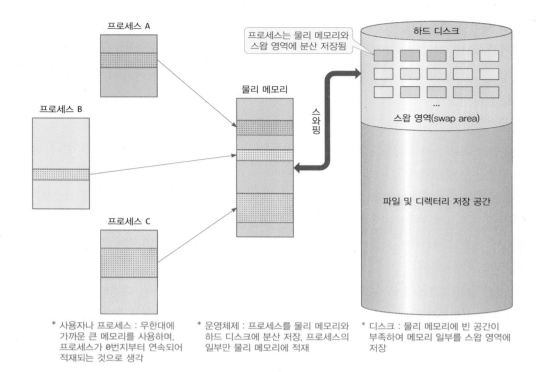

프로세스 A

프로세스 B

프로세스 C

물리 메모리

스
와
핑

프로세스는 물리 메모리와
스왑 영역에 분산 저장됨

하드 디스크

스왑 영역(swap area)

파일 및 디렉터리 저장 공간

* 사용자나 프로세스 : 무한대에
가까운 큰 메모리를 사용하며,
프로세스가 0번지부터 연속되어
적재되는 것으로 생각

* 운영체제 : 프로세스를 물리 메모리와
하드 디스크에 분산 저장. 프로세스의
일부만 물리 메모리에 적재

* 디스크 : 물리 메모리에 빈 공간이
부족하여 메모리 일부를 스왑 영역에
저장

그림 10-3 가상 메모리를 사용하는 시스템에서 프로세스와 물리 메모리, 하드 디스크의 관계

논리 주소와 가상 주소

프로그램/프로세스 내에서 사용하는 주소를 논리 주소라고 불렀는데, 논리 주소를 가상 주소 (virtual address)라고도 한다. 둘을 같은 의미이다. 컴파일러 입장에서 보면 프로그램 내에서 코드와 변수의 주소는 프로그램의 내에서의 상대적인 주소이므로 논리 주소라고 부르는 것이 적합하지만, 가상 메모리를 다루는 운영체제 입장에서는 프로세스의 가상 주소 공간 내에서 사용되는 주소를 가상 주소라고 부르는 것이 더 적합하다. 이런 이유로 논리 주소와 가상 주소는 같은 의미이지만 상황에 따라 선택적으로 사용되고 있다.

TIP malloc()이 메모리가 부족하여 null을 리턴하는 경우, 물리 메모리가 부족한 것인가?

가상 메모리를 사용하면, 프로세스는 컴퓨터에 설치된 물리 메모리보다 많은 메모리를 사용할 수 있다고 했다. 그러면, 프로세스가 실행 중에 메모리를 할당받기 위해 malloc()를 호출했는데, malloc()이 메모리가 부족하다고 null을 리턴하는 경우 물리 메모리가 부족하다는 것인가?

이것은 물리 메모리의 부족을 뜻하는 것이 아니다. 운영체제는 물리 메모리가 부족할 때 물리 메모리에 적재된 일부분을 하드 디스크의 스왑 영역으로 옮겨 물리 메모리에 빈 공간을 만들고 malloc()이 요청한 메모리를 할당하면 된다.

malloc()이 null을 리턴하는 것은 프로세스의 사용자 주소 공간 내에 힙 영역이 부족하다는 것이다.

`malloc()`을 호출한 프로세스가 자신의 사용자 주소 공간 내 힙을 최대로 사용하여 더 이상 사용할 주소 공간이 없다는 것이다. 예를 들어, Windows의 경우 프로세스는 사용자 공간으로 할당된 2GB 중 힙으로 할당된 공간을 모두 사용하고 있다는 의미이다(32비트 운영체제에서 Windows의 경우 사용자 주소 공간은 2GB이다. 그림 2-14를 참고하라).
`malloc()`이 `null`을 리턴하는 경우는 프로세스에게 주어진 사용자 공간 내 힙을 초과하였거나, 사용하지 않는 동적 메모리를 반환하지 않은 등 개발자의 부주의한 코딩으로 사용자 힙 공간을 모두 소진했기 때문이다.

2.2 가상 메모리 구현

가상 메모리 기법은 운영체제에서 다음 2가지 방법으로 구현되고 있다.

- 요구 페이징(demand paging)
- 요구 세그먼테이션(demand segmentation)

요구 페이징은 다음과 같이 정의된다.

요구 페이징은 페이징 기법을 토대로 프로세스의 일부 페이지들만 메모리에 적재하고 나머지는 하드 디스크에 두며, 페이지가 필요할 때 메모리를 할당받고 페이지를 적재시키는 메모리 관리 기법

그러므로 요구 페이징은 다음과 같이 간단히 정리할 수 있다.

요구페이징 = 페이징 + 스와핑

한편, 요구 세그먼테이션은 세그먼테이션 기법을 토대로 하며, 프로세스를 구성하는 일부 세그먼트들만 메모리에 적재해두고, 다른 세그먼트가 필요할 때 메모리를 할당받아 세그먼트를 적재하는 메모리 관리 기법이다. 현대 운영체제는 대부분 요구 페이징 기법을 사용하므로 요구 페이징에 대해서만 설명한다.

2.3 가상 메모리 기법에 대한 의문들

가상 메모리 기법이 물리 메모리의 용량 한계를 극복한다고는 하지만 다음과 같은 여러 질문들에 대한 답이 필요하다.

- (스래싱 문제) 물리 메모리와 디스크의 스왑영역 사이에 입출력이 너무 빈번하게 발생하지 않는지?
- (페이지 테이블) 페이지 테이블은 어떻게 구성할지?

- (페이지 폴트) 가상 주소를 물리 주소로 변환할 때 페이지가 물리 메모리에 없는 경우 어떻게 처리할지?
- (페이지 할당) 프로세스의 어떤 페이지를 물리 메모리에 두고 어떤 페이지를 하드 디스크에 둘건지?
- (스왑 영역) 디스크의 스왑 영역 크기는 얼마가 적당한지?
- (프레임 할당) 메모리 프레임의 개수가 제한적이어서 프로세스별로 할당할 프레임의 개수를 몇 개로 정할지?
- (작업 집합) 프로세스는 일정 시간 범위에서 몇 개의 프레임을 실제로 사용하고 있는가?
- (페이지 교체 알고리즘) 필요한 페이지를 디스크로부터 읽어오기 위해 프레임 중 하나를 비워야 하는데 어떤 프레임을 비워야 하는지? 비워야하는 프레임이 결정되면 그 프레임에 저장된 페이지는 어떻게 처리할 것인지?
- (쓰기 시 복사) 프로세스가 자식 프로세스를 생성하면 자식 프로세스의 메모리 공간은 어떻게 되는지?

지금부터 요구 페이징을 공부하면서 이런 의문들의 해결책을 하나씩 알아보기로 하자.

3 요구 페이징

3.1 요구 페이징 개념

요구 페이징(demand paging)은 물리 메모리의 크기 한계를 극복하기 위해 페이징 기법을 기반으로 만들어진 가상 메모리 기법이다. 요구 페이징은 그림 10-3과 같이 프로세스의 페이지들을 물리 메모리와 하드 디스크에 분산 할당하는 방식으로, 현재 실행에 필요한 일부 페이지들만 물리 메모리에 적재하고 나머지는 하드 디스크에 둠으로써 제한된 물리 메모리에 많은 프로세스를 실행시킨다.

요구 페이징을 사용하는 운영체제의 전형적인 형태는 프로세스를 실행시킬 때 실행에 필요한 첫 페이지만 물리 메모리에 적재하여 실행시키고, 실행 중 물리 메모리에 없는 페이지를 참조하게 되었을 때, 물리 메모리의 빈 프레임을 할당받고 이곳에 페이지를 적재한다. 요구 페이징에서 '요구(demand)'는 페이지가 필요할 때까지 물리 메모리에 적재하지 않고 두었다가, 페이지가 필요할 때 물리 메모리를 할당받고 디스크에서 읽어 적재시킨다는 의미이다. 프로세스가 실행되고 시간이 흐르게 되면 실행에 필요한 페이지들이 물리 메모리에 하나씩 적재된다. 물리 메모리가 부족하게 되면 다시 물리 메모리에 적재된 일부 페이지들이 디스크로 쫓겨나게 된다.

3.2 요구 페이징 구성

요구 페이징 기법은 그림 10-4에서 구성 요소들을 볼 수 있다. 그림 10-4는 5개 페이지(페이지 0,1,2,3,4,m)로 구성되는 프로세스 사례로, 현재 3개의 페이지(페이지 0,1,m)가 물리 메모리에 적재되어 있고 2개의 페이지(페이지 2, 3)는 하드 디스크의 스왑 영역에 저장된 상태이다. 처음에 프로세스의 페이지들이 실행 파일로부터 하나씩 메모리에 적재되어 5개의 페이지가 모두 적재되었지만, 운영체제가 다른 프로세스의 페이지들을 메모리에 적재하기 위해 페이지 2와 페이지 3이 적재되었던 프레임들을 비우고 이들을 스왑 영역에 저장한 상태이다.

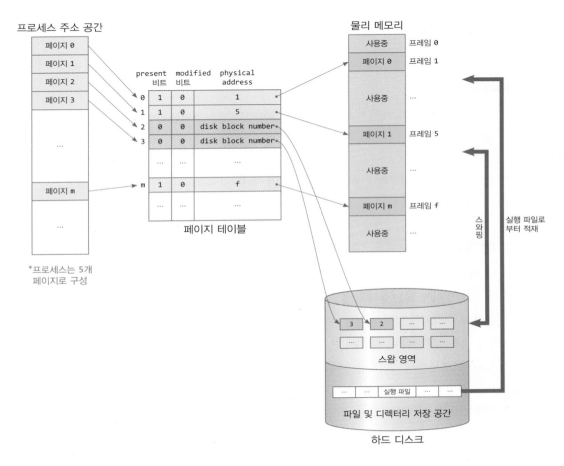

그림 10-4 요구 페이징의 개념과 구성

디스크의 스왑 영역

스왑 영역은 메모리에 적재되었다가 수정된 페이지들이 메모리에서 쫓겨날 때 저장되는 영역이다. 스왑 영역은 보통 운영체제 설치 시 시스템 관리자가 위치와 크기를 결정한다. 스왑 영역을 구성하는 방법은 운영체제마다 다르다. 리눅스의 경우, 디스크 내에 특정 위치를 정해서 사용하거나 하드 디스크를 포맷할 때 스왑 파티션을 만들어 사용하며, Windows의 경우 특정 파일 (C:\pagefile.sys)을 스왑 영역으로 사용한다.

> **잠깐! 스왑 영역의 크기는 얼마가 적당할까?**
>
> 정적한 스왑 영역의 크기는 시대에 따라 달라지고 있다. 오랜 세월 동안 스왑 영역의 크기는 컴퓨터에 설치된 물리 메모리(RAM)의 2배 정도(golden rule)가 공간 대비 성능이 높다고 평가되어 왔는데, 최근 들어 컴퓨터의 메모리 량이 16GB, 32GB, 64GB 등으로 매우 커졌기 때문에 스왑 영역을 물리 메모리의 1/2 정도로 정할 것을 추천하고 있다. 레드햇 운영체제의 경우 물리 메모리의 20% 정도를 스왑 영역으로 권하며, CentOS 운영체제의 경우 물리 메모리의 양에 따른 적정 스왑 영역의 크기를 추천하기도 한다. 현대에서 스왑 영역의 크기는 메모리 량에 따라 대체로 2GB~32GB 정도 설정하는 추세이다.

페이지 테이블

요구 페이징을 위해 페이지 테이블의 각 항목(PTE, Page Table Entry)에는 다음 3개의 필드가 필요하다.

- **present/valid 비트 – 페이지가 메모리에 적재되어 있는지를 나타내는 비트**

이 비트가 1이면 페이지가 물리 메모리에 있고, 0이면 디스크에 있음을 나타낸다.

- **modified/dirty 비트 – 페이지가 메모리에 적재된 후 수정되었는지를 나타내는 비트**

이 비트가 1이면 해당 페이지가 물리 메모리에 적재된 후 수정되었고, 0이면 수정된 적이 없으며 스왑 영역에 있는 상태와 동일함을 나타낸다. 프로그램 코드가 담긴 페이지는 메모리에 적재된 후에 수정되는 일이 없지만, 데이터, 힙, 스택의 페이지들은 물리 메모리에 적재된 후 수정되었을 수도 있다. 이 비트가 1이면, 페이지가 물리 메모리에서 쫓겨날 때 스왑 영역에 저장되어야 한다. 프로세스가 페이지를 수정하면 이 비트는 1로 수정된다.

- **physical address 필드**

페이지가 메모리에 적재되어 있는 경우(present 비트=1) 이 필드에 물리 프레임의 번호가 기록되지만, 페이지가 물리 메모리에 없는 경우(present 비트=0) 디스크 주소(디스크 블록 번호, disk block number)가 기록된다. 이 주소는 스왑 영역의 주소이거나 실행 파일에 대한 주소이다.

페이지 폴트

페이지 폴트는 가상 메모리의 개념을 이해하는데 매우 중요한 요소이다.

CPU가 가상 주소를 발생시켜 액세스하려는 페이지가 현재 물리 메모리에 없을 때 페이지 폴트 (page fault)라고 한다.

페이지 폴트가 발생하면 CPU의 메모리 액세스는 진행될 수 없고 폴트가 발생한 페이지를 메모리에 적재하는 과정이 진행된다. 페이지 폴트는 '페이지 부재'라고 번역하여 사용하는데 이 책에서는 페이지 폴트로 사용한다.

페이지 폴트가 발생하는 예를 들어보자. 그림 10-4에서 CPU가 페이지 2의 어떤 부분을 액세스하기 위해 가상 주소(0x2000~0x2FFF 번지)를 출력하면, MMU는 페이지 폴트를 발생시킨다. 왜냐하면 페이지 테이블의 페이지 2 항목에 present 비트가 0으로 되어 있기 때문이다. 즉 페이지 2가 메모리에 존재하지 않고 디스크의 스왑 영역에 존재한다.

페이지 폴트가 발생하면 운영체제의 페이지 폴트 핸들러(page fault handler) 코드가 실행되어, 물리 메모리에서 빈 프레임을 할당받고 요청된 페이지를 하드 디스크에서 읽어 적재하고 페이지 테이블을 수정한다. 물리 메모리에 빈 프레임이 없는 경우 프레임 중 하나를 희생 프레임(victim frame)으로 선택한다. 희생 프레임에 저장된 페이지가 적재된 후 수정되었다면 (modified 비트=1), 이 페이지를 스왑 영역에 저장한다. 희생 프레임에 적재된 페이지가 현재 실행중인 프로세스의 페이지 중 하나일 수도 있고 다른 프로세스의 페이지일 수도 있다. 희생 프레임의 선택은 운영체제에 달려있으며 희생 프레임 선택 알고리즘은 '페이지 교체 알고리즘' 이라고 부르고 마지막 절에서 다룬다.

페이지를 스왑 영역으로부터 프레임에 적재하는 것을 스왑-인(swap-in) 또는 페이지-인 (page-in)이라고 부르고, 프레임에 적재된 페이지를 스왑 영역에 저장하는 것을 스왑-아웃 (swap-out) 또는 페이지-아웃(page-out)이라고 부른다. 한편, 페이지 폴트와 반대로 CPU가 발생한 가상 주소의 페이지가 메모리 프레임에 있을 때 페이지 히트(page hit)라고 한다.

TIP Windows 운영체제의 스왑 영역, pagefile.sys

독자들이 리눅스보다 Windows를 더 많이 사용하기 때문에 Windows에서 스왑 영역이 어떻게 관리되는지 알아보자. Windows는 C:\pagefile.sys 파일을 생성하여 스왑 영역으로 사용하며, 페이지 파일(간혹 페이징 파일) 이라고 부른다. Windows는 현재 메모리에 빈 공간이 부족한 경우나, 메모리에서 오랫동안 액세스되지 않은 페이지들을 하드 디스크의 페이지 파일로 옮겨두어 메모리에 빈 공간을 마련한다.

컴퓨터에 RAM 메모리(물리 메모리)가 큰 경우에도 페이지 파일이 필요한가? 그렇다. 현재 실행 중인 모든 응용 프로그램을 수용할 만큼 메모리가 큰 경우 페이지 파일이 사용되지 않을 가능성도 있지만, 언젠가 포토샵 같이 메모리 사용량이 큰 프로그램을 실행하거나, 여러 개의 백그라운드 프로세스들을 실행시켜 놓거나, 웹브라우저에 여러 탭을 열어 사이트를 접속한 채 두거나, 컴퓨터를 사용하는 시간이 오래되면 생각보다 많은 프로그램이 실행되고 있어 메모리가 부족해지게 된다. 운영체제가 가상 메모리를 사용하는 이유는 이런 상황에서도 응용프로그램들이 실행될 수 있도록 하는데 있으므로, 페이지 파일(C:\pagefile.sys)은 Windows에서 가상 메모리 관리를 위해 필수적이다.

한편, 페이지 파일(C:\pagefile.sys)의 내용은 로그아웃하면 사라진다. 페이지 파일에 저장된 정보는 영구 저장할 데이터가 아니다. 페이지 파일(C:\pagefile.sys)은 Windows를 설치하면 자동으로 생성되지만, 사용자가 크기를 조절할 수 있고 다른 디스크 장치에 생성할 수도 있다. 그림 10-5(a)는 '제어판/시스템 및 보안/시스템/고급 시스템 설정' 메뉴를 선택하면 '시스템 속성' 창이 출력되는데 이곳에서 '고급' 탭을 선택하고 '성능' 버튼을 누르면 출력되는 창이다. 이곳에 '가상 메모리' 설정 옵션이 보인다. 현재 페이지 파일의 크기는 약 **4.8GB**로 설정되어 있다. 여기서 '변경' 버튼을 누르고 처음에 보이는 '모든 드라이브에 대한 페이징 파일 크기 자동 관리(A)' 체크 박스를 해제하면, 그림 10-5(b)와 같이 사용자가 임의로 페이지 파일의 위치와 크기를 설정할 수 있다.

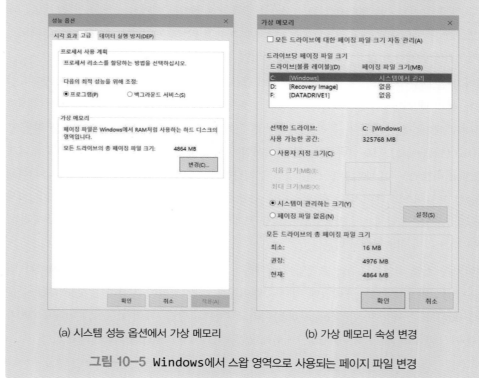

(a) 시스템 성능 옵션에서 가상 메모리　　　　　(b) 가상 메모리 속성 변경

그림 10-5 Windows에서 스왑 영역으로 사용되는 페이지 파일 변경

3.3 페이지 폴트 자세히 알기

요구 페이징에서 가장 중요한 것이 페이지 폴트를 처리하는 과정이다. 그림 10-6의 프로세스 사례와 함께 페이지 폴트가 발생하고 처리되는 과정을 자세히 알아보자. 페이지 폴트는 CPU가 메모리를 액세스할 때 가상 주소를 물리 주소로 바꾸는 과정에서 발생한다. main() 함수와 전역 변수 n을 가진 C 프로그램이 적재된 프로세스가 그림 10-6과 같다고 하자.

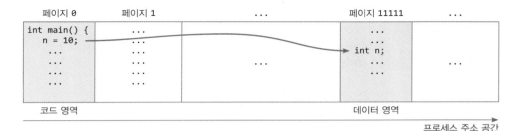

그림 10-6 샘플 프로세스의 구성

n = 10;을 포함하는 main( ) 함수의 코드는 페이지 0에 있다. 전역 변수들은 0x11111번 페이지에 있으며, 전역 변수 n의 가상 주소는 0x11111234번지이다. 그러므로 main( ) 함수에 있는 n = 10;은 다음과 같이 컴파일되어 있을 것이다.

```
; n = 10을 컴파일한 코드
mov eax, 10              ; eax 레지스터에 10 저장
mov [11111234], eax      ; eax 레지스터 값을 0x1111234 번지에 저장
```

여기서 명령 mov [11111234], eax가 실행될 때 페이지 폴트가 발생하고 처리되는 과정을 그림 10-7과 함께 설명한다.

❶ CPU는 mov [11111234], eax 명령을 실행하기 위해 가상 주소 11111234를 출력한다. 11111234는 페이지 번호가 11111이고 옵셋이 234인 가상 주소이다.

❷ MMU는 페이지 테이블에서 11111번 항목을 검사한다. 페이지 폴트에 초점을 맞추기 위해 그림 10-7에서 TLB를 생략한다(TLB가 있는 경우, MMU는 페이지 번호 11111을 TLB 캐시에서 검색하고 TLB 히트가 이루어지면 메모리 액세스가 이루어지며, TLB 미스가 발생하면 페이지 테이블을 검색하여 가상 주소를 물리 주소로 바꾸는 과정이 계속된다).

❸ 페이지 테이블의 11111번 항목의 P 비트(presence 비트)가 0이므로 11111번 페이지는 메모리에 적재되어 있지 않다. 그러므로 MMU는 페이지 폴트 예외(page fault exception)를 발생시킨다. 만일 P 비트가 1이었다면 페이지 테이블 항목에 기록된 프레임 번호로 물리 주소가 완성되어 메모리 액세스가 진행되었을 것이다.

❹ 페이지 폴트 예외가 발생하면 커널의 페이지 폴트 핸들러가 실행된다.

❺ 페이지 폴트 핸들러는 페이지 11111을 적재할 희생 프레임을 선택한다. 희생 프레임으로 55555 프레임이 선택되었다고 하자.

❻ 프레임 55555에 적재된 페이지 47111을 디스크에 스왑-아웃시킨다. 만일 페이지 47111이 이미 스왑 영역에 저장되어 있고, 메모리에 적재된 후 수정된 것이 없다면 스왑-아웃시키지 않고 그냥 55555번 프레임을 비운다. 페이지 47111은 현재 프로세스의 페이지일수도 있고 다른 프로세스의 페이지일 수도 있다.

❼ 페이지 폴트 핸들러는 스왑 영역이나 실행 파일로부터 페이지 11111을 찾는다. 이 페이지가 전에 메모리에 적재된 적이 있으면 스왑 영역에 있을 것이다. 아니면 실행 파일 내에서 이 페이지의 위치를 찾는다.

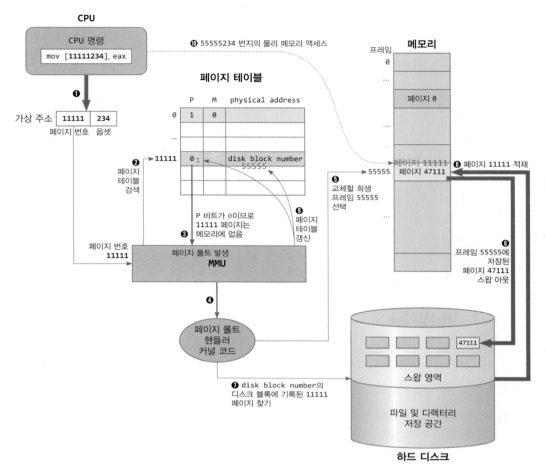

그림 10-7 페이지 폴트 처리 과정

❽ 디스크로부터 페이지 **11111**을 프레임 **55555**에 적재한다.

❾ 페이지 폴트 핸들러는 페이지 테이블의 **11111**번 항목에 프레임 번호 **55555**를 기록하고 P 비트를 **1**로 설정한다.

❿ 페이지 폴트 핸들러가 종료되고 CPU는 mov [11111234], eax 명령 처리를 재개한다. 가상 주소 **11111234** 번지가 물리 주소 **55555234**로 바뀌어 출력되고 명령 처리의 나머지 과정이 진행된다. 그러고 나면 **11111**번 페이지 테이블 항목의 M 비트는 **1**로 변경된다.

3.4 요구 페이징 시스템에서 프로세스 실행

요구 페이징을 시스템에서, 운영체제가 프로세스를 생성하고 실행 파일로부터 코드와 데이터 등을 적재하고 실행시키는 과정에서 메모리가 어떻게 관리되는지 사례를 통해 알아보자.

운영체제마다 페이지 테이블의 필드들, 페이지 폴트 알고리즘, 스왑 영역을 두는 위치와 활용 방법, 프로세스의 적재 시점과 방법, 프로세스에게 할당하는 메모리 프레임의 개수 등 세부 구현은 조금씩 다르지만, 여기서는 전형적인 프로세스의 실행 과정을 알아본다. 프로세스가 그림 10-8과 같이 구성되고, main( ) 함수에서부터 실행을 시작한다고 가정한다.

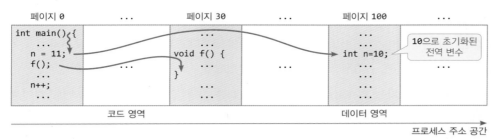

* main( ) 함수가 실행되는 동안 페이지0, 페이지 100, 페이지 30의 순서로 메모리가 필요함

그림 10-8 프로세스의 실행 과정을 설명하기 위한 샘플 프로세스

(1) 프로세스의 시작 페이지 적재

운영체제는 그림 10-9(a)와 같이 메모리 프레임을 1개 할당받고 실행 파일로부터 프로세스의 실행이 시작될 첫 페이지(여기서는 페이지 0으로 가정)를 적재한 후 프로세스를 실행시킨다. CPU는 페이지 0에 들어 있는 main( ) 함수에서 실행을 시작한다.

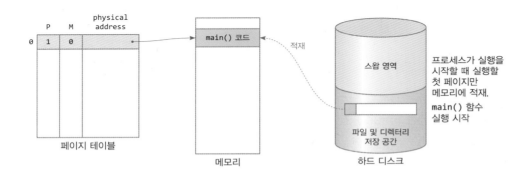

그림 10-9(a) 프로세스가 실행을 시작할 때 첫 페이지를 메모리에 적재

(2) 여러 번의 페이지 폴트를 통해 실행 파일로부터 페이지들 적재

프로세스의 실행 초기에는 전역 변수가 담긴 페이지나 스택 페이지가 메모리에 없기 때문에 페이지 폴트가 연이어 발생한다. 폴트가 발생한 페이지는 다음 2개의 위치 중에 있다.

- 실행 파일
- 스왑 영역

프로세스가 처음 액세스하는 코드나 데이터 페이지는 실행 파일에서 찾아 메모리에 적재한다. 한 번 적재된 페이지가 메모리에 없다면 분명 스왑 영역에 있을 것이므로 스왑 영역에서 적재한다. 코드가 들어있는 페이지는 스왑 영역으로 스왑-아웃시키지 않으므로 항상 실행 파일로부터 적재한다. 실행 초기에는 계속된 페이지 폴트를 통해 페이지들이 실행 파일로부터 메모리에 적재되지만, 시간이 지나 필요한 페이지들이 거의 적재되고 나면 스왑 영역으로부터 주로 적재되게 된다. 이 과정은 운영체제에 따라 다르게 구현된다.

이제 사례로 돌아가 보자. main() 함수에서 n=11;을 실행할 때 전역 변수 n을 액세스하기 위해서는 페이지 100이 필요하다. 하지만, 페이지 100이 메모리에 없기 때문에 페이지 폴트가 발생한다. 페이지 폴트 핸들러는 그림 10-9(b)와 같이 실행 파일로부터 페이지 100을 읽어 들인다. 현재 다행스럽게도 메모리에 빈 프레임이 있어서 적재하였다. 이때 실행 파일에 들어있는 변수 n의 초기 값 10이 적재되며 M비트 = 0으로 설정된다. 그리고 n=11;을 실행하면 페이지 100이 수정되기 때문에 M비트 = 1로 수정된다. 만일 전역 변수 n이 int n;과 같이 초기화되지 않았다면 페이지 100이 적재된 후 바로 0으로 초기화되므로 M비트 = 1이 된다(자세한 것은 TIP 참고).

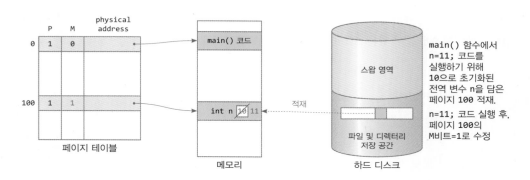

그림 10-9(b) 전역 변수 n이 들어 있는 페이지 100 적재 후 n=11 실행

그리고 나서 main()에 의해 함수 f()가 호출되는데 f()의 코드가 들어 있는 페이지 30도 메모리에 존재하지 않아 페이지 폴트가 발생한다. 페이지 폴트 핸들러는 그림 10-9(c)와 같이 빈 메모리 프레임을 할당받고 실행 파일에서 페이지 30을 찾아 적재한다.

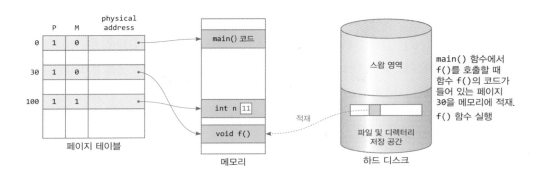

그림 10-9(c) 함수 f( )의 코드가 들어 있는 페이지 30 적재

(3) 메모리가 부족하면 스왑-아웃/스왑-인

이 프로세스가 중단되고 다른 프로세스로 컨텍스트 스위칭되었다. 그리고 시간이 지나 메모리가 부족해지고 급기야 빈 프레임이 없는 상황이 발생하여 운영체제는 페이지 100이 들어 있는 프레임을 희생 프레임으로 선택하였다. 그림 10-9(d)와 같이 희생 프레임에 들어 있는 페이지 100은 디스크로 스왑-아웃되고 P비트=0이 되며, 희생 프레임에는 다른 프로세스가 요청한 페이지가 적재되었다. 변수 n이 든 페이지는 디스크로 스왑-아웃되고 페이지 테이블의 disk block number에는 페이지 100이 저장된 디스크 블록 번호가 저장된다.

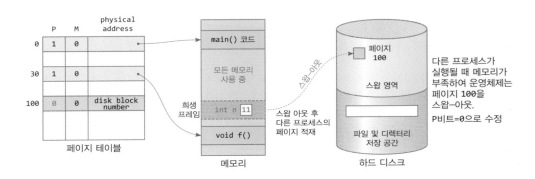

그림 10-9(d) 메모리가 부족하여 전역 변수 n이 들어 있는 페이지 100의 스왑-아웃

> **잠깐! 교체할 희생 프레임 선택**
>
> 메모리에서 희생 프레임을 선택하는 것은 매우 신중해야 한다. 희생 프레임에 들어 있는 페이지가 가까운 시간 내에 다시 필요하다면 스왑-아웃 후 얼마 지나지 않아 다시 스왑-인하게 되므로 디스크 입출력으로 인해 시스템의 성능이 떨어지게 된다. 운영체제들은 메모리에 저장된 페이지들 중, 가까운 미래에 사용될 가능성이 가장 낮은 페이지가 담긴 프레임을 희생 프레임으로 선택한다. 10장 6절에서는 이 알고리즘에 대해 다룬다.

(4) 스왑-아웃된 페이지 100을 다시 스왑-인

중단된 프로세스가 실행을 재개하여 main() 함수에서 n++; 코드를 실행하고자 한다. 하지만, 변수 n이 들어 있는 페이지 100이 메모리에 존재하지 않아 또 페이지 폴트가 발생한다. 페이지 폴트 핸들러는 그림 10-9(e)와 같이 빈 프레임을 할당받고 스왑 영역에서 페이지 100을 메모리에 적재하고 P비트=1로 M비트=0으로 설정한다. n++; 코드를 실행하면 n의 값은 12가 되고 페이지 100 항목의 M비트=1로 수정된다.

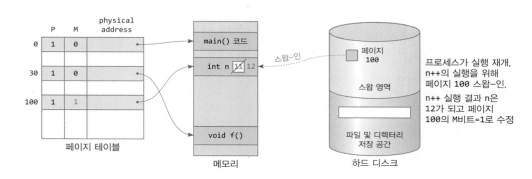

그림 10-9(e) 페이지 100의 스왑-인 후 n++ 실행

(5) 코드가 적재된 페이지(읽기 전용)의 스왑-아웃/스왑-인

시간이 흐르고 운영체제가 빈 프레임을 확보하기 위해 함수 f()의 코드가 들어 있는 페이지 30이 희생 페이지로 선택되었다면 다음과 같이 처리된다.

- 페이지 30은 코드가 들어 있는 읽기 전용 페이지이므로 당연히 M비트=0이며, 스왑 영역에 저장할 필요가 없다. 페이지 30이 있었던 프레임에 다른 페이지가 적재되어 페이지 30은 메모리에서 사라진다.
- 다음에 함수 f()를 호출하기 위해 페이지 30이 필요하면 실행 파일에서 적재한다.

(6) 수정되지 않은 페이지가 희생 페이지로 선택될 때

사례에는 없지만, 변수가 저장된 페이지가 수정되었을 때(M비트=1), 이 페이지가 희생 페이지로 선택되면 디스크의 스왑 영역에 저장된다. 다시 이 페이지가 필요하면 그 때 스왑 영역에서 스왑-인된다. 그 후 이 페이지가 수정되지 않은 상태에서(M비트=0) 희생 페이지로 선택되면, 이 페이지의 원본은 스왑 영역에 이미 저장되어 있기 때문에 스왑 영역에 저장할 필요 없이 이 페이지가 적재된 프레임에 다른 페이지를 적재하면 된다. 그 후 이 페이지가 다시 필요하면 스왑 영역으로부터 스왑-인된다.

요구 페이징에서의 스왑 정리

요구 페이징에서의 페이지가 스왑되는 상황들을 정리해보자.

- 프로세스가 적재될 때 최소 한 페이지가 적재되고 프로세스가 실행된다.
- 프로세스의 실행 중에 다른 페이지가 필요하면 그 때 그 페이지가 프레임에 적재된다.
- 희생 페이지의 M비트=1이면 적재된 이후 수정되었기 때문에, 희생 페이지는 스왑 영역에 저장되고 프레임에서 비워진다. M비트=0이면, 적재된 이후 수정된 것이 없기 때문에 스왑 영역에 저장하지 않고 프레임에서 비워진다.
- 스왑 아웃된 페이지가 다시 필요하면 그 때 스왑 영역에서 프레임에 적재한다.
- 코드가 적재된 페이지는 수정되지 않기 때문에 항상 M비트=0이다. 그러므로 코드가 적재된 페이지가 희생 페이지로 선택되면 아무 조치 없이 프레임에서 비워지고, 다시 코드 페이지가 필요하면 실행 파일로부터 적재된다.

 **순수 요구 페이징**

전형적인 요구 페이징은 운영체제가 프로세스의 첫 페이지를 적재해 놓고 실행을 시작시킨다. 그 후 다른 페이지들이 액세스될 때 페이지 폴트를 통해 메모리에 적재시킨다. 요구 페이징은 구현하기 따라 여러 방법이 있을 수 있다. 아무 페이지도 적재하지 않은 채 프로세스를 실행시키고, 실행 첫 순간부터 페이지 폴트를 통해 첫 페이지를 적재시키는 방법을 사용하기도 하는데, 이것을 순수 요구 페이징(pure demand paging)이라고 부른다. 오늘날 운영체제는 순수 요구 페이징을 사용하기도 한다.

가상 메모리에서 스왑 영역은 꼭 필요할까?

가상 메모리를 구현하기 위해 디스크에 스왑 영역이라는 별도의 영역을 꼭 두어야할까? 디스크 낭비가 아닐까? 이런 고민이 든다. 스왑영역이 필요한 이유는 첫째, 메모리가 부족하여 빈 메모리를 만들기 위해 메모리에 적재된 것을 디스크 어딘가에 저장해두었다가 참조될 때 다시 적재해야 하는데, 이를 위한 저장소가 바로 스왑 영역이다. 둘째, 스왑 속도 때문이다. 스왑 영역을 디스크의 정해진 위치에 만들고, 스왑 영역에서 단 번에 페이지를 읽거나 쓸 수 있다. 이것은 일반 파일 시스템에서 읽고 쓰는 속도보다 훨씬 빠르다(11장 파일 시스템 참고). 결론적으로 가상 메모리를 구현하기 위해서는 부족한 메모리 공간을 확보하고 수정된 페이지의 저장과 빠른 입출력을 위해 반드시 스왑 영역이 필요하다.

프로세스의 코드, 데이터, 힙, 스택의 각 영역이 메모리에 적재되는 과정과 페이지 폴트 처리 과정은 영역마다 다르게 진행된다. 다음에서 하나씩 알아보자.

● **코드가 액세스될 때**

프로세스의 어떤 코드가 처음으로 액세스되면 프레임이 할당되고 실행 파일로부터 코드가 적재된다. 코드 페이지는 읽기 전용이므로 M 비트가 1이 되는 경우는 없다. 그 후 코드 페이지가 희생 페이지로 선택되면 스왑 영역에 저장되지 않고 프레임을 그냥 버린다. 다음에 동일한 코드 페이지가 액세스되면 그때 다시 새 프레임을 할당받고 실행파일로부터 읽어 들인다.

● **데이터가 액세스될 때**

프로세스의 데이터 영역은 전역 변수(정적 변수 포함)가 적재되는 영역으로, 초기화된 데이터 영역(initialized data)과 초기화되지 않은 데이터 영역(uninitialized data, BSS)으로 나뉜다. 다음과 같이 초기화된 전역 변수는 초기화된 데이터 영역에, 초기화되지 않은 전역 변수는 초기화되지 않은 데이터 영역에 적재된다.

```
int a[10] = { 0,1,2,3,4,5,6,7,8,9 }; // 초기화된 전역 변수. 초기화된 데이터 영역에 적재
int b[10]; // 초기화되지 않은 전역 변수. 초기화되지 않은 데이터 영역에 적재
```

배열 a[10]은 실행 파일 내에 0,1,2,3,4,5,6,7,8,9의 값들로 컴파일되어 들어 있기 때문에, 배열 a가 처음으로 액세스되면 프레임이 할당되고 그 곳에 실행 파일로부터 0,1,2,3,4,5,6,7,8,9 값을 읽어 기록한다. 하지만 배열 b[10]의 경우 실행 파일에는 배열의 크기 정보만 들어가기 때문에, 배열 b가 처음으로 액세스되면 프레임이 할당되고 실행 파일로부터 아무것도 적재하지 않으며 단순히 프레임을 0으로 초기화한다.

이처럼, 초기화된 데이터가 처음 액세스되면, 빈 프레임을 할당받고 실행파일로부터 초깃값을 읽어 적재하고 M 비트는 0으로 설정된다. 이 상태에서 희생 페이지로 선택되었다면 스왑 영역에 저장되지 않고 그냥 버려진다. 다시 동일한 페이지가 액세스되면 실행 파일에서 다시 적재한다. 만일 데이터가 수정되어 M 비트가 1로 바뀌었다면 희생 페이지로 선택될 때 스왑 영역에 저장되고 다시 액세스될 때 스왑 영역으로부터 적재될 것이다.

한편 초기화되지 않은 데이터가 처음으로 액세스되면, 빈 프레임을 할당받아 0으로 채우고 M 비트를 1로 설정한다. 희생 페이지로 선택되면, M 비트가 1이기 때문에 스왑 영역에 저장된다.

● **힙을 액세스할 때**

프로세스가 힙으로부터 동적 메모리를 요청하면 빈 프레임을 할당받고 초기화하지 않기 때문에 M 비트는 0으로 설정한다. 이 상태에서 희생 프레임으로 선택되면, 프레임을 스왑 영역에 저장하지 않고 그냥 버린다. 그 후 동일한 동적 메모리 페이지에 대한 액세스가 발생하면 그 때 다시 프레임을 할당받는다. 당연히 동적 메모리가 수정되면 M 비트가 1로 바뀌고, 희생 프레임으로 선택되면 스왑 영역에 저장되며, 그 후부터는 스왑 영역으로부터 적재된다.

● **스택을 액세스할 때**

프로세스에서 함수가 호출되어 스택이 필요하게 되면 빈 프레임을 할당받고 초기화하지 않기 때문에 M 비트는 0으로 설정한다. 스택이 수정되지 않은 채 희생 프레임으로 선택되면 프레임을 스왑 영역에 저장하지 않고 그냥 버린다. 그 후 스택 페이지(지역 변수)에 대한 액세스가 다시 발생하면 그 때 다시 프레임을 할당받는다. 스택 페이지(지역 변수)가 수정되면 M 비트가 1로 바뀌고, 희생 프레임으로 선택되면 스왑 영역에 저장되며, 그 후부터는 스왑 영역으로부터 적재된다. 표 10-1을 참고하라.

표 10-1 요구 페이징에서 프로세스의 각 영역에 대한 적재 및 스왑

영역		처음 액세스	적재 후 M 비트 값	처음 액세스 후 교체될 때	다시 액세스 될 때
코드		프레임 할당. 실행 파일로부터 적재	항상 0 (읽기전용)	항상 프레임 버림	프레임 할당. 실행 파일로부터 적재
데이터	초기화된 데이터	프레임 할당. 실행 파일로부터 적재	0	M비트=1이면 스왑-아웃 M비트=0이면 프레임 버림	스왑 영역에 있으면 스왑-인. 없으면 실행 파일로부터 적재
	초기화되지 않은 데이터	프레임 할당. 0으로 초기화	1	M비트=1이므로 스왑-아웃	스왑 영역에서 스왑-인
힙		프레임 할당. 초기화 없음	0	M비트=1이면 스왑-아웃 M비트=0이면 프레임 버림	스왑 영역에 있으면 스왑-인. 없으면 다시 프레임 할당
스택		프레임 할당. 초기화 없음	0	M비트=1이면 스왑-아웃 M비트=0이면 프레임 버림	스왑 영역에 있으면 스왑-인. 없으면 다시 프레임 할당

3.5 쓰기 시 복사(COW, copy on write)

프로세스의 생성과 시작은 메모리 할당과 페이지의 메모리 적재에서 시작된다. 지금부터 프로세스의 생성과 메모리 관리에 대해 알아보자.

완전 복사

프로세스는 부모 프로세스에 의해 생성되며 시스템 호출을 통해서만 이루어진다. 유닉스 계열의 운영체제에서 다음과 같이 fork() 시스템 호출을 사용한다.

```
int childPid = fork(); // fork() 시스템 호출로 현재 프로세스를 복사한 자식 프로세스 생성
```

fork() 시스템 호출을 어떻게 구현할지는 운영체제에 따라 다르겠지만, 쉽게 생각한다면 그림 10-10과 같이 부모 프로세스의 메모리를 모두 복사하여 자식 프로세스를 만드는 것이다. 이러한 완전 복사가 명료하고 구현이 쉽겠지만 문제가 없을까?

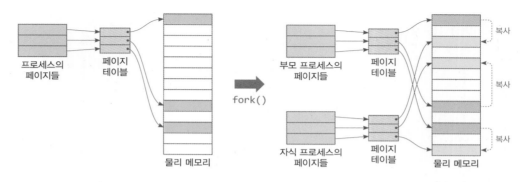

(a) 부모 프로세스　　　　　　　　　(b) 완전 복사 후 부모와 자식 프로세스의 메모리 프레임

그림 10-10　부모 프로세스의 메모리를 완전 복사하여 자식 프로세스 생성하는 방법

완전 복사의 비효율성

결론부터 말하면, 부모 프로세스가 적재된 메모리를 모두 복사하여 자식 프로세스를 만드는 방법은 매우 비효율적이다. 왜냐하면 리눅스의 쉘(sh, csh, bsh 등)을 비롯하여 많은 응용프로그램들은 fork()로 자식 프로세스를 생성한 후 자식 프로세스가 execlp()을 이용하여 곧 바로 다른 프로그램(실행 파일)을 실행시키도록 작성되기 때문이다. 예를 들어 리눅스 쉘이 ls 명령을 실행하는 사례를 보자.

```
$ ls
```

쉘은 다음 코드를 이용하여 자식 프로세스를 만들고, 자식 프로세스가 /bin/ls 파일을 오버레이하여 실행시키도록 작성된다.

```
int childPid = fork(); // 쉘을 복제한 자식 프로세스 생성
if(childPid == 0) { // 자식 프로세스 코드
   execlp("/bin/ls", "ls", NULL); // /bin/ls 파일을 적재하여 실행
}
```

쉘은 자신을 복제한 자식 프로세스를 만들고, 자식 프로세스는 자신의 메모리 공간에 곧 바로 /bin/ls을 적재하여 실행시킨다. Windows의 탐색기나 바탕 화면에서 아이콘을 더블클릭하여 응용프로그램을 실행시키는 과정도 이와 동일하다. 뿐만 아니라 많은 개발자들도 자식 프로세스로 사용할 프로그램을 미리 실행 파일로 만들어 놓고, 쉘과 같은 방식으로 자식 프로그램들을 실행시킨다.

그러므로 fork( ) 시스템 호출이 부모 프로세스와 동일한 크기의 메모리를 할당받고, 부모 프로세스의 메모리를 완전 복사하여 자식 프로세스를 생성해도(그림 10-10), 곧바로 자식 프로세스가 execlp( )를 호출하여 할당받은 메모리를 모두 반환하고 실행 파일로부터 다시 페이지를 적재하기 때문에, 자식 프로세스를 만들기 위해 이루어진 fork( )의 메모리 복사 작업이 허사가 되어 버린다. 그림 10-11은 그림 10-10(b)와 같이 완전 복사된 이후, execlp("/bin/ls", "ls", NULL)에 의해 자식 프로세스에게 할당된 메모리가 모두 반환되고, 자식 프로세스의 주소 공간은 /bin/ls 응용프로그램으로 구성되며, 할당된 프레임들이 바뀌고, 프레임에는 /bin/ls의 코드와 데이터 등이 적재되고, 그에 따라 페이지 테이블도 완전히 바뀐 상황을 보여준다.

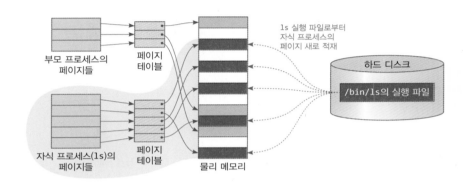

그림 10-11 execlp( )에 의해 자식 프로세스의 메모리가 모두 반환되고
실행 파일 /bin/ls로부터 새로 페이지 적재

쓰기 시 복사(copy on write, COW)로 완전 복사 문제 해결

자식 프로세스를 생성할 때 부모 프로세스의 메모리를 완전 복사하는 비효율성을 해결하는 방법으로 '쓰기 시 복사' 방법이 있다.

'쓰기 시 복사'는, 부모 프로세스의 메모리를 복사하지 않고 자식 프로세스가 부모 프로세스의 메모리를 완전히 공유하도록 하고 둘 다 실행되도록 내버려둔다. 그 후 부모든 자식이든 실행 중 메모리 쓰기가 발생하면, 그때 운영체제는 쓰기가 발생한 페이지만 새 프레임을 할당받아 복사한다. 부모든 자식이든 페이지를 읽는 경우에는 복사하지 않는다.

그림 10-12(a)는 부모 프로세스의 주소 공간이며, 그림 10-12(b)는 '쓰기 시 복사'로 자식 프로세스가 생성된 사례이다. 부모 프로세스의 페이지 테이블을 그대로 복사하여 자식 프로세스의 페이지 테이블을 만들기 때문에, 자식 프로세스는 부모 프로세스의 메모리 프레임을 공유한다.

다음의 '잠깐'에서도 설명한 것처럼, '쓰기 시 복사' 기법을 위해서는 페이지 테이블의 항목에 보호 필드(protection 비트)가 추가된다. 이 필드의 값이 'R'이면 읽는 것만 허용되는 페이지이며, 'RW'이면 읽기 쓰기 모두 가능한 페이지임을 나타낸다. 자식 프로세스가 막 생성될 당시 부모와 자식의 페이지 테이블 모두 protection 비트를 'R'(읽기 전용)로 표시한다. 그림 10-12(b)에서 두 페이지 테이블의 모든 항목에 protection 비트가 'R'로 설정된 것을 볼 수 있다.

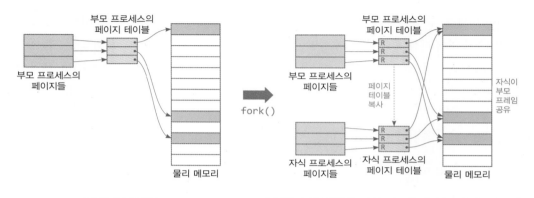

(a) 부모 프로세스

(b) '쓰기 시 복사' 후 자식 프로세스는 부모의 메모리 공유

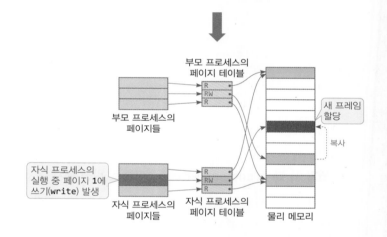

(c) 자식 프로세스가 페이지 1에 쓰기를 실행할 때, 운영체제는 새 프레임을 할당하여 쓰기가 발생한 페이지 1을 복사

그림 10-12 쓰기 시 복사로 자식 프로세스 생성 및 실행 과정

자식 프로세스가 생성된 후, 자식이나 부모 중 누가 페이지에 쓰기를 실행해도 마찬가지이지만, 그림 10-12(c)는 자식 프로세스가 페이지 1에 쓰기를 실행한 결과를 보여준다. 자식 프로세스가 페이지 1에 쓰기를 실행하면, 페이지 테이블의 protection 비트가 'R'이므로 허용되지 않은 쓰기를 시도하였기 때문에, MMU는 오류(protection fault)가 발생시켜, 커널의 오류 처리 핸들러가 실행된다. 이 핸들러는 물리 메모리에 새 프레임을 할당받고 오류가 발생한 페이지를

새 프레임에 복사한다. 그리고 자식 프로세스의 페이지 테이블 2번째 항목에 프레임 번호를 수정한다. 또한 부모 자식 모두 페이지 테이블 2번째 항목의 protection 비트를 'R'에서 'RW'로 수정한다.

> **잠깐! 페이지 테이블의 항목**
>
> 페이지 테이블 항목은 운영체제마다 다르지만 공통적으로 다음 필드들이 있다.
> - **present** 비트 - 1이면 페이지가 메모리 프레임에 존재. **valid bit** 라고도 함
> - **modified** 비트 - 1이면 페이지가 적재된 후 수정되었음. **dirty bit**라고도 함
> - **protection** 비트 - 'R'이면 읽기 전용 페이지, 'RW'이면 읽기 쓰기 모두 가능한 페이지
> - **reference** 비트 - 1이면 페이지가 최근에 참조되었음
> - **physical address** 필드 - 페이지가 저장된 프레임 번호 혹은 디스크 블록 번호

쓰기 시 복사의 장점

'쓰기 시 복사'는 다음과 같은 장점이 있다.

● 프로세스 생성 시간 절약

부모 프로세스의 메모리 프레임을 복사하지 않고 페이지 테이블만 복사하여 자식 프로세스를 만들기 때문에 프로세스 생성이 매우 빠르다. 그리고 자식 프로세스가 생성되자마자 execlp( )를 호출하여 다른 응용프로그램을 실행시킨다고 해도, 자식 프로세스의 생성 과정에서 손해나는 것은 없다.

● 메모리 절약

부모와 자식 프로세스가 둘 다 읽기만 하는 페이지는 새로운 프레임을 할당할 필요가 없으므로 메모리가 절약된다. 프로세스의 코드가 들어 있는 페이지는 읽기만 하므로 공유하는 것이 원칙인데 이 원칙이 자연스럽게 실현된다.

지금까지 요구 페이징에 대해 알아보았다. 질문과 답의 형식을 통해 요구 페이징에 대한 몇 가지 이슈들을 알아보자.

Q1. 요구 페이징은 필연적으로 페이지 폴트를 동반한다. 그런데 페이지 폴트가 빈번하게 발생하면 디스크와 메모리 사이의 빈번한 입출력으로 시스템 성능이 떨어지지 않을까?

A. 일반적으로 프로세스의 실행 초기에는 필요한 페이지를 메모리에 적재하기 위해 페이지 폴트가 계속 발생하겠지만, 얼마 지나지 않아 필요한 페이지들이 메모리에 적재되면 그 이후부터는 간헐적으로 페이지 폴트가 발생한다. 페이지 폴트가 계속해서 과도하게 발생하는 경우 스래싱(thrashing)이라고 부르며, 설치된 메모리 량에 비해 과도하게 많은 프로세스가 실행되고 있는 경우이다. 스래싱이 발생하면 많은 디스크 입출력으로 인해 시스템 성능이 떨어진다. 스래싱은 뒤에서 자세히 설명한다.

Q2. 프로세스의 실행동안 페이지 폴트가 발생하여 페이지들을 하나 둘씩 적재하게 되면 언젠가 메모리에 프로세스의 많은 페이지들이 존재하게 될 텐데 왜 처음부터 이들을 적재하지 않는가?

A. 프로세스의 실행이 금방 종료될지 오랜 후에 종료될지, 모든 페이지들을 다 사용할 지 일부 페이지만 사용할지 실행 전에는 알 수 없다. 또 어떤 페이지는 오랫동안 사용되기도 하고 어떤 페이지는 한 번 사용된 후 사용되지 않기도 하므로 모든 페이지를 처음부터 메모리에 올려놓는 것은 메모리 낭비이다.

Q3. 한 프로세스에게 할당할 수 있는 메모리 프레임은 무한정인가 아니면 제한적인가?

A. 운영체제마다 다르지만, 일반적으로 프로세스 당 할당하는 메모리 프레임의 개수를 제한한다. 운영체제는 물리 메모리 량의 한계 때문에 프로세스에게 적절한 수의 프레임만 할당한다. 이것은 **10**장 **5**절에서 다룬다.

Q4. 프로세스에게 할당하는 메모리 프레임의 수와 페이지 폴트의 관계는?

A. 프로세스에게 할당하는 프레임의 개수가 지나치게 작으면 페이지 폴트가 많이 발생하고, 프레임의 개수가 너무 많으면 페이지 폴트의 횟수가 작아지지만 프레임이 낭비될 수 있다(그림 10-17 참고).

Q5. 페이지 폴트를 처리하는 과정에서 커널 코드나 커널 데이터가 적재된 메모리 프레임도 스왑-아웃되는 희생 프레임으로 선택되는가?

A. 오늘날 대부분의 운영체제에서 커널 코드와 커널 데이터가 적재된 프레임은 희생 프레임으로 선택하지 않는다. 즉 스왑-아웃되지 않는다. 만일 인터럽트 핸들러가 스왑-아웃되어 메모리에 없다면, 인터럽트가 발생하였을 때 인터럽트 핸들러가 실행될 수 없거나 실행되는데 매우 긴 시간이 걸릴 것이다.

3.6 페이지 폴트와 스래싱(thrashing)

페이지 폴트와 디스크 I/O

페이지 폴트가 발생하면 필연적으로 디스크 입출력이 동반된다. 필요한 페이지를 디스크로부터 적재하거나 프레임을 비우기 위해 프레임에 적재된 페이지를 디스크로 스왑-아웃시키기 때문이다. 페이지 폴트는 발생할 수밖에 없지만 디스크 입출력을 줄이기 위해 페이지 폴트의 횟수를 줄여야 한다.

스래싱

한 프로세스의 페이지를 적재하기 위해 다른 프로세스가 사용 중인 페이지를 스왑-아웃시키는 일이 도미노처럼 벌어지면, 계속 발생하는 페이지 폴트로 인해 시스템 내에 디스크 입출력이 증가하고 CPU는 계속 대기하여 활용률이 떨어지게 되는데 이것을 스래싱(thrashing)이라고 한다.

스래싱은 다음과 같이 정의된다.

> 스래싱은 페이지 폴트가 계속 발생하여 메모리 프레임에 페이지가 반복적으로 교체되고 디스크 입출력이 심각하게 증가하고 CPU 활용률이 대폭 감소하는 현상

스래싱은 간단히 '빈번한 페이지 폴트로 인한 디스크 입출력 증가 현상'으로도 정의할 수 있다. 빈번한 디스크 입출력이 발생한다고 해서 '디스크 스래싱(disk thrashing)'이라고도 부른다.

스래싱의 원인

그동안 많은 연구들을 통해 스래싱이 발생하는 원인은 다음과 같이 알려져 있다.

첫째, 다중프로그래밍 정도(메모리 량에 비해 실행중인 프로세스의 개수, degree of multiprogramming, DOM)가 과도한 경우 스래싱이 발생한다. 실행되는 프로세스의 개수가 많으면 평균적으로 각 프로세스에게 할당된 메모리 프레임의 개수가 작아져서, 프로세스가 필요한 페이지들을 충분히 적재하지 못하기 때문에 페이지 폴트가 발생할 가능성이 높아진다.

둘째, 메모리 할당 정책이나 페이지 교체 알고리즘이 잘못되었을 경우이다. 프로세스에게 실행에 필요한 최소 페이지 수보다 작은 수의 프레임이 할당되면, 연속적으로 페이지 폴트가 발생할 가능성이 높다. 또한 곧 사용될 페이지를 교체하는 잘못된 페이지 교체 알고리즘에 의해서도 스래싱이 부추겨질 수 있다. 프레임 할당과 페이지 교체에 대해서는 뒤에서 자세히 다룬다.

셋째, 컴퓨터 시스템에 설치된 메모리가 절대적으로 작은 경우이다.

넷째, 우연히도 특정 시간대에 너무 많은 프로세스를 실행한 경우이다.

스래싱 현상 관찰

스래싱이 발생했을 때 그대로 두면 CPU의 활용률이 떨어지고 프로세스들의 응답 시간이 떨어

지며, 시스템 처리율이 심각하게 감소한다. 스래싱을 감지하고 이를 해소해야 하는데, 시스템에 스래싱이 발생하고 있음을 나타내는 구체적인 증거는 무엇인지 알아보자.

그림 10-13은 시스템에서 스래싱이 발생하는 시점을 보여준다. x축은 다중프로그래밍 정도 (DOM, degree of multiprogramming)로 동시에 실행되는 프로세스의 수, y축은 CPU의 활용률을 나타낸다. 동시에 실행되는 프로세스의 개수가 늘어날수록(DOM이 커질수록), CPU의 유휴 시간이 줄어들기 때문에 CPU의 활용률이 증가되는 것이 자연스러운 현상이다. 그러므로 2개의 그래프 모두 초기에는 다중 프로그래밍 정도(DOM)에 비례하여 CPU 활용률이 증가한다.

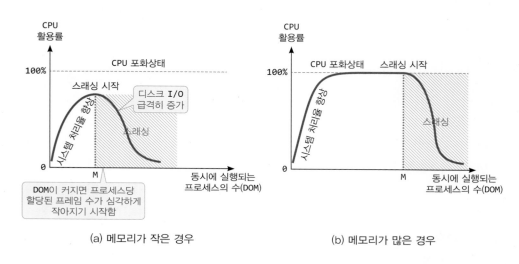

(a) 메모리가 작은 경우　　　　　　　　　　(b) 메모리가 많은 경우

그림 10-13 다중프로그래밍 정도가 임계점 M을 넘어가면 스래싱 발생

(참고: Denning의 1980년 논문 Working Sets Past and Present)

그러다가 동시에 실행되는 프로세스의 개수가 임계점 M을 넘어갈 때부터 예상과 달리 CPU의 활용률이 떨어지는 현상을 볼 수 있다. 메모리에 적재된 프로세스의 개수가 늘어나면, 상대적으로 각 프로세스에게 할당되는 프레임의 개수가 줄어들고, 각 프로세스는 실행에 필요한 페이지들을 모두 메모리에 적재하지 못하게 되어 계속 페이지 폴트가 발생하게 된다. 그리고 빈번한 스왑-아웃/스왑-인으로 인해 디스크 입출력이 증가하고, 원하는 페이지가 메모리에 적재될 때까지 CPU는 많은 시간을 기다리게 되어 오히려 CPU 활용률이 급감하고 I/O의 비율은 급증하기 시작한다. 이때가 바로 스래싱이 시작되는 시점이다.

동시에 실행되는 프로세스의 개수가 많음에도 불구하고 오히려 CPU 활용률이 갑자기 떨어질 때 스래싱이 발생하기 시작한 것으로 판단할 수 있다.

스래싱 현상은 메모리의 크기에 따라 약간 다르게 나타난다. 그림 10-13(a)와 같이 메모리가 작은 경우 CPU 활용률이 100%에 많이 못 미친 상태에서 메모리 포화가 먼저 일어나고 스래싱이 발생한다. 그림 10-13(b)와 같이 메모리가 많은 경우 동시에 실행되는 프로세스의 수가 늘어나 CPU의 활용률이 100%에 달해도 스래싱이 발생하지 않는다. 아직 메모리에 여유가 있기 때문이다. 하지만 동시에 실행되는 프로세스의 수가 더 증가하면 결국 스래싱이 발생하게 된다.

시스템 운영자나 사용자는 갑자기 프로세스의 응답 시간이나 처리 시간이 길어질 때, CPU의 활용률과 디스크 I/O율의 변화를 조사하면 스래싱 발생 여부를 판단할 수 있다.

> **잠깐! 운영체제별 스래싱 검사 기법**
>
> 시스템 운영자는 스래싱이 발생하는지 검사하기 위해, Windows에서는 작업 관리자나 process explorer와 같은 응용프로그램을 활용하면 되고, 리눅스 경우 top이나 htop, vmstat 명령을 통해, 실행 중인 프로세스의 개수는 많지만 CPU의 활용률이 낮고, 메모리 활용율과 디스크 I/O 비율, 그리고 스왑-인/스왑-아웃의 비율이 높은지 검사하면 된다.

스래싱 해결 및 예방

스래싱은 운영체제가 동시에 실행시키는 프로세스의 개수를 과도하게 허용할 때 발생한다. 만일 현재 스래싱이 발생한 상태라면 시스템 운영자는 몇 개의 프로세스를 강제로 종료시켜 다중 프로그래밍의 정도를 낮추어야 한다. 스래싱을 예방하기 위해서는 다중프로그래밍 정도의 시스템 허용치를 낮추어 설정하거나, 처리할 작업이 많으면 컴퓨터의 메모리(RAM)의 량을 늘리는 것이 일차적인 방법이다. 이와 함께 하드 디스크 대신 SSD 등을 사용하는 것도 방법이다.

> **잠깐! 스래싱 발생을 경험한 저자의 사례**
>
> 저자는 이선영이라는 학생의 안드로이드 프로그래밍을 도와주던 중 Intel i5 CPU/8GB RAM/512GB SSD를 장착한 노트북에서 스래싱 발생을 경험한 적이 있다. 컴퓨터의 응답속도가 너무 느려져 작업을 진행할 수 없다는 질문을 받고 작업 관리자를 실행하였더니 CPU 활용률은 30% 정도인데 메모리 활용률은 거의 100%에 육박하였고 디스크 I/O율도 90%를 넘나들고 있었다. 컴퓨터의 응답속도가 느린 것은 CPU가 느리거나 CPU가 너무 바쁜 문제가 아니고 메모리가 부족한 데 원인이 있었다. 메모리 량에 비해 너무 많은 프로그램이 실행되고 있었기 때문이었다. 몇몇 프로그램을 종료시켜 메모리 활용률을 낮추니 컴퓨터의 응답이 빨라졌다. 며칠 후 선영이는 메모리를 24GB로 늘렸다. 이전과 같이 안드로이드 스튜디오를 실행하였지만 메모리 활용률은 30% 이하로 떨어졌고 디스크 입출력도 10% 아래로 낮아졌다. 반대로 CPU 활용률은 70%까지 올라갔다. 이 수치는 정상적으로 컴퓨터가 운영되고 있음을 나타내고 있었다.

4 참조의 지역성과 작업 집합

4.1 프로그램의 실행 특성

현대의 대부분 운영체제는 요구 페이징을 사용한다. 필요할 때 페이지를 적재하는 요구 페이징은 근본적으로 페이지 폴트를 동반하고 이로 인해 디스크 입출력이 발생하는데 그럼에도 불구하고 왜 요구 페이징을 사용하는 것일까? 그 이유는 다음 2가지 프로그램 실행 특성 때문에, 페이지 폴트가 비록 있다고 해도 요구 페이징의 성능이 그리 나쁘지 않기 때문이다.

- 참조의 지역성
- 작업 집합

4.2 참조의 지역성

참조의 지역성은 다음과 같이 정의된다.

> CPU가 프로그램을 실행하는 동안 짧은 시간 범위 내에 일정 구간의 메모리 영역을 반복 참조(액세스)하는 경향이 있는데 이것이 참조의 지역성(locality of reference)이다.

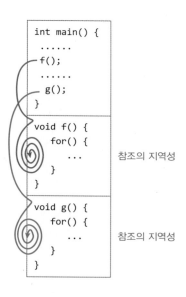

그림 10-14 참조의 지역성

그림 10-14의 C 프로그램의 샘플을 보면서 참조의 지역성에 대해 알아보자. CPU는 main( ) 함수가 들어 있는 메모리 부분을 실행하다가 f( ) 함수가 호출되면, f( ) 함수 내에 작성된 for 반복문을 한 동안 실행한다. 여기서 참조의 지역성이 나타난다. 함수 f( )를 끝내고 main( )으로 돌아와서 잠깐 코드를 실행하다가 함수 g( )의 for 반복문을 또 한 동안 실행한다. 여기서 다시 참조의 지역성이 나타난다. 참조의 지역성은 짧은 시간 동안 특정 메모리 부분이 집중적으로 참조되는 현상으로 구체적으로 다음과 같은 특징이 있다.

- 참조의 지역성은 모든 프로그램에서 나타나는 기본적인 실행 특성이다.
- 프로세스의 실행동안 메모리가 균일하게 참조되지 않고 특정 부분이 집중 참조된다.
- 참조의 지역성은 지역성(locality), 지역성의 원리(principle of locality)라고도 부른다.
- 프로세스는 최근에 참조한 데이터와 코드를 다시 참조하는(사용하는) 경향이 있다.
- 프로세스가 실행되는 동안 메모리 영역을 옮겨 다니면서 참조의 지역성이 나타난다.
- 경험적 관찰에서 발견한 90/10 규칙은 "프로그램 코드의 10%가 프로그램 전체 실행 시간의 90%를 소비한다."는 규칙이다.

프로세스의 실행 초기에는 페이지를 적재하느라 페이지 폴트가 자주 발생하겠지만, 일정 시간이 지나면 참조의 지역성으로 인해 적재된 페이지를 한 동안 액세스하기 때문에 페이지 폴트가 매우 드물게 발생한다.

참조의 지역성을 이용함으로써, 운영체제는 현재 실행중인 프로세스가 가까운 미래에 어떤 페이지를 액세스할 것인지 합리적으로 예측할 수 있고, 이에 따라 현재 메모리에 적재된 페이지 중 가까운 미래에 사용될 페이지가 스왑-아웃되지 않도록 페이지 교체 정책을 폄으로써 시스템 전체의 페이지 폴트를 줄일 수 있다. 참조의 지역성은 대표적으로 다음 2가지 형태로 나뉜다.

시간 지역성

시간 면에서, 프로그램 내에 지금 참조되는 주소(혹은 페이지)가 가까운 미래에 다시 참조될 가능성이 큰 특성을 시간 지역성(temporal locality)이라고 한다. 코드나 데이터, 자원 등이 아주 짧은 시간 내에 다시 사용되는 특성이다. 반복문이 대표적이다.

공간 지역성

공간(메모리 주소) 면에서, 지금 참조되는 주소의 주변 번지들(동일한 페이지)이 가까운 미래에 참조되는 특성을 공간 지역성(spatial locality)이라고 한다. 예를 들면, 배열은 보통 순차적으로 액세스되므로, 현재 액세스되고 있는 배열의 다음 원소들이 가까운 미래에 액세스될 가능성이 매우 높다. 프로그램 코드 역시 일반적으로 위에서 아래로 순차적으로 실행되므로, 현재 100번지의 명령이 실행되고 있다면 곧 104 번지의 명령을 실행할 가능성이 매우 높다.

4.3 작업 집합과 페이지 폴트

작업 집합

작업 집합(working set)은 눈으로 볼 수는 없지만 프로세스의 실행을 이해하는데 매우 중요한 요소로 다음과 같이 정의된다.

> 작업 집합이란 프로세스가 일정 시간 범위 내에 참조한(액세스한) 페이지들의 집합이다. 그러므로 작업 집합은 현재 프로세스의 실행에 필요한 페이지들의 집합이다.

만일 작업 집합에 포함된 페이지들이 모두 메모리에 적재되어 있다면 프로세스는 한 동안 페이지 폴트 없이 최고의 실행 성능을 얻을 것이다.

특히, 참조의 지역성 때문에 작업 집합은 뚜렷이 형성되며 작업 집합에 포함된 페이지의 개수도 그리 크지 않다. 그러므로 운영체제는 프로세스에게 작업 집합을 적재할 수 있는 정도의 메모리를 할당하고, 작업 집합에 포함된 페이지가 스왑-아웃되지 않도록 관리할 필요가 있다. 실제로 현재 운영체제들은 이렇게 하고 있다.

프로세스의 실행 중 갑자기 페이지 폴트가 계속된다면 그것은 프로세스의 작업 집합 페이지를 메모리에 적재하고 있는 과정이라고 생각해도 된다. 시간이 지나면 페이지 폴트가 줄고 작업 집합은 일정 시간의 구간에서 뚜렷이 형성된다.

> 페이지 폴트 → 작업 집합 형성

작업 집합 형성 사례

작업 집합이 형성되는 구체적인 과정을 그림 10-15의 사례를 통해 알아보자.

❶ 처음에 `main()` 함수의 코드가 들어 있는 페이지 2가 메모리에 적재되어 실행된다.

❷ `for` 문에서 사용되는 변수 `i`는 지역 변수로 스택 페이지 100에 들어 있다. CPU가 `for` 문에서 변수 `i`를 액세스할 때 페이지 폴트가 발생하고, 페이지 100이 메모리에 적재된다.

❸ `main()` 함수에서 `f()` 함수를 호출할 때 다시 페이지 폴트가 발생하고 함수 `f()`의 코드가 들어 있는 페이지 5가 메모리에 적재된다.

❹ 함수 `f()`가 호출되어 실행되면 함수 `f()`에서 액세스하는 지역 변수 `j`와 `sum`은 이미 메모리에 적재된 페이지 100에서 액세스한다.

❺ 계속해서 `f()` 함수가 `sum += n[j]`를 실행하기 위해 전역 변수로 선언된 배열 `n`을 액세스할 때 페이지 폴트가 발생되고, 배열 `n`이 들어 있는 페이지 20이 메모리에 적재된다.

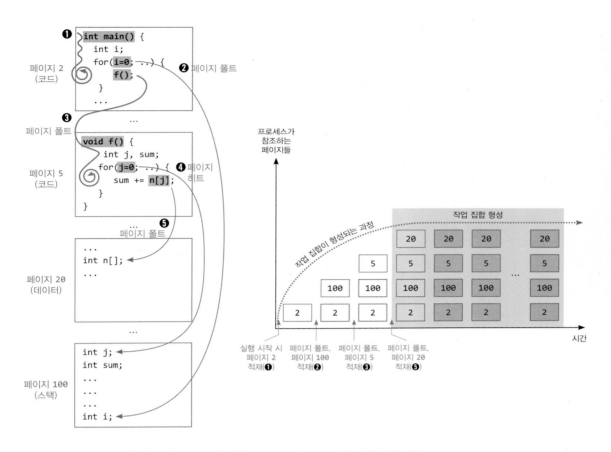

그림 10-15 프로그램 실행 중 페이지 폴트와 작업 집합 형성 과정

3번의 페이지 폴트로 페이지 2, 100, 5, 20이 메모리에 적재되었고, main( ) 함수는 for( ) 문이 끝날 때까지 이 4개의 페이지들을 참조하면서 한 동안 실행된다. 이들이 바로 main( ) 함수가 실행되는 동안의 작업 집합이다.

```
페이지 2, 100, 5, 20 <- 작업 집합 형성
```

작업 집합과 시간 범위

작업 집합은 어떤 시간 범위에서 프로세스가 실행에 필요한 페이지들의 집합이다. 이들 중에서는 자주 액세스되는 페이지도 있겠지만, 어떤 페이지는 몇 번 액세스되는 정도에 지나지 않을수 있다. 그럼에도 이들 모두 그 시간 범위의 작업 집합이다. 현재 시점에서 프로세스의 작업 집합에 속하는 페이지들을 명료하게 확정짓기란 쉽지 않다. 시간 범위가 클수록 작업 집합의 크기 (작업 집합에 포함된 페이지의 개수)도 늘어난다.

작업 집합 이동

프로세스가 실행되는 동안 그림 10-14와 같이 시간에 따라 참조의 지역성이 다른 메모리 영역에서 나타나기 때문에 작업 집합이 변해 가는데 이것을 작업 집합 이동(working set shift)이라고 한다. 그림 10-16은 작업 집합이 이동하는 과정을 보여준다. 그림 10-15에서 main() 함수의 for 문이 실행되는 동안 페이지 2, 100, 5, 20의 작업 집합이 형성되었지만, for 문이 끝나고 그 아래 코드를 실행하면 새로운 페이지들로 작업 집합이 형성될 것이다.

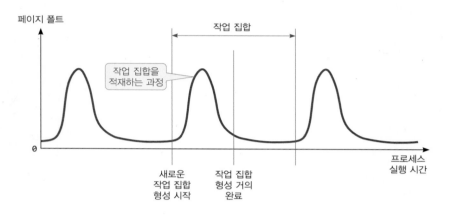

※ 새로운 작업 집합이 형성되는 과정에서 페이지 폴트가 급격히 발생하지만 곧 줄어들어 안정 상태가 된다.

그림 10-16 페이지 폴트와 작업 집합, 작업 집합의 이동

다중프로그래밍 시스템에서 스래싱 발생 관측과 예방

1960년대 컴퓨터 시스템에 동시에 여러 프로세스를 실행시키는 다중프로그래밍이 도입되면서, 컴퓨터 시스템 개발자들은 CPU 활용률과 작업처리율이 높아질 것을 기대하였고 실제로도 그러하였다. 하지만 다중프로그래밍 시스템의 활용이 시작되고 얼마 지나지 않아 갑자기 CPU 활용률과 작업 처리율이 떨어지는 현상을 관측하게 되었고 이를 스래싱이라고 불렀다. 다중프로그래밍 시스템을 도입하면서 전혀 예측하지 못한 사건이었다.

1968년 Denning은 그의 논문 '스래싱: 원인과예방(Thrashing: its causes and prevention)'에서 스래싱의 원인을 설명하기 위해 '작업 집합' 모델을 사용하였다. 여러 프로세스들에게서 작업 집합에 포함된 페이지들이 충분히 메모리에 올라와 있지 않는 경우에 스래싱이 발생함을 실험을 통해 보였다. 또한 각 프로세스에게 작업 집합 페이지들을 수용할 충분한 메모리를 할당하는 알고리즘을 통해 스래싱을 예방할 수 있음도 보였다.

4.4 요구 페이징의 필수 알고리즘

요구 페이징의 성능은 운영체제가 작업 집합에 속한 페이지들을 메모리에 적재한 상태로 프로세스를 실행시킬 수 있느냐에 따라 달려있다. 이를 위해 운영체제는 다음 2개의 알고리즘이 필요하다.

- 프레임 할당
- 페이지 교체

첫째, 프레임 할당(frame allocation)은 프로세스에게 할당할 메모리 프레임의 개수를 결정하는 문제이다. 프레임 할당의 목표는 프로세스의 작업 집합에 포함된 페이지들을 충분히 수용할만한 개수의 메모리 프레임을 할당하여 페이지 폴트를 줄이는데 있다.

둘째, 페이지 교체(page replacement)는 페이지 폴트가 발생하였을 때, 빈 메모리 프레임이 없는 경우 메모리에 적재된 페이지들 중 스왑-아웃시킬 페이지를 선택하는 문제이다. 현재 어떤 프로세스의 작업 집합에 속한 페이지를 스왑-아웃시키게 되면, 그 프로세스가 실행될 때 바로 페이지 폴트가 발생할 것이기 때문에 주의하여 선택하여야 한다. 페이지 교체의 목표는 작업 집합에 속하지 않은 페이지를 교체 페이지로 선택해내는 것이다. 이 두 알고리즘은 다음 두 절에서 자세히 알아본다.

5 프레임 할당

5.1 프레임 할당의 목표

프레임 할당은 프로세스에게 할당할 메모리 프레임의 개수를 결정하는 문제로서, 목표는 프로세스의 작업 집합에 포함된 페이지들을 충분히 수용할만한 개수의 메모리 프레임을 할당하여 페이지 폴트를 줄이고 스래싱이 발생하지 않도록 하는 데 있다.

5.2 균등 할당과 비례 할당

프레임 할당 방법은 다음 2가지로 나뉜다.

균등 할당(equal allocation)

프로세스의 크기와 관계없이 모든 프로세스에게 동일한 개수의 프레임을 할당하는 방법이다. 단순하다는 장점이 있지만, 작은 프로세스는 필요 이상의 많은 프레임을 할당받고 큰 프로세스는 작업 집합을 담기에 프레임이 부족하여 페이지 폴트가 자주 발생할 수 있는 허점이 있다.

비례 할당(proportional allocation)

프로세스의 크기에 비례하여 프레임을 할당하는 방법이다. 이 방법은 많이 필요한 프로세스에게 많은 프레임을 할당함으로써 전체적으로 페이지 폴트를 줄이는 장점이 있지만, 프로세스 크기를 명확히 알기 어려운 현실적인 문제가 있다. 프로세스를 처음 실행시키는 시점에서 코드와 데이터 크기는 알 수 있지만, 실행 중 힙이나 스택을 얼마나 많이 사용할 지 알 수는 없다.

> **잠깐!** 프로세스에게 할당해야할 최소 프레임 개수는 얼마?
>
> 이 논쟁은 사실상 현대의 컴퓨터에서는 불필요하다. 프로세스 당 10개 미만의 프레임을 할당하는 컴퓨터 시스템은 거의 없다. Windows에서는 프로세스 당 최소 50개의 프레임을 할당하고 요청에 따라 몇 백개에서 몇 만개까지 할당한다. 50개라고 해도 페이지의 크기가 4KB라면 200KB, 즉 1MB도 안 되는 크기이다. CPU 주소 모드를 고려하여 할당할 최소 프레임 수를 정해야 할 정도로 적은 메모리를 갖춘 컴퓨터 시스템이라면 당장 갖다 버려야 한다.

5.3 프로세스에게 할당할 적정 프레임 수

요구 페이징에서, 한 프로세스에게 할당할 메모리 프레임의 적정 개수는 얼마이며 어떻게 정하는 것이 좋을까? 우선, 작업 집합과 스래싱, 프레임 할당 사이의 긴밀한 관계는 그림 10-17에서 볼 수 있다. 작업 집합보다 프레임을 작게 할당할수록 페이지 폴트가 많이 발생하며 급기야 스래싱 상태가 되고, 작업 집합 이상으로 프레임을 할당할수록 페이지 폴트는 거의 발생하지 않겠지만 과도한 할당으로 메모리 낭비를 초래한다. 이론적으로, 프로세스에게 할당해줄 프레임의 적정 개수는 작업 집합을 약간 넘나드는 수준이 적합하다.

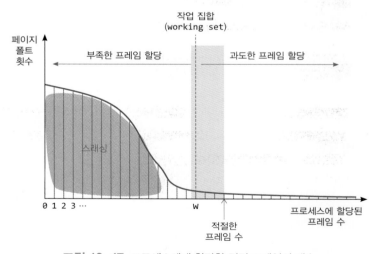

그림 10-17 프로세스에게 할당할 적정 프레임의 개수

TIP Windows의 프레임 할당(작업 집합 관리) 사례

이론적으로 프로세스에게 할당할 프레임의 적정 개수는 작업 집합을 충분히 담을 수 있는 정도이지만, 현재의 작업 집합을 정확히 알기 어렵고 또 작업 집합이 이동하므로 적정 개수를 정하는 것도 쉽지 않다. 그래서 Windows는 프레임의 최소, 최대 수를 정해 놓고 프로세스를 시작시킨다. Windows 7에서는 최소 50개, 최대 345개로 정하고 있지만 Windows 버전이 달라지면 언제든 달라질 수 있다. 다만 어느 정도인지를 독자들에게 대략이라고 알려주려는 마음으로 이 수치를 들먹였다. 이제 Windows의 프레임 할당 알고리즘을 구체적으로 알아보자.

Windows는 프로세스를 생성할 때 할당할 프레임의 최소수를 예약해 놓는다. 프로세스는 실행을 시작한 후 페이지를 적재할 프레임을 계속 요구할 것이고, Windows는 예약된 최소 프레임까지 계속 할당한다. 그 후에도 할당이 계속 일어나지만 정해진 최대 개수를 넘어 할당해주지 않는다. 하지만, 가용메모리가 충분한 경우, 프레임을 최대로 사용하고 있는 프로세스들에게 프레임의 할당 최대치를 증가시키기도 한다.

Windows는 주기적으로 'working set trimming 알고리즘'을 실행하면서 시스템의 전체 메모리 사용량을 관측하다가 일정 수준 이상의 메모리가 사용되고 있으면, 프로세스들에게 할당된 프레임의 개수를 줄인다. 이 때 Windows는 정해놓은 가용 메모리가 확보할 때까지 페이지들을 디스크로 계속 스왑 아웃시킨다.

한편, Windows는 SetProcessWorkingSetSize(), SetProcessWorkingSetSizeEx() 등 프로세스가 스스로 작업 집합 크기를 변경할 수 있는 시스템 호출을 제공한다.

Windows에서는 프로세스에게 현재 할당된 프레임에 적재된 페이지들을 작업 집합이라고 부른다. 그림 10-18에서 Windows의 작업 관리자가 보여주는 메모리 사용량은 프로세스의 크기가 아니다. 프로세스가 현재 할당받아 사용하고 있는 프레임들을 모두 합친 양이며 여기에 적재된 페이지들이 작업 집합이다. 예를 들어 현재 Windows 탐색기에 할당된 메모리는 54.8MB이며, 이곳에 적재된 페이지들이 바로 Windows 탐색기의 현재 작업 집합이다. 페이지 크기가 4KB라면, 54.8MB/4KB = 14029개의 페이지가 작업 집합을 구성하고 있다.

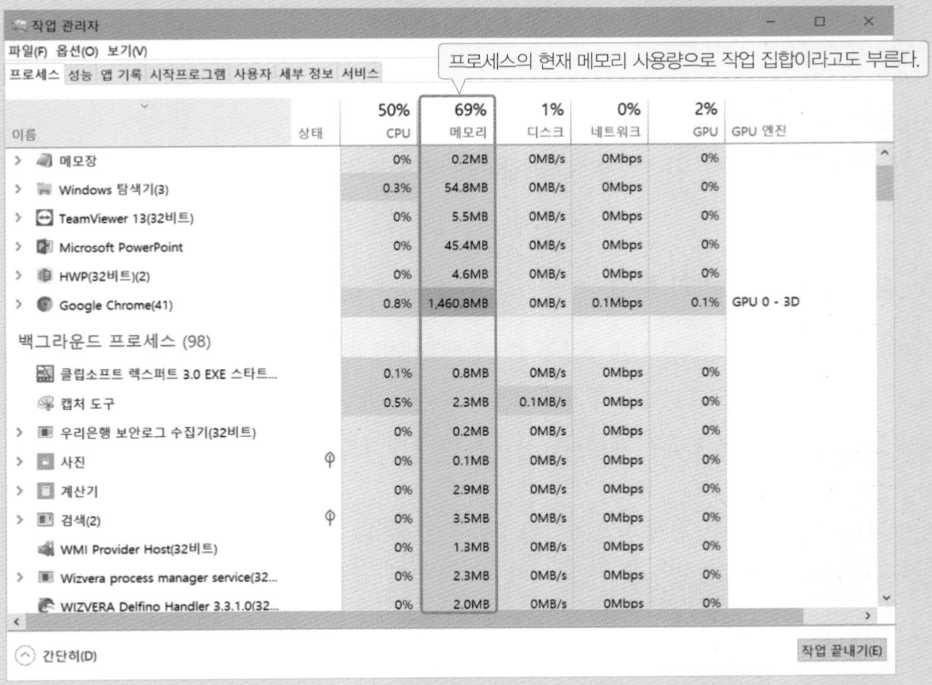

이름	상태	50% CPU	69% 메모리	1% 디스크	0% 네트워크	2% GPU	GPU 엔진
> 메모장		0%	0.2MB	0MB/s	0Mbps	0%	
> Windows 탐색기(3)		0.3%	54.8MB	0MB/s	0Mbps	0%	
> TeamViewer 13(32비트)		0%	5.5MB	0MB/s	0Mbps	0%	
> Microsoft PowerPoint		0%	45.4MB	0MB/s	0Mbps	0%	
> HWP(32비트)(2)		0%	4.6MB	0MB/s	0Mbps	0%	
> Google Chrome(41)		0.8%	1,460.8MB	0MB/s	0.1Mbps	0.1%	GPU 0 - 3D
백그라운드 프로세스 (98)							
클립소프트 렉스퍼트 3.0 EXE 스타트...		0.1%	0.8MB	0MB/s	0Mbps	0%	
캡처 도구		0.5%	2.3MB	0.1MB/s	0Mbps	0%	
> 우리은행 보안로그 수집기(32비트)		0%	0.2MB	0MB/s	0Mbps	0%	
> 사진	♀	0%	0.1MB	0MB/s	0Mbps	0%	
> 계산기		0%	2.9MB	0MB/s	0Mbps	0%	
> 검색(2)	♀	0%	3.5MB	0MB/s	0Mbps	0%	
WMI Provider Host(32비트)		0%	1.3MB	0MB/s	0Mbps	0%	
> Wizvera process manager service(32...		0%	2.3MB	0MB/s	0Mbps	0%	
WIZVERA Delfino Handler 3.3.1.0(32...		0%	2.0MB	0MB/s	0Mbps	0%	

프로세스의 현재 메모리 사용량으로 작업 집합이라고도 부른다.

작업 관리자
파일(F) 옵션(O) 보기(V)
프로세스 성능 앱 기록 시작프로그램 사용자 세부 정보 서비스

간단히(D)   작업 끝내기(E)

그림 10-18 Windows에서 각 프로세스에게 현재 할당된 메모리 양

6 페이지 교체

6.1 페이지 교체의 정의

페이지 교체(page replacement)란 요청된 페이지가 메모리 프레임에 없고, 페이지를 적재할 빈 프레임도 없는 경우, 메모리 프레임 중 하나를 선택하여 비우고 이곳에 요청된 페이지를 적재하는 과정이다. 이 과정은 페이지 폴트 핸들러에 의해 실행된다.

비우기로 선택된 프레임을 희생 프레임(victim frame)이라고 하며, 이곳에 저장되어 있다가 쫓겨나는 페이지를 희생 페이지(victim page)라고 한다. 희생 페이지가 수정된 페이지(modified/dirty 페이지, modified bit=1)라면 하드 디스크에 스왑-아웃된다. 그림 10-19는 페이지 교체와 희생 프레임, 스왑-인/스왑-아웃의 개념을 보여준다.

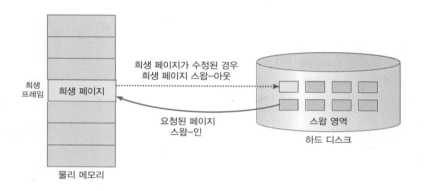

그림 10-19 희생 프레임(희생 페이지)을 선택하여 페이지 교체

6.2 페이지 교체의 목표

페이지 교체에서 가장 중요한 것은 바로 희생 프레임 혹은 희생 페이지를 선택하는 문제이다. 메모리에는 과거 어떤 프로세스의 작업 집합에 속했지만 지금은 아닌 페이지들과, 현재 어떤 프로세스의 작업 집합에 포함된 페이지들이 혼재된 상태이므로,

> 페이지 교체의 목표는 현재 작업 집합에 포함되지 않거나 가까운 미래에 참조되지 않을 페이지를 희생 페이지로 선택하여 페이지 폴트의 횟수를 줄이는 것이다.

만일 엉성한 페이지 교체 알고리즘이, 현재 작업 집합에 포함된 페이지를 희생 페이지로 선택하여 스왑-아웃시키게 되면, 금방 스왑-아웃된 희생 페이지가 곧 다시 메모리에 적재되어야 하는 상황에 처하게 되어, 부가적인 디스크 입출력이 발생하고 프로세스의 응답 시간과 시스템 성능이 떨어지게 된다. 좋은 페이지 교체 알고리즘은 프로세스들의 작업 집합을 메모리에 계속 유지하여 페이지 폴트의 횟수를 줄인다.

그러면 메모리 프레임에 있는 페이지들 중, 현재 작업 집합에 속하지 않거나 가까운 미래에 참조되지 않을 페이지를 어떻게 판단할 수 있을까?

6.3 희생 프레임의 선택 범위

희생 프레임을 선택하는 범위는 다음 2가지가 있다.

- 지역 교체
- 전역 교체

지역 교체(local replacement)는 페이지 적재를 요청한 프로세스에게 할당된 프레임들 중 희생 프레임을 선택하는 방법(per-process replacement)이다. 이 방법은 다른 프로세스에게 할당된 프레임을 건드리지 않기 때문에, 페이지 교체가 일어나는 프로세스에서 스래싱이 발생한다 하더라도 다른 프로세스로 전파되지 않아 스래싱에 대한 대책으로 적합한 장점이 있다.

전역 교체(global replacement)는 프로세스에 상관없이 전체 메모리 프레임 중에서 희생 프레임을 선택하는 방법이다. 일반적으로 전역 교체가 지역 교체보다 페이지 폴트를 덜 유발시켜 더 효과적인 것으로 평가되어, 리눅스를 비롯한 여러 운영체제들이 전역 교체를 사용하고 있으며 Windows는 전역 교체와 지역 교체를 혼합하여 사용한다.

> **잠깐! 페이지 교체 알고리즘에 대한 시각 변화**
>
> 페이지 교체 알고리즘은 1960~1970년대의 다중프로그래밍 초기 시대에 뜨거운 주제였고, 최근까지도 작업 집합을 메모리에 잘 유지시키는 것이 페이지 교체 알고리즘의 초점이었다. 하지만 오늘날 하드웨어 기술 발전과 컴퓨터 시스템의 구조 변화로 인해 페이지 교체를 바라보는 시각에 다음과 같은 변화가 있다.
>
> - 오늘날 RAM 메모리의 용량이 커져, 전역 교체 방법은 희생 프레임을 찾는데 시간 소모가 너무 많아 비현실적이라는 견해가 있다.
> - 오늘날 메모리 계층 구조가 더 세분화되어 메모리 활용보다 CPU 캐시 활용이 더 중요해졌다.
> - 오늘날 참조의 지역성이 약화되어 작업 집합이 모호한 경향이 나타났다. 객체 지향 언어의 사용으로 getter/setter로 부르는 작은 함수들이 많아지고, 작은 함수들이 여러 페이지들에 분산되어 적재되는 경향이 두드러졌다. 그러므로 하나의 함수가 일정 시간 동안 실행되면서 나타났던 참조의 지역성이 상대적으로 흐려지게 되었다. 또한 배열을 중심으로 작성되던 과거 프로그래밍 형태가, 트리, 해시맵 등 노드들의 연결 리스트를 사용하는 형태로 바뀌게 되어, 자료들이 연속된 메모리에 존재하지 않고 여러 페이지에 흩어져 있게 됨으로써 데이터에 대한 참조의 지역성도 옅어지게 되었다. 그리고 자바나 자바스크립트 프로그램 등 가비지 컬렉션을 기반으로 실행되는 응용프로그램이 많아져서 메모리가 사용되는 패턴에도 변화가 생겼다.

6.4 페이지 교체 알고리즘 종류

이제, 희생 페이지를 선택하는 여러 페이지 교체 알고리즘들을 알아보자. 페이지 교체 알고리즘은 1960년대부터 시작하여 많은 알고리즘들이 개발되어 다양한 알고리즘들이 존재하지만 이 책에서는 기본적인 알고리즘들에 대해 소개한다.

- 최적 교체(Optimal Page Replacement, OPT)
- FIFO(First in First out)
- LRU(Least Recently Used)
- Clock

각 알고리즘의 작동 과정을 비교 설명하기 위해 상황을 하나 설정하자. 프로세스에게 3개의 프레임이 주어지고 프레임이 모두 비어 있는 상태에서, 다음 15개의 페이지들이 순서대로 참조될 때 각 알고리즘이 작동하는 사례를 비교한다.

> 페이지들의 참조 순서 : 0 1 2 0 3 0 1 0 2 0 3 0 2 1 0

희생 페이지를 찾는 범위는 프로세스가 할당받은 프레임 내에서만 찾는 지역 교체이다.

6.5 최적 교체 알고리즘(OTP)

알고리즘 개요

최적 교체 알고리즘은 최적의 페이지 즉, 가까운 미래에 사용될 가능성이 가장 낮은 페이지를 희생 페이지로 선택한다. 최적 교체는 현재 시점에서 미래에 각 페이지들이 언제 참조되는지 알고 이에 따라 가장 먼 미래에 사용될 페이지를 희생 페이지로 선택한다.

그림 10-20은 최적 교체 알고리즘이 작동하는 사례를 보여준다. 처음 페이지 0이 요청되면 페이지 폴트가 발생하고 첫 프레임에 적재된다. 그리고 페이지 1, 2가 계속 요청되면 연이어 페이지 폴트가 발생하고 나머지 2개의 프레임에 나란히 적재된다. 그러고 나서 페이지 0이 요청되면 페이지 히트가 발생하고, 그 다음 페이지 3이 요청되면 페이지 폴트가 발생한다. 폴트가 발생하면, 현재 적재된 페이지 0, 1, 2 중에서 가장 가까운 미래에 사용되지 않는 페이지 2를 선택하고, 그곳에 페이지 3을 적재한다(미래에 참조될 페이지들의 순서를 알고 있기 때문에 페이지 2의 선택이 가능하다). 이런 식으로 진행되면 총 6번 페이지 폴트가 발생한다.

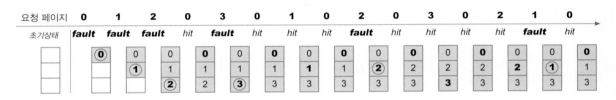

그림 10-20 최적 교체의 페이지 교체 사례(페이지 폴트 횟수 : 6)

구현

최적 교체는 페이지 폴트 횟수가 가장 작은 최고의 이상적인 방법이다. 하지만 각 페이지들이 미래에 언제 참조되는지 모두 알아야 구현이 가능하기 때문에 실현 불가능하다. 그럼에도 불구하고 최적 교체를 다루는 것은 다른 알고리즘을 평가하는 기준으로 사용하기 위해서이다. 최적 교체의 성능에 가까울수록 좋은 알고리즘으로 평가된다.

6.6 FIFO 알고리즘

알고리즘 개요

FIFO 알고리즘은 메모리 프레임에 적재된 페이지들 중 가장 오래된 페이지를 희생 페이지로 선택한다. 이것은 오래 전에 적재된 페이지들은 작업 집합에서 벗어나 앞으로 참조될 가능성이 낮을 것이라는 판단에서 만들어진 알고리즘이다.

FIFO 알고리즘이 작동하는 사례는 그림 10-21과 같다. 이해를 돕기 위해 알고리즘에 시계를 두고, 각 페이지가 적재된 시간을 프레임 옆에 표기하였다. 요청이 생길 때마다 시계가 1씩 간다. 처음에 페이지 0, 1, 2가 순서대로 요청되면서 페이지 폴트가 발생하고 프레임에 나란히 적재된다. 그리고 나서 다시 페이지 0이 요청되면 페이지 히트가 발생한다. 그 다음 페이지 3이 요청되면 페이지 폴트가 발생하고 교체할 희생 페이지를 선택해야 한다. FIFO는 가장 오래 전에 적재된 페이지 0을 선택하고 그 곳에 페이지 3을 적재한다. 페이지 3이 적재된 시간을 현재 시간인 5로 표기하였다. 이런 식으로 진행하면 총 10번의 페이지 폴트가 발생한다.

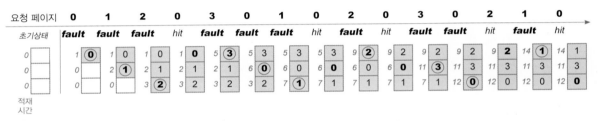

그림 10-21 FIFO의 페이지 교체 사례(페이지 폴트 횟수 : 10)

구현

FIFO 알고리즘을 쉽게 구현하려면 그림 10-21과 같이 각 페이지마다 적재된 시간 정보를 저장하고 적재 시간에 따라 희생 페이지를 선택하면 된다. 하지만 페이지를 교체할 때마다 모든 페이지들의 적재 시간을 검색하는 것은 부담이 크다. FIFO 알고리즘을 보다 효과적으로 구현하는 방법으로, 프레임들을 페이지가 적재된 시간 순서로 큐를 만들고, 새 페이지가 적재될 때 해당 프레임을 큐 끝으로 이동시킨다. 이런 식으로 하면 가장 오래된 페이지를 적재한 프레임이 큐의 맨 앞에 있게 되어, 페이지 교체 시 큐의 맨 앞에 있는 프레임을 선택하기만 하면 된다.

FIFO는 개념이 단순하고 구현도 쉬운 장점이 있지만, 작업 집합을 고려하지 않기 때문에 성능이 낮다. 예를 들어, 적재된 지 오래된 페이지에도 자주 사용되는 변수나 코드가 있을 수 있다.

> **잠깐!** **FIFO 알고리즘의 변칙(Belady anomaly)**
>
> 프로세스에게 더 많은 메모리 프레임을 할당할수록 페이지 폴트가 더 작게 발생할 것으로 예측되지만, FIFO 알고리즘의 경우 오히려 페이지 폴트가 더 많이 생기는 현상이 관찰되었는데 이를 발견한 사람의 이름을 따서 Belady anomaly(Belady 변칙)라고 부른다.

6.7 LRU 알고리즘

알고리즘 개요

LRU 알고리즘은 참조의 지역성을 이용하며 방법은 간단하다. 프레임에 적재된 페이지들 중 가장 오래전에 참조된 페이지를 희생 페이지로 선택한다. 이것은 최근에 참조된 페이지일수록 가까운 미래에 다시 참조될 가능성이 더 높고, 오랫동안 참조되지 않았다면 앞으로도 참조될 가능성이 낮다는 참조의 지역성 원리에 근거를 두고 있다. 이로써 참조된 적이 가장 오래된 페이지를 선택함으로써 이미 작업 집합에서 벗어났을 확률이 높은 페이지를 선택하는 것이다. LRU는 효과가 뛰어난 알고리즘으로 유닉스나 리눅스 등 많은 운영체제에서 사용된다.

LRU의 작동 사례는 그림 10-22와 같다. 알고리즘 내에 시계를 두고, 요청이 생길 때마다 시계가 간다. 이해를 돕기 위해 각 페이지가 참조된 시간을 프레임 옆에 표기하였다. LRU는 참조 시간이 가장 작은 페이지를 희생 페이지로 선택한다. 페이지가 참조될 때마다 참조 시간을 현재 시간으로 갱신하였다.

처음에 모든 프레임이 비어 있고, 참조 시간도 0으로 표기하였다. 페이지 0, 1, 2가 순서대로 요청되면서 페이지 폴트가 발생하여 프레임에 나란히 적재된다. 페이지 0이 참조 시간이 가장 오래된 1이며, 페이지 2의 참조 시간이 3이다. 그리고 다시 페이지 0이 요청되면 페이지 히트가 발생하고 참조 시간은 현재 시간인 4로 갱신된다. 그 다음, 페이지 3이 요청되면 페이지 폴트가 발생하고 참조된 적이 가장 오래된 페이지 1을 선택하고 그곳에 페이지 3을 적재하였다. 이런 식으로 진행되면 총 8번의 페이지 폴트가 발생한다.

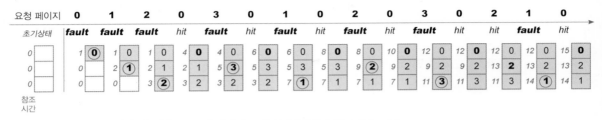

그림 10-22 LRU의 페이지 교체 사례 (페이지 폴트 횟수 : 8)

구현

LRU는 다양한 방식으로 구현되는데 몇 가지만 알아보자.

● 타임스탬프 이용

모든 프레임에 참조 시간을 기록할 수 있는 비트들을 추가하는 방법으로 간단히 다음과 같다.

- 모든 프레임에 참조 시간을 기록할 수 있는 비트들을 추가한다.
- CPU가 페이지를 참조할 때마다 프레임에 현재 시간을 기록한다.
- 페이지 교체 요청이 발생할 때, 커널은 프레임 전체를 검색하여 참조된 시간이 가장 오래된 것을 희생 페이지로 선택한다.

프레임마다 참조 시간을 기록할 저장소가 추가되고, CPU가 페이지를 참조할 때마다 현재 시간 값을 알아내어 프레임에 기록하는 과정에 많은 시간이 소모되므로, 이 방법은 비효율적이다. 참조 시간이 가장 오래된 것을 찾기 위해 프레임 전체를 검색하는 것 또한 오버헤드이다. 현재 시간을 알아내고 시간을 페이지 테이블에 기록하는 고속 하드웨어 장치를 추가하여 해결할 수 있지만 이것 역시 비용 부담이 만만찮다.

● 하드웨어 이용, 참조 비트 사용

참조 시간을 프레임에 기록하는 대신 페이지 테이블의 항목에 참조 비트(reference bit)를 추가하고, 참조 비트가 0인 것들 중에서 하나를 선택하는 방법으로 간단히 다음과 같다.

- 페이지 테이블 항목에 1개의 참조 비트와 참조 비트에 값을 기록하는 하드웨어를 추가한다.
- CPU가 주소가 발생할 때마다 하드웨어를 이용하여 페이지의 참조 비트를 1로 세팅한다.
- 페이지 교체 요청이 발생할 때, 페이지 테이블을 검색하여 참조 비트가 0인 페이지 중 하나를 희생 페이지로 선택한다.
- 커널은 주기적으로 페이지 테이블의 모든 항목에 참조 비트를 0으로 초기화한다.

이 방법은 하드웨어를 이용함으로써, 참조 비트를 1로 바꾸는데 걸리는 시간이 페이지가 참조되는 시간 내에 이루어지도록 하여 시간 지연은 없도록 한다. 하지만 참조 비트가 0인 페이지를 찾아내기 위해 페이지 테이블을 모두 검색하는 시간과 커널에 의해 주기적으로 참조 비트를 0으로 초기화하는데 많은 시간이 걸리는 문제점이 있다.

LRU 알고리즘의 장단점

LRU 알고리즘은 이론적으로는 성능이 좋게 평가되지만, 구현의 복잡도가 높은 것이 단점이다. 구현에 있어 하드웨어에 대한 지원과 커널 코드의 주기적인 실행도 필요하다. 그러므로 실제 운영체제에서는 이런 오버헤드를 줄인 LRU 근사 알고리즘을 만들어 사용한다. 대표적인 것이 다음 절에서 다루는 Clock 알고리즘이다.

6.8 Clock 알고리즘

Clock 알고리즘은 LRU와 FIFO를 섞은 알고리즘으로, LRU 근사 알고리즘(LRU approximation) 혹은 FIFO 근사 알고리즘이라고도 하며, 2차 기회 알고리즘(second chance algorithm)이라고도 한다.

구성

Clock 알고리즘은 메모리 프레임 당 1비트의 참조 비트를 사용하고 프레임들을 원형 큐로 만들어 관리한다. CPU가 페이지를 참조할 때마다 특별한 하드웨어를 이용하여 해당 페이지가 담긴 프레임의 참조 비트를 1로 수정한다. 희생 페이지를 결정하기 위해 검색을 시작하는 원형 큐의 프레임 위치를 포인터(pointer, frame pointer)라고 부른다.

알고리즘

페이지 교체 요청이 발생하면, 원형 큐를 따라 현재 포인터에서 참조 비트가 0인 프레임을 만날 때까지 참조 비트가 1이면 0으로 바꾸면서 시계 방향으로 이동한다. 참조 비트가 0인 프레임을 만나면 그곳에 적재된 페이지를 희생 페이지로 선택하고, 포인터는 다음 프레임을 가리키도록 한다. 희생 페이지가 적재된 프레임에 새 페이지를 적재한 후 프레임의 참조 비트를 1로 설정한다. 참조 비트가 0인 프레임을 발견하지 못한 채 원형 큐를 한 바퀴 돌았다면, 시작했던 프레임에 적재된 페이지를 희생 페이지로 선택한다.

Clock 알고리즘은 희생 페이지를 찾는 과정에서 참조 비트를 0으로 초기화하기 때문에, LRU에서 커널이 주기적으로 모든 프레임의 참조 비트를 0으로 바꾸는 과정을 효과적으로 제거한다.

그림 10-23은 8개의 프레임이 있는 경우 Clock 알고리즘의 실행 사례이다. 원형 큐에 적힌 0/1이 참조 비트이며, 프레임에 적재된 페이지 번호는 생략하였다.

(1) 포인터가 초기에 프레임 2를 가리키고 있다. 페이지 교체 요청이 발생하면 프레임 2부터 검색된다.

(2) CPU가 프레임 5에 적재된 페이지를 참조하여 프레임 5의 참조 비트를 1로 변경한다.

(3) 페이지 교체 요청이 발생하면, 커널은 포인터를 시계 방향으로 이동하면서 참조 비트를 비교한다. 참조 비트가 0인 프레임 4를 만나, 이곳에 적재된 페이지를 희생 페이지로 선택한다. 프레임 4의 참조 비트를 1로 바꾸고 검색 중간에 만난 프레임 2와 프레임 3의 참조 비트를 0으로 지우고, 포인터는 프레임 5를 가리킨다.

(4) 또 다시 페이지 교체 요청이 발생하면, 커널은 프레임 5부터 시계 방향으로 돌면서 희생 페이지를 찾은 결과 프레임 7로 결정하고, 프레임 7의 참조 비트를 1로 만들고, 중간의 프레임 5와 프레임 6의 참조 비트를 0으로 지운다.

(1) 포인터가 처음에 프레임 2를 가리킴

(2) CPU가 프레임 5의 페이지 참조.
프레임 5의 참조 비트를 1로 수정

(3) 페이지 교체 요청 발생.
희생 프레임 4 선택

(4) 페이지 교체 요청 발생.
희생 프레임 7 선택

그림 10-23 Clock 알고리즘의 실행 과정 사례

그림 10-24는 Clock 알고리즘의 페이지 교체 사례를 보여준다. 이해를 돕기 위해 검색 시작점을 나타내는 포인터(→)를 표기하고, 각 프레임마다 참조 비트를 표기하였다. 처음에는 모든 프레임이 비어 있으며, 참조 비트도 0이다. 처음에 페이지 0이 요청되면, 비어 있는 프레임을 할당하고 참조 비트를 1로 바꾼다. 그리고 포인터를 다음 프레임으로 옮긴다. 페이지 1, 2가 순서대로 요청되면서 페이지 폴트가 발생하고 프레임에 나란히 적재된다.

그 후 페이지 0이 요청되면 참조 비트를 1로 바꾸지만 본래 1이었기 때문에 변화는 없다. 그러고 나서 페이지 3이 요청되면 페이지 폴트가 발생하고, 포인터의 위치에서부터 참조 비트가 0인 희생 페이지를 찾기 시작한다. 이 과정은 다음과 같다.

현재 포인터가 0번 프레임을 가리키고 있기 때문에, 0번 프레임의 참조 비트가 1이므로 참조 비트를 0으로 바꾸고 1번 프레임으로 넘어간다. 1번 프레임의 참조 비트가 1이므로 다시 참조 비트를 0으로 바꾸고 2번 프레임으로 넘어간다. 2번 프레임의 참조 비트로 0으로 바꾸고 원래 위치인 0번 프레임으로 돌아간다. 원래 자리로 돌아오면 이 프레임(프레임 0)을 희생 프레임으로 선택하고, 페이지 3을 적재한 뒤 참조 비트를 1로 설정하고 포인터를 다음 프레임으로 이동시킨다. 이런 식으로 진행하면 총 9번의 페이지 폴트가 발생한다.

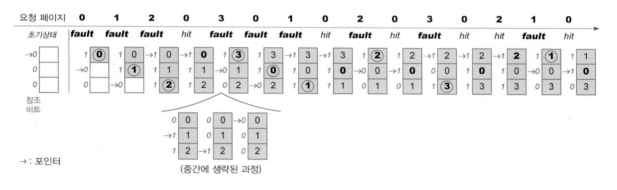

그림 10-24 Clock 알고리즘의 페이지 교체 사례(페이지 폴트 횟수: 9)

Notes

💡 물리 메모리의 한계

- 가상 메모리(virtual memory)는 물리 메모리의 용량보다 큰 프로세스나, 작지만 합치게 되면 물리 메모리의 용량을 초과하는 여러 개의 프로세스를 동시에 실행시킬 수 있는 메모리 관리 기법이다.

💡 가상 메모리 개념

- 가상 메모리의 핵심은 물리 메모리 영역을 디스크 공간으로 확장하는 것과 디스크 장치와 물리 메모리 사이에 스와핑(swapping) 이 두 가지이다.

- 스와핑이 이루어지는 보조기억장치의 영역을 스왑 영역이라고 부르고, 메모리의 일부를 스왑 영역으로 옮기는 것을 스왑-아웃, 스왑 영역에서 메모리로 옮기는 것을 스왑-인이라고 한다.

- Windows는 스왑영역으로 C:\pagefile.sys 파일을 사용하고, 리눅스는 디스크에 스왑 파티션을 만들어 사용한다.

💡 요구 페이징

- 요구 페이징(demand paging)은 페이징 기법을 기반으로 프로세스의 일부 페이지들만 메모리에 적재하고, 페이지가 필요할 때 메모리를 할당받아 적재하는 가상 메모리 기법이다.

- 요구 페이징에 사용되는 페이지 테이블의 항목에는 페이지가 메모리에 적재되어 있는지를 나타내는 present/valid 비트와 페이지가 메모리에 적재된 후 수정되었는지를 나타내는 modified/dirty 비트가 사용된다.

- CPU가 액세스하려는 페이지가 물리 메모리에 없을 때 페이지 폴트(page fault, 페이지 부재)라 한다. 페이지 폴트는 주소 변환 도중 MMU에 의해 감지되며 커널의 페이지 폴트 핸들러가 실행된다.

- 페이지 폴트가 발생하면, 페이지 폴트 핸들러가 물리 메모리에서 빈 프레임을 할당받고 폴트가 발생한 페이지를 스왑 영역이나 실행파일에서 읽어 적재하고 페이지 테이블을 수정한다. 물리 메모리에 빈 프레임이 없는 경우 사용중인 프레임 중 하나를 희생 프레임으로 선택하고 페이지를 적재한다. 희생 프레임에 저장되어 있던 페이지가 수정되었으면(modified 비트=1) 스왑 영역에 저장한다.

- 자식 프로세스는 fork()와 같은 시스템 호출에 의해 생성된다. 이 때 부모 프로세스의 메모리를 모두 복사하여 자식 프로세스를 만드는 방법은 비효율적이다. 많은 응용프로그램들은 자식 프로세스가 생성된 후 바로 execlp()을 호출하여 다른 프로그램을 실행시키도록 작성되기 때문이다.

- 쓰기 시 복사(copy on write)는 자식 프로세스를 만들 때 부모 프로세스의 메모리를 복사하지 않고 부모의 메모리를 공유하도록 하는 방법이다. 그 후 부모든 자식이든 메모리 쓰기가 발생할 때, 운영체제가 쓰기가 발생한 페이지만 새 프레임을 할당받아 복사하고 페이지 테이블을 수정한다.

- 스래싱(thrashing)은 빈번한 페이지 폴트로 인해 디스크 입출력이 심각하게 증가하는 현상이다. 스래싱이 발생하면 CPU는 페이지 입출력을 기다리는데 대부분의 시간을 보내 CPU 활용률이 감소하고 프로세스의 응답시간은 길어진다.

- 동시에 실행되는 프로세스의 개수가 많음에도 불구하고 오히려 CPU 활용률이 갑자기 떨어질 때 스래싱이 발생한 것으로 판단할 수 있다.

- 스래싱은 운영체제가 동시에 실행시키는 프로세스의 개수(다중프로그래밍 정도)를 과도하게 허용할 때 발생하므로, 현재 스래싱이 발생한 상태라면 시스템 운영자는 몇 몇 프로세스를 종료시켜 다중프로그래밍 정도를 낮추어야 한다.

참조의 지역성과 참조 집합

- 참조의 지역성(locality of reference)은 프로그램이 실행되는 동안 짧은 시간 범위 내에 일정 구간의 메모리 영역이 반복 참조되는 경향을 뜻하며, 시간 지역성과 공간 지역성이 있다.

- 작업 집합(working set)은 일정 시간 범위 내에 프로세스가 참조한 페이지들의 집합이다.

- 작업 집합은 참조의 지역성 때문에 뚜렷이 형성되며 프로그램이 실행되는 동안 이동한다.

- 스래싱은 작업 집합이 충분히 메모리에 적재되지 않은 상황에서 발생하므로 프로세스에게 작업 집합을 수용할 충분한 메모리를 할당하면 스래싱을 예방할 수 있다.

프레임 할당

- 프레임 할당은 프로세스에게 할당할 메모리 프레임의 개수를 결정하는 문제로, 프레임 할당의 목표는 프로세스의 작업 집합을 충분히 수용할 만큼 프레임을 할당하여 페이지 폴트를 줄이는데 있다.

- 모든 프로세스에게 동일한 개수의 프레임을 할당하는 균등 할당과 프로세스의 크기에 비례하여 할당하는 비례 할당이 있다.

- 프로세스에게 할당할 프레임의 적정 개수는 작업 집합을 약간 넘나드는 수준이 적합하다.

페이지 교체

- 페이지 교체는 페이지 폴트가 발생하였지만 빈 프레임이 없는 경우 프레임에 적재된 페이지들 중 스왑-아웃시킬 희생 페이지를 선택하는 문제이다.

- 페이지 교체의 목표는 현재 작업 집합에 포함되지 않거나 가까운 미래에 참조되지 않을 페이지를 희생 페이지로 선택하여 미래의 페이지 폴트를 줄이는데 있다.

- 희생 프레임(희생 페이지)을 선택하는 범위는 페이지 적재를 요청한 프로세스가 소유한 프레임들 중에서 선택하는 지역 교체와 전체 메모리 프레임 중에서 선택하는 전역 교체가 있다.

- 페이지 교체 알고리즘으로 최적 교체(Optimal Page Replacement, OPT), FIFO(First in First out), LRU(Least Recently Used), Clock 알고리즘 등이 있다.

- 최적 교체는 가까운 미래에 사용될 가능성이 가장 낮은 페이지를 희생 페이지로 선택하므로 최고의 성능을 나타내지만 현실성이 없다.

- FIFO는 가장 오래된 페이지를 희생 페이지로 선택하는 것으로 성능이 좋지 못하다.

- LRU 알고리즘은 참조된 적이 가장 오래된 페이지를 선택함으로써 이미 작업 집합에서 벗어났을 확률이 큰 페이지를 선택하는 것으로 많은 운영체제에서 사용한다.

- Clock 알고리즘은 LRU와 FIFO를 섞은 것으로 LRU 근사 알고리즘 혹은 2차 기회 알고리즘이라고도 한다. Clock 알고리즘은 LRU 알고리즘의 구현의 복잡도를 효과적으로 줄인다.

연습문제

개념 체크

1. 물리 메모리의 크기 한계를 극복하기 위한 메모리 관리 기술은?

① 클라우드   ② 가상 현실

③ 가상 메모리   ④ 가상 머신

2. 가상 메모리의 핵심 내용과 관계가 먼 것은?

① 물리 메모리를 디스크와 같은 저장 장치로 확장

② 저장 장치에 물리 메모리의 일부를 저장할 스와핑 공간 확보

③ 메모리 사용량이 적은 프로세스의 우선 스케줄링

④ 페이지 교체

3. 스래싱에 대한 해결책이 아닌 것은?

① 작업 집합을 메모리에 적재   ② 다중프로그래밍 정도 낮추기

③ 메모리 량 늘리기   ④ TLB의 항목수 늘리기

4. 스왑 영역으로 적합하지 않은 것은?

① 데이터베이스   ② 특정 파일

③ 특정 파티션   ④ 디스크의 특정 영역

5. 가상 메모리 기법이 도입된 이유는?

① 물리 메모리보다 큰 프로세스를 실행시키기 위해

② SSD와 같은 빠른 저장 장치를 실제 메모리처럼 보이게 하여 디스크 장치의 느린 입출력 속도 개선

③ 커널 코드와 데이터의 영역 확보 및 보호

④ 하나의 컴퓨터에 여러 개의 가상 머신을 실행시킬 공간 확보

6. 가상 메모리 기법이 도입된 이유는?

① 물리 메모리의 크기 한계 극복   ② 물리 메모리의 속도 한계 극복

③ 페이지 테이블의 낭비 절감   ④ 논리 주소를 물리 주소로 변환하는 속도 개선

7. 요구 페이징에 대한 설명으로 틀린 것은?

    ① 가상 메모리 기법 중 하나

    ② 페이징에 스와핑을 합친 기법

    ③ 프로세스의 페이지를 가능한 많이 적재하도록 프레임을 할당하는 기법

    ④ 물리 메모리에 가능하면 많은 프로세스들을 적재하여 실행시키는 기법

8. 요구 페이징(demand paging)에서 요구(demand)의 의미는 무엇인가?

9. 요구 페이징에서 요구의 의미에 가장 근접한 것은 무엇인가?

    ① 페이지 폴트가 발생할 때

    ② 페이지 테이블에서 논리 주소가 물리 주소로 바뀔 때

    ③ 메모리 프레임이 부족할 때

    ④ 프로세스가 실행을 시작할 때

10. 페이지 테이블 항목에 valid 비트의 역할은 무엇인가?

11. 페이지 테이블의 항목을 구성하는 다음 필드의 용도를 기술하라.

    (1) valid bit   (2) modified bit

    (3) reference bit   (4) protection bit

12. 페이지가 스압-아웃될 때 페이지 테이블의 필드에서 일어나는 변화는?

    ① valid bit : 0 → 1, modified bit : 0 → 1

    ② valid bit : 0 → 1, modified bit : 1 → 0

    ③ valid bit : 1 → 0, modified bit : 0 → 1

    ④ valid bit : 1 → 0, modified bit : 1 → 0

13. 요구 페이징에서 페이지 폴트가 급격히 자주 발생하는 상황을 무엇이라고 부르는가?

    ① 페이지 교체   ② 스래싱

    ③ 참조의 지역성   ④ 스와핑

14. 다음은 시간 지역성과 공간 지역성 중 무엇에 대한 설명인가?

    (1) 배열은 보통 순차적으로 액세스되므로, 현재 액세스하고 있는 배열의 다음 원소들이 가까운 미래에 액세스
될 가능성이 매우 높다.

    (2) 프로그램 코드 역시 위에서 아래로 순차적으로 실행되므로, 현재 100 번지의 명령이 실행되고 있다면 곧
104 번지의 명령을 실행할 가능성이 매우 높다.

    (3) 프로그램 내에 지금 액세스되는 주소 영역(혹은 페이지)이 가까운 미래에 다시 액세스될 가능성이 크다.

    (4) 반복문의 실행 동안 코드나 데이터가 아주 짧은 시간 내에 다시 액세스될 가능성이 매우 높다.

15. 다음 중 공간 지역성을 설명하는 것이 아닌 것은?

① 배열은 보통 순차적으로 액세스되므로, 프로그램이 현재 액세스하고 있는 배열의 다음 원소들이 가까운 미래에 액세스될 가능성이 매우 높다.

② 반복문의 실행 동안 코드나 데이터가 아주 짧은 시간 내에 다시 액세스될 가능성이 매우 높다.

③ 프로그램의 순차 실행

④ 트리나 해시맵의 사용이 늘면 공간 지역성이 떨어진다.

16. 다음 중 참조의 지역성을 훼손할 수 있는 것은?

① for와 같은 반복문의 실행   ② 1MB 크기의 큰 배열 사용

③ 프로그램의 순차 실행   ④ 트리나 해시맵 사용

17. 다음 중 참조의 지역성을 기반으로 하는 컴퓨터 시스템의 정책이 아닌 것은?

① CPU 캐시 메모리   ② 가상 메모리 기법

③ 페이징 기법   ④ TLB

18. 시스템을 관찰한 결과, 한 동안 잠잠하다가 일정 시간 페이지 폴트가 연이어 발생한 후 페이지 폴트가 다시 줄어든다. 여기서 페이지 폴트가 연이어 발생하는 상황을 가장 가깝게 설명한 것은?

① 작업 집합에 포함되는 페이지가 적재되고 있다.

② 스래싱이 발생하고 있다.

③ CPU 활용률이 높아지고 있다.

④ 참조의 지역성이 낮아지고 있다.

19. 시스템을 관찰한 결과, 한 동안 잠잠하다가 일정 시간 페이지 폴트가 연이어 발생한 후 페이지 폴트가 다시 줄어든다. 여기서 페이지 폴트가 연이어 발생하는 상황으로 예상할 수 없는 것은?

① 작업 집합이 이동하고 있다.

② 메모리 프레임에 페이지가 교체되고 있다.

③ 스와핑이 발생하고 있다.

④ 스래싱이 발생하고 있다.

20. 시스템 운영자가 스래싱이 발생하고 있음을 탐지하기 위해 필요한 정보는?

① CPU 활용률과 입출력 비율의 변화

② 동시에 실행되는 프로세스의 개수와 CPU 활용률 변화

③ 응용프로그램의 응답 시간

④ 사용 중인 메모리의 비율

21. DOM이 동시에 실행되는 프로세스의 개수라고 할 때, 스래싱이 발생하는 것이라고 판단할 수 있는 상황은?

① DOM 증가에 따른 CPU 활용률의 지속적인 증가

② DOM 증가에 따른 CPU 활용률의 갑작스런 감소

③ DOM 증가에 따른 사용 중인 메모리의 급격한 감소

④ DOM 증가에 따른 프로세스 응답 시간의 급격한 감소

22. 스래싱이 발생하는 원인은 무엇인가?

① 메모리에 적재한 프로세스의 개수가 과다함

② 입출력 집중 프로세스의 비율이 매우 높음

③ 디스크 장치의 속도가 느려 시스템의 낮은 입출력 처리율

④ 페이지 크기가 너무 작음

23. 다음 그래프는 무엇을 보여주고 있는지 간단히 설명하라.

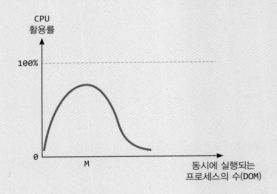

24. 다음 그림에 대한 설명으로 옳은 것을 모두 골라라?

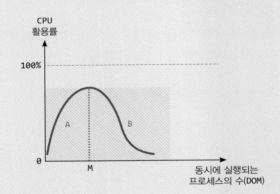

① A 영역은 매우 정상적인 시스템의 모습이다.

② B 영역에서 스래싱이 발생하고 있다.

③ 동시에 실행되는 프로세스의 수가 M보다 커지면 과도한 디스크 입출력이 발생한다.

④ 이 그래프에서 B의 현상이 발생하는 원인은 프로세스 당 메모리가 부족하기 때문이다.

⑤ 이 그래프의 B 부분에는 페이지 폴트가 심각하게 발생한다.

25. 가상 메모리 기법에서는 프로세스의 모든 페이지를 메모리 프레임에 적재해두지 않는다. 그러면 프로세스 당 몇 개의 페이지를 메모리 프레임이 할당하는 것이 적당한가?

26. 페이지 교체 알고리즘의 목표는 무엇인가?

27. 교체되기로 선택된 페이지를 무엇이라고 부르는가?
① 희생 페이지
② 스왑-인 페이지
③ 작업 집합 페이지
④ 목표 페이지

28. 다음 중 가장 비현실적인 페이지 교체 알고리즘은?
① 최적 교체 알고리즘
② FIFO
③ LRU
④ Clock

29. 다음 중 참조의 지역성이 전혀 반영되지 않는 페이지 교체 알고리즘은?
① 최적 교체 알고리즘
② FIFO
③ LRU
④ Clock

30. 페이지 교체 알고리즘을 평가하는 잣대로 가장 적합한 것은?
① 페이지 폴트 횟수
② 페이지 테이블의 크기
③ 디스크의 스왑 영역으로부터 페이지를 적재하는데 걸리는 시간
④ 응용프로그램의 평균 응답 시간

31. Clock 페이지 교체 알고리즘을 설명한 것 중 틀린 것은?
① 메모리의 각 프레임에 참조 비트를 1개씩 두고, 메모리 프레임을 원형 큐로 만든다.
② 페이지가 액세스될 때마다 해당 메모리 프레임에 만들어둔 참조 비트를 0으로 만든다.
③ 페이지 폴트 핸들러는 현재 포인터가 가리키는 위치에서 원형 큐로 만들어진 메모리 프레임들을 시계방향으로 이동하면서 참조 비트가 0인 것(최근에 참조 되지 않은)을 만날 때까지 이동한다. 그리고 중간에 만난 프레임들의 참조 비트를 0으로 바꾼다.
④ 모든 참조 비트가 0인 경우, 찾기를 시작한 지점의 프레임에 저장된 페이지를 희생 페이지로 선택한다.

32. 희생 페이지를 찾기 위해 현재 적재된 페이지들을 검색하는 시간이 가장 빠른 것은?
① FIFO
② LRU
③ Clock
④ 최적 교체 알고리즘

33. 응용프로그램은 컴파일 과정에서 코드와 데이터로 분리되어 실행 파일이 구성된다. 아래는 응용프로그램을 구성하는 여러 페이지 중에서 일부이다.

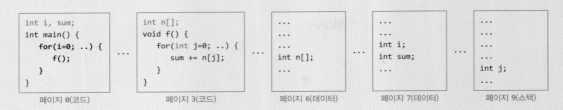

(1) main() 함수의 for문이 실행되는 동안 형성되는 작업 집합을 페이지 순서대로 나열하라.

(2) 페이지 0만 적재된 상태에서 응용프로그램이 실행을 시작한다. 다른 페이지들이 적재되지 않았지만 일단 적재되면 실행이 끝날 때까지 스왑-아웃되지 않는다고 가정하자. 이 프로그램이 실행되는 동안 페이지 폴트가 발생하지 않는 경우는?

① 함수 f() 호출
② main() 함수의 for 문에서 변수 i = 0 실행
③ 함수 f()의 for 문에서 sum += n[j]의 실행 시 n[0] 액세스
④ 함수 f()의 for 문에서 sum += n[j]의 실행 시 sum 변수 액세스

복합 문제

1. 다음은 참조의 지역성을 기반으로 하는 정책들이다. 참조의 지역성을 어떻게 활용하는지 간단히 설명하라.

(1) CPU 캐시 메모리

(2) 가상 메모리 기법

(3) TLB

2. 응용프로그램은 컴파일 과정에서 코드와 데이터로 분리되어 실행 파일이 구성된다. 아래는 응용프로그램을 구성하는 여러 페이지 중에서 일부이다.

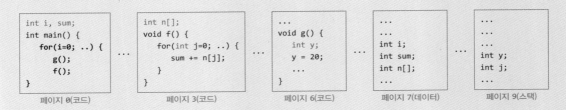

(1) main() 함수의 for 문이 실행되는 동안 형성되는 작업 집합을 페이지 순서대로 나열하라.

(2) 프로그램이 실행되는 동안 한번 적재된 페이지는 스왑-아웃되지 않는다고 가정할 때, 이 프로그램의 실행 과정에서 다음 중 페이지 폴트가 발생하지 않는 경우는?

① 함수 g() 호출　　　　　　　　　　　② 함수 f() 호출

③ 함수 f()의 for 문에서 변수 j 액세스　④ 함수 g()의 변수 y 액세스

3. 다음은 프로세스에게 3개의 메모리 프레임이 할당되고 비어 있는 상태에서 다음 순서로 페이지들이 참조된다고 할 때,

```
0 1 2 2 4 2 0 2 2 6 100 2 5 0 100
```

요청 페이지　0　1　2　2　4　2　0　2　2　6　100　2　5　0　100

최적 교체, FIFO, LRU, Clock의 각 알고리즘을 적용할 경우 3개의 프레임에 적재되는 페이지들을 표시하고 몇 번의 페이지 폴트가 발생하는지 적어라.

4. 다음은 프로세스에게 3개의 메모리 프레임이 할당되고 비어 있는 상태에서 다음 순서로 페이지들이 참조된다고 할 때,

```
0 1 2 0 3 2 3 0 3 6 100 3 5 0 100
```

요청 페이지　0　1　2　0　3　2　3　0　3　6　100　3　5　0　100

최적 교체, FIFO, LRU, Clock의 각 알고리즘을 적용할 경우 3개의 프레임에 적재되는 페이지들을 표시하고 몇 번의 페이지 폴트가 발생하는지 적어라.

Chapter

11

파일 시스템 관리

1. 파일 시스템과 저장 장치
2. 파일 시스템의 논리 구조
3. 파일 시스템 구축
4. 파일 입출력 연산

CHAPTER

OPERATING SYSTEM

11 파일 시스템 관리

1 파일 시스템과 저장 장치

1.1 파일과 저장 장치

파일(file)은 사용자나 응용프로그램에게는 정보를 저장하고 관리하는 논리적인 단위이다. 파일에 저장되는 내용과 형식은 파일을 만드는 사용자나 응용프로그램에 의해 결정되며, 컴퓨터 시스템은 그저 파일을 0과 1의 데이터 덩어리로 다룰 뿐이다.

컴퓨터 시스템에서 파일을 저장하기 위해 사용되는 저장 장치는 전원이 꺼져도 정보가 지워지지 않는 비휘발성(non-volatile)의 영구 저장 장치들로서, 하드 디스크(HDD, Hard Disk Drive), USB 플래시 드라이버(USB Flash Drive), SSD(Solid-State Drive), 테이프 저장 장치 등 다양하다. 드물지만 램 디스크(RAM Disk)와 같이 메모리(RAM)의 일부분을 저장 장치로 활용하기도 한다. 램 디스크는 전원이 꺼지면 파일이 모두 사라지므로 영구 저장 장치는 아니다.

파일이 생성되고 기록되고 읽혀지는 모든 과정은 운영체제에 의해서만 통제되며, 운영체제 모르게 사용자나 응용프로그램이 파일을 만들 수도, 읽거나 쓸 수도 없다. 왜냐하면, 저장 장치를 통제하는 것은 운영체제 본연의 기능이며, 파일이 생성되기 위해서는 저장 장치에 빈 공간이 마련되어야 하는데, 저장 장치의 빈 곳에 대한 정보와 파일이 저장된 곳에 관한 정보는 운영체제에 의해서 통제되기 때문이다.

1.2 디스크 장치 개요

운영체제의 파일 시스템은 저장 장치의 종류나 구조에 무관하게 설계되지만, 독자들이 저장 장치에 파일이 어떻게 저장되는지 알고 있으면 파일 시스템과 저장 장치 사이의 관계를 이해하는데 도움이 된다. 이런 이유로 오늘날 저장 장치로 가장 많이 사용하는 디스크 장치의 특징에 대해 먼저 간략히 알아본다. 디스크 장치에 대한 자세한 것은 12장에서 다룬다.

하드 디스크는 자성체(magnetic material)로 코팅된 여러 개의 원판(플래터, platters)에 디지털 정보를 저장하고 읽어 내는 장치이다. 디스크 장치는 그림 11-1과 같이 디스크 매체 모듈과 디스크 제어 모듈로 구성된다.

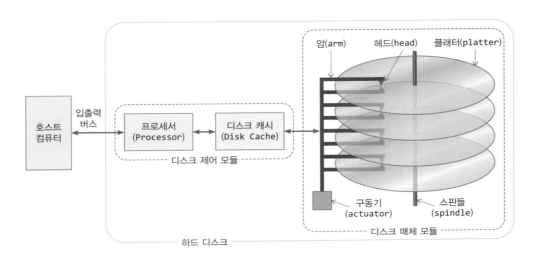

그림 11-1 하드 디스크 장치의 구조

디스크 매체 모듈

플래터(platter)들은 정보가 기록되는 저장소로, 모두 스핀들(spindle)에 연결되어 함께 회전한다. 디스크 헤드(disk head)는 플래터 표면과 일정 간격을 유지한 채 플래터에서 정보를 읽거나 기록한다. 플래터에는 아래 윗면 모두 정보가 저장되므로 플래터 당 2개의 디스크 헤드가 아래위로 존재한다. 모든 암(arm)들은 하나의 구동기(actuator)에 달려 있어 함께 안팎으로 움직인다.

디스크 제어 모듈

디스크 제어 모듈에는 프로세서(processor)가 있어 호스트 컴퓨터의 운영체제로부터 명령을 받고 해석한 뒤, 디스크 매체 모듈을 제어하여 물리적인 디스크 액세스를 진행시킨다. 또한 입출력 데이터를 임시 저장하는 디스크 캐시를 두고 있다. 디스크 캐시는 1MB에서 몇 십 MB 크기의 빠른 반도체 메모리이다. 운영체제가 디스크에 저장하기 위해 보내온 데이터는 디스크 캐시에 먼저 저장되며, 프로세서가 디스크 캐시에서 플래터로 저장한다. 운영체제로부터 디스크 읽기 요청을 받은 경우, 프로세서는 플래터에서 디스크 캐시로 읽어 들인 후 호스트로 전송한다. 디스크 캐시는 운영체제나 응용프로그램에게 디스크 입출력 응답 시간을 줄인다.

서버-클라이언트 컴퓨팅 시절에 사용자는 원격에서 네트워크로 연결하여 컴퓨터를 사용하였다. 이때 사용자가 연결하여 사용하는 장치를 터미널(terminal)이라고 하고, 원격에 있는 컴퓨터를 호스트 혹은 호스트 컴퓨터라고 부른다. 디스크 장치의 경우 입출력 버스를 통해 메인 컴퓨터와 연결되는데 메인 컴퓨터를 호스트라고 부른다.

트랙, 섹터, 실린더

그림 11-2는 플래터에 디지털 정보가 저장되는 전통적인 포맷을 보여준다(오늘날 디스크의 포맷은 이와 조금 다른데 12장에서 자세히 다룬다). 플래터는 정보가 저장되는 많은 수의 동심원으로 구성되는데, 하나의 동심원을 **트랙**(track)이라고 부르며 트랙은 다시 여러 개의 **섹터**(sector)로 나뉜다. 섹터는 바깥쪽 트랙에 있든 안쪽 트랙에 있든 저장되는 정보량을 동일하다. 모든 플래터를 통틀어 같은 반지름의 트랙 그룹을 **실린더**(cylinder)라고 한다. 예를 들어, 플래터가 4장인 디스크에는 헤드가 8개 있으므로 실린더는 8개의 트랙으로 구성된다.

섹터는 디스크 장치에서 읽고 쓰는 최소 단위이다. 섹터의 크기는 과거 512바이트였다가 2009년을 기점으로 대부분의 디스크 제조업체들이 4096바이트(4KB)로 늘였다. 디스크의 저장 공간의 효율을 높이기 위해서인데 12장에서 설명한다.

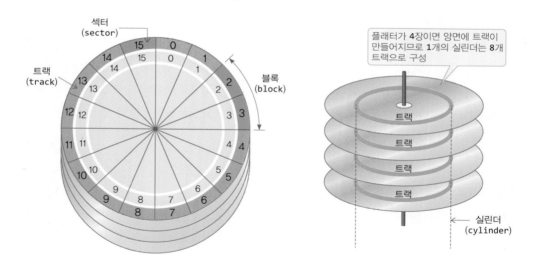

그림 11-2 트랙, 섹터, 실린더 그리고 블록

섹터와 블록

섹터는 디스크 장치가 입출력하는 물리적인 최소 단위이고, 블록(block)은 운영체제가 파일 데이터를 다루는 논리적인 단위이다. 운영체제는 파일을 블록 단위로 나누어 하드 디스크에 분산 배치하고 블록 단위로 읽고 쓴다. 블록의 크기는 운영체제에 따라 다르지만 보통 몇 개의 섹터로 구성된다.

1.3 파일 입출력 주소

디스크 물리 주소와 논리 블록 주소

파일 데이터는 운영체제에 의해 블록 크기로 디스크 내에 분산 저장된다. 파일이 저장되고 읽혀지는 과정은 응용프로그램에서 시작하여 운영체제와 디스크 장치를 거쳐 이루어지는데 이 과정에서 서로 다른 주소가 사용된다.

- 응용프로그램 – 파일 내 바이트 주소 사용
- 운영체제 – 논리 블록 주소 사용
- 디스크 장치 – 디스크 물리 주소 사용

첫째, 디스크 장치 내에서 사용되는 디스크 물리 주소에 대해 알아보자. 디스크 장치는 플래터에서 섹터 단위로 읽고 쓰므로, 어느 섹터인지 나타내기 위해 다음과 같이 실린더 번호, 헤드 번호, 섹터 번호의 세 값으로 이루어진 CHS(Cylinder-Head-Sector) 물리 주소를 사용한다.

CHS(Cylinder-Head-Sector) 물리 주소 = [실린더 번호, 헤드 번호, 섹터 번호]

둘째, 운영체제는 디스크의 물리적인 구조와 무관한 논리 블록 주소를 사용한다.

논리 블록 주소(LBA, Logical Block Address) = 디스크의 모든 블록들을 일차원 배열로 나열하고 번호를 매긴 주소

운영체제는 디스크를 블록들의 일차원 배열로 다룬다. 블록 번호는 맨 바깥의 실린더에서 안쪽 실린더 순으로, 실린더 내에서는 맨 위의 트랙을 따라 번호가 매겨진 후 아래 트랙으로 이동하는 식으로 매겨진다.

셋째, 응용프로그램은 파일 내 바이트의 위치, 즉 바이트 번호(옵셋)을 사용하여 입출력한다.

파일 주소 변환

  사용자나 응용프로그램은 그림 11-3과 같이 파일 데이터가 바이트 단위로 연속하여 저장된다고 생각하지만, 운영체제는 파일을 블록 크기로 분할하고 각 블록을 디스크에 분산 저장한다. 그리고 파일 블록 배치 정보(파일의 각 블록이 저장된 디스크 블록 번호)를 별도로 저장 관리한다.

  그러므로 응용프로그램이 파일 데이터를 액세스하기 위해서는 시스템 호출을 통해 파일 내 바이트 위치를 알려주면, 운영체제는 이 바이트 위치가 디스크의 몇 번째 블록에 있는지 논리 블록 주소로 변환하고, 논리 블록 주소를 디스크 장치에게 내려 보낸다.

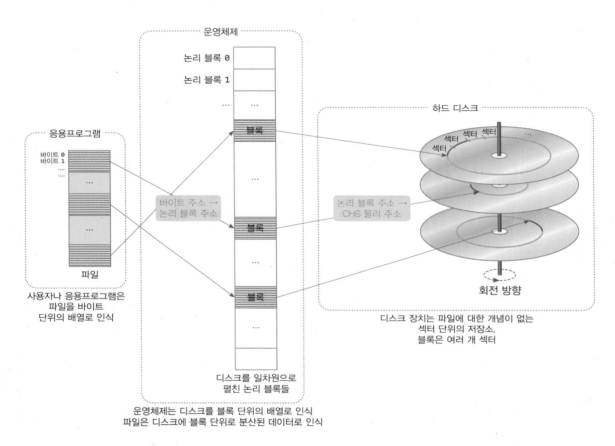

그림 11-3 응용프로그램, 운영체제, 디스크 장치 사이의 주소 변환

  디스크 장치는 논리 블록 주소를 다시 몇 번째 실린더의 몇 번째 헤드의 몇 번째 섹터에 있는지 CHS 물리 주소로 변환한다. 그리고 나서 목표 실린더로 암을 움직이고 헤드에서 읽거나 쓴다. 정리하면, 응용프로그램에서 파일 내 바이트 주소는 다음과 같이 변환되어 간다.

파일 내 바이트 주소 → 논리 블록 주소 → CHS 물리 주소

주소 계층화 의미

그림 11-4는 응용프로그램, 운영체제, 디스크 장치 사이에 파일 데이터를 바라보는 시각이 계층화되어 있음을 보여준다. 이러한 계층 구조로 인해 사용자나 응용프로그램, 운영체제, 그리고 디스크 장치가 상호 독립적으로 정의된 기능을 수행할 수 있다.

응용프로그램 작성자는 파일을 연속된 바이트 단위의 데이터로 보고 읽고 쓰는 코드를 작성하면 된다. 운영체제는 사용자나 응용프로그램에게 파일이 어떤 매체에 저장되는지, 매체의 어느 영역에 저장되는지, 분산 저장되는지 연속 저장되는지 모르고 그저 파일이 바이트 단위로 연속되어 저장된다는 시각을 준다. 이를 통해, 사용자나 응용프로그램이 저장 매체의 하드웨어 구조나 특성에 대한 지식이 없이도 파일 입출력을 할 수 있도록, 사용자나 응용프로그램을 장치로부터 독립시키는 역할을 한다.

또한 운영체제는 논리 블록 번호를 사용하여 입출력을 수행하고, 디스크 장치가 논리 블록 주소를 CHS 물리 주소로 바꾸게 함으로써, 운영체제가 저장 장치의 종류나, 실린더 수, 헤드 수, 트랙당 섹터 수 등 저장 장치의 하드웨어와 무관하게 개발될 수 있다. 뿐만 아니라, 운영체제가 논리 블록 번호를 사용함으로써, SSD와 같이 실린더나 트랙 등 디스크 포맷을 가지지 않는 저장 매체도 동일한 방식으로 입출력할 수 있다.

1.4 파일 시스템의 정의와 범위

파일 시스템을 처음 접하면, '파일은 알겠는데 시스템은 뭔가!' 알듯 말듯 모호하다. 파일 시스템의 정의와 범위를 분명히 해서 모호함을 덜어보자. 파일 시스템의 정의는 다음과 같다.

> 파일 시스템은 저장 매체에 파일을 생성하고 저장하고 읽고 쓰는 운영체제의 기능을 통칭하는 말이다.

파일 시스템을 이해하기 위해서는 파일 시스템의 범위, 즉 파일 시스템을 구성하는 다음 4가지 요소를 이해하고 어떻게 구현되는지 알아야 한다. 그림 11-4는 파일 시스템의 범위를 보여준다.

- 파일 시스템의 논리 구조
- 저장 장치에 파일 시스템 구축
- 커널 내 파일 입출력 구현
- 응용프로그램을 위한 파일 시스템 인터페이스

파일 시스템을 구성하는 4가지 요소에 대해 간단히 알아보고, 이들의 구현은 2, 3, 4절에서 알아본다.

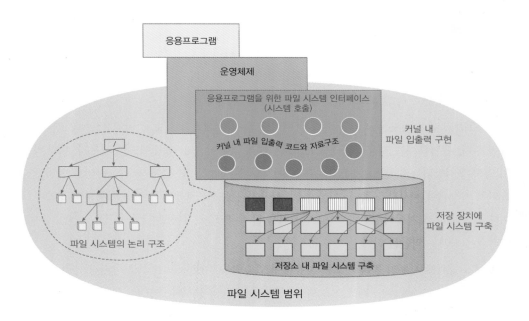

그림 11-4 파일 시스템의 범위

파일 시스템의 논리 구조

오늘날 운영체제는 여러 파일을 다루기 위해, 디렉터리와 파일들로 이루어지는 트리 계층 구조로 파일 시스템을 구성한다. 디렉터리와 파일의 개념, 그리고 이들 사이의 계층 구조의 설계에 대한 이해가 필요하다. 2절에서 다룬다.

저장 장치에 파일 시스템 구축

파일들을 저장 매체 속에 블록 단위로 분산 저장하고 관리하기 위한 체계이다. 저장 매체 속에, 현재 사용 중인 블록들과 빈 블록들에 관한 정보를 어디에 저장해 둘 것인지, 파일의 블록들이 배치된 맵은 어떤 식으로 구성하고 저장 장치에 어디에 둘 것인지 등 저장소에 대한 설계와 구축이다. 3절에서 구체적으로 다룬다.

커널 내 파일 입출력 구현

운영체제 커널은 파일을 다루는 다음 기능을 구현하여 제공한다. 4절에서 간단히 다룬다.

- 파일 생성 – 저장 매체의 빈 공간에 물리적으로 파일 이름과 속성 등을 기록, 새 파일 생성
- 파일 열기 – 파일을 읽거나 쓰기 전에 파일이 존재하는지, 파일에 접근할 수 있는 권한이 있는지 등을 확인하는 작업과 함께, 파일을 읽고 쓰고 공유할 수 있도록 커널 내 구조 형성
- 파일 읽기 – 파일 블록이 저장된 위치를 알아내고 파일 데이터 읽기

- 파일 쓰기 – 저장 매체에 파일 데이터를 기록하는 기능. 이미 존재하는 파일 데이터를 갱신하는 경우에는 데이터를 덮어 쓰고, 새로운 파일 데이터를 기록하는 경우 저장 매체의 빈 공간을 할당받아 기록

- 파일 닫기 – 파일 열기 시에 형성된 커널 내 자료 구조 해제

- 파일 삭제 – 저장 매체에서 파일이 저장된 영역을 빈 영역 리스트에 반환

- 파일 메타 정보 읽기/변경 – 파일의 속성 등 메타 정보를 읽거나 변경

응용프로그램을 위한 파일 시스템 인터페이스(시스템 호출)

커널은 파일 생성, 읽기, 쓰기 등 커널 내에 구현된 파일 입출력 기능을 응용프로그램에서 활용할 수 있도록 open(), close(), read(), write(), seek() 등 다양한 시스템 호출을 제공한다. 응용프로그램은 시스템 호출을 통해서만 파일 시스템을 사용할 수 있다. 4절에서 구체적으로 다룬다.

1.5 파일 시스템 입출력 계층

파일 시스템은 파일이 입출력되는 모든 과정에서 관여하는데 파일 입출력 과정은 그림 11-5와 같이 수직으로 3개의 층을 통과한다.

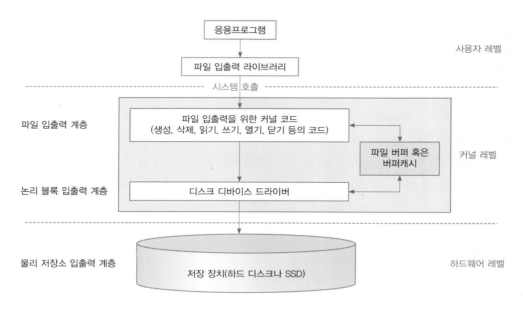

그림 11-5 파일 시스템 입출력 계층

응용프로그램은 일반적으로 파일 입출력 라이브러리를 이용하여 작성되며, 라이브러리는 필요에 따라 시스템 호출을 이용하여 운영체제에게 파일 입출력을 요청한다. 파일 입출력 계층에서는 파일 입출력 요청을 검사하여 정상인지 판단하고, 정상이라면 요청된 파일 데이터의 바이트 주소를 논리 블록 주소(LBA)로 바꾼다.

논리 블록 입출력 계층에서는 논리 블록 주소에 해당하는 디스크 블록이 커널 내의 버퍼(버퍼 캐시라고 부름)에 있는지 확인하고, 있으면 버퍼 캐시에서 읽든지 버퍼 캐시에 쓰는 것으로 입출력이 완료되지만, 없으면 디스크 장치 드라이버(disk driver)를 통해 디스크 장치로 논리 블록 주소를 보내 입출력을 지시한다.

물리 저장소 입출력 계층은 저장 장치에서 구현되는 계층으로 논리 블록 주소를 저장 장치의 물리 주소로 바꾸어 데이터를 액세스한다. 예를 들어, 저장 장치가 하드 디스크이면 CHS 물리 주소로 바꾸고, 저장 장치가 SSD이면 플래시 메모리 상의 블록 주소로 바꾸어 액세스한다.

1.6 파일 읽기 사례

파일 시스템의 각 요소들을 학습하기 전, 파일이 읽혀지는 과정에서 파일 시스템의 각 부분이 어떻게 관여되는지 감 잡아보자. 다음은 C 표준 라이브러리 함수 fread()를 이용하여 파일에서 n바이트를 읽는 전형적인 C 응용프로그램 코드이다.

```
char buf[SIZE]; // SIZE 크기의 응용프로그램 버퍼
FILE* fp = fopen(...); // 파일 열기
fread(fp, buf, n); // 파일에서 n바이트(<=SIZE)를 읽어 buf[] 배열에 저장
```

그림 11-6과 함께 fread()에서 시작된 파일 읽기의 과정을 알아보자. 그림 11-6에는 4개의 버퍼(buffer)가 있다. 버퍼는 데이터를 임시 저장할 목적으로 할당받은 메모리이다. 첫째, 응용프로그램에 파일 데이터를 읽어 저장하기 위한 배열 buf[]이 있다. 둘째, 표준 C 라이브러리에도 읽어 놓은 파일 데이터를 임시 저장하는 버퍼가 있다. 셋째, 커널에는 여러 개의 디스크 블록들을 임시 저장해두는 버퍼 캐시(buffer cache)가 있고, 넷째, 디스크 장치에도 디스크 블록들은 저장해두는 디스크 캐시가 있다.

파일 데이터는 응용프로그램으로 읽혀지는 과정에서 다음 경로로 복사되어 이동한다.

디스크 캐시 → 커널의 버퍼 캐시 → C 라이브러리의 버퍼 → 응용프로그램의 buf[] 배열

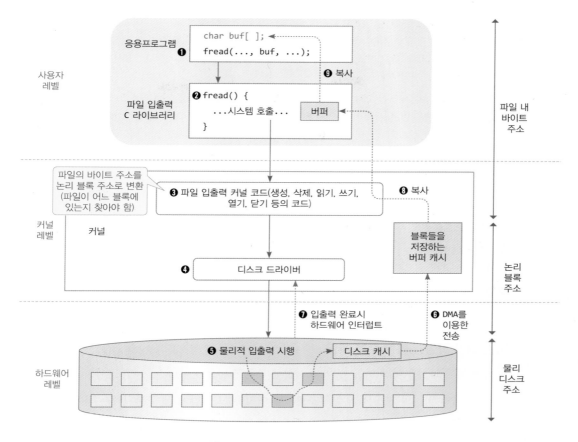

그림 11-6 파일 읽기 과정

❶ 다음 코드는 C 표준 함수 fread()를 호출하여 파일(fp)로부터 buf[]로 n바이트를 읽어 들이도록 지시한다.

```
fread(fp, buf, n);
```

❷ fread() 함수는 먼저 라이브러리 버퍼에 읽고자 하는 데이터가 있는지 조사하고, 있으면 buf[]로 복사하고 리턴하면 읽기가 끝난다. 만일 버퍼에 읽고자 하는 데이터가 없으면, 시스템 호출을 통해 파일에서 데이터를 읽도록 지시한다.

❸ 시스템 호출을 통해 커널의 파일 읽기 함수가 실행되면, 파일 블록 배치 정보를 참고하여 커널은 읽고자하는 파일 데이터의 바이트 주소를 논리 블록 번호로 바꾼다. 그러고 나서 파일 블록이 커널의 버퍼 캐시에 있는지 확인한다. 블록이 버퍼 캐시에 있다면 버퍼 캐시에서 라이브러리의 버퍼로 복사하고 리턴하면 된다. 만일 버퍼 캐시에 없다면 디스크 드라이버(disk device driver)에게 디스크 장치에서 논리 블록(들)을 읽어 들이도록 지시한다.

❹ 디스크 드라이버는 논리 블록 번호, 읽을 블록 수, 읽은 블록을 저장할 버퍼 캐시 주소 등을 입출력 버스를 통해 디스크 장치에게 전달하고 읽기를 지시한다. 현재 스레드는 블록 상태로 바뀌고 다른 스레드로 컨텍스트 스위칭된다.

❺ 디스크 장치 내 프로세서는 디스크 드라이버로부터 받은 명령을 분석하여 블록이 디스크 캐시에 있는지 확인한다. 디스크 캐시에 블록이 없는 경우, 프로세서는 논리 블록 주소를 CHS 물리 주소로 바꾸고, 디스크 암을 목표 실린더로 이동시키고, 디스크 헤드로부터 섹터들을 읽도록 지시한다. 읽혀진 섹터들은 디스크 캐시에 일차적으로 저장된다.

❻ 디스크 캐시에 처음부터 읽고자 하는 블록이 있었거나, 앞의 ❺ 과정을 거쳐 디스크 플래터에서 디스크 캐시로 블록이 읽혔다면, 입출력 버스 인터페이스 하드웨어가 호스트에 DMA(Direct Memory Access) 신호를 발생시키면 호스트 컴퓨터 내의 DMA 제어기를 통해 디스크 캐시에 있는 데이터가 직접 커널의 버퍼 캐시로 복사된다. 디스크 헤드로부터 디스크 캐시로 읽혀지는 것과 디스크 캐시로부터 버퍼 캐시로의 블록 이동은 병렬적으로 진행된다.

❼ DMA 전송이 끝나면 디스크 장치는 인터럽트 신호를 발생시켜 요청한 디스크 읽기가 완료되었음을 알린다. 인터럽트가 발생하면 디스크 드라이버 내에 작성된 인터럽트 서비스 루틴이 실행되어 디스크 입출력을 요청한 스레드를 깨워 준비 큐에 넣는다.

❽ 준비 큐에 들어 있는 스레드가 실행되면 버퍼 캐시로부터 라이브러리의 버퍼로 블록(들)을 복사하고 사용자 모드로 바꾼 뒤 라이브러리 함수 fread() 안으로 리턴한다.

❾ fread() 함수는 라이브러리의 버퍼에서 응용프로그램의 buf 배열로 파일 데이터를 복사하고 응용프로그램으로 리턴한다.

파일 읽기 과정을 통한 주목 사항

파일 읽기 과정을 통해 다음 몇 가지 사항에 주목할 필요가 있다.

첫째, 파일 읽기의 과정은 계층 구조로 이루어지고 그 역할이 잘 구분된다는 점이다. 가장 위층의 응용프로그램은 파일을 바이트 단위로 연속된 데이터들로 보고 있다. 디스크의 특정 영역에는 시스템 전체 파일에 대해 각 파일의 블록들이 저장된 위치 정보가 저장된다. 응용프로그램의 아래층에 있는 커널은 이 정보를 이용하여 파일 읽기 요청에 포함된 파일 내 바이트 주소를 논리 블록 번호로 바꾸고 이 번호를 활용하여 버퍼 캐시에서 블록을 찾고 디스크 드라이버에게 논리 블록 번호를 주어 데이터를 읽어오도록 지시한다. 디스크 장치는 섹터, 트랙, 실린더와 같은 물리적 공간을 다루므로 커널로부터 받은 논리 블록 번호를 CHS 물리 주소로 바꾸고 기계적인 입출력을 시행한다.

둘째, 운영체제 커널의 역할은 사용자나 응용프로그램이 파일이 저장되는 저장 장치의 종류나 구조, 위치 등에 대해서 알 필요 없이 입출력할 수 있도록 하는데 있다. 저장 장치가 디스크가 아니라도 상관없다. SSD 일수도 있고 USB 플래시 메모리일 수도 있다.

셋째, 파일에 대한 논리적 구조와 물리적 저장 공간을 분리시키는 것이 디스크 드라이버의 역할이다.

넷째, 파일 데이터는 디스크 헤드로부터 응용프로그램 버퍼(char buf[])로 한 번에 전송되지 않고, 디스크 장치의 디스크 캐시, 커널의 버퍼 캐시, 라이브러리의 버퍼를 거쳐 복사된다. 이것은 사용자 공간과 커널 공간이 구분되어 있고, 물리적으로 디스크의 장치와 컴퓨터 메모리가 분리되어 있어 만들어지는 자연스러운 구조이다. 한편, 이런 버퍼들의 존재로 인해 디스크 장치에서 응용프로그램으로 파일 데이터가 도착하는데 많은 시간이 걸리기도 하지만, 동일한 파일 블록이 여러 번 액세스되는 경우나 여러 스레드의 의해 동일한 파일이 공유되는 경우 파일 입출력 성능을 향상시키는 효과가 있다. 예를 들어 커널의 버퍼 캐시에 파일 블록이 있는 경우 디스크 장치의 입출력 없이 여러 응용프로그램에서 공유되며, 파일 입출력 라이브러리의 버퍼에 파일 데이터가 있는 경우 시스템 호출이 요청될 필요 없이 라이브러리 버퍼에서 응용프로그램 버퍼로 복사되기 때문이다.

2 │ 파일 시스템의 논리 구조

지금까지 디스크 저장 장치에 대해 간략히 소개하고, 파일 입출력이 진행되는데 필요한 여러 요소들과 함께 파일 읽기가 어떤 과정으로 진행되는지 포괄적으로 알아보았다. 이 절에서는 운영체제가 여러 파일들을 다루기 위한 파일 시스템의 논리 구조에 대해 알아보자.

2.1 파일 시스템 구조

오늘날 운영체제는 대부분 그림 11-7과 같은 트리 계층 구조(tree hierarchical structure)로 파일 시스템을 구성한다. 컴퓨터 시스템 속에 파일이 몇 십 개 수준이라면 계층 구조 없이 일차원적으로 파일들을 저장하면 되지만, 많은 사용자나 많은 응용프로그램에 의해 생성되는 수많은 파일을 관리하기 위해서는 트리 계층 구조가 적절하다. 그림 11-7은 디렉터리

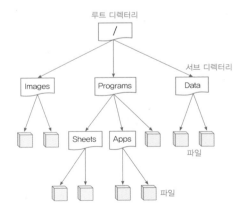

그림 11-7 디렉터리와 파일로 형성되는 트리 구조의 계층적 파일 시스템

(directory)와 파일(file)이 계층적으로 연결되는 전형적인 파일 시스템의 논리적인 구조를 보여준다.

디렉터리와 파일의 계층 구조

디렉터리는 개념적으로 파일과 서브 디렉터리를 담기 위한 컨테이너이며, 다음 2가지 종류가 있다.

- 루트 디렉터리(root directory) – 파일 시스템 계층 구조의 최상위 디렉터리
- 서브 디렉터리(sub directory) – 루트 디렉터리의 하부에 존재하는 디렉터리

그림 11-8은 계층적 파일 시스템의 논리 구성과 물리 구성을 비교하여 보여준다. 그림 11-8(b)에서 디렉터리는 서브 디렉터리와 파일들의 이름 목록을 저장하는 파일로 다루어진다. 루트 디렉터리에는 3개의 서브 디렉터리 이름이 저장되어 있고, Programs 디렉터리에는 2개의 서브 디렉터리명과 man.exe 파일 이름이 들어 있으며, man.exe 파일에는 바이너리 코드가 들어 있다.

파일 시스템마다 디렉터리를 구현하는 방식이 상이하다. 디렉터리에 파일들의 이름 목록 외에 파일 크기나 파일 접근 권한, 파일을 만든 날짜 등을 저장하기도 한다. 하지만, 대부분의 파일 시스템에서는 파일의 블록들이 저장된 디스크 위치는 디렉터리에 두지 않고 다른 곳에 저장한다. FAT 파일 시스템의 경우 FAT 테이블에, 유닉스나 리눅스 파일 시스템의 경우 i-node라는

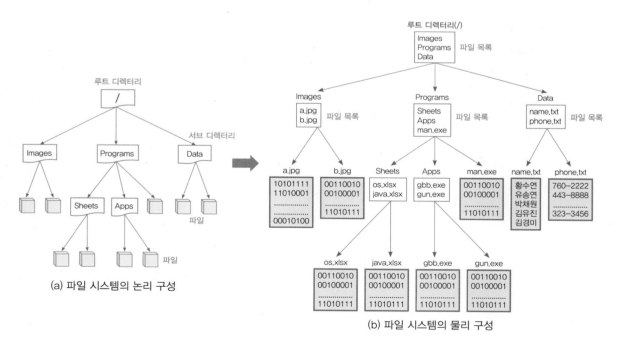

그림 11-8 파일 시스템의 논리 구성과 물리 구성

특별한 곳에 저장한다. 이제, 디렉터리가 무엇이냐고 물으면 다음과 같이 대답하면 된다.

> 디렉터리는 서브 디렉터리나 파일들의 목록을 저장한 파일이다.

 디렉터리와 폴더

디렉터리가 파일을 담는 물리적인 컨테이너라면, 폴더는 파일뿐 아니라 네트워크 환경, 내 컴퓨터, 제어판 등 파일 개념이 아닌 여러 요소들도 담을 수 있는 논리적인 컨테이너라는 점에서 차이가 있다. Windows나 MacOS 등 그 래픽 기반의 운영체제들은 DOS나 Unix 운영체제에서 사용되던 디렉터리의 개념보다 더 넓은 개념을 사용하기 위해 폴더를 도입하였다. 디렉터리는 폴더의 일종이지만 디렉터리와 폴더는 같은 개념으로 사용되고 있다.

파일 이름과 경로명

파일 이름은 a.jpg, main.cpp, text.hwp 등 이름(name)과 확장자(extension)로 구성된다. 확장자는 jpg, cpp, hwp 처럼 점(.) 뒤에 붙이는 문자열로서 없을 수도 있다.

한편, 파일의 경로명(pathname)은 루트 디렉터리에서부터 계층구조를 포함하는 완전한 파일 이름이다. 예를 들어, 그림 11-8의 gun.exe 파일은 이름이 gun이고 확장자가 exe이며, 파일의 경로명은 /Programs/Apps/gun.exe이다. DOS나 Windows에서는 슬래시(/) 대신 백슬래시(\)를 사용하고 장치 명을 함께 사용한다. 만일 파일 시스템이 장치 C에 존재한다면 파일의 경로명은 C:\Programs\Apps\gun.exe로 표현된다.

2.2 파일 시스템 메타 정보와 파일 메타 정보

운영체제는 파일 시스템을 다루기 위해 다음 2개의 메타 정보(meta data)를 만들고 활용한다.

- 파일 시스템 메타 정보
- 파일 메타 정보

파일 시스템 메타 정보

파일 시스템 메타 정보란 파일 시스템 전체에 대한 정보로서, 운영체제나 파일 시스템 종류마다 다르지만 공통적으로 다음과 같다.

- 파일 시스템 전체 크기
- 저장 장치에 구축된 파일 시스템의 현재 사용 크기
- 저장 장치에 구축된 파일 시스템의 비어 있는 크기
- 저장 장치 상에 비어 있는 블록들의 리스트

파일 시스템 메타 정보들은 저장 매체 속의 예약된 특별한 위치에 저장하여, 파일이나 디렉터리와 섞이지 않도록 하고 운영체제가 쉽게 읽고 쓸 수 있도록 한다.

파일 메타 정보

파일 메타 정보는 파일에 관한 여러 정보로서 파일 데이터는 포함되지 않는다. 파일마다 메타 정보는 별도로 관리되며 운영체제에 따라 조금씩 다르지만 공통적으로 다음과 같다.

- 파일 이름
- 파일 크기
- 파일이 만들어진 시간
- 파일이 수정된 시간
- 파일이 가장 최근에 액세스된 시간
- 파일을 만든 사용자(소유자)
- 파일 속성(접근 권한)
- 파일이 저장된 위치(파일 블록 배치 정보)

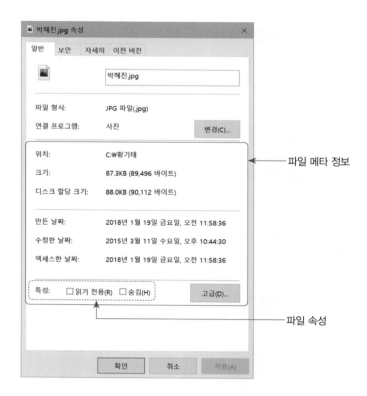

※ Windows에서는 파일 메타 정보를 보려면 파일(박혜진.jpg)에 마우스 오른쪽 버튼을 누르고 속성 메뉴를 클릭하면 파일 속성 창이 출력된다.

그림 11-9 Windows에서 C:\황기태\박혜진.jpg 파일의 메타 정보 보기

그림 11-9는 Windows에서 파일의 경로명, 파일 크기, 디스크 할당 크기(파일이 차지하고 있는 디스크 블록들의 합), 만든 날짜, 특성(파일 접근 권한) 등, C:\황기태\박혜진.jpg 파일의 다양한 메타 정보를 보여준다. 파일에는 파일 데이터만 저장되고 파일 메타 정보들은 다른 곳에 저장된다.

>  **메타 정보**
>
> 메타 정보(meta data)란 데이터를 설명하는 데이터이다. 예를 들어 카메라로 찍은 사진의 경우, 사진 이미지는 데이터이며, 사진의 가로 세로 픽셀 크기, 촬영 시간, 촬영 장소, 해상도 등이 사진에 대한 메타 데이터이다. 다른 사례로 동영상의 경우, 메타 데이터에는 영상의 가로 세로 크기, 재생 시간, 영상의 인코딩 기법(코덱), 영상에 포함된 오디오가 스테레오 인지 5.1 채널인지, 영상을 만든 시간, 영상 제작자 등 다양한 정보가 있다.

파일 메타 정보는 어디에 저장되는가?

파일 메타 정보는 파일 데이터와 분리하여 따로 저장되며, 파일에는 파일 데이터만 들어 있다. 예를 들어, 메모장으로 전화번호를 입력하여 phone.txt 파일을 만들었다고 하자. phone.txt 파일에는 키보드로 입력한 전화번호들만 들어 있고, phone.txt 파일의 이름, 작성자, 파일 크기, 작성한 날짜, 파일이 저장된 디스크의 위치 등 파일 메타 정보는 phone.txt 파일에 들어 있지 않다. 파일 메타 정보는 어디에 저장되어 있을까? 파일 메타 정보는 파일 시스템에 따라 디렉터리나 파일 시스템의 특정 영역 등 다양한 곳에 따로 저장된다. 3절에서 파일 시스템을 설명할 때 함께 설명한다.

TIP 파일 메타 정보 중 파일 속성(file attributes)

그림 11-10은 쉘에서 ls -l 명령으로 현재 디렉터리(chap9)에 속한 서브 디렉터리와 파일들의 메타 정보를 함께 출력한 사례이다.

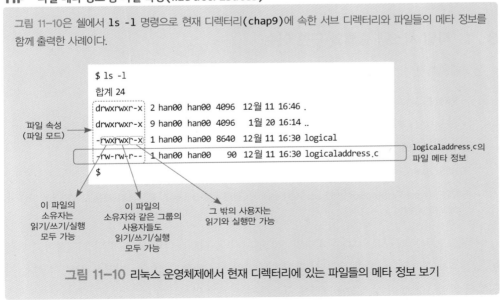

그림 11-10 리눅스 운영체제에서 현재 디렉터리에 있는 파일들의 메타 정보 보기

파일 메타 정보 중, 파일에 관한 접근 속성을 리눅스에서는 파일 모드(file mode)라고 하고 Windows에서는 파일 속성(file attributes)이라고 한다. 리눅스는 그림 11-10에 보이는 바와 같이 d, r, w, x를 이용하여 파일 속성을 표현한다.

- d: 디렉터리 파일
- r: 파일 읽기 허용
- w: 파일 쓰기나 수정 허용. 파일 쓰기가 허용되면 파일 삭제도 가능
- x: 파일의 실행 허용. 디렉터리의 경우 디렉터리 안으로 진입 가능

한편, Windows에서 파일 속성은 다음과 같다.

- read-only: 파일 읽기만 허용. 쓰기와 삭제 금지
- archive: Windows 백업 시 이 파일을 백업하도록 지시. 이 속성이 설정되지 않는 파일은 자동 백업되지 않음. 파일이 처음 생성되거나 수정되는 등 파일에 변경이 생기면 자동으로 설정되는 속성
- system: 시스템 파일임을 나타냄. system 속성을 가진 파일은 hidden 속성이 함께 설정되어 파일 목록에 보이지 않게 하여 사용자가 실수로 삭제하지 않게 함. DLL, 장치 드라이버, 설치 파일은 주로 system 속성으로 설정되며 c:\ 혹은 c:\windows 디렉터리에 저장
- hidden: 파일 목록을 출력할 때 파일이 보이지 않도록 지시. 파일 목록에 출력되어 사용자가 실수로 삭제하는 것을 막거나 파일의 존재를 보여주고 싶지 않을 때 활용

그림 11-9의 박혜진.jpg 파일의 메타 정보를 출력한 창에 '읽기 전용(R)', '숨김'과 같은 파일 속성 사례가 있으니 참고하기 바란다.

3 파일 시스템 구축

3.1 파일 시스템 종류와 구현 이슈

운영체제가 발전하면서 다음과 같은 다양한 파일 시스템이 개발되었다.

- FAT(File Allocation Table) 파일 시스템 - MS-DOS에서 사용
- UFS(Unix File System) - Unix에서 사용
- ext2, ext3, ext4 - Linux에서 사용
- HFS(Hierarchical File System) - Mac 운영체제에서 사용
- NTFS(New Technology File System) - 윈도우즈 3.1부터 지금까지 사용. FAT 개선. 리눅스에서도 지원됨

이들은 모두 트리 구조의 계층적 파일 시스템이지만, 디렉터리의 구조, 파일을 저장하고 파일이 있는 위치를 다루는 방법 등 저장 장치에서 파일 시스템을 구성하는 방식은 서로 다르다. 지금부터 파일 시스템이 디스크에 어떻게 구축/구현되는지 알아본다.

디스크 상에 파일 시스템을 구축하기 위해서는 기본적으로 다음 이슈들을 해결해야 한다.

- 디스크 장치에 비어 있는 블록들의 리스트를 어떻게 관리할 것인가?
- 파일 블록들을 디스크의 어느 영역에 분산 배치할 것인가?
- 파일 블록들이 저장된 디스크 내 위치들을 어떻게 관리할 것인가?

시대의 흐름과 함께 파일의 개수나 크기가 늘어나고, 컴퓨터 시스템을 사용하는 방법이나 목적 등 시대적 이슈가 변함에 따라, 파일 시스템은 서로 다르게 구현되어 왔다. 이 절에서는 초기 개인용 PC를 위해 만들어진 MS-DOS 운영체제에서 사용된 FAT 파일 시스템과, 범용 운영체제의 시발점이 되고 현재 리눅스의 모델이 된 Unix 운영체제에서 사용된 유닉스 파일 시스템의 구현 사례를 통해 파일 시스템의 구축/구현에 대해 설명한다.

3.2 FAT 파일 시스템

FAT 파일 시스템은 1980년대 개인용 PC를 관리하는 MS-DOS 운영체제에서 사용된 파일 시스템이다. FAT 파일 시스템은 파일 개수나 크기가 작았던 그 당시에 적합하도록 설계되었지만, 진화된 모습으로 지금도 사용되고 있다.

FAT 파일 시스템의 구조

그림 11-11은 FAT 파일 시스템이 디스크 장치에 구성되는 모습을 보여준다. 디스크의 맨 첫 번째 섹터인 부트 섹터(boot sector)에서 루트 디렉터리까지의 공간은 FAT 파일 시스템을 구축할 때(포맷할 때) 고정 크기로 설정된다.

부트 섹터

부트 섹터는 한 섹터 크기로 파일 시스템 메타 정보 및 디스크에 관련된 정보들과 컴퓨터가 부팅할 때 실행되는 코드가 저장되는 영역이다. 부트 섹터에 저장된 파일 시스템 메타 정보와 하드 디스크에 관련된 정보들은 다음과 같다.

> DOS 버전, 섹터 당 바이트 수, 블록 당 섹터 수, FAT 개수, 루트 디렉터리 항목 개수, 전체 섹터 수, FAT 당 섹터 수, 트랙 당 섹터 수, 디스크 헤드 개수 등

이 정보들을 이용하면 파일 시스템 전체 크기를 알 수 있고, FAT 테이블 항목들을 조사하면 현재 파일 시스템 내에서 사용 중인 블록들과 비어 있는 블록들을 알 수 있다.

MS-DOS 운영체제의 커널 코드는 IO.SYS와 MSDOS.SYS 파일에 들어 있으며, 이들은 모두 루트

디렉터리(C:/)에, `hidden`, `read-only`, `system` 속성으로 저장되어 있다. 부팅이 시작되면, 부트 섹터에 들어있는 코드가 메모리에 적재되고 실행된다. 부트 섹터의 코드가 `IO.SYS`와 `MSDOS.SYS` 파일을 읽어 메모리에 적재하고 그곳으로 점프하면 `MS-DOS` 운영체제의 실행이 시작된다.

FAT1과 FAT2

FAT는 `File Allocation Table`(파일 할당 테이블)의 약자로서, 파일 시스템의 전체 파일에 대해 파일이 저장된 디스크 블록들의 번호가 저장되는 곳이다. FAT가 훼손되면 파일을 찾을 수 없는 심각한 문제가 발생하므로 안전을 위해 FAT2를 복사본으로 둔다.

루트 디렉터리

루트 디렉터리는 FAT2 바로 뒤에 구성된다. 이것은 파일을 찾을 때 루트 디렉터리에서부터 시작하므로, 루트 디렉터리를 찾기 쉽도록 위치를 고정시키기 위해서이다. 루트 디렉터리의 크기 역시 고정시키는데 파일 블록들이 저장된 위치를 찾기 쉽게 하려고 하는 목적이다. 루트 디렉터리의 크기가 정해져 있으므로 루트 디렉터리에 생성되는 파일이나 서브 디렉터리의 개수도 고정된다.

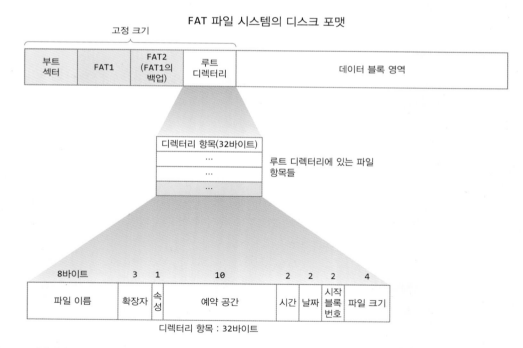

※ 디렉터리에는 파일 개수와 동일한 수의 항목이 있으며, 각 항목에는 파일 메타 정보가 저장된다.

그림 11-11 디스크 내 FAT 파일 시스템 구조

데이터 블록 영역

'데이터 블록 영역'은 루트 디렉터리를 제외한 모든 파일의 데이터 블록들이 저장되는 영역이다. 각 파일은 블록 단위로 데이터 블록 영역 내에 분산 저장된다. 파일 블록들이 분산 배치되는 방법은 다음 절에서 자세히 설명한다.

디렉터리

디렉터리는 파일(서브 디렉터리 포함)의 목록을 담은 특별한 파일이다. 루트 디렉터리나 서브 디렉터리 모두 구조는 동일하다. 하나의 디렉터리 항목(directory entry)은 32바이트 크기로, 파일 이름, 속성, 시간, 날짜, 시작 블록 번호, 파일 크기 등의 정보를 담는다. 파일 하나당 하나의 디렉터리 항목이 생기므로, 디렉터리 항목의 개수는 디렉터리에 존재하는 파일 개수와 동일하다.

FAT 파일 시스템을 사용하던 MS-DOS에서 파일 이름이 최대 8글자, 확장자가 최대 3글자로 정해져 있어 8.3형식이라고 부르며 파일명이 11자를 넘지 못했다. 예를 들어 student.txt라는 이름은 가능하지만, student2.txt, student.phone과 같은 이름은 사용할 수 없었다. 그 후 FAT의 구조가 지속적으로 개선되어, FAT32 파일 시스템에서는 255개의 글자까지 긴 파일 이름을 사용하도록 디렉터리 항목의 구조가 변경되었다.

FAT 파일 시스템에서 디렉터리 항목은 하나의 파일 메타 정보를 모두 저장한다. 그 중 가장 중요한 것은 '시작 블록 번호'로서, 파일이 저장된 첫 번째 디스크 블록 번호이다. 이 첫 블록 번호로부터 '데이터 블록 영역'에 분산된 파일 블록들을 찾아내는 방법은 다음 절에서 설명한다.

 잠깐! 255개 문자의 긴 파일 이름(LFN, Long File Name)

MS-DOS와 Windows 3.X 등, 초기 Windows는 이름 8글자, 확장자 3글자의 이름 기법 소위 8.3 이름 형식을 사용하였다. 또한 파일 이름에 대소문자를 구분하지 않았다. 파일 이름에서 대문자를 소문자로 바꾼다고 파일 이름이 바뀌는 것이 아니었다. 마침내 1994년에 Windows 95의 출시와 함께 파일 이름을 최대 255개 글자로 만들 수 있는 '긴 파일 이름'이 도입되었다. Unix, OS/2, MacOS 등은 이미 그 전에 긴 파일 이름을 사용하고 있었으며, 지금은 대부분의 파일 시스템이 긴 파일 이름을 사용하고 있다.

파일 블록 배치(File Allocation)

FAT 파일 시스템은 파일 데이터를 블록 단위로 디스크에 분산 저장하고 저장된 위치는 FAT(File Allocation Table)라고 불리는 테이블에 기록된다. 이 테이블의 항들은 연결 리스트(linked list)로 연결된다.

그림 11-12는 장치 C:의 루트 디렉터리에 있는 a.txt와 b.txt 파일의 데이터가 저장된 상황을 보여준다. FAT 테이블을 해석해서 a.txt 파일이 디스크 어느 블록에 분산 저장되어 있는지 알아보자.

❶ 먼저, 루트 디렉터리(C:\)가 저장된 블록을 읽고 루트 디렉터리의 항목에서 파일 이름 a.txt를 찾는다. a.txt 이름을 가진 항목에서 파일 크기는 9000 바이트임을 알 수 있다. 그러므로 디스크 블록 1개가 4KB(4096 바이트)라면 a.txt 파일은 3개의 블록에 분산되어 있을 것이다. 그리고 디렉터리 항목에 a.txt 파일의 시작 블록이 52로 기재되어 있으므로, a.txt 파일의 첫 블록이 그림에서 52번 블록에 배치된 것을 알 수 있다.

❷ 이제, 파일의 두 번째 블록부터는 FAT 테이블에서 찾아야한다. FAT 항목에는 다음 블록의 번호가 기재되어 있으므로, FAT 테이블의 52번 항목을 조사한다.

❸ FAT 테이블의 52번 항목을 조사하니 기록된 내용은 259이다. 이것은 a.txt 파일의 다음 블록이 259번 블록이란 뜻이다. a.txt 파일의 첫 번째 블록은 52번 블록에, 그 다음 블록은 259번 블록에 저장되어 있다는 뜻이다.

❹ 다시 FAT 테이블의 259번 항목을 읽어보니 이곳에는 77이 기록되어 있다. 다음 블록이 77번 블록이란 뜻이다. 다시 77번 항목을 들여다보니 -1이 기록되어 있는데, 이것은 77번 블록이 파일의 마지막 블록이란

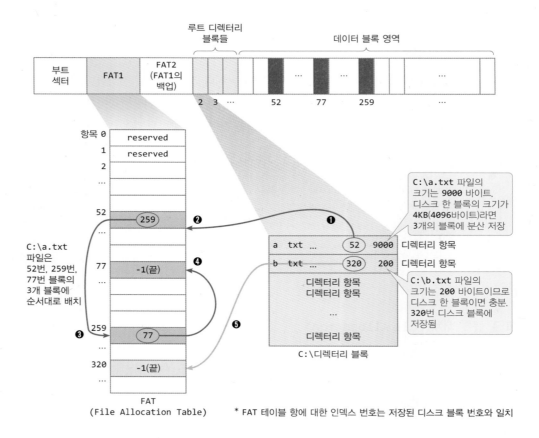

그림 11-12 FAT 파일 시스템에서 파일 블록 할당 사례

뜻이다. C:\a.txt 파일이 저장된 블록들을 모두 찾았다.

C:\a.txt 파일은 52번, 259번, 77번 블록에 순서대로 저장되어 있다.

a.txt 파일은 3개의 블록에 걸쳐 저장되어 있고 마지막 77번 블록에는 808바이트($9000 - 2 \times 4096 = 808$)가 들어 있다.

❺ b.txt 파일은 320번 블록에서 시작하고 320번 항목의 값이 -1이므로, 320번 블록 하나에 200바이트가 저장되어 있는 것으로 해석할 수 있다.

만일 응용프로그램이 a.txt 파일에 쓰기를 계속하여 77번 블록을 채우게 되면, 운영체제는 빈 디스크 블록을 1개 할당하고, 새로 할당한 블록 번호를 FAT 테이블의 77번 항목에 기록한다. FAT 테이블 항목에 0이 기록된 경우 비어 있는 자유 블록임을 나타낸다.

FAT 테이블에서 0번과 1번의 두 항목은 사용되지 않고 2번 항목부터 사용된다. FAT 항목에 저장된 값은 다음 의미를 가진다.

- -1: 파일의 마지막 블록
- 0: 사용가능한 자유 블록
- 2 ~ : 파일의 다음 블록 번호

FAT 테이블의 항목은 FAT 파일 시스템을 구축할 때 모두 0으로 초기화된다. 이것은 모든 블록들이 사용가능함을 나타낸다. 운영체제는 새로 생성한 파일을 디스크에 저장하거나 자유 블록이 필요하면 FAT 항목이 0인 블록을 찾아 할당한다.

FAT 파일 시스템은 FAT 테이블의 항목 크기가 12비트, 16비트, 32비트로 진화해왔고, 파일 시스템 이름도 FAT12, FAT16, FAT32 등으로 바뀌어 왔다. FAT 테이블의 항목 크기가 16비트라면, 접근 가능한 총 블록 수는 $2^{16}-2$=대략 2^{16}개이다. 만일 디스크 블록 크기가 4KB라면 파일 시스템이 저장할 수 있는 데이터 량은 대략 다음과 같이 계산된다.

$$2^{16} \times 4KB = 2^{16} \times 2^{12}\text{바이트} = 2^{28}\text{바이트} = 2^{8} \times 2^{20}\text{바이트} = 256 \times 2^{20}\text{바이트} = 256MB$$

FAT 파일 시스템의 장단점

FAT 파일 시스템은 파일 크기와 디스크 용량이 작던 1980년대에 만들어진 파일 시스템으로 단순하여 구현이 쉽고 디스크에 외부 단편화가 없는 장점이 있지만, 파일 당 1/2블록 크기로 내부 단편화가 발생한다. 하나의 파일을 순차적으로 읽는 경우 한 블록씩 읽어야 하므로 디스크 전체에 걸쳐 블록들을 읽느라 디스크 헤드를 움직이는 탐색 시간(seek time)이 큰 단점이 있다. 또한 FAT 테이블 영역이 손상되면 파일 시스템 전체를 읽을 수 없는 심각성도 있다.

3.3 Unix 파일 시스템

파일 시스템의 2번째 사례로, 유닉스, 리눅스, Minix 등 Unix-like(유닉스와 비슷한 방법으로 작동하는) 운영체제에서 지원되는 전통적인 Unix 파일 시스템의 구조를 알아보자.

Unix 파일 시스템의 구조

그림 11-13은 Unix 파일 시스템의 디스크 구조를 보여준다.

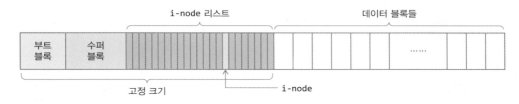

그림 11-13 디스크에서 Unix 파일 시스템의 구조

Unix 파일 시스템은 다음 4개의 공간으로 구성된다.

부트 블록(boot block)

부팅이 진행될 때 처음에 메모리로 적재되는 디스크 블록이다. 부트 블록에는 운영체제를 적재하는 코드와 부팅 시 필요한 정보가 저장된다. 하나의 디스크를 여러 개의 파티션으로 나누고 각 파티션마다 파일 시스템을 구축할 수 있는데, 부팅에 참여하지 않는 파일 시스템의 부트 블록은 비어 있다.

수퍼 블록(super block)

수퍼 블록은 파일 시스템의 유지 관리를 위해 중요한 정보인 '파일 시스템 메타 정보'가 기록되는 공간이다. 수퍼 블록에 저장된 메타 정보들은 다음과 같이 중요한 정보들이 들어 있다.

- 파일 시스템 크기와 상태 정보
- 블록 크기
- 자유 블록 수
- 자유 블록 리스트
- 자유 블록 리스트에서 요청시 할당할 다음 블록 인덱스
- i-node 리스트의 크기
- 자유 i-node 수
- 자유 i-node 리스트
- 자유 i-node 리스트에서 요청시 할당할 다음 자유 i-node 인덱스

- 루트 디렉터리의 i-node 번호
- 수퍼 블록이 갱신된 최근 시간

수퍼 블록은 파일이 생성되고 읽고 쓰는 동안 자유 i-node를 찾거나 자유 블록을 찾는 등 커널에 의해 자주 액세스되기 때문에, 디스크 입출력을 줄이기 위해 부팅 초기에 메모리에 적재된다. 그리고 메모리에 적재된 수퍼 블록은 파일 입출력 동안 계속 갱신하기 때문에, 주기적으로 디스크의 수퍼 블록에 기록되어야 한다. 만일 수퍼 블록이 메모리에 적재된 후 갱신되었지만 디스크에 기록되지 못한 채 컴퓨터의 전원이 꺼지게 되면 '파일 시스템이 깨지는' 비극이 초래될 수 있다.

디스크에 저장된 수퍼 블록이 손상되어도 역시 심각한 문제가 발생한다. 그러므로 리눅스 등에서는 파일 시스템마다 디스크에 백업 수퍼 블럭(backup super block)을 만들고, 기본 수퍼 블록(primary super block)과 항상 동일한 상태를 유지한다. 기본 수퍼 블록이 망가지면 백업 수퍼 블록을 이용하여 복구한다.

i-node와 i-node 리스트

i-node(index node)란 '파일 메타 정보'가 기록되는 구조체로서 파일마다 한 개씩 사용되며, 운영체제에 따라 다르지만 대체로 64바이트나 128바이트 크기이다. i-node 리스트는 i-node들의 테이블로서 수퍼 블록 다음에 저장되며 파일 시스템이 구축될 때 크기가 고정되므로 i-node 개수도 고정된다.

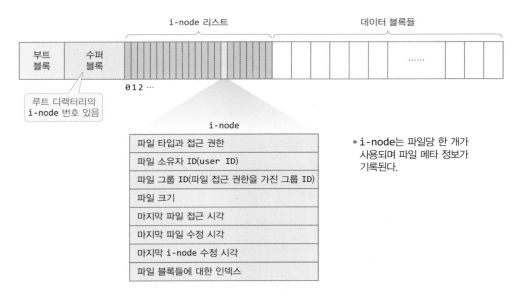

그림 11-14 i-node 리스트와 i-node에 저장되는 정보

파일(또는 디렉터리)이 만들어지면 운영체제는 i-node 리스트에서 자유 i-node를 하나 할당받아 파일 메타 정보들을 기록하고 관리한다. i-node 리스트에서 i-node를 다 사용하게 되면 더 이상 파일을 생성할 수 없다.

i-node 리스트의 크기와 자유 i-node에 관한 정보는 수퍼 블록에 기록된다. 각 i-node는 i-node 리스트에서 인덱스로 구분된다. i-node 번호가 i-node 리스트 인덱스와 동일하다. i-node의 번호는 0부터 시작되지만 사용할 수 있는 첫 i-node는 파일 시스템마다 다르다. Unix에서는 1번부터 사용하지만 리눅스는 2번부터 사용한다. 파일 시스템에서 제일 처음 만들어진 파일이 루트 디렉터리이며, Unix에서 루트 디렉터리의 i-node는 1이고 리눅스의 경우 2이다. 0번 i-node는 오류처리를 위해 예약되어 있다. 참고로 루트 디렉터리의 i-node 번호는 수퍼 블록에 기록되어 있다. 그림 11-14는 i-node 리스트와 하나의 i-node에 저장되는 정보들을 요약하여 보여준다.

데이터 블록들

이곳은 파일과 디렉터리가 저장되는 공간이다. 파일(디렉터리)은 블록 단위로 분산 저장된다. 블록의 크기는 수퍼 블록에 기록되어 있으며 보통 4KB이다.

디렉터리

Unix 파일 시스템에서 디렉터리는 여러 항목들로 이루어진 파일이다. 디렉터리에 파일이나 서브 디렉터리가 생성되면 새로운 항목이 추가된다. 그림 11-15에서 볼 수 있는 바와 같이, 디렉터리 항목은 파일이나 서브 디렉터리의 i-node 번호와 이름으로 구성되며, 초기 Unix의 경우 16 바이트이다. 현대에 와서는 i-node 번호도 32비트로 늘리고 파일 이름을 255개 문자까지 만들 수 있도록 디렉터리 항목이 커졌다. 뒤의 '잠깐' 부분을 참고하기 바란다.

2 바이트	14 바이트
i-node 번호	파일 이름

그림 11-15 디렉터리 항목

그림 11-16은 디렉터리 항목 내 i-node 번호가 i-node 리스트의 i-node를 가리키고 있는 것을 보여준다. 그림 11-19에는 디렉터리 항목의 i-node 번호를 이용하여 파일이 저장된 데이터 블록을 찾아가는 과정이 있으니 참고하기 바란다.

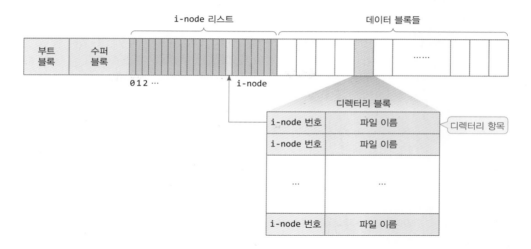

그림 11-16 디렉터리 블록과 디렉터리 항목

FAT 파일 시스템이 각 파일의 메타 정보를 디렉터리에 두는 것과 달리, Unix 파일 시스템은 파일 메타 정보를 i-node에 둔다. 그러므로 Unix 파일 시스템에서 파일에 관한 정보를 얻기 위해서는, 디렉터리 항목에 담긴 i-node 번호를 따라 i-node 정보를 읽어 와야 한다.

탐구 11-1 Unix 파일 시스템의 Q&A

지금까지 공부를 잘 했는지 다음 Q&A를 통해 확인해보자.

Q1. Unix 파일 시스템을 사용할 때 만들 수 있는 파일 개수는 무엇에 의해 달려 있는가?

A. 파일 하나당 하나의 i-node가 필요하므로 i-node 리스트에 있는 i-node 개수에 달려 있다.

Q2. 수퍼 블록이 메모리에 적재된 채 사용되어야 하는 이유는 무엇인가?

A. 커널은 파일이 생성될 때마다 자유 i-node를 찾아야하고, 파일이 삭제될 때마다 사용된 i-node를 반환하기 위해 수퍼 블록을 읽고 쓰는 작업이 발생하기 때문에, 커널 코드의 실행을 빨리 하기 위해 수퍼 블록을 메모리에 적재하여 사용한다. 메모리에 적재된 수퍼 블록은 주기적으로 디스크의 수퍼 블록에 저장된다.

Q3. Unix 파일 시스템에서 파일 시스템 메타 정보와 파일 메타 정보는 어디에 기록되는가?

A. 파일 시스템 메타 정보는 수퍼 블록에 기록되고, 파일 메타 정보는 i-node에 기록된다. 파일 이름은 디렉터리의 항목에 기록된다.

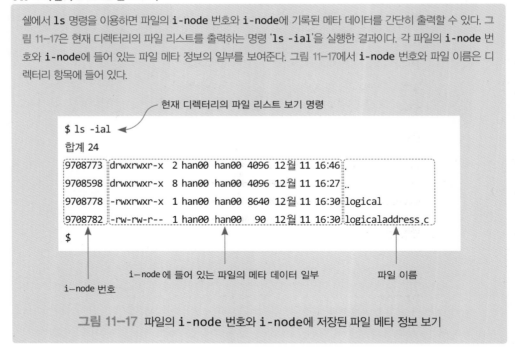
파일 블록 배치(File Allocation)

Unix 파일 시스템에서는 파일을 블록 단위로 디스크의 여러 블록에 분산 저장하고, i-node에 15개의 인덱스를 통해 파일이 저장된 디스크 블록들의 번호를 기억한다. 그림 11-18은 i-node에 있는 15개의 인덱스로 파일이 저장된 블록들을 가리키는 방법을 보여준다. 15개의 인덱스는 다음과 같다.

> 12개의 직접 인덱스 + 1개의 간접 인덱스 + 1개의 이중 간접 인덱스 + 1개의 3중 간접 인덱스

● 12개의 직접 인덱스(direct index)

i-node에 들어있는 12개의 인덱스는 파일이 저장된 처음 12개의 디스크 블록 번호를 가리킨다. 파일이 생성되면 '데이터 블록들'이 저장되는 곳에서 자유 블록을 1개 할당받고, 블록 번호를 12개의 인덱스 중 첫 인덱스에 기록한다. 블록 크기가 4KB라고 할 때, 파일 크기가 4KB를 넘어서게 되면 다시 자유 블록을 할당받고 블록 번호를 2번째 인덱스에 기록한다. 이런 식으로 파일이 커져 새로운 블록이 필요할 때마다 블록을 할당받고 블록 번호를 기록한다. 그러므로

48KB(=12 × 4KB)보다 작은 파일은 12개의 직접 인덱스만으로 파일이 저장된 블록을 모두 가리킬 수 있다.

> 12개의 직접 인덱스로 가리킬 수 있는 파일 블록 수 = 12개 블록
> 12개의 직접 인덱스로 가리킬 수 있는 파일 크기 = 12 × 4KB = 48KB

• 1개의 간접 인덱스(single indirect index)

파일이 12개의 블록을 넘어서 커지게 되면, 12개의 직접 인덱스로는 부족하기 때문에 i-node에 있는 간접 인덱스가 사용된다. 1개의 디스크 블록을 할당받아 간접 인덱스로 가리키게 하고 이 디스크 블록을 파일 블록에 대한 인덱스들로 사용한다. 블록 번호가 4바이트라면, 1개의 블록에는 1024(=4KB/4바이트)개의 인덱스를 저장할 수 있다. 그러므로 한 블록은 1024개의 인덱스를 이용하여 1024개의 블록을 가리킬 수 있다.

> 간접 인덱스로 가리킬 수 있는 파일 블록 수 = 1024 블록
> 간접 인덱스로 가리킬 수 있는 파일 크기 = 1024 × 4KB = 4 × 2^{20}바이트 = 4MB
> 인덱스로 사용되는 디스크 블록 수 = 1개

• 1개의 2중 간접 인덱스(double indirect index)

파일이 1034(12+1024)개의 블록을 넘어 커지게 되면, i-node에 있는 2중 간접 인덱스가 사용된다. 그림 11-18과 같이 2중 간접 인덱스가 가리키는 1개의 블록은 1024(=4KB/4바이트)개의 인덱스로 사용된다. 이 1024개의 인덱스에는 1024개의 블록 번호들이 저장되는데, 이 1024개의 블록들 역시 모두 파일이 저장되는 블록을 가리키는 인덱스 역할을 한다. 이렇게 함으로써 최대 다음과 같이 파일 블록들을 가리킬 수 있다.

> 2중 간접 인덱스로 가리킬 수 있는 파일 블록 수 = 1024 × 1024 블록
> 2중 간접 인덱스로 가리킬 수 있는 파일 크기 = 1024 × 1024 × 4KB = 4 × 2^{30}바이트 = 4GB
> 인덱스로 사용되는 디스크 블록 수 = 1 + 1024 = 1025개

• 1개의 3중 간접 인덱스(triple indirect index)

파일이 더 커지게 되면, i-node에 있는 3중 간접 인덱스를 이용하여 그림 11-18과 같이 파일 블록을 가리키게 한다. 3중 간접 인덱스를 사용하면 다음과 같이 파일 블록들을 가리킬 수 있다.

> 3중 간접 인덱스로 가리킬 수 있는 파일 블록 수 = 1024 × 1024 × 1024 블록
> 3중 간접 인덱스로 가리킬 수 있는 파일 크기 = 1024 × 1024 × 1024 × 4KB = 4x2^{40}바이트 = 4TB
> 인덱스로 사용되는 디스크 블록 수 = 1 + 1024 + 1024 × 1024개

그러므로 블록 번호가 32비트(4바이트)이고, 한 블록의 크기가 4KB라고 할 때 Unix 파일 시스템에서 파일의 최대 크기는 다음과 같이 계산된다.

> Unix에서 파일의 최대 크기 = 48KB + 4MB + 4GB+ 4TB

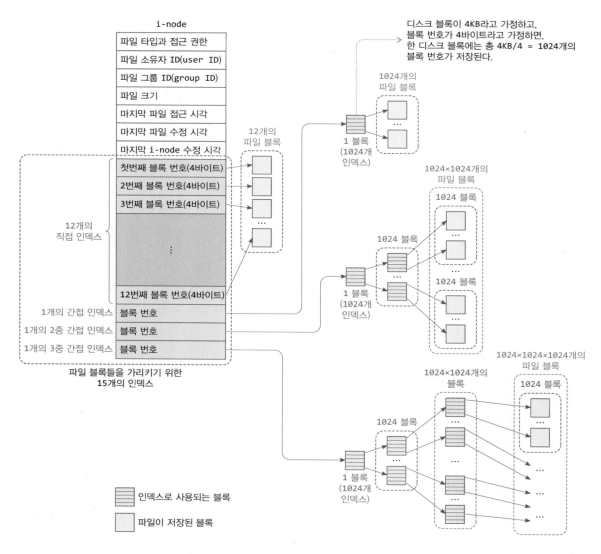

그림 11-18 i-node 속의 15개의 인덱스를 이용한 파일 블록들의 할당

파일의 i-node를 찾는 과정

파일 속성, 파일 소유자, 파일 크기, 파일이 할당된 디스크 블록 번호 등 파일 이름을 제외한 파일에 관한 거의 모든 정보는 i-node에 기록되어 있다. 파일이 생성될 때 i-node 리스트에서 i-node가 하나 할당되고, 파일에 변화가 생길 때마다 i-node는 수정된다. 파일을 읽거나 쓰기 위해서는 파일 데이터가 들어 있는 블록 번호들을 알아내야 하므로 파일의 i-node를 알아내는 것이 급선무이며, 이를 위해서는 i-node 번호를 먼저 알아내야만 한다. i-node 번호를 알아내면 i-node 리스트에서 i-node를 액세스할 수 있을 테니까.

자! 그럼, 다음 경로명의 main.c 파일의 i-node를 찾는 과정을 통해, 파일 경로명이 주어졌을 때 파일의 i-node를 찾는 과정을 알아보자.

```
/usr/source/main.c
```

그림 11-19는 전체 과정을 보여준다. 파일 이름과 i-node 번호는 디렉터리 항목에 있다는 점을 상기하기 바란다.

❶ 루트 디렉터리(/)의 i-node 번호 알아내기

먼저 루트 디렉터리의 i-node를 찾아야 하는데 수퍼 블록에 기록되어 있다.

❷ 루트 디렉터리(/)의 i-node 읽기

수퍼 블록에 기록된 루트 디렉터리의 i-node 번호가 2라고 하면, i-node 리스트에서 2번 i-node를 읽는다. i-node를 읽었으면 그림 11-18에서 설명한 바와 같이, i-node에 저장된 15개의 인덱스를 활용하여 루트 디렉터리가 저장된 블록 번호 50을 알아낸다.

❸ 루트 디렉터리에서 /usr의 i-node 알아내기

50번 블록을 읽는다. 50번 블록에는 루트 디렉터리의 항목들이 저장되어 있다. 디렉터리 항목은 'i-node 번호와 파일 이름'의 쌍으로 구성되므로 파일 이름이 usr인 디렉터리 항목을 찾고 i-node 번호 25를 알아낸다.

❹ /usr 디렉터리를 읽고 /usr/source 파일의 i-node 번호 알아내기

이제 다시 i-node 리스트에서 25번 i-node를 읽는다. 25번 i-node에서 /usr 디렉터리가 저장된 블록 번호 312를 알아내어 312번 블록을 읽는다. /usr 디렉터리에서 source 파일의 i-node 번호가 60임을 알아낸다.

❺ /usr/source 디렉터리 읽고 /usr/source/main.c 파일의 i-node 번호 알아내기

i-node 리스트에서 60번 i-node를 읽는다. i-node에서 /usr/source 디렉터리가 689번 블록에 들어 있음을 알아내고, 689번 블록을 읽는다. /usr/source 디렉터리에서 main.c 파일의 이름을 찾아내고, main.c 파일의 i-node 번호 72를 알아낸다.

❻ /usr/source/main.c 파일 읽기

72번 i-node를 읽는다. 이곳에서 main.c 파일이 저장된 블록 번호 772를 알아내고, 772번 블록을 읽으면 그것이 바로 main.c 파일이다.

이 과정에서 디렉터리나 파일 크기가 모두 4KB 미만으로 한 블록 안에 저장되는 것을 가정하였다. 파일을 읽기 위해 i-node를 찾는 과정에서 많은 디스크 블록들을 읽혀지며 디스크 장치는 헤드를 앞뒤로 움직이느라 많은 시간을 소모함을 알 수 있다. 휴~, 파일의 위치를 찾는 방법을 알고 나니 이제 큰 행복감이 밀려온다.

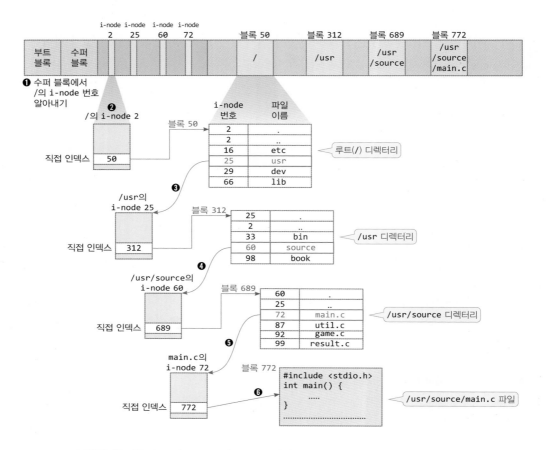

그림 11-19 /usr/source/main.c 파일의 i-node 번호와 블록 번호 알아내기

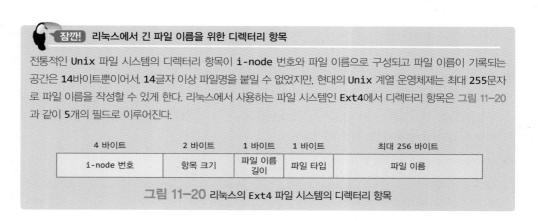

잠깐! 리눅스에서 긴 파일 이름을 위한 디렉터리 항목

전통적인 Unix 파일 시스템의 디렉터리 항목이 i-node 번호와 파일 이름으로 구성되고 파일 이름이 기록되는 공간은 14바이트뿐이어서, 14글자 이상 파일명을 붙일 수 없었지만, 현대의 Unix 계열 운영체제는 최대 255문자로 파일 이름을 작성할 수 있게 한다. 리눅스에서 사용하는 파일 시스템인 Ext4에서 디렉터리 항목은 그림 11-20과 같이 5개의 필드로 이루어진다.

4 바이트	2 바이트	1 바이트	1 바이트	최대 256 바이트
i-node 번호	항목 크기	파일 이름 길이	파일 타입	파일 이름

그림 11-20 리눅스의 Ext4 파일 시스템의 디렉터리 항목

파일 이름의 길이에 따라 디렉터리 항목의 크기는 가변적이다. '파일 이름'은 널문자('\0')로 끝나는 문자열로 최대 255개의 문자까지 가능하며, 파일 이름의 실제 길이는 '파일 이름 길이' 필드에 기록된다. '파일 타입' 필드에는 파일인지, 디렉터리인지, FIFO인지, 네트워크 소켓인지, 링크인지, 문자 단위 장치 파일인지, 블록 단위 장치 파일인지를 나타내는 값이 들어간다. 'i-node 번호' 필드도 4바이트로 늘었으며 값이 0이면 사용되지 않는 디렉터리 항목임을 나타낸다.

4 파일 입출력 연산

파일 입출력은 커널에 의해서만 이루어지므로 응용프로그램에게는 다음과 같은 파일 입출력 관련 시스템 호출 함수들이 제공된다.

```
open(), read(), write(), close(), chmod(), create(), mount(), unmount() 등
```

이 절에서는 파일 입출력을 위해 구현된 커널의 데이터 구조와 작동 원리에 대해 알아본다. 파일 입출력 과정은 운영체제나 파일 시스템마다 서로 다르기 때문에, 개요만 설명하다가는 자칫 뜬구름 잡는 것으로 끝날 수 있어 Unix 파일 시스템에 초점을 맞추어 설명한다.

4.1 파일 찾기

파일 찾기의 과정은 '파일의 경로명으로부터 파일의 i-node를 찾는 과정'으로 커널에 의해 이루어진다. 파일의 i-node를 찾아야 그 파일 데이터가 담겨 있는 블록들의 번호도 알 수 있고, 파일 타입과 이 파일에 대한 현재 프로세스의 접근 권한 등을 확인할 수 있다. 파일 찾기 과정은 앞선 그림 11-19의 과정을 참고하라.

4.2 파일 열기, open( )

파일을 연다는 것은 어떤 의미일까? 파일을 왜 열어야 할까? 의문은 가지지만 모르고 넘어가는 경우가 허다하다. 밥을 먹으면 배가 부르다는 것을 누구나 알지만, 먹은 밥이 몸속 어디를 거쳐 어떻게 이동하는지 아는 것은 일반인과 다른 전문가의 모습이다. 이제 우리도 파일이 열리고 읽혀지는 과정을 자세히 이해함으로써 파일 시스템의 전문가가 되어 보자.

파일을 읽고 쓰기 전에 파일을 여는 이유는 다음과 같다.

- 첫째, 파일이 존재하는지 확인한다.
- 둘째, 현재 프로세스가 파일 연산(읽기/쓰기)을 할 수 있는지 파일에 대한 접근 권한을 확인한다.
- 셋째, 연이어 파일을 읽거나 쓰기 위한 커널 내에 자료 구조를 형성한다.

커널에 의해 이루어지는 파일 열기 작업은 다음 순서로 진행되며 파일 열기 후 형성된 커널 내 자료구조는 그림 11-21과 같다.

- 파일이 존재하는지 확인하고
- 파일이 존재한다면 디스크에서 메모리로 i-node를 읽어 들이고
- 파일에 대한 접근이 가능한지 권한 여부를 확인하고
- 앞으로 파일을 읽고 쓰기 위한 커널 자료 구조를 형성한다.

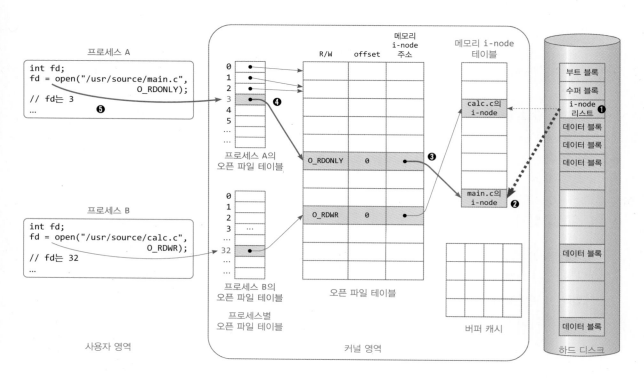

그림 11-21 파일 열기 후 형성되는 커널 자료 구조

파일 입출력을 위한 커널 자료 구조

• 메모리 i-node 테이블

메모리 i-node 테이블은 현재 열린 파일들에 대해 디스크에서 i-node를 읽어 메모리에 형성

한 테이블로 시스템에 1개 있다. i-node는 파일을 읽고 쓰는 과정에서 계속 액세스되므로, 디스크 입출력 시간을 줄이기 위해 메모리에 올려놓고 사용한다. 편의상 메모리 i-node 테이블에 적재된 i-node를 메모리 i-node라고 부른다. 메모리 i-node에는 디스크 i-node에 몇 개의 필드를 추가(이 시점에서 자세히 알 필요는 없다)하여 다루는 점도 기억하기 바란다.

● 오픈 파일 테이블

운영체제는 시스템 내에 열려 있는 모든 파일에 관한 정보를 기록해두는 1개의 오픈 파일 테이블(open file table)을 둔다. 시스템에 1개만 있기 때문에 시스템 파일 테이블(system file table), 전역 파일 테이블(global file table)로도 불린다. 파일이 열릴 때마다 오픈 파일 테이블의 새 항목이 사용된다. 오픈 파일 테이블 항목은 파일 열기 모드(R/W), 파일 옵셋(offset), 메모리 i-node의 메모리 주소 등으로 구성된다. 여기서 파일 옵셋은 파일 내에 다음에 읽거나 쓸 바이트 위치를 나타내는 정수 값이다. 파일이 읽혀지거나 쓰여질 때, 커널은 읽을 만큼 혹은 쓴 만큼 파일 옵셋을 증가시켜 다음에 액세스할 파일 내 바이트 위치를 가리키게 한다.

● 프로세스별 오픈 파일 테이블

프로세스별 오픈 파일 테이블(per-process open file table)은 프로세스 당 하나씩 있으며, 프로세스가 파일을 열 때마다 테이블에 1개의 항목이 사용된다. 이 항목에는 오픈 파일 테이블에 대한 메모리 주소가 기록된다. 그러므로 프로세스별 오픈 파일 테이블은 프로세스가 열어 높은 모든 파일에 대해 오픈 파일 테이블에 대한 주소가 기록된 배열이라고 보면 된다. 프로세스별 오픈 파일 테이블은 프로세스가 생성될 때 생성되고 종료하면 소멸된다. 이 테이블은 프로세스의 모든 스레드에 의해 공유된다. 그리고 이 테이블은 운영체제에 따라 다르지만 Unix 계열의 경우 PCB(process control block)에 저장된다.

● 버퍼 캐시

버퍼 캐시(buffer cache)는 커널 공간에 만들어지는 것으로 파일을 읽고 쓰는 과정에서 파일 블록들을 일시적으로 저장하는 메모리 공간이다. 버퍼 캐시에 저장되는 블록들은 어떤 프로세스의 혹은 어떤 파일의 블록인지 표시되지 않고 오직 디스크 블록 번호로만 관리된다. 프로세스가 파일을 읽을 때 최근에 읽은 블록이 버퍼 캐시에 있으면 버퍼 캐시에서 바로 읽어 갈 수 있으며, 파일 쓰기 시에는 버퍼 캐시에 블록을 쓰는 것으로 파일 쓰기를 마치기 때문에 응용프로그램이나 커널의 파일 쓰기 속도가 빠르다. 버퍼 캐시에 쓰여진 블록들은 추후 커널에 의해 적절한 시점에 디스크에 기록된다.

파일 열기 과정

다음 코드는 시스템 호출 함수 open()을 이용하여 /usr/source/main.c를 "읽기 모드"로 여는 코드이다. open()이 실행될 때 커널 내에서 파일이 열려지는 과정을 알아보자. 현재 main.c 파일이 디스크에 존재하고 있는 것으로 가정한다.

```
int fd = open("/usr/source/main.c", O_RDONLY);
```

(1) 파일 이름으로 i-node 번호를 알아낸다.

그림 11-19의 과정으로 /usr/source/main.c 파일의 i-node 번호를 알아낸다.

(2) 디스크 i-node를 메모리 i-node 테이블에 적재한다.

main.c 파일의 i-node 번호를 알았다면, 디스크 i-node 리스트로부터 i-node를 읽어 메모리 i-node 테이블에 적재한다. 그 전에 메모리 i-node 테이블에서 비어 있는 i-node를 할당받아야 한다. 메모리 i-node 테이블에는 동일한 i-node가 여러 개 저장되지 않는다. 동일한 파일이 여러 번 열리면 메모리 i-node는 공유된다. 파일이 수정될 때마다 메모리 i-node가 수정되고, 적당한 시점에 메모리 i-node는 디스크 i-node에 저장된다.

(3) 오픈 파일 테이블에 새 항목을 만든다.

오픈 파일 테이블에 새 항목을 만들고 이 항목에 메모리 i-node의 주소를 기록해둔다. 그리고 파일 열기 모드(O_RDONLY) 정보를 기록하여 추후 쓰기 시도를 막는다. 그리고 offset(옵셋) 값을 0으로 초기화한다. offset은 다음에 읽을 파일 내 바이트 위치를 나타낸다. 커널은 파일을 읽을 때마다 읽은 바이트만큼 offset을 증가시킨다.

(4) 프로세스별 오픈 파일 테이블에 새 항목을 만든다.

프로세스별 오픈 파일 테이블에 새 항목을 만들고, 이곳에 오픈 파일 테이블 항목에 대한 주소를 기록한다.

(5) 프로세스별 오픈 파일 테이블의 항목 번호를 리턴한다.

open() 시스템 호출은 마지막으로 프로세스별 오픈 파일 테이블에 방금 생성한 항목 번호를 리턴한다. 이 번호는 정수 값으로 응용프로그램에 선언된 변수 fd에 저장된다. 리눅스, MacOS 등 Unix 계열의 운영체제에서는 이 정수 값을 파일 디스크립터(file descriptor, fd)로, Windows에서는 파일 핸들(handle)이라고 부른다. 이제 파일 열기가 완료되었다.

파일 열기에 관한 이해를 돕기 위해 그림 11-21에 프로세스 B가 /usr/source/calc.c 파일을 열었을 경우 형성되는 결과도 함께 그려놓았다. 참고하기 바란다.

결론적으로, 파일 열기는 파일을 찾아 **i-node**를 메모리에 적재하고 파일 모드를 커널 내에 기록해 두고, 그 다음에 있을 파일 읽기/쓰기를 위해 커널 내 자료 구조들을 준비하는 과정이다. 파일을 여는 것이 이렇게도 의미 있는 것인지 알았다니 오늘은 꽤 괜찮게 보낸 날이다.

> **잠깐!** **오픈 파일 테이블의 항목 개수**
>
> 운영체제는 오픈 파일 테이블의 항목 개수를 고정시키지 않는다. 오픈 파일 테이블의 항목들을 동적으로 할당하고 이들을 이중 링크드 리스트(doubly linked list)로 구성한다. 하지만 무한정 많은 파일이 열리도록 허용하지는 않는다.

파일 디스크립터

파일 디스크립터(file descriptor)는 열린 파일마다 매겨진 고유한 정수 번호로, 파일을 연 응용프로그램에게 전달된다. open( )의 리턴 값이 바로 이 파일 디스크립터이다. 파일 디스크립터로는 0과 양의 정수만 사용한다. 파일 디스크립터는 프로세스별 오픈 파일 테이블의 인덱스로서, 응용프로그램이 열어 놓은 파일을 대변하는 값이다. 응용프로그램은 파일을 연 후 시스템 호출을 통해 파일 연산을 수행할 때 반드시 이 정수 값을 전달해야 한다.

TIP 파일 디스크립터 0, 1, 2

프로세스별 오픈 파일 테이블의 **0,1,2**번 항목들은 특별한 목적으로 사용된다. 이들은 각각 표준 입력 장치, 표준 출력 장치, 표준 오류 장치를 가리킨다. 표준 입력 장치는 키보드, 표준 출력과 표준 오류 장치는 둘 다 디스플레이 장치로 기본 설정되며, 장치들은 운영체제에서 파일로 다루어진다. 운영체제는 이 3개의 표준 장치 파일들을 열어 놓은 상태로 프로세스를 실행시킨다. 그러므로 응용프로그램에서는 파일 디스크립터 **0,1,2**를 사용하여 키보드에서 읽거나 디스플레이에 출력할 수 있다. 다음은 파일 디스크립터 **0,1,2**를 이용하여 키보드에서 읽고 디스플레이에 출력하는 사례이다.

filedesc1.c

```
#include <unistd.h>
int main() {
    char c;
    read(0, &c, 1); // 0번 파일 디스크립터(키보드)에서 문자 1개를 읽어 변수 c에 저장
    write(1, &c, 1); // 1번 파일 디스크립터(디스플레이)에 변수 c의 문자 출력
    write(2, "hello\n", 6); // 2번 파일 디스크립터(디스플레이)에 "hello\n" 출력
}
```

```
$ gcc -o filedesc1 filedesc1.c
$ ./filedesc1
a ◄─── 키보드로 a 입력
ahello
```

<unistd.h> 헤드 파일에 STDIN_FILENO는 0, STDOUT_FILENO는 1, STDERR_FILENO는 2의 상수로 선언되어 있기 때문에 이 프로그램은 다음과 같이 수정해도 된다.

filedesc2.c

```c
#include <unistd.h>
int main() {
    char c;
    read(STDIN_FILENO, &c, 1);
    write(STDOUT_FILENO, &c, 1);
    write(STDERR_FILENO, "hello\n", 6);
}
```

```
$ gcc -o filedesc2 filedesc2.c
$ ./filedesc2
a
ahello
```

표준 C 라이브러리 함수를 이용하면 <stdio.h>에 선언된 stdin, stdout, stderr를 이용하여 다음과 같이 작성할 수도 있다. stdin, stdout, stderr 은 표준 C 라이브러리에서 사용하는 구조체에 대한 포인터로서 파일 디스크립터 정수가 아니다. 이 구조체 안에 파일 디스크립터 0, 1, 2가 필드로 들어 있어, fscanf()나 fprintf() 함수가 시스템 호출 시 이들 파일 디스크립터를 사용한다.

stdio.c

```c
#include <stdio.h>
int main() {
    char c;
    fscanf(stdin, "%c", &c);
    fprintf(stdout, "%c", c);
    fprintf(stderr, "hello\n");
}
```

```
$ gcc -o stdio stdio.c
$ ./stdio
a ◄─── 키보드로 a 입력
hello ◄─── stderr에 출력하면, 버퍼를 거치지 않고 바로 출력
a          되므로 hello가 a보다 먼저 디스플레이에 출력된다.
```

마지막으로, scanf() 함수는 함수 내부에서 0번 파일 디스크립터를 이용하여 입력을 받도록 작성되어 있으며, printf() 함수는 함수 내부에서 1번 파일 디스크립터를 이용하여 출력하도록 작성되어 있다. C 프로그램 개발자가 main() 함수에서 처음부터 printf()나 scanf()를 사용하여 입출력을 할 수 있는 것은, 운영체제가 프로세스를 생성할 때 프로세스별 오픈 파일 테이블에 파일 디스크립터 0, 1, 2 항목을 만들어 두었기 때문이다.

 잠깐! 열 수 있는 파일 개수에 제한이 있는가?

그림 11-21에서 알 수 있듯이 파일을 열 때마다 커널 메모리가 소모되므로 대부분의 운영체제는 파일을 무제한 열도록 허용하지 않는다. 메모리 량이 적은 임베디드 시스템에서는 더욱 그렇다. 운영체제가 파일을 무제한 여는 것을 막는 또 다른 이유는 보안 때문이기도 한다. 악의적인 개발자가 무제한으로 파일을 여는 프로그램을 가동시키면 시스템은 메모리가 부족해 다운되어 버릴 것이기 때문이다. 운영체제마다 다르지만, 한 프로세스가 열 수 있는 파일 수에 제한을 두며, root 계정으로 로그인하면 이 값을 수정할 수 있다. 예를 들어 리눅스에서 다음 명령은 프로세스가 열 수 있는 최대 파일 수를 800000으로 지정한다.

```
$ echo 800000 > /proc/sys/fs/file-max
```

4.3 파일 읽기, read( )

이제, 파일을 읽는 동안 커널에서 일어나는 일들에 대해 알아보자. /usr/source/main.c 파일을 읽는 코드 사례는 다음과 같고, open( )이 리턴한 파일 디스크립터가 3이라고 하자.

```
char buf[1024];
int fd;
fd = open("/usr/source/main.c", O_RDONLY); // 파일 열기 후 fd는 3이라고 가정
read(fd, buf, 1024); // main.c 파일에서 1024 바이트를 읽어 buf[]에 저장
```

read( ) 시스템 호출은 다음과 같이 동작하며 그림 11-22는 이 과정을 보여준다.

❶ fd값 3을 이용하여 즉 프로세스 A의 오픈 파일 테이블의 항목 3을 참조하여 오픈 파일 테이블 주소를 알아낸다.

❷ 이 주소가 가리키는 오픈 파일 테이블 항목에 기록된 열기 모드(O_RDONLY)를 검사하여 파일 읽기가 가능함을 확인한다. 그 후 offset이 0이므로 파일의 0번 바이트에서 읽어야 함을 인지한다.

❸ 오픈 파일 테이블 항목에 기록된 메모리 i-node의 주소를 따라가서 main.c의 메모리 i-node를 액세스한다. 이곳에서 main.c 파일 블록들의 위치를 알아낼 수 있다. offset에 해당하는 파일 블록을 결정(offset을 논리 블록 주소로 바꿈)하고 디스크에서 블록을 읽으면 된다.

❹ 커널은 읽을 블록을 버퍼 캐시에서 먼저 찾는다. 버퍼 캐시에 없다면 버퍼 캐시에 블록을 저장할 공간을 할당받고, 디스크에서 블록을 버퍼 캐시로 읽어 들인다.

❺ 버퍼 캐시의 블록에 들어 있는 데이터 중 처음 **1024**바이트를 사용자 배열 **buf[1024]**로 복사한다. 그러고 나서 오픈 파일 테이블의 **offset**을 **1024**로 수정한다. 버퍼 캐시에 디스크 블록을 저장해두는 이유는, 연속되는 **read()**가 디스크 대신 버퍼 캐시에서 읽도록 하여 디스크 입출력을 줄이기 위해서이다. 예를 들어, 한 블록이 **4KB**라고 하면, 응용프로그램이 여러 번에 걸쳐 **4KB**를 읽는 동안 처음 **1**번만 디스크 읽기를 하면 된다.

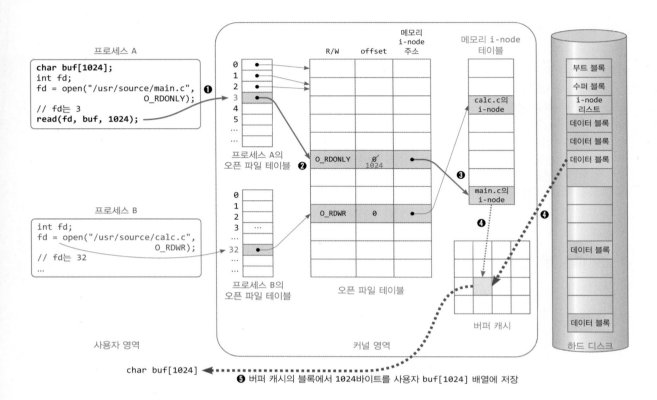

그림 11-22 파일 읽기 과정

4.4 파일 쓰기, write()

이제, 커널에 의해 파일 쓰기가 이루어지는 과정을 알아보자. 다음은 /usr/source/calc.c 파일의 앞부분부터 230바이트를 쓰는 코드이다.

```
char buf[230];
int fd;
fd = open("/usr/source/calc.c", O_RDWR); // fd는 32
write(fd, buf, 230); // buf[] 배열로부터 calc.c 파일에 230 바이트 기록
```

write() 시스템 호출은 다음과 같이 동작하며 그림 11-23은 이 과정을 보여준다.

❶ fd값 32를 이용하여 프로세스 B의 오픈 파일 테이블 32번 항목에서 오픈 파일 테이블의 주소를 알아낸다.

❷ 오픈 파일 테이블의 항목을 알아내고, 열기 모드(O_RDWR)를 검사하여 파일 쓰기가 가능함을 확인한다. 현재 offset이 0이므로 파일 내 0번째 바이트부터 쓰기가 이루어져야 함을 인지한다.

❸ 그리고 오픈 파일 테이블 항목을 참조하여 cal.c 파일의 메모리 i-node를 액세스한다. 이곳에서 calc.c 파일 블록들의 위치를 알아낼 수 있다.

❹ calc.c 파일의 0번째 바이트가 들어 있는 첫 블록이 버퍼 캐시에 있는지 확인한다. 만일 없다면 디스크 블록을 버퍼 캐시로 읽어 들인다. 버퍼 캐시에 읽어 들인 블록에 새 데이터를 기록해야하기 때문이다. 만일 calc.c가 처음 만들어지는 경우라면, 디스크에는 아무 블록도 없기 때문에 디스크에 빈 블록을 할당받아 두고, 버퍼 캐시에도 빈 블록을 할당받고 이곳에 쓰기를 하면 된다.

❺ 사용자 공간에 있는 buf[230] 배열에서 230바이트를 버퍼 캐시에 기록하고 오픈 파일 테이블의 옵셋을 230으로 수정한다. 커널이 디스크에 직접 기록하지 않고 버퍼 캐시에 기록하는 것은 시스템 성능에 많은 이점을 가져온다. 예를 들어, 사용자가 한글로 파일을 편집할 때 동일한 텍스트를 계속 수정하는 경우가 다반사인데, 이때마다 버퍼 캐시에 쓰기를 함으로써 디스크 입출력 횟수를 대폭 감소시킨다.

❻ 버퍼 캐시의 블록은 추후 적절한 시점에 커널에 의해 디스크 블록에 기록된다. 만일 버퍼 캐시 블록이 디스크에 저장되지 못한 상태에서 컴퓨터 전원이 꺼지거나 어떤 이유로 시스템이 비정상 종료되면 프로세스 B가 파일에 쓴 내용은 디스크에 기록되지 않은 채 사라지게 된다.

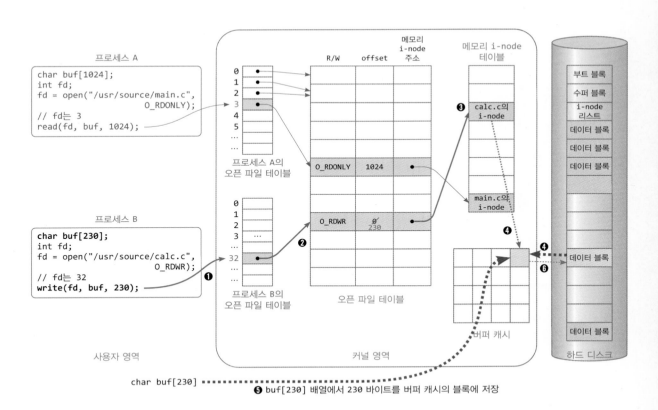

그림 11-23 파일 쓰기 과정

4.5 파일 닫기, close()

파일을 닫는 과정은 여는 과정의 반대로, open()에서 구성한 자료 구조를 해제하는 과정이다. 프로세스 B에서 파일을 닫는 코드 사례는 다음과 같다.

```
close(fd); // fd가 가리키는 calc.c 파일을 닫는다.
```

close() 시스템 호출은 다음과 같이 동작하며 그림 11-24는 이 과정을 보여준다.

❶ fd값 32를 참조하여, 프로세스 B의 오픈 파일 테이블 항목 32번의 내용을 지운다.

❷ 항목 32를 지우기 전, 프로세스 B의 오픈 파일 테이블의 항목 32에 저장된 주소를 이용하여 오픈 파일 테이블 항목을 찾고 그 항목을 반환한다.

❸ 오픈 파일 테이블 항목을 반환하기 전, 메모리 i-node의 주소를 미리 저장해 두었다가 메모리 i-node의 사용을 해제한다. 만일 메모리 i-node가 디스크에서 적재된 후 수정되었다면 메모리 i-node를 디스크 i-node에 기록한다. calc.c를 연 다른 코드가 있었다면 오픈 파일 테이블의 다른 항목에서 calc.c의 i-node를 공유하고 있으므로 calc.c의 i-node를 메모리 i-node 테이블에서 제거하지 않고 둔다.

❹ 버퍼 캐시에 있는 이 파일의 블록들이 수정되었거나 새로 만든 블록인 경우 디스크에 기록한다. 파일이 닫히고 나면 커널 내의 자료 구조는 파일이 열리기 전 상황으로 돌아간다. 다만 버퍼 캐시는 그대로 남겨 두어 다른 프로세스나 다음 파일 입출력에 사용되도록 한다.

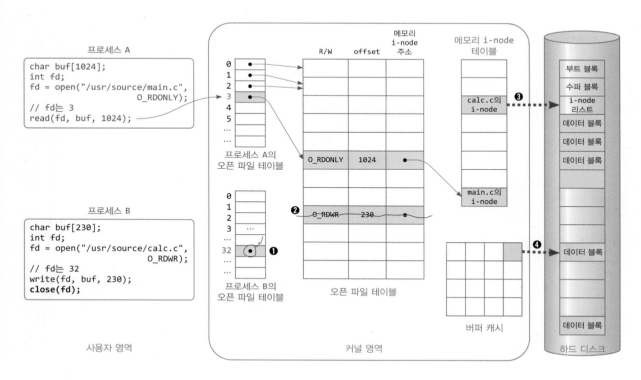

그림 11-24 파일 닫기 과정

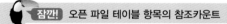
탐구 11-2 동일한 파일을 동시에 여는 경우

동일한 파일은 여러 프로세스에 의해 동시에 열릴 수도 있고, 한 프로세스 내에서 여러 번 열린 상태로 존재할 수도 있다. 이 탐구에서는 하나의 파일이 읽기와 쓰기 모드로 동시에 열린 경우 커널 내 자료 구조와 파일 입출력에 대해 알아본다.

그림 11-25에서 프로세스 A는 phone.txt 파일에서 읽고자 파일을 열고, B는 수정하고자 phone.txt를 연 모습이다. 파일을 열 때마다 오픈 파일 테이블의 항목이 할당되므로 2개의 항목이 만들어져 있다. phone.txt 파일의 i-node는 메모리 i-node 테이블에 한 번만 적재되고 두 열기에 의해 공유된다.

이 상태에서 두 프로세스 중 누가 먼저 실행되느냐에 따라 읽기와 쓰기의 결과가 달라진다. 그림 11-25는 프로세스 B가 먼저 실행된 상황을 보여준다. 프로세스 B는 phone.txt 파일의 앞부분에 230바이트를 기록하여 파일을 수정하였고 그 결과는 버퍼 캐시에 남아 있다. 그리고 offset은 230으로 수정되었다. 그 다음 프로세스 A가 실행되어 1024바이트를 읽게 되면, 현재 offset이 0이므로 phone.txt 파일의 처음부터 읽게 되고 이 것은 프로세스 B가 바로 전에 수정한 230바이트와 수정되지 않은 794바이트를 읽게 된다. 만일 프로세스 A가 B보다 먼저 실행되었더라면 원래 phone.txt 파일에 저장된 내용을 읽게 되었을 것이다.

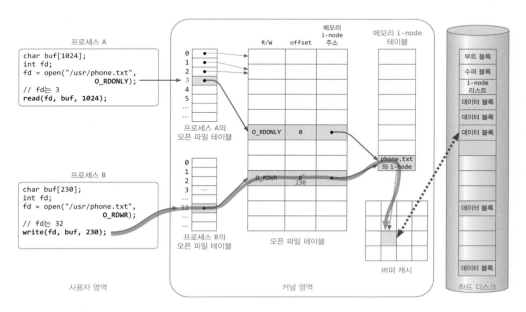

그림 11-25 phone.txt 파일에 대해 읽기와 쓰기가 동시에 진행되는 경우

파일 시스템과 저장 장치

- 파일은 사용자나 응용프로그램에게는 정보를 저장하고 관리하는 논리적인 단위이다.

- 파일이 생성되고 기록되고 읽혀지는 모든 과정은 운영체제에 의해서만 통제된다. 응용프로그램은 시스템 호출을 통해서만 파일 시스템을 사용할 수 있다.

- 섹터는 디스크 장치가 입출력하는 물리적인 단위이고, 블록은 운영체제가 파일을 입출력하는 논리적인 단위이다. 블록의 크기는 운영체제에 따라 다르지만 보통 몇 개의 섹터로 구성된다.

- 운영체제는 파일을 블록 단위로 나누어 디스크에 분산 배치하고 블록 단위로 읽고 쓴다.

- CHS(Cylinder-Head-Sector) 물리 주소는 디스크에서 섹터의 위치를 나타내는 주소로 [실린더 번호, 헤드 번호, 섹터 번호]로 이루어진다.

- 논리 블록 주소는 디스크의 모든 블록들을 일차원 배열로 나열하고 번호를 매긴 주소로 운영체제에서 사용된다.

- 디스크 장치는 운영체제로부터 받은 논리 블록 주소를 CHS 물리 주소로 변환한 뒤 입출력 한다.

- 파일 시스템은 저장 매체에 파일을 생성하고 저장하고 읽고 쓰는 운영체제의 기능을 통칭한다.

- 운영체제 커널에 구현되는 파일 입출력 기능은 파일 생성, 파일 열기, 파일 읽기, 파일 쓰기, 파일 닫기, 파일 삭제, 파일 메타 정보 읽기/변경 등이다.

파일 시스템의 논리 구조

- 오늘날 파일 시스템은 디렉터리와 파일들의 계층 구조로 만들어진다.

- 디렉터리는 서브디렉터리나 파일들의 목록을 저장한 파일이다.

- 파일 시스템 메타 정보란 파일 시스템 전체에 대한 정보로서, 파일 시스템 크기, 저장 장치에 구축된 파일 시스템의 현재 사용 중인 크기, 저장 장치에 구축된 파일 시스템의 비어 있는 크기, 저장 장치 상에 비어 있는 블록들의 리스트 등이다.

- 파일 메타 정보는 파일에 관한 정보로서 파일 이름, 파일 크기, 파일이 만들어진 시간, 파일이 수정된 시간, 파일이 가장 최근에 액세스된 시간, 파일 소유자, 파일 속성, 파일 저장 위치 등이다.

파일 시스템 구축

- FAT 파일 시스템은 1980년대 PC용 MS-DOS 운영체제에서 사용된 것으로, 부트 섹터, 2개의 FAT 테이블, 루트 디렉터리, 데이터 블록 영역으로 구성된다.

- FAT는 시스템의 모든 파일에 대해, 파일을 구성하는 블록들의 번호를 저장하는 테이블로 연결 리스트로 구성된다.

- Unix 파일 시스템은 부트 블록, 수퍼 블록, i-node 리스트, 데이터 블록 영역으로 구성된다.

- 수퍼 블록에는 파일 시스템의 유지 관리를 위한 파일 시스템 메타 정보가 기록된다.

- i-node는 파일 메타 정보가 저장되는 구조체이다.

- i-node에는 파일이 저장된 블록들의 번호를 가리키기 위해 12의 직접 인덱스와 1개의 간접 인텍스, 1개의 2중 간접 인덱스, 1개의 3중 간접 인덱스가 존재한다.

- Unix 파일 시스템에서 디렉터리는, 디렉터리의 모든 파일에 대해 **i-node** 번호와 파일 이름의 목록을 저장하는 파일이다.

🔎 파일 입출력 연산

- 파일을 여는 목적은, 파일이 존재하는지 확인하고, 현재 프로세스가 파일 연산(읽기/쓰기)을 할 수 있는 접근 권한을 가지고 있는지 확인하고, 연이어 파일을 읽거나 쓰기 위한 커널 자료 구조를 형성하기 위함이다.

- **open()** 시스템 호출은, 메모리 **i-node** 테이블에 파일의 **i-node**를 읽어 들이고, 시스템에 **1**개 있는 오픈 파일 테이블의 비어 있는 항목에 메모리 **i-node** 번호와 열기 모드**(R/W)**를 기록하며 파일 옵셋을 초기화한다. 그리고 프로세스별로 **1**개씩 있는 프로세스별 오픈 파일 테이블에 항목을 할당받고 이곳에 파일 테이블 항목의 주소를 기록한다. 그러고 나서 프로세스별 오픈 파일 테이블의 항목 번호를 리턴한다. 이 번호가 바로 파일 디스크립터이다.

- **read()** 시스템 호출은, 프로세스별 오픈 파일 테이블의 항목에 기록된 오픈 파일 테이블의 주소를 따라 오픈 파일 테이블 항목을 액세스하고, 이곳에 기록된 열기 모드를 검사하여 파일을 읽을 수 있는지 확인한 다음, 옵셋의 파일 위치에서 파일을 읽는다. 그리고 읽은 바이트만큼 옵셋을 증가시킨다.

- **write()** 시스템 호출은, 프로세스별 오픈 파일 테이블의 항목에 기록된 오픈 파일 테이블의 주소를 따라 오픈 파일 테이블 항목을 액세스하고, 이곳에 기록된 열기 모드를 검사하여 파일 쓰기가 가능한지 확인한 다음, 옵셋에 기록된 파일 위치에서부터 파일에 기록한다. 그리고 기록한 바이트만큼 옵셋을 증가시킨다.

- **close()** 시스템 호출은, 프로세스별 오픈 파일 테이블의 항목과 파일 테이블 항목을 반환하고, 메모리 **i-node**가 수정되었다면 디스크 **i-node**에 저장한다. **close()**가 실행되면 다시 열지 않는 한 파일은 입출력할 수 없다.

- 동일한 파일을 여러 프로세스나 한 프로세스에서 읽기 모드와 쓰기 모드로 동시에 연 경우 각각 오픈 파일 테이블의 항목이 생기고 동일한 **i-node**를 공유한다. 이후 파일 쓰기가 먼저 실행되면 그 뒤 실행되는 파일 읽기는 앞서 쓰기가 이루어진 파일 데이터를 읽게 된다. 만일 파일 쓰기보다 파일 읽기가 먼저 실행되면 원래 파일을 읽게 된다. 동일한 파일을 동시에 읽고 쓰는 경우 읽고 쓰는 순서에 따라 읽는 결과는 달라진다.

연습문제

개념 체크

1. 디스크 장치에서 읽고 쓰는 기본 단위는?
① 바이트　　　　　　　　　　　　　② 섹터
③ 블록　　　　　　　　　　　　　　④ 트랙

2. 운영체제가 디스크 장치로부터 읽거나 쓰는 단위는?
① 바이트　　　　　　　　　　　　　② 섹터
③ 블록　　　　　　　　　　　　　　④ 트랙

3. 운영체제가 파일 입출력을 위해 사용하는 주소는?
① 논리 블록 주소　　　　　　　　　② CHS 물리 주소
③ 가상 주소　　　　　　　　　　　④ 바이트 주소

4. 운영체제를 헤드 수, 실린더 수 등과 같은 하드 디스크의 물리적인 구조와 무관하게 작성할 수 있도록 해주는 것과 거리가 먼 것은?
① 논리 블록 주소　　　　　　　　　② 디바이스 드라이버
③ 하드 디스크 장치에 의한 주소 변환　④ 입출력 버스

5. 응용프로그램이 표준 라이브러리 함수를 호출하여 파일에서 배열로 읽어 들이는 코드를 실행하였을 때 파일 데이터가 읽혀지는 경로는?
① 디스크 장치 → 응용프로그램의 배열
② 디스크 장치 → 커널의 버퍼 캐시 → 응용프로그램의 배열
③ 디스크 장치 → 라이브러리 버퍼 → 커널의 버퍼 캐시 → 응용프로그램의 배열
④ 디스크 장치 → 커널의 버퍼 캐시 → 라이브러리 버퍼 → 응용프로그램의 배열

6. 응용프로그램이 표준 라이브러리 함수를 호출하여 파일에서 배열로 읽어 들이는 코드를 실행하였을 때 파일 데이터가 읽혀지는 경로로 적합하지 않은 것은?
① 라이브러리 버퍼 → 응용프로그램의 배열
② 디스크 장치 → 응용프로그램의 배열
③ 커널의 버퍼 캐시 → 라이브러리 버퍼 → 응용프로그램의 배열
④ 디스크 장치 → 커널의 버퍼 캐시 → 라이브러리 버퍼 → 응용프로그램의 배열

7. 다음 중 파일 메타 정보가 아닌 것은?

　① 파일 이름

　② 파일을 만든 사용자

　③ 파일이 저장된 위치

　④ 디스크 내 비어 있는 블록 리스트

8. 다음 중 파일 시스템 메타 정보가 아닌 것은?

　① 파일 크기

　② 논리 블록 크기

　③ 디스크 내 비어 있는 블록 수

　④ 디스크 내 비어 있는 블록 리스트

9. 다음 중 파일 메타 정보에 속하는 것은?

　① 파일 크기　　　　　　　　　② 파일의 최대 가능 크기

　③ 파일이 삭제된 시간　　　　　④ 파일 종류(이미지, 텍스트 등)

10. FAT 파일 시스템에서 파일 이름이 저장되는 곳은?

　① 디렉터리　　　　　　　　　② FAT 테이블

　③ 데이터 블록　　　　　　　　④ 부트 섹터

11. 유닉스 파일 시스템에서 파일 메타 정보가 저장되는 곳은?

　① 디렉터리　　　　　　　　　② i-node

　③ 수퍼 블록　　　　　　　　　④ 부트 블록

12. 유닉스 파일 시스템에서 루트 디렉터리의 i-node 번호는 어디에 저장되어 있는가?

　① 부트 블록

　② 수퍼 블록

　③ 데이터 블록의 첫 번째 블록

　④ 루트 디렉터리 i-node 번호는 0으로 고정

13. 유닉스 파일 시스템에서 만들 수 있는 최대 파일 개수는 무엇에 의해 달려 있는가?

　① i-node 개수

　② 오픈 파일 테이블의 크기

　③ i-node의 15개 파일 인덱스

　④ 디렉터리 항목의 i-node 번호의 비트 수(16비트인지 32비트인지 등)

14. 유닉스 파일 시스템에서 i—node에 대한 설명 중 틀린 것은?

① 부팅 후 **i-node**의 크기는 고정되어 변하지 않는다.

② 파일 시스템 내에 **i-node**의 개수는 정해져 있다.

③ 파일 하나 당 하나의 **i-node**가 필요하다.

④ 파일이 생성되면 **i-node** 리스트에 **i-node**가 삽입되어 **i-node** 리스트의 크기가 늘어나고 파일이 삭제되면 **i-node** 리스트에서 **i-node**의 개수도 줄어든다.

15. 다음은 리눅스에서 어떤 디렉터리의 파일 목록을 출력하였다. i—node에 들어 있는 정보가 아닌 것은?

```
$ ls -l
합계 24
drwxrwxr-x 2 han00 han00 4096 12월 11 16:46 .
drwxrwxr-x 9 han00 han00 4096  1월 20 16:14 ..
-rwxrwxr-x 1 han00 han00 8640 12월 11 16:30 logical
-rw-rw-r-- 1 han00 han00   90 12월 11 16:30 logicaladdress.c
$
```

① rw-rw-r--   ② han00

③ 90   ④ logicaladdress.c

16. 유닉스나 리눅스에서 수퍼 블록이 메모리에 적재된 채 사용되어야 하는 이유는?

① 파일 입출력 속도 저하를 막기 위해

② 수퍼 블록의 보호를 위해

③ 응용프로그램으로부터의 훼손을 막기 위해

④ 부팅의 속도를 높이기 위해

17. 파일을 읽기 전 여는 과정이 선행되어야 한다. 그 이유에 해당하지 않는 것은?

① 파일이 존재하는지 확인하기 위해서이다.

② 파일에 접근할 수 있는 권한이 있는지 확인하기 위해서이다.

③ 추후 파일을 읽기 위한 커널 내 자료 구조를 형성하기 위해서이다.

④ 파일을 읽기 위해 디스크 장치의 모터를 미리 회전시켜 놓기 위함이다.

18. 유닉스 파일 시스템을 사용하는 경우. 프로세스가 파일을 여는 동안 진행되는 작업이 아닌 것은?

① 파일의 경로명을 따라 **i-node**를 찾는 과정이 진행된다.

② 파일의 **i-node**가 메모리에 적재된다.

③ 오픈 파일 테이블의 빈 항목을 할당한다.

④ 프로세스 별 오픈 파일 테이블에 **i-node** 번호를 기록한다.

19. 파일 열기가 실패하는 이유가 아닌 것은?

① 파일의 **i-node**를 찾을 수 없다.

② 오픈 파일 테이블이 꽉 차 있다.

③ 열려고 하는 파일의 크기가 너무 크다.

④ 프로세스 별 오픈 파일 테이블이 꽉 차 있다.

⑤ 현재 프로세스가 이 파일에 대한 접근 권한이 없다.

20. 유닉스 파일 시스템에서 파일 메타 정보가 들어있지 않은 곳은?

① 수퍼 블록   ② 디렉터리 항목

③ 디스크 **i-node**   ④ 메모리 **i-node**

21. FAT 파일 시스템에 대한 설명 중 옳은 것은?

① **FAT** 테이블에는 루트 디렉터리를 제외한 모든 파일의 블록들이 저장된 블록 맵이 있다.

② **FAT** 테이블이 손상되면 모든 파일의 블록 위치를 알 수 없기 때문에 백업 **FAT**가 있다.

③ **FAT** 파일 시스템에는 수퍼 블록이 있어 이곳에 파일 시스템의 정보를 기록한다.

④ **FAT** 테이블의 항목이 **0**이면 파일의 마지막 블록임을 나타낸다.

22. 유닉스 파일 시스템을 사용하는 경우 정전으로부터 발생하는 문제가 아닌 것은?

① 부트 블록의 훼손   ② 수퍼 블록의 훼손

③ **i-node**의 훼손   ④ 버퍼 캐시의 데이터 손실

23. 유닉스 파일 시스템에서 커널 내에 마련된 버퍼 캐시의 역할은?

24. 파일 디스크립터를 잘못 설명한 것은?

① **fopen()** 함수의 리턴 값이다.

② 파일을 읽고 쓸 때 반드시 파일 디스크립터가 필요하다.

③ **0.1.2** 등과 같은 **0**과 양의 정수이다.

④ 파일 디스크립터는 프로세스별 오픈 파일 테이블 항목의 인덱스이다.

25. 다음 중 서로 다른 코드는?

① `write(0, "hello", 5);`

② `write(STDOUT_FILENO, "hello", 5);`

③ `printf("hello");`

④ `fprintf(stdout, "hello", 5);`

26. 디렉터리에 대한 설명 중 맞는 것은?

① 디렉터리에 10KB 크기의 파일이 10개 있다면 이 디렉터리가 저장된 디스크 블록의 크기는 100KB이다.

② 유닉스 파일 시스템에서는 파일의 메타 정보는 i-node에 기록되지만 디렉터리의 메타 정보는 수퍼 블록에 기록된다.

③ 유닉스 파일 시스템에서 루트 디렉터리는 다른 디렉터리와 다르게 취급되어 루트 디렉터리 블록들은 예약된 영역에 저장된다.

④ 유닉스 파일 시스템에서 디렉터리도 파일로 취급되어 디렉터리 하나 당 하나의 i-node가 할당된다.

27. 유닉스 파일 시스템에서 다음 중 포맷된 이후 크기가 고정되지 않는 것은?

① 수퍼 블록

② 파일 블록 크기

③ i-node 리스트 크기

④ 루트 디렉터리 크기

28. 시스템 호출 함수 close()에 대한 설명으로 맞는 것은?

① 현재 프로세스가 열어 놓은 파일만 닫을 수 있다.

② 파일을 닫으면 재부팅한 후에야 다시 열 수 있다.

③ 파일을 닫고 파일 시스템에서 파일을 삭제한다.

④ 파일을 닫고 파일 크기를 0으로 바꾼다.

복합 문제

※ [1~2] 다음은 FAT 파일 시스템에서 FAT 테이블을 보여준다.

항목 0	reserved
1	reserved
2	124
…	0
	88
52	123
53	2
54	320
55	321
…	0
123	−1
124	54
…	77
320	−1
321	52
…	

FAT(File Allocation Table)

1. 앞의 그림을 참고하여 다음 질문에 답하라.

(1) exam.txt 파일의 첫 번째 블록이 53번 디스크 블록에 할당되어 있다면 exam.txt 파일이 적재된 디스크 블록들을 순서대로 나열하라.

(2) 블록 크기가 1KB라면 exam.txt 파일의 크기로 가장 적절한 것은?

① 1KB   ② 4KB

③ 4.5KB   ④ 53KB

2. 앞의 그림을 참고하여 다음 질문에 답하라.

(1) score.txt 파일의 첫 번째 블록이 55번 디스크 블록에 할당되어 있다면 score.txt 파일이 적재된 디스크 블록들을 순서대로 나열하라.

(2) 블록 크기가 2KB일 때 score.txt 파일의 크기로 가장 적절한 것은?

① 1KB   ② 7KB

③ 9KB   ④ 80KB

3. 유닉스 파일 시스템에서 /usr/dev/source/app.c 파일을 읽으려고 한다. 다음 질문에 답하라.

(1) 이 파일을 읽기 위해 운영체제는 몇 개의 i-node를 읽어야 하는가? 읽어야 하는 i-node를 순서대로 나열하라.

(2) i-node와 디스크 블록들이 읽혀지는 순서를 기술하라.

(3) 이 파일이 읽혀지는 과정을 생각해볼 때, 운영체제가 i-node 테이블을 메모리에 적재해 두고 사용하는 이유는 무엇인지 설명하라.

12

대용량 저장
장치 관리

저장 장치 개요

2. 하드 디스크 장치

3. 디스크 스케줄링 알고리즘

4. 디스크 포맷

5. SSD 저장 장치

하드 디스크, 입출력 병목, 데이터 신뢰성, 입출력 버스, 존 비트 레코딩, CHS(Cylinder-Head-Sector) 물리 주소, 논리
블록 주소(logical block address, LBA), 탐색, 회전 지연, 전송, 디스크 스케줄링, 탐색 거리, FCFS, SSTF, SCAN,
C-SCAN, LOOK, C-LOOK, 디스크 포맷팅, 4K 섹터, 파티션, MBR, GPT, 마운트, SSD, 플래시 메모리, 가비지 컬
렉션, 웨어 레벨링(wear leveling), 플래시 변환 계층

대용량 저장 장치 관리

1 저장 장치 개요

1.1 저장 장치의 특징

주기억장치는 현재 실행 중인 프로그램 코드와 데이터를 적재하고 CPU가 직접 접근하는 기억장치로서, RAM으로 불리는 반도체 메모리가 사용된다. 저장 장치는 전원이 꺼져도 프로그램과 데이터를 보조 저장할 수 있는 대용량 장치로서, CPU가 직접 접근하지 않고 입출력 전용 처리기에 의해 입출력된다. 저장 장치는 하드 디스크, SSD, 자기테이프, CD, RAID, USB 스틱 등 그림 12-1과 같이 다양하다. 현재 가장 널리 사용되는 것은 하드 디스크이며, 최근 들어 크기가 작고 속도가 빠른 SSD(Solid State Disk)가 인기를 얻어가고 있다.

하드 디스크　　　SSD　　　CD/DVD　　　자기 테이프　　　USB 스틱　　　RAID

그림 12-1 다양한 저장 장치들

저장 장치는 주기억장치와 달리 다음과 같은 특징을 가진다.

- 대용량
- 비휘발성 영구 기억
- 가상 메모리의 스왑 공간으로 활용

저장 장치는 보통 몇 백 기가바이트(GB, Giga Byte)에서 수십 테라바이트(Tera Byte) 크기로 주기억장치(이하 메모리)보다 최소 1000배 이상 대용량이며, 주기억장치와 달리 전원이 꺼져도 저장된 데이터가 지워지지 않는 비휘발성(non-volatile) 영구 기억 장치이다. 저장 장치는 대부분 읽고 쓰는 횟수가 제한되지만, 수명이 컴퓨터의 교체 시기(일반적으로 5년)보다 길기 때문에 거의 영구적이라고 할 수 있다. 또한 저장 장치는 메모리 계층 구조의 최하위단으로 데이터베이스나 파일을 저장할 뿐 아니라 가상 메모리의 스왑 공간으로도 사용된다.

1.2 저장 장치의 성능 및 신뢰성

저장 장치의 성능과 신뢰성은 컴퓨터 시스템의 성능과 신뢰성에 직접 영향을 미치기 때문에 운영체제는 저장 장치를 효율적으로 제어할 필요가 있다.

- 저장 장치의 입출력 병목(I/O bottleneck) 문제 – 시스템 성능에 영향
- 저장 장치의 데이터 신뢰성(data reliability) 문제 – 시스템 신뢰성에 영향

저장 장치의 입출력 병목

저장 장치의 입출력 병목(I/O bottleneck)은 저장 장치가 입출력에 과부하가 걸려 있는 상태를 뜻한다. 여러 프로세스가 유발한 입출력 요청들로 인해, 저장 장치가 쉴 없이 작동하고 사용자나 프로세스는 입출력이 끝나기를 오래 기다리는 현상이다. 지난 몇 십년동안 CPU와 메모리의 처리 속도는 엄청난 발전을 거듭하였지만 저장 장치의 속도 향상은 이에 미치지 못하여, 처리 능력 차이가 커지게 된 것이 저장 장치 병목의 원인이 되었다.

입출력 병목 현상이 나타나면 CPU의 유휴 시간이 늘어나고 시스템 전체가 느려진다. 설상가상으로 많은 입출력 작업을 수반하는 응용들이 실행되면, 입출력 병목으로 인한 시스템의 성능저하가 더욱 심해질 수 있다. 입출력 병목을 줄이기 위해 다음과 같은 다양한 방법들이 있다.

- 주기억장치 메모리 늘리기
- 디스크 캐시 늘리기
- 디스크 스케줄링
- SSD와 같은 빠른 저장 장치나 RAID와 같은 병렬 저장 장치 사용

첫째, 입출력 병목을 줄이기 위한 가장 기본적인 조치는 메모리를 늘려 저장 장치로의 입출력 횟수를 줄이는 것이다.

둘째, 디스크 장치의 성능을 높이기 위해 대부분의 디스크가 디스크 캐시 메모리를 둔다. 디스크 캐시는 호스트 컴퓨터가 디스크에 저장한 최근 블록이나 디스크에서 최근에 읽은 블록들을 저장하여, 다음에 호스트가 읽거나 쓸 때 입출력 응답 속도를 빠르게 한다. 또한 디스크 장

치가 최근에 읽은 디스크 블록의 다음 블록들을 미리 디스크 캐시에 읽어두어 순차 읽기 응용의 입출력 응답 속도를 높인다.

셋째, 디스크 스케줄링은 디스크 입출력 요청들의 순서를 효과적으로 스케줄하여 디스크 암의 움직임을 최소화함으로써 디스크 장치의 물리적인 입출력 시간을 줄이는 기법이다. 과거에는 디스크 스케줄링이 운영체제의 기능이었지만 지금은 디스크 장치 내에서 이루어진다.

넷째, SSD와 같은 빠른 저장 장치나, 여러 개의 값싼 디스크를 병렬로 동작시키는 RAID (Redundant Array of Inexpensive Disks) 저장 장치를 이용하여 물리적인 입출력 성능을 향상시키는 방법이다.

데이터 신뢰성

저장 장치에 있어 입출력 병목의 해결만큼이나 저장된 데이터의 신뢰성을 확보하는 것이 필요하다. CPU나 메모리가 고장 나면 교체하면 되지만, 저장 장치가 고장 나면 새 장치를 교체하는 것으로 끝나지 않는다. 이미 데이터를 잃어버렸기 때문이다. 잃어버린 데이터의 가치를 어찌 돈으로 환산할 수 있을까? 은행의 저장 장치에 저장된 계좌 데이터가 손상되었을 때 어떤 문제가 발생할 지 생각하면 금방 이해될 것이다.

디스크에 저장된 데이터의 신뢰성을 높이기 위해, 2개의 디스크에 항상 동일한 데이터가 기록되도록 구현하고 사용자에게는 1개의 디스크처럼 보이게 하는 디스크 미러링(disk mirroring)이나, 여러 개의 디스크에 패리티(parity) 정보와 함께 데이터를 분산 기록하여 디스크가 손상될 때 자동 복구하는 RAID 기술 등이 있다.

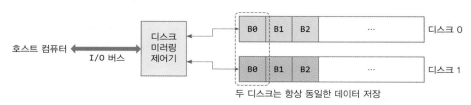

(a) 2개의 디스크에 항상 동일한 데이터 저장

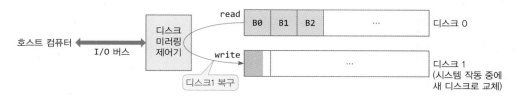

(b) 디스크 1이 고장난 경우 디스크 0의 데이터를 기록하여 복구

그림 12-2 디스크 미러링(RAID 레벨 1)

디스크 미러링은 RAID 기법 중 하나로 RAID 레벨 1이라고 부른다. RAID는 디스크의 입출력 병목을 줄일 뿐 아니라 데이터의 신뢰성을 높이는 기법이다. 그림 12-2(a)는 디스크 미러링의 사례이다. 디스크 미러링 제어기는 호스트로부터 쓰기 명령을 받으면 디스크 0과 디스크 1에 동일하게 기록하여 두 디스크가 항상 같은 내용을 가지게 한다. 읽기 시에는 한 디스크에서만 읽는다. 시스템 동작 중에 디스크 1이 고장나면, 그림 12-2(b)와 같이 시스템이 동작 중인 상태에서 고장난 디스크 1을 제거하고 새 디스크를 삽입하면 제어기가 자동으로 디스크 0의 데이터를 디스크 1에 복사하여 복구시킨다. 이런 기능을 핫 스와핑(hot swapping)이라고 한다.

그림 12-3은 RAID 기법 중 가장 많이 사용되는 RAID 레벨 5의 모형으로 4개의 디스크로 구성된 사례이다. RAID 5 제어기는 블록들을 3개의 디스크에 돌아가면서 배치하고 한 개의 디스크에는 패리티(parity) 블록을 만들어 저장하는데, 예를 들어 B0, B1, B2의 세 블록을 각 디스크에 하나씩 저장하고 B0, B1, B2로부터 패리티 블록 P0을 만들어 디스크 3에 저장한다. 패리티 블록에는 B0, B1, B2 블록에 오류가 발생하였을 때 복구하기 위한 패리티 비트들이 들어 있다. 운영체제로부터 B0~B2까지 3개의 블록 읽기 요청이 발생하면 RAID 5 제어기는 3개의 디스크를 동시에 작동시켜 3개의 블록이 병렬로 전송된다.

그림 12-3(b)는 작동 중에 디스크 2가 고장이 난 경우이다. 이때 운영체제가 B7 블록 읽기 명

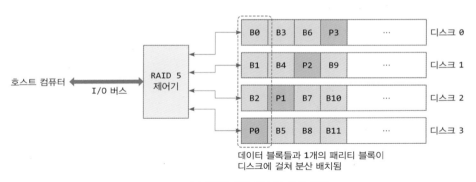

(a) RAID 5의 디스크 블록 저장

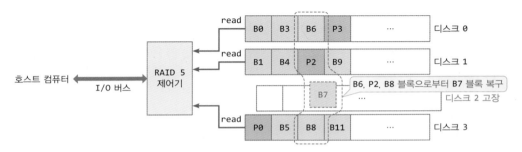

(b) 디스크2가 고장이 난 경우, B6, P2, B8의 세 블록들을 이용하여 B7 블록 복구

그림 12-3 RAID 레벨 5

령을 내리면, RAID 5 제어기는 B6, P2, B8 블록들을 읽고 이들로부터 B7 블록을 복구하여 전송한다. 시스템 작동 중 사용자가 디스크 2를 제거하고 빈 디스크를 끼우면, RAID 5 제어기가 자동으로 다른 3개의 디스크로부터 블록들을 읽어 디스크 2를 복구시킨다.

TIP 패리티 비트

> 패리티 비트(parity bit)란 데이터를 전송할 때, 오류를 검출하기 위해 추가되는 비트이다. 데이터와 패리티 비트를 합쳐 1의 개수가 짝수개가 되도록 패리티 비트를 만들 때 짝수 패리티라 하고, 홀수의 경우 홀수 패리티라고 한다. 예를 들어 전송할 데이터 비트들이 001일 때 짝수 패리티 비트는 1이고, 홀수 패리티 비트는 0이다. 짝수나 홀수 패리티의 선택은 데이터를 주고받는 양단에서 약속하면 된다. 홀수 패리티를 생성하는 방법은 모든 데이터 비트들에 XOR(exclusive OR, $\oplus$) 연산을 수행하면 된다. 예를 들어 3비트(b0~b2)로 이루어진 데이터의 홀수 패리티 비트는 다음 계산으로 생성한다.
>
> ```
> 홀수패리티 비트 p = b0 ⊕ b1 ⊕ b2
> ```
>
> 그림 12-3의 RAID 5 제어기는 이와 동일한 방법으로 3개의 블록 B0, B1, B2의 각 비트를 XOR 연산하여 P0 블록을 만들고 저장한다.
>
> ```
> P0 = B0 ⊕ B1 ⊕ B2
> ```
>
> 사용 중에 B2 블록이 손상되면, 다음 식을 이용하여 B2 블록을 복구할 수 있다.
>
> ```
> B2 = P0 ⊕ B0 ⊕ B1
> ```

2 하드 디스크 장치

저장 장치 중에서 가장 많이 사용하고 있는 하드 디스크에 대해 알아본다.

2.1 하드 디스크 장치의 구조

하드 디스크(HDD, Hard Disk Drive)는 자성체(magnetic material)로 코팅된 여러 개의 원형 판(platter, 플래터)에 디지털 정보를 저장하고 읽어 내는 저장 장치로서, 현대 컴퓨터에서 가장 많이 사용되는 보조 기억 장치이다. 하드 디스크의 구조는 그림 12-4와 같이 저장 매체 모듈과 제어 모듈로 구분된다.

디스크 제어 모듈

디스크 제어 모듈은 호스트로부터 명령을 받아 디스크 매체 모듈에 지시하여 디스크 캐시와 디스크 매체 사이에 입출력이 이루어지도록 하고, 입출력 버스 인터페이스를 통해 디스크 캐시에 저장된 데이터를 호스트로 전송하거나 호스트로부터 디스크 캐시로 데이터를 수신한다.

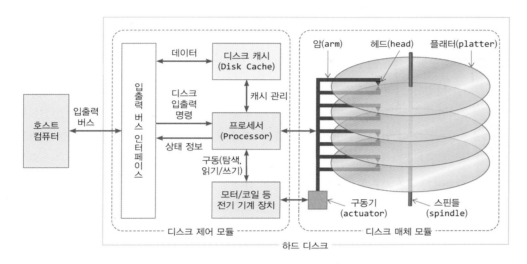

그림 12-4 하드 디스크의 구조

• 입출력 버스 인터페이스

입출력 버스 인터페이스는 입출력 버스를 통해 호스트로부터 입출력 명령을 수신하고 데이터를 주고받는 하드웨어로, PCI 버스 인터페이스, SCSI 버스 인터페이스, SATA 버스 인터페이스, USB 인터페이스 등 다양한 종류가 있다.

• 프로세서

프로세서는 운영체제로부터 전달받은 디스크 입출력 명령을 해석하여, 모터/코일 등 전기 기계 장치를 구동시켜 하드 디스크의 암(arm)을 움직이거나 디스크 헤드(disk head)를 제어하여 플래터에서 읽거나 쓴다. 내부에 명령 큐를 두고 호스트로부터 받은 여러 개의 입출력 명령을 저장하고 스케줄링을 통해 디스크 액세스 시간을 줄이며 디스크 캐시를 관리한다.

• 디스크 캐시

디스크 캐시는 입출력되는 데이터의 임시 저장소 역할을 하는 빠른 반도체 메모리로 몇 십 MB 크기이다. 운영체제가 저장하기 위해 보내온 데이터는 디스크 캐시에 먼저 저장된 후, 프로세서에 의해 플래터에 기록된다. 읽기의 경우, 플래터에서 읽혀진 데이터는 먼저 디스크 캐시에 저장되고, 그 후 입출력 버스 인터페이스에 의해 호스트로 전송된다. 프로세서는 예측 읽기

(prefetch)를 이용하여 호스트가 다음에 읽을 것으로 예측되는 데이터를 디스크 캐시에 읽어 놓아 호스트의 응답 시간을 줄이기도 한다. 현대의 디스크는 대부분 디스크 캐시를 가지고 있는데, Seagate사의 1TB 디스크(Seagate 1TB, 7200rpm, 64MB, Sata III, BarraCuda) 경우에는 64MB의 디스크 캐시가 있다.

디스크 매체 모듈

플래터는 완전한 원형 판의 자성체로 디지털 정보가 기록되는 곳이다. 디스크 헤드는 플래터 위를 움직이면서 디지털 정보를 읽거나 디지털 정보를 쓰는 장치이며, 디스크 헤드를 원하는 위치로 움직이는 장치를 암(arm)이라고 부른다. 디스크 헤드는 플래터 표면 위에 일정한 간격을 유지한 채 기록된 정보를 읽거나 기록하는데, 플래터 표면에 닿게 되면 닿은 부분이 손상되어 불량 섹터(bad sector)가 될 수도 있다.

플래터는 아래면 윗면 모두 정보를 저장하므로 하나의 플래터 아래 위에 각각 디스크 헤드가 있다. 암들은 모두 하나의 구동기(actuator)에 달려 있으며 좌우로 함께 읽거나 쓰고자 하는 지점으로 이동한다. 그러나 그 중 하나의 헤드만 플래터에서 입출력을 진행한다.

> **잠깐!** **디스크 파킹(disk parking)**
>
> 1980년대 중반 IBM PC가 대중에 널리 퍼졌을 때 처음 나온 하드 디스크는 10MB 크기였다. 플로피 디스크를 사용하던 그 당시에, 10MB의 하드 디스크는 속도와 용량, 편리함 등에 있어 이루 말할 수 없는 큰 선물이었다. 다만 한 가지 조심할 것이 있었는데, 컴퓨터를 끄거나 옮기기 전에 반드시 'park'라는 명령으로 디스크 암을 플래터 바깥의 안전한 위치로 이동시키는 디스크 파킹을 해야만 했다. 디스크 암이 플래터 위에 있는 상태에서 컴퓨터를 옮기게 되면 헤드와 플래터가 닿게 되어 플래터가 훼손되기 때문이다. 이것을 몰랐던 초보 대학원생이 디스크 파킹을 하지 않고 컴퓨터를 옮기다가 디스크를 망가뜨리는 사고들이 종종 발생하곤 했다.

TIP **최초의 하드 디스크, IBM RAMAC 350**

IBM이 1954년에서 시작하여 1956년에 최초로 대용량 저장 장치, 하드 디스크 Model 350을 개발하였다. Model 350은 그림 12-5와 같이 반경이 24인치인 원판을 50개 수직으로 쌓아 하나의 스핀들(구동축)에 연결하고 1200rpm(rotations per minute)으로 회전시키며 총 3.75MB를 저장한다. 오늘날 디스크가 테라바이트를 저장하는 것에 비하면 매우 적은 양이지만, 그 당시로는 대단히 큰 양이었다.

그림 12-5 최초의 하드 디스크 IBM RAMAC 350

출처 : Computer History Museum(https://www.computerhistory.org/revolution/memory-storage/8/233)

2.2 입출력 버스

하드 디스크와 호스트가 연결되는 입출력 버스는 다음과 같이 여러 종류가 있으며, 하드 디스크 제조업체는 버스 인터페이스 회로를 포함하는 하드 디스크를 만든다.

ATA, SATA(Serial ATA), SCSI, IEEE 1394, Fiber Channel, USB

ATA(Advanced Technology Attachment)는 하드 디스크나 CD-ROM 장치를 PC에 연결하는 표준 입출력 버스로, 상업적으로 IDE, EIDE라는 이름으로 사용되고 있다. SATA는 ATA의 계승자로서, 현대 컴퓨터에서 디스크 장치를 연결하는 가장 보편적인 버스이다. SCSI(Small Computer System Interface)는 하나의 버스에 하드 디스크, CD-ROM, DVD, 스캐너 장치 등 여러 개의 장치들을 동시에 연결하는 입출력 버스이다. SCSI는 1990년대에 최고의 인기를 누렸던 시절이 있었지만, 지금은 서버급 컴퓨터나 워크스테이션에서 고속의 주변장치들을 동시에 연결하는 버스로 사용되며, PC나 노트북에서 하드 디스크는 주로 SATA 버스로 연결된다. 표 12-1은 디스크 입출력 버스의 전송 속도를 비교하여 보여준다.

표 12-1 디스크 입출력 인터페이스와 전송 속도

인터페이스	전송 속도	모델 사례
ATA	최대 100MBytes/s	ATA-6
SATA	최대 600MBytes/s	SATA III (4.8Gbps~6.0Gbps)
SCSI	최대 640MBytes/s	Ultra-640 SCSI
Fiber Channel	최대 50GBytes/s	256GFC
USB	최대 640MBytes/s	USB 3.0

2.3 디스크 저장 구조

섹터, 트랙, 실린더

디스크 장치의 각 플래터에는 윗면 아랫면 모두 그림 12-6과 같은 형식으로 디지털 정보가 저장된다. 플래터의 표면에는 여러 개의 동심원을 따라 정보가 저장되는데, 각 동심원을 트랙이라고 부르며, 같은 동심원을 가진 트랙들을 모아 실린더라고 부른다. 그러므로 플래터가 4장 있는 경우 실린더는 8개의 트랙으로 구성된다.

트랙은 다시 여러 개의 섹터로 구분된다. 섹터는 디스크 장치가 저장하고 읽는 최소 단위로서

전통적으로 512바이트 크기이지만, 최근에는 **4KB 크기의 고급 포맷**(Advanced Format)을 사용하는 디스크가 주를 이루고 있다. 하드 디스크의 모든 플래터들은 하나의 구동축(spindle, 스핀들)에 연결되어 동시에 회전하며, 언제나 동일한 속도 즉 **등각속도**(CAV, Constant Angular Velocity)로 회전한다.

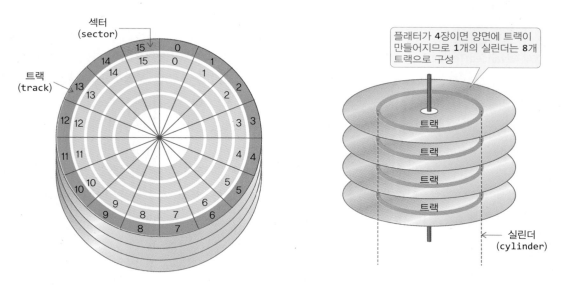

그림 12-6 하드 디스크의 저장 형식, 섹터, 트랙, 실린더

존 비트 레코딩(zone bit recording)

전통적인 디스크에서는 등각속도 회전에 맞추어, 그림 12-7(a)와 같이 안쪽 트랙이든 바깥쪽 트랙이든, 트랙마다 같은 개수의 섹터를 배치하였다. 그러므로 안쪽 트랙에 비해 바깥쪽 트랙의 길이가 길기 때문에, 바깥쪽 트랙일수록 저장되는 밀도가 낮다.

1990년대 들어 그림 12-7(b)와 같이 밀도가 낮은 바깥쪽 트랙에 더 많은 섹터를 배치하는 **존 비트 레코딩**(zone bit recording, ZBR) 방식의 하드 디스크가 출현하였다. 존 비트 레코딩은 전체 트랙을 몇 개의 존(zone, 영역)으로 나누고, 바깥 존에 트랙 당 섹터를 더 많이 배치하여 디스크의 저장 용량을 늘리고 입출력 속도를 높인다. 트랙이 1회전하는 시간은 모든 트랙에서 동일하지만, 바깥 존일수록 더 많은 섹터가 있으므로 시간당 입출력되는 섹터가 많아 입출력 속도가 높아진다. 존 비트 레코딩은 현재 대부분의 디스크에서 사용되고 있다.

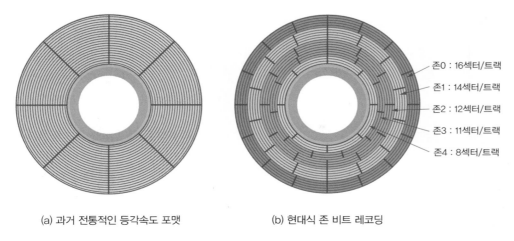

|존0 : 16섹터/트랙|
|존1 : 14섹터/트랙|
|존2 : 12섹터/트랙|
|존3 : 11섹터/트랙|
|존4 : 8섹터/트랙|

(a) 과거 전통적인 등각속도 포맷   (b) 현대식 존 비트 레코딩

그림 12-7 과거 전통적인 등각속도 포맷과 현대식 존 비트 레코딩 포맷의 비교

디스크 물리 주소

하나의 플래터에서 트랙은 바깥에서 안으로 0부터 증가하는 순서로 번호가 매겨지며, 섹터도 0번부터 번호가 매겨진다. 만일 플래터의 개수가 4개라면, 헤드 개수가 8개이고 한 실린더는 8개의 트랙으로 구성된다. 실린더 번호도 바깥에서 안쪽으로 0번부터 매겨진다. 섹터의 위치는 다음과 같은 CHS(Cylinder-Head-Sector) 물리 주소로 표현된다.

> CHS 물리 주소 = [실린더 번호, 헤드 번호, 섹터 번호]

디스크 장치는 섹터의 위치를 나타내기 위해 CHS 물리 주소를 사용하지만, 운영체제는 디스크의 모든 섹터를 일차원으로 펼치고, 여러 섹터를 블록(disk block)이라는 단위로 묶어 0번부터 블록에 번호를 매긴 논리 블록 주소(LBA, logical block address)를 사용한다. 운영체제가 디스크 장치에게 논리 블록 주소를 전달하면 디스크 장치는 이를 CHS 물리 주소로 변환하고 읽고 쓸 섹터를 결정한다. 이런 방식으로, 운영체제 커널은 디스크 장치의 실린더 개수, 트랙당 섹터 수 등 디스크 장치의 하드웨어 스펙에 무관하게 작성할 수 있다.

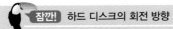 **하드 디스크의 회전 방향**

하드 디스크의 모터는 반시계방향으로 회전한다. 왜 이 방향인지에 대해서는 명확한 이유가 없다. 초기에 만든 보이스 코일 모터가 그랬기 때문이라고도 하고, 코리올리 효과 때문이라고도 한다. 어쨌든 오늘날 대부분의 하드 디스크는 반시계방향으로 회전한다.

2.4 디스크 용량

디스크 포맷을 알았으니 이제 디스크 용량을 계산해보자. 디스크 용량은 다음과 같이 계산할 수 있다.

> 디스크 용량 = 실린더 개수 × 실린더당 트랙 수 × 트랙당 섹터 수 × 섹터 크기

실린더당 트랙 수는 디스크 헤드의 개수와 동일하다. 사례를 통해 디스크의 용량을 어떻게 계산하는지 알아보자. 컴퓨터에서 용량은 TIP에서 설명한 것과 같이 현재 KB, MB 등의 전통적인 단위 체계와 KiB, MiB 등의 새 단위 체계가 함께 사용되고 있다. 정확한 용량 표기를 사용하는 것이 좋지만, 그동안 사용한 관례도 있고 혼란을 줄이기 위해 **표 12-2**의 전통적인 방식으로 KB, MB 등의 단위로 표기한다.

용량 계산 사례 1

다음과 같은 포맷의 하드 디스크는 용량이 얼마일까?

- 실린더: 1000개
- 실린더 당 트랙 수: 8개
- 트랙당 섹터수: 200개
- 섹터 크기: 512바이트

디스크 용량은 전체 섹터 수에 섹터 크기를 곱하면 되므로 다음과 같이 계산된다.

> 디스크 용량 = 1000 × 8 × 200 × 0.5KB = 1000 × 8 × 100KB = 약 800MB(819.2MB)

용량 계산 사례 2

이번에는 다른 사례를 통해 디스크 포맷과 용량에 대한 개념을 확인해보자. 다음과 같은 스펙을 가진 하드 디스크가 있다.

- 실린더: 4000개
- 실린더 당 트랙 수: 2개
- 트랙당 섹터수: 2000개
- 섹터 크기: 512바이트

(1) 디스크에는 총 몇 개의 트랙이 있는가?

    총 트랙 수는 (실린더 개수)×(실린더 당 트랙수) = 4000 × 2 = 8000개

(2) 트랙당 저장 용량은 얼마인가?

    트랙당 저장 용량은 (트랙당 섹터 수)×(섹터 크기) = 2000 × 512바이트 = 약 1MB

(3) 디스크의 총 저장 용량은 얼마인가?

    디스크 총 용량은 (총 트랙 수)×(트랙당 저장 용량) = 8000 × 1MB = 약 8GB

TIP 저장용량을 나타내는 단위, KB와 KiB

통신 데이터나 저장 데이터 량을 언급할 때, KB, MB, GB 등의 단위를 사용한다. 이 단위들은 전통적인 단위로서 그 크기는 표 12-2와 같다. 전통적인 단위 체계는 2진수를 바탕으로 1024의 지수승으로 표현하기 때문에 가끔 혼란을 초래하였다. 예를 들어, 1024KB가 1024 × 1024바이트 = 1MB이지만, 사람에 따라서는 1000KB = 1MB로 나타내기도 한다.

그래서 IEC 위원회에서는 1998년 11월에 표 12-3과 같이 KiB, MiB, GiB 등의 새로운 단위 체계를 도입하고, KB, MB, GB 등과 구분하도록 하였다. KB, MB 등은 1000을 단위로 하고, KiB, MiB 등은 1024를 단위로 한다.

표 12-2 전통적인 단위 체계

KB	$1024^1 = 2^{10}$
MB	$1024^2 = 2^{20}$
GB	$1024^3 = 2^{30}$
TB	$1024^4 = 2^{40}$
PB	$1024^5 = 2^{50}$
EB	$1024^6 = 2^{60}$
ZB	$1024^7 = 2^{70}$
YB	$1024^8 = 2^{80}$

표 12-3 IEC 위원회에서 정의한 단위 체계

단위 기호	값	단위 기호	값
KB(킬로바이트)	$1000^1 = 10^3$	KiB(키비바이트)	2^{10}
MB(메가바이트)	$1000^2 = 10^6$	MiB(메비바이트)	2^{20}
GB(기가바이트)	$1000^3 = 10^9$	GiB(기비바이트)	2^{30}
TB(테라바이트)	$1000^4 = 10^{12}$	TiB(테비바이트)	2^{40}
PB(페타바이트)	$1000^5 = 10^{15}$	PiB(페비바이트)	2^{50}
EB(엑사바이트)	$1000^6 = 10^{18}$	EiB(엑스비바이트)	2^{60}
ZB(제타바이트)	$1000^7 = 10^{21}$	ZiB(제비바이트)	2^{70}
YB(요타바이트)	$1000^8 = 10^{24}$	YiB(요비바이트)	2^{80}

하지만, 여전히 단위 통일은 이루어지지 않고 있다. 하드 디스크나 플래시 메모리 제조업체들은 1GB를 1000× 1000×1000 = 10^9바이트로 다룬다. 이와 달리, RAM 메모리 제조업체들은 여전히 전통적인 단위로 체계를 사용하여, 1024바이트(2^{10})를 1KiB로 표기하지 않고 1KB로, 2^{30}바이트를 1GB 등으로 사용하고 있다. Windows에서도 여전히 2^{30}바이트를 1GB로 표기한다. IEC에서 단위 체계를 정했음에도 불구하고 오랜 관습을 깨는 것이 여전히 어려운 것 같다.

2.5 디스크 입출력 과정 및 성능 파라미터

디스크 장치는 운영체제(구체적으로 디스크 드라이버)로부터 받은 입출력 명령을 실행한다. 운영체제는 디스크 장치의 전체 블록들을 0번부터 번호로 매긴 논리 블록 주소를 사용하기 때문에, 디스크 장치가 운영체제로부터 받는 명령은 다음 정보들로 구성된다.

> 읽기/쓰기, 논리블록번호(LBA), 호스트의 메모리 주소, 읽거나 쓰는 블록 수

디스크 입출력 명령이 내려지면, 디스크 장치 내 프로세서가 논리 블록 번호를 CHS 물리 주소로 변환한 다음, 디스크 헤드를 목표 실린더로 이동시켜 읽거나 쓰기를 시작한다. 이 과정은 다음 4개의 과정으로 나뉘며 그림 12-8과 같다.

- 탐색(seek) – 디스크 헤드를 목표 실린더로 이동
- 회전 지연(rotational latency) – 플래터가 회전하여 목표 섹터가 디스크 헤드 밑에 도달할 때까지 대기
- 전송(transfer) – 디스크 헤드와 호스트 사이의 데이터 전송. 내부 전송과 외부 전송으로 나뉨
- 오버헤드(overhead) – 프로세서가 호스트에서 명령을 받고 해석하는 등 부가 과정

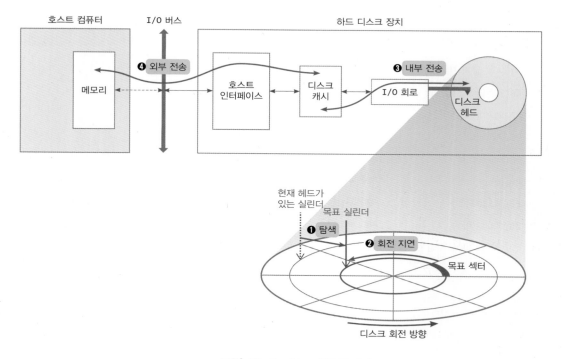

그림 12-8 디스크 입출력 과정

탐색

탐색은 디스크 장치 내 모터를 이용하여 디스크 헤드를 현재 실린더에서 목표 실린더로 이동시키는 과정이다.

이동하는 실린더 개수를 탐색 거리(seek distance)라고 부르며, 탐색 시간은 전체적으로 탐색 거리에 선형적으로 비례하지만, 탐색 거리가 매우 짧은 경우 탐색 시간이 많이 걸리는 현상이 나타난다. 그것은 모터가 디스크 암을 가속시키는 탐색 초기와 목표 실린더 앞에서 디스크 암을 감속시킬 때 시간이 많이 걸리기 때문이다. 오늘날 상용 하드 디스크의 평균 탐색 시간은 5ms 내외(1ms~10ms)이다.

회전 지연

디스크 헤드는 탐색 후 플래터가 회전하여 헤드 밑에 목표 섹터가 도달할 때까지 기다리는데 이 시간을 회전 지연 시간이라고 한다. 운 좋은 경우 바로 목표 섹터가 도착할 수 있지만 최악의 경우 한 바퀴를 기다리기 때문에, 평균 회전 지연 시간은 디스크 회전 시간의 1/2이다.

> 평균 회전 지연 시간 = 1/2회전 시간

디스크의 회전 속도는 분당 회전수로 나타내며 단위는 rpm(rotations per minute)이다. 오늘날 상용 디스크의 회전 속도는 5600rpm, 7200rpm, 10000rpm, 15000rpm 등 다양하며 점점 빨라지고 있다. 표 12-4는 회전 속도와 회전 지연 시간의 몇 가지 사례를 보여 준다. 한 가지 사례만 계산해보면, 7200rpm의 경우 회전 시간은 다음과 같이 계산한다.

> 1회전 시간 = 60초/7200 = 8.33ms
> 평균 회전 지연 시간 = 8.33ms/2 = 4.17ms

표 12-4 회전 속도와 평균 회전 지연 시간

회전 속도(rpm)	1회전 시간(ms)	평균 회전 지연 시간(ms)
4200	14.28	7.14
5400	11.12	5.56
7200	8.33	4.17
10000	6.00	3.00
15000	4.00	2.00

전송

디스크 전송은 다음과 같이 내부 전송과 외부 전송으로 나뉜다.

- 내부 전송 – 디스크 헤드와 디스크 캐시 사이의 전송
- 외부 전송 – 디스크 캐시와 호스트 컴퓨터 사이의 전송

● 내부 전송 시간

내부 전송 시간은 디스크 헤드가 플래터 표면에서 디스크 캐시로 데이터를 읽어오거나 반대로 디스크 캐시에서 플래터 표면에 데이터를 기록하는 시간이다. 이 시간은 디스크의 회전 속도와 관계있다. 예를 들어 한 트랙이 1000개의 섹터로 구성되고 섹터 크기가 512바이트(0.5KB)라고 할 때, 한 트랙의 크기는 1000x0.5KB = 약 500KB이다. 디스크의 회전 속도가 7200rpm이라고 하면 1회전 시간은 8.3ms이고, 8.3ms 동안 500KB를 읽어 전송하므로, 한 트랙을 전송하는 '내부 전송' 속도는 다음과 같이 계산된다.

내부 전송 속도 = 500KB/8.3ms ≒ 60240KB/초 ≒ 60MB/초

즉, 디스크와 캐시 사이에 1초에 약 60MB가 전송된다. 디스크의 회전 속도가 빠를수록 내부 전송 속도가 빠르다. 일반적으로 디스크 제조업체에서 공개하는 디스크의 데이터 전송률(data transfer rate)은 바로 이 '내부 전송' 속도를 나타낸다. 하지만, 현재 디스크들은 대부분 '존 비트 레코딩' 방식으로 바깥 쪽 트랙에 더 많은 섹터를 담기 때문에, 바깥쪽 트랙을 액세스할 경우 같은 시간에 더 많은 섹터를 액세스하므로 전송률이 더 높다.

● 외부 전송 시간

외부 전송 시간은 디스크 캐시와 호스트 컴퓨터 사이에 데이터가 전송되는 시간으로, 디스크 장치와 호스트 컴퓨터가 연결되는 I/O 버스의 속도에 달려 있다. 일반적으로 외부 전송 시간이 내부 전송 시간보다 짧다.

디스크 읽기 요청의 경우, 요청 블록이 디스크 캐시에 있으면 내부 전송 없이 캐시에서 호스트로 바로 전송되고, 쓰기의 경우에도 호스트에서 디스크 캐시에 쓰는 외부 전송 후 운영체제는 쓰기 완료로 처리한다. 디스크 캐시에서 플래터에 기록되는 것은 추후에 디스크 자체적으로 진행된다.

오버헤드 시간

디스크 입출력에는 여러 가지 오버헤드 시간이 포함된다. 호스트로부터 명령을 받고 해석하

는 시간, 그리고 요청 블록들이 동일한 실린더의 다른 트랙으로 연속되는 경우 한 디스크 헤드에서 액세스하는 기능이 다른 헤드로 변경되는 시간(head switch time) 등이다. 이 시간들은 몇 마이크로초(us) 수준으로 매우 작기 때문에 디스크 입출력 시간에서 배제하기도 한다.

디스크 액세스 시간과 디스크 입출력 응답 시간

디스크가 명령을 받은 후, 목표 섹터에 접근하여 읽거나 쓰기까지 걸리는 전체 시간을 디스크 액세스 시간(disk access time)이라고 하며 다음과 같이 정의된다.

> 디스크 액세스 시간 = 탐색 시간 + 회전 지연 시간 + 내부 전송 시간

호스트나 응용프로그램 입장에서 디스크 입출력에 걸리는 전체 시간을 디스크 입출력 응답 시간(disk I/O response time)이라고 하며 다음과 같이 정의된다.

> 디스크 입출력 응답 시간 = 탐색 시간 + 회전 지연 시간 + 전체 전송 시간 + 오버헤드

디스크 입출력 응답 시간은 가변적일 수밖에 없다. 요청된 섹터가 디스크의 캐시에 있는 경우, 탐색과 회전 지연, 내부 전송의 과정 없이 바로 디스크 캐시에서 호스트로 바로 전송하기 때문이다.

 디스크 액세스 시간의 정의

과거에는 탐색 시간, 회전 지연 시간, 전송 시간을 모두 합쳐 디스크 액세스 시간으로 정의하였다. 언제부턴지 분명치는 않지만, 최근에는 디스크 액세스 시간을 현재 디스크 헤드가 있는 위치에서 목표 섹터에 도달할 때까지 걸리는 시간으로 정의하여, 전송 시간을 빼고 탐색 시간과 회전 지연 시간만으로 정의하기도 한다. 혹은 디스크 입출력 응답 시간을 단순히 디스크 액세스 시간이라고 부르기도 한다. 독자들은 디스크 액세스 시간의 정의가 무엇인가는 문맥에 따라 이해하기 바란다.

다음과 같은 특성을 가진 디스크 장치에서 섹터 크기가 512바이트일 때 1 섹터를 읽는데 걸리는 평균 디스크 액세스 시간과 평균 디스크 응답 시간을 계산하라.

- 평균 디스크 탐색 시간: 제조업체에서 명시한 것으로 5ms
- 디스크의 회전 속도: 10000rpm
- 트랙당 섹터 수: 1000개
- 디스크 장치와 호스트 사이의 인터페이스 전송 속도: 100MB/s
- 디스크 장치의 오버헤드: 0.1ms

평균 디스크 액세스 시간은 다음과 같이 계산할 수 있다.

> 평균 디스크 액세스 시간 = 평균 탐색 시간 + 평균 회전 지연 시간 + 내부 전송 시간

디스크의 1회전 시간은 1분/10000회전 = 60 × 1000ms/10000 = 6ms이며, 평균 회전 지연 시간은 1/2 회전 시간으로 3ms이다. 내부 전송 속도는 1트랙크기/6ms = 1000 × 0.5KB/6ms = 500KB/6ms = 약 83.3MB/초이므로, 1 섹터를 읽는데 걸리는 내부 전송 시간은 0.5KB/(83.3MB/초) = 0.006ms이다. 이제 평균 디스크 액세스 시간은 다음과 같이 계산된다.

> 평균 디스크 액세스 시간 = 5ms + 3ms + 0.006ms = 8.006ms ≒ 8ms

디스크 입출력 응답 시간은 디스크 액세스 시간에 외부 전송 시간과 오버헤드 시간을 모두 합친 것으로 다음과 같이 계산할 수 있다.

> 평균 디스크 입출력 응답 시간 = 8ms + 0.5KB/(100MB/s) + 0.1ms
> = 8ms + 0.005ms + 0.1ms
> = 8.105ms
> ≒ 8.1ms

이 문제는 1 섹터를 읽는 경우라서 1 섹터의 내부/외부 전송 시간(0.006ms/0.005ms)이 워낙 작아 무시되지만 수십 섹터가 되면 이들 시간이 무시될 수 없다.

3 디스크 스케줄링 알고리즘

3.1 디스크 큐와 디스크 스케줄링

디스크 장치는 그림 12-9와 같이 호스트에서 발생하는 여러 개의 디스크 입출력 요청(명령)

을 저장하기 위해 디스크 큐를 둔다. 디스크 큐에는 디스크 입출력 명령들이 여러 프로세스나 스레드로부터 동시 다발적으로 도착하거나, 하나의 프로세스로부터 연속적으로 도착한다. 후자의 경우는 한 파일을 순차적으로 읽는 경우일 가능성이 높다.

디스크 큐에 들어 있는 입출력 요청들의 목표 실린더는 그림 12-9와 같이 중구난방일 것으로 예상되므로, 이들을 도착 순서대로 처리하기보다 디스크 헤드의 현재 위치와 목표 실린더의 위치를 고려하여 처리 순서를 재조정하는 디스크 스케줄링 기법을 사용하면 요청을 처리하는 시간을 줄일 수 있다.

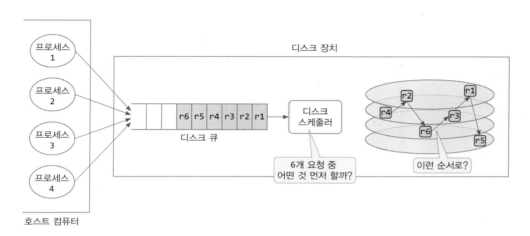

그림 12-9 여러 개의 디스크 입출력 요청들과 디스크 스케줄러

3.2 디스크 스케줄링의 목표

디스크 큐의 요청들을 어떤 순서로 처리하면 디스크 입출력의 성능을 높일 수 있을까? 디스크 액세스에서 탐색은 많은 시간을 차지하므로, 디스크 암이 움직이는 탐색 거리를 최소화하도록 스케줄링하면 초당 처리하는 디스크 입출력 개수를 높일 수 있다. 디스크 스케줄링의 기본 목표는 다음과 같이 정의된다.

> 디스크 스케줄링의 기본 목표는 디스크 암이 움직이는 평균 탐색 거리를 최소화하여 평균 디스크 탐색 시간과 평균 디스크 액세스 시간을 줄여 디스크 처리율을 극대화하는데 있다.

디스크의 처리율이 극대화되면 당연히 디스크 입출력 요청의 응답 시간도 짧아진다. 디스크 장치 내 프로세서는 호스트(혹은 운영체제로)로부터 디스크 입출력 요청을 받으면 CHS 물리 주소로 바꾸어 디스크 큐에 저장한다. 그리고 프로세서는 디스크 큐에 저장된 요청들의 CHS 물리 주소를 바탕으로 스케줄링한다.

디스크 입출력의 성능을 올리는 데만 디스크 스케줄링 알고리즘의 목표를 두면, '평균 탐색 거리'를 줄이는 것이 가장 효과적이다. 하지만, 이러다보면 어떤 요청은 빨리 끝나고 어떤 요청은 오래 기다리게 되어, 입출력 요청들이 공평하게 처리되지 못하고 응답 시간에 편차가 커질 수 있으며 최악의 경우 기아가 발생할 수 있다. 그래서 디스크 스케줄링은 평균 탐색 거리를 줄이는 것에 더하여 입출력 요청들의 응답 시간 편차를 줄이는 것도 함께 고려하여 목표를 설정하기도 한다.

3.3 디스크 스케줄링 알고리즘

디스크 스케줄링 알고리즘은 다음과 같이 여러 종류가 있다.

- FCFS
- SSTF
- SCAN
- LOOK
- C-SCAN
- C-LOOK

디스크 스케줄링 알고리즘을 평가하는 기준은 일반적으로 다음과 같다.

평균 탐색 거리

총 탐색 거리를 입출력 요청 수로 나누면 평균 탐색 거리가 되므로, 다음 절에서 디스크 스케줄링 알고리즘을 비교할 때 간단히 총 탐색 거리를 사용한다.

지금부터, 디스크 스케줄링 알고리즘들에 대해 구체적으로 알아보자. 그림 12-10~그림 12-15는 각 디스크 스케줄링 알고리즘이 실행되는 과정을 보여준다. 이 실행 사례들은 다음과 같이 모두 동일한 상황에서 도착한 요청들을 처리한 결과이다.

- 처음 디스크 헤드 위치: 실린더 30
- 요청 실린더들: 79 68 11 74 10 89 65 87 26 15

FCFS

FCFS(First Come First Served) 알고리즘은 디스크 큐에 도착한 순서대로 요청들을 처리한다. 디스크 큐 전체를 검색할 필요 없어 구현이 쉽고, 기아가 발생하지 않으며, 공평하다는 장점이 있지만, 요청 실린더들의 위치를 고려하지 않기 때문에 평균 탐색 거리가 길어 성능이 나쁘다.

그림 12-10은 FCFS에 의해 디스크 입출력 요청이 처리되는 순서를 보여주며 총 탐색 거리는 다음과 같다.

총 탐색 거리 = 441개 실린더

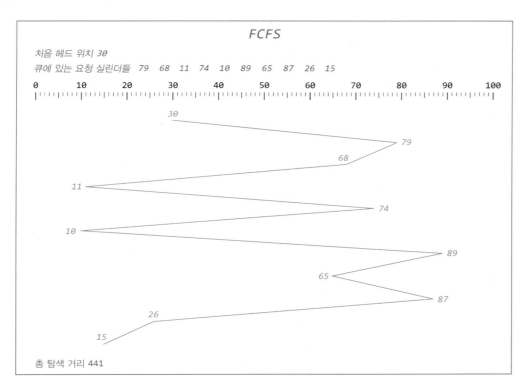

그림 12-10 FCFS에 의한 디스크 입출력 요청 처리

SSTF

SSTF(Shortest Seek Time First)는 현재 디스크 헤드가 있는 실린더에서 방향에 관계없이 가장 가까운 요청을 선택한다.

탐색 거리가 가장 짧은 것을 선택하기 때문에 성능은 매우 좋지만, 디스크 헤드에서 멀리 있는 요청들은 더 가까운 요청들이 계속 도착하면 선택에서 밀려나기 때문에 기아가 발생할 수 있다. 더욱이 디스크의 중간 범위의 실린더에 요청이 많은 경우, 중간 범위의 실린더에서 디스크 헤드가 왔다 갔다 할 가능성이 높아 양 끝쪽 실린더에 대한 요청들은 오래 기다려야 할 수도 있다.

그림 12-11은 SSTF에 의해 입출력 요청이 처리되는 순서를 보여준다. SSTF의 평균 디스크 액세스 시간은 매우 짧지만, 먼저 도착하였다 하더라도 디스크 헤드와 멀리 있을수록 대기 시간이 길어지므로 요청이 도착하여 처리를 완료할 때까지의 응답 시간 편차는 큰 편이다.

> 총 탐색 거리 = 99개 실린더

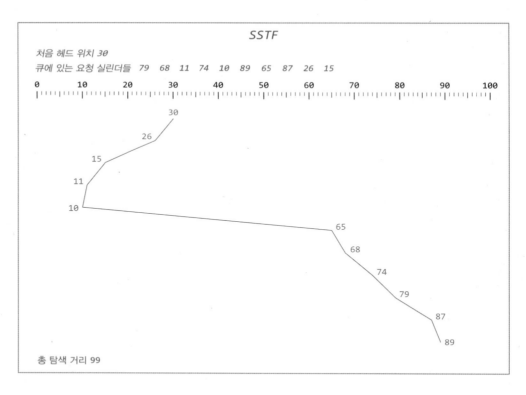

그림 12-11 SSTF에 의한 디스크 입출력 처리

SCAN

　　SCAN은 기아 발생을 없애고 요청들은 균등하게 처리하기 위해 고안된 알고리즘이다. SCAN 알고리즘은 한쪽 실린더 끝에서 다른 쪽 실린더로 방향을 정한 후 그 방향으로 있는 요청들을 처리하면서 이동한다. 디스크 큐에 더 이상 이동 방향의 요청이 없으면 실린더 끝까지 스스로 이동한 후 방향을 바꾸고 동일한 과정을 반복한다.

　　SCAN은 엘리베이터를 움직이는 알고리즘과 비슷하여 엘리베이터(elevator) 알고리즘이라고도 부른다. SCAN은 SSTF에 비해 입출력 요청이 균등하게 처리된다. 높은 처리율보다 입출력 요청을 공평하게 스케줄링하고자 하는 경우 SSTF보다 선호하는 알고리즘이다.

　　그림 12-12는 SCAN에 의해 입출력 요청이 처리되는 순서로, 처음 이동 방향이 안쪽 방향이므로 실린더 65의 요청을 먼저 처리하고 이동하면서 실린더 89까지 처리한다. 이동 방향으로 더 이상 요청이 없어 안쪽 실린더 끝까지 이동한다. 그리고 방향을 바꾼다.

> 총 탐색 거리 = 160개 실린더

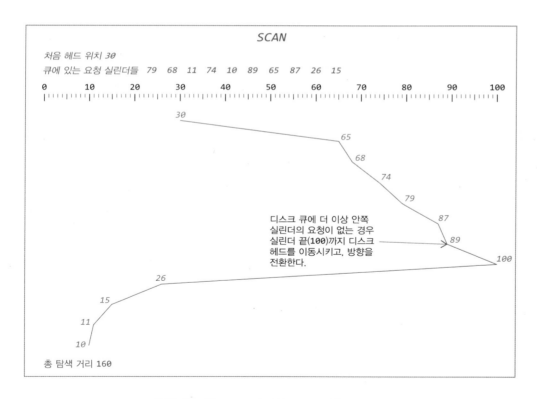

그림 12-12 SCAN에 의한 디스크 입출력 처리

LOOK

LOOK 알고리즘은 SCAN처럼 작동하지만, 현재 이동 방향으로 더 이상의 요청이 없는 경우 실린더 끝까지 가지 않고 즉시 이동 방향을 바꾸는 방법이다. 대기 중인 요청이 없음에도 불구하고 맨 끝 실린더까지 이동하는 SCAN의 단점을 보완한다.

그림 12-13은 LOOK에 의해 입출력 요청이 처리되는 순서를 보여준다.

총 탐색 거리 = 138개 실린더

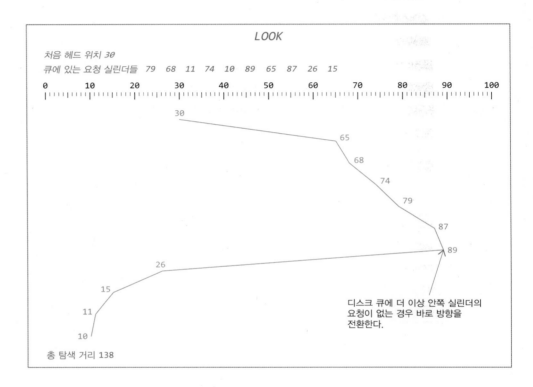

그림 12-13 LOOK에 의한 디스크 입출력 처리

C-SCAN

C-SCAN(Circular SCAN)은 SCAN의 수정 버전으로, 맨 바깥쪽 실린더에서 맨 안쪽 실린더로 한 방향으로만 이동하면서 요청을 처리한다. 맨 안쪽 실린더에 도달하면 바로 바깥쪽 끝 실린더로 헤드를 옮기고 다시 안쪽 실린더 방향으로 요청을 처리하면서 이동한다.

C-SCAN은 SCAN보다 더 균등한 서비스를 위해 보완된 알고리즘이다. SCAN의 경우 양끝으로 왔다 갔다 하는 동안, 중간 실린더에 위치한 요청들이 양끝 실린더 부근에 위치한 요청들에 비해 선택될 확률이 높기 때문에, 요청 실린더 위치에 따라 서비스가 균등하지 않은 단점이 있다. C-SCAN은 한쪽 방향으로만 이동하기 때문에 요청들은 실린더 위치에 관계없이 더 균등하게 서비스된다. 하지만 바깥쪽으로 더 이상 요청이 없어도 실린더 끝까지 디스크 헤드를 이동시키는 비효율성이 있다.

그림 12-14는 C-SCAN에 의해 입출력 요청이 처리되는 순서를 보여준다.

총 탐색 거리 = 196개 실린더

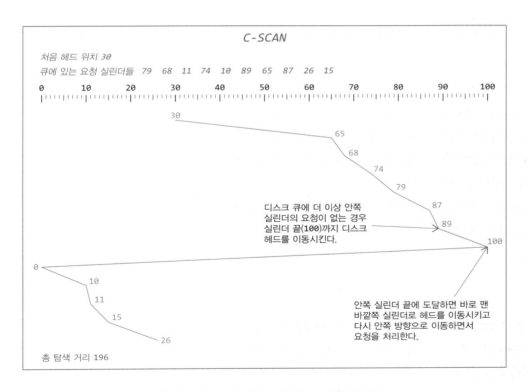

그림 12-14 C-SCAN에 의한 디스크 입출력 처리

C-LOOK

C-LOOK은 LOOK과 C-SCAN을 결합한 것으로, 요청이 없어도 디스크 헤드를 끝 실린더로 이동시키는 C-SCAN의 단점을 보완한다. C-LOOK은 C-SCAN처럼 바깥쪽에서 안쪽으로 한 방향으로만 이동한다. 바깥쪽 실린더의 요청에서 안쪽 실린더로 요청을 처리하면서 이동하다가 이동하는 방향으로 요청이 없는 경우 바로 바깥쪽 실린더에서 가장 가까운 요청으로 한 번에 이동한다. 그리고 다시 안쪽 실린더로 이동하면서 요청을 처리한다. 이런 방식으로 반복하여 요청을 처리한다.

그림 12-15는 C-LOOK에 의해 입출력 요청이 처리되는 순서를 보여준다.

총 탐색 거리 = 154개 실린더

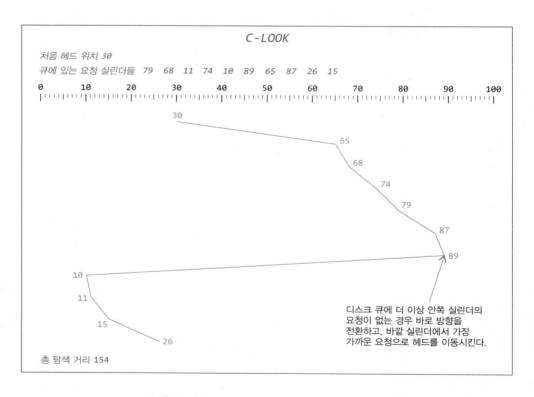

그림 12-15 C-LOOK에 의한 디스크 입출력 처리

6개의 디스크 스케줄링 알고리즘에 대해 실험한 성능 결과를 비교하면 **표 12-5**와 같고, 이들의 특징을 비교하면 **표 12-6**과 같다.

표 12-5 디스크 스케줄링 알고리즘의 성능 비교

알고리즘	FIFO	SSTF	SCAN	LOOK	C-SCAN	C-LOOK
총 탐색 거리	441	99	160	138	196	154

표 12-6 디스크 스케줄링 알고리즘 비교

알고리즘	선택 방법	장점	단점
FCFS	도착순	구현이 쉽고 기아 없고 공평	처리율 낮음
SSTF	가장 가까운 요청 우선	처리율 최고 높음	요청이 도착하여 처리될 때까지의 응답 시간 편차가 크고, 기아 발생 가능
SCAN	한쪽 끝 실린더에서 다른 쪽 끝으로 와서 다시 반대 방향으로 이동하기를 반복. 왕복 이동	SSTF에 비해 균등한 서비스. 기아 없음	중간 실린더의 요청이 양쪽 끝 실린더 요청보다 높은 서비스 확률. SSTF보다 처리율 낮음
LOOK	SCAN과 같지만 움직이는 방향으로 더 이상 요청이 없으면 방향 전환. 왕복 이동	SSTF보다 더 균등한 서비스. 기아 없음. SCAN보다 처리율 높음	SSTF보다 처리율 낮음
C-SCAN	바깥쪽 실린더에서 시작하여 안쪽 끝까지 도착하면, 다시 바로 바깥쪽 실린더로 이동하여 반복. 한쪽 방향으로만 이동	SSTF보다 더 균등한 서비스. 기아 없음.	SST보다 처리율 낮음
C-LOOK	C-SCAN과 같지만 안쪽 방향으로 더 이상 요청이 없으면 대기 중인 가장 바깥쪽 요청에서 시작. 한쪽 방향으로만 이동	LOOK과 C-SCAN을 결합한 버전. 기아 없음	SSTF보다 처리율 낮음

> **잠깐!** 디스크 스케줄링에 대한 최근 경향
>
> 최근 들어 대용량 저장 장치로 하드 디스크보다 더 빠른 반도체 **SSD(Solid State Disk)**의 사용이 늘어나고 있어, 오늘날 디스크 스케줄링은 과거보다 덜 중요해졌다. **SSD**는 디스크 장치와 달리 헤드를 움직이는 모터와 기계 장치가 없는 반도체식 기억 장치로, 탐색과 회전 지연 시간이 없어 디스크 스케줄링이 필요 없기 때문이다.

4 디스크 포맷

하드 디스크는 사용 전에 적절히 포맷되어야 하는데 포맷팅은 다음 2가지로 나뉜다.

- 저수준 포맷팅
- 고수준 포맷팅

저수준 포맷팅(LLF, Low Level Formatting)은 그림 12-16과 같이 하드 디스크의 플래터에 트랙과 섹터를 구분하는 정보를 기록하여 디스크 헤드가 섹터와 트랙을 인식할 수 있게 하는 작업이며, 고수준 포맷팅(HLF, High Level Formatting)은 저수준 포맷팅이 이루어진 디스크에 그림 12-17이나 그림 12-18과 같이 운영체제가 사용할 파일 시스템을 구축하고 파티션 테이블(partition table)과 컴퓨터가 부팅할 때 작동할 코드를 기록하는 과정이다.

4.1 저수준 포맷팅

1980년대에는 하드 디스크를 구입한 사용자가 직접 저수준 포맷팅을 하였다. 1990년대를 기점으로 디스크 용량이 증가함에 따라 디스크들은 공장에서 저수준 포맷이 된 채로 출시된다. 대용량 하드 디스크들은 밀도가 매우 높기 때문에, 저수준 포맷팅은 극도로 미세하게 섹터를 조정할 수 있는 특별한 환경과 도구가 필요하고 정교한 작업이 요구되어 일반 사용자가 할 수 없기 때문이다. 현재 디스크들은 공장에서 이미 저수준 포맷이 된 채 출시되기 때문에, 저수준 포맷을 한다는 상용 소프트웨어들은 실제로는 저수준 포맷팅을 하지 않고 디스크에 기록된 정보를 모두 지우는 제로필(zero fill) 작업만 한다.

저수순 포맷팅은 섹터 크기에 따라 다음 2가지로 구분되며, 포맷되었을 때 디스크 구조는 그림 12-16과 같다.

- 512바이트 섹터 포맷
- 4K 포맷(4096바이트 섹터 포맷)

512바이트 섹터 포맷

512바이트 섹터는 과거 플로피 디스크나 하드 디스크에서 전통적으로 사용해오던 것으로 지금도 사용되고 있다. 그림 12-16의 섹터 포맷에서 GAP은 다음 섹터를 읽기 전 플래터가 회전하는 동안 디스크 헤드가 준비하는 약간의 시간을 벌기 위해 삽입된 공간이며, SYNCH 바이트는 디스크 헤드가 GAP의 끝을 인식하도록 약속된 코드이다. Address Mark는 섹터의 물리적 주소가 새겨지는 공간으로 [트랙 번호, 헤드 번호, 섹터 번호]로 구성된다. 그 뒤를 따라 512바이트의 섹터를 저장하는 공간이 있으며, 마지막 ECC(Error Correction Code)는 읽거나 쓰는 과정에서
손상된 섹터 데이터의 복구나 교정을 위해 추가 기록되는 데이터이다.

4K 포맷

2009년도를 기점으로 SAS(Serial attached SCSI)나 SATA(Serial ATA) 디스크 제조업체
들은 섹터의 크기를 4096바이트로 포맷하여 출시하였다. 기존의 8개 섹터를 하나의 섹터로 만
든 것으로, 고급 포맷(Advanced Format) 혹은 4K 섹터 포맷이라고 부른다.

4K 포맷을 만든 목적은 3가지이다. 첫째, 디스크의 저장 효율을 높이기 위함이다. 그림 12–16
에서도 볼 수 있듯이 512바이트 섹터를 사용할 때에 비해, 4KB당 405바이트의 저장 공간 이득을
볼 수 있다. 둘째, 512바이트 섹터 포맷에서는 512바이트마다 1개의 ECC를 두지만, 4K 포맷에
서는 4KB당 1개만 두는 대신 50바이트의 ECC를 100바이트로 늘려 오류 수정 능력을 대폭 향상
시켰다. 셋째, 디스크 입출력의 성능을 향상시킨다. 현대의 응용프로그램은 문서나 사진, 동영상
등 저장량이 매우 크므로 512바이트 단위의 디스크 입출력보다 4KB 단위의 입출력이 훨씬 효율
적이다. 또한 현재 대부분의 가상 메모리 체제에서 페이지 크기가 4KB인 점을 감안하면, 가상 메모리
의 페이지 크기와 섹터 크기를 맞춤으로써 운영체제의 디스크 입출력 처리나 디스크 장치 내에서
섹터 위치를 계산하는 과정을 단순하게 하는 효과도 있다.

4K 포맷의 이런 장점들로 인해, 현재 거의 모든 디스크 제조업체들은 4K 섹터로 저수준 포맷
팅을 하고 있다.

하지만, 과거부터 지금까지 개발된 많은 응용프로그램이나 유틸리티들이 섹터 크기를 512바
이트로 가정하고 한 섹터를 읽기 위해 512바이트짜리 버퍼(char buf[512])를 만들어 사용해

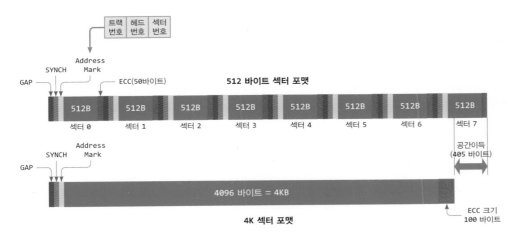

그림 12–16 전통적인 512바이트 섹터와 4K 섹터의 비교

왔기 때문에, 이들을 4K 섹터 디스크를 가진 컴퓨터에서 실행되면 문제가 발생한다.

그래서 4K 섹터로 포맷된 디스크 장치들 중에는, 물리적으로는 한 섹터를 4K 단위로 읽고 쓰지만 호스트에게는 한 섹터가 512바이트인 것처럼 보이도록 가장(emulate)하는데, 이런 4K 디스크를 '512 에뮬레이션 디스크 장치' 혹은 '512e'라고 부른다. 512e 디스크 장치는 호스트로부터 1섹터(512바이트) 읽기 요청을 받으면 해당 섹터가 들어있는 4K 섹터를 물리적으로 읽고 그 중에서 요청된 512바이트를 떼어 내어 전송한다.

TIP 불량 섹터(bad sector)

하드 디스크의 플래터에 결함이 발생하여 읽고 쓸 수 없는 섹터를 불량 섹터라고 한다. 불량 섹터는 발생 원인에 따라 2가지로 나뉜다.

- 물리적인 불량 섹터(physical bad sector)
- 논리적인 불량 섹터(logical bad sector)

● **물리적 불량 섹터**

물리적 불량 섹터는 디스크 헤드가 플래터에 직접 접촉하였거나 먼지가 끼어 섹터가 훼손되는 등 물리적인 이유로 발생한다. SSD의 경우에는 저장 셀(cell)이 오래 되어 수명이 다한 경우 발생한다. 하드 디스크는 제조 기술이 매우 섬세하기 때문에 제조 과정에서 불량 섹터가 발생하기도 한다. 물리적 불량 섹터는 고칠 수 없다.

● **논리적 불량 섹터**

논리적 불량 섹터는 섹터를 기록하는 도중에 갑작스럽게 컴퓨터가 꺼지는 경우에 발생한다. 그래서 섹터에 기록된 데이터와 ECC(오류 정정용 코드) 데이터가 일치하지 않는 상황이 발생하며, 나중에 디스크 장치가 이런 섹터를 읽으면 불량 섹터로 처리한다. 논리적 불량 섹터는 물리적 손상이 발생한 것이 아니므로 기록된 정보는 손실되겠지만 불량섹터 수리 과정을 거쳐 재사용 가능하다.

● **불량 섹터 정보는 디스크 장치와 운영체제 중 누가 관리하는가?**

불량섹터는 운영체제의 파일 시스템에 의해 관리되지 않고 디스크 장치의 펌웨어에 의해 관리된다. 디스크 장치는 불량 섹터들의 리스트를 저장할 뿐 아니라, 불량 섹터의 발생에 대비하여 여분의 온전한 섹터(spare sectors)를 가지고 있다. 디스크 장치가 불량섹터를 발견하면 스스로 여분의 섹터로 매핑시키기 때문에 운영체제는 불량 섹터에 대해 알지 못한다. 불량 섹터와 여분의 섹터를 관리하는 방법은 디스크 장치마다 서로 다르다. 1990년대 이전의 하드 디스크의 경우 디스크 장치 내에 여분의 섹터를 두지 않았기 때문에 운영체제가 파일 시스템을 통해 불량 섹터 목록을 저장하는 등 불량 섹터를 관리하였지만, 현재 불량 섹터의 모든 관리는 디스크 장치의 펌웨어에 의해 이루어진다.

4.2 고수준 포맷팅

고수준 포맷팅은 저수준 포맷된 하드 디스크를 여러 개의 파티션(논리적인 공간)으로 나누고, 각 파티션에 파일 시스템을 구축하는 과정이다.

고수준 포맷팅은 디스크 저장 공간을 파티션(partition)들로 분할하는 과정부터 시작한다. 하나의 디스크에는 여러 개의 파티션을 둘 수 있으며, 파티션마다 서로 다른 운영체제를 설치할 수 있다. 물론 부팅은 그 중 한 파티션에서만 이루어진다. 디스크를 포맷하고 파티션을 나누는 방법은 다음 두 방식이 있다.

- MBR 포맷
- GPT 포맷

MBR 포맷 - 전통 방식

MBR 포맷은 1983년 DOS 시절에 도입된 방식으로 지금까지 사용되고 있다. 그림 12-17은 MBR 포맷을 이용하여 하나의 디스크를 4개의 파티션으로 나눈 사례이다. 파티션에 관한 정보는 부트 섹터에 기록되는데, 이 부트 섹터를 MBR(Master Boot Record)이라고 한다. MBR의 크기는 512 바이트이며 다음과 같이 구성된다.

- 부트 로더 – 446 바이트로 부팅시 실행되는 프로그램
- 파티션 테이블 – 64바이트. 최대 4개의 파티션 정보 기록. 각 파티션 정보는 16바이트
- 매직 번호 – 2바이트 크기로 0xAA55 값 기록. 0xAA55가 아니면 MBR이 아니라고 판단

MBR에는 부팅 시 실행되는 프로그램 코드와 파티션 테이블이 저장되는데, 파티션 테이블에는 최대 4개까지 파티션 정보가 기록된다. 파티션을 나누지 않을 때는 파티션이 1개만 있는 것이며 파티션 테이블에도 1개만 유효하다.

부팅이 시작되면 MBR에 저장된 '부트 로더' 프로그램이 메모리에 적재되고 실행되어 '파티션 테이블'을 검사하여 현재 부팅할 운영체제를 담고 있는 활성 파티션(active partition)을 찾고, 활성 파티션의 부트 섹터를 메모리에 적재시키고 부트 섹터의 코드를 실행한다.

MBR 포맷 방식은 파티션의 개수가 제한적이고 파티션 정보에서 '섹터 개수'를 나타내는 필드가 32비트이므로 한 파티션이 2^{32}개의 섹터까지 가능하다. 한 섹터의 크기가 512바이트이면, $2^{32} \times 0.5K = 2TB$가 파티션의 최대 크기이다.

4K 섹터 디스크의 경우 섹터 크기가 8배이므로 파티션의 크기가 16TB까지 가능하다. 하지만, 4K 섹터 디스크에서 MBR 포맷을 사용하면 파티션의 크기가 2TB로 제한된다. 왜냐하면 과거부터 지금까지 개발된 많은 응용프로그램이나 유틸리티들이 섹터 크기를 512바이트로 다루고 있어, 4K 섹터 디스크 장치 내부에서 호스트에게 한 섹터가 512바이트인 것처럼 에뮬레이션하기 때문이다.

결국 MBR 포맷 방식의 결정적인 단점은 다음과 같다.

> MBR 포맷의 단점은 파티션의 크기가 2TB로 제한되며 부팅 속도가 느리다는 점이다.

이 단점을 개선한 새로운 현대적인 방식이 GPT 포맷이다.

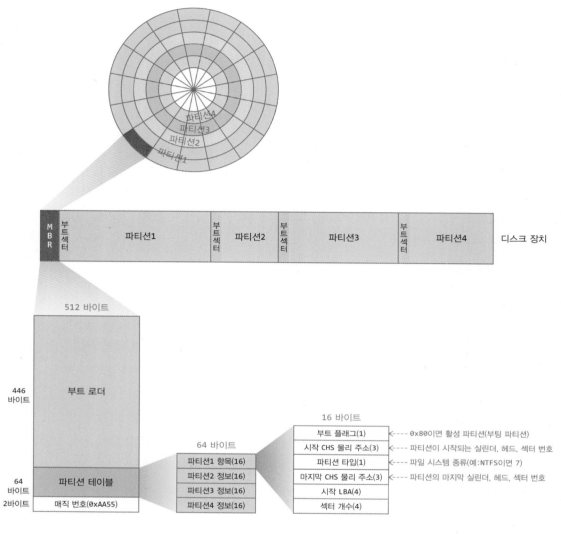

그림 12-17 MBR 포맷

GPT 포맷 - 현대 방식

GPT(GUID partition table)는 UEFI(Unified Extensible Firmware Interface) 펌웨어를 가진 컴퓨터에서만 사용하는 포맷 방식이다. GPT 포맷은 2TB 이상의 파티션을 만들 수 없는 MBR의 문제점을 개선한 현대 컴퓨터에 맞는 방식이다. 최근에 나온 대부분의 컴퓨터는 UEFI 펌웨어를 내장하고 있기 때문에 사용자는 MBR 포맷이나 GPT 포맷 중 선택하여 사용할 수 있다. GPT 포맷의 디스크 구조는 그림 12-18과 같다. GPT 포맷 디스크의 특성을 알아보자.

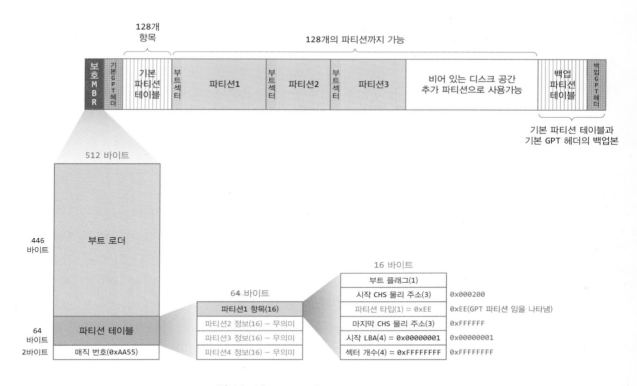

그림 12-18 GPT 포맷

첫째, '보호 MBR' 섹터가 첫 번째 섹터에 있는 이유는, 혹시 사용자가 GPT 포맷 디스크에 MBR 포맷만 다루는 유틸리티를 실행시켰을 때, 이 유틸리티가 현재 디스크에 훼손이 발생한 것으로 오인하여 디스크를 새로 포맷하거나 훼손시키는 등 오작동하는 것을 막기 위해, GPT 포맷 디스크를 MBR 포맷 디스크로 보이게 하려는 목적이다. 이를 위해 '보호 MBR' 섹터의 구조를 MBR 포맷의 첫 섹터와 동일하게 구성하고, 다만 파티션 테이블의 첫 번째 항목에 섹터 개수를 최대치(0xFFFFFFFF)로 기록하여 첫 파티션이 전체 디스크를 모두 사용하고 있다고 착각하게 만든다. 결론적으로 '보호 MBR'은 MBR 포맷과의 호환성을 유지하면서 MBR 포맷만 지원하는 유틸리티가 GPT 포맷 디스크를 잘못 인식하여 덮어쓰는 것을 방지하기 위함이다.

둘째, GPT 포맷을 다루는 소프트웨어들에게는 현재 디스크가 GPT 포맷임을 나타내기 위해 '보호 MBR' 섹터의 파티션 테이블에서 첫 번째 파티션 항목의 '파티션 타입' 필드 값을 0xEE로 기록한다.

셋째, GPT 포맷 디스크에서 진짜 파티션 테이블은 GPT 헤더 다음에 구성된다. 총 128개까지 파티션이 가능하며, 한 파티션의 크기는 18엑사바이트(Exa Byte)까지 가능하다. GPT 헤더는 파티션 테이블의 개수, 파티션 테이블이 시작하는 디스크의 위치, 각 항목의 크기, 파티션 테이블 항목 개수, 파티션 테이블의 오류 확인을 위한 체크섬(checksum) 정보 등 많은 정보들로 구성된다.

넷째, GPT 헤더와 파티션 테이블을 이중화한다. GPT 헤더와 파티션 테이블은 그림 12-18과 같이 디스크의 마지막 영역에 백업본을 두어, 기본 GPT 헤더와 파티션 테이블이 손상될 때 복구할 수 있다. 이런 이유로 GPT 포맷이 MBR 포맷보다 디스크에 대한 신뢰도가 높다.

MBR 포맷 디스크의 부팅

UEFI를 지원하지 않는 컴퓨터에서 디스크는 MBR 포맷으로 포맷팅되어야 하며 컴퓨터에 장착된 기존 BIOS 펌웨어에 의해 다음 순서를 부팅된다. (1) 전원이 켜지면 CPU는 BIOS 펌웨어 코드의 실행을 시작하여 메모리나 기타 장치들을 테스트하고 초기화하는 과정을 거쳐, (2) BIOS 안에 작성된 부트스트랩 코드를 실행한다. (3) 부트스트랩 코드는 하드 디스크의 첫 번째 섹터 즉 MBR 섹터를 메모리로 읽어 들이고 그곳으로 점프한다. MBR 섹터의 시작부분에 부트 로더가 작성되어 있다. (4) CPU가 이 코드를 실행하면 활성 파티션을 찾고, 활성 파티션의 부트 섹터를 메모리로 읽어 들이고 실행시킨다. (5) 부트 섹터의 코드는 자신의 파티션에 설치된 운영체제 커널을 메모리로 적재하고, (6) 커널로 제어를 넘긴다. 즉 커널 코드로 점프하여 커널 코드를 실행하면 필요한 프로세스가 생성된다.

GPT 포맷 디스크의 부팅

한편, UEFI 펌웨어가 장착된 컴퓨터의 부팅 과정은 조금 다르다. (1) 전원이 켜지면 컴퓨터에 장착된 UEFI 펌웨어가 실행된다. 기존의 BIOS가 하는 것처럼 주변 장치들을 초기화하고 테스트한다. (2) 그리고 나서 UEFI 펌웨어에 저장된 EFI 변수를 읽는다. EFI 변수에는 부팅 순서, 부트 로더의 경로명 등 부팅에 관한 정보가 저장되어 있다. (3) 그 다음, 기본 파티션 테이블에서 EFI 시스템 파티션을 찾는다. EFI 파티션은 FAT32로 포맷된 매우 특별한 파티션으로 권장 크기는 100~550MB이다(그림 12-19에서 확인 가능). 이 파티션 안에는 디스크에 설치된 모든 운영체제들의 부트 로더 프로그램이 저장되어 있다. (4) UEFI 펌웨어는 EFI 변수에 지시된 부팅 순서에 따라 EFI 파티션에서 부트 로드 프로그램을 찾아 실행한다. (5) 부트 로더 프로그램은 해당 운영체제를 메모리에 적재한 후 운영체제의 커널 코드로 점프하여 실행한다. 커널 코드에 의해 필요한 프로세스가 생성된다.

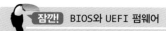
BIOS(Basic Input Output System)나 UEFI는 컴퓨터 마더보드(mother board 또는 main board)에 장착된 ROM(BIOS 경우)이나 플래시 메모리와 같은 비휘발성 메모리에 저장된 소프트웨어로서, 전원이 켜지는 시점에 실행되는 최초의 프로그램이다. 이들은 컴퓨터 메모리나 하드웨어들을 테스트하고 초기화하며 컴퓨터를 부팅시킨다.

UEFI는 기존 BIOS의 단점을 개선하여 기존 BIOS를 대체하기 위한 새로운 타입의 BIOS이다. UEFI는 운영체제와 마더보드나 주변 장치 내에 장착된 펌웨어 사이에 매개 역할을 하며, 실질적으로 장치들과 입출력 버스 등을 제어하는 마더보드 펌웨어 위에서 실행되는 작은 운영체제라고 할 수 있다. 사람들은 UEFI와 기존의 BIOS를 구분하지 않고 모두 BIOS라고 부르기 때문에 과거 BIOS를 레거시 BIOS라고 구분하여 부르는 것이 좋다.

Windows에서 파티션 나누고 사용하기

Windows의 각 디스크 파티션들은 다음 용도로 사용된다.

- D:, E: 등의 논리 드라이브로 사용
- 복구 파티션(recovery partition)
- 진단 도구나 진단 데이터를 저장하는 파티션

그림 12-19는 UEFI 펌웨어가 장착된 Windows 컴퓨터에서 GTP 포맷으로 디스크 파티션을 나눈 사례를 보여준다.

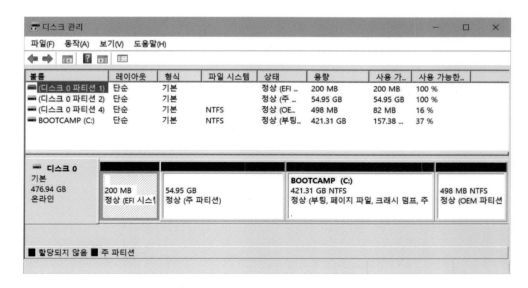

그림 12-19 Windows에서 파티션 사례

리눅스에서 파티션 나누고 활용하기

리눅스, MacOS, Solaris 등 Unix-like 운영체제에서 각 디스크 파티션에는 파일 시스템이 구축되거나, 파티션이 통째로 스왑 영역으로 사용된다.

많은 경우 여러 파티션을 디렉터리에 연결하여 전체를 하나의 파일 시스템으로 사용한다. 파티션을 디렉터리에 연결하는 것을 마운트(mount)라고 부른다. 그림 12-20은 리눅스에서 한 개의 하드 디스크를 4개의 파티션을 나누고, 하나는 스왑 파티션으로 사용하고 나머지 3개에는 파일 시스템을 구축한 사례이다. 여기서 3개의 파일 시스템을 디렉터리에 마운트시켜 전체를 하나의 파일 시스템처럼 사용하고 있다. 다른 파티션(파일 시스템)을 연결하기 위해 사용되는 home 이나 kitae 디렉터리를 마운트 포인트(mount point)라고 한다. 마운트 포인터는 다른 파티션에 설치된 파일 시스템의 루트 디렉터리가 된다.

그림 12-20에서 파티션 2에 전체 파일 시스템의 루트 디렉터리(/)가 있고, home 디렉터리는 파티션 4을 연결하는 마운트 포인트이며, 파티션 4의 kitae 디렉터리 역시 파티션 3을 연결하

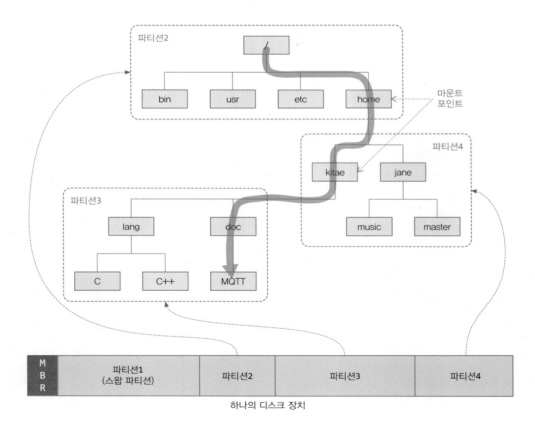

그림 12-20 리눅스에서 파티션과 마운트

는 마운드 포인트이다. 사용자나 응용프로그램은 파티션 3의 **MQTT** 디렉터리를 액세스할 때 다음 경로명으로 사용하면 된다.

```
/home/kitae/doc/MQTT
```

5 SSD 저장 장치

SSD(Solid State Drive, Solid State Disk)는 플래시 메모리(flash memory)를 저장소로 사용한 비휘발성 기억 장치이며, 메모리 계층 구조의 최하위단에 위치하는 보조 기억 장치이다. SSD는 하드 디스크와 달리, 회전하는 디스크나 모터 그리고 움직이는 헤드 등 기계 부품을 사용하지 않는 순수한 반도체 기억 장치(그림 12-21)로, 디스크보다 값이 비싸지만 입출력 속도가 5~50배 정도 빠르기 때문에 디스크 대체 저장 장치로 많이 이용되고 있다.

그림 12-21 SSD

5.1 SSD 장치의 구조와 인터페이스

SSD의 구조는 그림 12-22와 같이 4개의 하드웨어 요소로 구성되며 각 요소는 다음과 같다.

- 플래시 메모리
- DRAM 캐시
- 호스트 인터페이스
- SSD 제어기

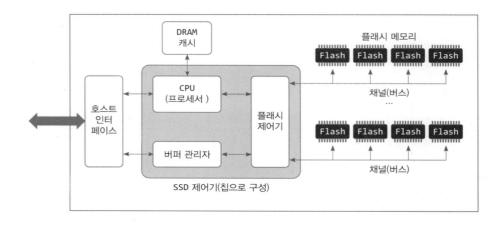

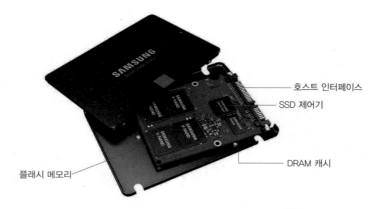

그림 12-22 SSD 내부 구조

(출처 : 삼성반도체 이야기)

플래시 메모리

플래시 메모리는 SSD 내부의 저장소이며 SSD 제어기 칩 속에 들어 있는 플래시 제어기에 의해 읽혀지고 기록된다.

DRAM 캐시

많은 SSD들은 입출력 성능을 높이기 위해 DRAM 캐시를 두고 있으며 DRAM을 장착한 SSD는 상대적으로 비싸다. DRAM 캐시는 디스크 캐시와 비슷한 목적으로 사용되어 읽은 데이터나 쓸 데이터를 임시 저장한다. 정전이 발생하면 DRAM 캐시에 들어 있는 데이터를 모두 잃어버리기 때문에 DRAM 캐시를 사용하지 않는 제조업체도 있다.

호스트 인터페이스 회로

호스트 인터페이스는 SSD 장치와 호스트를 연결하는 물리적인 인터페이스로 다음과 같이 여러 가지가 있다.

- SATA(Serial ATA)
- SAS(Serial attached SCSI)
- PCIe(PCI express)

최근에 가장 많이 사용되는 타입은 PCIe이며, PCIe 인터페이스를 가진 SSD를 NVMe 드라이브라고 부른다.

SSD 제어기

SSD 제어기(SSD Controller)는 SSD 장치에서 가장 중요한 부분으로 호스트로부터 받은 데이터를 플래시 메모리에 기록하고, 플래시 메모리로부터 읽은 데이터를 호스트로 전송하는 전반적인 작업을 제어한다. SSD 제어기는 논리 블록 주소(LBA)를 물리 블록 주소(PBA, physical block address)로 바꾸는 매핑 테이블을 만들고 관리하며, 호스트(운영체제)로부터 받은 논리 블록 주소를 물리 블록 주소로 바꾸거나, 플래시 메모리에서 새로운 페이지를 저장할 장소를 찾는 과정(wear leveling), 가비지 컬렉션(garbage collection) 등의 기능을 수행한다.

SSD 제어기는 하나의 칩(SoC, System on Chip)으로 만들며, SSD 제어기 내에 플래시 메모리를 다루는 알고리즘은 SSD 제조업체의 경쟁력이기 때문에 제조업체는 SSD의 내부에 대해서는 공개하지 않고 있다.

5.2 SSD 메모리의 논리 구조

페이지와 블록

SSD의 플래시 메모리는 그림 12-23과 같이 여러 개의 블록들로 구성되며 각 블록은 다시 페이지(page)들로 구성된다.

> SSD 장치 내에서 플래시 메모리에 읽고 쓰는 단위는 페이지이다.

플래시 메모리의 페이지는 운영체제의 가상 메모리에서 다루는 페이지와는 아무 관계가 없다. 또한 응용프로그램이 한 바이트를 읽거나 쓰고자 했어도, SSD는 페이지 단위로 읽고 쓴다. 페이지의 크기는 보통 4KB~16KB이고 블록 크기는 128KB~256KB 정도이지만, 공정 기술이 발전함에 따라 SSD의 용량이 커지고 페이지와 블록 크기도 함께 커지고 있다. 플래시 메모리는 하드 디스크와 달리, 블록이나 페이지의 위치에 따라 액세스하는 시간이 다르지 않다.

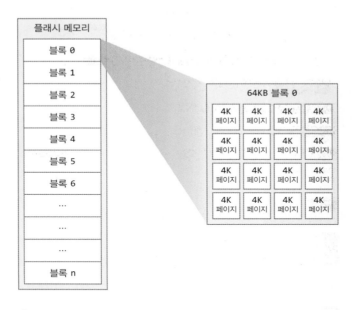

그림 12-23 64KB 블록과 4KB 페이지로 이루어진 SSD의 플래시 메모리

주소 변환

운영체제의 파일 시스템은 SSD를 디스크 장치로 인식하므로 SSD에 대해서도 똑같이 액세스 하고자 하는 데이터의 논리 블록 번호(LBA)를 발생시킨다. SSD 제어기는 파일 시스템으로부터 논리 블록을 저장할 때 플래시 메모리의 비어 있는 임의의 페이지에 기록하므로, 플래시 메모리에 저장된 각 논리 블록에 대해 논리 블록 번호와 플래시 메모리의 위치(플래시 메모리의 블록 번호와 페이지 번호)를 나타내는 주소 변환 테이블을 만들고 유지 관리한다. 운영체제로부터 블록 읽기나 쓰기시에 주소 변환 테이블을 참조하여 플래시 메모리의 위치를 파악한다.

5.3 SSD의 플래시 변환 계층

하드 디스크를 기반으로 하는 운영체제의 파일 시스템은 디스크를 섹터 단위로 인식하지만, SSD에서는 페이지 단위로 인식한다. 그러므로 섹터를 기반으로 하는 기존의 파일 시스템으로는 SSD를 읽고 쓸 수 없다. 이 문제를 해결하기 위해 SSD 제어기 내에 그림 12-24와 같이 플래시 변환 계층(FTL, Flash Translation Layer)이라는 펌웨어를 둔다. 플래시 변환 계층은 SSD 내부의 물리적인 특성을 운영체제(파일시스템)로부터 숨긴다.

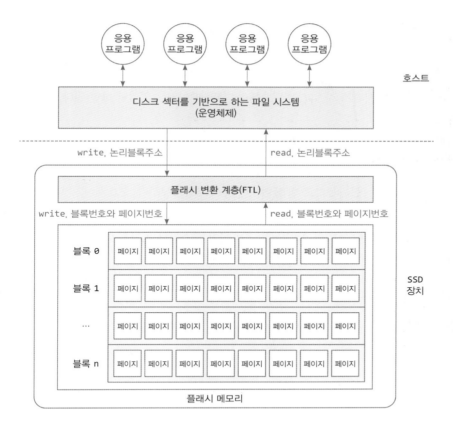

그림 12-24 플래시 변환 계층

플래시 변환 계층의 코드는 논리 블록 주소를 물리 페이지의 주소로 바꾸는 주소 변환 테이블을 이용하여 운영체제로부터 논리 블록 주소를 받고 SSD 내의 블록 번호와 페이지 번호로 바꾸어 플래시 메모리를 액세스한다. 이런 식으로 플래시 변환 계층은 운영체제의 파일 시스템에게 **SSD가 섹터 기반의 저장소로 보이게 한다.**

하드 디스크와 달리, SSD에서는 특이한 페이지 쓰기 방식과 가비지 컬렉션 때문에 논리 블록이 저장된 물리 페이지 주소와 함께 주소 변환 테이블도 계속 바뀐다. 주소 변환 테이블은 SSD 제어기의 내부 메모리(RAM)에 유지되며, 만일을 위해 SSD 플래시 메모리에도 저장한다. SSD가 전원이 켜져 작동을 시작할 때, SSD 제어기는 플래시 메모리에 저장해둔 이 테이블을 SSD 제어기의 내부 메모리로 읽어 들인 다음 작동한다. SSD의 용량이 커지면 주소 변환 테이블도 커지는 약점이 있다.

5.4 SSD 입출력 동작

페이지 읽기(read)

플래시 메모리에서 페이지 읽기는 단순하다. 해당 페이지를 읽기만 하면 된다.

페이지 쓰기/프로그램(write/program)

플래시 메모리에 쓰기를 프로그램(program)이라고 부르며, 플래시 메모리의 특성상 동일한 페이지에 덮어쓰기는 불가능하고 빈 페이지에만 쓰기가 가능하다. SSD 제어기가 빈 페이지를 찾고 그 곳에 데이터를 기록한다. 빈 페이지를 만들기 위해서는 지우기 연산이 이루어져야 하는데 다음 절에서 설명한다. 만일 이미 기록된 페이지를 수정하는 경우 SSD 제어기는 다음과 같이 read-modify-write 연산으로 진행된다.

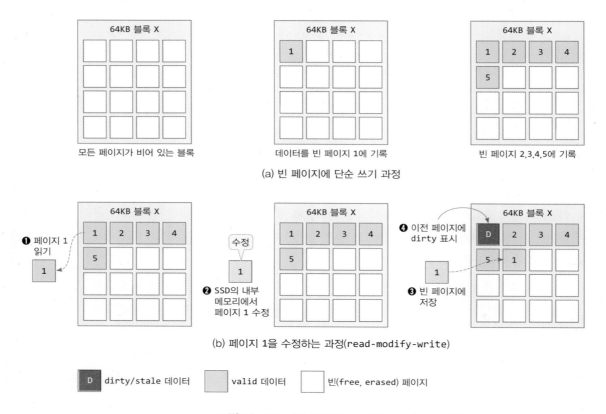

(a) 빈 페이지에 단순 쓰기 과정

(b) 페이지 1을 수정하는 과정(read-modify-write)

그림 12-25 페이지의 단순 쓰기와 페이지 수정 사례

❶ 페이지 읽기(read) - SSD 제어기의 메모리로 페이지 읽어 들이기

❷ 페이지 수정(modify) - SSD 제어기의 메모리에서 페이지 수정

❸ 페이지 쓰기(write) - 수정된 페이지를 새로운 빈 페이지를 찾아 기록

❹ 플래시 메모리의 이전 페이지를 'dirty' 또는 'stale'로 표시

쓰기가 이런 식으로(수정 후 다른 페이지에 기록) 이루어지는 이유는 플래시 메모리는 쓰기와 지우기 횟수에 제한이 있기 때문이다. 한 블록에 쓰기나 지우기가 집중 반복되면 블록의 수명이 빨리 다하게 되어 다른 블록들이 멀쩡해도 전체 SSD의 수명을 단축시키게 된다.

각 페이지에 대해 빈 페이지인지, dirty/stale 페이지인지, 데이터가 저장된 유효한(valid) 페이지인지의 상태 정보(그림 12-25(b) 참고)는 SSD 제어기가 따로 관리한다. 그러므로 SSD가 데이터를 읽거나 빈 페이지에 데이터를 쓰는 속도는 매우 빠르지만, 페이지를 수정하는 속도는 매우 느리다. 페이지를 수정하여 다시 기록할 때마다 주소 변환 테이블 역시 계속 수정된다.

그림 12-25(a)는 SSD의 빈 페이지에 5개의 페이지를 단순히 기록하는 경우를 보여주며, 그림 12-25(b)는 페이지 1의 데이터를 수정하는 과정을 보여준다. SSD 제어기는 페이지 1을 읽고 수정한 뒤, 빈 페이지를 찾아 기록하고, 페이지 1이 있던 위치에는 dirty라고 표시한다. 빈 페이지를 동일한 블록에서만 찾을 필요는 없다.

블록 지우기(erase)

플래시 메모리에서 쓰기와 지우기는 서로 다른 기능이다. 플래시 메모리 셀에 들어 있는 정보를 지울 때 높은 전압이 걸려 주변 셀들의 값이 훼손될 수 있기 때문에, 플래시 메모리는 블록 단위로 데이터를 지운다. 운영체제는 읽기와 쓰기만 가능하며 블록 지우기는 SSD 제어기가 가비지 컬렉션을 수행할 때 빈 블록을 확보하기 위해 내부에서 벌어지는 동작이다.

가비지 컬렉션(garbage collection)

블록 내 페이지들의 수정이 계속되어 그림 12-26(a)와 같이 dirty 페이지가 많아지고 블록 내 빈 페이지가 없게 되면, SSD 제어기에 의해 가비지 컬렉션이 수행된다. 가비지 컬렉션은 값이 기록된 페이지(valid 페이지)들을 다른 블록의 빈 페이지로 복사하고 원본 블록들을 지우는 과정으로, 그림 12-26은 블록 0에 빈 페이지가 없는 경우 블록 0의 유효한 페이지들(valid 페이지)을 블록 1로 옮기는 가비지 컬렉션 과정을 보여준다.

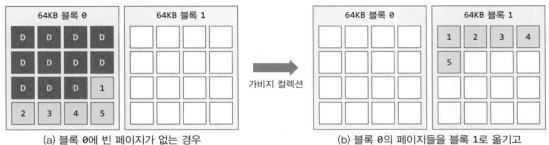

64KB 블록 0				64KB 블록 1			
D	D	D	D				
D	D	D	D				
D	D	D	1				
2	3	4	5				

(a) 블록 0에 빈 페이지가 없는 경우

가비지 컬렉션 →

64KB 블록 0				64KB 블록 1			
				1	2	3	4
				5			

(b) 블록 0의 페이지들을 블록 1로 옮기고
블록 0의 지우기 실행

그림 12-26 가비지 컬렉션

웨어 레벨링(wear leveling, 균등 쓰기 분배)

플래시 메모리 블록은 쓰기나 지우기 횟수에 비례하여 닳아(wear)간다. 읽기는 수명에 영향을 주지 않지만 쓰기가 반복되는 블록은 그만큼 빨리 닳는다. 블록이 닳아 사용할 수 없게 되면 SSD의 사용 공간은 그 만큼 줄어든다. 웨어 레벨링이란 플래시 메모리의 모든 블록에 쓰기를 균등하게 분배하여 특정 블록에 과도한 쓰기를 막아 플래시 메모리의 고장이나 데이터 손실을 예방하는 기법이다. SSD 제어기는 플래시 메모리의 각 블록마다 지우기 횟수를 기억하고, 쓰기 시 지우기 횟수가 가장 적은 블록을 선택한다.

5.5 SSD의 용도

SSD의 핵심 부품으로 저장소의 역할을 하는 NAND 플래시는 전원이 공급되지 않은 채 오랜 기간이 지나면 전하(charge)가 누출되어 저장된 데이터가 지워지기 때문에 백업 저장 목적에는 적절하지 않다. SSD는 읽기가 많은 운영체제 코드나 프로그램을 설치하는 용도로 적합하지만 쓰기나 수정 작업이 많은 스왑 영역이나 파일이 임시로 생성되었다가 지워지는 임시 파일 시스템에 적합하지 않다. 이런 용도로 사용되면 SSD의 수명이 일찍 다할 수 있기 때문이다.

Notes

저장 장치 개요

- 대용량 저장 장치는 많은 프로그램과 데이터를 저장하는 대용량 장치로서 입출력 전담 처리기에 의해 입출력된다.

- 저장 장치의 입출력 병목이란 입출력에 과부하가 걸려 있는 상태로, 그 원인은 과도한 입출력의 발생에서 비롯되지만 근본 원인은 저장 장치가 CPU와 메모리의 빠른 처리 속도를 따라가지 못한 이유이다.

- 저장 장치에 있어 입출력 병목의 해결만큼이나 저장된 데이터의 신뢰성을 확보하는 것이 필요하다.

- 디스크 데이터의 신뢰성을 높이기 위해 디스크 미러링(disk mirroring)과 RAID 기술 등이 있다.

하드 디스크 장치

- 디스크 플래터의 표면에는 여러 개의 동심원을 따라 정보가 저장되는데, 각 동심원 하나를 트랙이라고 부르며, 같은 동심원을 가진 트랙들을 모아 실린더라고 부른다. 트랙은 다시 여러 개의 섹터로 나뉜다.

- 존 비트 레코딩(zone bit recording) 방식은 전체 트랙을 몇 개의 존(zone, 영역)으로 나누고 바깥 존에는 트랙 당 섹터를 더 많이 배치하여 디스크의 저장 용량을 늘리고 입출력 속도를 높인다.

- 운영체제는 논리 블록 주소를 사용하며 디스크 장치는 CHS 물리 주소를 사용한다. 논리 블록 주소는 디스크 장치에 의해 CHS 물리 주소로 변환된다.

- 디스크의 액세스는 탐색, 회전 지연, 전송 과정으로 이루어진다. 디스크가 호스트로부터 명령을 받고 명령을 해석하는 등의 오버헤드 시간이 있지만 일반적으로 작아서 무시한다.

- 탐색은 디스크 헤드가 현재 실린더에서 목표 실린더로 이동하는 과정이며 이동하는 실린더 개수를 탐색 거리라고 한다. 오늘날 디스크의 평균 탐색 시간은 5ms 내외이다.

- 회전 지연은 탐색 후 디스크 플래터가 회전하여 디스크 헤드 밑에 목표 섹터가 도달할 때까지 기다리는 과정이다. 평균 회전 지연 시간은 1/2회전 시간이며 2~4ms 정도이다.

- 전송은 디스크 헤드와 디스크 캐시 사이의 내부 전송과 디스크 캐시와 호스트 사이의 외부 전송으로 나뉜다.

디스크 스케줄링 알고리즘

- 디스크 장치에는 도착한 입출력 요청을 저장하는 큐를 두고 있으며 디스크 스케줄링을 통해 하나씩 처리한다. 디스크 스케줄링의 목표는 평균 탐색 거리를 최소화하여 디스크의 처리율을 극대화하는데 있다.

- 디스크 스케줄링 알고리즘으로는 FCFS, SSTF, SCAN, LOOK, C-SCAN, C-LOOK 등이 있다.

- FCFS는 도착한 순서대로 요청들을 처리하며 구현이 쉽고 기아가 없지만 성능이 좋지 않다.

- SSTF(Shortest Seek Time First)는 현재 디스크 헤드에서 가장 가까운 요청을 선택한다. 성능은 매우 좋지만 기아가 발생할 수 있고 요청들이 균등하게 서비스되지 못하는 단점도 있다.

- SCAN은 맨 바깥쪽 요청에서 시작하여 안쪽으로 이동하면서 요청을 처리한다. 안쪽 실린더 끝까지 이동한 뒤 다시 바깥쪽 방향으로 이동하면서 요청을 처리하는 방법이다. SCAN은 SSTF에 비해 입출력 요청을 균등하게 처리한다.

- LOOK은 SCAN처럼 작동하지만, 이동 방향으로 요청이 없는 경우 실린더 끝까지 가지 않고 즉시 방향을 바꾸는 방법이다.

- **C-SCAN(Circular SCAN)**은 SCAN의 수정 버전으로, 바깥쪽 실린더에서 안쪽으로 한 방향으로만 이동하면서 요청을 처리한다. 맨 안쪽 실린더에 도달하면 바로 바깥쪽 끝 실린더 끝으로 헤드를 옮기고 다시 안쪽 실린더 방향으로 이동하면서 요청을 처리한다.

- **C-LOOK**은 LOOK과 C-SCAN을 결합한 것으로, 바깥쪽 실린더에서 안쪽 실린더로 요청을 처리하면서 이동하다가 이동하는 방향에 요청이 없는 경우 바로 바깥쪽 실린더에서 가장 가까운 요청으로 한 번에 이동한다.

🔍 디스크 포맷

- 2009년도를 기점으로 디스크 제조업체들은 섹터 크기를 512 바이트에서 4096 바이트로 늘려 포맷하여 출시하고 이를 고급 포맷(Advanced Format) 혹은 4K 섹터라고 부른다. 4K 섹터는 디스크의 저장 효율을 높이고 오류 수정 능력과 디스크 입출력 성능을 향상시켰다.

- 디스크 저장 공간을 파티션이라는 단위로 분할하고 파티션마다 서로 다른 운영체제를 설치할 수 있다.

- MBR 포맷은 1983년 DOS 시절부터 도입되어 지금까지도 사용되고 있다. 디스크의 첫 섹터를 MBR(Master Boot Record)이라고 부르며 이곳에 파티션 테이블을 두고 부팅할 운영체제를 담고 있는 활성 파티션에서 부팅한다. MBR 포맷의 단점은 파티션 크기가 2TB로 제한되며 부팅 속도가 느리다는 점이다.

- GPT 포맷은 MBR 포맷의 단점을 개선한 현대적 방식으로 UEFI(Unified Extensible Firmware Interface) 펌웨어를 가진 컴퓨터에서만 사용되며 128개까지 파티션이 가능하고 파티션 크기는 18엑사바이트(Exa Byte)까지 가능하다.

🔍 SSD 저장 장치

- SSD(Solid State Drive)는 플래시 메모리라는 반도체 메모리를 사용한 비휘발성 기억 장치로 디스크보다 값은 비싸지만 입출력 속도가 5~50배 정도 빠르다.

- SSD에는 플래시 메모리와 입출력을 제어하는 SSD 제어기가 있다. 플래시 메모리를 다루는 모든 알고리즘은 SSD 제어기에 의해 이루어지므로 제조업체는 SSD 제어기에 대해서는 공개하지 않는다.

- SSD의 플래시 메모리는 여러 블록들로 구성되며 각 블록은 다시 페이지들로 구성되며 읽고 쓰는 단위는 페이지이다. 블록 크기는 128KB~256KB 정도이고 페이지 크기는 4KB~16KB정도이다.

- 플래시 메모리 블록은 쓰기나 지우기 횟수에 비례하여 수명이 단축되므로 플래시 메모리 전체에 걸쳐 균등한 쓰기가 이루어지도록 웨어 레벨링이라고 불리는 쓰기 균등 분배 정책이 사용된다.

- 플래시 메모리에서 페이지 쓰기가 이루어지는 과정은, 페이지를 SSD 내부 메모리로 읽어 들이고 수정한 후 비어 있는 다른 페이지에 저장하고 원래 페이지는 Dirty 페이지로 표기하여 가비지 컬렉션 시 회수한다. 이것은 쓰기로 인한 플래시 메모리의 수명 단축을 막기 위해서이다.

- SSD 제어기 내에는 플래시 변환 계층(FTL, Flash transaction Layer)이라는 펌웨어를 두어 운영체제에게 SSD가 섹터 기반의 저장소로 보이게 한다. 플래시 변환 계층은 논리 블록 주소를 물리 페이지의 주소로 바꾸는 주소 변환 테이블을 이용하여 운영체제로부터 받은 논리 블록 주소를 SSD 내의 블록 번호와 페이지 번호로 바꾸어 플래시 메모리를 액세스한다.

- SSD는 읽기가 많은 운영체제 코드나 프로그램을 설치하는 용도로 적합하며, 쓰기나 수정 작업이 많은 스왑 영역이나 많은 파일이 임시로 생성되었다가 지워지는 임시 파일 시스템에 적합하지 않다. 이런 용도로 사용하면 SSD의 수명이 일찍 다할 수 있다.

개념 체크

1. 입출력 병목 현상에 대한 설명으로 옳은 것은?

① 저장 장치가 CPU와 메모리의 빠른 처리 속도를 따라가지 못해 입출력에 과부하가 걸려 있는 상태

② 입출력 병목 현상이 나타나면 CPU 활용률이 높아진다.

③ 주로 네트워크 장치에서 발생하며 디스크와 같은 저장 장치에서는 발생하지 않는다.

④ 입출력 병목 현상은 디스크 용량을 늘이면 해결된다.

2. 저장 장치의 특징이 아닌 것은?

① 비휘발성   ② 대용량

③ 가상 메모리의 스왑 영역으로 사용   ④ 영구적 사용

3. 저장 장치의 입출력 병목 현상을 개선하는 방법이 아닌 것은?

① 주기억장치 메모리 늘리기   ② 디스크 캐시 늘리기

③ 효율적인 디스크 스케줄링   ④ CPU 캐시 늘리기

4. 디스크 미러링은 저장 장치의 어떤 면을 향상시키는 방법인가?

① 저장된 데이터의 신뢰성   ② 저장 속도

③ 사용자의 편리성   ④ 디스크 입출력 병목 현상

5. 다음 중 보기에서 선택하여 빈 칸을 채워 문장을 완성하라.

> 디스크 장치에서 (   )의 윗면과 아랫면 모두 동심원을 따라 정보가 저장되는데 정보가 저장되는 동심원을
> (   )이라고 부르며, (   )은 다시 (   )로 나뉜다. 같은 동심원을 이루는 트랙들을 (   )라고
> 부른다. 디스크 장치에서 저장되는 최소한의 단위는 (   )이며 전통적으로 크기가 (   )바이트이지만,
> 최근에는 거의 (   )바이트이다.

보기

> 암, 헤드, 섹터, 실린더, 트랙, 512, 4096, 1024, 1M, 1G, 플래터

6. 오늘날 디스크들은 512바이트 섹터보다 4KB 섹터로 포맷하여 출시한다. 4KB 포맷의 장점이 아닌 것은?

① 디스크의 저장 공간 확대   ② 디스크의 오류 수정 능력 향상

③ 디스크 입출력 성능 향상   ④ 불량섹터 발생률 저감

7. 오늘날 디스크는 존비트레코딩 방식으로 제작된다. 이에 대한 설명으로 틀린 것은?

① 디스크의 1회전 속도는 향상 일정하다.

② 디스크 안쪽보다 바깥 영역에 더 많은 섹터로 포맷한다.

③ 디스크는 등각속도로 회전한다.

④ 안쪽이나 바깥 쪽 트랙이나 초당 디스크 입출력 량은 동일하다.

8. CHS 물리 주소를 구성하는 요소가 아닌 것은?

① 헤드 번호   ② 트랙 번호

③ 실린더 번호   ④ 섹터 번호

9. 디스크의 블록에 대한 논리 블록 주소를 CHS 물리 주소로 변환하는 곳은?

① 운영체제 커널   ② 디스크 드라이버

③ 디스크 장치의 펌웨어   ④ 파일 시스템 라이브러리

10. 다음 중 디스크 장치와 호스트를 연결하는 입출력 인터페이스가 아닌 것은?

① Wireless LAN   ② USB

③ SATA   ④ SCSI

11. 실린더가 15000개, 실린더 당 트랙 수가 4개, 트랙당 섹터 수가 500개인 디스크의 총 트랙 수는 몇 개인가?

12. 플래터의 한 면에 1000개의 트랙이 있고, 디스크 헤드가 8개이고, 트랙당 섹터 수가 200개인 디스크의 총 실린더 개수는?

13. 다음 중 디스크의 회전 속도와 무관한 시간은?

① 탐색 시간   ② 회전 지연 시간

③ 내부 전송 시간   ④ 한 섹터를 읽는 시간

14. 디스크 헤드가 목표 실린더로 움직이는데 걸리는 시간은?

① 탐색 시간   ② 회전 지연 시간

③ 전송 시간   ④ DMA 전송 시간

15. 디스크의 평균 회전 지연 시간은 어떻게 계산되는가?

① 1회전 시간   ② 1/2회전 시간

③ 1/3회전 시간   ④ 1/4회전 시간

16. 회전 속도가 3600rpm인 디스크의 1회전 시간은?

① 16.7ms   ② 17.3ms

③ 11.1ms   ④ 8.3ms

17. 트랙 크기가 2MB이고 10000rpm으로 회전하는 디스크의 내부 전송 속도는 얼마인가?

18. 디스크 제조업체에서 공개하는 디스크 데이터 전송률은 어떤 속도는 나타내는가?

    ① 디스크 캐시와 호스트 사이의 외부 전송

    ② 디스크 헤드와 디스크 캐시 사이의 내부 전송

    ③ 디스크 헤드로부터 호스트 사이의 전송

    ④ 디스크의 탐색 속도

19. 디스크 장치가 목표 섹터에 접근하여 읽거나 쓰는 시간을 디스크 액세스 시간이라고 한다. 이 시간에 포함되지 않는 것은?

    ① 탐색 시간   ② 회전 지연 시간

    ③ 내부 전송 시간   ④ 외부 전송 시간

20. 다음 중 디스크 입출력 요청을 가장 균등하게 처리하는 알고리즘은?

    ① FCFS   ② SSTF

    ③ C-SCAN   ④ LOOK

21. 다음 중 디스크 스케줄링 알고리즘에 속하지 않는 것은?

    ① FCFS   ② SJF

    ③ C-SCAN   ④ SSTF

22. 다음 중 처리율(초당 처리하는 디스크 입출력 개수)이 가장 높은 것은?

    ① SSTF   ② SCAN

    ③ C-SCAN   ④ C-LOOK

23. 다음 중 입출력 요청들의 기아가 발생할 수 있는 디스크 스케줄링 알고리즘은?

    ① SSTF   ② SCAN

    ③ C-SCAN   ④ C-LOOK

24. 다음 중 입출력 요청이 도착하여 완료될 때까지의 응답 시간 편차가 가장 큰 디스크 스케줄링 알고리즘은?

    ① SSTF   ② SCAN

    ③ C-SCAN   ④ LOOK

25. SCAN의 문제점은?

    ① 양쪽끝 실린더보다 중간 실린더에 대한 입출력 요청이 처리될 확률이 높다.

    ② SSTF보다 기아 발생률이 높다.

    ③ 한쪽 방향으로만 헤드가 움직이므로 고장 확률이 높다.

    ④ 도착한 순서대로 움직이므로 처리율이 낮다.

26. 리눅스 운영체제에서 파티션을 활용하는 것에 관한 설명이다. 괄호에 적절한 단어를 보기에서 선택하라.

> 리눅스에서 디스크 파티션은 (   )을 구축하거나 스왑영역으로 사용된다. 많은 경우 여러 파티션을 연결하여 전체를 하나의 파일 시스템으로 만들어 사용한다. 파티션을 디렉터리에 연결하는 것을 (   )라고 부른다. 한 파일 시스템에서 다른 파티션을 연결할 목적으로 만든 디렉터리를 (   )라고 부르며, 이것은 연결하는 파일 시스템의 (   )가 된다.

보기

> 파일, 디렉터리, 파일 시스템, 파티션, 마운트, 마운팅, 마운트 포인트, 고수준 포맷팅

27. SSD 저장 장치에 대해 잘못 설명한 것은?

① 디스크 장치보다 일반적으로 빠르다.

② SSD 저장 장치에는 플래시 메모리가 내장되어 있다.

③ 플래시 메모리는 읽는 속도가 저장 속도보다 일반적으로 빠르다.

④ 디스크와 같이 SSD에 저장된 파일의 위치에 따라 액세스 시간에 차이가 있다.

28. SSD 저장 장치에서 입출력되는 최소 단위는?

① 섹터   ② 페이지

③ 블록   ④ 바이트

29. SSD에서 페이지 수정이 페이지 읽기보다 많은 시간이 걸린다. 페이지가 수정되는 과정을 간단히 설명하라.

30. SSD 저장 장치의 수명을 늘리기 위한 기법은?

① 웨어 레벨링   ② 가비지 컬렉션

③ 플래시 변환 계층 도입   ④ 저장소로 플래시 메모리 사용

31. SSD 저장 장치가 가장 적합한 곳은?

① 스왑 영역으로 사용   ② 임시 파일 시스템

③ 운영체제 설치 영역   ④ 백업 저장소

32. SSD가 블록과 페이지로 되어 있는 물리적인 특성을 운영체제로부터 숨겨 SSD가 섹터 기반의 저장소로 보이게 하는 기능은?

① 플래시 변환 계층   ② 웨어레벨링

③ 가비지 컬렉션   ④ 플래시 메모리

1. 실린더가 5000개, 실린더 당 트랙수가 8, 트랙 당 섹터수가 4000, 섹터 크기가 512바이트일 때 다음 물음에 답하라.

    (1) 이 디스크는 몇 개의 플래터를 가지고 있는가?

    (2) 이 디스크의 헤드 수는 몇 개인가?

    (3) 이 디스크에는 총 몇 개의 트랙이 있는가?

    (4) 트랙 당 저장 용량은 얼마인가?

    (5) 이 디스크의 총 용량은 얼마인가?

2. 다음과 같은 디스크 장치가 있을 때 1 섹터를 읽는데 걸리는 평균 디스크 액세스 시간과 평균 디스크 응답 시간을 계산하라.

- 디스크 탐색 시간 : 제조업체에서 명시한 것으로 **4ms**
- 디스크의 회전 속도 : **15000rpm**
- 트랙당 섹터 수 : **1000개**
- 디스크 장치와 호스트사이의 인터페이스 전송 속도 : **100MB/s**
- 디스크 장치의 오버헤드 : **0.1ms**

> **힌트**
>
> 다음과 같이 계산하면 된다.
>
> **1**섹터를 읽는 평균 디스크 액세스 시간 = 평균 탐색 시간 + 평균 회전 지연 시간 + **1**섹터의 내부 전송 시간
>
> **1**섹터를 읽는 평균 디스크 입출력 응답 시간 = 평균 탐색 시간 + 평균 회전 지연 시간 + **1**섹터의 내부 전송 시간 + **1**섹터의 외부 전송 시간 + 오버헤드 시간

3. 실린더가 100개 있는 디스크 장치에서 현재 디스크 헤드는 실린더 70에 있고 다음과 같은 디스크 입출력 요청들이 디스크 큐에 대기하고 있을 때,

> 요청 실린더들 : 7 78 93 19 20 5 40 32 58 81

    SSTF, SCAN, LOOK, C-SCAN, C-LOOK의 5개 알고리즘 각각에 의해 요청들이 처리되는 순서를 그려라. 그리고 총 탐색 거리를 계산하여 다음 표를 완성하라. 참고로 다음은 FCFS에 의해 스케줄링된 결과이다.

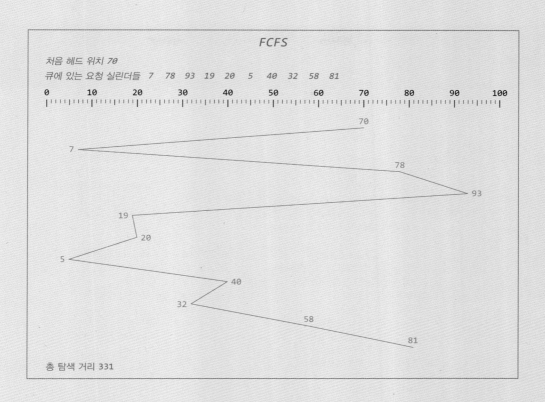

처음 헤드 위치 70

큐에 있는 요청 실린더들   7   78   93   19   20   5   40   32   58   81

FCFS

총 탐색 거리 331

	FIFO	SSTF	SCAN	LOOK	C-SCAN	C-LOOK
총 탐색 거리	331